U0139675

“十二五”国家重点图书

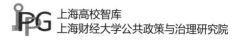

上海高校智库
上海财经大学公共政策与治理研究院

29

## 财政政治学译丛

刘守刚　魏　陆　主编

A World of Public Debts

A Political History

# 公债的世界

## —部政治史

尼古拉·贝瑞尔（Nicolas Barreyre）

尼古拉·德拉朗德（Nicolas Delalande）　编

沈国华　译

上海财经大学出版社

## 图书在版编目（CIP）数据

公债的世界：一部政治史/(法)尼古拉·贝瑞尔(Nicolas Barreyre)，(法)尼古拉·德拉朗德(Nicolas Delalande)编；沈国华译. —上海：上海财经大学出版社，2023.3
（财政政治学译丛）
书名原文：A World of Public Debts：A Political History
ISBN 978-7-5642-4080-6/F·4080

Ⅰ.①公… Ⅱ.①尼… ②尼… ③沈… Ⅲ.①公债-经济史-研究-世界 Ⅳ.①F811.5

中国版本图书馆 CIP 数据核字(2022)第 204225 号

图字：09－2022－0924 号

□ 责任编辑　李成军
□ 封面设计　张克瑶

### 公债的世界
#### 一部政治史

尼古拉·贝瑞尔
（Nicolas Barreyre）
　　　　　　　　　　编
尼古拉·德拉朗德
（Nicolas Delalande）

沈国华　　　译

上海财经大学出版社出版发行
（上海市中山北一路 369 号　邮编 200083）
网　　　址：http://www.sufep.com
电子邮箱：webmaster @ sufep.com
全国新华书店经销
上海华业装潢印刷厂有限公司印刷装订
2023 年 3 月第 1 版　2023 年 3 月第 1 次印刷

710mm×1000mm　1/16　32.5 印张(插页：2)　498 千字
定价：148.00 元

# 总　序

　　成立于 2013 年 9 月的上海财经大学公共政策与治理研究院,是由上海市教委重点建设的十大高校智库之一。通过建立多学科融合、协同研究、机制创新的科研平台,围绕财政、税收、医疗、教育、土地、社会保障、行政管理等领域,组织专家开展政策咨询和决策研究,致力于以问题为导向,破解中国经济社会发展中的难题,服务政府决策和社会需求,为政府提供公共政策与治理咨询报告,向社会传播公共政策与治理知识,在中国经济改革与社会发展中发挥"资政启民"的"思想库"作用。

　　作为公共政策与治理研究的智库,在开展政策咨询和决策研究的同时,我们也关注公共政策与治理领域基础理论的深化与学科的拓展研究。特别地,我们支持从政治视角研究作为国家治理基础和重要支柱的财政制度,鼓励对财政制度构建和现实运行背后体现出来的政治意义及历史智慧进行深度探索。著名财政学家马斯格雷夫早在其经典教材《财政理论与实践》中就将这样一种研究命名为"财政政治学"。但在当前的中国财政学界,遵循马斯格雷夫指出的这一路径,突破经济学视野而从政治学角度研究财政问题,还比较少见。由此既局限了财政学科自身的发展,又不能满足社会对运用财税工具实现公平正义的要求。因此,有必要在中国财政学界呼吁拓展研究的范围,努力构建财政政治学学科。

　　"财政政治学"虽然尚不是我国学术界的正式名称,但在国外的教学和研究中却有丰富的内容。要在中国构建财政政治学学科,在坚持以"我"为主研究中国问题的同时,应该大量翻译西方学者在该领域的内容,以便为国内财政学者从政治维度研究财政问题提供借鉴。呈现在大家面前的丛书,正是在上海财经大学公共政策与治理研究院资助下形成的"财政政治学译丛"。

　　"财政政治学译丛"中的文本,主要从美英学者著作中精心选择而来,大致分为理论基础、现实制度与历史经验等几方面。译丛第一辑推出 10 本译著,未来根据需要和可能,将陆续选择其他相关文本翻译出版。

　　推进财政政治学译丛出版是公共政策与治理研究院的一项重点工程,我们将以努力促进政策研究和深化理论基础为己任,提升和推进政策和理论研究水平,引领学科发展,服务国家治理。

**胡怡建**

2015 年 5 月 15 日

# 引　言

"我曾试图谈论无人问津的欧元区集团的经济问题,"曾在 2014—2015 年短期担任希腊财政部部长的亚尼斯·瓦鲁法基斯(Yanis Varoufakis)回忆说,"这倒并不是说欧元区集团的经济问题不受欢迎,而是因为他们直截了当地拒绝参加经济辩论。请注意,是直截了当。"①在欧盟遭遇前所未有的危机并发展到最严重程度的时候,一位学者突然被扔到职业政治家中间,这种毋庸置疑的文化冲击,或许暴露了某种政治幼稚,也反映了他所代表的希腊当时所处的外交劣势。然而,这也凸显了欧元区内部的主权债务危机不仅仅是,甚或主要是经济问题,而且是涉及政治、制度和成员国团结的问题。如果有什么不同的话,那就是它揭穿了一个谎言,即公债管理以及更加一般的公共财政是最好交给了解经济规律的人士去解决的专业技术问题。专家们做出的决定所蕴含的政治色彩似乎并不亚于其他人。

这倒不是说,问题在于让政治介入经济问题的管理,从而在某种程度上扭曲解决方案的"纯"经济性;也不是说,公债只是个政治问题,它的经济参数只能屈服于政治意愿;而是要表明,公债本质上既是经济问题,又是政治问题。希腊的主权债务危机并没有把政治注入一个在风和日丽的背景下轻哼小曲的经济领域,而是揭示了公债即便不是政治辩论的焦点,也总是那么具有政治色彩的问题,因为公债引发了有关不同国家社会内部和社会之间权力和资源配置的问题,既证明也促进不同社会群体之间和不同世代之间的债务转移。

本书旨在探讨公债在国内和国际两个方面的政治性质。虽然公债是一种

---

① "Yanis Varoufakis Full Transcript: Our Battle to Save Greece," *The New Statesman* (July 13, 2015); Yanis Varoufakis, *Adults in the Room: My Battle With Europe's Deep Establishment* (London: Bodley Head, 2017).

在(主要是)私人投资者和主权国家机构(前者借钱给后者,后者承诺在或近或远的未来还本付息)之间创建关系的融资交易,但它同时必然也是一种权力工具、社会关系以及一个利益和价值观碰撞的政治竞技场。[①] 公债把一些重大的政治问题捆绑在一起,譬如说,国家征税和花钱的权力、国家规范市场的法定职能,以及在债券持有人与纳税人之间对集体资源进行的社会分配。本书从"新财政社会学"以及政治史学家对经济问题重新燃起的兴趣中汲取灵感,旨在从经济、政治、法律、知识、社会或道德等不同维度把握公债的问题[②],因为我们需要这种"整体史观"来理解为什么现在会受到公债如此严重的束缚和深刻的影响。

## 基于长期史观的公债政治

公债几乎算不上是新的问题,但考虑到公债对于各国经济生活和当今时代政治动荡两方面的重要性,关注公债问题倒也不会令人奇怪。那么,为什么要出一本新书来论述公债问题呢? 我们认为,运用长期史观认真关注从 18 世纪到今天的不同案例以及思想流传、制度沿革和资本流通,可以极大地改变我们对现代公债的了解。

经济史学家、政治学家、法学家和国际关系专家对公债进行了大量的历史取向的研究。虽然这是一个丰富多彩的学术研究领域,但为了清晰起见,我们认为可以合理地把主导这个领域过去 30 年的研究和辩论的问题分为三个主要方向。

第一个很有影响力的研究方向是探索政治制度与金融市场发展之间的历史和理论关系。在 1989 年的一篇开创性文章中,新制度主义经济学家道格拉斯·诺斯(Douglass North)和巴里·温加斯特(Barry Weingast)认为,由英格

---

① Kenneth Dyson, *States, Debt, and Power*: *"Saints" and "Sinners" in European History and Integration* (Oxford: Oxford University Press, 2014).

② Isaac Martin, Ajay K. Mehrotra and Monica Prasad, eds., *The New Fiscal Sociology*: *Taxation in Comparative and Historical Perspective* (Cambridge: Cambridge University Press, 2009); Jeremy Adelman and Jonathan Levy, "The Fall and Rise of Economic History," *Chronicle of Higher Education* (December 2014).

兰 1688 年"光荣革命"促成的政治和制度改革开启了一场"金融革命"。议会的崛起以及强加于国王权力的约束在确保所有权方面发挥了至关重要的作用,从而使贷款人相信国王会履行义务,不会违约、欠债不还(欠债在早期近代欧洲司空见惯)。与此同时,1694 年,英格兰银行帮助引导私人资本投向公债,并使英国的统一公债成为一种在两个世纪的时间里一直是最具吸引力的长期资产。因此,诺斯和温加斯特得出结论认为,通过创建"良好的制度"——制约行政权力、加强议会监督、确保所有权,英国向那些购买其债券的投资者展示了"可信赖的承诺",从而使英国成为金融强国。[1]

道格拉斯·诺斯和巴里·温加斯特这篇文章的影响在于把英国的历史经验树立为一种其他所有国家都必须拿自己与之比较和评估的具有普遍意义的模式。但自那以来,这个"可信赖承诺"假说由于很多原因被证明是有限定条件的。英国历史学家已经证明,英国政府的欠债状况早在 17 世纪晚期以前就已经开始得到改善,"有限政府"只是这个财政—军事国家崛起的故事的部分内容,并且也是建立在中央集权的财政权力和侵略性帝国扩张的基础上的。[2]

---

[1]  Douglass North and Barry Weingast, "Constitutions and Commitment: The Evolution of Institutions Governing Public Choice in Seventeenth Century England," *Journal of Economic History* XLIX, No. 4 (1989):803—832; P. G. M. Dickson, *The Financial Revolution in England. A Study in the Development of Public Credit*, 1688—1756 (London: Macmillan, 1967).

[2]  想了解对这个问题的综述,请参阅 D'Maris Coffman, Adrian Leonard and Larry Neal, eds., *Questioning Credible Commitment: Perspectives on the Rise of Financial Capitalism* (Cambridge: Cambridge University Press, 2013)。想了解相关的经济史内容,可参阅 Larry Neal, *The Rise of Financial Capitalism* (Cambridge: Cambridge University Press, 1990); Anne L. Murphy, *The Origins of English Financial Markets: Investment and Speculation before the South Sea Bubble* (Cambridge: Cambridge University Press, 2019); Carl Wennerlind, *Casualties of Credit: The English Financial Revolution*, 1620—1720 (Cambridge, Mass.: Harvard University Press, 2011)。想了解财政—军事国家的历史,请参阅 John Brewer, *The Sinews of Power. War, Money and the English State*, 1688—1783 (London: Unwin Hyman, 1989); Marjolein t' Hart, *The Making of a Bourgeois State: War, Politics and Finance during the Dutch Revolt* (Manchester: Manchester University Press, 1993); Philip T. Hoffman and Kathryn Norberg, eds., *Fiscal Crises, Liberty, and Representative Government*, 1450—1789 (Stanford: Stanford University Press, 1994); Katia Béguin, *Financier la guerre au XVIIe siècle. La dette publique et les rentiers de l'absolutisme* (Seyssel: Champ Vallon, 2012); D'Maris Coffman, *Excise Taxation and the Origins of Public Debt* (Basingstoke: Palgrave Macmillan, 2013); Mauricio Drelichman and Hans-Joachim Voth, *Lending to the Borrower from Hell. Debt, Taxes, and Default in the Age of Philip II* (Princeton: Princeton University Press, 2014); Steven Pincus, *1688: The First Modern Revolution* (New Haven: Yale University Press, 2011); Rafael Torres Sanchez, *Constructing a Fiscal Military State in Eighteenth Century Spain* (Basingstoke: Palgrave Macmillan, 2015).

政治学家和经济社会学家坚持认为,债券持有人和政治精英之间的相互社会渗透才是解释英国议会持续承诺还债的原因。[1] 其他国家的学者对政治和财政现代化只有一条道路的观点提出了质疑,并且证明其他国家的经验也同样可以持续。[2] 最后,英国模式有一个盲点,那就是其历史专有性太强:虽然它可能有助于分析 18 和 19 世纪[3],但无益于解释 20 世纪以行政权力、国家干预和市场监管得到大幅度发展为标志的历史。

我们在本书中运用长期史观就是为了避免掉入这个陷阱。广泛扩展我们的研究时间和空间范围,并考虑其他国家的历史经验,使我们能够展示负责公债的机构如何以历史为依据,时代背景如何驱动它们演化,以及它们的运行如何取决于具体的政治形势和争论。与那种认为存在一套良好的"自由民主制度"的观点不同[4],我们的研究表明,由于公债的政治合法性从来都没有得到保证,因此,历史地看,公债和据以发行公债的制度的有效性是多么变化无常。

这个合法性问题是公债学术研究第二个主要方向的核心主题,它有力地影响了公债史研究走向,尤其是法学家、政治学家和国际关系专家的公债史研究走向。这部分公债史研究关注的是"主权债务",也就是主权借款人与私人贷款人之间权力关系不平衡的问题。这个问题又提出了有关国家偿债承诺的

---

[1]  Bruce Carruthers, *City of Capital : Politics and Markets in the English Financial Revolution* (Princeton: Princeton University Press, 1996); David Stasavage, *Public Debt and the Birth of the Democratic State : France and Great Britain, 1688 — 1789* (Cambridge: Cambridge University Press, 2003).

[2]  Regina Grafe, *Distant Tyranny : Markets, Power, and Backwardness in Spain, 1650 — 1800* (Princeton: Princeton University Press, 2012); Wenkai He, *Paths Toward the Modern Fiscal State : England, Japan, and China* (Cambridge, Mass. : Harvard University Press, 2013); Katia Béguin and Anne L. Murphy, eds., *State Cash Resources and State Building in Europe*, 13th-18th Century (Paris: IGPDE, 2017), https://books. openedition. org/igpde/3806.

[3]  David Stasavage, *States of Credit : Size, Power, and the Development of European Polities* (Princeton: Princeton University Press, 2011); Bartolomé Yun-Casalilla and Patrick K. O'Brien, eds., *The Rise of Fiscal States : A Global History, 1500 — 1914* (Cambridge: Cambridge University Press, 2012); José Luis Cardoso and Pedro Laines, eds., *Paying for the Liberal State : The Rise of Public Finance in Nineteenth-Century Europe* (Cambridge: Cambridge University Press, 2010); Mark Dincecco, *Political Transformations and Public Finance : Europe, 1650 — 1913* (Cambridge: Cambridge University Press, 2011).

[4]  如可参阅 Daron Acemoglu and James A. Robinson, *Why Nations Fail : The Origins of Power, Prosperity, and Poverty* (New York: Crown Business, 2012).

复杂政治和法律问题,因为目前还没有能够迫使主权国家履行其对外国债券持有人义务的国际法律秩序。那么,在贷款人得到的担保如此之少,以至于一旦发生违约或系统性危机,贷款人就无法收回其投资的情况下,为什么全球公债仍能持续增长呢?[①]

为了回答这个复杂难解的问题,相关学者进行了以下三个主要方向的研究。第一,强调契约外制裁(extra-contractual sanction)[也就是有些学者所说的"超级制裁"(supersanction)]的作用,主要是诉诸军事力量、贸易报复或国际财政控制(international financial control)。[②] 第二,主要把声誉作为一种关键的约束因素,因为违约国家要面临丧失金融市场进入权的风险,或者在未来的借贷努力中承担高利息溢价。[③] 不过,相关的经验研究表明,情况并非总是如此,因为许多暂停还款的国家后来仍能重返金融市场,而且并没有受到更加苛刻的条件的制约。[④] 这就是第三个主要方向的公债研究,即开始从历史和政治的视角考察债务违约问题,并考察国家违约又无须承担很多不利后果的知识、政治和经济条件。虽然今天的"常识"告诉我们,国家始终应该偿还自己的债务,但历史上确实有些时候国家能够中止或终止履行其偿债义务,而且没有在国际上遭遇太多的报复。不同的主权概念可用来为注销债务辩护,而政治合法性(不仅仅是市场纪律或合法的契约)被认为是决定债务是否必须偿

---

① 想了解这个领域的综述,请参阅 Kim Oosterlinck, "Sovereign Debt Defaults: Insights from History," *Oxford Review of Economic Policy* 29, No. 4 (2014): 697—714; Jerome Roos, *Why Not Default?* (Princeton: Princeton University Press, 2019), 21—39。

② Edwin Borchard, *State Insolvency and Foreign Bondholders* (New Haven: Yale University Press, 1951); David Landes, *Bankers and Pashas: International Finance and Economic Imperialism in Egypt* (Cambridge, Mass.: Harvard University Press, 1958); Kris James Mitchener and Marc D. Weidenmier, "Supersanctions and Sovereign Debt Repayment," in *Sovereign Debt: From Safety to Default*, ed. Robert W. Kolb (New York: Wiley, 2011), 155—167; P. J. Cain and A. G. Hopkins, *British Imperialism, 1688—2000*, 2nd ed. (New York: Longman, 2001); Ali Coskun Tunçer,, *Sovereign Debt and International Financial Control: The Middle East and the Balkans* (London: Palgrave Macmillan, 2015); Marc Flandreau, *Anthropologists in the Stock Exchange: A Financial History of Victorian Science* (Chicago: University of Chicago Press, 2016).

③ Michael Tomz, *Reputation and International Cooperation: Sovereign Debt Across Three Centuries* (Princeton: Princeton University Press, 2007).

④ Barry J. Eichengreen and Peter L. Lindert, eds., *The International Debt Crisis in Historical Perspective* (Cambridge, Mass.: MIT Press, 1989); Eichengreen, "The Interwar Debt Crisis and its Aftermath," *The World Bank Research Observer* 5, No. 1 (1990): 69—94.

还的关键。特别是当继承国接手了被推翻的前政权的财政义务,如在去殖民化的案例中,情况就是如此。

虽然我们与前两种学术观点进行了对话,但我们的观点与第三种观点更为一致,即"债务连续性规范(debt continuity norm)本质上是政治和历史变量"。[1] 制裁、声誉和合法(或非法)拒还债务都是过去三个世纪里公债举借和偿还的关键维度。但是,我们对债务国国内和国际政治状况的长期观察和关注,使我们能够修改这部分文献的总体结论。事实上,如果主权债务既涉及债务国对本国公民的义务,也涉及债务国对国内外债权人的义务,那么,偿还主权债务既关乎长期持续的政治合法性,又关系到国家的财政信誉。本书汇集的经验研究表明,从长远看,支持政治合法性的因素会随着时间的推移而发生变化,具体取决于全球政治经济和本国形势的变化。但它们也使我们对主权债务的理解复杂化,因为有些时期大多数公债是由一些本身不是民族国家的公共实体签约举借的。

最近的讨论,特别是从社会学和政治学的视角组织的第三轮公债文献讨论,是围绕公债、资本主义和民主之间的相容性问题展开的。虽然这并不是一个新问题——18 世纪的自由主义思想家已经对公债的反民主性质提出过警告[2],但自 2008 年的金融危机以来,这个问题又以新的紧迫性重新出现在我们面前,沃尔夫冈·斯特雷克(Wolfgang Streeck)引发热议的著作《如何争取

---

[1] Odette Lienau, *Rethinking Sovereign Debt*: *Politics*, *Reputation*, *and Legitimacy in Modern Finance* (Cambridge, Mass. : Harvard University Press, 2014), 3; Kim Oosterlinck, *Hope Springs E-ternal*: *French Bondholders and the Repudiation of Russian Public Debt* (New Haven: Yale University Press, 2016); Hassan Malik, *Bankers and Bolsheviks*: *International Finance and the Russian Revolution* (Princeton: Princeton University Press, 2018).

[2] 想了解 18 世纪关于公债性质的思想和政治辩论,请参阅 Istvan Hont, "The Rhapsody of Public Debt: David Hume and Voluntary State Bankruptcy," in Phillipson Nicholas and Skinner Quentin, eds. , *Political Discourse in Early Modern Britain* (Cambridge: Cambridge University Press, 1993), 321—348; Michael Sonenscher, *Before the Deluge*: *Public Debt*, *Inequality*, *and the Intellectual Origins of the French Revolution* (Princeton: Princeton University Press, 2007); Max M. Edling, *A Hercules in the Cradle*: *War*, *Money*, *and the American State*, *1783—1867* (Chicago: University of Chicago Press, 2014)。

时间》(*Buying Time*)就是一个例证。① 在"可信赖承诺"假说问世以后，有些学者试图捍卫完全对立的论点，以证明只有自由民主国家才能维持巨额、稳定的公债，而专制政权，由于权力过大，会导致投资者丧失信心，因此无法吸引投资者。② 但是，这种所谓的民主优势论(democratic advantage thesis)并没有得到经验研究的支持。③ 相反，在过去的 30 年里，公共选择经济学家和国际贷款行为主体坚持认为，一个国家想要建立"可信赖承诺"机制，就必须限制而不是扩大民主实践。因此，他们赞成独立的中央银行，在预算问题上采纳宪政规则，或者拒绝在制定经济政策时迎合民意测验中民众表达的意愿(就像2015 年 6 月希腊公投后的情况一样)。④ 在一些最激烈的批评者看来，公债只不过是资本主义用来扼杀民主辩论、加速财富从公共部门向私人部门大规模转移，从而把经济社会不平等扩大到前所未有程度的可憎工具。⑤

　　当然，这轮辩论讨论了很多问题，但特别关注最近这个时期；而本书正好相反，采取较为长期和宏大的比较视角，因而能使我们从三个重要的方面不受现有文献的束缚。首先，一种对世界各地不同的政治历史经历(殖民帝国、民族国家、区域性联邦、市政当局)持开放态度的历史和非目的论视角，有助于相对降低把英国的特殊历史案例扩展为研究公债的主要衡量标准造成的影响。其次，把政治合法性问题与政治制度的性质分离开来：正如我们的研究所显示

---

① Wolfgang Streeck, *Buying Time : The Delayed Crisis of Democratic Capitalism* (London: Verso,2014); Greta R. Krippner, *Capitalizing on Crisis : The Rise of Financial Capitalism* (Cambridge,Mass. : Harvard University Press,2012); Mark Blyth, *Austerity : The History of a Dangerous Idea* (Oxford: Oxford University Press,2013); Florian Schui, *Austerity : The Great Failure* (New Haven: Yale University Press,2014); Adam Tooze, *Crashed : How a Decade of Financial Crises Changed the World* (New York: Viking,2018).

② Kenneth A. Schultz and Barry R. Weingast, "The Democratic Advantage: Institutional Foundations of Financial Power in International Competition," *International Organization* 57, No. 1 (2003),3—42; James McDonald, *A Free Nation Deep in Debt : The Financial Roots of Democracy* (Princeton: Princeton University Press,2006).

③ Roos, *Why Not Default* ,32—37.

④ Johanna Hanink, *The Greek Classical Debt : Greek Antiquity in the Era of Austerity* (Cambridge,Mass. : Harvard University Press,2017).

⑤ 学术背景和政治文化不同，但结论可能有交集，如可参阅 David Graeber, *Debt : The First 5000 Years* (New York: Melville House,2011); Thomas Piketty, *Capital in the Twenty-First Century* ,trans. Arthur Goldhammer (Cambridge,Mass. : Harvard University Press,2014).

的那样,公债可以由民主国家举借,也可以由帝国实体、专制或寡头政权举借,并且可以采用相同或不同的债务管理技术。最后,我们考察了国家—市场关系的长期历史沿革,这有助于我们避免跌入短视叙事的陷阱,因为这种短视叙事把当前的市场"暴政"与 20 世纪国家权力和市场嵌入的所谓"黄金时代"对立起来。

这就是本书要从 18 世纪开始写起的原因。18 世纪,欧洲已经有了至今仍影响我们的公债概念。公法学家和哲学家们开始提出"精心打造的"论点来解释不是由某个可以确定的君主,而是由更抽象的"国家"签约举借的债务的"公共"性。公共债务中的"公共"意味着什么以及它是不是指一种与个人之间签约举借的债务不同的债务类别,是当时辩论的核心问题。虽然公债的经济和会计现实与那时相比已经发生了巨大的变化,但这些问题的答案在今天仍惊人地引起共鸣。也是在 18 世纪晚期,公债开始孕育更加全球化的资本主义与帝国民族国家以暴力方式形成相互交织在一起出现的过程。[①]

这个过程迫使我们把历史上由于制度或文化存在巨大差异而分开研究的案例放在一起研究,就好像信任和信誉始终是自由议会政体的专利似的。拿庞大的帝国(西班牙帝国、清政府、非洲英殖民地)与较小的民族国家比较,可以让我们重新思考那些经常被 18、19 世纪的文献所忽视的历史经验。20 世纪把自由民主国家(法国、英国、美国)与威权或极权政权(纳粹德国、苏联)的案例放在一起研究,揭示了支持不同政治经历,尤其是支持从 20 世纪 30 年代到 60 年代这个国内和国际范围内发明了许多新的市场监管工具的"大压缩"(Great Compression)时代*不同政治经历的共同模式。想要了解这个时期全球资本主义如何重组以及布雷顿森林体系(1944 年)如何诞生的情况,我们不

---

① Jeremy Adelman, *Republic of Capital: Buenos Aires and the Legal Transformation of the Atlantic World* (Stanford: Stanford University Press, 1999); Jane Burbank, Frederick Cooper, *Empires in World History: Power and the Politics of Difference* (Princeton: Princeton University Press, 2010); Ali Yycioglu, *Partners of Empire: The Crisis of Ottoman Order in the Ages of Revolutions* (Stanford: Stanford University Press, 2016); Josep M. Fradera, *The Imperial Nation: Citizens and Subjects in the British, French, Spanish, and American Empires* (Princeton: Princeton University Press, 2018).

* "大压缩"时代是指始于 20 世纪 40 年代初美国"工资差别迅速缩小的十年"。这个时期美国贫富之间的财富和收入分布所显示的经济不平等明显小于前一时期。——译者注

能只看西方民主国家如何应对经济崩溃、失业、债务增加和货币不稳定的问题,而必须全面分析美国新政、纳粹德国专制经济或苏联计划经济时期(尽管形式和程度不同)同时发生的国家、市场和社会间关系的结构性变化。[①] 20 世纪后期,意大利、法国和印度从 20 世纪 70 年代到 90 年代转向金融市场举借公债,从而改变了我们所熟悉的几乎不能追溯到第二次世界大战前的新自由主义崛起的故事。[②] 政治体制和文化方面的差异不应该掩盖在经济思想、资本流动和政治权力得到广泛重构的特定背景下影响各国的共同特点和变化。

因此,本书捍卫一种这样的全球历史观:不主张穷尽研究各种不同的案例,而是用心挑选和研究相互关联的情境化案例,从而在揭示局部差异的同时总结出更具广泛适用性的模式。采用这样的全球历史观具有两个好处:一方面,可以让我们关注多种规模(当然包括民族国家的债务,但也包括殖民帝国和经常被忽视或分开考虑的殖民地当地债务)[③]以及主权实体在不同时期变化和"杂交"的方式("主权债务"中的"主权国家"并非既定,不能仅仅等同于民族国家);另一方面,它允许我们融合多种史学文献,而不是某个作者写世界

①  Adam Tooze, *Wages of Destruction: The Making and Breaking of the Nazi Economy* (London: Allen Lane, 2006); Kiran K. Patel, *The New Deal: A Global History* (Princeton: Princeton University Press, 2017); Jamie Martin, *Governing Global Capitalism in the Era of Total War* (forthcoming).

②  Niall Ferguson, Charles S. Maier, Erez Manela and Daniel D. Sargent, eds., *The Shock of the Global: The 1970s in Perspective* (Cambridge, Mass.: Harvard University Press, 2011); Marc Buggeln, Martin Daunton, and Alexander Nützenadel, eds., *The Political Economy of Public Finance: Taxation, Public Spending, and Debt since the 1970s* (Cambridge: Cambridge University Press, 2017). 大部分新自由主义思想史始于 1947 年"朝圣山学会"(Mont Pèlerin Society)的创立,而"新自由主义"一词本身可以追溯到 20 世纪 30 年代末的欧洲: Philip Mirowski and Dieter Plehwe, eds., *The Road from Mont Pèlerin: The Making of the Neoliberal Thought Collective* (Cambridge, Mass.: Harvard University Press, 2012); Angus Burgin, *The Great Persuasion: Reinventing Free Markets since the Great Depression* (Cambridge, Mass.: Harvard University Press, 2012); Daniel Stedman Jones, *Masters of the Universe: Hayek, Friedman, and the Birth of Neoliberal Politics* (Princeton: Princeton University Press, 2012). 最近的一个例外可以追溯到第一次世界大战,参见 Quinn Slobodian, *Globalists: The End of Empire and the Birth of Neoliberalism* (Cambridge, Mass.: Harvard University Press, 2018).

③  关于殖民帝国的债务,可参阅 Niall Ferguson and Moritz Schularick, "The Empire Effect: The Determinants of Country Risk in the First Age of Globalization," *Journal of Economic History* 66, No. 2 (2006): 283—312; Olivier Accominotti, Marc Flandreau and Riad Rezzik, "The Spread of Empire: Clio and the Measurement of Colonial Borrowing Cost," *Economic History Review* 64, No. 2 (2010) 385—407.

史倾向于依赖以英语为主(比较同质化)的史学文献。本书没有采用包罗万象的主导叙事或宏观经济的视角,而是采用一种在具有启发意义的历史案例之间寻找强联系的情境化和精细化方法。为了撰写这本书,我们建立了一个国际合作网络,目的就是要通过比较从中国到北美、从非洲英殖民地到拉丁美洲和欧洲的四大洲案例,避免跌入纯粹以西方为中心的视角有可能设下的陷阱。[①]

## 历史上先后出现的公债制度的建构和消亡

本书采用的长期史观使我们能够证明,虽然历史不能再现,但相关的历史类比也能以更加值得关注的方式阐释我们的当下。我们采用的这种观点使得突破模型目的论和更加传统的年表叙事法成为可能。正如我们所表明的那样,自 18 世纪以来,世界已经成功地经历了几种依次出现的公债制度。我们在这里所说的公债制度,是指一种由资本和市场分布 [或用政治学术语来说,是"结构性财政权"(structural power of finance)]、国家权力的性质(国家可以使用什么工具和专业知识)、政治舞台的形态(政治合法性来源,动员不同社会群体捍卫自己的观点和利益的方式)之间的特定关系界定的占主导地位的稳定公债制度。[②] 我们的假设是,公债的国内维度与(由国际货币制度、国际资本流动的地理分布或全球力量对比不平衡形塑的)国际政治经济结构之间存在很大的相互依存性。

这些公债制度可以是一些霸权制度,但绝不可能没有同时代的替代性制度,而且也不是永恒的制度。这些公债制度正是在发生债务危机的时候受到了挑战,并通过多回合谈判、冲突和重新排序得到了重新定义。记住这一点,就能理解为什么每次全球公债危机(19 世纪 20 年代和 80 年代、20 世纪 30 年

---

① Maxine Berg,ed.,*Writing the History of the Global:Challenges for the Twenty-First Century* (Oxford:Oxford University Press,2013); Sebastian Conrad,*What Is Global History?* (Princeton: Princeton University Press,2016).想了解在税收史中的具体应用,可参阅 Yun-Casalilla and O'Brien, eds.,*The Rise of Fiscal States*。

② 想了解启示来源,可参阅托马斯·皮凯蒂(Thomas *Piketty*)在《资本与意识形态》(*Capital and Ideology*,Cambridge,Mass.:Harvard University Press,2020)中是如何从"不平等制度"的角度来思考的。

代和 80 年代以及 21 世纪头十年)①,无论是从物质还是知识的角度看,都是市场、国家和公民间的组织和边界发生变化并重新安排的关键节点。② 这种观点有助于我们合并思考稳定和危机时期以及政治秩序和经济体系之间的相互作用。重新编制常规年表并重述它的意义,使我们能够确定公债的某种特定政治经济结构成为主导乃至霸权结构的时期——如从 19 世纪中期到 20 世纪头十年(经济史学家所说的"第一次全球化"③)——以及公债实践和演化轨迹多元化比较明显的时期[如从 18 世纪 70 年代到 19 世纪 20 年代的"长期革命"(long revolutionary)时期,或者 20 世纪的两次世界大战间隔期]。通过研究特定的公债制度如何成为主导制度并影响其他公债制度,我们发现了现代公债如何不遵循不变的"模型"。我们提出了一种理解政治经济结构的方法,这种方法不但能够规避目的论,而且能把政治经济变化解释为某种远不止是重构长期统计数据和分离出重复的模式,或识别债务的人类学道德不变量的东西。④

那么,我们从研究的历史案例中总共能识别出哪些公债制度呢? 我们的研究从 18 世纪晚期的革命时代开始,当时早期的近代公债制度受到新的政治原则和抱负的挑战并被重新定义。本书的第一编表明,可持续公债与市场机制,甚至与"可信赖承诺"没有什么关系,但与某种政治体制支持公债合法性的能力有相当大的关系。里贾纳·格拉芙(Regina Grafe)在一次大胆的重新阐释中揭示了西班牙美洲帝国稳固、分散化的,在需要时能从各地调动资金,同时又能减轻王室累积的债务负担的公共信用与商业资本网络。这个网络依靠

① 可关注 Carmen Reinhart and Kenneth Rogoff, *This Time is Different : Eight Centuries of Financial Folly* (Princeton:Princeton University Press,2009)。

② 想了解有关"边界斗争"(boundary struggles)的类似论点,请参阅 Nancy Fraser, "Legitimation Crisis? On the Political Contradictions of Financialized Capitalism," *Critical Historical Studies* 2, No. 2 (Fall 2015),157—189。

③ Kevin H. O'Rourke, Jeffrey G. Williamson, *Globalization and History : The Evolution of a Nineteenth-Century Atlantic Economy* (Cambridge, Mass. : MIT Press, 1999); Marc Flandreau and Frédéric Zumer, *The Making of Global Finance , 1880 — 1913* (Paris: OECD, 2004); Emily Rosenberg,ed. ,*A World Connecting , 1870—1945* (Cambridge,Mass. :The Belknap Press of Harvard University Press,2012).

④ Adam Tooze, "History and America's Great Recession," *Books and Ideas* , November 25, 2013,https://booksandideas. net/History-and-America-sGreat-2477. html.

君主和教会赋予它的政治和宗教合法性,支撑了当时世界最大的殖民帝国。最终,是欧洲战争和美洲独立战争造成的政治冲击颠覆了这个网络。然而,这些新兴国家用来取代上述网络的英国自由主义模式被证明并不适合它们,也未能提高其合法性。正如丽贝卡·斯潘(Rebecca Spang)在本书第二章里告诉我们的那样,这种公债自由主义观也是造成法国大革命出现问题的部分原因。当时法国王室的债务在经济上并非不可持续,但于18世纪80年代在政治上就变得不可持续。这就是第一批革命者当时非但没有宣布与过去彻底决裂,反而立即宣布他们对王室债务负责的原因。他们就这样造成了日益严重的政治不稳定。法国大革命的激进化过程与其说是极端意识形态的产物,还不如说是已有产权关系与新的公民身份和参与模式之间矛盾的产物。法国人也许应该学学瑞典这个对它的情况特有启示意义的外围国家。就如帕特里克·温顿(Patrik Winton)在本书第三章里所指出的那样,自18世纪中期以来,公债一直是法兰西王国几次政权更迭的核心问题,有时有利于议会政体,有时帮助国王夺回更多的权力。这个故事一直到瑞典新国王贝纳多特(Bernardote)通过拖欠2/3的公债不还并把新借的贷款记在他个人名下来构建自己的政治合法性以后才结束。因此,从18世纪中期到19世纪中期是公债与政权合法性密切相关的政治转型时期。大革命后,法国确实成功地创建了一种通过公众参与支持新政权的公债制度。在本书的第四章里,大卫·托德(David Todd)和亚历克西娅·耶茨(Alexia Yates)编织了这个关于知识重新定义和大众实际参与债券认购的故事。公众认购公债赋予法兰西国家新的政治合法性,并使巴黎仅仅在实行臭名昭著的"2/3破产法"(banqueroute des deux tiers,1797年)几年后就成为世界主要的资本输出市场之一。

因此,到了19世纪中期,一种主要由英国人提倡的自由公债制度(liberal debt regime)已经在欧洲变成了主导公债制度,从而导致各种具有18世纪特征的公债制度被边缘化。虽然自由公债制度内部发生了一些重要的变化,但就是这种公债制度被欧洲人在19世纪下半叶通过资本流动、帝国主义征服和其他形式的强制手段推向了全球。不过,虽然当时要求提高标准化的压力很大,如金本位制在全球范围内的扩张,但当时的政治条件不同,从而导致了不同的历史遭遇。本书的第二编探讨了公债在世界各地有争议的扩散以及它们如何重新分配财富、加剧不平等和改变全球政治等问题。新独立的拉美国家是最早从欧洲引进自由公债观的国家,而且在整个19世纪里,它们虽然都违约、没有偿还债务,但大多避开了"超级制裁"。正如胡安·H.弗洛雷斯·正德贾斯(Juan H. Flores Zendejas)在本书第五章里指出的,这主要是因为强大的公民群体具有相互冲突的利益,使得欧洲方面难以单独实施军事干预或贸易制裁。阿里·库斯昆·滕塞尔(Ali Coşkun Tunçer)在第六章里考察的奥斯曼帝国案例,使得通常认为公债帝国主义就是国家间博弈的观点变得复杂。土耳其宫廷能够利用在与欧洲列强谈判达成的公债和财政控制来推动其内部机构改革,同时又避免承担很多政治成本。不过,并不是所有的国家都能在国家间博弈中成为赢家。埃及可能是推行公债帝国主义的原型案例。但正如马拉克·拉比(Malak Labib)在第七章里所展示的那样,想要知道埃及公债帝国主义的来龙去脉,我们就需要了解意见不一的埃及和国际专家群体是如何定义有关概念和汇集金融知识来阐述这个问题的。虽然他们的交流有助于建立国际规范,但他们的研究更多是纠缠于权力关系,而不是关注专业知识。因此,正如李·加德纳(Leigh Gardner)在本书第八章里证明的那样,获取欧洲资本从来就不是一种纯粹的市场交易。李·加德纳在第八章里对独立的利比里亚以及英殖民地黄金海岸、尼日利亚和塞拉利昂等西非国家的案例进行了比较研究。在英国,公共利益集团和私人利益集团组成的帝国混合机构通过私人金融家和英国政府的代理人来安排贷款。欧洲贷款人和他们的政府之间这种难分彼此的状况,确实是"自由债务制度"在那些年里变得非常显著的一个特点。相比之下,在晚清时期,外国资本使得中国更多的通商地区增加商业活动和发展基础设施,但也让晚清政府付出了牺牲通过地区再分配强调皇帝实施仁政的道德和政治经济代价。正如严冬(Dong Yan)在本书第九章里讲述的那样,欧式公债削弱了晚清政权的政治合法性,并且助长了推翻晚清政权的爱国热情。在整个欧洲和北美,公债促成了大规模的基础设施投资,但也引发了财富和政治权力的再分配。正如诺姆·马格尔(Noam Maggor)和斯蒂芬·W.索耶(Stephen W. Sawyer)在本书第十章里研究的法国和美国案例所展示的那样,这些情况大多发生在城市,因此需要重新绘制政治版图;清朝的情况当然也是如此。正如本书第二编所总结的那样,金本位时代金融全球化达到的高度绝不是有些人留恋的自由世界。公债总是同与市场关系几乎无关的权力关系交织在一起的,但在那个时期,公债助长了日益严重的不平等和帝国主义野心,从而使世界变得越来越不稳定。

第一次世界大战的爆发迎来了第一个公债全球化时代,而本书第三编探讨了国家以其岌岌可危的借贷和税收能力重建其政治合法性遇到的挑战,并且介绍了一种新"统制债务制度"(dirigiste debt regim)慢慢无序出现的情况以及这种制度在不同政治体制下发生的变异。第一次世界大战给那些即使花了一个多世纪的时间建立起公债信心的最稳定国家也造成了巨大的压力。正如尼古拉·德拉朗德在本书第十一章里为法国和英国分析的那样,为发动全面战争而大量举债的需要,首先是一种涉及民族主义、政权合法性和国际地位的民主挑战。这种需要导致国家前所未有地渗透到民间社团,并且(在恶性通货膨胀和货币波动的推波助澜下)还导致了造成政治不稳定和社会动荡的战后幻灭。在对政治合法性和财政稳定的迫切需要的推动下,战胜国和战败国都在争相寻觅新的债务制度。斯蒂芬妮·米登多夫(Stefanie Middendorf)在本书第十二章里讲述了德国在魏玛共和时期的政治动荡和国力脆弱如何帮助一种新的"去政治化"技术性财政制度脱颖而出,一种把储蓄引入封闭的循环系统,并为从 20 世纪 20 年代麻烦不断的魏玛共和国到 30 年代的纳粹德国再到经过改革的战后联邦德国不同政权服务的财政制度。然而,这并不意味着公债能够实际回避政治。在德国,"金融压制"(financial repression)与大众宣传必然紧密地联系在一起;苏联的情况也是如此。在本书第十三章里,克里斯蒂·艾恩赛德(Kristy Ironside)和埃蒂安·福雷斯捷-佩拉(Étienne Forestier-peyrat)带领我们进行了一次了解苏联公共借款的奇妙之旅。对战前"自由"债务制度的谴责包括拒绝偿还沙皇政府欠下的债务。动员资源意味着在只允许生产资料公有制的情况下找到利用私人资金的途径,从而在继续使用旧有机制的同时进行制度创新。在过去的几十年里,古老的欧洲国家、新生的社会主义国家,甚至第二次世界大战后独立的殖民地国家对借款和公债的管制越来越严厉。正如马蒂厄·雷伊(Matthieu Rey)在本书第十四章里探讨的那样,在中东,公债曾是殖民统治的工具;而在中东国家独立以后,公债作为一种既象征着主权又可以避免向民众征税的工具,就成了一种建立新政权的政治试

金石。这种新的"公债统制制度"的全球化程度低于之前的公债制度,但在任
何地方都有助于国家的建立并促进政权的巩固,把市场置于严格的控制之
下——在这种主导公债制度下,只有很少的公债受市场的支配。

　　20世纪70年代出现的决裂是本书第四编讨论的主题。转向"金融化的
公债制度"(financialized debt regime)与其说是国家让步的结果,还不如说是
许多政治和经济行为主体在通货膨胀不再是合法的调控工具、社会支出对公
共财政的压力不断增大的时候为重塑国家和市场之间的关系而做出的选择。
正如阿纽什·卡帕迪亚(Anush Kapadia)和本明杰·莱莫恩(Benjamin Lem-
oine)在本书第十五章里对法国与印度进行的比较研究所显示的那样,放松金
融监管被认为是一个规避"内嵌式自由主义"(embedded liberalism)不再能够
应对的政治和社会冲突的途径。正如亚历山大·努特泽纳代尔(Alexander
Nützenadel)在本书第十六章里研究意大利的案例时阐明的那样,公债管理的
彻底变革,通过采取半应景式措施来解决短期危机和有意限制国家对经济的
干预这种双管齐下的方式,导致权力从财政部到中央银行再到国际金融市场
的转移。国家仍然是至关重要的行为主体,正如它们在2008年金融危机后
(通过救市计划)做出的反应所表明的那样,它们仍然有能力维持高债务,但要
付出削弱民主制度的政治代价。正如杰罗姆·斯加尔德(Jérôme Sgard)在本
书第十七章里告诉我们的那样,由公债形成的国际关系凸显了这种导致政权
组织形式边缘化的问题,就如国际货币基金组织在20世纪80年代试行的解
决债务问题的外交安排,不管怎样在当时受到了谴责,但把破产裁定权交给一
些(大金融市场所在)司法管辖区的国内法院,从而凸显了许多国家主权的丧
失和某种形式的合法帝国主义。在国家、市场和政权组织形式之间的三角关
系中,后者越来越受到排斥。全球化的金融网络与政治体制之间的差异从来
没有这么大过,从而也解释了21世纪头十年发生许多政治事件和危机的原
因。在本书第十八章里,亚当·图兹(Adam Tooze)关注那个自称是"债券义
务卫士"的群体,以及他们在把这种新的金融化债务制度发挥到极致的过程中
所扮演的角色。图兹就这样强调指出了新型高公共负债、不断扩大的经济不
平等以及对民主制度的普遍不满之间的密切联系。近年来,对民主制度的普
遍不满助推危险的政治反应席卷世界大部分地区。

在本书的结论部分有两章明确表示,"公债"的意义和对公债的理解从来就没有稳定过,即使是在职业经济学家和金融家中间也是如此。埃里克·莫内(Éric Monnet)和布莱斯·特隆-罗伊(Blaise Truong-Loï)揭露了公债会计如何实际规避会计师、公务员和金融从业人员等长达两个世纪,甚至在第二次世界大战结束后出现大规模的国际规范项目以后依旧如此。他俩基于德国、法国和中国的详细案例研究表明,每项(尤其是用于比较的)会计决策都普遍受到国家、债权人和政权组织形式之间权力平衡的政治影响。他俩的研究明确警示我们,应该对任何使用公债长期统计数据但没有联系特定的知识和政治背景的经济研究持谨慎态度。尼古拉·贝瑞尔和尼古拉·德拉朗德同样持长期史观回顾了有关公债的论点两个多世纪以来看似一成不变但却大相径庭的状况。他们研究了在公债问题上争论不休的政治行为主体如何使用从 18世纪开始提出但在不断更新的共享论点集合。环境发生了变化,因此要重新甄别既有的论点。这就需要一部在强调思想流传的同时明白它们的意义在当地总存在争议的政治史,从而使得写一部像本书各章建议的那种政治史变得更加紧迫。

这种关于历史上先后出现的主导债务制度的叙事不应该与某种类型学研究相混淆:我们没有揭示不同的竞争性"做"公债的模式,而是根据我们讲述的历史案例梳理出特定历史节点出现的举借和管理公债的主导组织。我们希望能从第一次这样的探索中获得并对他人有以下三个主要方面的启示:首先,公债从来没有遵循过任何永恒的规律,因为没有任何依附于公债的客观机制。公债本质上有它的政治目的,它的运作方式与政治合法性模式紧密相连。其次,不存在任何举借公债可以遵循的具有普遍意义的"好制度",因此,借款国并不是一定要制定"不可或缺"的法律规定和构建相应的制度体系。最后,政治合法性是公债,也是债权人债权的一个关键特征。我们注意到,当前有关国债的辩论对如今陷入危机的全球资本主义新秩序的影响,在新冠疫情大流行的深刻影响下达到了前所未有的程度。我们认为,在当前的背景下,这些结论就显得尤为重要。

# 公共债务与资本主义

　　本书通过回顾公债的发展历史发现,全球公债危机与国家、市场和政权组织形式之间的关系(和边界)的深刻变化以及全球权势关系的变化有关。今天把公债作为经济疲软或经济效率低下根源的倾向忽略了下面这个事实:自18世纪以来,公债和资本市场在许多场合被国家用来扩大主权和创建它们的机构,特别(但绝非仅仅)是在战争时期。由于获得资本对于国家建构至关重要,因此,2008年以后各国政府决定救助银行和保险公司,或各国中央银行大肆干预买进主权债券并把利率维持在低位,也就不足为奇了。但是,我们惊奇地发现,某些过去用来解决公债危机的方案(20世纪20年代的通货膨胀、19世纪70—80年代或20世纪30年代的债务违约,或者1945年后的资本管制)被排除在解决当前危机的政治框架之外,从而揭示了在过去40年里债券持有人、纳税人、养老金领取者和工资收入者之间的力量对比发生了怎样的变化。

　　鉴于当前债务危机的严重程度,我们想要详细说明本书如何能够从历史的角度增进对资本主义的理解这个学术界近来日益关心的问题。[1] 本书旨在重新审视私人资本和公共当局之间的关系,考察金融和信贷在影响国家主权、经济不平等、民主制度或帝国主义掠夺等方面所扮演的角色。[2] 只要我们接受"经济"是一种嵌入社会关系、道德价值观和政治冲突的历史建构,而不是一种其规律适用于每个时期和每种环境的自然秩序,历史学家、社会学家和政治学家通过重新把"政治经济"作为研究资本主义的一个关键概念,就能强调市场和政治之间的深度互动。[3] 不管怎样,这种"新资本主义历史学研究"虽

---

　　① 在大量的文章和专著中,可参阅 Sven Beckert and al. ,"Interchange:the History of Capitalism," *Journal of American History* 101,No. 2 (2014):503—536; Mary O'Sullivan,"The Intelligent Woman's Guide to Capitalism," *Enterprise and Society* 19,No. 4 (2018):751—802; Jürgen Kocka, *Capitalism:A Short History* (Princeton:Princeton University Press,2016); Jürgen Kocka and Marcel van der Linden,eds. ,*Capitalism:The Reemergence of a Historical Concept* (London:Bloomsbury, 2016); Nicolas Barreyre and Alexia Blin,"À la redécouverte du capitalisme américain," *Revue d'histoire du XIXe siècle*,No. 54 (2017):135—148; Sven Beckert and Christine Desan,"Introduction," in *American Capitalism:New Histories* (New York:Columbia University Press,2018)。

　　② Piketty,*Capital in the Twenty-First Century.*

　　③ Timothy Mitchell,"Fixing the Economy," *Cultural Studies* 12,No. 1 (1998):82—101.

然获得了所有这些令人兴奋、富有成效的发展,但主要是关注美国的经验。我们的公债全球史研究揭示了资本流动与债务关系在18世纪晚期以来资本主义全球扩张以及资本主义历史"去美国化"(和"去英国化")的过程中扮演的角色。在这里,我们要表明的是,把政治分析放在研究的中心位置,有助于展现各个时期的资本主义历史,因为资本主义在局部化、相互关联的政治动态发展过程中不断得到重塑。我们对这个更大范畴的反思做出了以下四方面的贡献。

首先,我们认为公债历来是推动资本主义扩张的有利因素。公债的推动作用远远超出了货币和债券流通的范畴,公债促进了知识建构(如统计数据和经济范畴)和经济学思想[古典自由主义、凯恩斯主义宏观经济学、公共选择经济学、秩序自由主义(ordoliberalism),等等]的传播,对金融、政治和行政机构产生了影响,并且推动了道德范畴和政治愿景之间的竞争。[1] 除了资金转移外,公债还意味着许多人员和其他方面的交流,就如本书大部分章节所显示的那样,专家学者、书刊报纸、中介机构和商人、制度和具体的经济政策等的交流。国家在想借钱时需要找到贷款人——从而在金融家因为把自己定位为专家而占据优势地位或者他们有权决定国家借款成败的情况下,往往会迫使国家采用金融家的术语和范畴。在19世纪,许多国家的中央和地方政府都争取在伦敦、巴黎、阿姆斯特丹、维也纳(或后来是在纽约)发行债券,为政府机构现代化和促进经济发展(通过修建铁路、发展采矿业和实施行政改革)筹集资金,并且越来越多地加入某个试图把自己的价值观和衡量标准强加给其成员机构的金融体系。为了弄清全球资本主义形成的方式和过程,我们需要密切关注很多旨在确定有关公共财政和金融市场、资产和负债、负债比率等的标准化衡量指标和概念的努力(和因此而发生的争执)。但是,这个故事一直充满争议,它的特点就是主人翁都要遵循两种相互矛盾的不同原则:国家需要做到公共账目透明(以便让外国或本国债券持有人放心),而中央银行、政治精英和金融

---

① 同样请参阅"Follow the Money: Banking and Finances in the Modern World," *American Historical Review* 122, No. 5 (2017), special issue.

机构在危机时期,尤其是当下的很多讨论中,都以不透明和保密为主色调。[①]

其次,我们的全球公债史研究迫使我们思考资本主义、帝国主义和暴力之间的关系。在本书的第二编里,我们重新审视了西方国家在殖民和后殖民背景下把主权债务作为支配世界其他地区的工具这一问题。在 19 世纪,金融资本主义的扩张与蓄奴、帝国主义的崛起、民族国家的形成以及战争和社会冲突成倍增加等问题都有着直接的联系。[②] 如果说全球化得益于欧洲帝国主义的扩张,那么仍然需要说明资本主义如何借力于取得胜利的新兴民族国家进行扩张。对主权债务问题的"后殖民"解读,强调了金融债权和财政职责的压迫性质及其与暴力的关系。但是,审视不同的模型,比较不同的案例,有助于解构这种全球视野,而且不会忽视债务与统治之间的关系。有些国家寻求外国资本正是为了增强自己的实力和发动战争(如 18 世纪晚期的瑞典和 19 世纪90 年代的希腊);而在另一些国家,地方精英想利用外部对国家财政的监督来促进不受欢迎的国内改革,并巩固自己的经济地位和政治权力(如 19 世纪的许多拉美国家,或者像伊拉克和叙利亚这样 20 世纪 50 和 60 年代新独立的国家)。资本输出也可能对债权人产生不利的影响,特别是在债务人宣布废除债务或拒绝还债的情况下,从而削弱金融资本主义的内核。[③] 这个故事也是为了对国际财政控制和监管的许多经验进行重新解读,其中包括从 19 世纪 60－70 年代的突尼斯、奥斯曼帝国和埃及到最近国际货币基金组织在后殖民非洲国家实施的结构性调整计划(20 世纪 80 年代),或现在著名的"三驾马车"(由欧盟委员会成员、欧洲中央银行和国际货币基金组织组成)2010 年后在希腊扮演的角色。

再者,全球公债史为政治学家在 20 世纪 90 年代发起的有关"各种不同资

---

① Pepper D. Culpepper, *Quiet Politics and Business Power. Corporate Control in Europe and Japan* (Cambridge: Cambridge University Press, 2012); Cornelia Woll, *The Power of Inaction. Bank Bailouts in Comparison* (Cornell: Cornell University Press, 2014).

② Carlos Marichal, *A Century of Debt Crises in Latin America: From Independence to the Great Depression, 1820－1930* (Princeton: Princeton University Press, 1989); Sven Beckert and Seth Rockman, eds., *Slavery's Capitalism: A New History of American Economic Development* (Philadelphia: University of Pennsylvania Press, 2016).

③ Lienau, Sovereign Debt; Kim Oosterlinck, *Hope Springs Eternal.*

本主义"的激烈辩论提供了素材。① 资本主义的确总是(不但在空间上,而且还在时间上)采取不同的历史形式。因此,如果我们正在经历的这场危机重新开启了有关自由民主和资本主义民主可持续性和未来的紧迫辩论,我们就不应感到惊讶。我们所发现的历史上先后出现的债务制度("自由""统制"和"金融化")仅仅是这方面研究的一个开端。它们都是根据以下方面的分析总结出来的:关于资本全球化与地方、国家和区域在时间上的差别化如何同步发展的分析,以及关于政治格局和事件如何成为关键因素——从而揭示了现代权力关系、经济不平等和社会再分配等——的分析。它们也为替代由于历史上曾是"成功的"模式而被不恰当地认为是"正确"的模式的英国自由主义模式留下了空间。不但英国模式在过去看起来也不像那种"可信赖承诺"模式,而且还有其他已经被证明完全可持续并一直持续到被"革命时代"震撼世界的政治动荡所颠覆的政治经济路径。

最后,我们的全球公债史研究试图搞清公债如何进入个人和社会的日常生活、如何被个人和社会挪用以及有时又是如何引起争议的等问题。② 如果我们想弄清公债这种充斥数字、长期承诺和错综复杂的机制的抽象现象长期以来如何影响许许多多人的社会、经济和政治生活这个问题,就必须把宏观研究和微观研究结合起来。③ 如果我们想要了解"公债"在历史上对社会的真正意义,就需要填补理论和统计宏观方法以及社会和文化历史学家正在进行的那种微观历史研究之间的空白。收入本书的各篇论文标志着朝这个方向迈出的第一步。它们考察了今天和早在 18 世纪晚期连接不同地区、国家和大洲不同背景的人和社会的"全球资本和公债链"。这就是为什么全球公债史不能仅

---

① Peter A. Hall and David Soskice, eds. , *Varieties of Capitalism: The Institutional Foundations of Comparative Advantage* (Oxford: Oxford University Press, 2001).

② William H. Sewell, "A Strange Career: The Historical Study of Economic Life," *History and Theory* 49, No. 4 (2010): 146—166.

③ Francesca Trivellato, *The Familiarity of Strangers: The Sephardic Diaspora, Livorno, and Cross-Cultural Trade in the Early Modern Period* (New Haven: Yale University Press, 2009); "Is There a Future for Italian Microhistory in the Age of Global History?" *California Italian Studies* 2, No. 1 (2011); Fahad Ahmad Bishara, *A Sea of Debt: Law and Economic Life in the Western Indian Ocean, 1780—1950* (Cambridge: Cambridge University Press, 2017); "Global History and Microhistory," *Past and Present* 242, No. 14, special issue (2019).

仅依靠银行家、外交官和公法学家这些作用通常已经众所周知的"大玩家",而且必须依靠许许多多经济和政治力量受到远距离资金转移影响和约束的小投资者、纳税人、养老金领取者、消费者、工薪阶层来创造的原因所在。只要平民百姓购买债券、人寿保险或参加私人养老金计划,或者只要通货膨胀和债务减免影响他们的实际收入,公债就会进入他们的日常生活。在战争和危机时期,或者在财政需求和紧缩措施加剧不平等、剥夺民主选择的时候,公债还会触发政治运动和动荡。①

*　*　*

在当下这场危机中,重新把资本主义历史和民主历史结合在一起研究,似乎是我们这个时代亟待完成的思想和政治任务之一。我们的全球公债政治史研究就是对当前的这场辩论做出的贡献,我们今天的紧迫任务就是要阐明如何把国家权力、市场机制和民主制度联系在一起的新见解。公债所涉及的问题对我们社会的未来至关重要。如何设定公债管理透明和不透明之间的界限? 专家、央行行长和国际组织的领导人应该对福利受到公债及其偿还影响的社会和民众承担怎样的责任? 除了加剧不平等和减少政治选择外,公债是否还有其他用途? 这些问题并不新鲜,但仍是我们要解决的问题。我们希望本书能把公债历史带回到这场主权债务危机的辩论中来,并有助于我们考虑到政治讨论总有几种方案可供选择,即便我们在谈论公债时也是如此。

尼古拉·贝瑞尔

尼古拉·德拉朗德

---

① Gerald D. Feldman, *The Great Disorder: Politics, Economics, and Society in the German Infation*, *1914—1924* (Oxford: Oxford University Press, 1993); Guya Accornero and Pedro Ramos Pinto, "'Mild mannered': Protest and Mobilisation in Portugal under Austerity, 2010—2013," *West European Politics 38*, No. 3 (2015): 491—515; Wolfgang Streeck and Armin Schäfer, eds., *Politics in the Age of Austerity* (London: Polity, 2013).

# 作者简介

**尼古拉·贝瑞尔** 法国社会科学高等研究院(EHESS,巴黎)研究美国史的副教授,著有《黄金与自由:重构政治经济学研究》(*Gold and Freedom:The Political Economy of Reconstruction*:University of Virginia Press,2015),并合著出版了《跨境历史学家:如何书写全球化时代的美国史》(*Historians Across Borders:Writing American History in a Global Age*:University of California Press,2014)。

**尼古拉·德拉朗德** 巴黎政治学院(Sciences Po,Paris)历史研究中心研究欧洲史的副教授,著有《税收战:1789年至今的赞成和抵制》(*Les Batailles de l'Impôt:Consentement et Résistances de 1789 à Nos Jours*:Seuil,2011),并合著出版了《世界背景下的法国:新全球史》(*France in the World:A New Global History*:Other Press,2019)。

**胡安·H.弗洛雷斯·正德贾斯** 日内瓦大学保罗·贝罗奇学院经济史研究所(Paul Bairoch Institute of Economic History)的经济史教授。他和扬·德克藏特(Yann Decorzant)合写了《走向多边?金融市场准入和国际联盟贷款:1923－1928年》["Going Multilateral? Financial Markets' Access and the League of Nations Loans,1923－1928," *Economic History Review* 69,No. 2 (2016):653－678]。

**埃蒂安·福雷斯捷-佩拉** (里昂)政治学院历史学副教授,著有《20世纪的高加索历史》(*Histoire du Caucase au XXe siècle*:Fayard,2020)。

**李·加德纳**　伦敦经济学院经济史副教授、斯泰伦博什大学(Stellen-bosch University)非洲经济史助理研究员,著有《如何在殖民非洲征税:对英帝国主义的政治经济学研究》(*Taxing Colonial Africa : The Political Economy of British Imperialism* : Oxford University Press,2012)。

**里贾纳·格拉芙**　(佛罗伦萨)欧洲大学学院(European University Institute)研究早期近代欧洲史的教授,著有《遥远的暴政:1650—1800 年西班牙的市场、权力和落后》(*Distant Tyranny : Markets , Power and Backwardness in Spain , 1650 — 1800* : Princeton University Press,2012)。

**克里斯蒂·艾恩赛德**　加拿大(蒙特利尔)麦吉尔大学(McGill University)俄罗斯史助理教授,发表过许多关于苏联战时和战后经济的论文,其中包括《卢布的胜利:苏联国内国家筹款的社会动力学研究》[Rubles for Victory : the Social Dynamics of State fundraising on the Soviet Home Front : *Kritika : Explorations in Russian and Eurasian History* 15,No. 4 (2014):799—828]。

**阿纽什·卡帕迪亚**　(孟买)印度理工学院(Indian Institute of Technology)人文和社会科学学院的助理教授。

**马拉克·拉比**　柏林自由大学(Free University of Berlin)和跨区域研究论坛(Forum Transregional Studien)"EUME"项目的博士后研究员。

**本明杰·莱莫恩**　法国国家科学研究中心(CNRS,巴黎第九大学)的研究员,著有《债务秩序:关于国家的厄运和市场繁荣的调查》(*L'Ordre de la Dette : Enquête sur les Infortunes de l'État et la Prospérité du Marché* , La Découverte,2016)。

**诺姆·马格尔**　伦敦玛丽女王大学(Queen Mary University of London)研究美国史的高级讲师,著有《婆罗门资本主义:美国第一个镀金时代的财富和民粹主义前沿探析》(*Brahmin Capitalism : Frontiers of Wealth and Populism in America's First Gilded Age* : Harvard University Press,2017)。

**斯蒂芬妮·米登多夫**　不来梅大学(University of Bremen)近代史教授、波茨坦莱布尼茨近代史研究中心(Leibniz Centre for Contemporary History)的副研究员,著有《管理经济? 关于德国和法国"现代"政府合作的反思(1920—1980)》[Ökonomisierung des Regierens? Überlegungen zum Wandel 'moderner' Staatsfnanzierung in Deutschland und Frankreich(1920—1980): *Archiv für Sozialgeschichte* 57(2017),281—311]和《帝国财政部的国家技术》(*Staatstechniken des Reichsministeriums der Finanzen seit*, DeGruyter/Oldenbourg,in print)。

**埃里克·莫内**　法国社会科学高等研究院和巴黎政治学院的经济史教授、伦敦经济政策研究中心(Centre for Economic Policy Research in London)的合作研究员,著有《如何控制信贷:法国货币政策与计划经济(1945—1973)》(*Controlling Credit : Monetary Policy and the Planned Economy in France*, *1945—1973* : Cambridge University Press,2018)。

**亚历山大·努特泽纳代尔**　(柏林)洪堡大学(Humboldt University)社会经济史教授,合著出版了《公共财政的政治经济学研究:20 世纪 70 年代以来的税收、国家支出和债务》(*The Political Economy of Public Finances : Taxation, State Spending and Debt since the 1970s* : Cambridge University Press,2017)。

**马蒂厄·雷伊**　(约翰内斯堡)IFAS 研究与智慧历史工作坊(Research and Wits History Workshop)的研究员,著有《叙利亚史:19—20 世纪》(*Histoire de la Syrie, XIXe-XXe Siècle* : Fayard,2018)。

**斯蒂芬·W. 索耶**　巴黎美国大学(American University of Paris)的历史

学教授,著有《联合起来的民众:民主与现代国家的国际起源(1840－1880)》(*Demos Assemble*:*Democracy and the International Origins of the Modern State*,*1840－1880*:University of Chicago Press,2018)。

**杰罗姆·斯加尔德** 巴黎政治学院的政治经济学教授,合著出版了《契约知识:全球市场百年实验》(*Contractual Knowledge*:*A Hundred Years of Experimentation in Global Markets*:Cambridge University Press,2016),并将由埃尔加出版公司出版一部关于 20 世纪 80 年代国际债务危机的口述历史:《债务、主权与国际货币基金组织》(*Debt*,*Sovereignty and the IMF*:Elgar)。

**丽贝卡·斯潘** 印第安纳大学(Indiana University)的历史学教授,负责 18 世纪研究中心(Center for Eighteenth-Century Studies)和人文与管理项目,著有《法国大革命时期的物资和金钱》(*Stuff and Money in the Time of the French Revolution*:Harvard,2015)和《餐厅的发明》(新版)(*the Invention of the Restaurant*,new edition:Harvard,2020)。她曾在明尼苏达大学(University of Minnesota)、蒂宾根大学(University of Tübingen)和耶鲁大学管理学院(Yale School of Management)做访问学者。

**大卫·托德** 伦敦国王学院(King's College London)的世界史高级讲师,著有《法国的自由贸易及其敌人:1814－1848》(*Free Trade and its Enemies in France*,*1814－1848*:Cambridge University Press,2015)和《天鹅绒帝国:19 世纪的法国非正式帝国主义》(*A Velvet Empire*:*French Informal Imperialism in the Nineteenth Century*,Princeton University Press,2021)。

**亚当·图兹** 哥伦比亚大学凯瑟琳与谢尔比·卡伦·戴维斯(Kathryn and Shelby Cullom Davis)的讲席历史学教授,著有《大急流:第一次世界大战、美国和重塑全球秩序,1916—1931》(*The Deluge*:*The Great War*,*America*,*and the Remaking of the Global Order*,*1916－1931*:Penguin Books,

2014)和《崩溃:十年金融危机如何改变世界》(*Crashed*:*How a Decade of Financial Crises Changed the World*:Viking,2018)。

**布莱斯·特隆-罗伊** 巴黎政治学院的博士研究生,专门研究 19 世纪后期的国际财政控制和公债会计。

**阿里·库斯昆·滕塞尔** 伦敦大学学院(University College London)的经济史副教授,著有《主权债务与国际财政控制:中东与巴尔干地区(1870—1914)》(*Sovereign Debt and International Financial Control*:*The Middle East and the Balkans*,*1870—1914*:Palgrave Macmillan,2015)。

**帕特里克·温顿** 厄勒布尔大学(Örebro University)的历史学高级讲师,已发表论文《策略违约的政治经济学研究:瑞典与国际资本市场(1810—1830)》["The Political Economy of Strategic Default:Sweden and the International Capital Markets,1810—1830",*European Review of Economic History* 20,No. 4 (2016),410—428]。

**严冬** 加州大学伯克利分校中国研究中心的博士后研究员。作为研究中国近代经济思想史的学者,他目前正在写一本名为《债券的能量:公债与中国政治经济研究(1850—1914)》(*Sinews of Paper*:*Public Debt and Chinese Political Economy*,*1850—1914*)的专著,研究现代公债在 19 世纪晚期和 20 世纪早期中国的适应问题。

**亚历克希娅·耶茨** 曼彻斯特大学的现代史讲师,著有《变卖巴黎:世纪末首都的房地产和商业文化》(*Selling Paris*:*Property and Commercial Culture in the Fin-de-Siècle Capital*:Harvard University Press,2015)。

# 致　谢

　　开始真没想到，我们一边喝着咖啡一边聊着 19 世纪法国和美国的公债，竟会整出一个这样雄心勃勃的合作项目。我们首先要感谢我们信赖的几位历史学家表现出来的热情，这里特别值得一提的是亚当·图兹。在巴黎市政府[2015—2019 年"突发事件"项目（"Emergences" Program，2015—2019）]的慷慨资助下，我们得以组建一个优秀的学者团队参加了这个项目。我们荣幸地通过本书与大家分享他们的研究成果。

　　在我们完成这个项目的过程中，有许多机构提供了帮助。五年来，巴黎政治学院历史研究中心一直负责管理和使用这笔资助经费，我们要深切地感谢玛丽-洛尔·达吉厄（Marie-Laure Dagieu），她始终认真、高效地完成与这个项目有关的全部行政工作。法国社会科学高等研究院（EHESS）的北美研究中心（CENA）承担了部分重要的组织工作。我们要特别感谢卡米尔·阿玛（Camille Amat）提供了大力支持，并提出了宝贵的建议。美洲世界研究中心（Mondes Américains Research Center）和 TEPSIS 的卓越实验室提供了额外的资助。

　　多亏了以上机构和个人以及其他人士的帮助和努力，我们能够把来自 10 个不同国家的 25 位学者组成一个名副其实的合作研究网络。我们召开了三次会议，一起富有成效地讨论了全球政治史研究的问题。我们的第一次会议是在剑桥大学历史与经济研究中心举行的，得到了剑桥大学历史系和经济史学会的资助。我们要感谢亚莉克希亚·耶茨和我们一起组织了这次会议，也要感谢布莱斯·特隆-罗伊提供了研究方面的帮助。多亏了时任我们这个项目博士后研究员的埃蒂安·福雷斯捷-佩拉提供了会议组织工作方面的帮助，我们的第二次会议得以在巴黎政治学院举行。我们的第三次也是最后一次会议在雅典举行，在阿纳斯塔西奥斯·阿纳斯塔西亚德斯（Anastassios Anas-tassiadis）的倡议下，由雅典法国学院（French School of Athens）慷慨主办。在雅典的逗留，使我们能够在思考希腊面临的紧急情况的同时完成了我们的项目。

五年来，许多学者在这三次会议期间发表的见解和不吝赐教，使我们受益匪浅。我们要感谢剑桥大学的马丁·道顿（Martin Daunton）、佩德罗·拉莫斯·平托（Pedro Ramos Pinto）和邓肯·尼达姆（Duncan Needham），巴黎的凯迪雅·贝冠（Katia Béguin）、马里奥·德尔·佩罗（Mario Del Pero）、马蒂厄·芙拉（Mathieu Fulla）、罗曼·芙蕾特（Romain Huret）、安尼克·朗佩里埃尔（Annick Lempérière）、大卫·佩里埃斯特兰（David Priestland）、雅各布·沃格尔（Jakob Vogel）和查尔斯·沃顿（Charles Walton）以及雅典的玛丽亚-克里斯蒂娜·查奇乔安诺（Maria-Christina Chatziioannou）、安德里亚斯·卡克里蒂斯（Andreas Kakridis）和苏格拉底·佩特梅扎斯（Socrates Petmezas）。

在项目的最后阶段，我们在几个研讨会和学术会议上介绍了这个项目。我们要感谢伊曼纽尔·布瑞（Emmanuel Bouju）和玛丽·刘易斯（Mary Lewis）邀请我们参加 2017 年 4 月在哈佛大学召开的"赊账的欧洲"（Europe on Credit）会议，皮埃尔·德·圣法尔（Pierre de Saint-Phalle）邀请我们参加在洛桑大学召开的一个名为"债务约束：漫长的历史"（Disciplining through Debt：A Long History）的学术会议以及胡安·潘-蒙托罗（Juan Pan-Montojo）和他的同事邀请我们参加在麻省理工学院召开的世界经济史学术会议的联合委员会。在麻省理工学院举行的世界经济史学术会议上，马克·弗朗德罗（Marc Flandreau）做了特别有益的点评。我们还要感谢斯蒂芬·W.索耶和诺姆·马格尔。我们经常征求他俩的意见，他俩总能慷慨地分享他们对整个项目的想法，并且不断地鼓励我们。

帕尔格雷夫出版公司（Palgrave）的德·玛丽斯·柯夫曼（D'maris Coff-man）以及"帕尔格雷夫金融史研究丛书"（Palgrave Studies on the History of Finance）的编辑热情地把本书收入了他们的丛书。我们要感谢在编辑本书的过程中表现出那么高效率的图拉·韦斯（Tula Weis）和露西·基德韦尔（Lucy Kidwell），以及帮助我们改进一般论证的匿名审稿人。作为一个只有部分成员母语是英语的国际团队,在本书的文字梳理方面,我们全仰仗伊丽莎白·罗利-朱莉维(Elizabeth Rowley-Jolivet)。

最后,我们真心感谢全体愿意参加这个国际项目的同行,他们跨学科、挤时间投入这个名副其实的合作项目中来。我们非常感谢他们的学术投入和不懈的支持。

# 目　录

第一编　政治危机与公债合法性

（18世纪70年代至19世纪60年代）

## 第二编　全球资本、帝国主义扩张和不断变更的主权国家(19世纪60年代至1914年)

### 第三编:公债大变革

### (1914 年至 20 世纪 70 年代)

# 第一编

⌬

# 政治危机与公债合法性

## （18世纪70年代至19世纪60年代）

　　到了18世纪末，公债在欧洲许多国家已经成为一个严重的问题。当时，欧洲战争连绵不断，而且每场战争对世界的影响都比上一场更大。因此，有些历史学家称这个时期为"第二个'百年战争'时期"。为了给战争筹集资金，债务越欠越多；关于公债到底是什么的公共话语也发生了变化，所有这些都导致对我们今天理解公债的方式仍产生影响的观念再次发生了变化。

　　不过，我们今天理解公债的方式也需要修正。许多学者把18世纪晚期英国和法国两种截然不同的公债经历作为总结"良好实践"和"良好制度"的经验和教训，并把英国特有的制度奉为"成功"的公债典范。就如本书第一编所显示的那样，不管怎么说，欧洲国家有多种可行的借贷和公债管理方式，而真正使公债成为问题的因素更可能是借钱的政治机构的政治合法性和"为谁借钱"，而不是任何经济可持续性的衡量标准。因此，我们在这里探讨的西班牙美洲、法国和瑞典的历史案例表明，我们应该重新审视这个时期，甚至修改英国等国家的著名例子,以便更好地弄清自由债务制度到了19世纪中期成了欧洲的主导公债制度,然后(有时是非常有说服力地)被输出到世界其他地方的原因。这些原因,正如我们认为的那样,大多是政治原因。

就像里贾纳·格拉芙在本书第一章里强调的那样,公共财政机构(包括公债机构)本身就是政治妥协、和解和务实的结果。西班牙美洲殖民地发展了一种与当时英国正在合并的公共财政体系截然不同的财政体系。这种把宗教机构和商业资本纳入其中的分散化、相互关联的地方财政金库网络,使得西班牙能够维持当时世界上最大的殖民帝国,同时保证中央政府的债务少于其他欧洲列强。不过,西班牙的公共财政体系是建立在(正是欧洲的革命战争和随后的西班牙美洲独立战争所摧毁的)教会和王室的政治合法性上的。自由主义改革者试图利用的经验恰恰是错误的经验,或者说是失败的教训。

丽贝卡·斯潘在第二章里讨论了政治合法性和自由主义改革失败的问题。正如斯潘所指出的那样,是围绕公共财政的政治斗争,而不是经济的不可持续性,导致18世纪80年代法国王室的债务出了问题,进而导致法国大革命的爆发;而法国大革命者则把公债(及其偿还)与新政权及其使用的金融工具的合法性联系在了一起。因此,公债占据的政治中心地位是导致法国大革命激进化的关键驱动因素,而1797年发生的部分债务违约在决定旧制度命运的同时也赋予新政权重建新的政治合法性的手段。

因此,公债及其管理在18世纪成了控制政权和国家的关键手段。帕特里克·温顿在第三章里指出,瑞典的案例可能鲜为人知,但却是很能说明这方面问题的例子。帕特里克·温顿讲述了瑞典18世纪中期至19世纪20年代期间几个关键时期的公债故事,告诉我们瑞典当时的公债如何与政治体制的性质紧密联系在一起以及当时谁在瑞典的国家机器里行使权力等问题。无论是在国内或国外借贷,还是在欧洲不同贷款人之间借钱,都会对瑞典的国内权力平衡以及使国王的绝对权力与各社会等级间比较分散的权力之间达成平衡的政权基础产生影响——直到法国元帅贝纳多特登基当上瑞典的国王,把瑞典借的新债算在他个人的账上,从而明确确立了他本人的政治合法性。

公共债务在后法国大革命时代的欧洲对于建立政治合法性的重要性,是大卫·托德和亚历克西娅·耶茨在本编第四章里论述的核心问题。他俩在第四章里重新回到了法国,介绍了法国在后拿破仑时代经历了多次政权更迭后,通过举借公债来重建政治合法性的情况。法国是通过知识和物质创新来做到这一点的,因为创新产生了一种认为公债是公民民主参与国家生活——及其外交关系——的手段的积极观点。法国在大革命和还清了 1815 年强加给它的赔款以后能如此迅速地成为金融强国,就证明了这种新的公债制度与 19 世纪下半叶主导世界的自由债务制度是一脉相承的,但代表了一种产生长期影响——一直延续到第一次世界大战——的重要变体。

# 第一章　西班牙和它的殖民地：
## 一个公债帝国？

里贾纳·格拉芙[*]

公债是任何复杂政体财政生存能力的基本组成部分。在近代早期,小城邦国家,规模较大的领土国家以及西半球规模最大的海外帝国,即近代早期的西班牙,至少由于两个原因而需要获得信贷。

首先,收入流和支出流两者的周期并不相同。一方面,在 19 世纪后期以前,军费支出是西班牙遥遥领先的最大财政支出项目,并且也是特别难以平衡的支出项目。在采取军事行动前,需要提前筹集资金。军队,无论是正规军、民兵,还是雇佣军,如果欠军饷太多,就会停止作战并开始抢劫。另一方面,收入即便由包税人一次性缴付,也往往是在一年里逐渐收缴国库,因此,收入在收缴时间上几乎无法与重大支出项目相匹配。对于那些绝对依赖交易和消费税,而不是直接土地税的财政制度来说,这种收支在时间上不匹配的情况就更加明显,而近代早期西班牙就是绝对依赖交易和消费税,而不是直接土地税。[①]

其次,收入与支出经常在空间上不匹配,尤其是庞大的帝国,但又不仅仅局限于庞大的帝国。从许多远离边境的城市收缴上来的税收最终都用来为驻守边境的民兵提供资金,很多研究已经深入考察近代早期国家的收入能力(即国家的财政能力)以及它们履行政治实体基本职能的效能和效率,如提供内部

---

　　\* E-mail: regina. grafe@eui. eu.

　　① Regina Grafe, *Distant Tyranny: Markets, Power and Backwardness in Spain*, 1650－1800 (Princeton: Princeton University Press, 2012).

和外部保护的效能和效率(即国家的法定能力)。① 我们可以说,处于这种国家能力核心位置的跨时间和空间资金转移,其关键在于财政体制的内部运行机制。但是,财政体制需要通过政治协商来确定,通常还需要利用信用融资,并在实践中贯彻执行。本文旨在介绍殖民时期西班牙美洲有关资金跨时间和空间转移的政治协商如何出现和演变以及它们对近代西班牙美洲诸共和国的财政和金融体制产生的影响。

在有关帝国比较研究的文献中,殖民遗产的问题无可争议地显得非常重要。19 世纪后期和 20 世纪的拉美经济史学家一直在研究殖民历史,试图解释为什么"拉丁美洲落后了"。他们得出的结论是,大多数拉美国家独立(1808—1825 年)以后现代金融市场发展滞后,至少说明了造成拉丁美洲落后的部分原因。② 即使在比较大的拉美共和国,银行、股票交易所和债券市场直到 19 世纪晚期才能够完全按照这些机构的现代运营方式发挥作用。资本市场规模小,而且不发达,尤其阻碍了工业化,并且对拉丁美洲的经济发展造成了长期的负面影响。③

研究拉美独立问题的历史学家反过来认为,殖民晚期糟糕的金融基础设施是造成西班牙殖民帝国崩溃的原因之一,也是造成各继承国独立后初始发展条件不利的一个原因。不然,怎么解释这个 19 世纪生产了世界最大份额金银的大陆为什么后来还要拼命建立金融机构呢? 新拉美国家第一次求助伦敦这个最重要的国际债券市场是在 19 世纪 20 年代。除了巴西这个当时已经独立的国家以外,这次债券发行经历以所有其他拉美国家违约不还而告终。④ 19 世纪上半叶,拉美国家的内战使其已经不可能再求助于债券市场。最终,

---

① Timothy Besley and Torsten Persson,"The Origins of State Capacity: Property Rights,Taxation,and Politics," *American Economic Review* 99,No. 4 (2009); Bartolomé Yun Casalilla and Patrick K. O'Brien,*The Rise of Fiscal States: A Global History*,1500—1914 (Cambridge: Cambridge University Press,2012).

② Stephen H. Haber,ed.,*How Latin America Fell Behind: Essays on the Economic Histories of Brazil and Mexico*,1800—1914 (Stanford: Stanford University Press,1997).

③ Stephen Haber,"Financial Markets and Industrial Development: A Comparative Study of Governmental Regulation,Financial Innovation,and Industrial Structure in Brazil and Mexico,1840—1930," in *How Latin America Fell Behind*,ed. Haber.

④ Frank Griffth Dawson,*The First Latin American Debt Crisis: The City of London and the 1822—1825 Loan Bubble* (New Haven: Yale University Press,1990).

拉美国家还是借到了贷款，但这笔新贷款再次以 1873 年的普遍违约和 1890 年的巴林公司危机告终。这个不好的开端似乎已经演变成一种影响拉美国家经济和政治发展达到我们这个时代水平的金融、财政和货币不稳定模式，一种由国际投资者周期性过度贷款和拉美国家周期性过度借贷驱动的模式。[①]

不过，我们最好能够注意马克·布洛赫（Marc Bloch）关于"起源恶魔"（demon of origins）的著名警告。[②] 大多数历史学研究文献不是明确表明，就是隐含假设，19 世纪和 20 世纪私人金融和公共财政疲软是殖民历史的产物。值得注意的是，殖民时期西班牙美洲财政署从未发行过相当于现代主权债券的证券。[③] 当时，西班牙美洲私人银行业被认为只以初级形态存在，几乎没有股份制银行。用经济史学界的行话来说，在殖民时期，西班牙美洲并没有出现为公共和私人活动提供资金的"非私人资本来源"，或者没有达到充分的程度。殖民时期没能创造一种允许正规银行、上市公司和主权债券发行机构发展的制度环境，就意味着私人和公共行为主体只能通过私人关系满足资金需要，从而限制了他们获得资金的途径。这似乎就是那种布洛赫提醒我们注意的"解释开端的起源"。

那么，拉美殖民时期的政治经济环境为什么与"伦敦式"的金融市场如此格格不入呢？在传统的公债故事中，把发展私人和主权贷款机制常常看作"产权制度"这座"煤矿里的金丝雀"*。在那些常常滥用行政和立法权，掠夺私人投资者的债券、信贷或投资回报的政治体制下，不太可能发展出透明、监管有方的贷款机制。对于那些没有提供独立司法手段防范这样的多少有点公开的征用行为的政体来说，情况也是如此。

在许多观察家看来，阻碍独立前后西班牙美洲发展的殖民遗产是国家及其根深蒂固的精英阶层的贪婪。[①] 他们的贪婪被认为是导致西班牙美洲金融机

---

① Carlos Marichal, *A Century of Debt Crises in Latin America*：*From Independence to the Great Depression*，*1820—1830*（Princeton：Princeton University Press，1989）.

② Marc Bloch，*The Historian's Craft*（New York：Vintage Books，1953），25.

③ 18 世纪晚期在西班牙美洲流通的皇家债券是由马德里财政部，而不是由地方财政署发行的。

* 过去科技不发达，有人发现金丝雀对瓦斯特别敏感，于是下矿井采煤时带上一只金丝雀，只要鸟儿不停地欢叫，就说明矿井里是安全的。这里有预警器的意思。——译者注

① Daron Acemoglu and James A. Robinson，*Why Nations Fail*：*The Origins of Power*，*Prosperity*，*and Poverty*（New York：Crown，2012）.

构不发达的根本原因①,并且制造了一种特点就是负债过度的"西班牙美洲困境",其根源可追溯到征用式的殖民统治以及糟糕的债务可管理性,而糟糕的公共和私人"现代"非人格化金融机构又进一步加剧了债务不可管理的程度。

我们不能否认西班牙美洲 19 世纪和 20 世纪的悲惨金融历史(尽管本书第五章认为,西班牙美洲的这段故事需要修改)。但是,我们在这一章里对那种认为应该从连续性的角度理解西班牙美洲这段金融史的观点提出了质疑。我们在本章的前半部分重新审视那种试图确定西班牙美洲债务问题殖民起源的叙事。根据以前与 M. A. 伊里格尹(M. A. Irigoin)一起完成的研究,笔者先对西班牙和西班牙美洲殖民地的公债状况进行了比较,从而解开了西班牙和西班牙美洲殖民地 18 世纪债务水平看似很低的谜②;然后讨论了财政决策(去)集权化程度的问题。那么,当局就公债问题与私人债权人谈判有多大的空间呢? 殖民掠夺有多严重? 笔者认为,我们不应把西班牙美洲殖民地缺少正式的主权,误认为是那里的居民缺少财政机构。相反,我们看到了西班牙美洲有一个资金充足、全面扩张并且能够以相对温和的利率吸收资本的财政体系。西班牙美洲现代财政不稳定的所谓殖民起源,在很大程度上是由与历史数据不符的现在主义观造成的。

笔者在本章的第二部分指出,在西班牙美洲几乎完全没有公债券、私人银行、股票市场的情况下,我们多半会忽略那里会有一个运行良好的财政体系存在,因为历史学家被一种记述不但以欧洲为中心,而且约束力更强的现代金融

---

① Jorge I. Domínguez, "Explaining Latin America's Lagging Development in the Second Half of the Twentieth Century: Growth Strategies, Inequality, and Economic Crises," in *Falling Behind. Explaining the Development Gap between Latin America and the United States*, ed. *Francis Fukuyama* (Oxford: Oxford University Press, 2011).

② Regina Grafe and Alejandra Irigoin, "The Spanish Empire and Its Legacy: Fiscal Re-Distribution and Political Conflict in Colonial and Post-Colonial Spanish America," *Journal of Global History* 1, No. 2 (2006); Regina Grafe and Alejandra Irigoin, "A Stakeholder Empire: The Political Economy of Spanish Imperial Rule in America," *Economic History Review* 65, No. 2 (2012); Alejandra Irigoin and Regina Grafe, "Bargaining for Absolutism: A Spanish Path to Empire and Nation Building," *Hispanic American Historical Review* 88, No. 2 (2008); Regina Grafe and Alejandra Irigoin, "Negotiating Power: Fiscal Constraints and Financial Development in Early Modern Spain and the Spanish Empire," in *Questioning Credible Commitment*, eds. D'Maris Coffman, Adrian Leonard and Larry Neal (Cambridge: Cambridge University Press, 2013).

市场发展的英法主导叙事蒙蔽了双眼。他们只是在错误的地方寻找金融机构,其实应该更加频繁地去教堂或者拜访当地的商人行会或收税员,因为这些地方、机构或人才是西班牙美洲的信贷支柱。从历史学家提出的论点来看,他们认为,在复杂的金融体系和非人格化资本来源之外,还有其他对于提供信贷来说基本上并非必不可少的替代途径,如股份公司、股票交易所和债券市场。换句话说,今天被我们认定为经济成功增长必要条件的特定制度,在18世纪甚至19世纪可能远没有现在这样重要。但是,一些政治事件堵塞了这种替代性制度路径。令人意外的是,西班牙美洲陷入金融市场落后的困境并不是殖民统治延续的结果,而是骤然的后殖民断裂造成的后果。

## 多中心统治与帝国财政

　　欧洲和亚洲的帝国在近代早期的扩张导致它们采用宗主国制度模式治理距离遥远的殖民地,但在适当的时候会根据被征服社会的经济、政治、社会和文化特点进行调整或同化,或者通过被征服社会的经济、政治、社会和文化机构来补强。因此,西班牙、法国等的扩张造成了与宗主国制度模式的制度结构差异。不过,宗主国制度模式也因为被征服民族和被征服空间的互动和竞争而发生了不同方向的变异。为了更好地了解帝国背景下财政和金融体系的动态变化以及它们与公债的关系,我们需要考虑它们的来龙去脉。[1]

　　图1.1显示了18世纪晚期西班牙、英国和法国这三个欧洲殖民宗主国在法国大革命前夕财政体系设置方面存在的异同点。虽然西班牙和英国在军事支出以及法国和西班牙在民事支出比例上有相似之处,但西班牙有一个明显不同的特点,那就是几乎没有积欠公债。法国和英国要把30%～55%的财政支出用于公债的还本付息,而西班牙在18世纪80年代之前的任何十年里,这个比例平均而言从未超过15%。较低的债务支出表明,西班牙本土的财政和金融治理在某些方面与英国和法国不同。

　　在过去20年里,经济史学家修订了西班牙近代早期的财政史。我们现在

---

① James Mahoney,*Colonialism and Postcolonial Development*:*Spanish America in Comparative Perspective*(Cambridge:Cambridge University Press,2010).

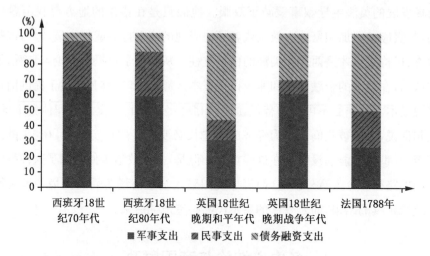

资料来源:Grafe and Irigoin,"A Stakeholder Empire"。

**图 1.1　18 世纪晚期英国、法国和西班牙的军事、民事和债务融资支出(占总支出的百分比)**

都很清楚地了解到西班牙人的统治与他们之前被认为的财政状况完全不同。16 世纪,西班牙中央财政(hacienda)利用先进的金融体系,通过发行被称为"juros"*的可赎回债券,把它以贷款形式积欠的大量债务转换成长期债务。按照当时的标准,西班牙财政的负债比率很高,但总有偿付能力。财政部与债务人辛迪加签订的合同订有旨在应对有时难免会发生的流动性危机———一种由王室与三级会议之间的政治僵局造成的危机,或者仅仅由收入的收缴在时间和空间上与(军费)支出不匹配造成的危机———的事前条款。历史文献习惯上所说的"破产",实际上是根据相对比较明确的规则就偿债问题进行重新谈判的情况。①

　　由于 16 世纪的经济繁荣恶化为 17 世纪的经济收缩,再加上军事行动急剧增加,西班牙公债杠杆比率过高的迹象开始显现。当局采取了一些短期措

---

　　*　一种用财政收入作为担保、向国内外投资者发行的合并债券。———译者注

　　①　Mauricio Drelichman and Hans-Joachim Voth,*Lending to the Borrower from Hell*:*Debt*,*Taxes*,*and Default in the Age of Philip* Ⅱ(Princeton:Princeton University Press,2014);Mia J. Rodríguez-Salgado,*The Changing Face of Empire*:*Charles V*,*Philip* Ⅱ *and Habsburg Authority*,*1551—1559*(Cambridge:Cambridge University Press,1988);Carlos Álvarez-Nogal and Christophe Chamley,"Debt Policy under Constraints:Philip Ⅱ,the Cortes,and Genoese Bankers," *Economic History Review* 67,No.1(2014).

施——如降低小额硬币的金属成色(但没有降低银币的成色)，反复降低已发行债券的利率——以及其他各种权宜措施。最终，从 17 世纪 80 年代开始，这些短期措施逐渐被一系列比较深层次的改革所取代。主权债务其实是通过投资者、握有很大增税权力的地方财政和王室普遍做出"让步"来整合的。西班牙之所以能够通过调低债务面值来分担债务，是因为当时西班牙的大部分主权债务是欠国内债权人的，而不是欠外国银行家的。[①] 西班牙中央财政支出中军费支出的占比至少与英国和法国一样高。但与英法两国不同的是，直到 18 世纪 80 年代，西班牙才通过大量发行公债为战争筹集资金。按照欧洲当时的标准衡量，西班牙战争与和平时期的军费支出占比都很高，而偿债支出占比较低。[②]

正如有人预期的那样，西班牙美洲的财政状况与西班牙本土的财政状况并不完全相同。图 1.2 对图 1.1 已经显示的 18 世纪西班牙本土财政支出和西班牙美洲的财政支出进行了比较。通过比较，我们立刻就能发现西班牙美洲较低的军饷支出和非军饷军费支出。同样包括薪水和非薪水支出的巨额民事支出情况也是如此。殖民地财政在对外防御和对内镇压上的支出比本土少。18 世纪，西班牙美洲财政账户中的支出项目越来越多，有些项目很难确定它们的用途。但西班牙美洲与西班牙本土入账的偿债支出占总支出的比例都很低，但前者甚至比后者更低。从 18 世纪 30 年代到 90 年代，西班牙美洲的这个比例从 2％ 上升到了 7％。

那么，西班牙本土及其美洲殖民地是一个没有债务的帝国吗？如果是，那么是什么原因导致这种奇怪的现象出现呢？它的后果又是什么呢？毕竟，无论是议会制的英国、共和制的尼德兰，还是君主制的法国，它们都是欧洲不同政体之间所谓的殖民竞争的参与者，对债务融资的依赖都像西班牙帝国那样很低。那么，哪些政治经济因素能够解释这种现象呢？

有两种截然不同的模式被用来解释西班牙帝国的统治。我们称其中的一

---

① Grafe, *Distant Tyranny*.

② 想了解战时财政的更详细分析，请参阅 Rafael Torres Sánchez, "The Triumph of the Fiscal-Military State in the Eighteenth Century: War and Mercantilism," in *War*, *State and Development: Fiscal-Military States in the Eighteenth* Century, ed. Rafael Torres Sánchez (Pamplona: EUNSA, 2007).

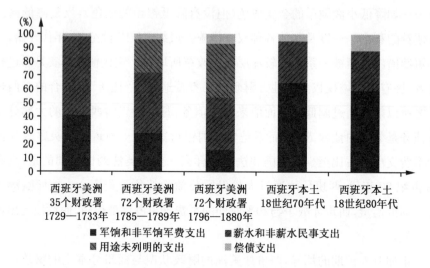

资料来源：Grafe and Irigoin，"A Stakeholder Empire"。

**图 1.2　18 世纪西班牙本土和西班牙美洲的军事支出、民事支出、用途不明的支出和偿债支出（占总支出的百分比）（西班牙美洲行政区的支出份额是没有计算转移给本土的收入和殖民地内部收入转移的支出份额）**

种为中心—外围模式，这种模式尤其凸显了 18 世纪不断增强的集权化趋势和没有殖民地精英——更不用说绝大多数土著居民、麦士蒂索人（Mestizo）*、非裔美洲人和贫穷的"西班牙美洲人"的——政治代表制度的问题。按照这种观点，由马德里制定但由西班牙殖民地执行旨在最大限度地掠夺西班牙美洲领土的政策；而西班牙拉美精英会利用来自马德里的信息有限但常常不可行的法令，以"服从法律，但不依法行事"（*la ley se acata pero no se cumple*）这句名言概括的方式无视马德里制定的政策。[1]

　　推行中心—外围模式的结果是，腐败和管理不善成了常态。一方面，西班牙本土这个中心设计旨在保证为它从美洲殖民地榨取尽可能多的资源；另一

---

*　拉丁民族与印第安民族的混血儿。——译者注

[1]　Acemoglu and Robinson，*Why Nations Fail*；Mahoney，*Colonialism and Postcolonial Development*；Allan J. Kuethe and Kenneth J. Andrien，*The Spanish Atlantic World in the Eighteenth Century*：*War and the Bourbon Reforms*，*1713—1796*（Cambridge：Cambridge University Press，2014）；Stanley J. Stein and Barbara H. Stein，*Silver*，*Trade*，*and War*：*Spain and America in the Making of Early Modern Europe*（Baltimore and London：Johns Hopkins University Press，2000）。

方面，不可行的榨取制度所引发的抵触情绪导致美洲殖民地财政和执法能力低下。最终，殖民地财政就有了资金不足和无法保障公共或私人产权这两个特征。这种制度在财政上不可行，也没被西班牙王室的美洲臣民视为合法，因此陷入了恶性循环。逃税和避税只会强化西班牙本土这个中心强加给殖民地外围的榨取性策略。根据这个长期以来在相关研究文献中占主导地位的模式，西班牙本土，特别是西班牙美洲，不借公债，表明西班牙帝国产权制度薄弱，而产权制度薄弱则反过来阻碍了私人和公共金融机构的发展。

　　西班牙帝国的第二种治理模式被称为"多中心或利益相关者帝国"（polycentric or stakeholder empire）模式。① 西班牙帝国是依靠一个连接马德里、那不勒斯、墨西哥城和利马等中心的网络结构来维持它在欧洲和其他地方的统治的。这种解释的支持者认为，西班牙帝国的决策是这些中心之间和中心内部谈判协商的结果。西班牙帝国制定财政政策的情况尤其如此，因为西班牙帝国的财政政策主要由西班牙帝国欧洲领土的三级会议、西班牙本土的城镇或西班牙美洲当地财政区占主导地位的地区精英制定和控制。地方和地区决策制度使得王室成了整个体系内部的合法仲裁者；同时，精英之间的合作可以保证帝国体制的存续。

　　在这种多中心或利益相关者模式中，帝国统治因此被视为既在财政上可行，又在政治上合法，至少从地方精英，而不是帝国统治，成了受到挑战的对象这个意义上讲就是如此。榨取行为并没有被认为是西班牙帝国本土、欧洲领土和美洲殖民地之间关系的基本特点，而主要被认为是西班牙帝国各组成部分政治协商和各地方势力集团相对于地方臣民或强或弱的结果。值得注意的是，多中心治理与权力下放不同，权力从一开始就不是集中的，因此并不是王室下放权力。地方和地区精英影响力大，既是有利因素，也是不利因素，因为他们可以减弱反对帝国统治的势力，但也能降低商品和资本市场一体化的程

---

① 　Pedro Cardim et al. , *Polycentric Monarchies：How Did Early Modern Spain and Portugal Achieve and Maintain a Global Hegemony?* (Portland, Or. : Sussex Academic Press, 2012); Grafe and Irigoin, "Stakeholder"; Regina Grafe, "Tyrannie à distance. La construction de l'État polycentrique et les systèmes fscaux en Espagne（1650—1800）," in *Ressources publiques et construction étatique en Europe*, ed. Katia Béguin (Paris: IGPDE, 2015).

度。协调失败可能会导致低增长①,但即使市场规模成了协调失败的牺牲品,也仍有为什么多中心治理结构只能提供给公共财政如此少信贷的问题。

更加细致地观察西班牙美洲的财政治理结构就能发现一些回答这个问题的线索。西班牙美洲的财政治理是中央集权或者甚至过度中央集权的问题可以相当容易地用文献来证明。正如其他文献所显示的那样,不同财政区的税收模式大相径庭,从而表明一体化和中央集权财政体制的观点与历史证据不符。②

相比之下,西班牙美洲财政管理体制高度分散。到了18世纪晚期,西班牙美洲已经有100多个财政区。在加勒比地区也有相当多的财政区。征多少税主要由地方决定,因此,税率因经济部门、纳税企业和应税商品而异;这是顺应当地精英意愿和他们提出的经济发展优先顺序的结果。但如上所述,优先考虑他们的利益也限制了市场一体化。

新西班牙的财政治理结构并不是一种静态结构,而是一个不断变化的网络。西班牙帝国的扩张是一个连续的过程,即使在三个世纪以后,这个过程仍在继续。认为"征服"在初始阶段后就成就了一个机构固定不变的稳定财政治理体系,那就大错特错了。这个过程的部分环节就像其他帝国(和国家)在美洲的扩张一样,是拓宽疆界。西班牙帝国更加重视对扩张过程的持续细分,随着经济活动的发展,不断建立新的细分财政区。

18世纪末西班牙美洲的财政治理图已经显示,新西班牙和秘鲁/上秘鲁(今玻利维亚)等按人口密度和经济活动计的核心地区财政区的平均面积要比普拉特河流域(Rio de la Plata)等经济新近才变得重要的地区或者新西班牙北部等仍然处于边缘的地区小很多。这种情况不但适用于财政区,而且也适用于行政级别更高的总督辖区。在整个18世纪,新格拉纳达(New Granada)总督辖区和普拉特河流域总督辖区从原有的秘鲁总督辖区中分离出来。图1.3和图1.4描绘了西班牙美洲从16世纪到18世纪财政区网络的演变情况。图中,颜色越深对应于创建日期越早的总督辖区;浅色不仅仅表示边境地区,而且还表示新的财政区;而细分历史悠久的已有财政区则是常态。

创建新财政区的故事大多已经记入当地的历史。创建新财政区有时会带

---

① Grafe, *Distant Tyranny*.

② Grafe and Irigoin, "Stakeholder."

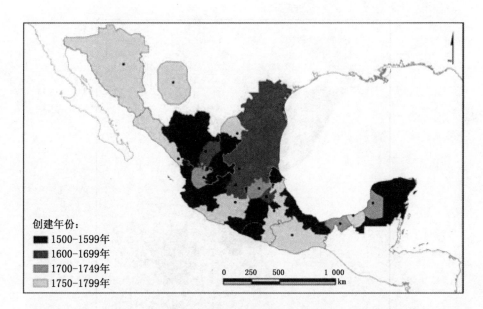

注:本章各图都在英国科学院小额资助项目 SG-113363 的资助下绘制。[我们在这里要感谢亚历杭德拉·卡斯特罗达德(Alejandra Castrodad)提供了帮助。]

**图 1.3 16—18 世纪新西班牙财政区变化情况**

来新的潜在收入流,例如开发新的矿区。但如果不走运,财政区有时也会被分割①,就如创建总督辖区一样,地方精英的支持非常重要。有较好文献佐证的一个案例是导致新格拉纳达总督辖区创建的偶然过程,新格拉纳达总督辖区至少建立过三次,却被废除了两次。② 在西班牙美洲机构改革历史上,围绕引入新的财政区、总督辖区、商人行会或司法管辖区进行气氛紧张谈判的例子比比皆是。小城市积极进取的精英经常会建立自己的独立机构。已有的机构会影响谈判进程,但谈判一结束往往会出现新的机构,甚至使决策进一步本地化。

---

① 想了解有关这个体系的描述,请参阅 Herbert S. Klein, *The American Finances of the Spanish Empire: Royal Income and Expenditures in Colonial Mexico, Peru, and Bolivia, 1680 — 1809* (Albuquerque: University of New Mexico Press, 1998); Herbert S. Klein and John J. Tepaske, *The Royal Treasuries of the Spanish Empire in America* (Durham: Duke University Press, 1982), introduction; Irigoin and Grafe, "Bargaining for Absolutism"。

② Kuethe and Andrien, *Spanish Atlantic World*.

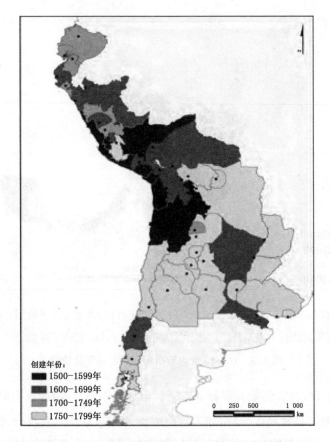

创建年份：
■ 1500—1599年
■ 1600—1699年
■ 1700—1749年
□ 1750—1799年

0  250  500    1 000
————————————
              km

**图 1.4　16—18 世纪西班牙南美洲财政区变化情况**

　　设立新的机构能增加职位供给。有时，从政是一种最好的营商机会。[①]
历史学家常把为创建新的司法、财政和政治机构而进行的政治斗争斥为寻租
行为。"寻租"这个词语的意思是谋取不合法的东西，试图利用政治权力谋取
个人的经济利益。然而，这个概念是以区分公共部门和私营部门为前提的，但
在 19 世纪以前并没有这样的区分。按照近代早期社会的逻辑，问题不在于私
人活动和公共活动是否交织在一起——因为当时两者总是交织在一起的；而
是社会、政治和经济治理的效率主要取决于政治权力的垄断程度。从这个意

---

　　① Cristina Ana Mazzeo，*El comercio libre en el Perú. Las estrategias de un comerciante criollo*，*José Antonio de Lavalle y Cortés*，*Conde de Premio Real*，*1777 — 1815*（Lima：Pontifcia Universidad Católica del Perú，Fondo Editorial，1994）.

义上说，细分财政区，不但能确保接近潜在的收入来源，而且能保证机构间的健康竞争。

西班牙美洲出现的财政国家是自然发展的结果，而不是中央当局强加的产物。这有助于我们进一步揭示中心—外围模式的实质，但西班牙美洲没有积欠主权债务这种奇特的现象仍然需要解释。理论研究和历史数据都表明，地方嵌入式增税系统应该被视为基本合理，因此应该能得益于所谓的"自愿遵守"。[①] 如果地方精英在如何管理围绕地区财政署建立的财政体系方面真能拥有更多的话语权，我们就可以期望他们更愿意借钱给中央财政。迈克尔·科瓦斯（Michael Kwass）认为，法国王室只是在试图迫使以前免税的精英阶层缴纳部分 18 世纪后期新开征的统一直接税时才失去了精英阶层的支持，从而创造了被他称为"矛盾创造物"（oxymoronic creature）的特权纳税人。[②] 在西班牙美洲，直接税主要是通过纳贡的方式向土著居民征收的。但是，18 世纪通过分摊实物（repartimento de mercancias）的方式增加的直接税额外负担使地方官员和地方财政，而不是王室受益。[③] 与此同时，"西班牙人"，即西班牙美洲白人，一直受到消费和交易间接税的影响，这就像在西班牙本土一样，意味着任何既有税收优惠的实际好处一直都很有限。在西班牙，特权纳税人从来都不是什么"矛盾的创造物"。

殖民金融不发达的传统模式只为缺乏贷款留下了以下这种解释的余地：当地人知道，不是由于收入太少，就是由于收上来的收入都被帝国中心搜刮走了，因此，当地行政区的财政不可持续。到了 18 世纪后期，不同欧洲国家在欧洲和海外领土的增税能力开始出现巨大的差异。特别是英国和尼德兰的人均实收税收，几乎是大多数其他欧洲国家的两倍（尽管如本书第十九章所显示的那样，这里可能有会计计算的问题）。[④] 不过，举例来说，法国和西班牙之间的差别并不是很大。因此，法国和西班牙宗主国收缴上来的税款可以作为衡量

① Margaret Levi, *Of Rule and Revenue* (Berkeley: University of California Press, 1988).

② Michael Kwass, "A Kingdom of Taxpayers: State Formation, Privilege, and Political Culture in Eighteenth-Century France," *Journal of Modern History* 70, No. 2 (1998).

③ Jürgen Golte, *Repartos y rebeliones: Túpac Amaru y las contradicciones de la economía colonial* (Lima: IEP, 2016).

④ Nuno Palma and Jaime Reis, "From Convergence to Divergence: Portuguese Demography and Economic Growth, 1500—1850," Working paper, Groningen Growth and Development Centre (2016).

西班牙美洲领土增税能力的衡量标准。

如上所述,西班牙美洲财政体系分得很细,上缴的税收与西班牙本土和法国相当,这一点确实令人感到惊讶。但如图1.5所示,西班牙拉美各大区之间相差很大。智利上缴的人均税收不到新西班牙的1/5,也不到秘鲁或上秘鲁的1/4。虽然我们不可能知道这些地区的国内生产总值相差多少,但至少有可能是,较高的收入确实反映了相应地区较高的人均经济产出。总而言之,西班牙美洲的财政能力相当强,并与西班牙本土相当接近。这与英国或尼德兰大西洋上的殖民地的情况形成了鲜明的对照。英国和尼德兰本土的收入水平之所以都是它们殖民地的几倍,不但是因为这两个国家本土的税负重,而且因为这两个国家殖民地的税负非常轻。对殖民地税收制度的比较显示,西班牙的情况之所以引人注目,并不是因为它的总体税收能力,而是因为其美洲领土与欧洲领土的税收能力非常接近。但是,这使得西班牙美洲没有贷款更加令人费解。不同地区之间的巨大差别应该表明,地方财政部门的借贷需要甚至更加明显,至少其中的一些地区是这样。

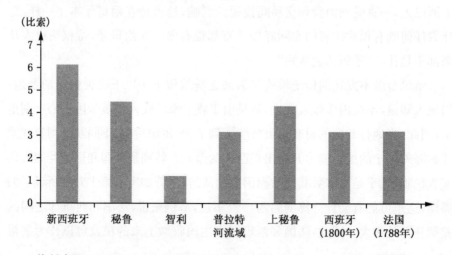

资料来源:Grafe and Irigoin,"A Stakeholder Empire"。

**图1.5  1785—1789年法国和西班牙人均收入**

**(西班牙美洲是扣除了殖民地内部转移和结转的净收入)**

因此,所谓的财政体系榨取性质是解释西班牙美洲财政和金融机构间关系的传统模式债务比率低的最后一个因素。但正如许多历史学家对不同行政区财政的研究以及笔者与伊里格尹一起对西班牙美洲整个财政体系所做的研究显示的那样,西班牙美洲直接转移给西班牙本土的收入,到了 18 世纪肯定是有限的。[①] 18 世纪 30 年代,西班牙美洲各财政区仍把大约 12% 收缴上来的收入转移给位于马德里的中央财政。12% 不是一个可以忽略不计的百分比,但重要的是,到了 18 世纪 80 年代,这一比例下降到了 5%,而到了 18 世纪末,虽然收入增加了很多,但收入转移比例又降到了 4% 以下。[②]

与西班牙美洲巨大的财政能力相比,位于马德里的中央财政部只榨取了有限的收入,这个问题值得探讨。西班牙美洲地方和地区对财政收入和支出的有力控制是西班牙中央财政无法从美洲攫取更多收入的原因。17 世纪 80 年代哈瓦那财政区的相关文件披露了当时玩弄的一种政治游戏:

> ……它们(财政区的财政署)报告了应该上缴(西班牙本土)的 224 766 雷亚尔盈余,但总督颁布法令:除了审查……发现的 117 852 雷亚尔盈余以及归还加泰罗尼亚杰尔·卡罗索(Gil Carroso)购买不动产的定金 65 600 雷亚尔之外,一律不准汇钱,而是把钱留在哈瓦那财政署……[③]

这位财政官员承认,从理论上讲,地方财政实现的大量盈余应该汇往西班牙本土。他接着又说,但总督已经颁布法令规定,这笔钱应该留在哈瓦那,除非实际属于个人的私人财产。情况就是这样。事实上,总督和地方财政官员能够并且确实经常违背名义上的上级的规定。

最近一项采用经济计量学方法进行的关于西班牙美洲殖民地 9 个重要财政区财政可持续性的研究表明,大多数财政区的财政在大多数时间里是可持续的。认为西班牙美洲帝国财政到了 18 世纪晚期已经"奄奄一息"的论点并没有得到支持。鉴于西班牙美洲财政体系分得很细,因此,并没有像赫伯特·克莱因(Herbert Klein)和约翰·特帕斯克(John TePaske)几十年前指出的那

---

① Herbert S. Klein, "Origin and Volume of Remission of Royal Tax Revenues from the Viceroy-alties of Peru and Nueva España," in Dinero, moneda y crédito en la Monarquía hispánica, ed. Antonio Miguel Bernal (Madrid: Marcial Pons, 2000).

② Grafe and Irigoin, "A Stakeholder Empire," figure 1.

③ Archivo General de Indias (AGI), Contaduria, Legajo 1160.

样出现统一的趋势。① 但是,两个最重要财政区的基本收支差额,即收入减去支出后的差额,从来没有在很长一段时间内变为负值,也很少同时变为负值。② 此外,不太重要的财政区往往比中心财政区做得更好。

因此,到目前为止提出的证据只是加深了我们的困惑。换句话说,我们可以放心地放弃许多有关西班牙美洲和西班牙本土债务比率低的解释。在三个世纪的帝国统治下,西班牙美洲的财政体系已经获得了相当好的发展,并且在地区层面显示出适应经济机遇变化的能力。西班牙美洲并没有任何向所谓的殖民中心转移收入的中央集权榨取体系,取而代之的是受地方精英严厉控制的行政区财政网络;也不存在整个体系资金不足的问题。事实上,按照欧洲殖民扩张的标准,西班牙美洲在财政能力方面与欧洲国家的殖民地非常相似。

因此,有人认为,投资者没有明显的理由不愿借钱给西班牙本土或西班牙美洲财政。事实上,西班牙本土流通的债务工具——唯一在二级市场上交易的工具——的收益率表明,投资者愿意提供信贷。正如笔者在其他场合所指出的那样,旧债券——也就是所谓的"juros"——的收益率,在整个18世纪都非常稳定地保持在4%左右。③ 西班牙王室在18世纪后期首次发行了名为"皇家债券"(vales reales)的新债券。令人惊讶的是,直到法国大革命爆发后对大多数欧洲政体的公共财政造成巨大破坏的1793年,这种债券的收益率一直在4%左右徘徊(见图1.6)。如果有人愿意贷款,为什么政府明显没有兴趣借更多的钱呢?

① Herbert S. Klein, "The Great Shift: The Rise of Mexico and the Decline of Peru in the Spanish American Colonial Empire, 1680—1809," *Revista de Historia Económica* 13, No. 1 (1995).

② Javier Arnault, "Was Colonialism Fiscally Sustainable? An Empirical Examination of the Colonial Finances of Spanish America," AEHE Working Paper 1703(2017).

③ Grafe, *Distant Tyranny*.

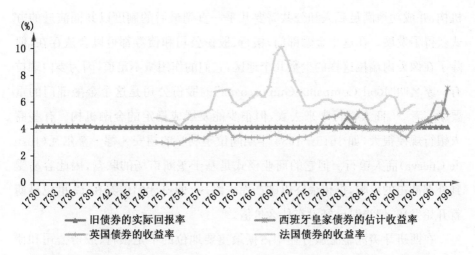

资料来源:Grafe,*Distant Tyranny*;Mark Dincecco,*Political Transformations and Public Finances*;*Europe*,*1650—1913*(Cambridge:Cambridge University Press,2011)。

**图1.6　18世纪西班牙旧债券、新发行的皇家债券、英国和法国债券收益率比较**

## 修道院、商人行会和财政署:地方收入转移的行为主体

　　显而易见,西班牙公共和私人部门当时确实都在借钱。但是,在当时的政治经济背景下,西班牙的信贷采取了我们并不熟悉的形式,因此较难理解。我们今天所认为的现代银行和信贷机构,从很多方面看,都是资源稀缺的产物,即它们的发展是为了满足在资本稀缺和流动性短缺条件下使潜在的贷款人和借款人相互匹配的需要。在这方面,西班牙美洲明显不同,它绝不是欧洲梦中金银流源源不断的理想国。但在近代早期的大部分时间里,它是对流动性的渴求程度几乎高于全球任何依赖货币的其他经济体。虽然当时人们不断抱怨流通媒介和资本短缺,但拉丁美洲大部分地区的高名义工资和高物价证明了以上这个实际情况。热衷于强调拉美白银在欧亚贸易中所起的作用的世界历史学家,往往忘记了拉美是世界流动性最高的地方。这种流动性效应由于在一片广袤的领土上流通一种币值非常稳定的共同货币而得到增强,从而降低了巨大的内部市场内的交易成本。

　　笔者的意思是,在这样的条件下,一整套支撑西班牙美洲公共和私人借贷

机构,并成功地满足私人和公共需要几乎一直到最后的制度以共同演进的方式获得了发展。在这个金融部门,银行、股份公司和债券都可以合法存在,但除了在像委内瑞拉这样的少数几个地区,它们的作用微不足道,因为委内瑞拉有一家名叫"Real Compañía Guipuzcoana"的股份公司是这个金融部门的重要参与者。[1] 商人银行来来去去,但很少能发展成稳定的金融机构。有些商人银行规模很大,如1615—1635年期间位于利马的胡安·德·奎尔瓦(Juan de Cuerva)商人银行。但它的商业模式是基于垄断市场的联营,因此容易受到外部冲击的影响,据传最终以破产而告终。[2] 西班牙旧债券在17世纪早期就开始发售,但当时已经没有什么价值。[3]

在西班牙美洲金融服务业中占据最重要地位的不是银行、股份公司和债券,而是宗教机构、商人行会和地区财政署这三种机构。宗教机构变成了一个发放地方、地区和日益超地区信贷的事实上的投资基金网络;商人行会逐渐涉足金融中介服务业,吸收大、中、小投资者的资金,然后以大额贷款的方式贷给公共财政部门,通常直接把贷款放给地方财政署;而地方财政署则充当流动性来源和早期的银行汇划系统,也就是一种与意大利银行家早在15世纪就发明并在17世纪早期由威尼斯银行家发展成专门机构的无现金转账机制没有什么不同的跨空间,有时还跨时间的无现金汇划机制。[4]

众所周知,宗教机构在西班牙美洲和西班牙本土的金融中介服务领域发挥了至关重要的作用。笔者根据位于西班牙本土的萨莫拉大教堂理事会(Cathedral Chapter of Zamora)收到的债券收益回报绘制了如图1.6所示的西班牙债券收益率曲线。关于西班牙美洲,历史学家亚松森·拉福林(Asunción Lavrín)和吉塞拉·冯·沃比泽尔(Gisela von Wobeser)介绍了殖民时期新西班牙信用体系的运作方式,而凯瑟琳·伯恩斯(Kathryn Burns)则剖析了殖民

---

① Montserrat Gárate Ojanguren, *La Real Compañía Guipuzcoana de Caracas* (San Sebastián: Sociedad Guipuzcoana de Ediciones y Publicaciones, 1990).

② Margarita Suarez, *Desafíos transatlánticos. Mercaderes, banqueros y el Estado en el Perú virreinal, 1600—1700* (Lima: Fondo de cultura económica, 2001).

③ Kenneth J. Andrien, "The Sale of Juros and the Politics of Reform in the Viceroyalty of Peru, 1608—1695," *Journal of Latin American Studies* 13, No. 1 (1981).

④ 想了解15世纪末的例子,请参阅 Richard A. Goldthwaite, *Economy of Renaissance Florence* (Baltimore: Johns Hopkins University Press, 2011), 435—436。

时期秘鲁的信用体系。① 各种各样的宗教基金会都把获得的捐赠用于提供施舍，维持教堂或医院的运行，或举行拯救捐赠者灵魂而做的弥撒。修女院收到了未来修女的很多嫁妆。绝大多数捐赠并不是直接花在祭坛用品（也就是消费）上，而是被借给了私人和公共部门。

　　这种贷款的标准利率最初大约是 7%，但到了 17 世纪跌到了 5%，然后一直保持到 18 世纪晚期；到了 18 世纪末，在某些情况下又跌到了 4% 左右。② 宗教机构总的来说是保守的投资者，并且是名副其实的寻租者，就像今天的任何养老基金一样。根据吉塞拉·冯·沃比泽尔的估计，在 18 世纪中期之前，宗教机构一直是殖民时期墨西哥最重要的信贷来源。③ 像伯恩斯（Burns）研究的秘鲁大修女院，与大多数养老基金一样，并不真正关心贷款是否偿还，而是看重稳定的回报率。④ 当时最常用的金融工具"censo al quitar o consignativo"迎合了这种需要。

　　从理论上讲，这种最常用的金融工具是一种用不动产作抵押、借款人可以在任何时候偿还，但也可以不还的无限期贷款。这种金融工具把修道院或修女院已经实际收到的捐赠或嫁妆转变成通过不断延展抵押贷款期限产生稳定的年回报的"捐赠基金"。有不动产作为抵押具有双重好处。修道院通常是有耐心的贷款人，部分原因是它们可以在经历破产程序的法律麻烦——但在需要时，它们也不怕惹上法律麻烦——之前分享农村或城市抵押财产或土地的租金。甚至各地方财政署也能从中受益。为了避免受到任何放高利贷的指控，贷款采用法律规定的销售合同的形式，这意味着它们要支付西班牙语叫

---

① Asunción Lavrín, "The Role of Nunneries in the Economy of New Spain in the Eighteenth Century," *Hispanic American Historical Review* 46(1966); Gisela von Wobeser, *El crédito eclesiástico en la Nueva España. Siglo XVIII* (Mexico: Fondo de cultura económica, 2010); Kathryn Burns, Colonial Habits: Convents and the Spiritual Economy of Cuzco, Peru (Durham: Duke University Press, 1999). 想了解西班牙的情况，请参阅 Cyril Milhaud, "Interregional Flows of Long-Term Mortgage Credit in Eighteenth Century Spain. To What Extent Was the Market Fragmented?" Working Paper, version 3 (2018), https://hal-pse. archives-ouvertes. fr/ hal-01180682v3.

② Gisela von Wobeser, "La inquisición como institución crediticia en el siglo XVIII," *Historia Mexicana* 39, No. 4 (1990): 864.

③ Gisela von Wobeser, "Las fundaciones piadosas como fuentes de crédito en la época colonial," *Historia Mexicana* 38, No. 4 (1989): 786.

④ Burns, *Colonial Habits*.

"alcabala"的销售税。[①] 有几位历史学家已经指出,庄园或城市不动产的业主能够轻而易举地借到他们不打算偿还的贷款,从而最终在18世纪晚期造成了严重的负债过度的问题。[②] 信贷也变得过度宽松。

　　修道院、慈善机构以及像宗教协会这样的其他宗教实体,在投资策略上确实存在一定程度的差异。表1.1列出了1811年墨西哥城贫民救济院的年收入明细。各种捐赠基金取得了很好的投资回报,就像商人行会安排的税收征管方面的投资,有些是对租赁物业的投资。在15 000比索的收入中,只有不到1 000比索来自居民的布施或支付的费用。94%的收入来自捐赠基金,也就是来自对私人和公债相当多样化的投资。

表 1.1　　　　　　　　　1811 年墨西哥城贫民救济院的收入来源明细

| 收入来源(1811年总共有1 823个) | 本金(比索) | 年利息收入(比索) |
|---|---|---|
| 商业法庭(海损基金) | 250 000 | 11 250 |
| 租赁财产 | ? | 800 |
| 捐赠 | | 468 |
| 养老金领取者 | | 504 |
| 圣职人员俸禄 | 25 355 | 1 268 |
| 矿业法庭 | 14 035 | 702 |
| 萨拉伯爵(Conde de Xala)捐赠基金 | 6 000 | 300 |
| 商业法庭(烟草年收入) | 4 740 | 237 |
| 何塞·P.科比安(D. Jose P Cobian)先生捐赠基金 | 2 917 | 155 |
| 胡安·鲁伊斯·阿拉贡(D Juan Ruiz Aragon)作坊 | 2 406 | 102 |
| 安东尼奥·皮内罗(Antonio Pineiro)船长 | 1 800 | 90 |
| D. a Maria G Verdeja(Huizastitlan 庄园) | 453 | 23 |
| D. J. Ximenez Arenal | 202 | 10 |
| D. a Maria G. Villanueva(龙舌兰牧场,Zempaola) | 178 | 9 |
| D. Fernando Zorrilla 庄园 | ? | ? |

　　资料来源:Silvia Marina Arrom,*Containing the Poor*:*The Mexico City Poor House*,*1774—1871*(Durham:Duke University Press,2000)。

---

① von Wobeser,"Inquisición."
② Burns,*Colonial Habits*,152—154.

新西班牙的另一个重要机构是宗教法庭。[①] 1791 年，新西班牙几乎 40% 的收入来源依靠这类投资，这一年的营业利润达到了可观的 21%，部分原因是宗教法庭可用其捐赠基金支付自己一半的支出，而每年的回报注定会用于进一步的投资。在登记前要调查潜在借款人的财产价值。但随着资本在 18 世纪晚期开始追逐投资机会，宗教法庭的财务官也改变了投资策略，开始发放由担保人作保的短期贷款。他们也像贫民救济院一样，开始认购商人行会联合发放的公共借款债券。

西班牙美洲商人行会是西班牙美洲信用体系的第二大参与者。正如笔者在其他场合指出过的那样，商人行会接过了商人银行的职能。[②] 因此，它们把寡妇、济贫院和宗教法庭等大量小投资者和大投资者的投资汇聚成借给公共借款人的大额贷款。这种被委婉地称为"donativos"（捐款）的大额贷款，利率越来越接近于其他贷款的利率。[③] 对于商人行会来说，这种大额贷款还有额外的好处，因为他们通常有权征收指定用于偿债的税收和收取大约 1% 的规费。提供征税和金融中介服务组合成了利马商人行会的主要业务[④]，同时还保证了他们的流动性。在新墨西哥，宗教法庭财务部在 18 世纪 40 年代至 1811 年期间，总共七次投资商人行会安排的银团贷款，金额达到了惊人的 548 000 比索。[⑤] 大宗教机构所做的这些金融交易都源自复杂的非个人资金组合。

西班牙美洲金融发展之谜的最后一个组成部分就是地方财政署。罗曼·维莱纳（Lohmann Villena）在他于 1969 年发表的一篇有先见之明的文章中指

---

① von Wobeser，"Inquisición."

② Grafe and Irigoin，"Stakeholder," 626—630. 详见附录二至四。想了解西班牙五个商人行会，请参阅 Guillermo Pérez Sarrión，"Gremios, gremios mayores, cinco gremios mayores：Madrid, 1680—1790. Una interpretación y algunas preguntas," in *Recuperando el Norte：empresas, capitales y proyectos atlánticos en la economía imperial hispánica*, ed. Alberto Angulo Morales and Álvaro Aragón Ruano (Bilbao：Universidad del País Vasco, 2016)。

③ Guillermo Lohmann Villena，"Banca y crédito en la América española. Notas sobre hipótesis de trabajo y fuentes informativas," *Historia* 8 (1969).

④ Suarez, *Desafíos-ransatlánticos*；Cristina Ana Mazzeo, *Gremios mercantiles en las guerras de la independencia：Perú y México en la transición de la Colonia a la República*, 1740—1840 (Lima：Banco Central de Reserva del Perú, 2012).

⑤ von Wobeser，"Inquisición," cuadro 5.

出,宗教团体、商人行会和地方财政署,很可能是西班牙美洲公共和私人信贷的支柱。[①] 西班牙美洲财政区与商人行会联袂扮演了用美洲当地投资者的资金来满足西班牙王室的资金需要的中介角色,特别是在 18 世纪晚期的战争中。对于西班牙美洲内部的金融和财政系统的运作来说,更重要的是,其内部各财政区之间金额极大的资金流动。18 世纪,西班牙美洲殖民地内部的资金转移占殖民地地方财政总支出的 1/4 到 40% 以上(见图 1.7)。在 18 世纪的最后十年里,西班牙美洲各地方财政署在地方财政管理中扮演的角色一直是争论的焦点。[②] 有人认为,通过这些所谓的"situados"把资金从经济较富裕的财政区转移到比较贫困的财政区,是西班牙财政治理三个世纪以来成功运作的原因之一。

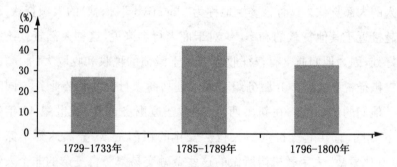

资料来源:Grafe and Irigoin,"A Stakeholder Empire"。

**图 1.7　1729—1800 年西班牙美洲殖民地内部收入转移(ICTs)占净支出的比例**

从本章的角度看,更值得关注的问题是,这些收入转移提供了一种直接转账系统,即跨空间清算系统。地方精英控制了大部分有关这些收入转移的决策。在 1781 年新奥尔良的行政长官向墨西哥总督抱怨他的财政署所面临的困境后,来自墨西哥的回复一定让它的收信人很高兴。

　　(新西班牙)总督阁下已经颁令……在看了阁下反映贵省资金短缺问题的来信后……总督就把此信转交给了墨西哥财政署的官员,并

---

① Lohmann Villena,"Banca."

② 请参阅 *Hispanic American Historical Review* 88,No. 2 (2008):Carlos Marichal,"Rethinking Negotiation and Coercion in an Imperial State";William R. Summerhill,"Fiscal Bargains,Political Institutions and Economic Performance";Irigoin and Grafe,"Bargaining for Absolutism"。

在听取了他们的意见之后决定［通过哈瓦那］额外转去 315 000 比索。[1]

应当指出，墨西哥城财政署的慷慨解囊与秘鲁修女的嫁妆一样，都不是基督教的慈善行为。新奥尔良的行政长官把他允许走私品进入新西班牙大陆的能力作为赌注，说服新西班牙的财政署相信分享收益符合他们自己的利益。事情是这样的，新西班牙的商人可能要把资金以在新西班牙购买的商品的形式带到哈瓦那。在新西班牙，他们可以用这些钱交换当地的货物，然后哈瓦那的商人会把货物和现金带到新奥尔良。在这个过程中，这些商人不但不会支付实际贷款和跨空间转移的资金，而且会收取转账服务费。

新西班牙的金融网络把地方精英控制和西班牙美洲庞大的财政体系组合在一起。正如我们看到的那样，西班牙美洲各财政署管理的资金占国内生产总值的百分比可能与许多欧洲国家财政部管理的资金占国内生产总值的百分比相似。这等于把对大量流动资金的控制权在几乎不收取任何利息的情况下就交给了地方官员和商人。更重要的是，这个金融网络创造了一种可用来解决依赖宗教机构和商人行会的金融体系可能造成的一个潜在问题的机制。虽然宗教机构和商人行会转移了大量资金，但它们很少充当大笔资金异地转移的中介。很难说，如果它们没有进行更多的异地清算，是因为各地方财政署间接提供这项服务，或者，如果各地方财政署成了转账系统的组成部分，是因为商人行会不愿意开展这项业务。制度协同进化的美妙之处在于，不同的组织解决方案开始随着时间的推移相互补充，直到其中的一种解决方案离开其他解决方案就无法发挥作用为止。

随着时间的推移，越来越多的殖民地行政区内部收入转移占其支出的份额（通过引申，占其他行政区财政收入的份额）越来越大。换句话说，越来越多的行政区有越来越大份额的地方财政资金最终进入了再分配大系统。那个时代的人对此理解非常透彻，1761—1776 年的秘鲁总督曼努埃尔·阿马特·胡耶恩特（Manuel Amaty Junyent）在《总督府简报》（*Memoria de Gobierno*）中指出，行政区财政署应该正式提供跨美洲与欧洲间的汇票寄送服务并收取佣

---

[1]　AGI Cuba legajo 604b，f453.

金。[1] 他的这项建议毫无结果，但正如以上引用的哈瓦那财政署的信函所表明的那样，个人确实把私人资金存入地方财政署，想必是为了转移资金。这就解释了为什么哈瓦那财政署金库里有超过 65 000 比索的加泰罗尼亚吉尔·卡罗索（Gil Carroso）。

＊　＊　＊

西班牙帝国并不是一个没有债务的帝国，但其债权人是利益相关者，而不是债券持有人。这些利益相关者在提供地方和地区私人信贷的同时，还保持了公共财政的活力，即通过系统完成了更多的异地资金转移，同时也保证了流动性。西班牙帝国的财政体系分散化，与三个世纪以来形成的各种元素间的互补性一样，值得关注。经济得以扩张，公共部门得以运转，是因为它们可以利用由相互关联的机构组成的运行良好的金融体系。不过，西班牙帝国的这种金融体系看起来与近代经济史学家所熟悉的那种金融体系截然不同。

美洲相对丰富的可铸币金属使得西班牙美洲金融体系的发展受到了较少的约束，这一点合乎情理。这个金融体系的目的并不是克服资金和流动性短缺，而是必须在保证有效监控的同时提供远程中介服务。事实证明，西班牙美洲的宗教捐赠基金在提供可投资资金方面与今天的养老基金一样成功，但遗憾的是大多数经济史学家低估了它们的重要性。银行史学家似乎很难相信，一群修女和宗教法庭官员做出了明智的投资决定，而把这个问题留给了研究性别或宗教的历史学家。但是，现在有大量的证据表明，这些宗教机构大多进行了保守但成功的投资。寻租问题应该得到经济史学家更多的关注。宗教机构的宗教身份也有助于改善对债务人的监督，后者不太可能拖欠从"天堂守门人"那里借来的贷款。

西班牙美洲的金融体系也是分散管理、竞争性的，并提供了非个人资金来源。利率显然也符合惯例，并且在很长一段时期里保持不变。但在 18 世纪后期出现资金过剩时，利息确实发生了相应的变化。西班牙美洲不仅仅是一个

---

[1]　Lohmann Villena, "Banca," 304.

把军需物资供应发包出去的发包商国家(contractor state)[1],就像发包商国家模式所意味的那样。然而,公私双方合作和关联的特点在于账目的收支两端。西班牙美洲不像英国那样有一个可以把业务发包出去的强大的中央政府。[2]

因此,本章概述的西班牙美洲的金融体系可被作为一种结构复杂的体系,为18世纪迅速发展的西班牙美洲经济提供了非个人信贷。到了18世纪晚期,西班牙美洲的私人和公共部门都已经负债累累,但这个金融体系并没有在它自身的重压下崩溃。因此,很难说西班牙美洲的私人和公共部门是否负债过度,或者是否存在信贷泡沫。但在19世纪早期,这个金融体系在相对较短的二三十年时间里就突然崩溃了;至少从历史学家认为的意义上讲,原因并不是殖民国家的贪婪或管理能力低下。

相反,西班牙美洲独特的金融体系受到了两个更重要方面发展造成的间接危害。首先,西班牙帝国的崩溃和独立战争期间的政治分裂破坏了殖民地内部的收入转移体系,并随之摧毁了直接转移机制。其次,战争和破坏产生的影响与启蒙运动英雄在西班牙领土犯下的一种更加严重的经济"罪行"里应外合。从殖民时期后期开始并随着美洲民族独立运动而加速的限定继承权解除,摧毁了宗教和慈善机构的经济基础。与对拉丁美洲经济现实的了解相比,西班牙美洲的改革者们更加熟悉法国的哲学,并且在不经意中破坏了西班牙美洲的信贷体系。[3] 这种过度征用的行为确实摧毁了西班牙美洲的银行系统,导致西班牙美洲的金融历史出现了严重的断裂。殖民时代给西班牙美洲留下的遗产主要是一个法国和英国启蒙评论家根本不愿意去尝试和理解的金融体系。

---

① Rafael Torres Sánchez, *Military Entrepreneurs and the Spanish Contractor State in the Eighteenth Century* (Oxford: Oxford University Press, 2016).

② Roger Knight and Martin Wilcox, *Sustaining the Fleet, 1793—1815: War, the British Navy and the Contractor State* (Woodbridge: Boydell & Brewer, 2010).

③ Gisela von Wobeser, "La Consolidación de Vales Reales como factor determinante de la lucha de independencia en México, 1804—1808," *Historia Mexicana* 56, No. 2 (2006).

# 第二章 宣传、债务和政治:
## 旧制度与法国大革命

丽贝卡·斯潘[*]

有人常说,1789 年的法国大革命者想要与历史彻底决裂。埃德蒙·伯克(Edmund Burke)曾叹息,这是对骑士传统的可悲漠视,而儒勒·米什莱(Jules Michelet)在把 1789 年的法国式自由说成"在摇篮里微笑的新生婴儿"时则用喜悦的拟人化手段表达了相同的意思。下面,笔者从公债与近代政治的关系这一全新的视角重新审视"试图与过去决裂……在他们过去拥有的一切与他们现在渴望获得的一切之间挖一条不可逾越的鸿沟"(托克维尔语)的法国式企图。[①] 法国大革命者一开始是想抛弃法国的财政制度,但为了做到这一点,他们最终创造了新的货币和政治制度。

法国大革命对于任何近代欧洲政治或社会史都具有至关重要的意义,当然也应该是我们理解公债问题的基础。笔者在这一章里指出,法国大革命者信守过去的承诺。换句话说,他们不愿与过去决裂,却收到了意想不到的刺激货币创新的效果;而这些变化随后又引发了更加激烈的社会和文化动荡。换句话说,试图建立一种稳定的债务制度,结果却导致政治不稳定。法国大革命日益激进化,与其说是极端意识形态的产物,还不如说是既有财产关系与新的公民身份和参与模式之间矛盾的产物。因此,本章在分析法国大革命的同时,

---

* E-mail: rlspang@indiana. edu.

① Edmund Burke, *Reflections on the Revolution in France*, ed. Frank Turner ([1791] New Haven: Yale University Press, 2003); Jules Michelet, *History of the French Revolution*, trans. Charles Cocks (London: H. G. Bohn, 1847), 8—9; Alexis de Tocqueville, *The Old Regime and the French Revolution*, trans. Stuart Gilbert (New York: Doubleday Anchor, 1955), vii.

从比较的视角介绍英国在 18 世纪发生的"金融革命"，因为有关英国"金融革命"的介绍通常认为产权、政治参与和近代公债三者呈相互支持和加强的态势。① 根据英国历史学家的说法，光荣革命和英格兰银行的创立为用一种新的债务——由议会批准（并依照议会通过的税法筹措资金）的国家借款——取代君主的个人债务奠定了基础。由于公债持有人和财政政策制定者基本上是同一些人，因此，国家就能以较低的利率借到较多期限较长的贷款。日益有效的消费税征管官僚制度与法治和神圣不可侵犯的财产权一起推动了近代政治的发展和英国帝国主义势力的扩张。② 在英国，公债的增加和资产阶级对公共领域的扩张显然是同时发生的。③ 本章通过考察法国非常不同的情况显示，近代公债制度的完善取决于当地的政治环境，并且迫使我们重新考虑我们自以为了解的政治、货币和财政制度之间的关系。④

## 财政公开

国债通过货币媒介把当前的政策选择与过去的事件联系在一起，但其他媒介对国债的政治意义作用更大：在 18 世纪，这些媒介包括手写信函、时事通讯、印刷出版物，甚至歌曲和戏剧。法国这个专制国家的财政状况虽然笼罩在官方的神秘气氛中，但仍然引发了激烈的争论。正如迈克尔·科瓦斯（Michael Kwass）所指出的那样，保密会引发猜测。以包给包税人的消费税为例，人们普遍认为，总包税人装进自己腰包的钱几乎与他们上缴皇家财政的税款一样多。谣言和民众抵制（扩大到对走私者及其活动的广泛同情）把包税人视为恶棍，但正如尤金·怀特（Eugene White）所指出的那样，政治和资本约束

---

① Peter George Muir Dickson, *The Financial Revolution in England : A Study in the Development of Public Credit*, 1688 — 1756 （London：Macmillan, 1967）；Bruce G. Carruthers, *Politics and Markets in the English Financial Revolution* （Princeton：Princeton University Press, 1996）.

② John Brewer, *The Sinews of Power : War, Money, and the English State*, 1688 — 1783 （Cambridge, Mass. : Harvard University Press, 1989）.

③ 虽然这种观点最近受到了质疑，但还请参阅 D'Maris Coffman, Adrian Leonard and Larry Neal, eds. *Questioning Credible Commitment* （Cambridge：Cambridge University Press, 2013）。

④ 想了解对财产权在格鲁吉亚和英国都神圣不可侵犯的观点的极好纠正，请参阅 Julian Hoppit, "Compulsion, Compensation and Property Rights in Britain, 1688—1833," *Past & Present* 210 （Feb. 2011）：93—128。

限制了王室通过谈判争取更加有利的条件或迫使包税人让步的能力。①

因此,路易十六的财政大臣、日内瓦银行家雅克·内克(Jacques Necker)[善于自夸的天才斯塔尔夫人(Madame de Staël)的父亲]在公布第一份关于法国财政的公开报告时,就显示出他是一个精明的政治战略家。② 当时,有些朝臣攻击他是外国人、新教徒和布衣,内克呈现给法国国王的财政报告还是使他成了深受国王喜欢的宠臣,因为他负责编制的财政报告总能出现盈余;更重要的是,因为他的财政报告显然证实王室没有什么需要隐瞒。内克好像当时已经预见到道格拉斯·诺斯和巴里·温加斯特200年后的研究似的,他在呈给国王的财政报告中一上来就指出,在英国很容易借到信贷(英国战时最重要的"武器"),不但是因为英国政府的性质,而且更重要的是,因为英国的财政状况透明,众所周知。他认为,多亏了每年要向议会提交的年度公开报告,英国的贷款人不再会被那些总是伴随着保密而来的"怀疑和恐惧"所困扰。内克含蓄地表示,宪法可以使承诺变得可信,但只有在公众首先知道承诺的内容时,宪法才能做到这一点。③ 他宣称,他自己编制的财政报告可以保护法国的信誉免受"那些用谎言制造麻烦的神秘作者"的伤害,并且如果能够定期公布财政报告,就能激励未来的财政大臣尽可能廉洁和提高自己的能力。

颁布内克财政报告的国王敕令进一步阐述了大众媒体与信任、了解和信誉之间的直接联系。国王的敕令称:"我们相信,允许公布这份报告只有好处。我们希望通过让忠实的臣民了解我们的财政状况,能够拉近他们与我们的距离,并且使双方的利益更加一致,双方的信任产生更大的亲和力,而这些都能

---

① Michael Kwass, "Court Capitalism, Illicit Markets, and Political Legitimacy in Eighteenth-Century France," in *Questioning Credible Commitment*, 228－250, especially 232, *Contraband*: *Louis Mandrin and the Making of a Global Underground* (Cambridge, Mass.: Harvard University Press, 2014); Eugene N. White, "From Privatized to Government-Administered Tax Collection: Tax Farming in Eighteenth-Century France," *Economic History Review* 57, No. 4 (2004): 636－663.

② 想了解有关概述,请参阅 Jacob Soll, *The Reckoning*: *Financial Accountability and the Rise and Fall of Nations* (New York: Basic Books, 2014), chapter 9, and Gail Bossenga, "The Financial Origins of the French Revolution," in *From Deficit to Deluge*: *The Origins of the French Revolution*, ed. Dale Van Kley (Stanford: Stanford University Press, 2011), chapter 1.

③ Jacques Necker, *Compte rendu au Roi* (Paris: Imprimerie Royale, 1781), 2－3; Douglass North and Barry Weingast, "Constitutions and Commitment: The Evolution of Institutions Governing Public Choice in Seventeenth-Century England," *Journal of Economic History* 49(1989): 803－832.

使国家强盛,君主满意。"①果然,克洛伊(Croÿ)公爵不久就写道：

> 书商们从来没有见过如此拥挤的人群……印刷了三千册,但很快就售罄,很快加印又卖了两万册……在这之前,王国的财政状况从来没有公开披露过;可以说,国王也从来没有向他的臣民公布财政报告——非常详细的财政报告。内克先生就在刚刚公布借到一笔6 000万利弗尔新贷款的时候,把问题说得那么清楚,真是高明的政治手腕。②

在财政报告公布两周后,当地一家报纸报道称,一个外省的书商已经卖完了他进的全部财政报告;阅读这份报告"能使灵魂充满热情和产生一种难以言表的爱国情怀。没有人在读了这份报告以后不流淌幸福的泪水"。③ 据报道,玛丽·安托瓦内特(Marie Antoinette)是这份报告众多幸福的读者之一;几个月后,这份报告据说就"被翻译成所有已知的语言"。到了那年年底,有记者声称这份报告已经卖出了10万册,并且被用作教幼儿识字的课本。④

然而,很像英国王室在"七年战争"和美国独立战争期间求助于其臣民爱国情怀所发生的情况那样,财政公开释放了无人能够完全控制的力量。首先,在呼吁"国民"和"人民"支持其军事行动后,王室发现自己无法在战争结束后遣散民众组织。相反,"国家"和"祖国"成为18世纪80年代及以后公众辩论的主要范畴⑤,"债务"和"信贷"也是如此。代议机构总是代表政治公众中特定成员的利益。如果公众意见有分歧,那么,仅仅依靠一部宪法和公开承诺并

---

① "Edit du roi... enregistré 13 février 1781," in *Affches du Dauphiné* (23 Feb. 1781),170—171.

② Vicomte de Grouchy and Paul Cottin,eds.,*Journal inédit du duc de Croÿ* (Paris：Flammarion,1906—1921),Vol. 4,230.

③ *Affches du Dauphiné* (9 March 1781),178—179.

④ Louis Petit de Bachaumont,*Mémoires secrets pour servir à l'histoire de la république des lettres en France* (London：John Adamson,1780—1789),17；142—143 (27 April 1781)；Michael Kwass,*Privilege and the Politics of Taxation* (Cambridge：Cambridge University Press,2000),214—215.

⑤ David A. Bell,*The Cult of the Nation in France* (Cambridge,Mass.：Harvard University Press,2001).

不能保证国家作为债务人的行为。[①] 于是,政治开始发挥作用。

18 世纪 80 年代的法国既没有成文的宪法,也没有代议机构,但却有严重分裂的政治精英阶层。法国政治精英阶层的分裂在一定程度上与宗教文化有关:它们让法国历史上"爱国者"宪法的詹森教派支持者(包括许多贵族执政官)与更加支持专制王权的朝臣相对立。前者已经善于利用旧制度有限的公共领域来抗议有人试图实施的行政管理中央集权化,经常从货币或财政的角度批评宫廷社会:他们谴责宫廷"信用"无实体支撑,是建立在任人唯亲的基础上,并被官宦和后宫所滥用。他们的要求都是政治上的(即必定与权力如何在社会上分配有关),但他们用与健全货币、平衡预算和财政受托责任等产生共鸣的词语表达自己的要求。[②] 精英阶层也可以按社会经济地位和地理位置区分:外省贵族家族的大部分财富仍然是地产,而以巴黎或凡尔赛为据点的贵族家族则更有可能投资银行、政府债务、矿业或海外贸易。尽管这种区分并不严格,但约翰·肖夫林(John Shovlin)令人信服地指出,"松散的分界线……(区分出)……依靠农业来维持其经济地位的外省贵族和与土地关系很小的巴黎贵族"。外省贵族坚决反对把税收扩大到他们享有特权的财产,而巴黎的贵族则特别关心确保(他们大量投资的)王室债务能如期偿还,还有法国在国际贸易方面对英国和荷兰的竞争力。内克编制的财政报告即便能披露除财产税以外的收入来源——在这里,就是法国举借的外国贷款,也只能安抚外省和巴黎贵族这两个群体。

法国政治阶层的成员都有自己不同的物质利益诉求,但他们用"自由"与

---

① David Stasavage, "Partisan Politics and Public Debt: The Importance of the 'Whig Supremacy' for Britain's Financial Revolution," *European Review of Economic History* 11 (2007): 123 – 153.

② Dale Van Kley, *The Religious Origins of the French Revolution* (New Haven: Yale University Press, 1996); Sarah Maza, *Private Lives and Public Affairs: The Causes Célèbres of Pre-Revolutionary France* (Berkeley: University of California Press, 1993); Clare Crowston, *Credit, Fashion, Sex: Economies of Regard in Old Regime France* (Durham: Duke University Press, 2013).

"专制"的共享词汇表达不同的利益诉求。① 法国精英阶层成员把自己关心的优先问题说成是公共利益问题，试图利用负债等说辞（和现实）来达到自己的目的，但在无意中为壮大法国政治公众的力量做出了贡献。② 我们以导致召集全国三级会议的步骤为例。1783 年，查尔斯·亚历山大·德·加隆（Charles Alexandre de Calonne）在出任财政大臣时，基本上就是步他的前任们的后尘。他对内克当财政大臣时借到的两笔贷款进行了展期，继续向外国投资者（在他任上主要是向荷兰）大肆借钱，并且恢复了卖官的做法［就像内克的继任者和他自己的直接前任乔利·德·弗勒里（Joly de Fleury）所做的那样］。③ 但是，他的公开声明几乎没有提到这些方面的连续性。相反，作为一名与以凡尔赛宫为据点、批评内克最不留情的精英关系密切的朝臣，加隆宣布当期收入比支出少 20%，并把这个意外赤字归因于那位日内瓦银行家管理不善。为了败坏内克的名声，并参与和巴黎最高法院（即法国最高法院，此处还负责登记新税或贷款的机构）的法官进行的权力斗争，这位财政大臣没有站在客观公正的立场说话。加隆坚称法国的财政处于"危急状态"，国家濒临破产，实际上是在上演一场危机，以绕过巴黎最高法院，实现他自己的政策目标。他宣称，形势如此严峻，以至于必须召开精心挑选与会者的名人大会。加隆希望名人大会能批准一系列已经被巴黎最高法院以"专制主义"为由否决的改革（包括开征一种新的普征税）来应对紧急状况。名人大会于 1787 年 2 月召开，加隆在会上一上来就介绍了法国财政刚刚度过的严峻状况，并且声称，他一上任就发现"国库亏空，公共证券贬值，财富无法流通……信用荡然无存"。内克的财政报告描绘了一幅色调明快得多的画面，但就像加隆所指出的那样，它只

① John Shovlin, *The Political Economy of Virtue*：*Luxury*，*Patriotism*，*and the Origins of the French Revolution*（Ithaca：Cornell University Press，2006），71. 还请参阅 Paul Cheney，*Revolutionary Commerce*：*Globalization and the French Monarchy*（Cambridge，Mass.：Harvard University Press，2010）；Kwass，*Privilege and the Politics of Taxation*；Thomas E. Kaiser，"Money，Despotism，and Public Opinion in Early Eighteenth-Century France：John Law and the Debate on Royal Credit，" *Journal of Modern History* 63（1991）：1—28.

② 下文利用了笔者在文献——*Stuff and Money in the Time of the French Revolution*（Cambridge，Mass.：Harvard University Press，2015），chapter 1——中的分析。

③ Eugene Nelson White，"Was There a Solution to the Ancien Régime's Financial Dilemma?" *Journal of Economic History* 49（1989）：545—568；Shovlin，*Political Economy of Virtue*.

能通过"把现在与未来……真实与希望结合起来"才能做到这一点。"必须结束这种时间上的混乱和违规记账的做法,"加隆继续说道,"我们必须清算过去的账目,偿还到期的债务,以便让我们跟上时代。"[1]

聚集在一起开会的名人,就像法国各地最高法院的法官和法国民众一样,无法核实内克或者加隆提供的任何数字。数字当时没有(现在也没有)"为自己说话"。相反,1787—1788 年出版的近 70 种关于这个主题的不同小册子赋予数字和计算以政治意义。[2] 虽然这些小册子的读者对 1788 年的预算几乎没有反应(因为预算赤字有所减少),但他们对内克的辩护和对加隆的批评反应热烈。[3] 内克负责任的名声远比数字本身重要,因此,名人大会通过呼吁提高国家财政的公开和透明程度来捍卫与会者自己的特权,也就不足为奇了。[4]他们拒绝支持加隆的提议,而是希望民众赞成召开全国三级会议(法国的准议会机构,上次全国三级会议是在 1614 年召开的)。就像加隆曾经想到过的那样,利用名人大会来确认自己在未来历史中的地位,红衣主教和贵族们也希望主宰全国三级会议。他们希望能够利用全国三级会议的审议来捍卫自己的地位,并抵御中央集权化的行政管理。债务和财政上的明显需要再次为这种特殊的政治会议提供了必要的借口:"由全国三级会议代表的国民才有权允许国王课征必要的税赋。"[5]

法国 18 世纪 80 年代末发生的债务危机是由政治因素引发的,并且造成了经济和财政后果。虽然加隆所说的收支缺口确实存在,但从本质上讲并不过分。在之前的几十年里,英国的债务比法国增长得更快,英王的臣民比法国人缴纳了更多的税收。正如经济史学家尤金·怀特、弗朗索瓦·维尔德

① *Discours du Roi，à l'assemblée des notables：tenue à Versailles，le 22 février* 1787，*avec le discours prononcé … par M. de Calonne* (Versailles：Imprimerie royale，1787)，6.

② 想了解关于 18 世纪英国如何把数字当作政治武器的持续思考,请参阅 William Deringer，*Calculated Values：Finance，Politics，and the Quantitative Age* (Cambridge，Mass.：Harvard University Press，2018)。

③ Vivian Gruder，*The Notables and the Nation：The Political Schooling of the French，1787—1788* (Cambridge，Mass.：Harvard University Press，2007)，184—185.

④ Vivian Gruder，"A Mutation in Elite Political Culture：The French Notables and the Defense of Property and Participation，1787," *Journal of Modern History* 56 (1984)：598—634.

⑤ Parlement de Paris，"arrêté du 30 juillet 1787," cited in Kwass，*Privilege and the Politics of Taxation，*274.

（François Velde）和戴维·韦尔（David Weir）所指出的那样，1787—1789 年法
国王室财政的崩溃并非没有任何预兆。光债务和预算赤字还不至于导致大革
命爆发。[①] 相反，是债务和预算赤字的日益政治化引发了 18 世纪 80 年代末
的危机。法国的社会精英和形形色色时评作者使这方面的辩论变得更加紧
迫，因为他们相信自己可以利用这些辩论达到自己的目的。其实，他们并没有
能力做到这一点。

在任何时候，路易十六都可以步其祖父或曾祖父的后尘，对已有债务拖欠
不还（或者调整币值，可以收到殊途同归的效果）。路易十六没有这样做，再加
上国民大会颁布的第二项法令承诺绝不再宣布王室破产（正如路易十六自己
在 1774 年颁布的第一道敕令已经承诺履行偿还他继承的债务的义务），都已
经告诉我们很多关于一旦国债向公众公开并向公众投资开放公债就会发生什
么情况的信息。[②] 近代公债在一定程度上要归功于宪法和代议制，但在更大
程度上受到不稳定的舆论力量的影响。中世纪拥有人数很少但利益一致的精
英的城邦很容易在几十年里承受相当多的债务，因为提供资金的商人和影响
政治的少数人都是同一些人。[③] 但在拥有海外殖民地和国际投资者的领土国
家，这种一致性已经不复存在。在近代社会，公债首先是一个政治问题，并且
已经成为公众争论和辩论的焦点。

---

① White，"Was There a Solution. . . ?" 正如戴维·韦尔所指出的那样，就连马塞尔·马里恩
（Marcel Marion，历史学家，曾是旧制度借款最严厉的批评者之一）也认识到英国的债务规模更大；请
参阅 David R. Weir，"Tontine，Public Finance，and Revolution in France and England，1688－1789，"
*Journal of Economic History* 49（1989）：96，n. 8；Marcel Marion，*Histoire financière de la France
depuis* 1715（Paris：1914—1931），Vol. 1，460—461。根据其他经济史学家的计算，如果以不变银价的
利弗尔来衡量，法国的债务实际上在 1715—1789 年间减少了 10%；请参阅 Philip Hoffman，Gilles Pos-
tel-Vinay，and Jean-Laurent Rosenthal，*Priceless Markets：The Political Economy of Credit in Paris*，
*1660－1870*（Chicago：University of Chicago Press，2000），98—105。

② *Edit du roi，portant remise du droit de Joyeux-avènement：Qui ordonne que toutes les rentes…
continueront d'être payées comme par le passé … donné à la Muette au mois de mai* 1774（Paris：Im-
primerie royale，1774）. 关于政治话语权变化的影响，还请参阅 Joël Félix，"'Ce maudit milliard qui
deviendrait tôt ou tard la perte du royaume.' Banqueroutes et politique de la dette en France au XVIIIe
siècle，" in *Les crises de la dette publique：XVIIIe - XXIe siècle*，eds. Gérard Béaur and Laure
Quennouëlle-Corre（Paris：IGPDE，2019），45—68，http：//books. openedition. org/igpde/6092。

③ David Stasavage，*States of Credit：Size，Power，and the Development of European Polities*
（Princeton：Princeton University Press，2011）。

# 革命的悖论：拒绝纳税与债务承诺

"旧制度"（ancien régime）在成为法国历史上的一个时期之前，可以说是一种征税制度。在 18 世纪的大部分时间里，"régime"一词的主要释义是"养生法"（就是"regimen"），但这个词也指"行政管理体制"。虽然它可以用于任何管理，特别是指修道院的管理，但在评估政治体健康的文本中越来越流行使用生理学术语，使得"制度"这个词成为一个特别能唤起回忆的政治经济学术语。[①] 由于正确的养生方法能够保证健康的血液正常循环，因此，良好的制度能保证货币流通。同样，批评人士在诊断财政问题时也用血液循环这个比喻：王室的税收，用封建专员和后来的激进分子弗朗索瓦-诺埃（·格拉古）·巴贝夫[François-Noël（Gracchus）Babeuf]的话来说，就是那么多的"吸血鬼"吸血，夺走了这个国家的生命。[②]

在 1789 年夏末和秋天，首次使用"旧制度"这个词组时，并不是指整个君主制，甚至也不是指神权专制主义，而是指部级行政管理系统的各个组成部分，特别是指税收系统。[③] 零碎的税制改革努力已经导致 1786 年盐税采用"新的税制"（nouveau régime）。[④] 在这种大革命前的背景下，"régime"是指离散的行政管理体制或人员：可以为巴黎的税务员引入一种不会影响到南特、尼

---

① 想了解这个词的标准定义，请参阅 *Dictionnaire universel françois et latin*（*Dictionnaire de Trévoux*）5th ed.（1752），6：754；Diderot and D'Alembert, eds., *Encyclopédie, ou Dictionnaire raisonné des sciences, des arts et des métiers*（1751－1765），14：11－16。迭戈·文图里诺（Diego Venturino）越来越多地把"制度"用于"行政管理"的做法追溯到重农学派，但没有评论生理比喻的重要性；请参阅他的"La Naissance de 'l'Ancien Régime'", in *The Political Culture of the French Revolution*, ed. Colin Lucas, Vol. 2 of *The French Revolution and the Creation of Modern Political Culture*, 4 Vols.（Pergamon：Oxford, 1987－1994），11－40。

② Gracchus Babeuf, *Cadastre perpétuel*（Paris, 1789），xx—xxi.

③ 正如文图里诺（Venturino）所指出的那样，1789 年夏、秋两季的"制度"仍然以限定词开头，有"宪政制度""财政制度"等，但没有整个时代的意思。笔者的观点是，对"财政制度"的回应——因为它被视为一个整体，也因为它造成了债务问题（见下文）——可被作为让人们把过去的经历想象成既无所不在又会被超越的东西的模式。

④ *Déclaration ... qui établit un nouveau régime sur les frontières des provinces rédimées, limitrophes des pays de gabelle ...*（Paris：Knapen et fls, 1786）.

弗斯或蒙特利马税务员的"新制度"。① 在这些用法中，"régime"这个词与
"régie"[用来指印度公司（Indies Company）等官办企业的经营管理]有很多相
似之处，就像与长寿或恢复健康的医嘱那样。② 相反，全国三级会议召集起来
后，却不愿以三级会议的名义召开会议，而是改名为"国民大会"（National
Assembly），就连温和的革命者也用"régime"来指称财政管理体制。在一次
关于法兰西王国的扩大讨论会（1789 年 10 月）上，达拉尔德（d'Allarde）男爵
坚持认为，"信心的恢复取决于一种新秩序，一种新的税收制度"，并坚称每个
人现在都愿意为"让一种能使人民永远从财政束缚中解放出来的制度早日到
来"而做出些许贡献。③

　　达拉尔德并不是唯一把"财政"视为一种制度，并把这种制度视为过去最
典型邪恶的人。直接税——把特权和责任、公共性和受托责任结合在一
起——在 17 世纪已经成为一个特别煽情的问题。通过试图强征新的"普征"
税（即教会和贵族也必须缴纳的税收），王室破坏了它自己赖以存在的差别和
区别对待的逻辑。法学家和贵族带头反对这种税收，但他们——就像某些改
革者们建议的那样——以"公众利益"的名义进行抵制，"公众利益"当然也引
起了其他阶层的共鸣。④ 相比之下，农村平民对间接税（增加商品和服务成本
的税收）的不满要强烈得多，他们对教会和贵族游说免除直接税的做法表示了
强烈的不满。⑤ 事实上，这两个群体的关切和要求截然不同，但都把财政设想
为某种单一"制度"，使得特权阶层和平民百姓都有可能要求废除这种制度。
不管他们的社会地位如何，法兰西国王的臣民们——当他们被重新定义为法

---

① *Édit... portant création de deux offices de receveurs généraux des finances de Paris et un
nouveau régime pour les six receveurs particuliers des impositions de ladite ville ...* （Paris：P. -G.
Simon，1784）.

② "Régie，" in *Encyclopédie*，14：4.

③ *Archives parlementaires*（hereafter：AP）9：278，286（2 Oct. 1789）.达拉尔德因一部废除行
会的法律以他的姓氏命名而闻名，他是一个拥有军事背景的崇尚自由主义的贵族。

④ Kwass，*Privilege and the Politics of Taxation*；想了解有关农民对税收认识的概述，请参阅
Peter M. Jones，*The Peasantry in the French Revolution*（Cambridge：Cambridge University Press，
1988），34—42。

⑤ 想了解对农民不满的细致剖析以及对贵族和城市第三等级不满进行的比较，请参阅 Gilbert
Shapiro and John Markoff，*Revolutionary Demands：A Content Analysis of the Cahiers des doléances
of 1789*（Stanford：Stanford University Press，1998），尤其是第 20 章。

国的"公众舆论"时——都团结一致,反对以前的税收制度。

由于受到精英抵制和民众暴力的双重打击,税收在 1789 年夏天成为革命活动的前沿阵地。这一年的 6 月 17 日,国民大会成员在通过了采用"国民大会"的名称以后采取的第一个行动就是宣布所有的既有税收为非法。然而,他们看似要完全摆脱"旧制度"的做法却立刻因为国民大会采取的下一项措施而变得复杂起来:他们坚持履行全部既有货币义务,因此下令继续征收既有的(尽管是非法的)税收。7 月 13 日,国民大会进一步强调了它对债务的承诺,做出了"任何权力机构都无权宣布臭名昭著的破产"的决议,王室的债务现在属于国家。① 由于没有收入来源就不可能有债务制度,因此不得不维持旧的财政和没收制度,直到公民自愿同意偿还国家的债务(在 1789 年夏天令人兴奋的日子里,许多人都曾想到过这种前景)。

国民大会成员在宣布国家税收非法的同时又承认国家积欠的债务合法,他们采取了对法国大革命进程产生深远影响的行动。宣布国债"神圣",从某种意义上讲,就是试图对国债进行去政治化:让国债脱离日常冲突的范畴,并坚持国债在某种程度上超越了权力机构、代议机构和行政机构之间的分歧。但是,由于国债必须偿还,国债的神圣性几乎产生了适得其反的效果。它使"旧体制"(既有税收)完全与当下联系在了一起,因此,不但要与过去,而且还要与当下决裂——所有这一切都变得更加在所难免。《箴言报》(Moniteur)报道称,罗伯斯庇尔(Robespierre)曾表示:"由于税收制度在明确被废除之前必须继续存在,因此,国民大会应该宣布没有理由考虑保留税收制度的动议";但另一份出版物以更加尖锐的不同方式总结了他说的话:"罗伯斯庇尔虽然没有明确表示旧制度应该继续维持一年,但希望旧制度能维持到建立新制度为止。"②简而言之,由于有债务需要偿还,因此,必须坚持维持旧制度,直到——且仅仅直到——新制度建立为止。两者之间可能没有任何过渡期,也没有任何重叠和逐渐演化。要么建立新的制度,要么保持原状。正如一位请愿者所写的那样:"如果我们不能还清全部债务,就会留下前(旧)制度的痕迹,我们就

---

① AP 8:128—129,230 (17 June and 13 July 1789).

② *Affches du Dauphiné* (11 Feb. 1790),69.

有充分的理由为未来的制度表示担忧。"①

虽然这可能是一笔沉重的债务，但这笔债务也有重要的政治用途（正如内克和加隆为争取公众支持而进行的努力所显示的那样）。立法者们知道，如果没有这笔债务，就有可能永远也不会召集全国三级会议代表开会。用法国大革命时期的著名记者卡米尔·德穆兰（Camille Desmoulins）的话来说："在罗马，弗吉尼亚（Verginia）的死亡才使自由得以恢复……在法国，预算赤字也将会做到这一点。啊，神佑的赤字！啊，我亲爱的加隆！"②米拉波（Mirabeau）以他典型的修辞智慧宣布："赤字是国家的财富，公债是我们自由的种子。"1790年春天，国民大会在一份公告中向法国人民重申了这样的论断："请回头看看，是我们的财政无序让我们过上自由的幸福生活。"③如果议员们同意债务违约，国王可能会感谢他们解决了他的财政问题，然后让他们回家。一些激进分子对这种行动表示怀疑，他们认为，国民大会应该在制定和批准宪法之前拒绝公开财政问题。④

在1789年夏天令人紧张不安的局势下，平衡财政收支的政治风险比以往任何时候都要大。正义要求废除旧税，偿还旧债。似乎这个逻辑难题还不够严重，国民大会的成员们被农村的动荡、城市的暴力事件和王室的优柔寡断弄得焦头烂额。⑤处于上述每一种状态下的群体和个人——洗劫收费站或城堡的村民，聚集在咖啡馆或城市广场的市民以及朝臣和路易十六本人——都能并确实声称代表法国发言。在大革命的最初几个月里，"公众"的声音越来越响亮，但由于不只有一个声音在说话，因此，传递的信息很不清晰。

在一个人人都能定义"公众"的时代，公债带来的政治挑战由于国家信用崩溃这个重要事实而加剧。1789年夏天的政治危机使王室几乎不可能再借到贷款，并使其已经签发的短期票据几乎一文不值。在国家的收入来源被宣

---

①　Archives Nationales (Paris) F4 1938 (Engren to Necker, 8 Dec. 1789).

②　*La France Libre* in *Œuvres de Camille Desmoulins*, ed. *Jules Claretie* (Paris: Charpentier, 1874), 79.

③　AP 8:499 (27 August 1789); 15:344 (30 April 1790).

④　例如，可参阅包比鲁斯（Populus）的评论[AP 8:221 (11 July 1789)]以及迪波尔和布罗斯塔雷 (Duport and Brostaret)的评论[AP 9:232 (1 Oct. 1789)]。

⑤　想了解从议员的视角对法国大革命第一年进行的精彩概述，请参阅 Timothy Tackett, *Becoming a Revolutionary* (Princeton: Princeton University Press, 1996)。

布为非法的时候,国家必须找到现金来支付它的军费并进口粮食。数字再一次不能说明问题,国民大会的成员们反复面对几乎没人能理解的财政报表和支出估算表,他们基本上明白,举目望去只能看到空空如也的钱包。他们就像德·费里尔(de Ferrières)侯爵哀叹的那样:"他们就像一天的美好计划在早上就被债主们不合时宜的出现而毁了的人。"[1]内克(1788年重回财政大臣的位置,1789年7月被短暂解职,然后因为重新获得民众称赞而再次被召回)1789年9月下旬发出了严厉的警告:"先生们,如果你们中止纳税,如果你们不能保证税款收缴上来,那么一切都不会有任何改善。"内克已经认识到很难让民众缴纳当时非常不受欢迎的税收,并鼓励国民大会立即起草新的立法。最后,他呼吁道:"你们必须行动起来,一起完成这项任务!无论是现在还是将来,不管是根据推测还是按照现实情况。"[2]旧制度正在分崩离析,公债和财政赤字使得建立新的制度变得更加紧迫。

## 对纸券的政治经济学分析

在法国大革命的第一年,一些我们现在认为是温和革命者的人,曾多次试图利用国库空虚和未还债务的威胁来达到自己的政治目的。但是,这种策略从来没有像他们计划的那样取得成功。因为,他们的这种策略在把债务的一般概念神圣化的同时,也引发了被证明越来越具有分裂性的道德—历史记录行为。如果债务是神圣的,那么,首先必须弄清欠多少钱和欠谁的钱。[3] 例如,1789年秋天,国民大会中反对教士的声音把投资者对国债的合法债权与(在他们看来)天主教会远非合法持有的大量财产相提并论,并且随后呼吁把天主教会远非合法持有的大量财产收归国有,以确保国债投资者债权的安全。尽管约翰·麦克曼勒斯(John McManners)已经证明了教会财产的复杂性——在18世纪的法国,教会的收入来自复杂的投资和出租教堂座位以及城

---

① Charles Elie Ferrières-Marçay,*Correspondance inédite*,cited in Tackett,*Becoming a Revolutionary*,261.

② AP 9:145 (24 Sept. 1789).

③ 下文引用了笔者的文献:*Stuff and Money*,chapters 2—4.

市纪念馆和半封建的收费,那个时代的人都刻板地认为教会的财产主要是肥沃的麦田和珍贵的葡萄园。① 把教会的财产说成是农田,具有使得它们对许多认为法国国民(不像旧制度的君主)需要以实物资产(而不是声誉资产)作为抵押物借钱的人更有吸引力的效果。他们认为,如果教会无权拥有这些财产,法国国民就需要它们。只要国家接管由教会财产提供经费的开支(从房屋维修到穷人救济和神职人员薪水),把教会财产转移到不同的资产负债表上就不会产生任何新的债务。

虽然用国有财产来担保王室积欠的债务,从技术上讲,不会产生新的债务,但最终确实导致一种新的货币工具的诞生。债务制度的变化,影响到了货币制度——而这些变化随后产生了意想不到的进一步扰乱政治制度的影响。1789年11月初,这些原来属于教会的财产[此后被称为"国有财产"(biens nationaux or national properties)]被宣布"交国家处置",并在接下来的几个月里被清点、估价和拍卖。由于国家不能等到变卖财产后再偿还欠债权人的债务,于是发行以财产价值为担保的大额有息票据。这些用来暂时履行媒介职能的票据被称为"纸券"(assignat),因为它们被"赋予"需要支付的财产的价值。国家可用纸券来偿还积欠的债务,而这些债权人——或者随后受让他们转让的纸券的其他人——就可以用纸券换取部分国有财产(勃艮第的几亩葡萄园,布列塔尼一所废弃的修道院,等等)。只要所发行纸券的总价值不超过将被私有化的国有财产,只要纸券被国家赎回后不再进入流通,我们就有理由认为,发行纸券并不是在创造货币。正如纸券的支持者们经常坚持认为的那样,确切地说,它们是"可以流通的土地"。

但几个月后,法国显然也遇到了严重的资金短缺问题(这个社会问题虽然是紧随财政问题之后发生的,但两者是不同的问题)。就在公债问题成为一个极具争议的政治问题时,国家欠私人的全部债务都要到期了。国家只能以不动产(在大约有一半的法国人看来,这些不动产根本不属于法国,而是属于天主教会)作为抵押借钱这种前所未有的情况,导致很多平常的经济活动几乎陷入了停顿状态。1788—1790年的紧张局势和暴力行动蔓延到了整个社会,这

---

①　John McManners,*Church and Society in Eighteenth-Century France*(Oxford：Oxford University Press,1998)．

种由政治和情感因素导致的信任缺失严重破坏了以信用为基础的商业网络。在一个没有信用的世界上,现金变得比以往任何时候都更加不可或缺。1790年春天,投资者对政府缺乏信任以及私营部门传统的信贷安排崩溃这两场危机的叠加,为把纸券从有息债券转换成通用货币提供了有力的论据。

虽然最初并没有打算把纸券作为一种新的或永久性货币,但纸券还是被作为货币来使用。国民大会通过在新的政治和文化剧变的背景下偿还已有债务,最终制定了本身就造成更加严重的社会和政治后果的货币政策。这些纸券本来是用来稳定国家财政和安抚国内债权人的,但作为一种资产的地位取决于法国对这些国有财产在政治上有争议的主张权。当国民大会投票表决是否要对法国天主教会进行进一步的改革(变卖"多余的"教堂、主教和司铎通过选举产生、神职人员都必须宣誓效忠国家)时,纸券在一些人的心目中变得更加神圣,而在另一些人看来则显然是"亵渎神明"。① 由于任何纸券的发行都必须以由"国有财产"支持为借口,因此,在纸券流通期间(1790—1796 年夏天),公债问题与法国大革命本身的合法性不可分割地交织在一起。国民大会通过让纸券货币化(并最终发行面额很小的纸券),无意中保证了有关公债的辩论渗透到法国的各个角落。

1790 年 9 月下旬,国民大会投票通过了增发纸券来偿还另一类——因废除捐班官职而产生的——债务的决议。这些债务在大革命之初并没有记录在案,而是革命者因为自己才欠下的。1789 年 8 月 4 日,国民大会在一个激动人心的深夜召开的会议上"废除了特权",然后又花了几个月的时间来确定废除特权的实际执行情况。有些贵族特权被宣布为"明显滥用",能够并且应该彻底废除,比如养鸽和狩猎的垄断权,显然就属于这一类被滥用的特权。但是,国民大会还得出结论:旧制度下的许多其他"特权"实际上是以财产的形式出现的。这种特权包括购买军衔和其他官职(法官和公证员,还包括法警或假发商)。这些职位要用现金购买,并可作为抵押物,在许多情况下还可以继承。

---

① Nigel Ashton, *Religion and Revolution in France*, *1780—1804* (Washington, D. C.: Catholic University of America Press, 2000); Timothy Tackett, *Religion*, *Revolution*, *and Regional Culture in Eighteenth-Century France*: *The Ecclesiastical Oath of* 1791 (Princeton: Princeton University Press, 1986).

按照 18 世纪的逻辑和法律,它们与国有财产一样都是"不动产"。虽然国民大会谴责买卖官职是一种腐败,但仍然承认捐班者(国民大会的很多成员自己也是捐班者)是"财产"的合法所有人。由于财产是神圣的(如《人权与公民权利宣言》第 17 条所述),因此,不得在不给予赔偿的情况下就予以没收。因此,由于废除捐班官职而积欠——一种全新的债务——的金额达到了 1.4 亿利弗尔。前孟德斯鸠(Montesquiou)侯爵代表财政委员会报告称,如果在未来的 32 年里陆续偿还这笔"本期债务",就不存在增发纸券的问题——这将意味着拖延太长的时间[例如,财政委员会的一位资深成员让-巴蒂斯特·基特斯普特(Jean-Baptiste Kytspotter)在 1782 年购买法官职位的费用可能要到 1821 年才能得到偿还]。此外,由于 1789 年 11 月 3 日颁布的一项法令明确规定,"那些担任[捐班]职务的人应该继续履行职务……直到国民大会确定偿还他们的方法为止",而逐步偿还可能只意味着部分废除捐班职位。① 几十年来,有些法官和指挥官是花钱买来的职位,而另一些法官和指挥官则是依靠自己的努力获得的职位。这种缓慢而稳定的清偿方法还将增加数百万的利息支出。"先生们,你们看,"孟德斯鸠总结道,"[如果我们要逐步偿还当前的债务],我们实际需要增加税收(来支付利息)……而我们的主要目标——救济人民——将被证明只是一个不切实际的幻想。"正如他在早期有关财政问题的演讲中所说的那样,孟德斯鸠随后把逐步偿还造成的苦难与比较突然、直接的财政解决方法可能带来的幸福进行了比较:"如果我们能在瞬间用部分或全部国有财产偿还当前的全部债务……我们就会发现自己比我们敢于希望的还要富足……半个世纪的工作将在一天内完成。"②

孟德斯鸠承诺,多亏前教会财产积攒的价值,债务"瞬间"就能还清。他的这一承诺被证明十分诱人。对于那些投票表决增发更多纸券的人来说,这样做似乎为如何替旧制度埋单和为新制度腾出空间这个棘手问题提供了一个迅速而又公平的解决方案。把捐班官职归类为滥用特权而不是合法财产,有可能产生同样的效果,但这种可能性从未得到认真的考虑。相反,在经历了一年

① William Doyle,*Venality: The Sale of Offices in Eighteenth-Century France* (Oxford: Oxford University Press,1996),1—3,275—311.

② AP 18:354—355 (27 Aug. 1790).

基本没收到税收之后,国民大会先是同意借新债,然后由于选择采用什么方式偿还新债而进一步激怒了许多天主教徒。

＊　　＊　　＊

法国大革命者希望,与过去的财政和行政制度决裂能有助于保证政治稳定。然而,这种未遂的决裂与债务制度的延续一起产生了需要建立一种新的货币制度的意外结果。这种新的货币制度大大加剧了社会和文化冲突,并最终导致创立一种新的政治制度。

在超过一代人的时间里,具有制度意识的经济史学家一直在研究近代社会产权保护、法治和经济持续增长之间的正反馈循环关系。但在 18 世纪的法国,某些财产所有者(那些投资于王室债务或购买官职的人)的权利对任何制度来说都太大了。他们的财产权非但没能使"旧制度"(1789 年夏天之前的一切最终都被称为"旧制度")稳定,反而使新政权变得更加激进。1797 年颁布"2/3 破产法"以后,第二督政府的雅各宾共和派把赌注压在了新的债务制度上,认为这是稳定货币、财政和政权的最佳手段。虽然从表面上看,他们输掉了自己的政治赌注(1799 年波拿巴的政变推翻了督政府,1804 年波拿巴称帝标志着第一共和国的寿终正寝),但他们确实成功地引入了一种新的、持久的公债制度。他们所谓的债务合并(注销了 2/3 的债务,剩下的 1/3 合并为单一工具)是近代法国历史上第一次也是最后一次国家违约。如果法国大革命是与过去的公债形式决裂,那么,我们可能会认为法国大革命不是始于 1789 年,而是始于 1797 年。

# 第三章 信贷政治:瑞典的政府 借款和政治制度

帕特里克·温顿[*]

18世纪,欧洲国家对公共信用的日益依赖对政治秩序以及权力和资源在欧洲各国的分布产生了根本性的影响。欧洲各国政府试图吸引资本来进行债务融资,并配置支付利息的手段,同时与有影响力的政治群体就如何为既有赤字和债务融资进行协商。[①] 与此同时,政府对借贷的日益依赖,引发公众就这种新安排可能产生的影响进行讨论。虽然有人认为,不断扩大的金融市场改善了流动性,增强了国家的融资能力,但也有许多人对不断提高的债务水平以及借贷对政治现状构成的威胁提出了警告。具体来说,债权人的债权被视为一股有可能颠覆老牌精英影响力的势力,并赋予债券持有人和舆论更大的政

---

\* E-mail: patrik. winton@oru. se.

① Peter George Muir Dickson, *The Financial Revolution in England: A Study in the Development of Public Credit*, *1688 — 1756* (London: Macmillan, 1967); John Brewer, *Sinews of Power: War, Money and the English State*, *1688 — 1783* (London: Unwin Hyman, 1989); François R. Velde and David R. Weir, "The Financial Market and Government Debt Policy in France, 1746—1793," *Journal of Economic History* 52, No. 1 (1992); Hamish Scott, "The Fiscal-Military State and International Rivalry during the Long Eighteenth Century," in *The Fiscal-Military State in Eighteenth-Century Europe: Essays in Honour of P. G. M. Dickson*, ed. C. Storrs (Farnham: Ashgate, 2009); Rafael Torres Sánchez, *Constructing a Fiscal Military State in Eighteenth-Century Spain* (Houndmills: Palgrave Macmillan, 2015); William D. Godsey, *The Sinews of Habsburg Power: Lower Austria in a Fiscal-Military State 1650 — 1820* (Oxford: Oxford University Press, 2018).

治发言权。[1]

欧洲一些国家的政府制定了不同的借款安排方案,如通过向民众发售长期债券,签订包税协议或发行不同形式的纸币,在国内筹集部分资金;[2]同时在阿姆斯特丹、安特卫普和热那亚等金融中心通过国外借贷来筹措另一部分资金。[3] 所有这些借款安排以及履行或违反所积欠负债义务的决定,都与政府本质上既有政治又有经济性以及因此而产生的成本和收益有关。政府的借款安排在很大程度上取决于政治背景,尤其是观念、利益和制度之间的力量对比。因此,一个国家使用的特定借款方法与现有的政治解决机制密切相关;而这反过来又意味着,政治力量对比的变化往往会对政府借款安排和在财政事务领域的选择产生影响。但是,政府的借款活动也可能改变权力分布,并最终导致新的政治解决机制。[4]

研究 18 世纪欧洲财政和政治发展状况的学者都首先关注英国和法国这两个国家,并且把这两个国家视为截然不同的案例:英国是议会代议政体,能够征收足够的税收来偿还不断增加的债务,因此能够信守承诺偿还政府积欠的债务。结果,越来越多的公民成了政府的债权人,这反过来又增强了政府为战争动员资金的能力。而法国则被说成是专制国家,它从未像英国那样能够

---

① Michael Sonenscher, *Before the Deluge: Public Debt, Inequality, and the Intellectual Origins of the French Revolution* (Princeton: Princeton University Press, 2007); Carl Wennerlind, *Casualties of Credit: The English Financial Revolution, 1620—1720* (Cambridge, Mass.: Harvard University Press, 2011).

② 例如, Dickson, *Financial Revolution*; Richard Bonney, "France and the First European Paper Money Experiment," *French History* 15, No. 3 (2001); Renate Pieper, "Financing an Empire: The Austrian Composite Monarchy, 1650—1848," in *The Rise of Fiscal States: A Global History, 1500—1914*, eds. Bartolomé Yun-Casalilla and Patrick K. O'Brien (Cambridge: Cambridge University Press, 2012)。

③ Giuseppe Felloni, *Gli investimenti finanziari genovesi in Europa tra il seicento e la restaurazione* (Milan: A. Giuffrè, 1971); James C. Riley, *International Government Finance and the Amsterdam Capital Market, 1740—1815* (Cambridge: Cambridge University Press, 1980); Christiaan van Bochove, "External Debt and Commitment Mechanisms: Danish Borrowing in Holland, 1763—1825," *Economic History Review* 67, No. 3 (2014).

④ 想了解政治的重要性,请参阅 Caroline Van Rijckeghem and Beatrice Weder, "Political Institutions and Debt Crises," *Public Choice* 138 (2009); Nicolas Delalande, "Protecting the Credit of the State: Speculation, Trust, and Sovereignty in Interwar France," *Annales HSS* 71, No. 1 (2016); Anush Kapadia, "The Structure of State Borrowing: Towards a Political Theory of Control Mechanisms," *Cambridge Journal of Regions, Economy and Society* 10 (2017).

成功地安排借款,也从未像英国那样通过增加税收来解决财政赤字问题。英法两国在财政和政治发展方面的差别,也是有关议会代议政体和中央集权政体孰优孰劣的一般争论的关键所在,并且解释了专制国家受到王室道德风险和财政不统一等制度缺陷困扰的原因。[1]

　　这种主要基于制度观的研究存在两方面的问题:首先往往过度概括英法两国截然不同的情况,忽视了历史偶然性,并且把历史的"后见之明"当作预设的结果。其次忽略了18世纪存在的大量借款安排。例如,正如丽贝卡·斯潘在上一章中指出的那样,法国的公债依赖于国内的政治环境。因此,可供选择的财政解决方案虽然并不一定适合过于简单化的专制政体/议会代议政体模式,但在其他欧洲国家,特别是在较小的欧洲国家十分流行。[2] 欧洲小国面临着与大国相似的经济和政治挑战,但也存在着重要的差别。一方面,欧洲小国在国际体系中处于比较弱势的地位,因为它们必须遵守大国设定的条件。18世纪下半叶波兰的分裂就是大国军事和政治较量及其如何影响小国的例子。[3] 另一方面,欧洲小国可以通过从欧洲主要大国那里寻求补贴,或者通过

---

[1]　Douglass C. North and Barry R. Weingast, "Constitutions and Commitment: The Evolution of Institutions Governing Public Choice in Seventeenth-Century England," *Journal of Economic History* 49, No. 4 (1989); David Stasavage, *Public Debt and the Birth of the Democratic State: France and Great Britain, 1688—1789* (Cambridge: Cambridge University Press, 2003); Mark Dincecco, *Political Transformations and Public Finances: Europe, 1650—1913* (Cambridge: Cambridge University Press, 2011); Daron Acemoglu and James A. Robinson, *Why Nations Fail: The Origins of Power, Prosperity and Poverty* (London: Profile, 2012); Gary W. Cox, *Marketing Sovereign Promises: Monopoly Brokerage and the Growth of the English State* (Cambridge: Cambridge University Press, 2016).

[2]　想了解对制度观的批评,请参阅 D'Maris Coffman, "Credibility, Transparency, Accountability, and the Public Credit under the Long Parliament and Commonwealth, 1643—1653"; Alejandra Irigoin and Regina Grafe, "Bounded Leviathan: Fiscal Constraints and Financial Development in the Early Modern Hispanic World," in *Questioning Credible Commitment: Perspectives on the Rise of Financial Capitalism*, eds. D'Maris Coffman, Adrian Leonard and Larry Neal (Cambridge: Cambridge University Press, 2013). 还请参阅 Julian Hoppit, *Britain's Political Economies: Parliament and Economic Life, 1660—1800* (Cambridge: Cambridge University Press, 2017), 28—34.

[3]　Hamish M. Scott, *The Emergence of the Eastern Powers, 1756—1775* (Cambridge: Cambridge University Press, 2001), 3—7, 249.

战时采取中立立场来增加对外贸易,从而得益于它们在国际体系中的地位。[1]因此,政府借款也受到国际关系的影响。

在这一章里,为了阐明政府债务问题如何影响本国不同精英阶层成员之间以及精英阶层与国王之间的力量对比和政治关系,我们将重点考察瑞典这个 18 世纪末的欧洲中等强国的情况。换句话说,这一章将分析政府债务如何成为政治争论的核心问题以及政治争论如何决定政府活动的特点和方向。

本章集中分析两个已有借款安排方案受到挑战的危机时期。第一次危机发生在"七年战争"爆发前后。当时,动员战争经费造成了财政和货币压力,从而导致与国内外债权人的新关系得到发展。第二次危机发生在拿破仑战争期间。当时,就既有的财政安排进行了重新谈判,公债最终被废除。在这两个危机时期,宪法秩序和欧洲国家体系的结构发生了变化。18 世纪中叶,瑞典已经推行议会治国制度,但这一制度在 1772 年被取代。那年,国王古斯塔夫斯三世(Gustavus Ⅲ)通过发动政变加强了王室的权力。这种王室专制秩序一直延续到 1809 年。那年,当时的国王古斯塔夫斯四世阿道尔弗斯(Gustavus Ⅳ Adolphus)被一场由精英发动的政变推翻。随后,瑞典通过了一部新宪法,从而保证了王室和国会之间的分权。一年后,法国元帅让·巴蒂斯特·贝纳多特(Jean Baptiste Bernadotte)被选为瑞典王储,从而完成了一种新的政治秩序的建立,而瑞典的政局也变得相对稳定。[2]

## "七年战争"与新公债的问世

1757 年,瑞典加入了反普鲁士联盟,并且派遣军队开往西波美拉尼亚省。瑞典王国政务委员会(Swedish Council of the Realm)曾获得法国的承诺,如

---

① John M. Sherwig, *Guineas and Gunpowder: British Foreign Aid in the Wars with France 1793—1815* (Cambridge, Mass.: Harvard University Press, 1969), 34—53, 216—238, 294—314; Ole Feldbæk, "Eighteenth-Century Danish Neutrality: Its Diplomacy, Economics and Law," *Scandinavian Journal of History* 8 (1983); Leos Müller, "Swedish Merchant Shipping in Troubled Times: The French Revolutionary Wars and Sweden's Neutrality 1793—1801," *International Journal of Maritime History* 28, No. 1 (2016).

② Arnold H. Barton, *Scandinavia in the Revolutionary Era, 1760—1815* (Minneapolis: University of Minnesota Press, 1986).

果瑞典采取军事行动，将获得大量补贴。瑞典议会希望这将是一场速战速决的战役，并希望瑞典的支持在未来的和会上得到回报。然而，普鲁士军队的顽强抵抗很快粉碎了瑞典议会的希望。因此，瑞典不得不在西波美拉尼亚省驻军数年，从而给政府的财政造成了很大的压力，进而导致依赖瑞典国会银行（Riksbanken）贷款和法国补贴的既有体系崩溃；而且反过来又在政府不得不寻找新的途径来弥补财政赤字的时候加剧了社会各等级之间政治关系的紧张。①

瑞典的政治解决机制和借款结构是建立在国会的核心角色和四个等级社会阶层之上的。国会每三年召开一次会议，就税收、立法和外交政策等问题做出决定。国会还通过选举行长并向他们发出如何经营银行的指令来控制既是外汇银行，又是贷款和储蓄银行的瑞典国会银行。虽然四个等级的社会阶层被认为是平等的，但在政治上农民阶级力量最小，而贵族阶级最有政治影响力。瑞典属于寡头政治体制，因为一些重要的贵族官员和公务员、商人和主教都占据着重要职位。他们通过自己在由贵族、神职人员和市民组成的势力强大的秘密委员会（Secret Committee）的席位来施加影响。秘密委员会主要商议外交政策、政府开支和银行经营等方面的问题。王国政务委员会行使着政府的职能，但其贵族成员必须得到国会的支持。因此，王国政务委员能够被国会罢免。国王参加政务委员会的会议，但他不能推行任何独立的政策。②

这个寡头统治集团依靠瑞典国会银行的贷款和法国政府的补贴来弥补已经发生的财政赤字。这种安排提供了必要的资源，因此不需要与其他社会阶层就增税问题进行协商，也不必与他们分享财政事务方面的详细信息。法国之所以向瑞典提供补贴，是为了增强瑞典的军事力量。瑞典因此而成为法国

---

① Franz A. J. Szabo, *The Seven Years War in Europe 1756—1763* (Harlow: Pearson Longman, 2008), 132—134; Patrik Winton, "Sweden and the Seven Years War, 1757—1762: War, Debt and Politics," *War in History* 19, No. 1 (2012).

② Michael Roberts, *The Age of Liberty: Sweden 1719—1772* (Cambridge: Cambridge University Press, 1986), 6—9; Patrik Winton, "La hiérarchie contestée. La reconfiguration de l'équilibre des pouvoirs au sein et entre les ordres du Riksdag suédois, 1750—1772," *Revue d'histoire nordique* 10 (2010): 34—7.

联盟体系中的一员,法国的联盟体系还包括丹麦和热那亚等国家。① 1750 年,法国提供的补贴几乎占到瑞典财政总收入的 20%,但到了 1755 年大约只占7%。瑞典国会银行的贷款也可能占据瑞典财政收入的很大比例:1752 年,瑞典国会银行的贷款几乎占到瑞典财政总收入的 23%,而到了 1755 年则大约只占瑞典财政总收入的 2%。②

银行通过发行纸币来安排贷款,纸币后来被作为硬币的等价物来接受。纸币最初由铸币准备金支持,但到了 1745 年,流通中的纸币与铸币准备金脱钩。瑞典国会银行向政府和个人(其中许多人是政治精英)贷款,从而增加了流动性。例如,瑞典国会银行发放给个人的贷款从 1750 年的 1 030 万银泰勒(silver daler)增加到了 1755 年的 1 980 万银泰勒,而借给政府的贷款同期从1 550 万银泰勒增加到了 1 780 万银泰勒。③ 虽然有人对瑞典政府和瑞典国会银行之间的密切关系有些担忧,但许多精英人士还是赞成瑞典国会银行加快放贷速度。利用瑞典国会银行的信贷是为政府支出筹集资金的一个简易途径,而瑞典国会银行放贷给不动产和钢铁厂业主则被认为有利于经济增长。④

瑞典国会银行发放的贷款和法国提供的补贴相结合的做法被用来为对普(鲁士)战争筹集资金。在这场战争中,瑞典国会银行的贷款占全部动员资金的 44%,而法国提供的补贴则占 20%。这些贷款加快了瑞典国会银行发行钞票的速度,瑞典国会银行发行的钞票从 1755 年的 1 380 万银泰勒增加到了1760 年的 3 320 万银泰勒。流动性的增加不仅造成了通货膨胀,而且导致瑞典货币在国际资本市场上贬值。当法国政府没有能力继续提供补贴时,瑞典政府的财政变得紧张起来。⑤

丹麦也采用类似的财政安排,但丹麦的专制国王和他的谋士们在没有代

① Roberts, *Age of Liberty*, 26—27; Peter George Muir Dickson, *Finance and Government under Maria Theresia 1740—1780* (Oxford: Clarendon Press, 1987), 2:394.

② Karl Åmark, *Sveriges statsfinanser 1719—1809* (Stockholm: Norstedt, 1961), 230, 609.

③ Carl Hallendorff, *Riksens ständers bank 1719—1766*, Vol. II, *Sveriges Riksbank 1668—1918* (Stockholm: Sveriges Riksbank, 1919), 220—221, 238—239.

④ Sekreta utskottets protokoll 1751/52, 24—25 Oct., 8 Nov., 20 Dec. 1751, Vol. R2956 and Sekreta utskottets protokoll 1755/56, 8 May 1756, Vol. R3045, Swedish National Archives, Stockholm, (SNA).

⑤ Winton, "Sweden and the Seven Years War," 22—24.

表大会的情况下统治国家。因此,这种财政安排既可被议会制寡头政治使用,也可被王室专制政治秩序采用。丹麦柯朗银行(Danish Courant Bank)建于1736年,是一家持有皇家特许状的半公营企业,它通过发行纸币把贷款从1750年的160万里克斯元(rigsdaler)增加到了1762年年底的1 020万里克斯元。纸币最初由硬币准备金担保,但1757年政府需要借款备战,不得不放弃这种担保。法国为争取丹麦在欧洲冲突中保持中立也向丹麦提供补贴,但法国的补贴在1760年有所减少,因为它们只占丹麦财政总收入的3%左右。①

物价上涨,再加上政治上对战争的不满情绪不断高涨,在瑞典引发了一场越来越激烈的关于财政问题原因的公开辩论,而且这场辩论也影响到了国会的议会辩论。许多批评人士认为,议员们应该受到惩罚,因为他们把国家拖入战争并导致国家负债累累。他们还批评一些同时也是政治精英的大商人,后者从汇率下跌中牟利,损害了其他人的利益。与此同时,有人认为,为了解决迫在眉睫的财政难题,必须减少银行贷款,并提高公共事务的透明度。既有财政安排的辩护者强调,政务委员会决定参战是为了捍卫王国的荣誉。他们还认为,物价上涨是凭空想象的,瑞典国会银行发放的信贷有助于促进贸易和制造业的发展。但是,国会大部分议员决定罢免两名政务委员,并限制瑞典国会银行新增贷款。②

瑞典政府在不再能够依靠瑞典国会银行贷款或法国补贴的情况下,很明显,必须找到其他收入来源。1761年开辟的一个收入来源是让公民更加积极地参与为战争筹款。随后,发行了长期债券,从1761年12月到1762年10月总共销售了700多张债券。③ 战争结束后,1770年又进行了一次对内借款尝

---

① Generalindtægtsbog 1760, Hovedbogholderikontoret, Rentekammeret, Danish National Archives, Copenhagen (DNA); Erik Rasmussen, *Kurantbankens forhold til staten 1737 — 1773* (Copenhagen: Institutet for historie og samfundsøkonomi, 1955), 115 — 147, appendix III; Szabo, *The Seven Years War*, 132.

② Sekreta utskottets protokoll 1760/62, 4 — 6 Feb., Vol. R3143, 28 Aug. and 2 Sep. 1761, Vol. R3144; Pehr Niclas Christiernin, *Utdrag af föreläsningar angående den i Swea rike upstigne wexelcoursen, til desz beskaffenhet, orsaker och på följgder, samt botemedel emot wexel-prisets ytterligare uplöpande* (Stockholm, 1761); Anders Nordencrantz, Tankar om den höga wexelcoursen och dyrheten i Swerige (Stockholm, 1761).

③ Statskontorets avräkningsböcker over inrikes lån, Vol. 2406 and 2418, Kamrerarekontoret, Riksgäldsdirektionen, SNA.

试,利率为 5%,投资者可以选择 1～10 年的期限。政府还强调,全体居民都有平等的机会参与贷款。然而,债券的最低面值为 100 银泰勒,只有拥有不动产的群体才买得起。因此,主要是精英分子把自己的储蓄托付给政府。虽然这次发行筹集到了一些资金,但到年底只出售了 87 张债券。[①]

虽然发行国内长期债券只取得了有限的成绩,但瑞典政府试图与国际信贷市场建立联系的努力取得了不一样的结果。尽管 1761 年在安特卫普的第一次借款尝试遭遇了失败,主要原因是玛丽亚·特蕾西娅(Maria Theresia)皇后禁止向外国政府借款,但 1766 年在热那亚的借款尝试比较成功。[②] 瑞典驻维也纳使节尼尔斯·巴克(Nils Bark)与热那亚人的接触,其目的是要应对战后财政货币问题。尤其是流通中的纸币数量和糟糕的汇率被视为严重的困难。许多人认为,外国贷款可以通过取代成本更高的贷款来改善人民的生活,并有助于提高瑞典货币的汇率;而另一些人则强调,把国家交到外国人手中,用外国贷款来增加国库的负担,是一种冒险行为。虽然有这些保留意见,但大多数人还是同意与热那亚人谈判。[③]

显然,热那亚的精英把瑞典的资金需求视为加强与瑞典经济和政治联系的机会。除了明显的金融交往外,影响两国关系的主要是从瑞典王国到地中海的铁和焦油贸易以及从地中海到瑞典王国的食盐贸易。[④] 此外,热那亚共和国试图在奥地利、法国和西班牙之间寻求平衡,因此需要新的友好盟友。与瑞典一样,热那亚长期以来也一直是法国联盟体系中的一员,但法国在 18 世纪 60 年代停止了对热那亚的资助。[⑤]

谈判主要在维也纳举行,由巴克与热那亚的外交代表负责。谈判中遇到的一个关键问题是,如何说服热那亚的广大公众,让他们相信借钱给一个北欧偏远国家是安全的。用来创造必要担保的机制是由瑞典国王和管理国家资源的公共管理机构(Statskontoret)代表签署的发行两种债券的合同。这两种同

---

① Akter rörande särskilda lån, vol. 2262, Huvudarkivet, Riksgäldsdirektionen, SNA.

② 关于安特卫普的贷款,请参阅 Sekreta utskottets protokoll 1760/62, 27 Feb., 17 Mar., 7 Apr., 8 Apr., 6 May and 22 Jun. 1761, Vol. R3143, SNA。

③ Sekreta utskottets protokoll 1765/66, 12 Oct. 1765 and 12 Apr. 1766, Vol. R3273, SNA.

④ Leos Müller, *Consuls, Corsairs, and Commerce: The Swedish Consular Service and Long-Distance Shipping, 1720—1815* (Uppsala: Acta Universitatis Upsaliensia, 2004), 134—144.

⑤ Dickson, Finance and Government, 119 and tables 5.4, 5.6.

样由瑞典国会银行担保的债券存放在热那亚。为了澄清用于管理债务的收入并没有用于抵押,瑞典政务委员会寄送了几份刊登了现有政府债券偿还公告的瑞典政府公报。据巴克报告,在谈判期间,热那亚流传着关于瑞典政府管理债务能力的负面传言。据说,瑞典在汉堡和荷兰已经欠下巨额借款,政府对还款处理不当。另一则谣言称,与瑞典交往并不安全,因为瑞典国会经常更改决议。为了驳斥这些谣言,瑞典方面命令巴克宣传瑞典国会上次会议做出的经济决议。他还致函热那亚介绍瑞典政治制度的运行方式。热那亚方面公开了巴克信函的内容,希望此举能够影响公众舆论。[①] 这些行动表明,在热那亚这个港口城市的一些关键群体中,当时对瑞典政治制度的看法被解读为一个需要警惕的问题。

瑞典政务委员会和尼尔斯·巴克在回应热那亚人的要求和当时流传的谣言时表现出来的自信表明,借款谈判的成功对于瑞典政治精英来说是多么重要。借款谈判成功不但会导致重要资源的流入,而且还会提高瑞典政治秩序的形象和合法性。谈判涉及多个问题这一事实表明,获得外部债权人的信任不但涉及政治制度,做出对还款或名誉的承诺,而且涉及为优先考虑债权人的债权而采取的具体措施。

双方达成协议的政治利益促使双方达成了一项汉堡银行(Hamburg Banco)贷款 40 万、利率为 5% 的贷款协议。此外,贷款将在 12 年后到期,G. & C. 马切利(G. & C. Marchelli)银行收取 4% 的佣金。贷款计划向公众公布后,投资者开始用瑞典的单证作抵押,在信誉良好的圣乔治银行(Casa di San Giorgio)存钱。虽然有些滞后,但这笔贷款还是在 1767 年被全额认购。[②]

虽然瑞典政府最终成功地借到了贷款,但瑞典国会并不愿意在财政或外交上过于依赖热那亚。因此,国会议员一致决定允许政府从其他来源寻求更

① Rådsprotokoll i utrikesärenden 1766, 3 — 4 Sep. , 13 Oct. , 10 Nov, Vol. 3, Utrikesexpeditionen, SNA; Sekreta utskottets protokoll 1765/66, 8 Aug. , 29 Aug. , 4 Sep. , 1 Oct. 1766, Vol. R3274, SNA; Nils Bark to the President of the Chancery 29 Dec. 1766, Genuesiska lånet 1762 — 1778, Vol. 2236, Räkenskaper och handlingar rörande upptagna lån, Huvudarkivet, Riksgäldsdirektionen, SNA.

② Nils Bark to the President of the Chancery 29 Dec. 1766 and lists concerning interest payments 2 Oct. 1767 and 3 Oct. 1768, Genuesiska lånet 1762 — 1778, Vol. 2236, Räkenskaper och handlingar rörande upptagna lån, Huvudarkivet, Riksgäldsdirektionen, SNA.

多的贷款。[①] 热那亚的另一个替代城市是阿姆斯特丹。长期以来,阿姆斯特丹在波罗的海的贸易中扮演了重要的角色,一些瑞典商人与阿姆斯特丹保持着密切的联系。自 17 世纪以来,对于瑞典来说,这个荷兰城市一直是金融中心。[②] 瑞典从 1767 年开始尝试在阿姆斯特丹借贷。那年,哥德堡的商人尼克拉·萨尔格伦(Niclas Sahlgren)应首相府负责人卡尔·古斯塔夫·洛温耶尔姆(Carl Gustaf Löwenhielm)的请求,与一家荷兰银行建立了关系。萨尔格伦利用他在阿姆斯特丹的良好关系,推荐霍普公司(Hope & Co.)与瑞典政府展开谈判。[③]

洛温耶尔姆、萨尔格伦和瑞典驻海牙使节卡尔·约翰·克罗伊茨(Carl Johan Creutz)在代表瑞典方面与霍普公司进行时间相对较短的谈判后决定,瑞典国王和公共管理机构的代表将签署一系列必须由瑞典国会银行出面担保的债券发行协议,而债券必须经过阿姆斯特丹的公证人证明其真伪,然后存入阿姆斯特丹的银行。瑞典总共发行了 30 种此类债券,为向公众出售 750 种荷兰银行发行的债券提供担保。此外,利率定为 5％,贷款将在 10 年后到期。在就贷款条件达成一致后,荷兰几家报纸刊登了一份认购说明书,以便传播有关这项贷款的信息。贷款机制和贷款条件类似于热那亚谈判达成的协议。[④]

由于谈判进展相对较快,市场条件有利,因此,债券发售顺利。虽然荷兰共和国有一些关于瑞典政府处理其财政事务能力的负面传言,但许多荷兰资本持有者希望找到新的、收益率更高的投资品种。由于当地或英国债券的利率相对较低,因此吸引了许多投资者购买丹麦、俄罗斯、瑞典和奥地利等国发行的回报有望较高的债券。[⑤] 瑞典和荷兰共和国之间已有的相对比较密切的

---

① Sekreta utskottets protokoll 1765/66,1 Oct. 1766,Vol. R3274,SNA.

② 例如,请参阅 Leos Müller,*The Merchant Houses of Stockholm. c.* 1640—1800: *A Comparative Study of Early-Modern Entrepreneurial Behaviour* (Uppsala: Acta Universitatis Upsaliensia,1998)。

③ Rådsprotokoll i utrikesärenden 1767,2 Mar. ,Vol. 1,Utrikesexpeditionen,SNA. Sahlgren's name is mentioned 19 Nov.

④ Rådsprotokoll i utrikesärenden 1767,17—19 Nov. ,Vol. 2,Utrikesexpeditionen,SNA; Hope & Comp. ,Holländska lån 1767—1778,Vol. 2238,Räkenskaper och handlingar rörande upptagna lån,Huvudarkivet,Riksgäldsdirektionen,SNA.

⑤ Riley,*International Government Finance*,83—194; Christiaan van Bochove,"Configuring Financial Markets in Preindustrial Europe," *Journal of Economic History* 73,No. 1 (2013): 269.

商业关系也提高了荷兰人购买瑞典债券的意愿，并且极大地促进了荷兰公众对瑞典经济和政治形势的了解。因此，克罗伊茨或其他瑞典官员没有必要解释瑞典政治制度或强调国会最近做出的决定。[①]

与热那亚和阿姆斯特丹进行的成功谈判意味着瑞典政府打开了获得新资源的通道，但结果还确定了一项新的贷款安排方案，从而至少在一定程度上取代了过去依靠法国补贴和瑞典国会银行贷款的做法，而且导致已有力量对比的变化。外国债权人要求用铸币偿还他们的诉求给瑞典国会的政治代表施加了压力，要求他们放弃纸币制度，用一种币值比较稳定的可兑换货币取而代之。这也意味着，得益于信贷扩张的精英群体将来在获取这些资源时可能要受到比较多的约束。

瑞典国会银行在 1762 年停止发放新的流动性贷款，特别是对个人的流动性贷款，瑞典货币的汇率有所改善，但流通中的纸币仅从 1760 年的 3 320 万银泰勒小幅减少到了 1769 年的 3 180 万银泰勒。[②] 如何解释这种情况以及应该采取怎样的解决办法，在小册子、杂志和政坛引起了热烈的讨论。但是，大多数行为主体一致认为，有必要减少流通中的纸币数量，国家可以通过增借外国贷款来实现这个目标。因此，他们接受了新的借款安排及其政治后果。[③]

18 世纪 60 年代，丹麦也发生了类似的情况。当时柯朗银行把它的贷款总额从 1763 年的 1 120 万里克斯元减少到了 1770 年的 770 万里克斯元，而流通中的纸币数量则从 1762 年的 550 万里克斯元减少到了 1770 年的 440 万里克斯元。丹麦过去依靠的柯朗银行贷款和法国补贴被汉堡和荷兰共和国银

①　Rådsprotokoll i utrikesärenden 1767,17 Dec. ,Vol. 2,Utrikesexpeditionen,SNA.

②　Huvudböcker 1760－1772, Vol. 1672－1684, Huvudbokföringen, Sveriges Riksbank, SNA; Arthur Montgomery, "Riksbanken och de valutapolitiska problemen 1719－1778," Vol. Ⅲ, *Sveriges riksbank 1668－1918* (Stockholm: Sveriges Riksbank, 1920), 122; Markus A. Denzel, *Handbook of World Exchange Rates* , *1590－1914* (Farnham: Ashgate, 2010), 344.

③　例如，可参阅 Sekreta utskottets protokoll 1769/70,7 Jul. ,10 Jul. ,14 Aug. ,21－23 Aug. ,27 Oct. and 30 Oct. 1769, Vol. R3457, SNA; Jacob von Engeström, *Egne tankar om orsaken til wexel-coursens stigande samt sättet til des fällande och stadgande* (Stockholm,1769); Anders Nordencrantz, *Sanningar som uplysa orsakerne til wäxel-coursens hastiga fall samt nu öfwerklagade wäxelbrist* (Stockholm,1769).

行的外国贷款以及增加向本国居民的借款所取代。[①] 丹麦和瑞典为应对财政
状况采取的相似措施表明，借款安排的变化并非由正式的政治制度造成的。
相反，这场危机导致了两大政治体系内部的政治重组，迫使两国政府寻找在财
政上支持两国政权的新途径。

关于瑞典新借贷安排的信息以相对较快的速度在国际信贷市场各种行为
主体中间扩散开来。这种新的做法被国际信贷市场视为赚钱的机会。阿姆斯
特丹的霍内卡·霍格公司（Horneca Hogguer & Co）是迅速抓住这个赚钱机
会的公司之一，它给瑞典贵族阶层的发言人致函表示愿意为瑞典政府效劳。
几个月后，一名丹麦商人发出了一份很有竞争力的邀约，认为他能提供优于荷
兰人提出的条件。[②] 这两份相互竞争的邀约含有与之前的贷款类似的条款和
条件，这表明放贷给瑞典的做法已比较标准化，而且瑞典已经为自己在国际信
贷市场上树立了可靠行为主体的形象。因此，荷兰共和国和热那亚于1770年
做出了几项新的贷款安排。[③]

瑞典政府主要把通过这些贷款获得的收入用于处理"七年战争"期间在波
美拉尼亚开展军事行动而积欠的各种债务，此外还向瑞典国会银行划拨资金
用于稳定瑞典货币在国际资本市场上的价值。[④] 这些优先事项表明，瑞典国
会十分重视在波美拉尼亚重建瑞典政府的权威，即国家应对货币状况的能力。
换句话说，瑞典国会最终在提高政权的政治合法性。

瑞典政权面临的一个政治合法性挑战，是在18世纪60年代和70年代初
经常出现财政赤字。瑞典国会在1760—1762年和1765—1766年两届国会会
议上都同意增税，但在这个十年的后半期，瑞典的财政收入由于减税压力，尤
其是来自农民阶级的减税压力而有所减少。通过举借外国贷款取得的收入不
能用来解决财政赤字的问题，因为这些收入被直接用于改善货币状况。因此，

---

① Hovedbøger passive gæld ind-og udlandet 1763—1774, Overskattedirektionen, DNA; Rasmussen, *Kurantbankens forhold*, appendix III; Bochove, "External Debt," 673.

② Sekreta utskottets protokoll 1769/70, 9 Oct. 1769, Vol. R3457, SNA; Rådsprotokoll i utrikesärenden 1769, 7 Dec., Vol. 2, Utrikesexpeditionen, SNA.

③ Åmark, *Sveriges statsfnanser*, 629.

④ Genuesiska lånet 1762 — 1778, Vol. 2236 and Holländska lån 1767 — 1778, Vol. 2238, Räkenskaper och handlingar rörande upptagna lån, Huvudarkivet, Riksgäldsdirektionen, SNA.

国会承受着提出新的解决方案缓解各等级社会阶层之间紧张关系的压力。许多瑞典平民百姓认为,必须精简雇用许多贵族的国家机关,同时就不同等级社会阶层享有的特权重新进行协商;而贵族则试图保护自己的利益和政治影响力。其他三个非贵族社会阶层之间进行越来越多的合作,就意味着他们可以决定政治协商的结果,并否决贵族阶层的反对意见。瑞典贵族阶层与其他社会阶层之间关系紧张,难以达成妥协,特别是在寡头政治的影响力被削弱之后。相反,平民阶层真有可能提出激进的解决方案,从而导致社会资源的大规模再分配。因此,在 18 世纪 70 年代早期,有许多贵族和精英阶层的其他成员开始质疑瑞典的政治制度以及这种制度是否有利于他们的利益。[①]

在瑞典国会达成任何解决方案之前,年轻的国王古斯塔夫斯三世在 1772 年发动了一场不流血的政变,介入了正在进行的政治斗争。新宪法改变了瑞典的政治力量对比,赋予国王对外交政策和军事事务的影响力,并由国王控制政府资源的使用。瑞典的四个社会阶层保留了他们的税收和立法特权以及对瑞典国会银行的控制权。国王主要受到贵族阶层的支持,但也有精英阶层的其他成员认为,解决经济和政治问题的唯一办法是加强国王的影响力。更重要的是,瑞典国王还得到了法国的支持:在 1772—1776 年期间,法国总共向瑞典提供了 810 万银泰勒的补贴。[②]

## 宫廷政变与借款安排变革

虽然国王被宪法授予更大的权力,国会也赋予他更大的权力以他认为合适的方式来应对货币和财政状况,但国王的自主权仍受到政府能获得的银行贷款和精英们对瑞典国会银行的影响力的约束。如果这方面的安排保持不变,那么,国王不得不定期与精英阶层协商如何获得和使用贷款。为了改变这

---

① Åmark, Sveriges statsfnanser, 218—219, 230; Peter Hallberg, *Ages of Liberty*: *Social Upheaval*, *History Writing*, *and the New Public Sphere in Sweden*, 1740—1792 (Stockholm: Statsvetenskapliga institutionen, 2003), 172—231; Winton, "La hiérarchie contestée," 41—44.

② Georg Landberg, "Den svenska riksdagen under den gustavianska tiden," Sveriges Riksdag, Vol. 7 (Stockholm: Sveriges Riksdag, 1932), 7—38; Åmark, Sveriges statsfnanser, 586; Henrika Tandefelt, *Konsten att härska*: *Gustaf III inför sina undersåtar* (Helsinki: Svenska litteratursällskapet i Finland, 2008), 52—113.

种状况，国王不顾瑞典国会银行行长的反对，在 1776 年推行了货币改革，发行了一种可兑换的新银币，并且注销了政府欠瑞典国会银行的部分债务。阿姆斯特丹和热那亚银行发放的新贷款为瑞典国王推行货币改革提供了资金。这些决定导致瑞典政府对瑞典国会银行的债务从 1777 年的 7 564 153 里克斯元（新币）急剧减少到了 1779 年的 21 045 里克斯元。因此，瑞典国会银行在融资弥补赤字和其他重大项目中的作用遭到了极大的削弱，从而也削弱了政治精英影响国王政策的能力。国王不再向瑞典国会银行借钱，而是越来越依赖由阿姆斯特丹、安特卫普和热那亚的银行家安排的外国贷款。[1] 换句话说，瑞典政治力量对比的变化导致瑞典政府寻求新的借款安排途径。

瑞典政府能够借到外国信贷，帮助其巩固了自己的地位，但在 1788—1790 年对俄（罗斯的）战争中，瑞典政治制度的缺陷变得清晰起来。由白银支持的货币增强了瑞典政府管理外债、支付利息的能力，但也导致瑞典政府在战争期间难以增加流动性。与此同时，瑞典国王推行的政策遭到精英们越来越强烈的反对。为了动员更多的资源，瑞典国王首先向瑞典国会银行申请贷款，但瑞典国会银行以维持货币稳定为由拒绝提供信贷。1789 年，瑞典国王不得不召集国会开会。几个月后，路易十六为解决法国财政问题也采取了同样的措施。在四级会议上，古斯塔夫斯三世提出了一种新的政治解决机制，其中包括一项关于政府债务和扩大国王权力的协议。四级会议决定成立新的国债管理局（National Debt Office）接管政府已有债务的管理工作，并拨专项资金给国债管理局处理所有的国债交易。国债管理局还将在国内和国际市场上发行新债券。此外，该局将由四个等级的代表控制。通过把有关债务的责任移交给国会，瑞典国王同意减少自己的财政自主权，以换取更多的资源。因此，这项协议在国会获得了通过。[2] 差不多在这个时候，其他欧洲国家，如丹麦和西班牙，也开始采取类似的措施来加强政府管理与国内外债权人日益增多的关

---

[1] Åmark, *Sveriges statsfnanser*, 234—236, 626.

[2] Landberg, "Den svenska riksdagen," 110—116; Bertil Dahlström, *Rikets gäld 1788—1792. Studier i den svenska riksförvaltningen jämte krigsfnansieringen 1788—1790* (Stockholm: Stockholms högskola, 1942), 36—143.

系的能力。[1]

瑞典新的借款安排的一个关键组成部分是推出由国债管理局发行的无息期票。这种期票的数额急剧增加,1790 年达到了 840 万里克斯元,1795 年又增加到了 1 460 万里克斯元。正如丽贝卡·斯潘在前一章中所指出的那样,18 世纪 90 年代的法国也出现了类似的纸币剧增的情况。虽然这种期票最初是在战争期间为增加流动性推出的,但战后持续增发却表明,它们在为政府活动提供资金方面发挥了更加广泛的作用。这些期票与瑞典国会银行发行的纸币使用相同的货币单位,不过,尽管瑞典国会银行支持银本位制,但这种期票与瑞典国会银行发行的纸币相比很快就贬值了。[2] 由于可以用期票来缴税,因此,政府的收入也在减少,从而提高了国债管理局处理外债的成本。[3]

瑞典国债管理局为了维持瑞典政府的对外信用而面临的困难,加上许多居民对期票价值浮动不定的批评,给瑞典政府施加了迫使它减小期票作用的压力。[4] 因此,国会举行会议就一项新的货币改革达成一致,即在国债管理局发行的期票和瑞典国会银行发行的纸币之间规定一个固定比价。1803 年,在上一年在莱比锡谈成的一笔新的外国贷款的帮助下,这种固定比价制得以付诸实施。[5]

瑞典的这次货币改革与拿破仑解决法国纸券问题的方法有一些相似之处,前者通过大幅度减少流通中的纸币数量来提高国债管理局处理外债的能力。[6] 与 18 世纪 70 年代一样,这个过程扩大了国王的政治自主权。但是,流

---

① Hans C. Johansen,*Dansk økonomisk politik i årene efter 1784*,Vol. I (Aarhus: Universitetsforlaget,1968); Torres Sánchez,*Constructing a Fiscal Military State*.

② Åmark,*Sveriges statsfinanser*,644—645; Torbjörn Engdahl and Anders Ögren,"Multiple Paper Monies in Sweden 1789—1903: Substitution or Complementarity?," *Financial History Review* 15,No. 1 (2008): 76—81.

③ Patrik Winton,"The Political Economy of Swedish Absolutism,1789—1809," *European Review of Economic History* 16,No. 4 (2012): 436—438.

④ 例如,可参阅杂志——*Läsning i blandade ämnen*,Vol. 32 (1799)和 Vol. 33—35 (1800)——上刊登的文章。

⑤ Winton,"The Political Economy of Swedish Absolutism," 438.

⑥ Eugene N. White,"The French Revolution and the Politics of Government Finance,1770—1815," *Journal of Economic History* 55,No. 2 (June 1995): 234—241; Winton,"The Political Economy of Swedish Absolutism," 438—439.

动性的减少使得为军事行动筹集资金变得更加困难,特别是拿破仑战争使得
再争取外国信贷变得困难。1805 年,瑞典加入了反拿破仑联盟,瑞典国王主
要依靠英国的补贴来维持自己的军事行动,同时试图保护他的政治自主权。
1808 年,俄国出兵进攻瑞典王国,尽管瑞典需要动员更多的国内资源,但国王
拒绝召集国会开会,而是继续主要依赖英国的补贴。1809 年,瑞典精英最终
发动了一场旨在推翻国王和制定新宪法的政变。[1] 因此,瑞典国内和国外的
政治环境共同促成了一种使外国补贴而不是公债成为战争支出和维持王室统
治关键收入来源的状况。当瑞典精英无法利用公债影响国王的决策时,他们
唯一可用的手段就是诉诸武力改变政治现状。

## 拿破仑战争的财政影响

自 18 世纪 60 年代以来,瑞典政府一直依靠外国贷款,甚至在困难时期也
要偿还积欠债权人的债务;而债券持有人按接近面值的价格买卖已发行的债
券,从而表明了他们对瑞典政府的信任。但在 1808 年战争爆发后,瑞典政府
决定暂时推迟偿还欠荷兰和热那亚的债务。[2] 新政府继续推迟偿还欠外国债
权人的债务,但在 1812 年决定单方面拖欠部分债务。这项标志着瑞典在已有
政治力量对比发生变化后达成新借款安排的决定,是由瑞典加入新的反法联
盟的决议推动的。因此,拖欠债务不还被认为是对法国政府挑衅采取的报复
行动。由于热那亚和低地国家被并入了法兰西王国,因此,瑞典认为,把那里
的债券持有人作为瑞典的报复对象是可以接受的。[3] 当瑞典政府把这份议案
提交国会审议时,主要是一些商人表达了他们对这份议案的担忧。他们认为,
拖欠债务不还将损害瑞典的良好声誉,并给这个国家带来不幸。许多贵族、神
职人员和农民反对这种观点,强调保护国家利益的必要性。因此,三个等级的

---

[1] Winton,"The Political Economy of Swedish Absolutism," 440—443.

[2] E. g. Fullmäktiges hemliga protokoll 1799,11 Feb. ,11 Mar. ,Vol. 4379 and Fullmäktiges pro-
tokoll 1808,29 Feb. ,Vol. 4077,Huvudarkivet,Riksgäldskontoret,SNA; *Koninklijke courant* 15 Jan.
(1807),1 Feb. and 30 Jun. (1808),5 Jan. (1809).

[3] Statsrådsprotokoll i fnansärenden 1812,Vol. 1,13 May,Handels-och fnansexpeditionen,SNA.
关于国际形势,参见 Sherwig,*Guineas and Gunpowder*,275。

议员同意拖欠阿姆斯特丹、安特卫普和热那亚 2/3 的外债,国王可以承认剩余部分的外债。[①] 虽然没有明确说明,但选择拖欠的比例显然遵循了 1797 年法国提出的原则。[②]

如果瑞典政府拖欠公债不还,国会就可把用于管理债务的税收重新用于备战。这个决定还受到了获得英国政府巨额补贴的机会的影响。虽然在做出违约决定时,瑞典没有签署任何协议,但与英国的谈判已经开始,并且随后达成了一项英国保证在 1812—1814 年间向瑞典提供 260 万英镑补贴的协议。[③] 因此,即使瑞典有可能维护自己的对外信用,1812 年国会和政府在权衡不同的政策选择时也会优先考虑国际政治形势。

瑞典公债的债券持有人对瑞典政府的违约行为做出了非常消极的反应,他们不是出售手中持有的瑞典公债券,就是向有关银行家和瑞典当局表达不满。虽然斯德哥尔摩收到了债权人的投诉材料,但瑞典政府和国债管理局都没有对他们的诉求做出反应。[④] 瑞典政府在战争结束后继续清偿剩下的外债。清偿工作由国王及其养子、前法国元帅让·巴蒂斯特·贝纳多特负责处理,因此,偿还外债的责任从国债管理局转移到了王室。这项决定的背景是,在缔结反拿破仑联盟时,贝纳多特已经成功地从多个国家的政府那里获得了资助保证。这些资助可被看作英国、俄罗斯和普鲁士对贝纳多特忠诚的投资,总计 1 250 万里克斯元,大约相当于瑞典政府三年的正常收入,而且是付给了贝纳多特本人,而不是瑞典政府。为了减少国内对这项安排的批评,王室主动建议把这笔资助的部分资金用于清偿外债,交换条件是国债管理局持续每年向王室支付 20 万里克斯元。国会四个等级的代表毫无异议地决定接受王室的建议。[⑤] 他们的这项决定意味着贝纳多特的政治自主权扩大了,因为他可

---

① Hemliga utskottets protokoll 1812, 27 May, Vol. R4521 and Statsutskottets riksgäldsavdelnings protokoll 1812, 30 Jun., Vol. R4473, SNA. Patrik Winton, "The Political Economy of Strategic Default: Sweden and the International Capital Markets, 1810—1830," *European Review of Economic History* 20, No. 4 (2016): 417—418.

② 请参阅本书第二章。

③ Sherwig, *Guineas and Gunpowder*, 284—286.

④ Fullmäktiges protokoll 1814, 7 Jul., 15 Sep., Vol. 4086, Huvudarkivet, Riksgäldskontoret, SNA.

⑤ Winton, "The Political Economy of Strategic Default," 421—422.

以动用他独自控制的资金,在有利的位置上与精英们讨价还价,而不用卷入他的前任们所关心的斗争。有了这笔资金,也意味着,贝纳多特与丹麦国王等其他欧洲统治者不同,不必依赖外国信贷。换句话说,这项新的财政安排促成了一种新的政治力量平衡。

为了加快债务清偿的速度,瑞典参与清偿工作的官员试图尽可能与债券持有人达成债务清偿协议,以加快债务清算进程,并且还在二级市场折价收购债券。他们很快就与荷兰和热那亚的债权人达成了协议,但整个清偿工作仍是一个相当漫长的过程,尤其是在萨克森碰到了钉子户。到了 19 世纪 30 年代初,瑞典政府几乎已经还清了全部债务。与此同时,国债管理局在很长的一段时期里,通过到期赎回,同时只发售数量有限的新债券的方式来减少信贷市场上的长期政府债券。因此,到了 19 世纪 30 年代,瑞典政府几乎已经不欠任何债务①,并称此为"伟大的成就"。因此,就像安德鲁·杰克逊(Andrew Jackson)担任总统期间的美国一样,政治秩序的合法性建立在不欠公债的基础上。②

\* \* \*

瑞典从 1760 年到 1830 年的财政发展史清楚地表明,不同的借款安排方案如何与政治权力平衡和国家的合法性密切相关。在既有政治秩序受到挑战或被颠覆时就必须改变主要的借款安排方案,以便为新的统治者及其利益服务,并使新政权远离以前的权力斗争。因此,政府借贷被高度政治化,从而影响社会各阶层之间以及国王与社会各阶层之间展开的资源配置斗争,而且政治环境也会受到外国政府补贴等其他收入来源的影响。

这些关于瑞典公共信用发展的研究结果,对于更加一般地论证正式的政治制度在举借正常运行的公债方面扮演的角色具有借鉴意义。瑞典国会运行

---

① Avräkningsböcker över lånet på 100 år för Trollhätte-Slussverk och obligationer emot 5 procents ränta 1830 − 1831, Vol. 8293; Koncepthuvudböcker 1834, Vol. 7035, Bokslutskontoret, Riksgäldskontoret, SNA.

② 例如,可参阅 the royal report to the Diet 23 Dec. 1817, Statsutskottets riksgäldsavdelning 1817/18, Vol. R4479, SNA。关于美国公债的发展情况,参见 Max M. Edling, *A Hercules in the Cradle: War, Money, and the American State, 1783 − 1867* (Chicago: University of Chicago Press, 2014)。

良好,它的确帮助投资者建立了对瑞典国会银行和国债管理局等机构的信任,并在国际信贷市场上为瑞典树立了守信用的债务人的形象。然而,瑞典国债管理局并没有起到防范违约或其他债务重组措施的作用。相反,瑞典国内的不同行为主体可以利用这个机构使他们针对不同债权人群体及其利益的行动合法化。具体而言,国际冲突或国内动乱可被策略性地用来改变债务结构,进而改变不同行为主体的相对政治实力。换句话说,这些政治过程的结果更多的是由不同利益集团之间的协调以及可用于再分配的各种资源决定的,而不是由既有的代议制议会或管理决策规则决定的。因此,公共信用过去是,并且现在仍然是一个高度政治化的问题。

# 第四章 19世纪法国的公债与民主治国方略

大卫·托德[*] 亚历克西娅·耶茨[**]

在经历了1789年的大变动和18世纪90年代的濒临破产之后,法国为19世纪的国家"开创的财政时尚",可能会使许多观察欧洲公共信用的人士感到惊讶。[1] 主要是通过一系列成功的公共借款安排还清了1815年《第二巴黎条约》(Second Treaty of Paris)规定的赔款,法国简直是奇迹般地恢复了信用。在接下来的几十年里,法国政府成立了能把法国的公债从大革命后的适度水平增加到19世纪末世界最高水平的机构。[2] 虽然最初的大革命支持者们未能坚守他们宣称的公债神圣原则,但在共和六年葡月(1797年9月)宣布无力偿还2/3的公债以后,1800年后法国的各种政权在经历了1830年、1848

[*] E-mail:david.todd@kcl.ac.uk.

[**] E-mail:alexia.yates@manchester.ac.uk.

[1] R. Dudley Baxter,National Debts (London:R. J. Bush,1871),81.

[2] Eugene N. White,"Making the French Pay:The Cost and Consequences of the Napoleonic Reparations," *European Review of Economic History* 5,No. 3 (2001):337—365;Ayla Aglan,Michel Margairaz and Philippe Verheyde,1816,ou la genèse de la foi publique. La fondation de la Caisse des dépôts et consignations (Geneva:Droz,2006);Zheng Kang,"L'État constructeur du marché financier," in *Le marché financier français au XIXe siècle*,eds. Pierre-Cyrille Hautcoeur and Georges Gallais-Hamonno (Paris:Publications de la Sorbonne,2007),1:159—193;Jacques-Marie Vaslin,"Le siècle d'or de la rente perpétuelle française," in *Le marché financier français*,2:117—208;Richard Bonney,"The Apogee and Fall of the French Rentier Regime,1801—1914," in *Paying for the Liberal State:The Rise of Public Finance in Nineteenth-Century Europe*,eds. José-Luis Cardoso and Pedro Lains (Cambridge:Cambridge University Press,2010);Michel Lutfalla,"La rente,de Waterloo à Sedan," in *Histoire de la dette publique en France*,ed. Michel Lutfalla (Paris:Garnier,2017),81—104;Jerome Greenfeld,"Public Finance and the Making of the Modern French State,1799—1853," (PhD diss.,University of Cambridge,2017),esp. chapters 2 and 3.

年和 1871 年的革命性剧变以后成功地坚守了公债神圣的原则。① 法国公共
信用的稳固表现为体现一种新的国内稳定形式并且促进——同时也阻止——
法国霸占全球野心的膨胀。法国公债快速增加的根本原因在于 1815 年和
1870 年战败需要支付巨额赔款,再加上从 1830 年开始征服阿尔及利亚并对
其进行殖民化、第二帝国实行疯狂的对外干涉和第三共和时期进行快速的殖
民扩张付出了巨大的代价。19 世纪的法国被证明是 18 世纪财政—军事国家
的民主转世。②

如此巨大幅度的公债扩张需要并促成了公共信用的理论基础和政治意义
及其社会分布和嵌入方面的变化。18 世纪,法国和其他西欧国家都非常担心
公债可能造成的政治和道德风险。1764 年,大卫·休谟(David Hume)曾警
告说:"国家必然会摧毁公共信用,否则公共信用就会摧毁国家。"大卫·休谟
的警告与当时读者最多的政治经济学著作作者米拉波侯爵(Marquis de Mira-
beau,père)的著述遥相呼应。③ 他们的这种焦虑是对重商主义著作作者和大
臣们对公债的狂热做出的回应,并且就像迈克尔·索南舍(Michael Sonen-
scher)指出的那样,甚至可被理解为法国大革命时期主权和政治合法性重构
的关键。④ 但到了接下来的一个世纪的后期,传统的政治经济学著作[如保
罗·勒鲁瓦-博利厄(Paul Leroy-Beaulieu)的《论财政学》(*Traité de la Sci-
ence des Finances*,1877)]则轻描淡写地表示,在公债危险的问题上,"大卫·
休谟……错了",并且把公债在 19 世纪持续增加,但欧洲及其殖民地实现的令

---

① 请参阅本书第二章。

② 关于财政—军事国家的概念,请参阅 John Brewer, *The Sinews of Power: War, Money and the English State*, *1688—1783* (London: Routledge, 1989); Aaron Graham and Patrick Walsh, eds., *The British Fiscal Military States*, *1660—1783*(London: Routledge, 2016)。关于这个模式对于 1789 年后的法国的适用性,请参阅 Jerome Greenfeld, *The Making of a Fiscal-Military State in Post-Revolutionary France*(Cambridge: Cambridge University Press, forthcoming)。

③ Istvan Hont, "The Rhapsody of Public Debt: David Hume and Voluntary State Bankruptcy," in *Political Discourse in Early Modern Britain*, eds. Nicholas Phillipson and Quentin Skinner (Cambridge: Cambridge University Press, 1993), 321—348; Michael Sonenscher, "The Nation's Debt and the Birth of the Modern Republic: The French Fiscal Deficit and the Politics of the Revolution of 1789," *History of Political Thought* 18, No. 1 (1997): 64—103.

④ Michael Sonenscher, *Before the Deluge: Public Debt, Inequality, and the Intellectual Origins of the French Revolution* (Princeton: Princeton University Press, 2009).

人难以置信的繁荣作为证据。① 那么,怎么来解释勒鲁瓦-博利厄和他的主流经济学家同行在这个引起如此焦虑的现象出现之前仍然表现得如此冷静呢? 法国政治经济学界这种态度变化的意义,因为以下这个事实而变得更加重要: 英国大多数经济学家、政治家和公众舆论继续认真对待休谟的告诫,并谴责公债始终有害于国家的政治和道德健康以及经济增长。② 谙熟国家政治经济学的读者注意到了这种观点分歧。在奥匈帝国建议对它在 1865 年发行的债券的外国持有人征税时,奥匈帝国总理博伊斯特(Beust)在为证明这项决定的正当性而写给奥地利驻英国大使鲁道夫·阿波尼(Rudolph Apponyi)伯爵的信中盛赞英国人对公债的怀疑态度——"没有人比英国议会更加有力地谴责致命的公共贷款制度了",但在同时寄给驻法国大使理查德·冯·梅特涅(Richard von Metternich)的信中却谈到了这笔贷款据说值得怀疑的合法性问题,并认为公共借贷是一种普遍有效的做法。③

这个问题的部分答案就在于 1815 年后饱受政治不稳定和地缘政治衰落的焦虑困扰的法国公众对公债与政治合法性关系的看法发生了变化。国家和食利资产阶级在国债问题上找到了一个他们可以在迅速变化的政治环境中就代议制和政府管理问题进行谈判的长期话题。在最早规定男性普选权的欧洲国家中,法国一直坚持不懈地发展公债大众市场,这是法国经济和政治现代化的一个显著特征,而且与建立和管理一个民主(后来的共和)政体国家的努力密切相关。从 1854 年开始,法国政府通过用地方财政官员网络取代通常作为此类事务中介的私人银行机构的方式直接向公众发售其公债的做法,从而表

① Paul Leroy-Beaulieu, *Traité de la science des finances* (Paris: Guillaumin et Cie, 1877), 2: 470. 关于勒罗伊-博利厄, 请参阅 Dan Warshaw, *Paul Leroy-Beaulieu and Established Liberalism in France* (DeKalb: Northern Illinois University Press, 1991)。

② 关于英国古典经济学家对公债否定观点持续流行的问题, 请参阅 Nancy Churchman, *David Ricardo on Public Debt* (Basingstoke: Palgrave, 2001); Takuo Dome, *The Political Economy of Public Finance in Britain 1767—1873* (London: Routledge, 2004)。关于公债不受欢迎的问题, 参见 Boyd Hilton, *The Age of Atonement: The Influence of Evangelicalism on Social and Economic Thought* (Oxford: Oxford University Press, 1991); Eugenio Biagini, *Liberty, Retrenchment and Reform: Popular Liberalism in the Age of Gladstone* (Cambridge: Cambridge University Press, 1992)。

③ Archives Diplomatiques, La Courneuve, 752SUP/144: Valeurs étrangères, impôts, loteries: Letter from Baron de Beust to Comte Apponyi, 9 June 1868; Letter from Duc de Gramont, Ambassador in Vienna, to Ministry of Foreign Affairs, 18 June 1868. 关于这些修辞策略, 请参阅本书第二十章。

明了它对培育这种投资公众的决心。及至勒鲁瓦-博利厄成为法国卓越的经济学权威时,多种形式的本国和外国公债在法国发售,从而改变了法国投资和资本市场的物理和社会环境。在整个 19 世纪,英国只有 20 万人持有公债,而法国公债持有人的人数则从 1830 年的 12.5 万增加到了 1914 年的 300 多万。[1]

我们认为,强调公债的政治和地缘政治作用,有助于解释公债在法国大宗商品化的广泛程度。勒鲁瓦-博利厄表示,随着公债和类似证券进入"阁楼和农舍",住在阁楼和农舍里的人学会了"相信一些签有某些人姓名的纸片"。[2]在这些"纸片"中,像巴黎市政府和地产信贷银行(Crédit Foncier)这样的公共实体发行的债券处于特殊的地位,就像外国政府和市政当局发行的公债一样。在 1891 年官方的巴黎证券交易所上市的 928 种证券中有 246 种公债券,从 1872 年到 20 世纪早期,这些公债券相对于其他外国证券享有税收优惠的待遇。[3]1870—1914 年,法国对外国证券的总投资几乎增加了 3 倍,即使在最富有的投资者的投资组合中,对外国政府债券的投资也一直超过对外国股票或外国私人债券的投资。[4]公债投资"大众化"使得当权者可以把这解释为公众表达对公债的支持,同时又赋予当权者在全球范围内炫耀自己实力的物质手段。法国投资者对外国公债券的偏好虽然并非由法国政府的外交政策变迁所

①　"État indiquant le classement par catégories des propriétaires des rentes françaises à 5% subsistantes au 1er janvier 1830," Centre des Archives Économiques et Financières [hereafter CAEF], B 49463. 参见 Vaslin,"Le Siècle d'or de la rente,";Zheng Kang and Thierno Seck,"Les épargnants et le marché financier," in Le Marché financier fiançais,2:314—253. Pierre-Cyrille Hautcoeur,"Les transformations du crédit en France au XIXe siècle," Romantisme,No. 151 (2011):23—38,36.

②　Leroy-Beaulieu,Traité de la science des finances,2:137.

③　Alfred Neymarck,"La répartition et la diffusion de l'épargne française sur les valeurs mobilières françaises et étrangères," Bulletin de l'Institut international de statistique 6,No. 1 (1892):205—223,208—210. 参见 Adeline Daumard,"Les placements étrangers dans les patrimoines français au XIXe siècle," Revue d'histoire économique et sociale 52,No. 4 (1974):526—546。

④　数字引自:Thomas Piketty,Gilles Postel-Vinay,Jean-Laurent Rosenthal,"Inherited vs. Self-Made Wealth:Theory and Evidence from a Rentier Society (Paris,1872—1937)," Explorations in Economic History 51 (2014):21—40。

决定,但却与其密切相关。① 与早期历史学研究传统的论断相比,这种投资从经济的角度看并非不合理,而是多亏了可观的回报以及法国政府采纳或容忍的大量促进这种投资的法律、财政或非正式激励措施而广受欢迎。②

为了重新评价法国在这个时期推广公债的不同做法,我们在这一章里重新阐释 19 世纪为公债进行引人注目和强有力的辩护的理论观点。我们用"引人注目"来修饰,主要是因为这些观点推翻了早期对国家负债可取性的批评。这种立场在立法院和法兰西学院的走廊里得到了明确的表达,并且促进了投资者和政策制定者从 19 世纪中叶开始涉足的领域的形成。然而,公共信用不仅仅是一个有争议的国家财政范畴,也不只是一种根据政治观点和实际可能性的需要加以利用或规避的工具。公共信用在影响其"可口性"和"大众化"的政治和知识辩论之外还有重要的物质基础。因此,本章还研究了公债市场化的具体实例和工具,以说明从 19 世纪中期开始是如何为吸引新的投资消费公众重塑公共信用的。通过具体考察 19 世纪 60 年代早期法国为了给在墨西哥

① 19 世纪 70 年代以前,英国资本输出的规模与法国相当,从那以后直到 1914 年,英国资本输出的规模一直大于法国,但英国资本输出的主要形式是私人证券,而不是外国公债券或对逐步减少的国家债务的投资;关于英法两国的资本输出水平,请参阅 Albert H. Imlah, "British Balance of Payments and Capital Exports," *Economic History Review* 5, No. 2 (1952): 208 — 39; Maurice LévyLeboyer, "La balance des paiements et l'exportation des capitaux français," in *La position internationale de la France. Aspects économiques et financiers*, XIXe-XXe siècles, ed. Maurice Lévy-Leboyer(Paris: EHESS,1977),75—142。关于英国投资者偏好私人证券的问题,请参阅 Brinley Thomas, "The Historical Record of International Capital Movements to 1913," in *Capital Movements and Economic Development*, ed. John H. Adler (London: Palgrave,1967),3—32。

② 关于这个传统观点有影响力的表述包括 Herbert Feis, *Europe, the World's Banker*, 1870—1914: *An Account of European Foreign Investment and the Connection of World Finance with Diplomacy before the War*(New Haven: Yale University Press,1930),33—59,118—159; Rondo Cameron, *France and the Economic Development of Europe, 1800 — 1914*(London: Routledge, 2000 [1961]), 64—88,404—424。想了解兜售法国对外投资统制主义叙事的著作,请参阅 René Girault, *Emprunts russes et investissements français en Russie*(Paris: Publications de la Sorbonne,1973); Jessica Siegel, *For Peace and Money: French and British Finance in the Service of Tsars and Commissars*(Oxford: Oxford University Press, 2012); Antoine Parent and Christophe Rault, "The Infuences Affecting French Assets Abroad Prior to 1914," *Journal of Economic History* 64, No. 2 (2004): 328—362; Rui Esteves, "The Belle Époque of International Finance. French Capital Exports 1880—1914," Department of Economics Discussion Paper Series 534 (University of Oxford,2011); David Le Bris and Amir Rezaee, "French Foreign Investment in the Late 19th Century: A Modern Portfolio Theory Analysis," https://pdfs. semanticscholar. org/c98a/b3110164942465e601126b3c2ce9d66fc586. pdf [2019 年 11 月 16 日访问]。

进行的"冒险"行动融资而发行的债券,我们揭示了立法者之间关于国家对其投资公民的责任问题的重大争论以及围绕这个问题进行的广泛的民众动员。[①] 通过考察主要针对下层阶级部署的债务工具,我们就能发现由改变公债机制预想并实际涉及的公众的范围。近代法国的公债故事,历来被作为差不多算有效运行的经济制度故事来讲,但现在却变成了一种关于政治利益集团把自己的触角从狭窄的政策制定领域延伸到普通人日常生活的叙事。

## 为公共信用正名

波旁王朝在王政复辟时期为了应对滑铁卢战役后1815年和平时期严峻的财政状况,成功地发行了大量的公债。下面这个故事已经众所周知:多亏了巴林银行的支持,路易男爵(Baron Louis)和黎塞留公爵(Duc de Richelieu)筹集到了足以提前结束盟军占领法国的资金。无论是实现这次复兴的大臣,还是后来的历史学家,经常把这个故事作为一个英勇果断和聪明睿智的故事来讲。这个故事的最新修订本甚至显示,当时法国国内认购的公债份额比以前认为的更大,这表明法国投资者在19世纪头十年对公债已有很大的胃口。[②] 然而,这种成功对认识公债的影响,特别是对政治派别中(左翼)自由派的影响,却很少受到关注。1815年后,公债不再是新的政治和道德问题,但直到19世纪20年代,自由主义者仍倾向于继续相信老米拉波关于公债具有可怕危害性的规劝。法国著名政治经济学家让-巴蒂斯特·萨伊(Jean-Baptiste Say)直到1832年去世一直都在他各个版本的《政治经济学概论》(*Traité d'Economie Politique*)中坚持认为,国家借来的资金总是"被挥霍浪费掉"。他甚至在第五版的《政治经济学概论》(1826年)中扩展了对公债的批评,对一家名叫"塞缪尔·伯纳德"的虚构的犹太公司(对罗斯柴尔德家族毫不吝啬的攻击)为了给专制政权筹集贷款而策划的复杂套路进行了谴责性的描述,并且推荐了罗伯特·汉密尔顿的《论国债》(*Essay on the National Debt*,1813)一书——

①　关于这次墨西哥"冒险"的情况,请参阅本书第五章。

②　Jerome Greenfield, "Financing a New Order: The Payment of Reparations by Restoration France, 1817—1818," *French History* 30, No. 3 (2016): 376—400.

该书尖刻地抨击英国的公债扩张,至今仍是"论述公债问题的最佳著作"。①

　　萨伊在 1826 年版《政治经济学概论》中增补的内容,几乎可以肯定是对银行家雅克·拉夫特(Jacques Lafftte)1824 年出版的支持法国国债转换的小册子《关于减少公债的思考》(Réfexions sur la Réduction de la Rente)的有力且经常引起愤慨的回击。这个丑闻部分是政治丑闻,因为拉夫特公开宣称自己是自由主义者,却支持一个由保皇党议会主席约瑟夫·德·维莱尔(Joseph de Villèle)策划的金融交易;部分是腐败丑闻,因为这种转换要通过降低公债利息来实现,因此被认为会损害公债债权人的利益。当时,公债债权人在自由资产阶级中比在保皇的地主阶级中多。② 但这个丑闻也是知识丑闻,因为《关于减少公债的思考》明确或隐含地利用了可追溯到为 18 世纪 10 年代约翰·劳(John Law)设计的公共信用体系辩护的观点,目的是要为公共信用恢复名誉,把它说成是"如此简单、如此宏大、如此出色地显示出社会机器巨大进步特点的制度"。这本小册子对萨伊和其他大多数继续认为英国沉重的债务负担最终导致其垮台的自由主义者进行了反驳,声称英国政府已经成功地利用公债把"这个国家变成了世界最富有,也就是说,世界最强大的国家"。③ 实际上,拉夫特的小册子正在恢复一种呼吁可怜的法国王室效仿汉诺威王朝时期英国经济政策的知识传统。这种传统的代表有劳的秘书让-弗朗索瓦·梅隆(Jean-François Melon)等作者,或劳的另一位赞颂者勒内·路易·瓦埃·达根索(René Louis Voyer d'Argenson),他们为公债扩张辩护,并且把公债扩张作为一种创建与商业协调并有能力统治欧洲的"民主君主政体"(democratic monarchy)[或"王室民主政体"(royal democracy)]的手段。④ 用现代历史研究的话来说,拉夫特复兴的项目可以被描述为试图建立一个财政资源与英

---

　　① Jean-Baptise Say, Traité d'économie politique (Paris, 1803), 2:514, Traité d'économie Politique (Paris, 1826), 3:242—243, 251;关于 1815 年后罗斯柴尔德家族在公共信用发展中所扮演的角色以及由此引发的反犹太反应,请参阅 Niall Ferguson, The House of Rothschild, 2 Vols (New York: Penguin, 1998), 1:111—138。

　　② 例如,可参阅 James [Jean-Jacob] Fazy, "Examen et Réfutation de l'Ouvrage de M. Lafftte," in Opuscules financiers sur l'effet des privilèges, des Emprunts publics et des conversions sur le Crédit de l'Industrie en France (Paris: J. J. Naudin, 1826), 109—268。

　　③ Jacques Lafftte, Réfexions sur la réduction de la rente (Paris: Bossange, 1824), 20—21。

　　④ Sonenscher, "The Nation's Debt," 75—78。

国相当,同样能够向海外展示自己实力,而且拥有更加深厚、广泛、扎根国内的公债投资者基础的财政—军事国家。

拉夫特的《关于减少公债的思考》不只代表这位银行家自己的个人观点。事实上,这本书很可能由年轻的阿道夫·梯也尔(Adolphe Thiers)执笔。[①] 梯也尔本人对公债的看法当然也受到了他当时的庇护人塔列朗(Talleyrand)亲王的影响。很能说明问题的是,梯也尔在使他本人于1823年出名的《法国大革命史》(History de la Révolution Française)的前两卷里,高度赞扬了在1790—1791年期间展示金融智慧的"奥图(Autun)主教"。当时,塔列朗支持把天主教会拥有的土地收归国有,以提高法国的信用,但反对把纸券转变成纸币来掩饰政府破产。[②] 梯也尔还在1826年发表了一篇很有分寸地重新评价劳的信用体系的文章,并且在他漫长的职业生涯中屡屡反对19世纪经济学家的抽象理论,而为18世纪政治经济学的商业和金融实用主义辩护。[③] 他是《关于减少公债的思考》的作者这一点尚不确定,但他对这本小册子阐述的观点的支持毋庸置疑,因为他私下里称赞这本小册子是"天才之作"。[④] 因此,梯也尔是1820年后法国重新焕发活力的公债狂想曲的"主要作曲家"。毫无疑问,至少在从七月王朝一开始他第一次入阁担任财政副大臣到他作为第三共和国第一任总统成功发行"全国解放"公债的时期里,他成了公债的主要阐释者之一。他的同时代人甚至拿他关于"深奥的财政问题"的高超演讲技能与被比作英国稳健财政化身的自由党政治家威廉·E.格莱斯顿(William E. Gladstone)的出众口才进行比较。[⑤]

---

① Bertrand Gille, *La banque en France au 19e siècle. Recherches historiques* (Geneva: Droz, 1970),111.

② Adolphe Thiers, *Histoire de la Révolution française* (Paris: Lecointe et Duret,1823—1827), 1:211,278;关于国债和纸券的问题,请参阅 Rebecca Spang, *Stuff and Money in the Time of the French Revolution*(Cambridge,Mass.: Harvard University Press,2015),尤其是本书第二章。

③ Adolphe Thiers, *Law* (1826),后来又扩展为 *A Histoire de Law* (Paris: J. Hetzel et Cie, 1858);关于梯也尔的经济文化和思想,请参阅 David Todd, *Free Trade and its Enemies in France, 1814—1851* (Cambridge: Cambridge University Press,2015),125—129。

④ Thiers to Johann Friedrich Cotta,1 Aug. 1824, in *Robert Marquant, Thiers et le Baron Cotta. Étude sur la Collaboration de Thiers à la Gazette d'Augsbourg* (Paris: Presses Universitaires de France,1959),157—160。

⑤ Edward Blount, *Memoirs, ed. Stuart J. Reid* (London: Longmans, Green, and Co,1902), 252;关于英国自由主义者的正统预算思想,请参阅 Biagini, *Liberty, Retrenchment and Reform*。

以《关于减少公债的思考》为标志的公债热情的复苏,不仅得益于波旁王朝复辟时期早期借贷的成功,而且也反映了整个欧洲由于 1822 年以后新独立的拉美国家在伦敦发行多种公债而掀起的公债狂潮以及 19 世纪 20 年代初几乎遍及全球的公债狂热。① 《关于减少公债的思考》强调,金融市场之间日益紧密的相互联系——"各个国家的资金都属于各个国家的资本家"——作为国家债券估值更稳定的保证,甚至是重新唱响的狂想曲最原始的特征之一:"任何人都能借钱给各个国家的政府"——令拉夫特(或者梯也尔)大为感叹的是,"甚至能借钱给野蛮国家(可能是暗指葡萄牙、西班牙、希腊和俄罗斯)的政府"和"那些肤色尚未被欧洲白人赦免的人"(隐喻新世界新兴国家的政府)。② 相关的学术文献经常把外国公债的第一次繁荣说成主要是英国的事情。然而,拉美国家在伦敦,而不是在巴黎发行债券,部分是由于政治原因,因为法国出于对西班牙盟友的声援,不能承认西班牙反叛殖民地的独立。③ 法国的金融家可没有这样的顾忌,大多数拉美国家的借款合同甚至是在法国根据法国的法律签订的,目的就是要逃避英国对金融交易已经课征的重税以及英国对高利贷的严厉立法。④ 很能说明问题的是,第一起涉及拉美贷款——哥伦比亚在 1822 年借的贷款——的诉讼是由一名(行为可疑的)法国投资者加布里埃尔·多莱特(Gabriel Doloret)在伦敦提起的,诉讼案中附带提到了债券"非常普遍地在伦敦和巴黎两地流通"。⑤

---

① Marc Flandreau and Juan Flores,"Bonds and Brands: Foundations of Sovereign Debt Markets,1820—1830," *Journal of Economic History* 69,No. 3 (2009): 646—684. 关于拉美债券的情况,请参阅 Frank G. Dawson, *The First Latin American Debt Crisis: The City of London and the 1822—1825 Loan Bubble* (New Haven: Yale University Press,1990)。

② Lafftte,*Réfexions*,40,155—156.

③ Rafe Blaufarb,"The Western Question: The Geopolitics of Latin American Independence," *American Historical Review* 112,No. 3 (2007): 742—763.

④ Michael P. Costleloe,*Bonds and Bondholders: British Investors and Mexico's Foreign Debt*, *1824—1888* (Westport: Greenwood Press,2003),14—16.

⑤ 衡平法院关于加百列·玛丽·多莱特(Gabriel Marie Doloret)诉查尔斯·赫林(Charles Herring)、威廉·格雷厄姆(William Graham)、约翰·迪斯顿·波尔斯(John Diston Powles)[这笔贷款的代理]和西蒙·玻利瓦尔(Simon Bolivar)[大哥伦比亚总统]案的起诉状:16 and 17 January 1823,Kew (London),The National Archives,C 13/2173/15 and C 13/2175/28。多莱特是一个臭名昭著的骗子,他在 1818 年因盗用公款而被撤去索姆河总税收官的职务。请参阅 Pierre-François Pinaud,*Les Receveurs Généraux des Finances*,*1790—1865* (Geneva: Droz,1990),117。

　　19 世纪 20 年代,法国对公债的这种热情仍然仅限于社会小部分成员。除了最小面值的债券的高面值(1816 年发行的债券最小面值是 1 000 法郎,1834 年发行的债券最小面值是 200 法郎;1825 年发行的墨西哥债券最小面值是 100 英镑或 2 500 法郎)外,在这个似乎永无休止的革命动乱和洲际战争时代,公债的高政治风险也阻碍了对公债的投资。① 巴黎一家 1818 年新成立的银行的经理皮埃尔-弗朗索瓦·帕拉维(Pierre-François Paravey)认为"公共资金"投机是风险最大的投资类型之一:"不仅政府可能借债太多,财政管理不善,遭遇不可预见的战争,经历内乱,而且公债的价值也可能因为意外事件或个人不幸,甚至是公众失误——因为他们很容易被误导,尤其是在交易所——而发生变化。"② 帕拉维的判断也可被解读为对他的两个银行合伙人塔列朗-佩里戈尔亲王和他的朋友达尔伯格(Dalberg)公爵的批评,因为这两个合伙人在 19 世纪 20 年代初都沉湎于公债投机,而他俩沉湎于公债投机的部分原因是他们觉得自己在政治问题上比别人见多识广。但是,在这两个合作伙伴的敦促下,帕拉维最终也没能抗拒公债的诱惑,并且在 1825 年——与拉夫特的银行罗斯柴尔德兄弟银行(Rothschild Ffrères)和总税收官公会一起——成了海地为支付法国强加给它的前殖民地赔款而借贷的代理。不幸的是,在 1825 年 11 月伦敦和巴黎市场遭遇灾难性崩盘的前几天,帕拉维在证券交易所为这笔贷款发行了债券,但债市低迷导致他无法出售他负责承销的大部分债券。因此,这笔海地贷款是导致他的银行破产的一个主要原因。不久,帕拉维在 1828 年自杀身亡。③ 在随后的几年里,塔列朗经常因"海地的生意""这笔让他付出沉重代价的可怕生意"后悔不已,因为是他和达尔伯格亲自为帕拉维参与这笔贷款作保。④

---

　　①　Costleloe,*Bonds and Bondholders*,12.

　　②　Paravey to Dalberg,4 Nov 1824,Worms Stadtarchiv〔hereafter WS〕,Dalberg MSS,159/376/7.

　　③　Karl-Georg Faber, "Aristokratie und Finanz. Das Pariser Bankhaus Paravey et Compagnie (1819—1828)," *Vierteljahrschrift für Sozial-und Wirtschaftsgeschichte* 57, No. 2 (1970): 145—230.

　　④　Talleyrand to Dalberg,30 June and 13 Sep. 1829,Talleyrand und der Herzog von Dalberg: *unveröffentlichte Briefe 1816—1832*,ed. Erberhard Ernst (Frankfort: Peter Lang,1987),68,80;关于塔列朗和达尔伯格因海地贷款而遭受损失的情况,请参阅 documents on the liquidation of the Banque Paravey in *Roubaix*,*Centre des Archives du Monde du Travail*〔hereafter CAMT〕,132 AQ 73,file 1.

　　塔列朗的姓氏仍然是幕后操纵和内部消息的代名词,他卷入的海地贷款
事件表明,投资公债——尤其是投资外国公债——的公众在法国王政复辟时
期人数仍然是多么有限,但也表明地缘政治因素对于为公债辩护的话语早期
复苏发挥了作用。在 18 世纪 90 年代流亡美国期间,塔列朗已经注意到英国
的高水平贷款帮助英国在这个前殖民地保持住了商业和政治上的卓越地位,
并且在他的回忆录中把拿破仑的最终失败归因于拿破仑对英国失去了信
誉。[①] 他和达尔伯格所做的外国公共基金投机生意,几乎都与重振法国在海
外的优势项目有关。例如,达尔伯格做的西班牙债券投机生意与 1823 年法国
军事干预伊比利亚半岛以恢复费迪南七世(Ferdinand Ⅶ)西班牙王位的政治
有关;19 世纪 20 年代中期,他在购买墨西哥债券的同时游说法国王室实施另
一项旨在把墨西哥变成法国保护下的独立君主制国家。(拿破仑三世治下的
第二帝国远征墨西哥有其深刻的渊源,就如我们在下文能够看到的那样,它在
法国公众中使外国公债"大众化"发挥了重要作用。[②])塔列朗和达尔伯格对海地
贷款的兴趣当然也反映了地缘政治算计。地缘政治算计产生的财政赔款是炮
舰外交强加给海地的,而海地贷款本身旨在恢复法国对其大革命前最富有的殖
民地的统治地位,并且通过赔偿种植园主的损失来治愈大革命造成的创伤。[③]

　　从长远看,拉菲特等人在 19 世纪 20 年代中期恢复公共信用的主要意义
可能在于对圣西门(Saint-Simon)金融思想的影响。圣西门及其信徒是 19 世
纪早期法国最狂热的近代资本主义倡导者。他们依靠拉夫特的资助在 1825
年创办的杂志《生产者》(Le Producteur)刊登了大量介绍公共信用价值的文
章,包括这个思想流派两位最重要创始人之一的奥林德·罗德里格斯(Olinde
Rodrigues)重新评价约翰·劳的信用体系的文章以及另一位最重要创始人普

---

① Charles-Maurice de Talleyrand-Périgord, *Mémoire sur les relations commerciales des États-Unis avec l'Angleterre* (London, 1808), 20—21; Charles-Maurice de Talleyrand-Périgord, *Mémoires*: *1754—1815*, eds. Paul-Louis Couchoud and Jean-Paul Couchoud (Paris: Plon, 1982), 90—91.

② 请参阅文献——WS, Dalberg MSS 159/376/2, and "Emprunt Mexicain," 16 June 1826——中 1820—1821 年关于西班牙债券的通信;文献——WS, Dalberg MSS, 159/382/7——中关于按 1 000 英镑的面值购买 7 张墨西哥债券的内容以及文献——The Rothschild Archive, XI/38/200; Duc de Dalberg, "Le Mexique vu du Cabinet des Tuileries," [1828], SW, Dalberg MSS, 159/748——中 1827 年 4 月 7 日帕拉维给罗斯柴尔德的信中关于在伦敦用 21 张墨西哥债券结算达尔伯格账目的内容。

③ Jean-François Brière, *Haïti et la France, 1804—1848. Le Rêve Brisé* (Paris: Karthala, 2008), esp. 161—166.

洛斯珀·昂方坦（Prosper Enfantin）提出的以公共借贷完全取代税收的构想。[1] 在七月王朝复辟和第二帝国时期，随着昂方坦最忠实的信徒米歇尔·谢瓦利埃（Michel Chevalier）声名鹊起，这些脱去了乌托邦外衣的思想引起了更多的重视，并产生了相当大的影响。谢瓦利埃的声名鹊起本身也得益于梯也尔的庇护。1833 年，梯也尔出任商务部部长，把谢瓦利埃从监狱里捞出来（谢瓦利埃和圣西门的其他几个信徒一起因批评传统的性道德而被判刑入狱），后来派他调查美国通过公共借贷为铁路建设筹集资金的情况。几乎可以肯定，部分是为了促进公共借贷的增加，梯也尔才在 1840 年作为议会议长准备一项宏伟的国家铁路建设计划时确保谢瓦利埃被任命为法兰西学院的政治经济学教授。[2]

　　把谢瓦利埃提拔到原先由让-巴蒂斯特·萨伊担任的职位上，导致萨伊的信徒大为愤慨，尤其是因为谢瓦利埃持有非正统的公共财政观点。[3] 谢瓦利埃早期在法兰西学院开设的讲座主要涉及信用（私人和公共）的发展和作为促进经济发展的主要补充手段的基础设施建设等问题。谢瓦利埃承认，对公共信用的不信任在好斗和神秘的旧制度下可能是合理的。然而，1789 年的大革命，再加上 1830 年的革命，使得这种不信任毫无根据："可怕的破产"这个"米拉波（是指小米拉波，与他的父亲在公共信用问题上持相同的观点）曾经在立宪会议上义正词严地反对的怪物"，现在已变得"不那么可怕了"，因为法国的财政预算要经过议会的审议。谢瓦利埃承认英国经济学家对公债一直抱有敌意，但并不认为这反映了英国贵族为保持其对抗王权的优势所做的努力。这种考虑并不适合法兰西"民主"的七月王政，因为公共信用发展甚至可以通过鼓励社会各阶层储蓄和投资来巩固七月王政。[4] 换句话说，不同的政治制度

---

　　① *Le Producteur*, 3 (1826), 221—252 and 4 (1826), 5—19.

　　② Jean Walch, Michel Chevalier, *Économiste Saint-simonien* (Paris: Vrin, 1975), 33, 51; Michael Drolet, "Industry, Class and Society: A Historiographic Reinterpretation of Michel Chevalier," *English Historical Review* 123, No. 504 (2008): 1229—1271.

　　③ Adolphe Blaise, "Cours d'Économie Politique du Collège de France par M. Michel Chevalier," *Journal des Économistes* 1 (1842): 204—208.

　　④ Michel Chevalier, "Discours d'Ouverture de l'Année 1842—43," in *Cours d'Économie Politique* (Paris: Capelle, 1842—1850), 2: 1—24 (esp. 13—17); Michel Chevalier, "Discours d'Ouverture de l'Année 1843—44" and "Discours d'Ouverture de l'Année 1844—1845," in *Cours d'Économie Politique* (Paris: Capelle, 1855—1866), 1: 63—107 (esp. 65, 95).

会导致并促成不同的公债制度。

谢瓦利埃那种由一个不断扩大的投资者阶层支持的君主国的愿景,与18世纪劳氏信用体系捍卫者们的想法有着明显的相似之处。可以肯定的是,他的这种圣西门式的和平主义使得他的讲座很少涉及公共信用的军事优势。但是,鉴于公共借贷在促成代价昂贵的对阿尔及利亚的征服或第二帝国对俄罗斯、中国或墨西哥发动的无数次同样代价昂贵的战争中扮演的角色,他的讲座与18世纪的公共信用话语之间只存在修辞方面的差异。在谢瓦利埃看来,这样的文明战争可证明其正当性,因为它们相当于公共投资,能为法国和人类带来可观的利益。[1]

## 债券的物质生活

谢瓦利埃给公债唱响的挽歌使得拿破仑三世统治时期实施的可怕扩张和民主化合法化。1852年,谢瓦利埃满腔热情地出任负责经济立法的国务委员,1860年又担任参议员。[2] 这个时代见证了通过地方财政官员公开发售公债,建立国家与其投资公民之间的直接交易关系,以及国家授权发行的市政和省府债券的大幅增加。特别是市政债券的发售额从19世纪60年代开始增加,到1890年已经达到了前所未有的32亿法郎。[3] 1852年成立的准公营土地信贷银行(Crédit Foncier)促成了公共抵押贷款债务的激增,并从1860年开始获准发行市政和省府贷款债券。到了1887年,这家银行已向广大投资大众发行了大约30亿法郎的抵押贷款和市政债券。[4] 因此,在19世纪,这家银

---

① Edward Shawcross, *France*, *Mexico and Informal Empire in Latin America*, *1820－1867* (Basingstoke: Palgrave Macmillan, 2018), esp. 119－131.

② 这也可能激发了洛伦兹·冯·斯坦因(Lorenz von Stein)对公债的坚定辩护。斯坦因在19世纪40年代曾在巴黎就学,并在他的《财政学教科书》(*Lehrbuch der Finanzwissenchaft*)中表示,他更喜欢"法国文学"而不是"英语"的公债著作(Leipzig, 1860:460－462);关于对公债和德国公共财政论著激增持赞成的态度,这可能反过来启发勒罗伊-博利厄写《论财政学》的情况,请参阅 Carl-Ludwig Holtfrerich, "Public Debt in Post-1850 German Economic Thought vis-a-vis the Pre-1850 British Classical School," *German Economic Review* 15, No.1 (2013): 62－83.

③ "Les Dettes Communales," *Bulletin de Statistique et de Législation Comparée* 32 (1892): 275－300;关于市政债券的意义,请参阅本书第十章。

④ CAMT 2001 026 649: Rapports annuels du Crédit Foncier, Exercice 1887.

行推出了多种复杂的债务工具,使得公债发行量不断增加。[1] 虽然其中的一些债务工具已为公众熟知,如支撑这个国家中产阶级财富的永久性公债,但其他债务工具仍有待公众熟悉。了解储蓄者据以成为公共债权人的各种机制,有助于深入洞悉公债政治。这些机制不仅揭示了用于把私人资金转移到公共当局手中的广泛债务安排,而且揭示了从上到下影响 19 世纪不同公债制度构建的文化和社会问题范畴。

例如,上述多种新的公共证券,都是按一种专门设计的格式发行的,其目的不是吸引既有投资者,而是吸引新市场上的小储户兼投资者,从而提高发行机构的知名度。这些证券被称为"有奖(公)债券",并与债券的传统特征(按季度支付利息,有权索偿本金)和每半年抽一次的现金大奖相结合。严格地说,它们类似于一种法国从 1836 年开始(而英国从 1826 年已经开始)宣布非法的公共彩票。[2] 然而,法国允许经过政府授权发行有奖债券,从而与它位于英吉利海峡彼岸的邻居分道扬镳。[3] 法国土地信贷银行几乎具有发行这种有奖债券的无限能力,甚至能够发售面额小到只占标准面额 1/10 的有奖债券(例如,标准面额是 500 法郎,当时发行 50 法郎的有奖债券)。巴黎是这方面的先行者,在 1817 年和 1832 年以及此后屡屡采用有奖债券来为其贷款筹集资金,并成为这种债务工具的主要发行人之一。[4] 里昂(1879 年)、马赛(1877 年)、波尔多(1862 年)、里尔(1859 年和 1863 年)、亚眠(1871 年)以及图尔昆(Tourcoing)和鲁贝(Roubaix,1860 年)按照略微不同的条件纷纷效仿首都的

---

[1]　请参阅本书第十九章。

[2]　Archives de Paris,Chambre de Commerce et d'Industrie,2ETP/3/6/12 3:Étude sur la Question des Loteries Commerciales,Lettre à M. le Garde des Sceaux,31 décembre 1835.

[3]　Henri Levy-Ullmann,"Lottery Bonds in France and in the Principal Countries of Europe," *Harvard Law Review* 9,No. 6 (Jan. 25,1896):386−405,引自他本人篇幅更长的研究:*Traité des Obligations à Primes et à Lots* (Paris:Larose,1895)。其他重要的著作包括 Georges-Marie-René Frèrejouan Du Saint,*Jeu et Pari*,*au Point de Vue Civil*,*Pénal et Réglementaire*:*Loteries et Valeurs à Lots*,*Jeux de Bourse*,*Marchés à Terme* (Paris:Larose,1893);A. Goda,*De l'Aléa. Jeux*, *Opérations de Bourse*,*Loteries et Tombolas*,*Valeurs à Lots*,*Crédit Foncier* (Paris:Delamotte Fils & Cie,1882)。

[4]　Geneviève Massa-Gille,*Histoire des emprunts de la ville de Paris*,*1814 − 1875* (Paris: Commission des Travaux Historiques de la Ville de Paris,1973);还请参阅 Georges Gallais-Hamanno, "La Création d'un Marché Obligataire Moderne. Les Emprunts de la ville de Paris au XIXe siècle," in *Le Marché Financier Français*,2:263−362。

做法。不过,有奖债券的使用并不局限于国内事业,它们还被特别用来为具有国际声望和国家利益的投资项目——如苏伊士运河(1868 年)和巴拿马运河(1888 年)——筹集资金。外国债务在这一领域享有特权,法国政府为墨西哥"冒险"(1864—1865 年)延长了发行有奖债券的授权,并给予外国政府"优惠国待遇",如比利时、奥地利、刚果自由邦(Congo Free State)和奥斯曼帝国都享有这个待遇。[①] 据估计,到了 1900 年,在官方交易所上市的全部法国证券中有 10%是有奖债券。投资者可在官方市场和场外市场买到 57 种不同的债券,总计约 3 700 万张,价值近 80 亿法郎。[②]

法国 19 世纪不同政体的政府,从未在这个时期发行过这种形式的公债。有奖公债给债务转换造成了实际问题,并被普遍认为更适合有期限债务,而不是政府青睐的无限期债务。[③] 但政府的"沉默"也受到了这种债券引发的严重法律和道德困境的影响。虽然 1836 年的彩票禁令并没有明确提到有奖债券,但在许多观察人士看来,由于是通过参与抽奖的形式来发售,导致这些债券的发售"取决于能否刺激赌博嗜好",因此应该予以禁止。[④] 19 世纪 70 年代,关于这些债务工具是否属于彩票的司法判决并不一致。不管怎样,法国政府越来越多地批准用于公共用途的有奖债券,通过发行有奖债券来确保越来越多的储户找到投资公共事业和企业的途径。例如,法国土地信贷银行发行的债券被允许在一些重要方面模仿公债:它们通过国家财政代理机构买卖,被法兰西银行接受为贷款的担保物,它们代表的本金和利息不可没收,被指定为未成年人和其他法律认定的无行为能力者的基金的合法投资品种。[⑤] 这样的设计

---

① 作为 1885 年法国和比利时在非洲交换土地的条件,为刚果自由邦发行的有奖债券在 1888 年获准在巴黎交易所发售。请参阅 The Question and Answer in the *Journal Officiel*, Chambre des Députés, 17 juillet 1888, 2129—2131。

② Alfred Neymarck, "Rapport," *Congrès International des Valeurs Mobilières*, 5 Vols. (Paris: Paul Dupont, 1901), 1:361—362. 其中包括向奥地利、埃及、塞尔维亚、俄罗斯和其他国家以及几个欧洲城市提供的贷款。还请参阅 Lucien Louvet, *Code des Valeurs à Lots. Notice sur les Procédés de Tirages* (Paris: A. Durand et Pedone-Lauriel, 1891)。

③ J. Durant de Saint-André, "La Loterie et ses Applications les plus Remarquables," *Revue Générale d'Administration* 39 (octobre 1890): 129—151。

④ "Discussion, mercredi 6 juin. Émission et Négociation des Valeurs à Lots, Publication des Tirages," *Congrès International des Valeurs Mobilières* (1901), 1:129—136, 130。

⑤ Jean-Baptiste Josseau, *Traité du crédit foncier* (Paris: Cosse, Marchal et Billard, 1872)。

特点使这家银行发行的债券价值稳定且实用的特征更加突显，同时也充分利用人们对抽奖的热情。然而，这些债券在事实上和程序上与政府发生关系的方式并非没有问题。有奖债券的批评者特别指出了每次发行都必须得到政府授权这一事实带来的危险。有人认为，贴在贷款广告上的"授权贷款"（authorized loan）一词，可以极大地提升贷款的吸引力，给人一种由官方担保的感觉，让那些习惯于购买公债或政府担保的铁路债券的新投资者和储蓄者感到放心。因此，每次政府授权发行有奖债券，都会引发关于法国储蓄应该受到保护以及政府支持资本外流外国企业会造成威胁的激烈辩论。[①]

　　这些有奖债券特别受中小投资者欢迎这个事实加剧了上述辩论所涉及的利害关系。对法兰西银行投资组合进行的研究证实了这种债券在富人中更受欢迎，并表明"投资总是从有奖债券开始"，然后才转向更加复杂的证券。[②] 有奖债券对下层阶级的特殊吸引力引起了人们对参与市场不平等方式的反思。正如审计法院（Cour des Comptes）首席检察官卡萨布兰卡（Casablanca）伯爵在1870年向参议院报告的那样，"数十亿法郎的有奖债券已经渗透到社会各个阶层，并往往构成最普通家庭财富的大头"，这意味着，界定它们的法律地位是保护储户涉足金融投资第一步的关键。[③] 谢瓦利埃为有奖债券辩护，认为有奖债券有能力生成节俭的好习惯，并认为它们的低回报率——回报率低，是因为投资者接受3％，而不是4％的回报率，以换取参与抽奖的机会——使其成为发行人筹集资金的低成本品种，从而降低公共投资的成本。[④] 有奖债券的批评者反击谴责称，它们具有掠夺性，而且回报微薄。

　　发行有奖债券以支持第二帝国时期在墨西哥的国家项目，为研究这些债

---

　　① 请参阅关于发行巴拿马运河有奖债券的辩论：*Journal officiel*，*Chambre des Députés*，27 April 1888，1349—1375。想了解有关有奖债券的各种立场和立法概述，请参阅 Alfred Neymarck，Eugène Lacombe，and Emmanuel Vidal in *Congrès International des Valeurs Mobilières*，Vols. 3 and 5 (1901)。

　　② 这项研究由法兰西银行经济服务司负责人皮埃尔·德·埃萨尔（Pierre des Essars）完成，引自 Edmond Théry"Les Valeurs mobilières en France，" *Congrès International des Valeurs Mobilières*，2 (1901)：40。

　　③ 总检察官卡萨布兰卡伯爵在参议院1870年2月15日会议上做的报告，*Journal officiel*，16 February 1870，317。

　　④ 例如，可参阅 Michel Chevalier，Rapport au Sénat，Séance du 28 juin 1870，*Journal officiel*，29 June 1870，1120。

务工具及其创造的市场的法律和政治复杂性提供了案例。墨西哥项目起源于
1861—1862 年为回应墨西哥总统贝尼托·华雷斯(Benito Juárez)宣布暂停偿
还欠法国的外债而发起的一次国际军事冒险。在西班牙和英国(这两个国家
的投资者在墨西哥贷款中有更大的经济利益)的配合下,法国军队前往墨西
哥,以迫使它履行偿债义务。[①] 在西班牙和英国停止了对墨西哥的干预以后,
法国仍不善罢甘休,部分是因为法国夸大了财政诉求和对干预成本的补偿要
求。1864 年和 1865 年,在一个墨西哥财政联合委员会监督下达成了一些旨
在赔偿法国和英国利益的协议,其中有准许借贷的内容。[②] 英国和法国为筹
集第一笔贷款而发行的债券反应平平的状况,促使为筹集第二笔贷款提供更
具吸引力的债券零售条件。1865 年,总计 1.7 亿法郎的 50 万张债券"在法国
的每个城镇,甚至最小的村庄"都能买到,由于通过法国贴现银行(当时刚刚获
准在法兰西帝国各地设立分支机构)和国家财政官员零售,因此"以前所未有
的热情"迅速售罄。[③]

　　这笔贷款虽然并不是普通的外国贷款,但墨西哥政府在 19 世纪 60 年代
末遭遇破产投资者对满足要求发起猛烈攻击时努力把它说成是普通贷款。正
如这些个人和群体所指出的那样,这笔贷款由一个与法国相关的新帝国提供
担保。部长和政府使节在立法院就复兴后的墨西哥这个"世界上最受欢迎的

　　① Steven Topik,"When Mexico Had the Blues: A Transatlantic Tale of Bonds, Bankers, and
Nationalists,1862—1910," *American Historical Review* 105,No. 3 (2000): 714—738; Michele Cun-
ningham,*Mexico and the Foreign Policy of Napoléon III* (Basingstoke: Palgrave,2001).

　　② Albert Gigot,*Consultation sur les Bases et le Mode de Répartition de l'Indemnité Due aux
Français Établis au Mexique,en Vertu des Traités du 10 avril 1864 et du 27 septembre 1865* (Paris:
Bourdier,1867); Gustave Niox, *Expédition du Mexique, 1861 — 1867. Récit politique et militaire*
(Paris: Libraire Militaire de J. Dumaine,1874).关于欧洲财政委员会在这个时期对国家财政的外国监
督,请参阅本书第七章。

　　③ Brunement,*À Messieurs les Députés au Corps Législatif* (Paris: A. Chaix,1868),3;法国贴
现银行牵头组织了一个由 35 家法国和外国银行组成的银团负责提供这笔贷款:Adolphe Pinard, *Let-
tre à Messieurs les Députés au Corps Législatif* (Paris: Chaix,1867); *Exposé des Faits Concernant le
Traité Conclu le 28 septembre 1865 pour la Vente des Obligations Mexicaines du Trésor entre M. le
Ministre des Finances et M. Pinard* (Paris: Chaix,1867); *Conseil d'État, Section du Contentieux,
Mémoire pour M. Alphonse-Louis Pinard ... contre le Ministre des Finances* (Paris: Chaix,1868)。

国家"的财富以及扩大法国势力范围的必要性和荣耀等问题侃侃而谈。[①] 第二帝国一位非常重要的官员杰米尼伯爵（Comte de Germiny）受命负责监督墨西哥财政状况的委员会，而税收通过税收官如数上缴给国家。[②] 当时一本小册子的作者用惊叹的口吻写道："总税收官先生们，那是财政部！那就是政府！每个人都认为这意味着没有任何风险，认购者将严格按照规定获得偿还……[③]"1868年，心神不定的投资者写信给金融家议员艾萨克·佩雷尔（I-saac Péreire）——他的动产信贷银行是第一批债券发行业务的关键中介——强调说，是政府和立法院的担保鼓励他们参与认购债券："您是否认为，如果马克西米利安（Maximilian）皇帝本人单独作为借款人，我们会把自己手中的2.74亿法郎上缴国库？［……］他们向我们谈论法兰西的荣誉、法兰西的利益，而我们只听到法兰西的声音在呼唤。"[④]银行家和金融评论员安德烈·科胡（André Cochut）在1865年刊登在《时代》（Le Temps）上的一篇文章中表示，是"在发售前一天晚上发布的准官方声明鼓励顾家的男人和店主、店员和工人手里拿着现金争相购买债券，不到三天时间就把50万张债券抢购一空。在法国，事情就是这样：政府说话了，就会有人去做。"[⑤]

　　为了证明他们讲的话值得相信，这些人故意不提许多人认为的有奖债券最吸引人的部分——附在贷款凭证上的抽奖机会。中奖的金额大得惊人——买一张面额340法郎，中奖一次就能赢得多达50万法郎。这些机会为债券发行增加了一个新的受欢迎的特征——从这个词的两个意义上看都是如此。1865年上半年，在音乐厅和其他公共场所举行的抽奖活动由于大量做广告宣传，因此有很多人参加。为了把墨西哥债券分成若干部分来交易，他们采取了

---

　　① 关于科尔塔（Corta）和鲁特（Rouher）1865年4月9日和10日讲话的介绍，请参阅 Niox, *Expédition du Mexique*，*1861—1867*，494；C. Menut，*Réfexions sur le Sort des Valeurs Mexicaines*（Évreux：A. Hérissey，1868）；Jules Forfelier，*Consultation pour les souscripteurs aux emprunts mexicains*（Paris：Chez l'auteur，1866），10。

　　② 关于 A. 皮卡德（A. Picard）提出的观点，请参阅 *Lettre à Son Excellence M. Rouher，Ministre d'État，pour les Porteurs d'Obligations Mexicaines*（Paris：Charles Schiller，1868），3。

　　③ Forfelier，*Consultation pour les Souscripteurs*，20。

　　④ *Les Obligataires de l'Emprunt Mexicain dans les Pyrénées-Orientales à M. Isaac Péreire，le 27 mars 1868*（Perpignan：Imprimerie de Tastu，1868）。

　　⑤ André Cochut，*Le Temps*，14 June 1865。

很多做法,利用丰厚收益承诺和许多人认为的政府隐性担保,把债券分拆成小到 10 法郎的面额,或者推出了把多个认购者的小钱交给有兴趣认购债券的买家的销售方案。① 这些做法往往都是非法的,因为它们扭曲了彩票和投资的平衡,把在一张证券上实现的经济希望,由体面且谨慎的投资变成了不严肃的抽奖。事实上,围绕这次债券发行出现了许多可疑的风险投资,以至于谢瓦利埃在 1867 年感到了压力,不得不提供旨在防止未来有奖债券沦为廉价、短命的大宗商品的指导。②

墨西哥冒险经历的批评者很快就抓住了债券的抽奖问题这个牛鼻子。欧内斯特·皮卡德(Ernest Picard)议员称发行这种债券是"公然践踏法律",并且提到了法国长期以来禁止外国彩票在法国境内流通的禁令。③ 事实上,1865 年 4 月,就在发行第二批债券时,法国国家保安局(Sûreté Générale)的一名官员曾写信给内政部部长表示了他的担忧:这笔相当于外国彩票的贷款债券,不但在法律上受到禁止,而且这对政府的反对派来说是一个显而易见的攻击点。④ 但是,有人出于道德和法律方面的考虑,表达了反对这笔贷款的观点。在反对党议员儒勒·法弗雷(Jules Favre)看来,这种债券显然试图操纵公众,让他们做一些本来不愿做的事情。这种债券的"有奖"相当于某种形式的强制,它的"不可抗拒性"违背了投资的自愿特点,并且让人想起了强制征税和自愿借贷之间长期存在的区别。但是,这种不可抗拒性的社会维度,对这个共和派反对者来说尤其令人担忧。他宣称,由于缺乏任何吸引资本的"自然"手段,政府转而选择"激发民众的热情","利用下层阶级的轻信和对发财的渴望进行投机"。在这个过程中,他们不公平地分担公共支出的负担,让最容易受伤害的群体来承担:"最卑微的路人,最卑微的公民,最谦逊的人,最贫穷的

---

① 记者蒂莫泰·特里姆(Timothée Trimm)在《小报》(Petit Journal)上刊登了一篇这样的报道(请参阅"Partageons-Nous les Cinq Cent Mille Francs," Le Petit Journal,June 20,1865)。特里姆和一个叫米洛(Millaud)的人勾结策划了这个有利可图,但最终是非法的计划,两人都在 1865 年底被判处罚款。请参阅 Bulletin de la Cour Impériale de Paris (1865) 2:896—907。

② "Note," Apr. 1867,Paris,Archives Nationales 44 AP 20.

③ "Corps Législatif," Le Temps,11 June 1865.

④ "Emprunt Mexicain. Note Transmise au Ministère de l'Intérieur par la Direction Générale de la Sûreté Publique," Documents pour Servir à l'Histoire du Second Empire (Paris: E. Lachaud,1872),278—280.

人,他们被要求付出他们的 340 法郎,用 340 法郎来赢得 50 万法郎!"①尽管他断言一个在很大程度上依靠小储蓄者的财政体制是不公平的,但法弗雷的批评流露出他的担忧:这种投资品种的扩散吸引了越来越多的人参与到帝国政府的项目中来,从而进一步把民众与帝国政权搅和在一起。

从公债政治的角度看,法国的墨西哥冒险经历既与众不同又影响深远。第二帝国时期采取的自由化措施意味着它是最早对立法机构辩论开放的重要对外风险事业之一,为考虑公共财政的法律和道德决定因素提供了一个独特的平台。在为了把钱从私人口袋转移到政府手中而同意采取创新措施,并且致使——尽管是默许——投资大众普遍化以后,政府发现自己不得不承担责任,并在 1868 年同意赔偿投资者的部分损失。这是空前也是绝后的举措。②因此,这些贷款在几个登记册上都注明了"公共贷款"。这并不是说投资者都理解为自己是在一个国家项目上与政府合作。日内维耶·马萨-吉尔(Geneviève Massa-Gille)注意到了那个时期的评论,如 1865 年 7 月亚眠检察官的评论。这位检察官认为,"资本不会发表意见。这起操作能取得成功,完全归功于它的发起人(法国贴现银行)的信用以及这种重新激发彩票刺激性和危险性的——是聪明多于道德的——日益流行的趋势。谁能够抵御高达14%的利率的诱惑和赢得 50 万法郎的机会呢?"③是彩票、赎回奖金和奇高的回报率,而不是任何帝国的使命感,使得奥斯曼帝国的债券——估计 19 世纪70 年代有 20 亿的"头巾债券"(valeurs à turban)在法国流通——成为典型的普通人投资品种。④谢瓦利埃等人的干预确保了这些债券的合法性从 19 世纪 70 年代起不再受到质疑。它们是经济自由主义者更广泛努力的重要组成部分。关于这些债券,我们现在要谈的是,通过捍卫公债的经济效用和政治美德来让公债变得值得认购。

---

①　"Corps Législatif," *Le Moniteur Universel*,9 June 1865,768.法弗雷在考虑后来为苏伊士运河在法国发行债券时也坚持了这些观点:"Corps Législatif," *Le Moniteur Universel*,17 June 1868,858.

②　请参阅 Papiers de la Commission de l'Emprunt Contracté par Maximilien Empereur du Mexique (1864—1869): F30 1594—1599,now in CAEF.

③　Geneviève Massa-Gille,"Les Capitaux Français et l'Expédition du Mexique," *Revue d'Histoire Diplomatique* 79 (1965): 194—253.

④　Comte de Vogüé to Minister of Foreign Affairs,1873,CAEF,F30 356.

# 国内合法性与殖民帝国的实力

在第三共和国时期,谢瓦利埃的物质和思想继承人保罗·勒罗伊-博利厄
(Paul Leroy-Beaulieu)继续了谢瓦利埃在这个领域的努力,因为他在 1870 年
娶了谢瓦利埃的女儿,并在 1879 年继承了他的岳父法兰西学院政治经济学教
授的职位。勒罗伊-博利厄也明确表示支持发行有奖债券,并称赞它们的刺激
和激励元素"使储蓄变得有吸引力,并把储蓄变成了一个不但唤醒理智而且激
发想象力的梦想"。[1] 为了回应那些认为依靠命运和机遇会损害健康的经济
行为的人,勒罗伊-博利厄表示,运气势必位于资本主义努力的核心位置,并把
大众阶层的投资实践与那些更有钱的食利阶层的投资实践联系在一起。有奖
债券能确保国家的经济和情感投资,从而增强小储蓄作为一种对抗勒罗伊-博
利厄及其经济学家同行所说的"国家社会主义"——主张通过税制改革更加咄
咄逼人地攫取财富的社会主义——蔓延的话语和物质武器的作用。[2]

对公债的这种辩护绝非是一个纯粹的国内问题。勒罗伊-博利厄明显扩
大了法国公债狂想曲的帝国主义影响。这位经济学家在他的论文中特地谈到
了他的同胞对投资其他主权国家债务的热情。在一部记述法国资本在海外冒
险经历因债务人违约而蒙受损害的案例的编年史中,勒罗伊-博利厄顺利地构
建了一类从像突尼斯这样的殖民野心目标到半殖民帝国化的埃及,再到土耳
其、希腊、西班牙和葡萄牙无法充分管理国家财政的债务国政体。他坚称,面
对这样的债务国,"一个强大的国家,如果自己放贷的公民被一个濒临失败的
国家霸占了贷款,就应该毫不犹豫地进行正式、有力的干预[……],甚至应该
毫不犹豫地动用武力把这个无力偿还债务的国家的财政置于自己的控制
之下"。[3]

---

[1]  Paul Leroy-Beaulieu, *Traité de la Science des Finances* (Paris: Guillaumin et Cie. ,1906),2:
369—370.

[2]  Nicolas Delalande, *Les Batailles de l'Impôt. Consentement et Résistances de 1789 à Nos Jours*
(Paris: Seuil,2011); Stephen Sawyer, "A Fiscal Revolution: Statecraft in France's Early Third Re-
public," *American Historical Review* 121,No. 4 (2016): 1141—1166.

[3]  Leroy-Beaulieu, *Traité de la Science des Finances* ,2:569.

当时对这些做法的批评把它们斥为强国对弱国采取强制性措施。[1] 相比之下,在勒罗伊-博利厄看来,这样的干预"不应该被认为是濒临失败的国家的耻辱或灾难",而是一种很大的恩惠,就像对一个缺乏经验和挥霍无度的未成年人进行法律监护。[2] 他在其他场合写道,当"古老的国家[……]那些巨大的资本工厂"通过投资把自己的资源扩展到其他国家时,它们是在从事有利可图的活动,同时也是"一种人道的团结行为"。那些滥用这种信用的国家如此慷慨地发放信贷,"会把自己逐出文明国家共同体",并且应该予以严厉纠正。[3] 在让勒罗伊-博利厄更加出名的著作《论现代人生活中的殖民化》(*De la Colonisation chez les Peuples Modernes*,1874)中,他认为资本输出确实可以取代欧洲殖民者的殖民行径。[4] 他在这本书的第二版里强调,这种"资本殖民"(*colonisation des capitaux*)(或投资殖民)特别适合法国。虽然由于人口停滞增长而没有移民,但"法国有充足的资本,她可以让资本心甘情愿地出国旅行,她那双值得信赖的手把资本扩散到世界各个角落"。在民主时期,资本输出还有一个好处,那就是让殖民帝国接近越来越多的居民:"每个存了一些钱的人,小职员、农民、工人,都可能在没有任何地理知识的情况下,对殖民和对全球开发利用做出强有力的贡献。"[5]

勒罗伊-博利厄把国内金融工具(1880 年前通常以公债券的形式出现)的可获得性与法国对外扩张或征服计划联系在一起,这很好地说明了 19 世纪法国公债的政治而不是经济意义。由于财富的高度集中和不断增加,允许越来

---

① 律师米歇尔·凯贝吉(Michel Kebedgy)称,国际财政控制委员会侵犯了主权,"总是针对弱国,从不针对强国"["De la Protection des Créanciers d'un État Étranger," *Journal du Droit International* 21 (1894):59—72,65]。1900 年,亚瑟·拉法罗维奇(Arthur Raffalovich)在国际证券大会上说的话"除外交外的国家干预只针对小国——换句话说,在没有太多危险的情况下"引起了与会者的哄堂大笑("D'une Entente Internationale pour l'Émission et la Négociation des Valeurs Internationales," *Congrès International des Valeurs Mobilières*,1:203)。

② Leroy-Beaulieu,*Traité de la Science des Finances*,2:569.

③ Leroy-Beaulieu,préface,in Maurice Lewandowski,*De la Protection des Capitaux Empruntés en France par les États Étrangers ou les Sociétés* (Paris:Guillaumin et Cie,1896),viii,x.

④ Minutes of the Section d'Économie Politique,19 Mar. 1870,Paris,Archives de l'Institut,Académie des Sciences Morales et Politiques,2D5,fos 35—38.

⑤ Paul Leroy-Beaulieu,*De la Colonisation chez les Peuples Modernes* (Paris:Guillaumin et Cie,1882),536—541.

越低的认购水平或容忍采用像有奖债券这样道德上可疑的商业化方法来扩大公债市场只起到了有限的宏观经济效益作用:大部分公债仍然由社会上极为富裕的一小部分人投资。[①] 但在一个大众参与政治的时代,让公债变得更加容易买到,有助于公债被认同,并且提高公债的神圣性,而且还有助于获得外国激进分子把这作为投资打开新市场或偿还既有债务的手段的认同,并有助于证明国家公债这个重要事业的正当性。在墨西哥发行债券最终失败以后,年轻的法兰西第三共和国很快就为结束 1870—1871 年与普鲁士的灾难性战争成功地发行了公债,这是继 19 世纪头十年所谓的财政奇迹后取得的第二个财政奇迹,从而巩固了新政权的合法性,而且坚定了有关公债"大众化"政治价值的信念。

于是就出现了这样一个悖论:虽然 19 世纪早期的法国共和派痛恨公债,但 1870 年后的第三共和国却成了食利阶层的黄金时代,而不是否认在波旁王朝复辟、七月王朝,主要是第二帝国时期日臻完善的公债政治,新政权维系并更新了许多复杂的法律和商业机制,至少从让每个人愿意掏腰包的角度看,把公债变成了一种大宗商品。从墨西哥发行公债失败中吸取的唯一教训是,法国政府更加谨慎地背书哪怕是友好国家政府发行的公债,或者即便没有完全消除,至少也降低了让公众产生政府在暗中担保的印象的可能性。按照政府报告人的说法,1872 年 5 月 25 日废除限制发行外国公债的法律,正是为了免除法国政府在外国政府违约时要承担的"道德责任"。但是,法国政府仍然能够影响这类交易的成败。因为,即使在能够合法发行外国债券以后,法国财政部部长和外交部部长仍保留了准许它们在巴黎证券交易所上市的权利。这一程序使得上述两个部门在 19 世纪的最后几十年里收到了成千上万债券持有人提出的赔偿和保护请求。[②] 巧妙的治国方略常常要依靠复杂的含糊其词,而法兰西第三共和国确实非常巧妙地利用公债,在国内巩固其合法性,在

---

① 占人口 10%的最富有者拥有的国民财富份额从 1870 年的约 80%增加到 1910 年的约 90%:Thomas Piketty, *Capital in the Twenty-First Century*, trans. Arthur Goldhammer (Cambridge, Mass.: Harvard University Press, 2014), 314。

② 维莱尔(Villèle)在 1825 年 11 月海地贷款谈判中指出,需要有行政授权才能发行外国公债和其他金融工具:请参阅 Folder "Admission à la Cote Officielle des Titres des Emprunts Étrangers, 1873—1890," in Archives Diplomatiques, La Courneuve, 752SUP/145。

国际上作为殖民扩张的借口(突尼斯,1881 年)或获得地缘政治优势(从 1888 年起的俄罗斯公债)。

\* \* \*

1815 年后公债在法国的正名确实是一首狂想曲———一场各组成部分互不关联、充满活力、根植于民众情绪并令人回想起遥远过去的单独运动,而不是一种和谐的经济理论或统一的经济实践。与 1789 年前对商业崛起政治影响的焦虑遥相呼应的是,在我们考察的整个时期里,大家都在关注如何通过金融手段调和政治——从一个无论是在国内还是在国际上都强大的国家的意义上说——与近代资本主义。然而,为公债正名的行动经历了重大且影响深远的变化,尤其是在整个法国社会,越来越强调公债的“大众化”,包括本国公债和后来的外国公债。这种“大众化”被用来为实用主义和政治目的服务,从而增强了法国政府的能力,同时让越来越多的法国居民在物质(也许还在意识形态)上与几个更迭的政权共命运。把公债大宗商品化作为法国财政成功故事的核心内容,或许就像把这作为把农民转变为法国人的过程的核心环节一样,对于公债研究具有历史和史学的意义,并且强调要关注公债涉及的多重公众和多重公众建构物质实践的重要性以及对投资及其监管和政治化都很重要的公债包装和推销方式。

然而,使公债持有民主化的愿望,不应等同于拥护共和派的平等主义。事实上,正如有关有奖债券开发和分销的焦虑表明,债券持有阶层多样化——承诺只要每月花 5 法郎认购公债,或者只要用巴黎市 1/10 的市政债券,就能让每个民众都成为食利者——可能会使结构性不平等永久化,而不是消除结构性不平等。从塔列朗到勒罗伊-博利厄的公债狂想曲的“作曲家”们都支持用开明的君主政体解决法国的立宪困境,尽管他们偶尔也会容忍(塔列朗在 18 世纪 90 年代,梯也尔和勒罗伊-博利厄在 1870 年之后)正式的共和政体。在民主的第三共和国时期,这首狂想曲仍在演奏,甚至有增无减,但这表明第三共和国的经济文化远非纯粹共和。从公债的角度来研究第三共和国时期法国的政治经济和政治文化,揭示了想象和构建公债投资公众的能力的稳固连续性,即使这些公众正在经历重大的转变。西耶斯神父(Abbé Sieyès)在 18 世纪 90 年代的直觉——解决公债难题的方案"共和君主政体（republican monarchy)或君主共和政体"（monarchical republic)，而不是纯真的共和政体——被证明有先见之明。①

---

① Sonenscher,"The Nation's Debt," 307.

# 第二编

# 全球资本、帝国主义扩张和
# 不断变更的主权国家

## （19 世纪 60 年代至 1914 年）

　　到了 19 世纪中期，欧洲已经出现了一些渴望向全世界输出资本的金融强国。从 19 世纪 60 年代到 20 世纪 10 年代这个时期被史学界认定为"第一次全球化"时期，这是一个通过贸易、金融和军事帝国主义把自由主义制度强加给世界的时期。这个时期的特点就是对财产权的法律保护、金本位制、不久之后的国际财政控制以及"超级制裁"威胁。

　　然而，这种鸟瞰式的看问题方法几乎无法解释在那些年里自由债务制度占据霸主地位——或者在第一次世界大战中突然崩溃——的原因。本书的第二编打算深入发掘这方面的原因，这里分析的历史案例让我们可以提出一些关键的见解。首先，政治权力关系和辩论的地方嵌入性，对于把某种特定债务强行纳入更大范畴的债务制度至关重要，因此要求我们对债务国和债权国国内的不同利益集团予以必要的关注，这样才能解释某笔公债的特殊命运以及它是否被欧洲金融市场接纳和按什么条件接纳的问题。于是，一类新的中介机构也因此而变得重要——它们自己也很快就变成了利益集团：为使特定国家对于欧洲金融市场和帝国政体具有"可读性"所不可或缺的专家。他们的行为也是检验自由主义话语与自由债务制度具体实践之间差距的理想切入口。其次，公债具有很强的在空间上跨地区和在社会上跨阶层的再分配效应，而这种再分配效应会对政治制度的合法性产生巨大的影响——就连法国和英国在第一次世界大战时期也意识到了这一点。

第五章从第一章结束的地方继续讲述拉丁美洲的故事。在独立以后，前西班牙殖民地失去了过去支撑它们的金融机构。它们艰难地进入了国际金融市场，虽然引发了许多违约事件，但从未阻止它们获得欧洲信贷。正如胡安·H. 弗洛雷斯·正德贾斯通过研究墨西哥和秘鲁的案例指出的那样，造成这种情况的原因就在于利益集团政治。

在第六章里，阿里·库斯昆·滕塞尔不仅对利益集团政治进行了更加深入的阐释，而且阐述了那个时期强加给奥斯曼帝国的财政控制和债务结算机制所体现的大国竞争地缘政治问题。滕塞尔在这一章里还解释了如何出于国内的原因来利用国际控制。但事实证明，这是一种危险的游戏，无形中破坏了政权的政治合法性。

知识以及能够运用知识的专家群体的建构，是这种政治争论的核心所在，也是地缘政治游戏和当地实践的交汇处。第七章讨论埃及问题，通过关注专家群体来重新审视有关国际财政控制机构的典型案例以及这些机构如何试图——通常是违背他们自己的自由话语——把竞争性程序强加给一种他们并不理解且截然不同的会计传统。正如马拉克·拉比所指出的那样，埃及培养了一类新的专家，他们作为一个新的利益集团采取行动，并对完善国际法产生了影响。

李·加德纳在第八章里把专家知识与主权结合在一起来讨论，把重点放在四个西非国家——一个独立的国家和三个英殖民地国家，重新审视了"帝国效应"对获取资本的影响，并揭示了"低调神秘中介"（这里指皇家代理人）的关键作用。揭示金融行为主体与政府官员之间的"乱伦"关系，对于解释获得信贷的途径及其附带条件大有帮助。

在第九章里,严冬考察了一些同样但都是晚清的群体。同样,晚清相互竞争的政治和经济利益集团在一些政治和军事紧要关头虽然会利用国际资本,但也因此而遭受损失。获得外国资本的机会及其附加条件,在全国范围内造成了财富和权力的彻底再分配,从而削弱了皇权的合法性。

诺姆·马格尔和斯蒂芬·W.索耶对法国和美国的研究表明,这种通过公债进行的空间再分配在"中心"国家和"外围"国家情况大致相同。在第十章里,我们把注意力放在市政债务——是公共债务但不是"主权"债务——上,并介绍了一个大肆利用公共借款来改造城市的案例以及围绕这种借款手段和目的展开的公开激烈辩论。公债能够重塑财富和增长的空间和社会分布,而公债的合法性在任何地方都可能因此而遭到质疑。

因此,虽然公债(甚至是地方、地区或准私人铁路和公路债务)可能并实际把国家主权置于前所未有的风险之中,但它们也会让人产生机会增加感。重要的是确切的借债方式,而且借债方式与政治往往比与财政有更多的关系。本编的考察期里出现的问题是,需要不断更新公债及其有关的政治制度的合法性——即使是当时世界最大的金融中心伦敦和巴黎在第一次世界大战期间也震惊地发现了这个问题。

# 第五章　国内政治制度的影响：
## 拉丁美洲的公债和欧洲干预

胡安·H.弗洛雷斯·正德贾斯[*]

在 19 世纪的最后几十年里,帝国主义的一个载体,无论是正式载体还是非正式载体,就是外债,特别是在当地政府违约的时候。中东和北非的实例已经有很好的文献佐证,英国和法国政府在进行外交和军事干涉后就迅速通过政治控制推行各种经济政策(包括有关贸易、财政和货币问题的经济政策),并且引发债券持有人的主动参与。[①] 著名的案例有 1867 年的突尼斯、1876 年的埃及和 1903 年的摩洛哥。[②] 其他案例虽然没有导致全面的政治接管,但也涉

---

　* E-mail: juan. fores@unige. ch.

　① 虽然债务违约类型复杂,但当时典型的外债违约是指中央政府在国际金融市场(主要是伦敦和巴黎金融市场)上发行债券并中止还本或付息。债务违约会后债务国政府要想发行新债券,就必须解决其债券持有人之间的纠纷。伦敦证券交易所制定了一个旨在保护债券持有人权利并防止赖债的严格监管框架。请参阅 Larry Neal and Lance Davis,"The Evolution of the Structure and Performance of the London Stock Exchange in the First Global Financial Market,1812—1914," *European Review of Economic History* 10,No. 3 (2006): 279 — 300; Marc Flandreau,"Sovereign States,Bondholders Committees,and the London Stock Exchange in the Nineteenth Century (1827—1868): New Facts and Old Fictions," *Oxford Review of Economic Policy* 29,No. 4 (2013): 668—696。巴黎也有类似的监管框架。请参阅 Pierre-Cyrille Hautcoeur and Angelo Riva,"The Paris Financial Market in the Nineteenth Century: Complementarities and Competition in Microstructures," *Economic History Review* 65,No. 4 (2012): 1326—1353。

　② 有关埃及的相关情况,请参阅 Herbert Feis, *Europe,the World's Banker,1870 — 1914: An Account of European Foreign Investment and the Connection of World Finance with Diplomacy before the War* (New Haven: Yale University Press,1931); William H. Wynne, *State Insolvency and Foreign Bondholders: Selected Case Histories of Governmental Foreign Bond Defaults and Debt Readjustments* (Washington,DC: Beard Books,1951)。关于摩洛哥的相关情况,请参阅 Adam Barbe, "Public Debt and European Expansionism in Morocco from 1860 to 1956" (Master's thesis,Paris School of Economics,2016)。

及其他形式的准殖民制度,债权国直接控制债务国与偿债能力有关的方面,如财政监督或资金管理,但也可能强制推行贸易自由化。这类案例包括 1875 年奥斯曼帝国、1893 年希腊、1895 年塞尔维亚和 1912 年利比里亚的债务违约。[①] 20 世纪初,美国代表其本国的中美洲债券持有人进行军事干预,与欧洲的先例如出一辙。[②]

长期以来,金融和帝国主义相互作用的不同机制一直是学术争论关注的核心问题。在有些学者看来,金融是所谓的"非正式帝国主义"或"自由贸易帝国主义"的重要组成部分。[③] 有学者声称,英国政府奉行一种预先制定的经济扩张战略,银行和投资者在这种战略的实施过程中发挥了关键的作用。[④] 另一些学者则对这种观点提出了质疑,认为英国政府采取了一种根据地缘政治利益的具体情况确定的基本务实的立场。[⑤]

然而,这些学者很少单独分析主权债务。因此,我们并不知道某些违约行为怎么会导致军事干预,或者为什么在其他情况下采取其他强制性行动,如控

---

① 请参阅本书第六章和第八章。还请参阅 Donald C. Blaisdell, *European Financial Control in the Ottoman Empire: A Study of the Establishment, Activities, and Signifcance of the Administration of the Ottoman Public Debt* (New York: AMS Press, 1966); Wynne, *State Insolvency and Foreign Bondholders*; Ali CoŞkun Tunçer, *Sovereign Debt and International Financial Control: The Middle East and the Balkans, 1870 — 1914*, (Basingstoke: Palgrave Macmillan, 2015); Leigh Gardner, "Colonialism or Supersanctions: Sovereignty and Debt in West Africa, 1871—1914," *European Review of Economic History* 21, No. 2 (2017): 236—257.

② 请参阅 Emily S. Rosenberg, *Financial Missionaries to the World: The Politics and Culture of Dollar Diplomacy, 1900 — 1930* (Cambridge, Mass.: Harvard University Press, 1999)。

③ John Gallagher and Ronald Robinson, "The Imperialism of Free Trade," *Economic History Review* 6, No. 1 (1953): 1—15.

④ 关于分类和不同的理论观点,请参阅 Jürgen Osterhammel, "Semi-Colonialism and Informal Empire in Twentieth Century China: Towards a Framework of Analysis," in *Imperialism and After: Continuities and Discontinuities*, ed. Wolfgang J. Mommsen (London: Allen & Unwin, 1986), 290—314。

⑤ Henry Stanley Ferns, *Britain and Argentina in the Nineteenth Century* (Oxford: Clarendon Press, 1960); William Mitchell Mathew, "The Imperialism of Free Trade: Peru, 1820—1870," *Economic History Review* 21, No. 3 (1968): 562—579; Desmond Christopher Martin Platt, *Finance, Trade, and Politics in British Foreign Policy: 1815—1914* (Oxford: Clarendon Press, 1968). Peter J. Cain and Antony G. Hopkins, *British Imperialism: 1688—2000* (London: Routledge, 2014). 最后一篇文献强调指出了金融部门作为英国帝国扩张主义主要驱动力的重要性。

制关税收入或建立外国控制机构。① 要回答这些问题,就需要比较有关违约如何导致不同类型的外国控制或其他类型的"直接"或"间接"统治的不同叙事。② 另一个复杂的问题是,即使违约可能是由领土吞并或殖民化等原因造成的,也可能在几年甚至几十年后才发生,从而使最初的债务争端处于次要位置。③

通常被认为是非正式英帝国重要组成部分的拉丁美洲,是探索这些问题的理想场所。因为,当我们考虑到拉美国家政府既是借款常客,又是经常的"连续违约人"(借用这个今天的术语)时,就会发现一个惊人的历史事实——拉美几乎不存在债务违约和军事干预间关系的问题。一个简短但有可能不完整的解释表明,拉丁美洲当时并不像(譬如说)中国那样处于国际政治舞台的中心。④ 中东地区曾是帝国主义列强争夺霸权的一个重要竞技场。⑤ 然而,帝国主义在拉丁美洲的竞争比我们先前认为的要激烈得多,特别是在欧洲列强和美国之间的竞争。⑥ 在西班牙帝国临近寿终正寝的最后几年里,英国海军已经在多条战线(特别是在南美洲)采取行动。历史学家经常指出,当时英国的政策制定者仍把这个独立后的次大陆视为他们帝国的一部分,而英国与其

---

① Matthew Brown,ed. ,*Informal Empire in Latin America：Culture,Commerce and Capital* (Oxford：Blackwell,2008).

② 这种分类是由艾伦·奈特(Alan Knight)提出的,参见 Alan Knight,"Rethinking British Informal Empire in Latin America (Especially Argentina)," *Bulletin of Latin American Research 27*,No. 1 (2008)：23—48。

③ 这种论断需要加以限定。加拉格尔和罗宾逊(Gallagher and Robinson)在他俩的开创性论文《自由贸易的帝国主义》(The Imperialism of Free Trade)中,根据列宁的《帝国主义是资本主义的最高阶段》(Imperialism,the Highest Stage of Capitalism)指出,有两个子时期:维多利亚中期对正式帝国主义的"冷漠"转变为维多利亚晚期对正式帝国主义的"热情"。原因在于之前的对外投资和国际贸易增长转折点出现在 1880 年前后。不过,加拉格尔和罗宾逊进一步指出,英国的殖民扩张在这两个子时期里一直很重要;而法国作为资本输出国的显著崛起伴随着殖民领土扩张。请参阅 Catherine Coquery-Vidrovitch,"De l'impérialisme britannique à l'impérialisme contemporain: l'avatar colonial," *L'Homme et la société 18*,No. 1 (1970)：61—90。

④ Gallagher and Robinson,"The Imperialism of Free Trade," 312; Platt,*Finance,Trade,and Politics*; Carlos Marichal,*A Century of Debt Crises in Latin America：From Independence to the Great Depression*,1820—1930 (Princeton：Princeton University Press,1989).

⑤ Sevket Pamuk,*The Ottoman Empire and European Capitalism*,1820—1913：Trade,Investment and Production (Cambridge：Cambridge University Press,1987).

⑥ Edward Shawcross,*France,Mexico and Informal Empire in Latin America*,1820—1867：*Equilibrium in the New World* (London：Palgrave Macmillan,2018).

他欧洲国家的竞争——在某种程度上与美国的竞争——则导致了一些孤立的军事干预。到了 19 世纪 20 年代末,英国的霸主地位隐含地得到了承认和接受,尽管这种状况仍然很不稳固,并迅速受到国内和国外威胁的挑战。[①]

笔者在这一章里指出,更加仔细地考察 19 世纪中叶拉美国家政府所借的外国贷款——与违约导致外国干预频仍的时间跨度相同,就能发现在这个时期里通过私人代理人实施的不同形式的财政控制。具体而言,商人银行在保护英国利益(未必是相互兼容的利益)和维护与历届当地政府的关系以确保合作保持某种平衡方面发挥了重要的作用,同时还与本国政府和债券持有人互动。虽然有关英国非正式拉美帝国的文献主要集中在阿根廷身上,但笔者研究了墨西哥和秘鲁这两个截然不同的案例。在墨西哥的案例中,法国对墨西哥实行准殖民控制的经历之所以失败,主要是因为法国的政治目的与英国的经济利益不符,从而阻止了英国商人银行与墨西哥新建立的政权进行合作。大多数墨西哥政治行为主体对那个时期签订的新贷款合同提出了质疑,因为这些贷款主要是为驻扎在墨西哥的法国军队提供资金,从而进一步削弱了法国政府扶持的政权。墨西哥拒绝偿还这些贷款,并且在将近 20 年的时间里一直拖欠不还。

在秘鲁,英国商人银行更有效地把债券持有人的债权转让给违约的当地政府,这样做的结果是英国商人银行很少对英国政府施加压力。秘鲁模式虽然对秘鲁的主权施加了严厉的制约,主要是因为秘鲁政府被迫放弃对其自然资源的管理,但成功地在允许贸易扩张的同时,把违约纠纷的解决局限在银行和私人投资者。这种解决方法也解释了为什么秘鲁政府与其他国家的政府不同,能够在商业政策方面享有较大的回旋余地。强调私人机构在解决违约纠纷方面的作用,使我们能够进一步修正那些认为持续干预迫使债务国政府偿还债务,从而扩大主权债务市场的炮舰外交和"超级制裁"文献。笔者的结论是,拉丁美洲存在外国控制的情况——尽管形式与其他地区不同,但引发了不确定的结果,具体取决于许多复杂的经济和政治因素。

---

[①] Rafe Blaufarb, "The Western Question: The Geopolitics of Latin American Independence," *American Historical Review* 112, No. 3 (2007): 742—63.

# 并不存在的"超级制裁"

经济史学研究主要关注是否存在一种尤其是在 19 世纪末对主权债务市场发展产生压倒性影响的"帝国主义元素"。根据这方面的研究，借款的政府把炮舰外交和"超级制裁"——被定义为军事、经济或政治性质的极端制裁——视为一种有助于避免主权债务违约的实际威胁。[①] 主权债券市场扩张和二级市场政府债券风险溢价下跌应该归功于这种政策的两个特征。

然而，这些说法在几个方面受到了质疑。炮舰外交很少发生。在炮舰外交的案例中，地缘政治利益在很大程度上解释了债权国政府决定干预的原因。[②] 债权国政府不愿进行军事干预，而从道德上讲，放贷的风险应该由债权人承担。[③] 英国和美国政府决定给予外交和正式支持是基于政治和财政方面的考虑。但是，一旦用尽了所有其他执行机制，它们就有可能诉诸武力来确保贷款得到偿还。有关这个程序的一个主要问题是它与被定义为"和平解决国际争端"的基本仲裁原则格格不入。在这方面，1907 年的德拉戈（Drago）学说开启了一个仲裁机制成为解决主权债务纠纷的首选方式，而诉诸武力仍被作为最后手段来采取的选项的时代。[④]

---

① Kris James Mitchener and Marc D. Weidenmier, "Supersanctions and Sovereign Debt Repayment," *Journal of International Money and Finance* 29, No. 1 (2010): 19—36.

② 请参阅 Michael Tomz, *Reputation and International Cooperation: Sovereign Debt Across Three Centuries* (Princeton: Princeton University Press, 2007); Marc Flandreau and Juan H. Flores, "Bonds and Brands: Foundations of Sovereign Debt Markets, 1820—1830," *Journal of Economic History* 69, No. 3 (2009): 646—684; Marc Flandreau and Juan H. Flores, "The Peaceful Conspiracy: Bond Markets and International Relations During the Pax Britannica," *International Organization* 66, No. 2 (2012): 211—41; Juan H. Flores, "Crying on Lombard Street: Fixing Sovereign Defaults in the 1890s," *European Review of History/Revue Europeenne d'histoire* 19, No. 6 (2012): 979—997; Juan Flores Zendejas, "Financial Markets, International Organizations and Conditional Lending: A Long-Term Perspective," in *Contractual Knowledge: One Hundred Years of Legal Experimentation in Global Markets*, eds. Grégoire Mallard and Jérôme Sgard (Cambridge: Cambridge University Press, 2016), 61—91.

③ 请参阅 Mauro Megliani, *Sovereign Debt: Genesis-Restructuring-Litigation* (New York: Springer, 2014).

④ Michael Waibel, *Sovereign Defaults before International Courts and Tribunals* (Cambridge: Cambridge University Press, 2011).

考虑到整个 19 世纪拉美违约发生频率很高,令人费解的是,债权国政府在保护债券持有人方面不如在其他地区那么积极。就英国而言,阿伦·奈特(Alan Knight)从两个方面回答了这个问题。[①] 一方面,奈特提出"消极宗主国"论,即英国政府缺乏在这个地区的地缘政治利益,再加上美国这个霸主主要在墨西哥和中美洲的崛起。另一方面,他坚称,到了 20 世纪初,当地精英与英国有共同的商业利益,他们承担着管理职能,而英国则提供信贷和商品。

虽然奈特提出的第一个论点可用来解释为什么英国的统治地位没有转化为正式的殖民统治,但没有告诉我们,为什么没有任何其他形式的外国控制被作为债券持有人与拉美国家政府经常性争端的中间解决方案。正如我们将要看到的那样,拉美的国际投资、贸易和公债水平与有外国控制的其他地区相差不大。此外,在 1868 年外国债券持有人公司(Corporation of Foreign Bond-holders,CFB)(以及法国、比利时或荷兰等其他国家创建的类似机构)成立后,官方的承认有助于巩固债券持有人的政治发言权;而在那些不愿以投资者可接受的方式解决债务争端的国家,这些机构游说政府采取干预措施。在过去债权国政府干预的案例中,代理人被安排在港口和官方货币发行机构,如 1852 年第二次英法封锁布宜诺斯艾利斯期间;[②] 或者成立新的政府,如 1862—1863 年法国对墨西哥的干预。但是,这种极端的解决方法与上面提到的和在其他地区发现的中间解决方法有很大的不同。

此外,虽然自 19 世纪中期以来,大多数精英都支持贸易,但持续的政治不稳定以及不同政治和意识形态立场之间的斗争并不能保证政府始终支持贸易开放。随着在不同经济部门工作的拉美精英人数不断增加,他们的利益不断发生动态变化,并且与英国和欧洲其他国家国民的利益发生了冲突。正如阿根廷的情况所表明的那样,某些社会经济群体支持贸易保护主义和本国政府

---

① Alan Knight, "Britain and Latin America," in *The Oxford History of the British Empire* (Oxford: Oxford University Press, 1999), Vol. Ⅲ, ch. 7.

② 在战争和政治动荡时期,英国军队在 19 世纪中期控制了布宜诺斯艾利斯的海关和国家银行。请参阅 Maria Alejandra Irigoin, "Finance, Politics and Economics in Buenos Aires, 1820s—1860s: The Political Economy of Currency Stabilization" (PhD diss., London School of Economics, 2000)。

干预,并对银行和公用事业等部门的外国竞争持消极态度。[1] 从 19 世纪 20 年代开始,秘鲁也经历了几个贸易保护主义时期。[2] 拉美的贸易保护主义达到了世界上贸易保护主义最严重的程度。[3] 在某些情况下,拉美国家采取贸易保护主义措施的决定甚至得到了外国外交官和银行家的支持,这种情景与其他地区后来被殖民的国家或正在经历外国控制的国家具有商业政策制定有限自主权的情景形成了鲜明的对照。事实上,外国外交官和银行家对拉美国家的贸易保护主义政策表示的这种容忍态度可以被解释为一种隐含的认可,即承认海关关税收入是大多数拉美国家政府财政收入的大头,也是偿还债务的最终资源。

然而,这种容忍态度可能并不意味着贸易保护主义政策没有导致外交关系紧张,或者欧洲列强没有对影响其利益的事件做出反应。[4] 相反,我们可以有把握地肯定,主权违约和公开干预之间的脱节并不是事先确定的。欧洲列强和美国政府始终保留着干预的权利,而且在某些情况下确实进行了干预。法国和英国对阿根廷、巴西和乌拉圭进行了主动干预,美国 1846 年对墨西哥进行了干预,法国也分别在 1838 年和 1861 年对墨西哥进行了干预。到了 20 世纪初,美国在中美洲进行了积极的干预,而英国、德国和意大利则在 1902 年对委内瑞拉进行了干预。虽然主权债务争端很少引发此类干预,但也可能明显成为干预的理由。

## 独立以来的债务违约和经济关系

独立后,建立新的民族国家被证明很有挑战性。前西班牙殖民地的财政

---

[1]　Charles Jones, "'Business Imperialism' and Argentina, 1875－1900: A Theoretical Note," *Journal of Latin American Studies* 12, No. 2 (1980): 437－444.

[2]　Paul Gootenberg, "The Social Origins of Protectionism and Free Trade in Nineteenth-Century Lima," *Journal of Latin American Studies* 14, No. 2 (1982): 329－358.

[3]　John Coatsworth and Jeffrey Williamson, "Always Protectionist? Latin American Tariffs from Independence to Great Depression," *Journal of Latin American Studies* 36 (2004): 205－232.

[4]　特南鲍姆(Tenenbaum)促使英国政府对墨西哥采取贸易保护主义措施提出了抗议。请参阅 Barbara A. Tenenbaum, "Merchants, Money, and Mischief, The British in Mexico, 1821－1862," *The Americas* 3, No. 3 (1979): 317－339。

和货币基础已经遭到破坏[①]，而重建生产性经济需要财政资源。英国商人银行不但成了拉美国家政府第一批外国贷款债券的承销商，而且成为拉美国家进出口市场的主要参与者。[②] 大多数矿产资源丰富的拉美国家，如墨西哥、秘鲁或玻利维亚，都接受了大量旨在恢复金银生产的英国私人投资。然而，主要与政治不稳定有关的令人失望的经济业绩，让投资者望而却步几十年。[③] 英国在拉美投资的减少，加上拉美贸易增长比较温和，导致英国政府只进行有限的外交努力来支持本国的拉美债券持有人。

不过，在其他拉美国家，对外贸易甚至在独立之前就已经开始增长，如阿根廷、巴西或智利与英国的贸易。[④] 也许令人吃惊的是，在许多情况下，虽然这几个拉美国家早在 1825 年就发生过债务违约，而且政治持续不稳定，但英国与它们的双边贸易仍有增长。有些英国商人银行在与当地代理人和贸易公司发展长期关系的同时，也代表英国的债券持有人进行干预以支持他们的诉求。[⑤] 这些几乎全都取得成功的努力，与贸易活动的发展一起，促成了 19 世纪 60 年代私人投资和政府贷款的又一次大幅增长，这个周期或多或少受到了全球经济因素的影响，但也得益于这个地区有利的政治制度和丰富的自然资源。[⑥] 虽然宏观经济高度不稳定，而且在某些情况下还存在体制和政治前途不确定的问题，但是，贸易和金融扩张再次没有武装干预伴随。

---

① 请参阅本书第一章。还请参阅 Regina Grafe and Maria Alejandra Irigoin，"The Spanish Empire and Its Legacy：Fiscal Redistribution and Political Conflict in Colonial and Post-Colonial Spanish America," *Journal of Global History* 1，No. 2（2006）：241—267。

② Frank Griffth Dawson，*The First Latin American Debt Crisis：The City of London and the 1822—25 Loan Bubble*（New Haven：Yale University Press，1990）.

③ James Fred Rippy，*British Investments in Latin America，1822—1949*（London：Routledge，2000）.

④ Manuel Llorca-Jaña，*The British Textile Trade in South America in the Nineteenth Century*（Cambridge：Cambridge University Press，2012）.

⑤ 例如，请参阅 Stanley David Chapman，*The Rise of Merchant Banking*（London：G. Allen and Unwin，1984）；Marc Flandreau and Juan H. Flores，"Bondholders versus Bond-Sellers? Investment Banks and Conditionality Lending in the London Market for Foreign Government Debt，1815—1913," *European Review of Economic History* 16，No. 4（2012）：356—383。

⑥ Carlos Diaz Alejandro，"Stories of the 1930s for the 1980s," *in Financial Policies and the World Capital Market：The Problem of Latin American Countries*，eds. Pedro Aspe Armella，*Rudiger Dornbusch，and Maurice Obstfeld*（Chicago：University of Chicago Press，1983），5—40。

如果我们假设经济动机有力地推动了欧洲的对外扩张,那么,最先被殖民的国家应该正是那些双边贸易和欧洲投资扩张最厉害的国家。虽然我们没有1865年以前外国投资的精确数据,但已经存在关于从欧洲和美国主要金融中心借入资本和双边贸易的估计数据。[①] 就对外投资而言,19世纪60年代英国对世界其他地区的贷款热潮同样也使拉美和中东地区受益。大多数拉美国家拖欠外债不还,中东其他国家也是如此。然而,尽管英国和法国政府支持本国持有中东国家政府债券的投资者,但并没有支持拉美公债的投资者。这与秘鲁违约最多(2 460万英镑)的事实相矛盾,秘鲁的债务违约金额超过了埃及(1 150万英镑)和奥斯曼帝国(700万英镑)。[②]

不过,贸易的情况不同。1870年,秘鲁与英国的双边贸易接近650万英镑(英国与它最重要的拉美贸易伙伴阿根廷的贸易额是1 250万英镑)。英国与埃及的贸易为2 280万英镑,与奥斯曼帝国的贸易是1 230万英镑。但按人均出口计,秘鲁和阿根廷对英国的出口高于埃及和奥斯曼帝国这两个中东国家(1860年是2.29英镑和1.6英镑对0.51英镑和0.66英镑)。[③] 但拉美贸易的这种开放也意味着有很大的逆转空间。事实上,拉美的贸易保护主义至少从1865年开始抬头,并且一直维持在世界最高水平。[④]

到了19世纪晚期,拉丁美洲和欧洲之间的经济关系已经变得如此密切,以至于有些学者把这看作某种外国控制——尽管大多是在私人领域实施的控制——的标志。例如,在阿根廷,英国人在包括金融在内的大多数领域占据主导地位。当时,商人银行的作用已经变得非常重要,甚至在决定财政和货币政策方面也是如此。从这个意义上说,与私人代理机构在控制经济政策和活动方面发挥的作用相比,阿根廷与英国的关系中英国政府只发挥了次要作用。这个特点还意味着,虽然没有领土野心有可能会阻止(殖民)干预,但外国在财政和货币问题上的控制使投资和贸易得以扩大。1890年英国银行在英格兰

---

① 1865年后英国资本市场的数据可以在下面的文献中找到:Irving Stone, *The Global Export of Capital from Great Britain*, *1865－1914*: *A Statistical Survey* (New York: St. Martin's Press, 1999)。

② 数据引自文献:Stone, *The Global Export of Capital from Great Britain*, *1865－1914*。其中包括1865－1873年间政府的资本需求。

③ Pamuk, *The Ottoman Empire*, 141.

④ Coatsworth and Williamson, "Always Protectionist?"

银行的支持下对巴林银行危机的管理就是一个例子。在这方面,公共和私人行为主体之间界限的模糊所产生的最终结果也受到了殖民主义的青睐。[①]

对于中美洲来说,情况可能也是如此。1888 年关于圣多明各债务的决议被一位学者说成是"一个深受欧洲银行家欢迎的新殖民主义金融解决方案的案例",因为西方公司(Western Corporation)这样一家私人代理机构接管了圣多明各税收控制权。[②] 这种接管税收控制权的做法后来在中美洲地区得到了复制。在南美洲,巴西被描绘成"银行家的殖民地,因为它被迫实施了一种被说成是展示外部金融力量的令人痛苦的货币制度"。[③] 巴西之所以有可能出现这种情况,是因为至少从 1855 年开始,巴西中央政府对伦敦(特别是对罗斯柴尔德商人银行)的金融依赖。[④] 罗斯柴尔德银行发放短期贷款,并且即使在经济低迷时期也能成功地发行长期债券。结果,巴西在 1898 年以前一直没有违约,并接受了救助贷款的附加条件,从而影响了巴西的货币和财政政策,尽管这些条件对经济产生了收缩效应,包括融资贷款签署后发生的银行业危机。[⑤] 这个解决方案在很大程度上复制了阿根廷 1891 年的协议,汉布罗银行(Hambros Bank)也曾于 1893 年在希腊尝试过这种解决方案。[⑥] 但与阿根廷和巴西不同,希腊政府未能遵守附加条件并且拖欠债务不还,从而为 1898 年建立国际财政委员会铺平了道路。

## 外国在拉美的控制:两个案例研究

在拉丁美洲,解决债务争端的方式各不相同。这种多样性不仅影响了债券持有人的债券兑现率,而且影响了拉美政府的财政能力、进入金融市场的机

---

① Charles Jones,"'Business Imperialism' and Argentina"; Antony G. Hopkins,"Informal Empire in Argentina: An Alternative View," *Journal of Latin American Studies* 26, No. 2 (1994): 469—484.

② Marichal, *A Century of Debt Crises*, 123.

③ Gustavo Barroso, *Brasil, colonia de banqueiros; história dos emprestimos de 1824 a 1934.*, 6th ed. (Rio de Janeiro, Civilização brasileira, sa, 1937); Steven C. Topik, "Brazil's Bourgeois Revolution?" *The Americas* 48, No. 2 (1991): 245—271.

④ Marc Flandreau and Juan H. Flores, "Bondholders versus Bond-Sellers?"

⑤ Winston Fritsch, *External Constraints on Economic Policy in Brazil, 1889 — 1930* (Pittsburgh: University of Pittsburgh Press, 1988).

⑥ 请参阅 Wynne, *State Insolvency and Foreign Bondholders*。

会以及借新贷款的条件。在更加极端的情况下，债务争端的解决方式包括经济政策条件，如商业、货币或财政政策，或海关收入控制权的割让。在这一节里，笔者将重点关注欧洲各国政府处理与其他国家的债务争端采取积极行动时债务谈判还远没有制度化的时期里出现的两个截然不同的案例。

我们要重点关注的两个案例分别发生在墨西哥和秘鲁。墨西哥是一个值得关注的债务争端导致军事干预的拉美国家案例，也是 19 世纪中期拉美发生的唯一一个这样的案例。研究墨西哥的案例，有助于修正以前有关拉美地缘政治相关性的观点。在秘鲁，虽然历史学家对军事干预的真正可能性仍有争议，但这个案例表明，私人代理机构能够怎样实施外国控制。债务纠纷是一个使欧洲商人银行得以主导秘鲁最重要的自然资源的开采和分配的相关切入点。墨西哥和秘鲁两国都有初始条件欠佳的问题，在很大程度上反映了与其他拉美国家相同的情况。这两个国家的政府都不得不正视内部和外部威胁，从而促使它们增加军费开支，并经常求助于昂贵的国内贷款，因此进一步恶化了它们的财政状况。此外，与大多数其他国家的情况相同，出口和公共收入高度依赖为数有限的几种商品，墨西哥主要依赖白银出口，而秘鲁则主要依靠鸟粪出口。这两个案例不仅表明私人和公共因素有多大的漏洞，而且还表明特定行为主体在理解债务违约过程和解决方法方面的相关性。

### 墨西哥

虽然很难严格区分法国在墨西哥进行军事干预的地缘政治和经济原因，但历史学家一致认为，地缘政治原因在很大程度上占据了主导地位。这一事件突显了一种非正式法兰西帝国的存在，因为法国政府寻求扩大两国之间的贸易，但此前两国的经济关系还相对比较不重要。不过，当时伦敦和巴黎的债券持有人都在积极游说本国政府采取更加积极的态度。法国政府武装入侵的结果是在墨西哥建立了一个短命的君主政体，但也表明拉丁美洲确实存在债务违约导致外国军事干预的可能性。[1]

鉴于墨西哥是第一个遭遇这种干预的国家,因此,似乎有必要对这个案例进行比较深入的分析。在这个案例中,有两个问题需要考虑:商人银行的作用和造成这次冒险失败的原因。1846 年的美墨战争导致墨西哥失去了大批领土,但同时也使墨西哥感受到了被美国完全征服的威胁。英国议会甚至提议建立一个欧洲保护国来与美国抗衡:英国被认为在墨西哥有充分多的投资,因此,美国的领土扩张被认为损害了英国的利益,而墨西哥随后发生的内部冲突大大削弱了墨西哥历届继任政府和公共财政。[2] 事实上,英国政府甚至早在1824 年就代表墨西哥发起过担保贷款(后来在其他"外国控制"的情况下,如1833 年在希腊和 1855 年在土耳其也做过这样的事情),但正是因为这类解决方案可能引发的"政治并发症"而结果作罢。[3] 这些旨在在墨西哥确立更加永久和制度化的存在的建议,改变了英国对这个地区不感兴趣的想法。

我们要考察的另一个问题是,债券持有人和金融中介机构是否支持本国政府进行军事干预以及政治考虑因素是否与这些利益集团无关。债券持有人和英国媒体至少从 1856 年起就支持英国政府干预,但英国政府却不太愿意。与在其他多数情况下一样,虽然帕默斯顿(Palmerston)勋爵承认,债券持有人有权采取行动要求债务人偿还债务,但政府不希望开启让投资者认为外交部会充当收债人角色的先例。[4]

但从墨西哥的角度看,英国或欧洲因墨西哥拖欠债务不还而进行军事入侵的可能性似乎是非常实际的。这种威胁包括墨西哥政府对生活在墨西哥的英国公民和商人发生的债务违约[5],甚至有可能促使墨西哥的债权人成为英国(或其他欧洲国家)的国民,这样他们就可以请求这些国家的政府予以支持。

[1] Shawcross, France, Mexico and Informal Empire; Steven C. Topik, "When Mexico Had the Blues: A Transatlantic Tale of Bonds, Bankers, and Nationalists, 1862—1910," *American Historical Review* 105, No. 3 (2000): 714—738; Richard J. Salvucci, *Politics, Markets, and Mexico's "London Debt," 1823—1887* (Cambridge: Cambridge University Press, 2009).

[2] Intervention by George Bentinck in the Commons Sitting of Monday, August 24, 1846. British Parliamentary Papers, Third Series, Volume 88.

[3] Platt, *Finance, Trade and Politics*, 318.

[4] Salvucci, *Politics, Markets*, 230.

[5] Tenenbaum, "Merchants, Money, and Mischief."

接受这些要求常常会成为外交惯例。[1] 墨西哥政府按照这样的新合同，在特别苛刻的条件下承认这些债务，同时要增加对国际妥协的承诺。考虑到墨西哥持续不稳定的财政状况，当地贷款非常昂贵，而且经常发生违约的情况。因此，这些外交惯例促使欧洲国家的政府代表他们国家的债权人积极进行干预。

19 世纪 60 年代早期，英国政府监控墨西哥的问题是有原因的，首先是由于导致法国在马西米利安君主政体下永久存在的领土野心造成的政治和经济后果。墨西哥新政权的财政结果是不确定的，部分原因是墨西哥公共资源承受的压力有所增大。大约 70% 的关税收入根据以前达成的协议和上面提到的惯例抵押给了英国债权人。[2] 在 1 340 万比索的总债务中，欠法国的定期债务只占 19%。此外，墨西哥积欠的包括在伦敦资本市场上发行的墨西哥贷款债券在内的"伦敦债务"总额达 6 420 万比索。[3] 因此，分析英国政府与巴林兄弟银行（Baring Brothers）之间的关系很有启发性意义。这家银行从 1826 年起一直是墨西哥政府在伦敦的代理行，当时墨西哥进入了一个连续违约和签署临时借款协议的时期。[4] 巴林银行一直坚持自己是债券持有人利益捍卫者的立场，在 1862 年法国入侵墨西哥期间派长期代理人乔治·亨利·怀特（George Henry White）去墨西哥谈判恢复偿还债务的问题，并报告了与这起冲突有关的事件。[5] 怀特与英国驻墨西哥公使查尔斯·L. 怀克（Charles L. Wyke）一直保持着沟通，而怀克则与英国外交部保持着联系。

这两个代理人都采取了务实的立场，把重点放在韦拉克鲁斯（Veracruz）和坦皮科（Tampico）这两个法国军方控制的墨西哥最重要的海关的管理上。这可不是件小事，因为引发军事干预的关键因素并不是直接与英国金融债权

---

①　Jan Bazant, *Historia de la deuda exterior de México：1823－1946*（Mexico City：Colegio de Mexico, 1968）.

②　Yusuf Abdulrahman Nzibo, "Relations between Great Britain and Mexico 1820－1870,"（PhD diss., University of Glasgow, 1979）.

③　数据引自 Bazant, *Historia de la deuda exterior de México*, 9。

④　请参阅 Philip Ziegler, *The Sixth Great Power：A History of One of the Greatest of All Banking Families, the House of Barings*, 1762－1929（New York：A. A. Knopf, 1988）；Michael P. Costeloe, *Bonds and Bondholders：British Investors and Mexico's Foreign Debt*, 1824－1888（Westport：Praeger, 2003）.

⑤　ING Baring Archive, correspondence HC4. 5. 31－33.

有关，而是与墨西哥财政部发行、被所有人先是瑞士人后来归化为法国人的当地银行 J. B. 杰克(J. B. Jecker)收购的债券违约有关。[1] 杰克银行索赔涉及的金额比以前在伦敦发行的外国贷款债券金额要小得多。但是，债券持有人与来自西班牙、墨西哥的其他债权人和法国政府自己索赔的军费开始处于相同的偿还序位。

总的来说，法国军事干预涉及的经济利益与英国的经济利益相比就显得微不足道。因此，怀特经常表示的主要关切是战争对贸易的影响：贸易要么减少，要么转移到马塔莫罗斯(Matamoros)这样的走私贸易越来越猖獗的小港口。在怀特看来，解决的办法是，要么有效控制这些港口，要么把这些港口的关税水平普遍降到低于法国控制的港口的关税水平。但据怀特报告，这只是法国政府将要实施的一系列重大改革的一部分。在一封写于 1862 年 12 月 8 日的信中，怀特告知巴林兄弟银行一项罗斯柴尔德银行在墨西哥的代理人戴维森(Davidson)先生已经在与法国政府接触的计划。这是一项关于法国政府代表旨在合并外国债务、在墨西哥发行新贷款债券的计划，据说是"整顿墨西哥财政秩序"战略的一部分。[2] 第二年 6 月，怀特又告诉巴林兄弟银行这些包括法国政府和"其他列强"(如果它们愿意参与就)一起提供担保在内的计划。[3]

事实上，拿破仑三世需要在墨西哥实现一定的制度稳定，以吸引国际资本(即获得商人银行的支持)，这是关系到新政权可持续性的条件，他希望巴林兄弟银行和罗斯柴尔德银行参与发放一笔新贷款。但由于墨西哥仍存在政治不确定性，这两家银行对马克西米利安政府新的财政体制——它的可持续性因

---

① Nancy N. Barker,"The Duke of Morny and the Affair of the Jecker Bonds," *French Historical Studies* 6, No. 4 (1970): 555—561.

② ING Baring Archive, correspondence HC4. 5. 31—33, White to Barings, 8 December 1862. 我们可以有把握地认为，他就是纳撒尼尔·戴维森(Nathaniel Davidson)。戴维森在南美和北美不同的地方经营采矿业务(尤其是水银)。法国入侵后，他离开了墨西哥，而罗斯柴尔德银行则关闭了在墨西哥的办事处。关于罗斯柴尔德银行在墨西哥的情况，请参阅 Geneviève Massa-Gille, *Les Capitaux Français et l'Expédition du Mexique* (Paris: Éditions A. Pedone, 1965); Alma Parra, "Mercury's Agent: Lionel Davidson and the Rothschilds in Mexico," *The Rothschild Archive Annual Review* 9 (2007): 27—34.

③ ING Baring Archive, HC4. 5. 33 Part 2. Letter from George White to Baring Brothers, 15 August 1863.

法国索要战争赔款而受到了影响——缺乏信心以及法国政府并不支持对拟发放贷款提供担保等原因，因此，它们最终还是决定作罢。虽然 1864 年法国在巴黎成立了财政委员会（墨西哥、法国和英国各派一名成员），而且马西米利安政府已经同意让法国代理人征收关税和管理墨西哥海关，但仍存在缺乏银行支持的问题。[1]

然而，造成法国在墨西哥的冒险经历失败的一个原因是，法国政府突然在 1866 年 5 月以后不再愿意支持马西米利安政权。有人把法国的这次政策转变归因于对墨西哥快速恢复金融稳定和保持财政可持续性缺乏信心，而缺乏银行支持无疑是其中的一个原因。从某种意义上说，墨西哥政权的命运不但主要取决于它能否得到民众的支持，而且取决于来自不同国家的关键私人行为主体，特别是英国在墨西哥且利益未必不同于法国政府的私人行为主体。这就解释了在马西米利安政权倒台和随后发生的债务违约之后，这个政权发行的债券的命运仍然是两国争论的焦点并且影响两国经济和政治关系几十年的原因。[2] 墨西哥政府拖欠的债务直到 1886 年才开始偿还。当时，在波菲里奥（Porfrian）政权的统治下，墨西哥的财政框架得到了巩固，国家安定了下来，贸易也开始增加。

### 秘　鲁

相比之下，欧洲在秘鲁的地缘政治利益微不足道。但是，英国见证了自己在这个国家经济利益的大幅增加，这主要表现在它对鸟粪这种由海鸟和蝙蝠粪便堆积而成的天然肥料的进口上。自 19 世纪 40 年代以来，欧洲对鸟粪的需求越来越大。到了 19 世纪 60 年代，当时的一种财经出版物居然称，"一箱鸟粪的价值相当于一箱黄金"。[3] 秘鲁政府没有直接开发这种资源，而是把开采、装载、运输和销售鸟粪的业务委托给了私人代理机构。从 1849 年到 1861

---

[1]　Geneviève Gille, "Los capitales franceses y la expedición a México," in *Un siglo de deuda pública en México*, eds. Leonor Ludlow and Carlos Marichal (Mexico City: Colegio de México, 1998), 125−151.

[2]　Topik, "When Mexico Had the Blues," 737.

[3]　Charles Fenn, *Fenn's Compendium of the English and Foreign Funds, Debts and Revenues of All Nations: Banks, Railways, Mines.*, 10th ed., (London: E. Wilson, 1869), 372.

年,英国商行安东尼·吉布斯父子公司(Antony Gibbs & Sons)垄断秘鲁鸟粪开采、装载、运输和销售等全部业务,因此是秘鲁和欧洲之间的主要鸟粪进出口中介。[①]

秘鲁的商业扩张并非没有问题,秘鲁政府自 1825 年危机以来一直处于违约状态,而英国的秘鲁债券持有人一直请求官方予以支持。然而,英国政府的参与在整个谈判过程中始终处于次要地位。[②] 鸟粪作为一种与农业相关的商品的兴起,进一步使英国政府的处境复杂化,因为英国政府必须处理农业利益共同体和投资者相互冲突的利益。[③] 自 19 世纪 40 年代末以来,一方面,英国农民一直在游说政府,要求采取强制行动迫使秘鲁政府降低鸟粪的价格。他们认为,由于鸟粪磷矿所有权收归国有,再加上安东尼·吉布斯父子公司垄断了经营,因此,鸟粪价格太高。另一方面,英国投资者则反对对这个体系进行任何改变,因为秘鲁政府可以从鸟粪贸易中获得利润;而债券持有人则希望,这是一个有利于秘鲁政府恢复偿还债务的因素。

秘鲁在 1849 年解决它的第一次违约问题时,恰逢鸟粪价格急剧上涨。根据这份债务违约解决协议,安东尼·吉布斯父子公司被要求留存必要的与英国鸟粪贸易获得的收益用于偿还债务。但 19 世纪 50 年代对鸟粪的需求促使农民寻找鸟粪的替代来源或近似替代品。1857 年,英国媒体称这种情况为"鸟粪危机",因为鸟粪价格持续攀升,而鸟粪供应不足以满足英国和欧洲当时的需求。[④] 尽管有人主张英国政府出面干预,但后者没有对秘鲁进行干预。

1855 年,秘鲁又发生了第二次短暂的债务违约。当时,秘鲁政府拒绝偿还上届政府两年前欠下的一笔贷款。值得注意的是,这笔贷款是把内债部分转换成外债的产物。[⑤] 因此,呼吁英国政府干预的主要是英国在秘鲁的商

---

① Wynne, *State Insolvency and Foreign Bondholders*.

② William M. Mathew, "The First Anglo-Peruvian Debt and Its Settlement, 1822—49," *Journal of Latin American Studies* 2, No. 1 (1970): 81—98.

③ 请参阅 Mathew, "The Imperialism of Free Trade".

④ 请参阅 *The Farmer's Magazine* (London: Rogerson and Tuxford, 1857), *Perthshire Advertiser*, 16 April 1857。

⑤ Mathew, "The Imperialism of Free Trade."

人。① 秘鲁政府这次违约导致英国和法国政府考虑采取军事行动进行干预。不过,军事干预似乎并没有发生。秘鲁政府最终在 1857 年承认了这笔债务。英国政府的积极态度和债券持有人的支持在秘鲁历史学界引发了一场激烈的争论。一方面,英国政府没有威胁秘鲁政府,肯定也认识到自己在这个地区的军事干预能力有限,而且还明白请求政府干预的债券持有人是在二级市场上低价买进这些债券的,但在外国债券持有人公司的保护伞下,通过集体行动要求秘鲁政府偿还债务。媒体偶尔会报道外国债券持有人公司利用内幕消息的行为。② 另一方面,1857 年,英国和法国海军在秘鲁附近活动,这可能迫使秘鲁政府解决它与债券持有人之间的剩余争端。③ 但是,英法两国政府的主要目标是有鸟粪可开采的钦查群岛(Chincha Islands)。因此,秘鲁政府最终接受了所有债券持有人的要求也就不足为奇了。

最近,有学者强调了秘鲁政府必须解决它与债券持有人的争端的正面诱因。④ 秘鲁政府开发自己的资源和增加出口能力的愿望无疑是各种正面诱因的核心所在。此外,英国政府鼓励私人企业参与管理农业和金融竞争性利益集团的利益。因此,英国政府同意英国商行安东尼·吉布斯父子公司(作为秘鲁政府的受托人)管理秘鲁的鸟粪出口收入和偿还外债(资金交给伦敦和巴黎的承销银行),并实际控制秘鲁政府很大一部分的财政收入。但是,这家英国商行也有能力规定借给秘鲁政府短期信贷的条件并向秘鲁政府发放长期贷款,这一事实致使秘鲁历史学家强调秘鲁的经济依赖为数不多的外国私人商

---

① 外国债券持有人公司在它的历史档案中没有记录这次违约。请参阅外国债券持有人公司列出的 1823—1876 年债务违约清单:Annual Report of the Council of the Corporation of Foreign Bondholders (London:1877)。

② Mathew,"The First Anglo-Peruvian Debt"; Flandreau,"Sovereign States."

③ Javier Tantaleán Arbulú,"Tesis y contratesis. Debate sobre la era del guano (avances de una investigación)," in *Guerra*,*finanzas y regiones en la historia económica del Perú eds.* Carlos Contreras,Cristine A. Mazzeo and Francisco Quiroz (Lima:Banco Central de Reserva del Perú,2010),323—372; Jorge Basadre,*Introducción a las bases documentales para la historia de la República del Perú con algunas refexiones* (Ediciones P. L. V.,1971); Barbara Stallings,"Incumplimiento de pagos vs refnanciación:crisis de la deuda externa peruana 1826—1985," *Hisla*,*Revista Latinoamericana de Historia Económica y Social* 6 (1985):59—86.

④ Catalina Vizcarra,"Guano,Credible Commitments,and Sovereign Debt Repayment in Nineteenth-Century Peru," *Journal of Economic History*,69,No. 2 (2009):358—387.

行,因为它们控制了秘鲁政府的信用和它唯一的支柱产品在欧洲的销售。[1]

19 世纪 60 年代,鸟粪价格的上涨和总产量的扩大增加了秘鲁的公共收入,使秘鲁政府得以降低进口关税。[2] 1862 年后,秘鲁鸟粪管理权由巴黎的德雷福斯(Dreyfus)商行接管,而这家商行也就成了秘鲁政府与英法商行就外国贷款事宜进行谈判的代理。德雷福斯商行一直是秘鲁中央政府的经常性贷款人,而 1869 年后,德雷福斯商行和其他英法商行的部分贷款就通过按商定价格出售特定数量的鸟粪的方式来偿还。因此,德雷福斯商行成为秘鲁鸟粪的独家卖家这一事实引发了秘鲁政府与国内资本家的内部政治争端,并导致秘鲁政府试图取消与德雷福斯商行签订的代理协议。法国外交部门对德雷福斯商行和秘鲁政府之间的潜在矛盾以及官方干预的可能需要曾表示过关心,基罗斯(Quiroz)提供了有关证据。[3] 1873 年后鸟粪价格下跌,而秘鲁政府债券的承销银行又未能发放新的贷款,从而导致秘鲁政府遭遇财政危机并再次违约。[4]

英国政府对秘鲁政府这次违约的态度是不进行有利于债券持有人的干预。有几位学者已经证明,英国政府一贯支持 1848 年帕默斯顿通告宣布的不干预原则。[5] 当时,鸟粪的重要性已经下降,具体反映在鸟粪价格下跌上,主要原因是竞争和使用替代肥料增加。秘鲁对英国的鸟粪出口在 1858 年达到了峰值,虽然随后出现了明显的下降趋势,但这种趋势仍不稳定。到了 1875 年,出口总量已下降到相当于峰值 1/3 左右的水平。此外,秘鲁政府与德雷福斯商行签订的合同表明,19 世纪 60 年代借给秘鲁政府的每笔贷款都是以明确允许获得产出鸟粪的岛屿上的资源的方式来担保的,这实际上意味着秘鲁政府放弃了管理这些资源的主权。[6]

随着鸟粪对英国经济重要性的下降,英国政府继续避免干预秘鲁政府和

---

① William M. Mathew, *La frma inglesa Gibbs y el monopolio del guano en el Perú* (Lima: Banco Central de Reserva del Perú, 2009).

② Catalina Vizcarra, "Guano, Credible Commitments."

③ Alfonso W. Quiroz, *Historia de la corrupción en el Perú* (Lima: Instituto de Estudios Peruanos, 2013).

④ Marichal, *A Century of Debt Crises*.

⑤ Platt, *Finance, Trade, and Politics in British Foreign Policy*, 339.

⑥ Wynne, *State Insolvency and Foreign Bondholders*, 116—120.

英国债券持有人之间的谈判。在南美太平洋战争结束后,这方面的谈判变得更加复杂,因为智利在这场战争中打败了秘鲁,并且吞并了秘鲁一些产鸟粪并被用来为贷款做担保的领土。两国签订的和平条约没有提供有关由谁为这些贷款负责的信息,而智利政府也拒绝承担这些债务的责任。但是,在法国、英国等五个欧洲国家政府通过联合发出正式抗议函进行外交干预后,智利政府最终决定与秘鲁债券持有人进行谈判。在菲利普·福特·科尔(Felipe Ford Cole)看来,这是一个早于对墨西哥的军事干预(也早于 1902 年对委内瑞拉的军事干预)的外交步骤。[①]

# 结　论

主权国家违约与外国控制之间缺乏因果关系,从而有可能导致两种不同的解释。一种观点认为,外国控制是在实行正式的殖民政策之前采取的一个步骤。这种历史预想适用于埃及或突尼斯的情况或者美国在中美洲的做法。但是,这种解释只能有限地适用于分析奥斯曼帝国、希腊或 19 世纪后期塞尔维亚的情况,而在两次世界大战间隔期里由国际联盟或按道威斯(Dawes)计划在德国发展起来的外国控制适用范围甚至更小。

本章提供的另一种解释表明,由国家代表或代理人实施的外国控制,虽然有政治动机,但主要是为了确保经济目标的实现,特别是发展贸易。在市场无法构建永久、有利的框架来实现这个首要目标的情况下,欧洲国家政府的干预就会变得不可避免,特别是对那些贸易前景看似有吸引力的国家。然而,只要主权债务进入私人资本市场,欧洲各国政府就宁愿克制自己,也不愿进行更加主动的干预。

在地缘政治竞争的情况下,这种妥协不管是否涉及经济利益,也都可能受到影响。法国对墨西哥的干预几乎不能归因于债务争端,但却表明,如果没有私人代理,特别是商人银行的参与和支持,建立友好型政权不足以吸引投资和发展双边贸易。虽然拉丁美洲没有出现其他长期干预的案例,但墨西哥已经

---

① Felipe Ford Cole,"Debt,Bondholders and the Peruvian Corporation,1820—1955," conference paper,Business History Conference,Baltimore,April 5—7,2018.

建立的委员会和债务管理机制经调整后在其他国家得到了应用,而后来的案例又经修改后在其他地区得到了效仿。这些财政委员会虽然采用不同的法律形式,但成立的目的就是征收和管理为偿还外债留存的财政收入。1864 年在墨西哥成立了第一个委员会[法英财政委员会(Franco-British Financial Commission)],随后相继在突尼斯成立了财政委员会(Commission financière,1869 年)、在埃及建立了国际清算委员会(International Commission of Liquidation,1890 年)和公债偿债金库(Caisse de la Dette Publique)以及在希腊建立了国际财政委员会(International Financial Commission,1898 年)。19 世纪初也讨论过在委内瑞拉成立一个类似委员会的问题。[①] 它们借鉴了"国际财政控制"案例,从某种程度上说,各国的代表在这些委员会中都有位置;而且,虽然其中的一些委员会之前是作为每个政府行政部门的分支机构(如埃及的公债偿债金库)运作的,但它们后来成为国际机构。[②] 这些委员会后来又承担了管理(为担保贷款而留存的专项公共收入)基金,有时甚至是与税收征收有关的不同任务。[③] 它们的出现可能伴随着在债券持有人参与下达成协议的债务重组,而且通常还可能伴随着为(偶尔在殖民政权的担保下)贷款给过渡政权而发行新的债券。

最后,秘鲁的案例表明,有效的财政管理可以委托给私人实体,而鸟粪出口减少和英国商人转向其他更有利可图的市场,导致英国放弃了把秘鲁作为资本输出主要目的地的做法。不过,这个时期也标志着一个其他更加主动、更有实力的商人银行以不同的形式带头实施没有国家参与的外国控制的新时期的到来。

致谢:笔者特别感激尼古拉·贝瑞尔、尼古拉·德拉朗德、埃蒂安·福雷斯捷-佩拉和 2016 年 6 月在巴黎举行的公债工作室会议的与会者对本章之前的版本所做的评论,还要

---

① 请参阅 François Deville,*Les contrôles financiers internationaux et la souveraineté. de l'État.* (Saint-Nicolas:V. Arsant,1912); Michel Fior,*Institution globale et marchés financiers. La Société des Nations face à la reconstruction de l'Europe*,*1918—1931* (Bern:P. Lang,2008). 对东南欧和中东设立的委员会的比较载于滕塞尔的《主权债务》(*Sovereign Debt*)。

② Karl Strupp,*L'intervention en matière financière*,1926.

③ Tunçer,*Sovereign Debt*.

感谢拉斐尔·多拉多（Rafael Dobado）、亚历杭德拉·伊里格尹（Alejandra Irigoin）、莱昂纳多·韦勒（Leonardo Weller）和阿里·库斯昆·滕塞尔对本章进行了富有成效的讨论。本章仍然存在的全部谬误都由笔者本人负责。笔者还要感谢伦敦的荷兰国际巴林公司（ING Baring）的档案管理员的友好合作。最后，笔者还要感谢西班牙基金（SNF）提供了资助。

# 第六章 如何实施外国控制:在奥斯曼帝国进行的改革

阿里·库斯昆·滕塞尔*

经济史比较研究把国际财政控制机构说成是"财政软禁"(fiscal house arrest)机构,并把它们放在有助于降低违约国借贷成本、恢复国际金融市场准入的其他"超级制裁"的背景下来讨论。① 奥斯曼帝国的案例通常被认为是最成功的超级制裁案例之一,随着 1876 年奥斯曼帝国的违约和随后奥斯曼公债管理委员会(Council for the Administration of the Ottoman Public Debt)的成立,外国债券持有人的代表被赋予为收回奥斯曼帝国积欠债务的未付利息和未还本金而管理和征收税收的任务,并且使奥斯曼帝国政府能够继续为不断增加的军费支出筹集资金一直到第一次世界大战爆发。②

然而,有关奥斯曼帝国的历史研究文献表明,关于奥斯曼公债管理委员会的作用及其对奥斯曼帝国经济和财政发展的贡献,史学界存在观点分歧。传

---

\* E-mail: a. tuncer@ucl. ac. uk.

① Kris J. Mitchener and Marc D. Weidenmier, "Supersanctions and sovereign debt repayment," *Journal of International Money and Finance* 29, No. 1 (2010): 19—36.

② 在债务违约后,设立外国管制债务国国家财政的机制的做法并非奥斯曼帝国独有。从 19 世纪 70 年代到 1914 年,类似的国际财政控制机构已经成为处理突尼斯、埃及、塞尔维亚、保加利亚和希腊等中东和巴尔干半岛国家债务违约的主要形式。想了解奥斯曼帝国、埃及、希腊和塞尔维亚等国家的国际财政控制机制的比较研究,请参阅 Ali CoŞkun Tunçer, *Sovereign Debt and International Financial Control: The Middle East and the Balkans, 1870 — 1913* (Basingstoke: Palgrave Macmillan, 2015). 想了解保加利亚的相关情况,请参阅 Roumen Avramov, "Advising, Conditionality, Culture: Money Doctors in Bulgaria, 1900—2000," in *Money Doctors: The Experience of International Financial Advising 1850 — 2000*, ed. Marc Flandreau (London: Routledge, 2003), 190—215; Adam Tooze and Martin Ivanov, "Disciplining the 'Black Sheep of the Balkans': Financial Supervision and Sovereignty in Bulgaria, 1902—1938," *Economic History Review* 64 (2011): 30—51.

统的观点认为,奥斯曼公债管理委员会是导致奥斯曼帝国经济毁灭的欧洲帝国主义的象征和工具;而修正主义观点则强调奥斯曼公债管理委员会恢复了奥斯曼帝国政府的信誉,促进了它的财政制度现代化,并且使奥斯曼帝国能够作为独立于欧洲列强的第三方采取行动。[1] 除了奥斯曼帝国历史研究文献反映的观点分歧以外,有关1914年前国际财政控制的涉及面更广的历史文献也在讨论奥斯曼公债管理委员会的作用。这些研究概述了国际财政控制机构的主要职能以及法律和行政结构,并在国际法律和执行贷款合同的背景下对它们进行了分析。[2]

本章旨在通过关注从19世纪80年代到"第一次世界大战"爆发这个时期奥斯曼帝国政府和奥斯曼公债管理委员会执行机构之间的关系来阐明本章关心的问题的政治经济维度。为了交代相关的历史背景和明确一些关键的行为主体,笔者首先用文献来记述导致1876年奥斯曼帝国政府违约和1881年奥斯曼公债管理委员会成立的过程,然后详细阐述了奥斯曼公债管理委员会的活动、与政府的关系以及取得的财政业绩,目的是要表明,奥斯曼公债管理委员会在短期内对奥斯曼国家财政产生了积极的影响,因为它恢复了奥斯曼帝国债券外国持有人的信任,并成功地恢复了奥斯曼帝国政府的信誉——比该地区国际财政控制的其他案例更为显著。不过,笔者没有沿袭史学研究的传统思路,而是把奥斯曼公债管理委员会取得的成功主要归因于奥斯曼帝国政府愿意并能够与外国债权人合作以及遵守公债管理委员会奉行的政策。笔者认为,奥斯曼帝国政府愿意与外国债权人合作的主要原因是税收成本太高,因

---

① 这方面文献中的一些开创性研究有 Parvus Efendi, *Türkiye'nin Mali Tutsaklığ* (Istanbul: May Yayınları, 1977); Donald C. Blaisdell, *European Financial Control in the Ottoman Empire* (New York: AMS Press, 1966); Emine Zeynep Kiray, "Foreign Debt and Structural Change in 'The Sick Man of Europe': The Ottoman Empire, 1850—1875" (PhD diss., MIT, 1988)。想了解更新的相关研究成果,请参阅 Murat Birdal, *The Political Economy of Ottoman Public Debt Insolvency and European Financial Control in the Late Nineteenth Century* (London: Tauris Academic Studies, 2010)。

② François Deville, *Les contrôles financiers internationaux et la souveraineté de l'État* (Saint-Nicolas: V. Arsant, 1912); André Andreades, *Les contrôles financiers internationaux* (Athens, 1925); Edwin Borchard and William Wynne, *State Insolvency and Foreign Bondholders* (New Haven: Yale University Press, 1951); Herbert Feis, *Europe, the World's Banker, 1870 — 1914* (New York: Kelley, 1974)。一篇有关这个主题的最新文献是 Michael Waibel, *Sovereign Defaults before International Courts and Tribunals* (Cambridge: Cambridge University Press, 2011)。

为奥斯曼帝国的财政体系严重依赖由包税人负责征收的农业部门直接税。由于没有来自纳税人的政治压力,因此,奥斯曼帝国的政府也能与外国债权人合作,并把经济和政治代价高的征税工作部分转交给外国债权人,以换取他们的信任。不过,奥斯曼公债管理委员会也产生了一些消极影响。比方说,在国际金融市场上借款成本较低,从而导致奥斯曼帝国推迟进行财政体制改革和采取旨在提高政府财政能力的措施,因为政府在公债管理委员会的帮助下,没有与纳税人谈判就成功地满足了自己不断增加的支出需要。本章的这些研究发现符合本书的一条研究主线,即全球和国内公债政治之间的相互影响,在1914年前全球经济外围国家的政治和财政体制现代化的过程中发挥了重要作用。

本章其余部分内容安排如下:"国家现代化、国际信贷和通往债务违约的道路"一节简要概述了从奥斯曼帝国立国到成立奥斯曼公债管理委员会的主权债务历史。"奥斯曼公债管理委员会的职能和所做的工作"一节概述了该委员会的职能及其业务,介绍了它的行政结构和组织建制以及它在自己历史上的关键转折点。"是控制还是合作"一节提供了关于管理财政收入和恢复国际金融市场信誉方面的控制业绩和程度的证据,并且提出了一个旨在解释奥斯曼帝国的财政—政治机构和公债管理委员会之间如何互动的框架。最后是一个简短的结论。

## 国家现代化、国际信贷和通往债务违约的道路

直到 18 世纪末、19 世纪初,奥斯曼帝国像其他国家一样,财政就依靠税收和铸币这两种传统的收入来源。借款弥补预算赤字的想法于 18 世纪末首次在奥斯曼帝国出现。当时,由于 1787—1792 年的(史称)"俄土战争",奥斯曼帝国政府急需资金,但直到 1854 年克里米亚战争爆发后才签署它的第一份外国贷款协议。在接下来的 60 年里,借外国贷款就成了奥斯曼帝国政府应对预算困难的最重要手段。在这个时期的早期阶段,奥斯曼帝国政府在伦敦发行贷款债券,并依靠登特·帕尔默(Dent Palmer)和罗斯柴尔德等金融中介机构。在接下来的 20 年里,巴黎也成为一个颇受欢迎的借贷目的地,奥斯曼帝

国政府与奥斯曼帝国银行(Imperial Ottoman Bank,IOB)①、法国动产信贷银行(Crédit Mobilier)和法国贴现银行(Comptoir d´Escompte)签订了贷款合同。从 1854 年到 1881 年,奥斯曼帝国政府发行了 18 笔总面值为 2.19 亿英镑、平均实际利率为 8.6% 的债券。

　　这些贷款是用以下各种直接税和间接税的收入作担保的:埃及贡金,伊斯坦布尔、伊兹密尔和叙利亚的海关收入,几个省的什一税、烟草税、盐税、丝绸税、渔税、橄榄油税、羊税和印花税收入。虽然这些担保品大部分都相当有价值,但债权人都明白,用未来的收入来担保贷款,并不意味着奥斯曼帝国政府会实际把未来的收入用于这个用途,或者以一种对贷款人有利的方式管理未来的收入。② 金融市场都清楚债务快速增长是不可持续的,尤其是在 1870 年普法战争刚结束的时候。当时,俄罗斯和土耳其爆发新的战争只是时间问题。此外,在贷款供给方面,由于 1873 年的经济危机,剩余资本开始耗尽,奥斯曼帝国政府几乎不可能签到新的贷款合同。③ 1875 年 10 月,奥斯曼帝国政府部分暂停支付借款利息,又在 1876 年把暂停付息期从 1 月延长到 3 月,而且政府已经拖欠它的所有未还债务,总计约 1.91 亿英镑。④ 这是一场"早就预料到的灾难"⑤,但导致它与众不同的是它的规模,因为它是到当时为止金额最

---

　　① 这家银行原名奥斯曼银行(Ottoman Bank),1856 年由英国资本建立,在 1863 年与一个法国资本集团合并后就被重新命名为奥斯曼帝国银行。除了充当奥斯曼帝国政府和欧洲金融市场之间的主要中介外,奥斯曼帝国银行还垄断着在整个奥斯曼帝国发行可兑换黄金的银行券——扮演着中央发行银行的角色:Edhem Eldem, *A History of the Ottoman Bank* (Istanbul: Ottoman Bank Historical Research Centre,1999)。

　　② 虽然 1855 年和 1858 年最初发行的一些债券规定了由外国代表组成的特别委员会来监督资金的使用并征收所承诺的收入,但这些努力最终都没有取得实际成功:Şevket Kâmil Akar and Hüseyin Al, *Osmanlı Dış Borçları ve Gözetim Komisyonları,1854—1856* (Istanbul: Osmanlı Bankası Arşiv ve Araştırma Merkezi,2004)。

　　③ Kiray,Foreign Debt; Şevket Pamuk, "Foreign Trade, Foreign Capital and the Peripheralization of the Ottoman Empire 1830—1913" (PhD diss.,University of California,Berkeley,1978)。

　　④ Şevket Pamuk, *A Monetary History of the Ottoman Empire* (Cambridge: Cambridge University Press,2000),213—214; Edhem Eldem "Ottoman Financial Integration with Europe: Foreign Loans,the Ottoman Bank and the Ottoman Public Debt," *European Review* 13,No.3 (2005): 431—445.

　　⑤ "The Turkish Repudiation," *The Economist*,9 October 1875,1190.

大的主权债务违约。[1]

国际金融市场一直对奥斯曼帝国关闭,直到奥斯曼帝国政府与它的债券持有人达成合理的协议。但由于之前发生了许多国内和国际危机,因此,奥斯曼帝国政府直到 1881 年才成功地解决了债务问题。1876 年 3 月,巴尔干半岛爆发了起义,随后当时在位的苏丹阿卜杜勒阿齐兹(Abdülaziz)被推翻。1876 年 12 月,苏丹阿卜杜拉-哈米德二世(Abdül-hamid Ⅱ)即位并颁布了奥斯曼帝国的第一部宪法。但这是一次短命的实验,因为 1877 年 4 月开始的对俄战争和 1878 年 6 月结束的柏林会议导致奥斯曼帝国解散了议会并废除了宪法。也是在柏林会议期间,奥斯曼帝国债券持有人的债权首次得到欧洲列强的正式承认,从而开始了与奥斯曼帝国政府的正式谈判。[2] 然而,由于债权人和奥斯曼帝国政府的利益相互冲突,因此,谈判进展缓慢。

及至奥斯曼帝国违约时,英国和法国持有人共持有接近 90% 的奥斯曼帝国债券,他们的代表都渴望通过其联合代表对奥斯曼帝国的财政实行强有力的国际控制。不过,奥斯曼帝国政府对当时埃及的遭遇十分警惕,决心不把太多的主权交给外国债权人。[3] 1879 年 11 月,就在法国和英国的奥斯曼债券持有人频繁会晤,就解决方案达成一致之际,一个伊斯坦布尔加拉塔(Galata)地区的国内银行家群体迈出了与政府达成协议的第一步。[4] 在俄土战争期间,欧洲金融市场完全对奥斯曼帝国政府关闭,这个加拉塔的银行家群体通过短期贷款向奥斯曼帝国政府提供了至关重要的财政支持。这些贷款大多是利用某些间接税和专卖收入作为抵押而获得的。这些收入构成了奥斯曼帝国政府和加拉塔银行家达成贷款协议的基础。这笔交易使得加拉塔的银行家有权管理印花税、烈酒税、渔税和丝绸税等间接税收入以及长达十年的食盐和烟草专

---

① 另外两个重要的例子是西班牙和埃及,前者拖欠了 1.7 亿英镑的外债,而后者则拖欠了 1 亿英镑:Christian Suter,*Debt Cycles in the World Economy: Foreign Loans,Financial Crises and Debt Settlements,1820—1990*(Boulder:Westview Press,1992),67—69。

② 这主要是因为债券私人持有人组织,如总部位于伦敦的外国债券持有人公司,对于和奥斯曼政府达成协议几乎没有什么影响力。此外,在这些年里,奥斯曼帝国政府陷入了一系列国内和国际危机:Joseph Yackley,"Bankrupt: Financial Diplomacy in the Late Nineteenth-Century Middle East"(PhD diss.,University of Chicago,2013),134;Blaisdell,*European Financial Control*,84—85。

③ 关于埃及的债务帝国主义行径,请参阅本书第七章。

④ 关于拉美背景下国内利益集团的重要性,请参阅本书第五章。

卖收入。① 为了使这份协议更加有利于其他债券持有人，奥斯曼帝国政府还保留了废除这份协议的权利。

从奥斯曼帝国政府的角度看，这笔交易是为了安抚它的外国债权人，同时保护本国银行家的权利，并避免欧洲国家的官方干预。通过人事连锁，加拉塔的银行家派代表进驻奥斯曼兴业信贷银行（Crédit Général Ottoman）、君士坦丁堡银行（Banque de Constantinople）和奥斯曼帝国银行等重要金融机构。当时，奥斯曼帝国政府总共积欠加拉塔地区银行家和奥斯曼帝国银行 870 万里拉的债务，其中 3/4 是欠奥斯曼帝国银行的债务。这笔债务的其他债权人是乔治·扎里夫（George Zarif）（60 万里拉）、所罗门·费尔南德斯（Solomon Fernandez）和阿尔弗雷德·巴克（Alfred Barker）（180 万里拉）。② 这笔债务的年偿还额是 110 万里拉，将用六种间接税的收入来偿还。奥斯曼帝国政府还预期，行政管理机构的收入将超过这笔债务每年要支付的利息。这样，多余的收入就可用来偿还外国债券持有人。行政管理机构管理层由奥斯曼帝国银行的三名代表和一些加拉塔的银行家组成。③ 这些银行家任命罗伯特·汉密尔顿·朗（Robert Hamilton Lang）为行政管理机构的主管。这项任命具有战略意义，因为朗对于奥斯曼帝国债券的欧洲持有人来说是一个知名且可信赖的人物，而且他有成功改革罗马尼亚国家财政的记录。虽然奥斯曼帝国政府和加拉塔地区的银行家试图提高这份协议的可信度，但欧洲债券持有人并不赞成这份协议。首先，加拉塔的银行家们在没有征求欧洲债券持有人意见的情况下自行采取了行动；其次，这种安排被认为对外国债券持有人不公平，因为它让国内债权优先于外国债权。当欧洲债券持有人开始提出反对意见以避免这种安排时，奥斯曼帝国的行政管理机构开始了自己的工作，并开始在奥斯

---

① 这个管理机构的正式名称是"Rüsumi Sitte"，下文就称它为"管理机构"。

② Haydar Kazgan，"Düyun-i Umumiye" in *Tanzimat'tan Cumhuriyet'e Türkiye Ansiklopedisi*，Vol. 4（Istanbul，iletiŞim Yayınları，1985），701.

③ 关于奥斯曼帝国银行，请参阅 Morgan H. Foster，*Émile Deveaux*，*Johan von Haas*。作为加拉塔银行家群体的代表，乔治·扎里夫、所罗门·费尔南德斯、伯纳德·图比尼（Bernard Tubini），尤斯塔斯·尤金迪斯（Eustace Eugenidis）、西奥多·马科达特（Theodore Mavrocordato）、A. 弗拉斯托（A. Vlasto）、阿尔弗雷德·巴克 Z. 斯特凡诺维奇（Z. Stefanovitch）、列奥尼达斯·扎里夫（Leonidas Zarif）、乔治·科罗尼克（George Coronio）、尤利西斯·内格罗蓬蒂斯（Ulysses Negropontis）和保罗·斯特凡诺维奇·施里齐（Paul Stefanovitch Schilizzi）在管理委员会中占有席位。

曼帝国历史上第一次扮演现代税务管理机构的角色。它第一年的工作非常成功,从而使得欧洲债券持有人对奥斯曼帝国政府施加了更大的压力,并要求把行政管理机构移交给他们管理。①

经过一系列的意见交换,1880 年 10 月,欧洲列强和奥斯曼帝国政府就债务结算条款达成协议。1881 年 1 月,欧洲债券持有人最终推选出自己的代表,并派他们前往伊斯坦布尔。与此同时,奥斯曼帝国政府求助于持有奥斯曼帝国 8% 债权的德国,并聘请德国顾问协助谈判。在谈判过程中,当英国和法国在推动一份条件更加苛刻的协议时,德国债券持有人的代表更渴望找到一个妥协方案。最终,债券持有人代表和奥斯曼帝国政府在 1881 年 12 月签署了穆哈雷姆敕令(Decree of Muharrem)。多亏了德国的支持,奥斯曼帝国政府签署了一项注销 50% 未还本金和超过 80% 拖欠利息的协议。此外,国际财政控制权在英国、法国、德国、荷兰、意大利和奥匈帝国等各欧洲债权国(不论大小)的代表之间瓜分。与此同时,与加拉塔银行家们达成的前一项安排被通告废除,这些银行家因持有 810 万里拉的债券而每年可获得 59 万里拉的还款。这笔还款用奥斯曼帝国公债委员会的收入按优先顺序支付。奥斯曼帝国银行还购买了加拉塔其他银行家手中持有的奥斯曼帝国政府的债券,并成为奥斯曼帝国政府国内债务的唯一债权人。②结算欠加拉塔银行家的债务,限制了这个实力雄厚的国内金融群体的机会,代价是把权力拱手让给了欧洲的金融集团。与奥斯曼帝国政府最初借贷的时期(1854—1881 年)不同,由于这种安排,奥斯曼帝国的本国银行家现在失去了对奥斯曼帝国政府公债管理的影响力。

按照穆哈雷姆敕令,奥斯曼帝国政府同意在伊斯坦布尔设立一个管理委员会(奥斯曼帝国公债管理委员会),代表债券持有人并为他们的利益行事。公债管理委员会由每个债权国的债券持有人代表和奥斯曼帝国政府的一名成员组成。奥斯曼帝国政府转让自己管理烟草和食盐专卖、印花税、酒税和渔税以及几个省的丝绸什一税收入(被作为偿还以前签约举借的贷款的担保)的权利。公债管理委员会有权决定对这些专卖事业和收入项目的税收可能进行的

---

① Blaisdell, *European Financial Control*, 88; Kazgan, "Düyun-i Umumiye," 701.

② Pamuk, *Foreign Trade*; Christopher Clay, *Gold for the Sultan. Western Bankers and Ottoman Finance 1856—1881* (New York: I. B. Tauris, 2000); Yackley, *Bankrupt*, 125—181.

所有修改和改进,并且直接管理和收缴这些收入项目。这些收入来源的净收益将用于支付奥斯曼帝国政府的债务利息和建立偿还债务的偿债基金。因此,作为大幅减少债务存量和利息的服务回报,奥斯曼帝国政府同意把近 1/5 的国家收入托付给奥斯曼公债管理委员会一直到还清未还债务为止。

## 公债管理委员会的职能和所做的工作

从 1883 年开始,在加拉塔银行家参与的前行政管理机构的基础上,奥斯曼帝国公债管理委员会在帝国从也门到萨洛尼卡各行省设立了 20 多个由伊斯坦布尔总部管理的办事处。这是一个很大的收税网络,雇用了 4 500～5 000 名工作人员(包括稽查员、收税员、保安等),其中大多数人在外省或行省工作,而且比奥斯曼帝国财政部的网络还要大。这不是这个地区第一个外国控制主权国家财政的例子,也不会是最后一个。不过,与这个地区希腊、塞尔维亚、保加利亚和埃及等其他国际财政控制案例不同,奥斯曼帝国公债管理委员会是在没有有关债权国政治代表介入的情况下运行的。债券持有人代表完全自主管理抵押收入,并采取短期和长期解决方案来弥补债券持有人的损失,并增加割让给他们的收入。从埃及的经历吸取的教训和对当地民众抵制的恐惧导致债券持有人的代表选择了一种渐进的方法来取代已有的当地工作人员,引进新的生产技术,并改革既有收入(即割让给债券持有人的那部分收入)收缴制度。从奥斯曼帝国政府的角度看,直接与私人债券持有人打交道也是一个较能接受和合法的解决外债问题的办法,因为它使财政/金融事务与更广泛的外交事务部分分离开来。①

奥斯曼帝国公债管理委员会的首要任务是增加由它控制的收入,它可以通过改进征税方法和(或)采取激励措施增加基本收入来源的产出来完成这项任务。在投入运营的头十年里,奥斯曼帝国公债管理委员会为此建立了新的贸易关系,并利用债券持有人的金融和商业网络加强已有的贸易关系。与此同时,公债管理委员会还从欧洲引进新的生产方法,指派成员完成移植已有食

①　Tunçer, *Sovereign Debt*, 53—78.

盐和丝绸专卖管理制度的任务,并且还在微观层面采取行动解决有关收入的具体问题,其中包括创建若干学校和机构培训当地生产者,目的就是要提高商品的质量和数量。为了进入法国葡萄酒市场,公债管理委员会在伊斯坦布尔建立了一个葡萄树苗圃开展葡萄病虫害防治的实验。虽然一开始奥斯曼帝国政府对是否参与这些艰难的尝试犹豫不决,但农业部后来主动与公债管理委员会合作。同样,在丝绸生产方面,欧洲专家开始在布尔萨(Bursa)为当地生产者提供咨询服务,后来改由奥斯曼帝国政府和公债管理委员会在 1889 年合办的蚕丝学校提供这项服务。公债管理委员会根据 1883 年 5 月与政府达成的协议,选择在自己的指导下发展食盐专卖事业,而把烟草专卖收入承包给烟草专卖公司。[①] 特许经营权受让人是维也纳的奥地利工商信贷银行(Credit-Anstalt)、柏林的布莱希罗德(Bleichröder)银行以及持有 74% 股份的奥斯曼帝国银行。这个辛迪加的建议得到了公债管理委员会的支持,因为这三家银行也参与奥斯曼帝国的公债发行工作。此外,有加拉塔银行家参与的行政管理机构前主管罗伯特·汉密尔顿·朗被任命为烟草专卖公司的常务董事。根据合同规定,烟草专卖公司每年向公债管理委员会支付 75 万里拉的租金,为期 30 年。公债管理委员会和奥斯曼帝国政府还将按固定比例从超过这个数额的利润中分成。虽然烟草专卖公司从理论上讲有动机促进烟草生产并向烟草生产者提供信贷,但无证生产烟草的情况一直持续到 1914 年。因此,烟草专卖公司和烟草生产者之间纠纷不断。有时,地方掌权人也会卷入这些纠纷。地方长官,作为中央政府的代表,既可以站在烟草生产者的一边,也可以不站在他们这一边,具体取决于他们与烟草专卖公司的关系。[②] 至于奥斯曼帝国政府,它采取了务实的做法,以同时避免大规模的社会动荡以及与烟草专卖公司的直接对抗。为了打击"武装盗匪"和走私活动,公债管理委员会对政府施加压力,要求组织拥有在必要时可动用武器的适当权力的"警戒部队"。这些

---

① 这家公司的全名是奥斯曼帝国烟草合伙专卖公司(Société de la Régie Cointéressée des Tabacs de l'Empire Ottoman)。下文就称奥斯曼帝国烟草专卖公司。

② Filiz Dığıroğlu,*Memalik-i Osmaniye Duhanları Müşterekü'l-Menfaa Reji Şirketi* (Istanbul: Osmanlı Bankası Arşiv ve Araştırma Merkezi,2007),87—90。

要求得到了政府的支持，走私和违禁品贸易随着时间的推移而逐渐减少。[①]

　　如下文更加详细地介绍的那样，公债管理委员会的活动导致生产者、商人、地方长官、包税人和政府之间重组既有联盟。新的联盟导致奥斯曼帝国国内力量对比发生了变化，并且促进了政府与公债管理委员会之间的合作，但牺牲了地方掌权人的利益。由于这种政治合作，公债管理委员会有效地管理了它所负责的资源（见图 6.1），因此，（丝绸、食盐、烈酒、印花税票和渔业等的）间接税收入和烟草专卖公司的收入都显著增加。

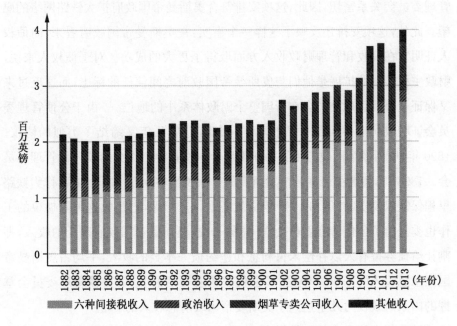

注：六种间接税收入是指丝绸、食盐、烈酒、烟草、印花和渔业税的收入；政治收入是指每年从奥斯曼帝国朝贡国（埃及和塞浦路斯）那里收到的税收。

资料来源：Tuncer, *Sovereign Debt*, 73。

**图 6.1　1882—1913 年由公债管理委员会控制的收入**

---

① Council of Ottoman Public Debt Administration, Annual Reports (London, 1882), 21－22；Donald Quataert, *Social Disintegration and Popular Resistance in the Ottoman Empire*, 1881－1908: *Reactions to European Economic Penetration* (New York: New York University Press, 1983)；Tunçer, *Sovereign Debt*, 53－78.

由于奥斯曼帝国公债管理委员会与政府之间存在互利关系,因此,按照奥斯曼帝国政府的要求,公债管理委员会在 1888 年 9 月扩大了权利,这项新的安排把铁路债券和里程担保收入的管理权移交给了公债管理委员会。这些收入主要是铁路途经各省收缴的什一税。此外,公债管理委员会被要求代表政府对丝绸和烟草什一税征收 1.5％的附加税,在收到税款并扣除课征费用后把全部净收入转交给政府。因此,管理和征收这些收入的费用由这些收入本身承担,而不是用割让给债券持有人的收入来支付。考虑到铁路公司和公债管理委员会关系密切,因此,这项安排符合奥斯曼帝国政府扩大铁路网络的愿望。此外,这项安排还反映了这样一个事实:在奥斯曼帝国政府看来,向债权人证明它在征收和管理财政收入方面取得了更大的成功。对于债权人来说,财政主权转移的扩展是他们与奥斯曼帝国政府之间信任的标志,而这反过来又保证了公债管理委员会在帝国整个财政体系中的地位。[①] 由于公债管理委员会证明成功地扩大了自己的职责,因此,随后几年又缔结了类似的协议。1890 年,奥斯曼帝国政府把斛果和鸦片什一税收缴工作交给了公债管理委员会。1898 年,奥斯曼帝国政府对所有的什一税征收 0.5％的附加税,作为铁路里程保证以及 1890 年和 1896 年贷款还本付息担保,把征收这种附加税的工作也委托给了公债管理委员会。[②] 总的来说,奥斯曼帝国政府割让的收入,即割让给债券持有人以补偿未付利息和违约债务本金的收入,平均占奥斯曼帝国国家总收入的 15％。但是,算上代表政府管理的收入,公债管理委员会掌握的国家财政权力几乎达到了奥斯曼帝国政府总收入的 1/3。[③]

随着债券持有人信心的提高,先是在 1903 年,然后在 1907 年,奥斯曼帝国政府和公债管理委员会同意通过颁布补充法令修改 1881 年的协议。1903 年 9 月,奥斯曼帝国政府签订了一份新的债务合并以及进一步减少未还债务和降低利率的协议。新发行债券总面值约为 3 200 万里拉,利率为 4％,年赎回率为 0.45％。超过 200 万里拉的固定金额,即发行新债券的费用,将由政府和公债管理委员会分别按 75％和 25％的比例分担。换句话说,奥斯曼帝国

① Blaisdell,*European Financial Control*,128－130.

② Ibid.,150.

③ Tunçer,*Sovereign Debt*,75.

政府现在可以参与割让收入的利润分配。另一项重大变化是增课关税附加税。奥斯曼帝国政府和欧洲列强早在 19 世纪 80 年代就开始了把进口关税从 8％提高到 11％的谈判,但最终到 1907 年才结束这项谈判。增课 3％的海关附加税,对公债管理委员会控制的收入有积极的贡献,但政府也能从固定费用结余中获利。在 1903 年和 1907 年,奥斯曼帝国政府把新发行的其他几笔公债的管理也移交给了作为第三方的公债管理委员会,从而进一步加强了其在奥斯曼帝国国家财政中的作用。[1]

就在就增课关税附加税达成协议后,青年土耳其(Young Turk)党在 1908 年发动了革命。新政府修订并恢复了 1876 年的宪法。从那年起,全国代表大会就有权力通过凌驾于苏丹权威之上的立法,而占主导地位的政治力量是民族主义联合进步委员会(Committee of Union and Progress),它最终把奥斯曼帝国引向了第一次世界大战。根据"青年土耳其"运动的领导人提出的进步主义原则,新政权支持自由贸易和外国直接投资,直到 1912 年才把贸易保护主义作为主要的经济政策。此外,在确保财政纪律执行和改组政府行政管理机构方面,奥斯曼帝国政府请求公债管理委员会的外国专家和专业人士提供帮助。英国、法国和德国的专家被任命为奥斯曼帝国政府不同部门的稽查长、海关顾问、司法顾问和军事教官。[2] 新政府本着同样的精神继续同公债管理委员会合作。对于公债管理委员会来说,只要政策保持不变,从专制政体到宪政政体的转变就不会有什么问题。[3] 1908 年以后,最显著的一个变化就是铁路债券发行次数的增加,德国银行作为中介机构的参与也越来越频

---

[1] Vedat Eldem, *Osmanlı İmparatorluǧu'nun İktisadi Sٰartları Hakkında Bir Tetkik* (Türkiye İŞ Bankası Kültür Yayınları: Istanbul, 1970), 263; Blaisdell, *European Financial Control*, 93—118.

[2] Mika Suonpää, "Foreign Advisers and Modernisation before the First World War: British Diplomacy, Sir Richard Crawford, and the Reform of the Ottoman Empire's Customs Service, 1906—1911," *International History Review* 37, No. 2 (2015): 386—404. Zafer Toprak, *Türkiyede Milli iktisat, 1908—1918* (Istanbul: Doǧan Kitap, 2012).

[3] Council of Ottoman Public Debt Administration, Annual Reports (London, 1909); Feroz Ahmad "Vanguard of a Nascent Bourgeoisie: The Social and Economic Policy of the Young Turks, 1908—1918," in *From Empire to Republic: Essays on the Late Ottoman Empire and Modern Turkey*, Vol. 1, ed. Feroz Ahmad (Istanbul: Istanbul Bilgi University Press, 2008), 23—61.

繁。① 这个变化早在 1881 年就已经开始，与此同时外交方面也发生了一些变化。1881 年，随着穆哈雷姆敕令的颁布，德国债券持有人持有的奥斯曼帝国债券的比例从 4.7% 上升到了 1898 年的 12.2%，在 1913 年又上升到了20.1%。同期，法国债券持有人的持有份额在 40%～49%；英国债券持有人所持的份额显著下降，从 1881 年的 29% 下降到了 1913 年的 6.9%；比利时、奥地利、荷兰和意大利等其他国家债券持有人的份额，1881 年分别在 4%～6%，到这个时期结束时并没有太大变化。②

## 是控制还是合作

通过观察违约后借贷成本的变化，也能观察到奥斯曼帝国公债管理委员会与政府之间的互利关系。利用在伦敦证券交易所挂牌的奥斯曼帝国政府债券的月度价格，并拿它们与其他外围国家的债券价格比较就能发现，在 1881年成立了公债管理委员会并达成债务和解协议后，奥斯曼帝国财政获得了显著的复苏。此外，债券息差持续稳步缩小。从长期看，奥斯曼帝国得益于较低的借贷成本，业绩明显好于拉美外围国家，并紧追欧洲外围国家（见图 6.2）。③业绩的改善不仅仅表现在公债管理委员会控制下发行的债券的"价格"上。在公债管理委员会的控制下，奥斯曼帝国政府成功地签订了多份借款合同，并且在 1914 年前从未遇到任何借不到新贷款的问题，从 1882 年到 1914 年总共借了 23 笔贷款，发行债券面额总计 9 000 万英镑，实际利率平均为 4.7%。与1882 年前相比，借贷成本下降了近 40%；人均债务也从 8.9 英镑减少到了6.2 英镑。这个成就部分要归功于用于担保的收入。在这方面，一个重要的不同之处在于，公债管理委员会作为受托人使用其控制下的盈余资金，或者为担保未来的每笔贷款取得对今后收入的控制。最后，在这个时期里，奥斯曼帝国在公债管理委员会的安排下成功地在 1903 年和 1906 年的两次债务转换中

① 关于外债和外交的关系，请参阅本书第三章。
② Eldem，*Osmanlı Imparatorluğu'nun*，256；Pamuk，*Foreign Trade*，105—112.
③ 在其他场合，笔者通过结构性断裂试验对债券息差进行了统计分析，并把结果与经济类似形式的国际财政控制的其他国家进行了比较。研究表明，国际财政控制对于恢复债务国信用非常重要。请参阅 Tunçer，*Sovereign Debt*，123—151。

获利。

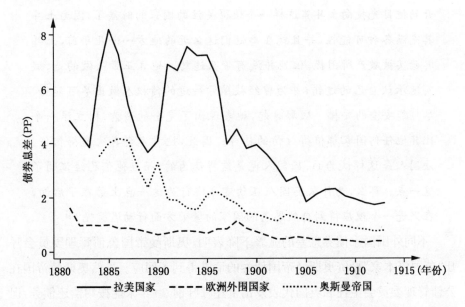

注：拉美国家的数据是巴西、智利、哥伦比亚、乌拉圭和墨西哥的平均水平。欧洲外围国家的数据是希腊、匈牙利、葡萄牙和西班牙的平均水平，并根据以下文献的数据计算得到：Tuncer, *Sovereign Debt*, 187；P. Mauro, N. Sussman and Y. Yishay, *Emerging Markets and Financial Globalization Sovereign Bond Spreads in* 1870—1913 *and Today*（Oxford：Oxford University Press, 2006）；N. Ferguson and M. Schularik,"The empire effect：the determinants of country risk in the first age of globalization," *Journal of Economic History*, Vol. 66, No. 2（2006, 283—312）。

**图 6.2　1880—1913 年拉美国家、欧洲外围国家和奥斯曼帝国的债券息差**

虽然奥斯曼帝国有糟糕的财政记录和债务违约史，但我们如何来解释它取得的惊人国际借贷业绩呢？对于国际借贷业绩的这种改善，一个合理的解释是债券持有人代表对奥斯曼帝国国家财政的控制。如上所述，公债管理委员会在奥斯曼帝国建立了一个庞大的网络，并与愿意扩大它的特权的政府密切合作。在这方面，公债管理委员会甚至明确并直接要求债券持有人奖励这种合作行为。1891 年，也就是在奥斯曼帝国政府与其债权人就扩大公债管理委员会控制奥斯曼国家财政的权利达成协议两年后，公债管理委员会主任和英国代表在给债券持有人的年度报告中表示：

　　我们在这里冒昧地建议,现在肯定是英国资本家忘记旧痛并重新开始把目光投向土耳其这样一个值得关注的国家的时候了,因为土耳其充满各种可能性,并且就在离他们这么近的地方……几年前,土耳其确实被破产所困扰,但她并没有带头违约。她真正带头做的是,诚实地承认自己的过错,并为曾经被她亏待过的债权人做出尽可能好、尽可能安全的安排。从那时起,她表现出了完全的诚意,树立了一个比其他任何国家都值得效仿的榜样。因此,她肯定会再次赢得信任。法国人是这样认为的,德国人也是这样认为的,而且他们已经证明了这一点。那么,为什么英国人在欣赏诚实行为这一点上落在了后面,在促进一个理应得到自然恩惠的国家的繁荣方面行动迟缓呢?[1]

　　不同外围国家债券息差的显著下降表明,奥斯曼帝国公债管理委员会呼吁"英国资本家"投资奥斯曼帝国债券的请求得到了回应。虽然奥斯曼帝国在公债管理委员会主任和英国代表发出上述呼吁前 20 年未能按约偿还债务,但不同外围国家之间的债券息差仍处于相当小的水平,而且波动幅度也较小。应该强调的是,从 19 世纪下半叶到"第一次世界大战"爆发,奥斯曼帝国一直处于政治危机之中,其特点是领土丢失,并对其少数群体和邻国发动代价昂贵的军事行动。奥斯曼帝国是出口导向型农业经济体,预算连年赤字,币制"混乱"。然而,图 6.2 中的数字表明,对于投资奥斯曼帝国债券的持有人来说,这些都是次要因素。

　　这些研究发现和前面的讨论,在一定程度上,对文献中关于成立公债管理委员会是对奥斯曼帝国政府的"制裁"的传统看法提出了质疑。显然,有时奥斯曼帝国政府在艰难的改革尝试中与公债管理委员会合作,并愿意扩大后者的控制范围,但有时公债管理委员会也不愿意深度介入奥斯曼帝国的财政事务。解释奥斯曼帝国政府与公债管理委员会之间的关系的一种方法是,考虑公债管理委员会开展业务的政治和财政条件。在 19 世纪的大部分时间里,奥斯曼帝国虽然进行了几次旨在实现国家机构现代化的改革,但仍然是一个专制君主国家。奥斯曼帝国是在 1876 年第一次成立议会并颁布宪法的,目的是

---

[1]　Council of Ottoman Public Debt Administration, Annual Reports (London, 1893), 88.

要对财政官员实行受托责任制，并使苏丹的权威合法化。但实际上，议会赋予权力的唯一群体是奥斯曼帝国既有的政治精英，但由于与俄罗斯开战，议会在几个月后就被苏丹解散。直到 1908 年土耳其青年党发动革命以后，奥斯曼帝国才再次成立全国代表大会。[①] 至于税收收入，他们主要依赖几乎完全依靠包税人帮助收缴的传统什一税。为了给代价很高的改革筹集资金，并将税收负担从农村转移到城市，奥斯曼帝国政府曾多次试图用领薪税务员来取代包税人，但最终没有取得成功。虽然关税有可能成为一个重要的收入来源，但由于投降和双边贸易条约，奥斯曼帝国政府无法单方面调整税率。最后，奥斯曼帝国直到 1903 年才开始征收作为向现代税收国家过渡象征的对人税。[②] 总的来说，虽然在整个考察期里间接税的份额有所增大，但奥斯曼帝国政府的大部分收入都来自直接税，主要是课征于土地的直接税。此外，奥斯曼帝国努力推行中央集权化的税收制度，并不得不与其他税收中介分享大部分税收收入，如与当地名人和包税人分享。由于没有征税垄断权，因此，奥斯曼帝国政府愿意在分享税收方面与外国债权人合作。但必须指出，奥斯曼帝国的公债管理委员会是一个非同寻常的税收案例，它没有代理人，也不和纳税人谈判，但具有"外国"和半自治性质。与同一时期的许多欧洲国家不同，代理人和与地方精英谈判在奥斯曼帝国财政制度的演变过程中发挥了很小的作用。[③] 奥斯曼帝国政府的借贷能力是由外部因素决定的，与它的货币制度和财政体制没有任何关系，而且在外国债权人看来，公债管理委员会是一种"认证标志"和可信赖的承诺机制；而更大程度地进入国际金融市场，则意味着税收动机的丧失。

因此，公债管理委员会是改善奥斯曼政府信誉的有效工具，它通过定期把

① Nathan J. Brown, *Constitutions in a Nonconstitutionalist World* (Albany: State University of New York Press, 2002), 23－26; Kemal Karpat, "The Transformation of the Ottoman State, 1789－1908," *International Journal of Middle East Studies* 3 (1972): 243－281.

② Kıvanç Karaman and Şevket Pamuk, "Ottoman State Finances in European Perspective, 1500－1914," *Journal of Economic History* 70, No. 3 (2010): 598; Nadir Özbek "Osmanlı İmparatorlu ğúnda Gelir Vergisi: 1903－1907 Tarihli Vergi-i Şahsi Uygulaması," *Tarih ve Toplum Yeni Yak-laŞımlar* No. 10 (2010): 43－80; Stanford J. Shaw, "The Nineteenth-Century Ottoman Tax Reforms and Revenue System 1517－1798," *International Journal of Middle East Studies* 6, No. 4 (1975): 421－459.

③ 关于政权合法性和公债性质之间的关系，请参阅本书第一编各章。

割让收入的盈余转移支付给债券持有人,以弥补他们的损失,并通过奥斯曼帝国政府与公债管理委员会的密切合作来实现这个目标。在政治方面,省级权力机构支持的既有税制受到了公债管理委员会收税努力的挑战。公债管理委员会对奥斯曼帝国财政事务的干预扰乱了奥斯曼财政体系中的旧有联盟。历史上,奥斯曼帝国政府一直在努力推行一种中央集权化的税收制度,并不得不与地方掌权人分享大部分税收收入。奥斯曼帝国在违约拖欠外债不还时,只有有限的征税能力。奥斯曼帝国政府由于没有垄断税收权,因此愿意与外国债权人合作,从而以牺牲地方掌权人的利益为代价,把部分收入转移支付给了外国债权人。在这种背景下,与公债管理委员会的合作以及随之而来的低借贷成本进一步推迟了财政整顿的进程,因为奥斯曼帝国政府当时可以不通过与地方精英和生产商谈判这个成本很高的途径来借贷。

＊　　＊　　＊

在 1854 年的克里米亚战争期间,奥斯曼帝国开始进入国际金融市场,并把此举作为当时大国竞争策略的一个组成部分。从那年开始,财政和政治因素决定了奥斯曼帝国政府在欧洲金融中心公开借款的能力。伦敦、巴黎和柏林资本充盈,欧洲各国政府的官方鼓励,再加上奥斯曼帝国政府预算连年赤字,造就了这个当时的最大债务国和违约国。在债务清算过程中,欧洲列强之间的竞争以及国内外的债券持有人群体帮助奥斯曼帝国政府在 1881 年达成了一份相对有利的协议。奥斯曼帝国政府成功地使它的未偿债务本息大幅度减少,但作为交换条件,不得已同意成立奥斯曼帝国公债管理委员会这个由外国主导控制其国家财政的机构;而成立控制国家财政的国际机构,则意味着奥斯曼帝国丧失了部分财政主权。

本章着重介绍了这个在 1914 年前由外国债券持有人实施的主权债务执行机制的多维特点。外国控制的程度和成功是由全球政治和国内政治/财政机构之间的互动驱动和促成的。债权人的强制执行有效地提高了奥斯曼帝国政府的信誉,这主要是因为奥斯曼帝国政府愿意并且能够与外国债权人合作。奥斯曼帝国没有中央集权化的财政制度为中央政府创造了与外国债券持有人合作的动机,而不是把应税收入的控制权交给包税人和/或地方精英。这种合作有助于遏制当地权贵，同时也提供了获得廉价外国资本的途径。尽管奥斯曼帝国在这个时期能够以非常低的成本借到长期贷款，但与该地区的其他债务国相比，政治体制改革和财政中央集权化的速度仍然很慢。由于奥斯曼帝国政府更愿意选择成本较低的借贷方式，信用可靠性的增强，加上缺乏发达的政治体制，进一步减缓了财政中央集权化的进程。这些研究结果表明，债务国的当地政治条件，特别是国内力量的平衡和利益集团之间的相互作用，可能会制约公债的经济效果，并影响公债管理。

# 第七章 意料之外的债务帝国主义路径：埃及的当地斗争、跨国知识和殖民主义

马拉克·拉比

19 世纪 70 年代中期，埃及经历了一场严重的金融危机，政府暂停支付外债利息。这场危机——20 年负债累累的结果——标志着欧洲开始全面介入埃及的财政和行政管理，并最终导致英国占领埃及。

有法学家认为，埃及的债务清算是构建国际财政控制机制的关键步骤：具体来说，对这个问题的讨论集中在与国际公法有关的债务清算和债务合同执行方面。[①] 历史学家也同样广泛地讨论了埃及的案例：戴维·兰德斯（David Landes）、雅克·托比（Jacques Thobie）和萨米尔·索尔（Samir Saul）里程碑式的研究在埃及和中东地区的银行和金融的更大历史范畴内考察了主权债务[②]，而让·布维耶（Jean Bouvier）和理查德·阿特金斯（Richard Atkins）的两项研究则揭示了在导致英国占领埃及的那些年里政治利益和经济利益之间

---

[①] 例如，请参阅 Nicolas Politis, *Les Emprunts d'État en droit international* (Paris：A Durand et Pedone-Lauriel, 1894)；François Deville, *Les contrôles financiers internationaux et la souveraineté de l'État* (SaintNicolas：V. Arsant, 1912)；Edwin Borchard and William Wynne, *State Insolvency and Foreign Bondholders* (New Haven：Yale University Press, 1951)。

[②] David Landes, *Bankers and Pashas：International Finance and Economic Imperialism in Egypt* (London：Heinemann, 1858)；Samir Saul, *La France et l'Égypte de 1882 à 1914. Intérêts Économiques et Implications Politiques* (Paris：Comité pour l'histoire économique et financière de la France, 1997)；Jacques Thobie, "Banques Européennes. Finances et Industrie au Moyen-Orient, 1870—1914," *Annales du Levant*, No. 2 (1987)：177—186.

的相互作用。① 埃及这个案例也出现在了从 20 世纪早期霍布森（Hobson）和列宁的著述到凯恩（Cain）和霍普金斯（Hopkins）的"绅士资本主义"概念②这些为帝国主义经济理论做出贡献的有关大英帝国的文献中。

虽然埃及的主权债务因此而被视为国际财政控制或债务帝国主义的经典研究案例，但本章建议通过比较研究形塑埃及 19 世纪 70 年代和 80 年代初债务制度的具体的当地嵌入式权力动态发展的方式来重新审视这个时期埃及公债制度的发展轨迹。具体而言，本章着重考察专家和专业知识在债务政治争论中的地位。

笔者认为，国际财政控制在埃及取得的成功，部分取决于欧洲人建立信息网络、整合所涉及的财政控制以及重组埃及统计和会计机构的能力。讨论这个时期埃及公共财政和会计实务改革为数很少的研究，常常把埃及这两个方面的改革描绘成一个理性的行政管理准则取代前殖民秩序的任意性和无序性的过程。③ 相比之下，本章认为，信息收集和统计工作是一个把当地和国际行为主体对立起来的政治斗争与关于财政和金融问题的"技术性"辩论交织在一起的有争议的领域。在本章的以下部分，笔者将介绍在英国占领埃及前的几年里，解决埃及债务危机的谈判所涉及的行为主体以及所动员的专业知识。笔者试图借此把公债的政治历史与知识方法的历史联系起来。具体而言，笔者强调了债务危机背景下的信息收集工作的破碎性和非匀质性，并关注会计和统计方法的选择和争议背后的政治和权力动态变化。④ 换句话说，笔者既

---

① Jean Bouvier,"Les Intérêts Financiers et la Question d'Égypte (1875—1876)," *Revue Historique*, No. 224 (1960)：75—104；Richard Atkins,"The Origins of the Anglo-French Condominium in Egypt,1875—1876," *The Historian* 36,No. 2 (1974)：264—282.

② Peter J. Cain and Anthony G. Hopkins, *British Imperialism: Innovation and Expansion* (London：Longman,2000).

③ 请参阅 Robert Tignor,"The 'Indianization' of the Egyptian Administration under British Rule," *American Historical Review* 68,No. 3,(1963)：636—661。关于总督府财政，请参阅 Robert Hunter,*Egypt under the Khedives*, *1805—1879: From Household Government to Modern Bureaucracy* (Cairo：The American University in Cairo Press,1999),60—66。

④ 请参阅 Alain Desrosières,*Pour une Sociologie Historique de la Quantifcation. L'Argument Statistique I* (Paris：Presses de l'École des Mines,2008)；Pierre Lascoumes and Patrick Le Galès, *Gouverner par les Instruments* (Paris：Presses de Sciences Po,2004).

关注"计算的工具和想法"[1],也关注这些工具是如何与有关"好政府"的话语相关联的。[2]

最后,本章超越了仅局限于本国的视角,去关注影响债务谈判的专业知识流动。事实上,埃及为研究 19 世纪末 20 世纪初国际财政控制这项发明及其常规化提供了一个得天独厚的地点。埃及的债务清算受到了之前财政控制经验的启发,而埃及经验本身后来又成了其他国家效仿的样板或反面案例。到了 20 世纪初,随着国际公法作为一种法律秩序的兴起,埃及就成了正在出现的有关国际财政控制的著作中的关键案例研究对象。[3] 通过考察行为主体、话语和技术的跨国流动,笔者着眼于两次世界大战间隔期里出现的国际经济治理结构的早期先例。[4]

## 债务危机及其涉及的行为主体:怎样的财政控制模式?

埃及在 19 世纪 60 年代签约借到了第一批外国贷款。在接下来的 20 年里,举借外国贷款就成了埃及应对政府长期预算赤字的主要手段。埃及政府首先通过借贷为发展基础设施筹集资金。埃及经济在棉花生产方面的日益专业化和对欧贸易的发展导致埃及大兴土木发展国家收入负担不起的重大公共工程。从 19 世纪 50 年代末开始,埃及政府就发行短期债券,但很快就改为借长期贷款。在 1862—1873 年期间,埃及政府在欧洲资本市场上以特定的国家收入以及统治者及其家族的私人地产收入作为担保(Dā'iras)签订了八份贷

---

[1]  Andrea Mennicken,Peter Miller,"Accounting,Territorialization and Power," *Foucault Studies*,No. 13 (2012): 6.

[2]  关于公债与"好政府"话语之间的关系,还请参阅本书第二十章。

[3]  Lea Heimbeck,"Discovering Legal Silence: Global Legal History and the Liquidation of State Bankruptcies (1854—1907)," in *Entanglements in Legal History: Conceptual Approaches*,ed. Thomas Duve (Frankfurt am Main: Max Planck Institute for European Legal History,2014),475.

[4]  关于这个时期的相关研究,请参阅 Juan Flores and Yann Decorzant,"Going multilateral? Financial markets' access and the League of Nations loans,1923—1928," *Economic History Review* 69,No. 2 (2016): 653—678; Patricia Clavin and Jens-Wilhelm Wessel,"Transnationalism and the League of Nations: Understanding the Work of Its Economic and Financial Organisation," *Contemporary European History* 14,No. 4 (2005): 465—492; Susan Pedersen,The Guardians: *The League of Nations and the Crisis of Empire* (Oxford: Oxford University Press,2015).

款合同。<sup>①</sup> 但是,1873 年的国际市场危机阻碍了欧洲资本对埃及的输出,而埃及政府则发现自己逐渐被迫举借短期贷款来支付它的行政开支和以往贷款的利息。埃及的公债危机发生在奥斯曼帝国拖欠债务几个月后。

正是在破产迫在眉睫和欧洲债权人不断加大施压力度的情况下,1875 年秋,伊斯马伊尔(Ismā'l)总督<sup>②</sup>要求英国政府派两名顾问帮助埃及政府恢复国家财政秩序。<sup>③</sup> 埃及政府是在英国购买埃及总督持有的苏伊士运河公司(Suez Canal Company)股份几个星期后提出这个请求的,并导致英国成立了一个由财政部主计长、国会议员斯蒂芬·凯夫(Stephen Cave)带队的考察团。英国派遣真相考察团一事反过来又引发了法国的干预,法国派遣了一个由前法国驻亚历山大领事马克西姆·奥特里(Maxime Outrey)率领的考察团。<sup>④</sup>派遣这两个财政考察团是复杂谈判的起点。伦敦的银行,特别是福禄林-格森(Frühling & Goschen)银行,主要持有埃及的长期债券,而由地产信贷银行和农业信贷银行代表的巴黎银行则持有埃及的大部分短期(浮动)债务。<sup>⑤</sup> 英国和法国外交部也不同程度参与了埃及财政问题的讨论。<sup>⑥</sup>

虽然这些相互竞争的债务解决方案的细节——金额、期限、利率等方面——已经得到广泛的分析,但设计和协商外国财政监管工具的方式却鲜为人知。笔者认为,这些工具并不是凭空产生的,而是在一个许多债务国违约事

---

① 这些贷款包括利息和摊还额在内的年支出在 10%～15%:AbdelAziz Ezzelarab, *European Control and Egypt's Traditional Elites: A Case Study in Elite Economic Nationalism* (Lewiston: Edwin Ellen Press,2002),11。

② 总督伊斯梅尔是埃及 1863—1879 年间的统治者。埃及当时是奥斯曼帝国的一个半自治行省。

③ British National Archives,Foreign Office (hereafter FO),FO 407/7,No. 1,Stanton to Derby, 30 October 1875; FO 407/7,No. 3,Stanton to Derby,6 November 1875.

④ French Ministry of Foreign Affairs (hereafter MAE),Political Correspondence (hereafter CP),Égypte,vol. 57,No. 1,Outrey to Decazes,12 January 1876.

⑤ Bouvier,"Les Intérêts Financiers," 75—104.

⑥ 许多文献的作者注意到法国外交部积极保护巴黎银行方面,这一政策在一定程度上归因于法国的政治和金融利益关系密切。至于英国方面,相关文献也着重指出,虽然英国政府采用了"更加隐蔽"的干预手段,但英国政府能够对谈判过程保持充分的控制,并取得对法国的优势:Atkins,"The Origins of the Anglo-French," 264—282; Bouvier,"Les Intérêts Financiers," 75—104。

件成倍增加的时期里与财政控制有关的新兴跨国实用专业知识的组成部分。[1] 在（1866—1867 年）暂停偿还外债后，第一个建立国际债务管理机构的国家是突尼斯。[2] 这个早期的外国财政控制试点成为法国在埃及推行的计划的参考系。在关于埃及清偿债务问题的讨论中，也不断援引奥斯曼帝国的例子。奥斯曼帝国在进行了建立财政控制机制的各种无效尝试之后，于 1875 年违约，拖欠债务不还。事实上，许多参与埃及融资的法国银行也在君士坦丁堡开展业务。

对 1876 年创建公债偿还金库（Caisse de la Dette Publique）进行的简要分析，揭示了与财政控制工具的转移和使用相关的动态变化和利害关系。第一个有关埃及财政的外国官方代表团是由凯夫率领的英国代表团。这个代表团主要建议成立一个接管埃及某些部门的财政收入，并管制公债的财政控制部门。成立这样一个部门被认为是任何公债解决方案取得成功的关键条件。[3] 此外，在法国方面，巴黎的银行家儒勒·帕斯特雷（Jules Pastré）和路易·弗雷米（Louis Frémy）[4]支持建立一家以转换并逐渐偿还法国银行持有的数量非常大的浮动债券为目的的国家银行。这家拟建银行负责收缴全部的国家收入，以确保支付贷款的利息，而且还被允许作为国家银行发行银行券。法国的计划模仿了由一群法国和英国资本家在君士坦丁堡建立的既是国家银行又是"帝国财政经纪人"的奥斯曼帝国银行。[5] 然而，法国谈判代表并不希望在开罗精确复制奥斯曼帝国银行的模式。他们坚持认为，奥斯曼帝国银行没有能

---

① 在埃及发生债务违约前，突尼斯、洪都拉斯、圣多明克、西班牙、危地马拉、哥斯达黎加、玻利维亚、巴拉圭、乌拉圭和秘鲁都已经发生过债务违约：Saul，*La France et l'Égypte*，234。

② 这个国际财政委员会由法国、英国和意大利债券持有人的代表组成，另外还有一名法国官员和两名突尼斯官员参加。法国作为北非的霸主，在成立这个委员会的过程中发挥了重要的作用：Jean Ganiage，*Les Origines du Protectorat Français en Tunisie 1861—1881*（Paris：Presses Universitaires de France，1959），367—368。想了解同期法国对拉丁美洲干预的研究，请参阅本书第五章。

③ British Parliamentary Papers（hereafter PP），Egypt，No. 7（1876），Report by Mr. Cave on the Financial Condition of Egypt.

④ 这家英埃银行和法国地产信贷银行的董事儒勒·帕斯特雷也是让-帕斯蒂斯特·帕斯特雷（Jean-Baptiste Pastré）的兄弟，而让-帕斯蒂斯特·帕斯特雷是埃及最大的银行和商行之一的帕斯特雷兄弟（Pastré Frères）公司的创始人：Landes，*Bankers and Pashas*，195—196。

⑤ Edhem Eldem，"The Imperial Ottoman Bank：Actor or Instrument of Ottoman Modernization，" in *Modern Banking in the Balkans and West European Capital in the Nineteenth and Twentieth Centuries*，ed. Kostas Kostis（Aldershot：Ashgate，1999），52.

力对公债设定有效的限额,并把这一失败归咎于缺乏任何外交关系,因为外交关系本可以让这家银行对其客户实施更加严格的控制。① 由于获得了法国外交部的支持,因此,帕斯特雷主张成立一个负责监督国家账目的监管委员会——作为拟建银行的分支机构②,但被埃及谈判代表以侵犯主权为由拒绝了。

最终,由于埃及和英国的反对,法国的提议未被采纳,并且被创建一个专门的国债偿还机构(公债偿还金库)的想法所取代。但是,谈判各方在这个新机构的归属问题上再次出现了分歧。虽然埃及总督府试图把公债偿还金库的作用限制在收取规定的收入上,但法国谈判代表坚称,公债偿还金库要在征税方面发挥更加积极的作用。③ 这些讨论的一个主要参与者是维克多·维莱特(Victor Villet),他是突尼斯国际财政委员会(International Financial Commission)的前副主任。④ 1876 年 3 月被派往开罗的维莱特希望把突尼斯作为埃及的榜样。⑤ 他坚持要求允许公债偿还金库在不受财政管理部门任何干涉的情况下接管所指定的收入,并赋予这个金库调查和监督公共账目与收缴税收的权利。⑥ 然而,这位法国专家一直被埃及总督边缘化,因为埃及总督拒绝"被当作突尼斯总督对待",因为他不但主张自己的主权,而且主张奥斯曼帝国对埃及的主权。最终,在开罗建立的制度框架在很多方面不同于在突尼斯和奥斯曼帝国构建的制度框架。1876 年 5 月建立的公债偿还金库被置于由各

① FO 407/7,No. 108,Lord Lyons to Derby,14 February 1876.

② MAE,CP,Égypte,Vol. 57,No. 23,Outrey to Decazes,27 February 1876.

③ MAE,CP,Égypte,Vol. 57,No. 39,Projet de Décret pour la Création d'une Caisse de la Dette Publique,29 April 1876.

④ 关于维莱特在突尼斯的工作,请参阅 Ganiage,*Les Origines du Protectorat*,370－380；Abdel-Jawed Zouari,"European Capitalist Penetration of Tunisia,1860－1881：A Case-Study of the Regency's Debt Crisis and the Establishment of the International Financial Commission," (PhD diss. ,University of Washington,1998),262－271.

⑤ 在突尼斯,财政委员会被赋予许多职责,包括调查突尼斯的财政资源、接管国家的全部收入以及起草债务清算计划：Ganiage,Les Origines du Protectorat,367－368。

⑥ MAE,CP,Égypte,Vol. 57,No. 39,Victor Villet,Observations sur le Projet de Création d'une Caisse d'amortissement,29 April 1876.

相关国家政府推选的外国专员的领导之下。① 这些专员可以直接从税务官那里,而不是通过财政部获得用于还债的收入。不管怎样,5月法令并没有赋予公债偿还金库调查和监督公共账目和预算的权利。在财政危机的早期阶段,埃及总督府和债权人之间的力量对比仍然允许总督府限制欧洲人侵犯地方自治权的程度。

## 财政模糊和财政控制的早期失败

从开始讨论财政问题到创建公债偿还金库,相隔时间不到一年。但是,公债偿还金库自创建伊始就遇到了许多困难。法国和英国的银行在埃及——就像在奥斯曼帝国一样——有着不同的利益,利益分歧导致债务整合计划只实施了几个月就不得不重谈。继格森-茹贝尔(Goschen-Joubert)使团后在1876年11月达成的新安排②,在付诸实施后不久也被证明不可行。同样,两年后成立的国际财政委员会承认自己无力对埃及的正常收入做出准确、可靠的估计,而是起草了一份临时偿债计划。

债权人之间的内部分歧,他们不愿减免埃及积欠的债务,还有缺少与埃及当地的政治合作,往往被认为是造成上述一再失败的主要原因。不过,一项更加深入的研究也显示,欧洲人对埃及财政控制成功的程度也取决于欧洲人发展信息和沟通网络的能力。实际上,由于缺乏对当地情况的了解以及外国专家和外交官在当地遇到的阻力,因此,这项任务被证明很难完成。

在试图解决债务问题的过程中,欧洲人在处理当地"信息秩序"方面遇到了明显的问题。③ 首先是信任的问题,这个问题使得对埃及的财政状况做出可靠的估计变成了一项难以完成的任务。事实上,欧洲人的主要信息来源是

---

① 这项法令是在埃及总督府与"大银团"(Grand Syndicat)——一个主要由法国贴现银行、地产信贷银行、农业信贷银行和英埃银行组成的银团——达成协议后发布的:Bouvier,"Les Intérêts Financiers,"93—94。

② 以率领这个使团的两位银行家的姓氏命名,即用福禄林-格森银行的乔治·格森(George Goschen)和巴黎荷兰银行(Banque de Paris et des Pays-Bas)的埃德蒙·茹贝尔(Edmond Joubert)的姓氏命名。

③ Christopher Alan Bayly,*Empire and Information：Intelligence Gathering and Social Communication in India*,*1780—1870*（Cambridge：Cambridge University Press,1996）,3.

埃及总督本人和他的亲密伙伴，这一事实引起了欧洲人对当地行政当局提供的统计数据和其他数据的真实性和准确性的持续怀疑。由于语言障碍，欧洲银行家、外交官和财政专家不得不依靠翻译人员和其他线人，而这些人作为当地中介的身份也让人怀疑他们的忠诚。①

此外，还有一个关键的障碍，那就是欧洲人不熟悉埃及当地的财政和会计制度。一项对被派往开罗的短期实情调查使团或作为财政控制机构雇员的高级公务员的背景和履历的分析表明，他们中很少有人以前有过埃及财政方面的经验。与埃及积极索求外国人专业知识的其他官僚机构不同的是，埃及财政部门传统上不对欧洲人开放。此外，虽然外国顾问经常声称自己具有特殊的专长，但对于什么是"专家"并没有明确的要求，这些高级官员也不是根据一套相同的标准挑选的。他们中有些人只是外交官，在公共财政方面没有任何经验；②另一些人来自英殖民地的行政部门，如曾在印度任职的英国官员。③例如，伊芙琳·巴林（Evelyn Baring）在被选为埃及公债偿还金库的成员之前，曾担任过印度总督的秘书。④ 同样，奥克兰·科尔文（Auckland Colvin）在印度开始了他的职业生涯，1878 年前往埃及担任地籍调查负责人，然后成为英国债务专员。⑤ 有些专家接受过公共财政方面的正式培训，如英国国债局（British National Debt Office）前总审计长查尔斯·里弗斯·威尔逊（Charles Rivers Wilson），以及法国和意大利的财政督察欧内斯特·德·布里涅雷斯（Ernest de Blignères）和巴拉维利（Baravelli）。但是，他们之前在欧洲财政管理机构的经历对埃及的工作几乎没有帮助，因为他们需要熟悉一种结合了奥斯曼帝国、科普特（即埃及）和欧洲传统的特殊会计制度。

例如，通过考察欧洲人如何处理作为当地公共收入主要来源的土地税收

---

① Rapport Préliminaire de la Commission Supérieure d'Enquête, in *Règlement de la Situation Financière du Gouvernement Égyptien*, *1876—1885* (Le Caire: Imprimerie Nationale, 1897), 253.

② 例如，在成立法英财政稽查机构（双重控制）时，法国外交部选择了其前驻罗马大使马拉莱男爵（Baron de Malaret）作为法方成员。

③ 关于英国殖民地行政长官在印度和埃及之间的调动，请参阅 Tignor, "The 'Indianization' of the Egyptian Administration".

④ 巴林（Baring）后来成为英国驻埃及总领事，并成为埃及事实上的统治者：Roger Owen, *Lord Cromer: Victorian Imperialist, Edwardian Proconsul* (Oxford: Oxford University Press, 2004).

⑤ William Ferguson and Beatson Laurie, *Sketches of Some Distinguished Anglo-Indians* (Delhi: Asian Educational Series, 1999), 125—136.

的问题,就可以看出欧洲人在与当地"信息秩序"打交道时遇到的困难。根据1876年11月颁布的法令,埃及许多省份的土地税收入被用来偿还债务,但很快公债偿还金库账户上就出现了赤字,债务管理部门怀疑埃及总督府挪用了公债偿还金库的公款。埃及当地官员——无论是中央还是省级官员——面对债权人施加的越来越大的压力,事实上,通过创建国库以外的专项基金①,或通过让在财政控制机构管辖下负责征税的代理边缘化②,毫不犹豫地把用于偿还公债的资金转移到了国库外。

此外,虽然欧洲债权人设法成立了专门的实情调查团,调查偿债收入赤字的原因,但这些调查团常常不能得出任何具有决定性意义的结论。例如,1878年4月成立了一个国际财政委员会,它的主要任务就是调查埃及的税收问题。埃及财政调查委员会(Commission of Inquiry on the Finances of Egypt, CIFE)试图探究土地税收入在时间和空间上巨幅波动的原因。其中一些波动与"'ushr'土地——一类缴纳什一税的享受特权的土地("'ushr'直译意思就是"什一税")——的税收和被称为"kharāj"的其他土地的税收之间的差别有关。但在这两类土地中,每类土地都存在许多无法解释的变化。虽然埃及财政调查委员会收集了大量的资料,并与埃及的一些国家官员进行了面谈,但调查人员的预期与各种来源提供的实际信息之间存在很大的差距。埃及财政调查委员会约谈的主要证人包括上埃及和下埃及的两名稽查员奥马尔·鲁特菲·帕莎(Umar Lutfī Pasha)和沙印·帕莎(Shahīn Pasha)。用英国驻开罗总领事的话来说,"不管是好事还是坏事,这个国家没有人比他俩更了解埃及外省的情况,也没有人比他俩更有权势或影响力"。③ 埃及财政调查委员会就各地确定和征收土地税的方式询问了这两名稽查员;询问的其他问题主要集中在催讨税收拖欠款的方式以及中央当局对在征税过程中监督享有很大特权的村长或酋长的性质和程度上。④ 不管怎样,约谈这两名稽查员,就表明双方

---

① Dār al-wathā'iq al-qawmiyya (埃及,下称"DWQ"), al-Majlis al-khusūsī(下称"MK"), 0019-02008, No. 28, Daftar qayd al-qarārāt bi l-majlis al-khusūsī, 18 jumādā al- ūlā 1294 (31 May 1877).

② FO 633/2, Baring to Goschen, 22 February 1878. Jirjis Hunayn, al-Atyān wa l-darā'ib fī l-qutr al-misrī (Cairo: al-Matbā a al-amīriyya, 1904), 27.

③ FO 407/10, No. 174, Vivian to Salisbury, 17 May 1878.

④ DWQ, Majlis al-wuzarā'(下称"MW"), 0075-022775 and 0075-022777, Commission Supérieure d'Enquête. Interrogatoire de Umar Lutfī pacha et Shahī n pacha, 13 and 14 May 1878.

相互猜疑,而且调查人员的询问方式与法庭审讯方式几乎没有什么不同。[①]
但是,这两位稽查员只愿做简短的回答,而且拒绝回答有些提问。不出所料,
财政调查委员会似乎对此次约谈的最终结果感到失望,并表示这两名埃及官
员"厚颜无耻地撒谎"。[②] 同样,几个星期后,调查人员走访了开罗附近基扎
(Jıza)省的省府,想了解地方一级财政管理的运作情况,这个委员会的副主任
威尔逊(Wilson)以讽刺的口吻表示:

> 前天,财政调查委员会的全体成员和秘书驱车前往圭泽
> (Guizeh),对那位不幸的总税收官进行了一次非常严厉的(精神)拷
> 问。他说的所有话都被一个速记员记录了下来,他一定认为这个速记
> 员是魔鬼的使者! 他撒谎了,可怜的家伙,坚持不懈地、彻底地。我想
> 我们审问的人,即使不是全部,也大部分会撒谎。[③]

不过,现在可查阅的档案文献并不能让我们了解当地官员对约谈他们的
人的看法。

对于财政调查委员会来说,不仅仅是信任的问题。当它的成员试图检查
这个省与其他省份的账簿和账目时,他们碰到了"无法克服的困难"。[④] 他们
很快就发现,省级财政管理部门使用的账目名称与埃及总督府向公债管理机
构提交的收入和支出月报中采用的分类不同。此外,账目审查只能通过当地
人的口译或笔译完成,他们的忠诚也值得怀疑。[⑤]

---

① 奥兹·弗兰克尔(Oz Frankel)在他对 19 世纪英国官方调查委员会的研究中指出,这些机构
遵循的调查程序与普通法方法和庭审实践非常相似:Oz Frankel,*States of Inquiry: Social Investiga-
tions and Print Culture in Nineteenth Century Britain and the United States* (Baltimore: Johns Hop-
kins University Press,2006),13—14。

② FO 407/10,No. 174,Vivian to Salisbury,17 May 1878.

③ Charles Rivers Wilson,*Chapters from My Official Life* (London: Edward Arnold,1916),
121.

④ Rapport Préliminaire,in Règlement de la Situation Financière,253.

⑤ 想了解有关这个委员会的工作的更详细介绍,请参阅 Malak Labib,"Crise de la Dette Pub-
lique et Missions Financières Européennes en Égypte,1878—1879," Monde(s). *Histoire*,*Espaces*,*Re-
lations* 2,No. 4 (2013): 23—43。

## 债务清算与"行政改革"

这些早期遇到的困难在很大程度上影响到了财政控制的演化,而财政控制的演化则逐渐包括涉及面更广的"行政改革"问题。虽然欧洲人最初试图通过设立代表外国债权人的机构和把特定收入用于偿还债务的方式建立一套执行机制,但这些安排很快就被认为不足以解决问题。更确切地说,是通过把埃及的财政管理委托给一些外国代理机构对埃及财政管理进行大刀阔斧的"改革",逐渐被认为是埃及偿还债务的保证。欧洲对埃及控制的扩展,一方面基于强调埃及总督府缺乏透明度和合法性的"自由主义"话语,另一方面是基于实际阻碍埃及宪政发展的制度改革方案。

事实上,到了 1878—1879 年,埃及涉及税收和政府财政重组的财政"改革"正在成为债权国对埃及政策的一个关键部分,而财政问题则越来越多地出现在政治改革的话语中。正如安·斯托勒(Ann Stoler)指出的那样,如果国家发起成立的调查委员会是享有特权的知识重组场所,那么,财政调查委员会在其第一份报告中使用的语言清楚地表明了公债话语的政治化。[①] 这份报告直接把埃及当时的财政状况与政治制度联系在了一起。该报告批评了埃及总督在财政事务上的"无限"权力,并建议把限制埃及总督在财政事务上的权力作为埃及摆脱危机的一个必要条件。[②] 可以肯定的是,东方统治者"挥霍无度"和"铺张浪费"的概念可用在埃及总督伊斯梅尔身上,本身并不算什么新鲜事。但新鲜的是,这种表述怎么就构成了分析埃及财政危机的主要框架。埃及有越来越多的人从权力极度集中在埃及总督及其直接随从手中以及缺乏以独立的立法和司法机构形式存在的制衡机制两个方面来讨论财政危机的问题。这种话语的痕迹也可以在英国当时的媒体中找到:如在很有影响力的评论员和记者爱德华·迪西(Edward Dicey)的文章里,迪西严厉谴责了埃及总

---

① Ann Laura Stoler, *Along the Archival Grain: Epistemic Anxieties and Colonial Common Sense* (Princeton: Princeton University Press, 2008), 29.

② Rapport Préliminaire, in Règlement de la Situation Financière, 259.

督的挥霍浪费,并指出他和他的家族拥有大批私人庄园。[①] 事实上,在1877年和1878年,随着埃及财政状况的日益恶化,欧洲债权人集团开始发起剥夺埃及总督和他的家人财产的行动。我们可以从这个背景来理解为什么欧洲金融界和政界越来越关注埃及总督伊斯梅尔本人。

实际上,"财政和行政改革"方案意味着以削弱埃及总督的权力为代价来扩展债务管理,而不是加强政府机关之间的制衡。1878年,随着财政调查委员会初步报告的发布,埃及总督被要求接受把他的私人财产割让给国家,这些财产随后被用来为举借"领地贷款"(Domains Loan)作担保。此外,埃及总督的枢密院(alMajlis al-khusūsī)被解散,由一个负责制定和执行行政政策的部长会议(Majlis al-nuzzār)取而代之。这意味着埃及总督不再能够指导政府的日常事务。[②] 在1878年8月组成的内阁中,威尔逊被任命为财政部部长,而公债偿还金库的法国成员布里涅雷斯(Blignères)则当上了公共工程部部长。

1878年和1879年也标志着在英法领导下的国家预算和决算改革进程的开始。然而,埃及的财政改革并没有被理解为西方单一理性模式向"东方"国家的移植,而是一个有争议的政治问题和帝国间竞争的领域。就在欧洲的管理者试图加强对埃及各省和行政部门的财政控制时,他们遇到了埃及本土官僚的抵制。此外,法国和英国在改革国家预决算的细节上存在分歧,特别是在新审计机构的结构和归属上。当法国人试图按照法国审计法院的模式成立一个审计委员会时,英国人反对这样的方案。正如英国外交官莱昂斯勋爵(Lord Lyons)所指出的那样,政治控制和财政控制在很大程度上取决于所采用的会计语言的性质。

　　毫无疑问,在埃及的法国官员设法在这个国家推行法国注重理论的复杂财政体系和法国的财政用语 [……]在他们看来,它们有一个最大的优点——除了法国人,几乎没人能在这样的财政体系中工作。对于在埃及工作的英国人,尤其是那些参与指挥或审查埃及财政状况的英国人来说,在这个问题上,必须非常警惕,从一开始就要抵制法国

---

① 例如,可参阅 Edward Dicey,"Egypt and the Khedive," *The Nineteenth Century and After*: *A Monthly Review* 2 (Dec. 1877): 854—867。

② Hunter, *Egypt under the Khedives*, 201.

人的得寸进尺。

　　*我听说,德·布里涅雷斯先生非常熟悉法国人所谓的"会计",因此很适合把法国的会计制度强加给埃及。*[①]

因此,政府会计就成了各种欧洲模式之间竞争和较量的重要竞技场。最终,在埃及新内阁中掌管财政大权的威尔逊得以强制采纳英国人的观点。根据 1878 年 12 月 14 日的法令,埃及按照英国的审计官和审计长模式,设立了收支审计长的新职位。[②] 审计长从公债偿还金库的成员中挑选,目的是要确保"收入依据现行法律来征收,而支出则按照预算来执行"。[③] 审计长要对财政事务实行预防性控制和持续监督。与此同时,威尔逊任命收入分管主任菲茨杰拉德(Fitzgerald)担任新设立的总审计长职务。在来埃及之前,菲茨杰拉德曾先后担任过印度的总审计长助理、马德拉斯和缅甸的总会计师,并参与了印度会计制度改革。[④] 一到埃及,菲茨杰拉德就成立了国家会计总署(Directorate-General of State Accounts),借鉴了早期的会计管理方法,并挑选了一些英国、法国和意大利人担任要职。[⑤] 新成立的机构负责编制预算和收支报表,后来还负责审计国家财政账目。[⑥]

与此同时,欧洲人领导的埃及"行政革命"也没有给独立的议会制度留下任何空间。正如前面提到的那样,欧洲人对埃及总督统治的批评是参考了自由主义的政治模式,而像克罗默、威尔逊和布里涅雷斯这样的财政控制官员和顾问的话语着重强调了财政危机和总督府的"专制"性质之间的关系。事实上,宪政国家更有可能偿还其债务是相对比较普遍的观点,罗斯柴尔德银行的

　　① FO 407/13,No. 103,Lyons to Salisbury,9 August 1879.

　　② 在英国,1866 年设立了主计长和审计长的职务,负责审查、认证和报告政府账目。主计长和审计长的职务把财政部主计长的职能与审计专员的职能合并在了一起。这个新职务是在 1859—1866 年任英国财政大臣的威廉·格莱斯顿(William Gladstone)发起的政府会计改革的背景下设立的:Marie-Laure Legay et al. , eds. , *Dictionnaire Historique de la Comptabilité Publique 1500 — 1850* (Rennes:Presses Universitaires de Rennes,2010),16—26。

　　③ FO 407/10,No. 424,Nubar to the Khedive,17 December 1878.

　　④ 关于印度政府会计的重建,请参阅 Manu Goswami,*Producing India:From Colonial Economy to National Space* (Chicago:University of Chicago Press,2004),76—78。

　　⑤ DWQ,Dīwān al-māliyya (下称"DM"),3003-019231,Jarīdat istihqāqāt qism umūm al-hisābāt bi l-māliyya,1882;FO 407/19,No. 342,Malet to Granville,27 February 1882.

　　⑥ Owen,*Lord Cromer*,109;Niall Ferguson,*The World's Banker:The History of the House of Rothschild* (London:Weidenfeld & Nicolson,2000).

一些尝试也正是基于这种观点,他们的几笔贷款都强加了类似的条件。[①]但在实践中,这种观点截然不同于欧洲管理者最终寻求在埃及的背景下执行的模式。在这里,"角色"语言是排除任何地方代表机构的主要理由。[②]埃及人被说成缺乏建立有序和健全的财政体制所必需的道德和心智训练,因此没有能力自治。所以,欧洲对非欧洲国家日益增多的债务违约做出的反应,正在创造为在负债累累的外围国家实施这种财政紧缩计划所需的他们自己的语言和理由:这是一种基于与一个被西欧财政顾问称为"改革者"的当地政治家小团体合作的政策。[③]公债也正在成为制造"落后"和"文明"话语的关键领域,从这个意义上说,公债也构成了自由帝国主义的张力和悖论得以发挥作用的一个重要场所。[④]

但必须指出,执行欧洲人制定的埃及"改革"方案绝不是一个线性过程:这个方案受到了埃及风起云涌且以"奥拉比起义"(Urabi Revolt,1879—1882年)为高潮的抗议运动的挑战。历史学家已经说明了奥拉比运动如何通过多次动员利益有时一致、有时分歧的不同社会阶层(大地主、富农和中农、知识分子、军官、城市商人和工匠行会)发起的过程。[⑤]预算控制和协商政体的问题仍然是这场波澜壮阔的民族主义运动的关键诉求,这个诉求首先由本地的准立法机构代表会议(Majlis Shūrā al-Nuwwāb)提出。代表会议在1879年提出的"民族改革计划"一方面基于一项允许有产精英阶层维护他们受到欧洲人控制财政直接威胁的经济特权的债务结算方案,另一方面基于扩大代表会议

①　Owen,*Lord Cromer*,109; Niall Ferguson,*The World's Banker:The History of the House of Rothschild* (London:Weidenfeld & Nicolson,2000).

②　关于英国驻埃及官员话语中"角色"语言的核心地位,请参阅 Peter Cain,"Character and Imperialism:The British Financial Administration of Egypt,1878—1913," *Journal of Imperial and Commonwealth History* 34,No.2 (2006):132。但令人惊讶的是,凯恩(Cain)认为,英国人"试图鼓励埃及发展能在英国的指导下为长期财政控制和稳定提供必要纪律的立宪君主制和自由政治制度"。*Ibid.*,184。

③　Owen,*Lord Cromer*,136.

④　关于自由帝国主义和种族观念,请参阅 Jennifer Pitts,*A Turn to Empire:The Rise of Imperial Liberalism in Britain and France* (Princeton:Princeton University Press,2005),19—21。

⑤　有大量关于"奥拉比起义"的文献,请参阅 Juan Cole,*Colonialism and Revolution in the Middle East:Social and Cultural Origins of Egypt's 'Urabi Movement* (Princeton:Princeton University Press,1993); Latīfa Sa lim,*al-Quwā al-ijtimāiyya fī l-thawra al-urābiyya* (Cairo:alHay'a al-āmma li l-kitāb,1981)。

的预算控制和财政监督权力。① 但围绕财政问题的辩论也超出了官方的范围,包括涉及面更广的公众,他们通过报纸、请愿书等方式表达自己的要求。公众表达自己要求的著述有些并没有把他们的批评局限于欧洲财政控制者的"苛求",而是扩展到了埃及总督及其亲密伙伴们的"腐败"。在这种背景下,诸如"公共利益"(al-maslaha al-umūmiyya)和"改革"(islāh)等概念的定义本身,不仅在欧洲人和埃及人之间,而且在埃及民族运动内部,都成为辩论和争论的主题。②

## 国际财政控制的埃及模式?

马克·弗兰德罗(Marc Flandreau)在他的《长期国际金融咨询史》(Longue-Durée History of International Financial Advising)中指出,19世纪下半叶的金融危机在一些重要方面促进了"货币医生"(money doctoring)这个行当的发展。他表示,货币医生从西欧和美国前往危机四伏的拉丁美洲、东欧和地中海国家;国际专业知识流动是对国际资本流动的补充。③ 然而,如果更加密切地关注行为主体、思想和工具的跨国流动就能发现,非西方国家并不仅仅是现成的专门知识的简单接受者。④ 笔者在上文已经说到埃及的财政问题讨论如何受到突尼斯和奥斯曼帝国经验的影响,下面想通过研究如何利用埃及经验为后来的国际财政控制案例提供信息以及埃及的经验如何在这一过程中对创建国际财政控制方面的实用专业知识体系做出了贡献来结束本章。

19世纪70年代末和80年代初,埃及财政控制工具得到了逐步扩展,而这些变化的影响超出了国家层面。埃及和奥斯曼帝国公债清算的谈判实际上是同时开始的,开罗的事态发展对奥斯曼帝国政府及其债权人之间的谈判产

---

① 请参阅 AbdelAziz Ezzelarab,"The Fiscal and Constitutional Program of Egypt's Traditional Elites in 1879: A Documentary and Contextual Analysis of 'al- La'iha al-Wataniyya' (The National Program)," *Journal of the Economic and Social History of the Orient* 52,No. 2 (2009):301—324。

② Labib,"La Statistique d'État en Égypte," 139—142。

③ Marc Flandreau,"Introduction: Money and Doctors," in *Money Doctors: The Experience of Financial Advising,1850—2000*,ed. Marc Flandreau (New York: Routledge,2003),1—9。

④ Blaise Truong-Loï,"La Dette Publique Chinoise à la fin de la dynastie Qing (1874—1913)" (MA thesis,Institut d'Études Politiques de Paris,2015),157—167。

生了直接的影响。[①] 1878 年国际财政调查委员会在开罗成立,从而开启了一个外国对埃及财政和行政干预不断升级的时期,许多参与者试图在君士坦丁堡复制这一实验。在 1878 年召开的柏林会议上,第一次有人建议成立一个国际委员会,但这个建议遭到了奥斯曼帝国政府的反对。1879 年夏天,欧洲人日益加大施压力度,要求伊斯梅尔总督退位,从而导致奥斯曼帝国加大抵制侵犯其财政主权行为的力度。[②] 至于欧洲主要大国,特别是英国和法国,它们主要关注维持欧洲在奥斯曼帝国的均势和这个国家的稳定。因此,财政问题被置于次要地位。1880 年春天,埃及谈判的一个主要参与者格森以特使的身份访问了奥斯曼帝国,于是设立国际财政委员会的计划就在奥斯曼帝国重被提上了日程。这位英国银行家详细阐述了一项包括启动财政调查以及按照埃及模式进行大刀阔斧改革的计划。但是,他的提议并没有得到奥斯曼帝国银行的支持,因为这家银行仍然坚持 1879 年确定的它与奥斯曼帝国政府间关系的协定。格森的建议也因为欧洲列强就必须获得奥斯曼帝国同意的优先问题[即把达尔辛戈(Dulcingo)交给黑山(Montenegro)]达成了总协议而受到了阻挠。结果,奥斯曼帝国没有对财政问题立即采取行动。[③]

最终,债权人国家没有直接参与导致颁布穆哈雷姆敕令(1881 年)的漫长谈判,这道敕令本质上仍是奥斯曼帝国政府与其债权人之间私下安排的产物。[④] 此外,从埃及的经历吸取的教训使得新成立的奥斯曼公债管理委员会尽可能减少外国官员的人数。省级行政部门因此完全掌握在当地人的手中,而外国官员只担任财政监督和控制职务。[⑤] 用也有埃及经验的奥斯曼公债管理委员会的高级顾问文森特·卡拉德(Vincent Caillard)的话来说:

> 引进许多训练有素的法国人或英国人,让他们把自己在读书时被

---

① 关于这个问题,请参阅本书第六章。

② Christopher Clay, *Gold for the Sultan*: *Western Bankers and Ottoman Finance*, 1856—1881 (London: I. B. Tauris, 2000), 383—384, 441—442.

③ Ibid., 473—475.

④ Edhem Eldem, "Ottoman Financial Integration with Europe: Foreign Loans, the Ottoman Bank and the Ottoman Public Debt," *European Review* 13, No. 3 (2005).

⑤ 请参阅本书第六章。还请参阅 Murat Birdal, *The Political Economy of Ottoman Public Debt*: *Insolvency and European Financial Control in the Late Nineteenth Century* (London: Tauris Academic Studies, 2010), 105。

视为最完美的方法用在一个因种族不同、宗教对立甚至可能比欧洲最保守的人更加本能地不愿改变的外国人群身上[……]完全是徒劳的。我们已经在埃及看到了这样的实例：那些使埃及最近的崛起受欢迎的原因，会在土耳其发挥更大的作用。①

在这里，我们再次看到了种族观念在外国顾问的财政控制思考中占据了多么关键的位置。但在这个特殊的案例中，埃及的经验似乎并没有作为一种财政控制模式，而是作为财政控制的一种反模式产生了作用。

虽然通过考察埃及遭遇的财政控制经历影响 19 世纪 80 年代和 90 年代其他财政控制案例的方式，我们就可以进一步扩展本研究的适用范围，但我们也需要关注围绕埃及遭遇的财政控制经历构建的叙事。事实上，到了 20 世纪初，埃及的债务清算正在成为国际财政控制新研究的一个关键案例。国际法学家开始在他们关于"国际委员会"的著述中提到国家实践中使用的特定机构和工具，如公债偿还金库。国际公法当时是一门年轻的法学学科，法学家们试图扩大它的应用范围。② 在这种背景下，埃及的债务管理机构和奥斯曼帝国的债务管理机构，被作为一种"理由叙事"来发挥作用，从而使得国际委员会在国际公法领域的应用变得合法化。③ 换句话说，为清算埃及破产而设计的专门安排，即涉及众多行为主体的复杂权力关系的安排，正逐渐在国际法中得到正式承认，并被在两次世界大战间隔期里成立的日内瓦国际组织所采纳。④

---

① 引自文献 Ali Coşkun Tunçer, *Sovereign Debt and International Financial Control：the Middle East and the Balkans, 1870—1913*（Basingstoke：Palgrave Macmillan, 2015），67。

② Lea Heimbeck, "Liquidation of State Bankruptcies in Public International Law. Juridifcation and Legal Avoidance between 1824 and 1907," *Journal of the History of International Law* 15（2013）：10—13.

③ Lea Heimbeck, "Discovering Legal Silence," 475.

④ 关于这个问题，请参阅本书第二十章。

# 第八章　以主权换资本？西非的公债（1871—1914年）

## 李·加德纳[*]

从 1880 年到 1914 年被称为"第一个金融全球化大实验"（first large experiment in financial globalization）时期，也见证了非洲国家政府首次涉足伦敦的主权债务市场。[①] 1914 年前，非洲国家政府并不是这些市场的主要参与者。除了开普殖民地（Cape Colony）和纳塔尔（Natal，1912 年并入南非）外，撒哈拉以南非洲国家的政府是全球资本市场上相对较小的参与者，只吸引了一小部分投资。[②] 它们在本章的考察期里较晚才开始借贷。除了 1871 年利比里亚和塞拉利昂发行过两笔金额很小的债券外，第一笔西非债券直到 1902 年才在伦敦上市。但是，非洲国家的借贷历史表明，我们在理解第一个金融全球化时代的主权和信誉之间的关系方面存在很大的差距。

在世界范围内，这个时期不但见证了新得到承认的国家的急剧增加，也见证了对亚洲和非洲大部分地区的殖民征服。经济发展在当时通常被定义为建设基础设施和促进出口产业，它是外围国家新政府（无论是独立政府还是殖民政府）国家建设的一个重要部分，通常需要外国资本。然而，接受外国资本常常与借贷国主权会受到某些限制联系在一起，以至于有人推测，"一些穷国会

---

　＊　E-mail：l. a. gardner@lse. ac. uk.

　①　Marc Flandreau and Frederic Zumer, The Making of Global Finance, 1880 — 1913 (Paris：OECD,2004),12.

　②　S. Herbert Frankel,*Capital Investment in Africa* (Oxford：Oxford University Press,1938)；Irving Stone,*The Global Export of Capital*,1865 — 1914：*A Statistical Survey* (Basingstoke：Macmillan,1999).

做明确的政治主权和信誉的交易"。①

主权是一个复杂的概念,并没有得到普遍认可的定义。② 主权对内可以定义为国家在其领土范围内相对于其他机构的至高无上性,而对外则反映为一国与其他国家的关系。在某些情况下,国家的对外和对内主权可以进一步细分为国家的组成职能。在本章的考察期里,主权可分性的关键在于不同的帝国关系,无论是正式还是非正式的帝国关系。伯班克和库珀(Burbank and Cooper)在把帝国作为一种政体来研究时介绍了一种"分层"主权体系。③ 受保护国和间接统治体制被认为,至少从理论上看,本土统治者放弃了对外主权的控制权,同时保留了对内主权。④

用主权换资本的概念也提出了代理问题。许多不同的行为主体在这个体系中发挥了作用,而且每个行为主体都有自己的利益。非洲国家的情况与本书第五章里比较的两个拉美国家非常相似,都包括贷款国和借款国的政府、金融中介机构、贷款国的投资者以及借款国的纳税人。在本章的考察期里,这些行为主体的互动方式因具体情况而异,但会影响借款国获得资金的方式。在许多情况下,是通过武力、殖民征服或炮舰外交等方式强制限制借款国主权的。

具体来说,殖民地能以较低的成本借贷,这在金融史文献中被称为"帝国效应"。⑤ 这是否有利于殖民地,似乎是一个观念问题。戴维斯和胡滕巴克(Da-

---

① Niall Ferguson and Moritz Schularick, "The Empire Effect: The Determinants of Country Risk in the First Age of Globalization, 1880—1913," *Journal of Economic History* 66 (2006): 308.

② Alan James, *Sovereign Statehood: The Basis of International Society* (London: Allen & Unwin, 1986), ch. 1.

③ Jane Burbank and Frederick Cooper, *Empires in World History: Power and the Politics of Difference* (Princeton: Princeton University Press, 2010), 17.

④ Isabelle Surun, "Writing Sovereignty in Invisible Ink? Autochthonous Sovereignty and Territorial Appropriations in Nineteenth-Century Franco-African Treaties," *Annales. Histoire, Sciences Sociales* (English Edition) 69 (2014): 313—348.

⑤ 最近对"帝国效应"研究文献做出贡献的包括 Olivier Accinotti, Marc Flandreau and Riad Rezzik, "The Spread of Empire: Clio and the Measurement of Colonial Borrowing Costs," *Economic History Review* 64 (2011): 385—407; Ferguson and Schularick, "Empire effect"; A. G. Hopkins, "Accounting for the British Empire," *Journal of Imperial and Commonwealth History* 16 (1988); Maurice Obstfeld and Alan M. Taylor, "Sovereign Risk, Credibility and the Gold Standard: 1870—1913 versus 1925—31," *Economic Journal* 113 (2003): 241—75. 想了解历史视角的帝国效应研究,可参阅 Andrew Smith, "Patriotism, Self-interest and the 'Empire Effect': Britishness and British Decisions to Invest in Canada, 1867—1914," *Journal of Imperial and Commonwealth History* 41 (2013): 59—80.

vis and Huttenback)在计算帝国的成本和收益时认为,借贷成本下降是"帝国补贴的第二大分量",而帝国补贴的第一大分量是国防支出。[1] 其他学者则持比较谨慎的观点。例如,凯斯纳(Kesner)认为,对于殖民地来说,能够借到更多的贷款"充其量也是喜忧参半"。[2] 在这个谱系的另一端,人类学家和激进主义分子戴维·格雷柏(David Graeber)在写到法国统治下的马达加斯加时表示:"加列尼(Gallieni)将军在'讲和'(他们当时喜欢这么说)后最先做的一件事,就是对马达加斯加人民课征重税,一方面,重税可筹集资金偿还殖民者入侵马达加斯加所花的费用,另一方面,重税有助于法国殖民地在财政上自给自足,并支付建造法国人想要建造的铁路、公路、桥梁、种植园等的费用。"[3]

不过,征服并不是导致主权牺牲的唯一方式。有时,借款国的精英会同意放弃部分主权,以换取获得资金的途径或降低借贷成本。[4] 这种让步可采取不同的形式,但最常见的可能是外国官员对借款国财政行使一定程度的控制的国际财政控制制度。国际财政控制可以通过胁迫或邀请的方式实施,有时会对借款国国内政治产生破坏稳定的影响,本书关于奥斯曼帝国(第六章)和埃及(第七章)的研究就说明了这一点。[5]

非洲国家的借贷是一种检测主权牺牲在多大程度上满足投资者风险偏好的手段,而且历史地看是一种值得关注的检测手段。虽然当时非洲大部分地区处于殖民统治之下,但那个时代的人仍谨慎地对待向非洲贷款的问题。[6]

---

[1]　Lance E. Davis and Robert A. Huttenback, *Mammon and the Pursuit of Empire: The Political Economy of British Imperialism, 1860—1912* (Cambridge: Cambridge University Press, 1986), 167.

[2]　Richard M. Kesner, *Economic Control and Colonial Development: Crown Colony Financial Management in the Age of Joseph Chamberlain* (Westport. Conn.: Greenwood Press, 1981), 84.

[3]　David Graeber, *Debt: The First 5 000 years* (New York: Melville House, 2011), 5.

[4]　Andreea-Alexandra Maerean and Paul Sharp, "Sovereign Debt and Supersanctions in Emerging Markets: Evidence from Four Southeast European Countries, 1878—1913," mimeo (2014); Kris Mitchener and Marc Weidenmier, "Supersanctions and Sovereign Debt Repayment," *Journal of International Money and Finance* 29 (2010): 19—36.

[5]　Emily S. Rosenberg, *Financial Missionaries to the World: The Politics and Culture of Dollar Diplomacy, 1900—1930* (Durham: Duke University Press, 2007), 55, 77; Adam Tooze and Martin Ivanov, "Disciplining the 'Black Sheep of the Balkans': Financial Supervision and Sovereignty in Bulgaria, 1902—38," *Economic History Review* 64 (2011): 30—51.

[6]　Leigh Gardner, "Colonialism or Supersanctions: Sovereignty and Debt in West Africa, 1871—1914," *European Review of Economic History* 21 (2017): 236—257.

正如约翰·梅纳德·凯恩斯(John Maynard Keynes)在 1924 年抱怨的那样，"也许《受托人法案》(Trustee Acts)在今年年初达到了它所能达到的荒谬极限，因为今年年初南罗得西亚(Southern Rhodesia)*以与英国大行政区大致相同的条件借到了 200 万英镑。"他接着说，南罗得西亚"是非洲中部的一个地方，有少数白人居民，还有我想甚至不到 100 万的野蛮黑人"。[③] 在许多投资者的心目中，非洲国家仍然处于边缘位置，它们的经济前景相当令人怀疑。非洲国家如何成功地借钱来支付公共工程建设或弥补预算赤字，这为我们解读主权借款的政治意义提供了一个重要的视角。那么，对于借贷双方来说，向非洲贷款有怎样的政治风险和机会呢？是什么激发了不同群体这样去做，这种做法随着时间的推移会发生怎样的变化呢？

本章以 1914 年前在伦敦市场上借贷的四个西非国家为例，考察了非洲的主权和债务关系。其中的三个国家(黄金海岸、尼日利亚和塞拉利昂)是英国的正式殖民地。第四个国家(利比里亚)在本章的考察期开始时取得了政治独立，但由于努力借贷的缘故而受到了日益严格的国际财政控制。虽然这四个国家都在努力吸引外国投资者，但三个正式的英殖民地能够以比利比里亚更好的条件借到更多的资金，甚至在利比里亚精英阶层把重要的主权特权让给外国利益集团之后还是如此。本章通过考察嵌入这四个国家的不同私人和公共利益网络解释它们在借贷方面的不同经历。

## 西非借贷简史[④]

本节介绍了四个西非国家政府一直到 1914 年的借款模式简史。[⑤] 这些国家属于一个更大的国内金融市场不发达、人均收入相对较低的"新兴市场"

---

　　* 津巴布韦的旧称。——译者注

　　③　John Maynard Keynes, "Foreign Investment and the National Advantage," in *The Collected Writings of John Maynard Keynes*. Volume 19, Activities 1922—1929: The Return to Gold and Industrial Policy Part 1, eds. Elizabeth S. Johnson and Donald E. Moggridge (Cambridge: Cambridge University Press 1981), 291—229.

　　④　本节对加德纳的《殖民主义或超级制裁》(Colonialism or Supersanctions)一文中更详细的分析进行了概述。

　　⑤　英国在西非的第四个殖民地冈比亚在本章的考察期里没有借贷，因此被排除在外。

国家集团。① 国内融资渠道有限意味着,实际上,这四个国家政府都必须在外国市场上大规模借款。因此,本节把重点放在这四个国家政府举借的外国贷款上,以便概述后面要讨论的问题,即殖民地和独立国家借贷的不同条件。本章的后面各节将讨论外债与其他类型债务之间的相互作用。②

在金融全球化时代的大部分时间里,这四个西非国家的政府看起来都不像有可能成为投资候选国。贸易税仍是这四个国家最重要的收入来源,因此,它们的预算很容易受到一些关键出口商品价格突然下跌的影响。这些商品的出口增长迅速,但起点较低。这些国家的财政支出经常受到与仍在进行的殖民征服进程有关的冲击。本章所考察的四个国家的财政在大部分年份里都处于赤字而非盈余状态,这就增加了在预算没有增加的年份出现债务违约的潜在风险。在这种背景下,正如伦敦的一名证券承销商在 1911 年所说的那样,西非国家的证券"从来就不受外部公众的欢迎",或许就不足为奇了。③

不过,这四个西非国家的政府还是能够借到贷款的,有时还能借到大笔贷款。表 8.1 列示了这四个西非国家政府 1871—1914 年间在伦敦借到的贷款。1871 年,利比里亚和塞拉利昂是最早以这种方式借贷的西非国家。塞拉利昂分两期共借到了 5 万英镑,每期 2.5 万英镑,利率是 6%。利比里亚以 7% 的利率借到了一笔 10 万英镑的贷款。利率超过 5 %～6% 表明,市场信心有限。有一份报告显示,在 1914 年之前,伦敦市场只有"2% 的政府债券和 5% 的公司债券回报率超过 6.5%"。④ 此外,贷款的 3 年利息支付额从实付贷款额中扣除。这就意味着,利比里亚从 10 万英镑的贷款中最多收到不足 5 万英镑的资金。在某种程度上,部分由于贷款条件确切地说恶劣到令借款人破产的程度,因此,利比里亚政府在 1874 年违约拖欠债务不还,加入了 19 世纪 70 年代

①　Paulo Mauro, Nathan Sussman and Yishay Yafeh, *Emerging Markets and Financial Globalization: Sovereign Bond Spreads in 1870 — 1913 and Today* (Oxford: Oxford University Press, 2006), 10—11.

②　想了解有关公债计量问题的争论,请参阅本书第十九章。

③　A. Scrimgoer to Crown Agents, 16 November 1911, TNA CAOG 9/37.

④　Stone, *Global Export of Capital*, 26.

其他债务违约或重组国家的行列。[①]

表 8.1　　　　　　　　1871－1913 年撒哈拉以南非洲发行的贷款债券

| 日期 | 国家 | 贷款额(英镑) | 利率 | 发行价格(占面值的比例) |
|---|---|---|---|---|
| 1871 年 5 月 | 塞拉利昂 | 25 000 | 6％ | 100％ |
| 1871 年 8 月 | 利比里亚 | 100 000 | 7％ | 85％ |
| 1873 年 6 月 | 塞拉利昂 | 25 000 | 6％ | 100％ |
| 1902 年 3 月 | 黄金海岸 | 1 035 000 | 3％ | 91％ |
| 1904 年 6 月 | 塞拉利昂 | 1 250 000 | 4％ | 98％ |
| 1905 年 3 月 | 南尼日利亚 | 2 000 000 | 3.5％ | 97％ |
| 1906 年 | 利比里亚 | 100 000 | 6％ | — |
| 1908 年 5 月 | 南尼日利亚 | 3 000 000 | 4％ | 99％ |
| 1909 年 5 月 | 黄金海岸 | 1 000 000 | 3.5％ | 99.5％ |
| 1911 年 5 月 | 南尼日利亚 | 5 000 000 | 4％ | 99.5％ |
| 1913 年 1 月 | 利比里亚 | 1 700 000 | 5％ | 97％ |
| 1913 年 12 月 | 塞拉利昂 | 1 000 000 | 4％ | 97％ |

资料来源：Gardner,"Colonialism or Supersanctions"。

　　利比里亚政府拖欠借款利息,一直到 1898 年才同意与外国债券持有人公司重新谈判。同年,塞拉利昂偿还了 1871 年的贷款。利比里亚与外国债券持有人公司谈判达成的新协议把利率降低到了前三年 3％,然后每三年提高 0.5％,最高不超过 5％。有关方面还为拖欠未付的利息签发了拖欠凭证,此时拖欠利息已经超过了贷款的本金。利息欠款直到本金偿还以后才付清。利比里亚政府把全部的橡胶出口关税收入以及一半的烟草和火药进口关税收入作为债务重组的担保。[②]

　　也许有必要提这样一个问题：利比里亚政府为什么在违约那么长时间后会同意重谈偿债问题? 从有关文献的上下文中可以找到一条回答这个问题的

---

　　① 包括洪都拉斯、哥斯达黎加、圣多明各、巴拉圭、西班牙、玻利维亚、危地马拉、乌拉圭、埃及、秘鲁和奥斯曼帝国。请参阅 Sevket Pamuk, *The Ottoman Empire and European Capitalism*, 1820－1913：*Trade, Investment and Production* (Cambridge：Cambridge University Press,1987),61,n. 16。

　　② Corporation of Foreign Bondholders,Annual Report 1899,239.

线索。19世纪的最后几十年见证了欧洲列强把非洲大部分地区瓜分成正式殖民地。利比里亚政府内部十分担心,长期拖欠1871年的贷款会给英国或它在这个地区的竞争对手(法国或德国)的殖民征服提供借口。早在1876年,美国殖民学会(American Colonization Society)办的时事通讯《非洲文献库》(*African Repository*)就载文指出,利比里亚正"任由其债券持有人摆布"。英国用它伸向世界贸易的狮爪,可能并且最终也许会因为对占有的轻率考虑而承担债务。[①] 通过与外国债券持有人公司谈判,债务国政府或许可以避免与列强的帝国机构进行更不稳定的交易—— 一种由秘鲁(见本书第五章)和奥斯曼帝国(见本书第六章)等其他独立国家的政府所采用的策略。

就在利比里亚开始根据修订后的协议偿还债务时,两个较大的英属西非殖民地在1900年通过了赋予殖民地债券发行受托人地位的《殖民地证券法》(Colonial Stock Act)后开始进入伦敦市场。[②]像塞拉利昂1871年发行的债券一样,这些债券由殖民地英国皇家代理机构和一些标准的承销商管理。[③]1902年,黄金海岸以3％的利率和相当于面值91％的发行价发行了103.5万英镑的债券。黄金海岸借这笔贷款的目的是为修建塞康迪—库马西(Sekondi-Kumasi)铁路筹集资金,并以黄金海岸的财政收入作为担保。[④] 两年后,也就是1904年6月,塞拉利昂重新回到伦敦金融市场,也是用自己的财政收入作为担保,以4％的利率筹集到了125万英镑。[⑤] 第二年,南尼日利亚发行了那时西非金额最大的债券,以3.5％的利率发行了200万英镑的贷款债券,"为铁路建设筹集资金"[⑥]。

利比里亚在1906年又以6％的利率借到了金额10万英镑的另一笔贷款。为这笔贷款发行的债券由埃米尔·厄兰格公司(Emile Erlanger and Co.)与哈里·约翰斯顿(Harry Johnston)创建的特许经营公司利比里亚发展公司(Liberian Development Company)合伙购买。约翰斯顿是英属非洲的知

---

① "Liberia and the American Flag," African Repository 1876,109.

② Kesner,*Economic Control*,70—88.

③ David Sunderland,*Managing the British Empire*: *The Crown Agents 1833—1914* (London: Royal Historical Society,2004),ch. 6.

④ "Gold Coast Government 3 Per Cent," *The Financial Times*,20 March 1902,8.

⑤ "A Sierra Leone issue," *The Financial Times*,3 June 1904.

⑥ "Lagos Loan," *The Financial Times*,25 February 1905.

名人物,他对利比里亚产生了兴趣。[①] 约翰斯顿的公司负责管理这笔贷款的资金,表面上是为了修建公路和建立一家国家银行。[②] 1906 年的贷款给利比里亚留下的最重要的遗产是它的条件开创了先例。就如 1871 年发行的那笔贷款债券,1906 年的贷款债券是用进口关税收入和橡胶出口关税收入担保的。[③] 但在这个案例中,有两个负责征收利比里亚关税的英国官员监督贷款条款的执行。[④] 这是利比里亚政府在主权方面做出的第一次让步,后来又做出了多次让步,其中包括出让当地海关收入的控制权以及最终交给了外国官员的国防权。

1913 年,利比里亚政府继续做出主权方面的让步,因此借到了一笔按 5% 的利率主要是在纽约筹集到的 170 万美元的所谓"再融资贷款"。这笔贷款的资金"全部用于偿还已经积欠的内债和外债"。[⑤] 这笔贷款是根据 1909 年美国政府任命的一个调查利比里亚情况的委员会的建议提供的。这个委员会建议"为了政府及其债权人的利益,建立某种在某些方面模仿圣多明各取得实际成功的计划的国家收入征收和控制系统"。[⑥] 在利比里亚的情况下,这就涉及建立一个在美国税务局局长领导下的海关破产管理机构(Customs Receivership),并由美国官员负责指挥利比里亚的边防部队。

即使在这些贷款的叙事中,利比里亚与西非另外三个英属被殖民领土的经历之间也存在明显的差异。殖民地借款的利率较低,债券更经常按面值或接近面值的价格发行,而且借到的资金被更有效地用于修建铁路——促进债

---

① 他是 19 世纪 90 年代英属尼亚萨兰(British Nyasaland)的首任专员,是一位著述颇丰的博物学家和探险家。就在发行这笔贷款债券之前,约翰斯顿发表了一份被广泛引用多年的关于利比里亚的研究报告。请参阅 Judson M. Lyon,"The Education of Sir Harry Johnston in Liberia,1900－1910," *The Historian* 51 (1989):627－643;Harry Johnston,*Liberia* (London:Hutchinson & Co,1906)。

② George W. Brown,*Economic History of Liberia* (Washington,DC:Associated Publishers,1941),165－166.

③ Corporation of Foreign Bondholders,Annual Report 1913,211.

④ Brown,*Economic History of Liberia*.

⑤ Christian Suter,*Debt Cycles in the World Economy:Foreign Loans,Financial Crises and Debt Settlements 1820－1990* (Boulder:Westview Press,1992),149.

⑥ US Senate,Affairs in Liberia (Washington,DC:Government Printing Office,1910),11.

务偿还的一个重要因素,而不是偿还以前的债务。[1] 三个西非英属殖民地同样按时偿还了后来又借的贷款,而利比里亚则因为早期的违约而承受了沉重的财政负担。如果我们考察当时西非债券的二级市场,利比里亚与三个殖民地在这方面的差别就会变得很明显。

图 8.1 给出了从 1902 年到 1914 年四个西非国家发行的债券对英国统一公债的月度息差。息差是用来衡量投资者对特定国家违约风险感知的常用标准。在这个案例中,利比里亚债券对英国统一公债的息差要比塞拉利昂等三个殖民地的债券大很多。虽然在外国控制利比里亚海关和军队以后,利比里亚政府发行的债券对英国统一公债的息差确实有所下降,但并没有下降到与塞拉利昂等三个殖民地相同的水平。此外,三个殖民地债券对英国统一公债的息差几乎没有差别,从而表明投资者并不认为投资其中任何一个殖民地债券的风险会显著大于投资其他两个殖民地债券。图 8.2 对英国的非洲殖民地和非殖民地债券的息差以及非洲独立国家利比里亚与其他洲独立国家的息差进行了比较,并且显示了更加明显的息差。

那么,怎样解释图中显示的息差呢?在某种程度上,英国殖民地与独立国家债券的巨大息差,正是"帝国效应"文献可能会引导我们期待的。但是,这方面的文献同样预测,像利比里亚那样做出主权方面的让步,应该具有与帝国正式成员身份相同的效果,但至少在我们的例子中,做出主权方面的让步并没有产生这样的效果。要解释这一点,需要更加详细地考虑殖民地和独立国家的借贷机制,特别是帝国网络在降低英属殖民地借贷成本方面的作用。

# 1914 年前的西非主权国家

笔者在上一节里指出,西非国家的政治制度性质会影响其借贷条件。这一节研究这些国家是如何在 19 世纪下半叶形成其政治制度的。在 19 世纪中

---

① Albert Fishlow,"Lessons from the Past: Capital Markets during the 19th Century and the Interwar Period," *International Organization* 39 (1985): 383—349; Trish Kelly,"Ability and Willingness to Pay in the Age of Pax Britannica,1890—1914," *Explorations in Economic History* 35 (1998): 31—58.

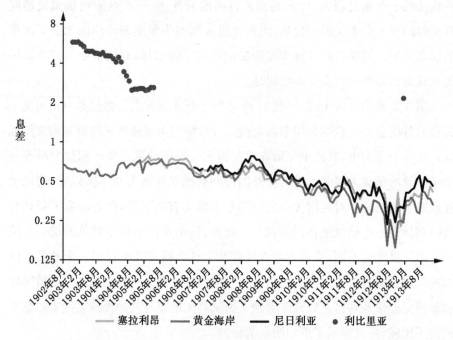

资料来源：Gardner，"Colonialism or Supersanctions"。

**图8.1　西非国家债券息差**

叶，欧洲人在非洲的存在仍然局限于几个沿海前哨，非洲一些本土政体有自己的政治主权。这些政体包括从高度中央集权化和复杂的官僚政治国家——如现在是加纳的阿桑特（Asante）或现在是尼日利亚的索科托哈里发（Sokoto Caliphate）——到权力比较分散的政治单位不等。[1] 这些国家的统治者不同程度地依赖控制对外贸易和关系来获得收入。这样的国家有从"外向型国家"到"守门人国家"等不同名称，并且一直延续到殖民时期。[2]

但是，到第一次世界大战爆发时，外国列强通过签订条约或殖民征服等不同手段从土著统治者手中夺取了西非一些国家的对外主权，并一直掌握在自

---

[1]　Walter Hawthorne，"States and Statelessness," in *The Oxford Handbook of Modern African History*，eds. John Parker and Richard Reid（Oxford：Oxford University Press，2013），79.

[2]　Jean-Francois Bayart，*The State in Africa：The Politics of the Belly*（Cambridge：Polity Press，2009），20—32；Frederick Cooper，*Africa Since 1940：The Past of the Present*（Cambridge：Cambridge University Press，2002），156—157.

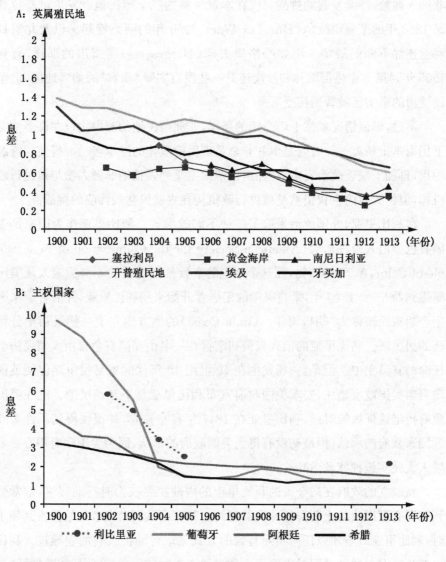

A：英属殖民地

息差

（年份）

塞拉利昂　　　　黄金海岸　　　　南尼日利亚
开普殖民地　　　埃及　　　　　　牙买加

B：主权国家

息差

（年份）

利比里亚　　　葡萄牙　　　阿根廷　　　希腊

资料来源：Gardner，"Colonialism or Supersanctions"。

**图 8.2　1990－1914 年英属西非殖民地债券息差以及**

**西非主权国家和非非洲主权国家债券息差比较**

己手中。在西非的大部分地区,殖民征服就意味着主权掌握在相关帝国政府
的手中。对于本章要讨论的三个国家,这个帝国政府就是位于伦敦的英国政
府。这并不是说,按照所有可能的定义,殖民列强都是主权国家,他们要面对

非洲人频繁、持续发起的挑战。仅在本章考察的三个殖民地就发生过塞拉利昂 1898 年的茅屋税战争（Hut Tax War）、1900 年的阿桑特起义以及北尼日利亚连绵不断的战争。正如哈格里夫斯（Hargreaves）所指出的那样，直到 1905 年，"虽然在热带雨林和沙漠还有一些没有实际'和解'的偏远地区，但殖民统治的事实已被普遍接受"。[①]

不过，即便情况就像上面介绍的那样，非洲殖民地的对内主权在许多情况下仍由本土精英——有时是但并非总是殖民前政体的继承者——行使。资源约束，再加上缺乏政治资本，往往迫使帝国主义列强招纳非洲人参与殖民行政机构，但扩大对内主权仍然是殖民行政机构在去殖民化前面临的挑战。

在利比里亚，外国统治采取了一种不同的形式。利比里亚作为国家是美国有色自由人殖民协会（American Society for the Colonization of Free People of Color，ACS）的产物，而这个组织的宗旨是把自由的非裔美国人从美国驱逐到西非。[②] 1820 年，来自美国的定居者开始来到利比里亚，并沿着原来因生产胡椒而被称为"胡椒海岸"（Grain Coast）的地方建立了一些最初十分稀疏的居民区。利比里亚的治理权最初掌握在一名由美国有色自由人殖民协会任命的官员手中。但是，一场发生在 19 世纪 40 年代的贸易税争端促使英国政府向美国政府施压，要求美国政府宣布利比里亚是不是殖民地。就在美国政府拒绝这样做的时候，利比里亚在 1847 年宣布独立，并很快得到了许多欧洲国家政府的承认（但最初没有得到美国政府的承认，因为美国政府担心一名黑人大使实施种族政治）。[③]

新成立的政府在向今天的利比里亚的内陆扩张权力时行动缓慢，常常受到资源有限以及与土著群体冲突的制约。只有当欧洲殖民者开始侵占其领土时，利比里亚政府才以任何实际有效的方式采取行动扩大它的领导权。利比里亚政府在这样做的同时采取了一种类似于英国殖民政府"间接统治"的统治

---

① John Hargreaves，"Western Africa 1886—1905," in *The Cambridge History of Africa*，Vol. 6：From 1870 to 1905，eds. George N. Sanderson and Roland A. Oliver（Cambridge：Cambridge University Press，1985），257—297.

② P. J. Staudenraus，*The African Colonization Movement 1816—1865*（New York：Columbia University Press，1961），ch. 3.

③ Christopher Clapham，*Liberia and Sierra Leone：An Essay in Comparative Politics*（Cambridge：Cambridge University Press，1976），6—16.

方式,任命酋长来管理内地。利比里亚的国体让一些人给它贴上了"黑人帝国主义"的标签。[①]

（无论是殖民地还是独立国家）政治领导权得到外部认可,西非国家政府就能在伦敦市场上借贷。土著人统治的国家很难做到这一点。例如,阿善提土皇在 19 世纪 90 年代提出的为修建一条铁路筹集欧洲资金的方案,最终因英国的军事行动而半途而废。[②] 然而,这两种类型的政体都不得不为争取有限的当地合法性而努力,并依赖由外国贷款资助的发展干预措施,以帮助发展和获得当地人的支持。但是,并不是所有的外部认可都是平等的。本章的以下几节将表明,欧洲在西非的殖民统治促成了一种"包容的利益机制",鼓励各种行为主体之间的合作,并最终使三个西非英属殖民地能以比利比里亚低得多的费用获得外国资本。

## 殖民帝国机构与殖民地借贷

如果说外国财政控制不足以激发外国投资者对利比里亚债务产生投资信心,那么,为什么正式的殖民统治能比较有效地让外国投资者对英国的三个西非殖民地的债务产生投资信心呢？ 这一节考察三个西非英属殖民地的借贷过程以及各行为主体在降低借贷成本方面所起的作用,并且指出殖民统治创造了一种"包容的利益机制",促进了利益不同的行为主体和机构之间的合作。正是这种合作有助于解释为什么这几个西非英属殖民地能够借到外国贷款。

如上所述,这三个西非英属殖民地发行债券的事宜,就像 19 世纪 60 年代以来的所有殖民地贷款债券发行事宜,由"皇家殖民地代理机构"(Crown Agents for the Colonies)这个半自治组织管理。皇家殖民地代理机构为殖民地全部行政机构提供一般代理服务,管理它们的财政和政府采购。[③] 皇家殖民

---

① Monday B. Akpan,"Black Imperialism: Americo-Liberian Rule over the African Peoples of Liberia,1841—1964," *Canadian Journal of African Studies* 7 (1973): 217—236.

② Isaias Chaves,Stanley L. Engerman and James A. Robinson,"Reinventing the Wheel: The Economic Benefits of Wheeled Transportation in Early Colonial British West Africa," in *Africa's Development in Historical Perspective*,eds. Emmanuel Akyeampong,Robert H. Bates,Nathan Nunn and James A. Robinson (Cambridge: Cambridge University Press,2014),349.

③ Kesner,*Economic Control and Colonial Development*.

地代理机构的起源可以追溯到 18 世纪,当时接受英国议会拨款的殖民地指定代理机构负责管理英国财政部下拨的资金。<sup>①</sup> 关于借贷成本决定因素的研究强调,"有声望的"中介机构可以降低借贷成本,因为投资者相信它们有助于克服信息不对称的问题。<sup>②</sup> 这三个英属西非殖民地的经历表明,皇家殖民地代理机构也能扮演这种角色。它们能扮演这种角色的部分原因是,它们对殖民地政府提出的贷款申请进行初步审查,如确保后者有足够的收入偿还拟借贷款,并帮助殖民地政府建立用于偿还贷款本金的偿债基金。

英国政府和皇家殖民地代理机构不但监督殖民地政府的财政状况,而且在必要时为缓解突发的财政危机进行干预。在利比里亚政府不得不以高成本求助于短期现金垫付款的时候,西非的三个英属殖民地政府都能从英帝国机构获得无息垫付款和贷款。例如,尼日利亚在 1873 年获得了一笔 2 万英镑的无息贷款,用于偿还当地商人为"满足政府本期开支"而预先发放的几笔贷款。<sup>③</sup> 1879 年,塞拉利昂从英帝国政府获得了一笔 3.8 万英镑的零息贷款,"用以支持殖民地的地方收入"。<sup>④</sup> 这笔贷款按不均匀分期直到 1890 年才还清。塞拉利昂为了应对 1898 年"茅屋税战争"这场反对英国殖民者权力向内地扩张的起义的开支举借了另一笔优惠贷款。<sup>⑤</sup> 这笔总计 4.5 万英镑的资金是从一个被说成是"在帝国范围内为应对公共服务和紧急情况而设立的数十万英镑的基金"的国库基金预支的。<sup>⑥</sup> 19 世纪 90 年代,黄金海岸殖民地政府借到了几笔优惠贷款,用于应付阿善提战争(Ashanti Wars)的开支。<sup>⑦</sup>

皇家殖民地代理机构还提供资金资助殖民地的基础设施建设,然后殖民地政府通过发行债券偿还。西非殖民地政府借贷的招资说明书上公开宣称,殖民地为之借款的铁路至少已经部分建成。黄金海岸政府在其借贷招资说明

---

① Arthur William Abbot, *A Short History of the Crown Agents and their Office* (London: The Grosvenor Press, 1971), 12.

② Marc Flandreau and Juan H. Flores, "Bonds and Brands: Foundations of Sovereign Debt Markets, 1820—1830," *Journal of Economic History* 69 (2009): 646—684.

③ Lagos, Blue Book for 1873.

④ Sierra Leone, Blue Book for 1879.

⑤ John Hargreaves, "The Establishment of the Sierra Leone Protectorate and the Insurrection of 1898," *Cambridge Historical Journal* 12 (1956): 56—89.

⑥ Davis and Huttenback, Mammon, 149.

⑦ Gold Coast, Blue Book for 1901; Kesner, *Economic Control and Colonial Development*, 44.

书中指出,从"塞康第(Sekondi)到塔克瓦(Tarkwa)的铁路虽然一些车站和港口工程仍未竣工,但一期工程(39.25 英里)已经对公共交通开放。从塔克瓦到钦纳蒙-比波(Cinnamon Bippo)的另一段 9.75 英里长的铁路也即将完工"。① 塞拉利昂铁路债券发行公告也指出,铁路的"大部分"路段已经"完工并投入运营"。② 在本节考察的三个英属西非殖民地,实际上都是在 19 世纪90 年代就已经开始修建铁路,但由于与非洲当地人发生冲突,雨季勘探测量困难,劳动力供应不足,欧洲员工的流动率高,因此,施工经常中断。③

这三个英属西非殖民地早期的铁路建设融资主要依靠皇家殖民地代理机构、英帝国财政部和私人部门。在拉各斯,1906 年通过发行债券筹集到 200万英镑的贷款,其中 72.5 万英镑被用于偿还之前向英国财政部借的铁路贷款。④ 在塞拉利昂,支付之前铁路建设费用的预付款是由皇家殖民地代理机构筹集的;后来,塞拉利昂用发行债券筹集到的资金偿还了这笔预付款。⑤ 在其他案例中,殖民地政府与私营企业做出了有利于吸引必要资本的安排。例如,在黄金海岸,阿善提金矿公司(Ashanti Goldfield Corporation)为塔克瓦—库马西(Kumassi)铁路支付了一半的年利息和偿债基金费用,并同意在这条铁路的收益低于某一水平时就给予补助。作为回报,这家公司分享了这条铁路的部分运营利润,并按担保费率使用铁路。⑥

然而,为争取财政稳定而做出的努力以及提前修筑铁路,并不足以确保投资者对西非英属殖民地债券的需求。与那个时期的其他中介机构一样,皇家殖民地代理机构也依靠一系列的"做市"活动将这几个西非殖民地发行的债券维持在高价位上,其中包括它们自己以及与西非殖民地的成功有利害关系的个人和群体购买这些债券。债券承销商在其 1911 年尼日利亚贷款债券的报告中指出:"平时南尼日利亚、黄金海岸和塞拉利昂的债券市场交易很少,只有

---

① "Gold Coast Government 3 per cent inscribed stock," *Financial Times*, 20 March 1902.

② "A Sierra Leone issue," *Financial Times*, 3 June 1904.

③ House of Commons, Papers Relating the Construction of Railways in Sierra Leone, Lagos and the Gold Coast (London: HMSO, 1905).

④ Lagos, Blue Book for 1905.

⑤ Sierra Leone, Blue Book for 1903.

⑥ Sunderland, *Managing the British Empire*, 215.

你们自己不时地大量买进才使其价格保持在相对较高的水平。"①他们用代表其他殖民地持有的资金购买债券,还与其他金融机构谈判安排债券的非正式承销。斯克林戈尔(Scrimgoer)指出,以1911年发行的债券为例,有一半债券是"在我们为了提高其价位而进行的主动合作下由一些较大的承销商购买的"。档案文献并没有系统记录这样的购买交易,但仍可发现一些蛛丝马迹。例如,一份1933年持有塞拉利昂3.5%债券的持有人名单显示,塞拉利昂467 668英镑的债券由塞拉利昂不同的英帝国和殖民地机构持有,其中包括殖民政府和基层"土著"政府的储备基金、殖民储蓄银行、票据储备基金,等等。②

简而言之,西非殖民地以如此低的利率借到贷款的能力,是与英帝国的机构和行为主体联系在一起的,而英国政府本身、像皇家殖民地代理机构这样的准独立实体以及私营企业都是上述机构和行为主体。虽然这种利益协调对西非殖民地借贷成本的总体影响难以衡量,但那个时代的人都认为,这种利益协调非常重要。那么,这些机构和行为主体为什么能够把各自的利息协调得这么一致呢?在那个时期里,西非仍然是英帝国的一个经济边缘地区,这三个西非殖民地的经济基本面似乎并没有引起投资者多大的兴趣。

对以上这个问题的一个可能答案或许能在单个殖民地之外以及英国的帝国机构利益横跨多个殖民地这一事实中找到。一篇对"帝国效应"文献做出贡献的论文认为,殖民地之所以能够以较低的成本借到贷款,是因为投资者把英殖民地政府视为英国政府的附属单位,因此把英属殖民地政府的违约风险评估为英国政府的违约风险。如果这篇论文的观点是正确的,那么,任何一个殖民地出现风险增大的迹象,都有可能破坏整个殖民体系,从而使得这个帝国殖民体系中相对较小和不重要的殖民地发行债券的成败变得比较重要。皇家殖民地代理机构利用它们代表其他殖民地政府管理的大量资金解决西非殖民地发行的债券需求有限的问题,从而加深了殖民地政府之间的相互联系,并把各种殖民地机构的财政健康与加快殖民地所借的贷款的还本付息联系在一起。

---

① A. Scrimgoer to Crown Agents, 16 November 1911, TNA CAOG 9/37.

② 请参阅TNA CAOG 9/63。由于部分债券在1933年前已经偿还,因此很难给出未偿债券的总额。

私人企业参与这个过程,有可能更加难以理解。但如上所述,许多参与这个过程的私人企业也与殖民地政府保持着有利可图的关系。阿善提金矿公司以资助黄金海岸铁路建设为交换条件,争取到了宝贵的垄断经营特权。[1] 西非英属殖民地债券的另一个机构投资者,英国西部非洲银行(Bank of British West Africa),在各西非英属殖民地的首都为殖民地政府提供政府银行服务,因此可以从它帮助管理的资金转移中获利。[2] 也许这类机构也有兴趣帮助皇家殖民地代理机构和殖民地办事处。

因此,西非殖民地债务管理反映出一个正如约翰·达尔文(John Darwin)所说的“有着宪法、外交、政治、商业和文化等非常广泛的关系的帝国”。[3]简·伯班克和弗雷德里克·库珀(Jane Burbank and Frederick Cooper)认同这种观点,并表示,对于那个时代的人来说,“帝国就是他们经历的政治现实。当时人们在维系帝国经济的企业中工作,参与到由帝国关系培育的网络中,并在帝国统治和竞争的环境中寻求力量、满足感或仅仅是求生存”。[4] 殖民征服把西非社会卷入了这个帝国利益网络,而“帝国效应”正是通过这个网络而不是通过市场的公平运作发挥作用的。

## 以主权换资本?

如果我们把考察的三个殖民地和一个独立国家的经历放在一起比较,这些利益相关方网络的重要性和独特结构就会变得更加清晰。在利比里亚首次发生债务违约后,割让关税征收和军队的控制权被认为应该能够降低利比里亚在伦敦的借贷成本。有些人认为,这种安排应当等同于正式的殖民统治。[5]图 8.1 显示,利比里亚的借贷成本虽然有所下降,但并没有低到相当于三个西

①　Sunderland,*Managing the British Empire*,215.

②　Leigh Gardner,"The Rise and Fall of Sterling in Liberia,1847—1943," *Economic History Review* 67 (2014): 1099.

③　John Darwin,*The Empire Project: The Rise and Fall of the British World System 1830—1970* (Cambridge: Cambridge University Press,2009),1.

④　Burbank and Cooper,*Empires in World History*,2.

⑤　Accominotti et al. ,"Spread of Empire"; *Pamuk,Ottoman Empire*,56; Nnamdi Azikiwe,*Liberia in World Politics* (London: Arthur H Stockwell,Ltd. ,1934).

非英属殖民地政府借贷成本的水平。当时财经媒体的反应是支持这种印象的。《金融时报》(*Financial Times*)称:"在目前实施的国际控制下,这些债券虽然很难说是'金边债券投资',但似乎是相当安全的投资品种。"①《经济学人》(*The Economist*)的结论甚至更不乐观,它表示:"财政收入在很大程度上取决于关税,而贸易条件和国家行政管理的稳定性还不足以令人满意,使目前的价格具有吸引力。"②本节考察利比里亚政府决定把向外国官员做出部分主权让步作为举借 1906 年和 1913 年两笔贷款的条件。

1871 年的贷款为利比里亚政府和国际资本市场之间一段长期且经常是敌对的关系奠定了基础,并且也为利比里亚国内关于吸引外国资本的利益和风险的长期争论奠定了基础。③ 罗伊(Roye)总统被罢免后不久就神秘死亡。1871 年 12 月,《泰晤士报》(*The Times*)报道称:"现在看来,这个小共同体似乎处于一种政治无政府状态,尽管对立各派都愿意控制贷款资金,但他们同样准备谴责对手可能做出的任何挪用行为都是非法的。"④国务秘书希拉里·约翰逊(Hilary Johnson)起草的一份宣言称,罗伊的其他违法行为还包括"违反根据既有法律签订外国贷款合同,并且在没有立法机关通过的拨款法案的情况下,未经他手下官员的手就挪用这笔贷款的资金"。⑤

虽然罗伊仍然是被批评的对象,但利比里亚后来的几任总统在把责任归咎于利比里亚政府违约方面撒下了一张更大的网。上面提到的那个希拉里·约翰逊在他提交给立法机构的 1890 年年度报告中表示:

> 利比里亚发生债务违约,不仅仅是因为这个国家财政状况不佳,而且还因为这个共和国的债务违约金额已经超过了其债务名义金额的 3/4,或者说是它发行的债券金额的 2/3。利比里亚贷款利率高达7%并不是唯一的例子,类似的情况也发生在其他较小的国家。同样的原则,或者更确切地说,同样的无原则,是造成所有这些小国债务违

---

① "Liberia fve per cent bonds," *Financial Times*,4 January 1913,6.

② "New capital issues," *The Economist*,4 January 1913,28.

③ Ibrahim Sundiata,*Brothers and Strangers*:Black Zion,*Black Slavery*,1914 — 1940(Durham:Duke University Press,2003),30.

④ *The Times*,25 December 1871,7.

⑤ Johnson,"Manifesto," IUARA Liberia collection.

约的基本原因：这些贷款资金都被这些小国的所谓外国朋友以开发所谓的无穷无尽的资源为幌子挥霍或花费掉了。[1]

其他观察人士则更愿意指责利比里亚的财政状况，特别是利比里亚为弥补经常性财政赤字采取的短期措施。这些措施包括开动印钞机，从而导致利比里亚货币贬值，还有向外国商行借现金高利贷。1896 年，塞拉利昂总督卡迪尤(Cardew)向英国外交部报告说，利比里亚的海关收入主要"被深度抵押给了两家商行，一家是荷兰商行，另一家是德国商行"。卡迪尤总结称："指望利比里亚向债券持有人支付任何债务利息是完全没有希望的，更不用说偿还债务本金了。"[2]

有轶事性证据表明，利比里亚有人担心外债会威胁到这个国家新获得的主权。利比里亚政府由于担心自己的国家成为"另一个塞拉利昂"，于是自己取消了在 1885 年借一笔贷款的计划。[3] 国外也有人表达了类似的情绪。1891 年，英国殖民部的一份备忘录提到了"利比里亚政府可能提出过把利比里亚置于英国保护之下的请求"。这份备忘录指出："毫无疑问，法国人希望最终得到利比里亚；除非在英国的保护下，否则这就是这个共和国的命运。"法国的领土扩张将会给英国在这个地区的利益造成可怕的后果。[4]

利比里亚在 1906 年贷款时引入的外国控制受到了褒贬不一的评价。一些观察人士指出，把控制权作为贷款的交换条件移交给英国官员后，利比里亚的海关收入有所增加。美国总领事欧内斯特·里昂(Ernest Lyon)向美国国务院报告称，这些英国官员的工作就是"开发海关资源，惩罚走私者，执行打击走私的法律，并在得到利比里亚财政部部长的批准后制定能使利比里亚海关在更好的基础上向英国支付更多的钱。"他补充说："这个来源的收入有所增加，让当局感到满意。"[5]但与此同时，这个步骤使得利比里亚的政治前途变得

---

① "Message of the President of Liberia to the second session of the twenty-second legislature, 15 December 1890," IUARA Liberia collection.

② Cardew to Salisbury, 3 November 1896, in TNA FO 881/6835.

③ Monday B. Akpan, "The Liberian Economy in the Nineteenth Century: Government Finances," *Liberian Studies Journal* 6 (1975): 129—161.

④ Colonial Office memorandum, November 1891, in TNA CO 879/35.

⑤ "Report of the Commercial, Financial and Industrial Conditions in the Republic of Liberia for the Year 1906," December 31, 1906, in NARA RG 84 UD 584 Volume 7.

不确定,尤其是让生活在有争议的边境地区的人民感到不确定。西非边境部队塞拉利昂营指挥官在 1908 年写给海关关长的一封信中表示:"这个国家目前处于一种非常不稳定的状态,主要是因为当地人不能确定他们最终会被英国政府还是利比里亚政府统治。"①

利比里亚在我们的考察期里、第一次世界大战爆发前借到的最后一笔贷款,也就是所谓的"再融资贷款",条件是设立由美国、英国、法国和德国这四个当时世界大国的代表参加的海关破产管理机构,扩大了外国对利比里亚的控制。虽然这在很大程度上是美国制定的计划,但欧洲三个大国的参加反映了一种不稳定的"休战"。这三个欧洲国家都担心其他几个国家正在寻求更多地参与利比里亚的政治活动,而利比里亚人则担心过多地依赖其中任何一个国家会进一步威胁他们的主权。例如,1896 年,塞拉利昂总督向英国政府报告称,德国驻利比里亚领事"正尽其所能利用利比里亚政府的债务向它提供资金,并建议它在德国发行债券,从而使德国成为利比里亚的债主"。② 引起这种担忧的不仅仅是利比里亚在国外发行债券,而且利比里亚还积欠了相当多的内债,主要是现金高利贷。关于 1912 年的贷款,利比里亚总统在他向立法机构发表的年度讲话中指出:"对于那些负责发起贷款的人来说,协调政府负有义务的不同利益集团的利益并非易事。鉴于这些利益集团或多或少得到了政府的支持,因此,这项任务就变得更加微妙。"③

总而言之,虽然这笔"再融资贷款"需要利比里亚做出一些主权方面的让步,但这种让步要小于利比里亚政府所担心的被彻底征服。海关破产管理机构有一个非常特殊的任务,即用它控制的利比里亚海关收入支付这笔"再融资贷款"的利息。利比里亚海关的任何收入余额都应该缴给利比里亚政府,供它把收入余额用于自己不受海关破产管理机构控制的用途。因此,对于导致利比里亚拖欠 1871 年贷款的相同财政问题来说,设立海关破产管理机构的做法只是一种部分有效的"万能药",结果,这次债务拖欠一直持续到 1912 年以后。

---

① Officer commanding Sierra Leone Battalion, WAFF to Collector of Customs, 29 Sept 1908, IU-ARA Svend Holsoe collection.

② Cardew to Salisbury, 3 November 1896, in TNA FO 881/6835.

③ "Message of the President to the Legislature," December 1912, reprinted in Foreign Relations of the United States 1912, 651.

世界上有些国家也在同时期做出了类似的安排,但在改善财政状况或防止暂停偿还债务方面只取得了有限的成果。[1]

在利比里亚和其他地方,这样的安排也引起了争议,债务和主权仍然是利比里亚政治辩论的主题。[2] 在 20 世纪 30 年代,反对派通过一个主要发声渠道,发表了大量关于利比里亚相对贫困与外国金融利益集团掠夺之间关系的文章。反对派 1930 年发表的一篇社论宣称:"利比里亚已经成立 107 年。可是,我们连饭都吃不饱,更不用说为我们提供其他生活必需品了。原因显而易见:我们一直依赖外国贷款和外国资本家,因此不得不放手让他们插手我们的事务,从而实际牺牲了我们的主权。"[3]另一篇第二年发表的社论拿利比里亚与墨西哥进行了比较。"如果一个国家要真正独立,那么,很大一部分公民必须在经济上独立。迪亚兹(Diaz)独裁统治下的墨西哥就是一个很好的例子。迪亚兹在一个致力于自己发财致富、以自我为中心的独裁者集团的支持下,把墨西哥人民的土地和矿产资源交给了外国的特许经营者,并且使墨西哥人民在这片他们的父辈以流淌那么多的鲜血和忍受那么多痛苦为代价把西班牙人赶走的土地上沦为奴隶,从而剥夺了墨西哥人民的政治自治权。"[4]

上述第二篇社论对美国—利比里亚的精英阶层与墨西哥"以自我为中心的独裁者"进行了明确的比较。可以说,1906 年和 1911 年债务拖欠问题的解决符合一些精英的利益,允许他们保留国家其他资源的部分自治权,并且避免大规模的殖民征服,但代价是国际社会对在利比里亚投资持续持怀疑的态度,从而使得利比里亚借贷成本居高不下。限制外国对利比里亚感兴趣的程度也可能收到适得其反的效果:这些贷款的使用几乎没有给利比里亚带来基础设施建设方面的任何好处。然而,利比里亚的精英阶层通过在战略上允许国家

---

① 请参阅本书第九章或 Noel Maurer, *The Empire Trap：The Rise and Fall of U. S. Intervention to Protect American Property Overseas*, *1893 — 2013*（Princeton：Princeton University Press, 2013),91。

② 想了解其他相关案例,请参阅 Tooze and Ivanov,"Disciplining," on Bulgaria or Juan J. Cruces and Christoph Trebesch,"Sovereign Defaults：The Price of Haircuts," *American Economic Journal：Macroeconomics* 5（2013）：85—117 on Greece.

③ "Liberia—A Democracy," Crozierville Observer February 1930,from Daily Observer Library, Monrovia.

④ George Best,"The Economic Aspects of Political Independence," Crozierville Observer May 1931,from Daily Observer Library,Monrovia.

主权受到些许侵蚀,成功地保住了国家主权。从政治角度看,为了获得外国资本,完全丧失主权的代价或许太高。

*　*　*

S.赫伯特·弗兰克尔(S. Herbert Frankel)在他对撒哈拉以南非洲投资的里程碑式研究中指出:"非洲的经济发展受到许多垄断和部门利益集团、特别的财政政策以及特殊的社会技术和制度的支配。不同的政治经济政策在过去已经影响并且还将继续影响资源流动。"[①]本章以四个西非国家1914年以前的借贷为例,说明了主权和对资本的需要在不同的外国影响背景下相互作用的方式。

最近关于借贷成本决定因素的研究推测,各国都要面对主权与资本获取之间的"取舍"问题。新兴经济体政府的借款历史表明,对于许多国家来说,借贷与政治脆弱性之间存在联系,但往往是一种复杂且多向的联系。不过,在投资者看来,穷国政府主权受到的侵犯并不相同。本章对三个被置于正式殖民统治下的非洲国家和独立国家利比里亚的经历进行了比较,目的是要了解外国征服影响借贷模式的不同方式。

本章考察的三个西非英属殖民地能够以非常接近开普殖民地或加拿大等富裕得多、地位更稳固的借款人的成本借到贷款。这不仅是因为它们是殖民地,更加确切地说,而且还因为各种公共和私人机构的合作,帮助降低了否则对投资者似乎没有吸引力的殖民地的借贷成本。它们这样做的动机反过来又与殖民帝国的财政结构和不同殖民地之间的相互依存关系联系在一起。

利比里亚政府在最初艰难地努力争取以具有竞争力的条件借贷后,同意把某些治理领域——关税征收权和军队指挥权——作为继续借贷的条件割让给外国控制。虽然这样做确实使利比里亚政府能够借到贷款,但在降低借贷成本或影响资金使用方面并没能复制殖民统治的影响效应。不管怎样,这种安排比较适合利比里亚精英阶层。

我们的比较研究凸显了资本和主权之间的"取舍"可能以复杂的方式相互

---

① Frankel, *Capital Investment in Africa*, 15.

作用,具体取决于许多偶然因素。其中的一个偶然因素是接受国和借款国双方利益一致的程度。就本章考察的三个西非英属殖民地而言,把最贫穷殖民地的财政命运与最富有殖民地的财政命运联系起来的殖民政策,激励许多行为主体产生了合作的动机。即使在外国财政控制下,独立的利比里亚也不存在相同的激励机制。另一个偶然因素是债务与主权关系的互动性。虽然牺牲政治主权有可能为借贷所必需,但借来的贷款可以帮助加强和巩固脆弱的领土控制。正如我们在本章的引言中已经指出的那样,在关于主权风险和金融全球化的辩论中,非洲在很大程度上被忽视了。本章的目的是要说明,正如凯恩斯所说的那样,"非洲中部"国家的借贷仍然可以很好地揭示 19 世纪金融全球化过程中政治和经济相互作用的方式。

# 第九章 外资的国内效应：中国晚清时期的公债与区域不平等

严 冬

对于研究中西方外交关系的历史学家来说，把近代公债引入19世纪末的中国是一座值得发掘的"金矿"，且其影响远远超出了西方列强在中国的竞争所产生的影响。具体而言，近代公债如何与中国晚清时期已有的财政再分配框架相互作用的问题几乎一直遭到忽略。①

与19世纪的欧洲和中东相比，近代公债进入中国较晚，主要是在19世纪50年代至90年间逐步引入中国的。中国19世纪50年代以前建立的财政再分配框架原则上避免了跨期转移，而倾向于跨地区转移，并在没有长期公债或债券市场的情况下成功地在广袤的地理区域内运行了近两个世纪。这一观点得到了正在进行的有关中国晚清时期公共支出的讨论的支持，这些讨论强调了公共支出对农民的轻微财政影响以及18世纪中期清朝官员推行的跨地区再分配合法化方案。本章的第一节简要介绍了这个早期财政框架的关键构

---

① 有关中国公债的英文研究文献对于中国海关史研究具有特殊的意义。例如，始于1927年斯坦利·赖特的编年史（Stanley Wright's chronicles in 1927）。*Hans van de Ven*, *Breaking with the Past：The Maritime Customs Service and the Global Origins of Modernity in China*（New York：Columbia University Press, 2014. 这个时期民国银行的银行和商业历史研究：Frank H. H. *King's History of the Hongkong and Shanghai Bank*（Cambridge：Cambridge University Press, 1991）；Brett Sheehan's *Trust in Troubled Times*（Cambridge, Mass. ：Harvard University Press, 2003）。在大量有关英、日非正式帝国主义和"绅士资本主义"的文献中也经常出现中国国债的主题，而晚清政治史同样从大国外交的角度讨论外债。在英文文献中有两个很好的例子，它们是 Wolfgang J. Mommsen and Jürgen Osterhammel, eds. ，*Imperialism and after：Continuities and Discontinuities*（London：Allen & Unwin, 1986）；Robert A. Bickers and Isabella Jackson, eds. ，*Treaty Ports in Modern China：Law, Land and Power*（New York：Routledge, 2016）。

成要素，它与信用工具的关系以及它聚焦于跨地区和社会再分配背后的政治考量。如果我们能记住公债本质上是一种跨期转移，晚清时期两种公共支出融资制度之间的转型幅度就会变得比较清晰。

然而，这种转型绝不像有些中文史学文献让我们相信的那样，仅仅是财政工具的简单转换。更加确切地说，晚晴已有的财政再分配框架在 19 世纪 50 年代后被一种债务融资制度取代的过程中，充斥不同政治行为主体之间的重新谈判，从而导致晚清官僚政治改变了治理重点。本章的第二节和第三节考察晚清政府如何在政治和财政混乱时期的关键时刻实施近代公债制度以及这种制度如何嵌入中央和省级政府的财政资源重新谈判这两个问题。由于清朝官员当时正努力应对外债导致的权力动态重组，因此，他们在 19 世纪晚期外债问题上的矛盾心理也可以从政治自治和合法性的角度来审视。对于晚清政府来说，近代公债不仅是外国统治的工具，而且是推动帝国内部不同地区和阶级之间新的财政和政治关系变化的新抓手。

随着中国知识分子逐渐接受 19 世纪晚期出现的各种竞争性自由主义思潮，近代公债与之前的财政再分配框架一样，也是伴随着一系列不断演进的政治经济思想——特别是关于国家在利用公债方面应该扮演的角色——引入晚清的。由于这些政治经济思想的影响使得晚清政府的债务规模不断扩大，而且因借债实现的地区和社会优先事项再平衡而得到放大，因此，公债和政治经济思想扩散之间的这些联系就成了本章最后一节要讨论的问题。与此同时，我们还应该考察把这些思想运用于公债的政治意义以及反映竞争性政治利益的不同公债话语框架。除此之外，随着帝国主义的公债仁慈说辞让位于民族主义的公债象征说，公债在 20 世纪早期的中国遇到了主张强制偿还公债的新的政治支持者。

## 19 世纪 50 年代前的晚清财政：不稳定的平衡法案？

19 世纪晚期被近代公债取代的晚清财政框架是为了支持一个以农业为基础、地区和社会失衡严重的庞大帝国的政治合法性而设计的，并且是 18 世纪和 19 世纪早期清朝各主要利益集团之间持续谈判和不断调整的产物。但与同时代的欧洲财政框架相比,这是一个信用工具和私人商人参与空间有限的财政框架。相反,一种复杂且往往笨拙的省内转移制度被用来部分解决区域和社会群体之间的明显差距。

以实际收到的税收收入和支出的空间不匹配为例:18 世纪中期,占官方财政收入 60％ 的土地税,越是往长江下游地区,税负就越重,苏州周边地区的土地税单位收入几乎是边境省份的 20 倍。① 这些地区还被要求向北京进贡更大份额的稻米。1753 年,仅江苏地区就被要求进贡接近全国总量 25％ 的稻米,约为现在河北地区的 21 倍。② 但整个 18 世纪和 19 世纪早期,是清朝边疆远征和河流治理工程耗尽了清政府的资金。③ 即使在 19 世纪早期,财政拮据的清政府也设法花费大约 2 亿两白银来镇压宗教信徒起义,同时维持每年用于治理黄河和大运河的 490 万两白银支出。④

如果从社会的角度考虑这些地区差异,就能发现一种类似的现象。长江三角洲和广州的粮商和盐商是官职和爵位的主要买家,从 1796 年到 1850 年每年大概能为清政府创造 200 万两白银的收入。⑤ 卖官就相当于向粮商和盐商索要"捐款"以及从广州海外贸易中榨取"捐赠"。一份不完整的资料显示,1773－1832 年,广州商人的"捐款和捐赠"达到了 540 万两白银。⑥ 此外,常规的以工代赈工程在任何时候都要雇用 20 万到 40 万劳力,而且对中原和华北的农民和季节工格外有利。以皇上的名义恩赐的偶尔田赋蠲免也主要是针对农民的。⑦

为了应对公共支出在空间和社会方面的不匹配,清政府户部构建了一个

---

① Xu Ke,"Jiading Fufu Sandayu," *Qingbai Leichao* (Reprint,Beijing,2010).

② Ye-chien Wang, *Land Taxation in Imperial China*,*1750－1911* (Cambridge Mass.：Harvard University Press,1974),92－93.

③ 估计数字引自 Wang Qingyun,*Shihe Yuji* (Beijing,1985),Vol. 3。1812 年官员薪俸约为 616 万两白银。

④ Zhao Erxun et al.,*Draft History of the Qing* (Reprint,Beijing,1998),Vol. 125,section 6.

⑤ Tang Xianglong,*Zhongguo Jindai Caizheng Jingjishi Lunwenxuan* (Chengdu,1987),188－190.

⑥ Chen Feng,*Qingdai Yanzheng yu Yanshui* (Zhengzhou,1998),220.

⑦ 乾隆年间,全国大约每 10 年进行一次税收减免,每次税收减免大约能减轻税负 2 700 万两白银。估计数字引自 Wu Qingdi,*Jiaolang Cuolu* (Beijing,1990),Vol. 1. 不过,由于省级财政赤字累积,每次税收减免大多只是废除前几年的未缴税款。

从省级收入中截取资源的财政框架。从 1734 年到 1820 年,10%～30%的省级收入由各省留存,其余省级收入即便不是实际押解北京,也由户部掌管。[①]各省布政司被要求每年上报两次收入数据。各省被分为通常有盈余的省份(主要是沿海和南方省份)、收支平衡的省份(广东和福建)和需要财政补贴的省份(四川和其他西部与边疆省份)。有财政盈余的省份被要求向朝廷上缴部分盈余,一般还要把另一部分盈余用于弥补距离最近的赤字省份。例如,1744年,五个西部省份按计划收到了从沿海六省调拨的 417 万两白银的财政补贴。[②] 18 世纪,中国西北和西南地区的军费支出也基本遵循同样的原则,即用北京户部的财政储备和各省的"捐助"相结合的方式来筹措。

　　关于这个财政框架,值得注意的是,它没有公债和公债二级市场。在维持这个框架方面,即使有什么特点,显然也不是政府借贷。清朝的地方官员确实从商人那里借一些用于应急的小额补缺贷款,但通常是以官员个人的名义举借,很少使用任何抵押品。从广州商人那里募集的"捐款"更是家常便饭,但这种"捐款"更应该被视为获得官方批准从事海外贸易支付的规费。我们不能就此认为清朝官员不熟悉信用世界。恰恰相反,一些做私人理财的清朝官员,长期以来,通常按 0.5%～1%的月息向私营商人大肆放贷。[③] 有时,朝廷向不愿放贷的盐商强行借钱,年利息支出高达 140 万两白银。[④] 但是,这些借贷行为是高度人格化的互动,有时由皇帝钦定借款利率,或者对长期为朝廷服务的商人家族完全不付利息。公债的跨期性没能在财政规划中得到体现,因为军事行动或基础设施建设项目往往依赖已有资金,尽管有些地区的商人(如山西的商人)参与了把这些资金汇往边境地区的业务。

　　这种跨省的财政转移制度,与把重点放在了外围省份和农民身上一样,都是出于战略和政治的考虑。平定边疆是清朝晚期的要务,平定新疆和当时的蒙古地区的叛乱更是增加了这种财政需要,而主要水利工程管理不但是一个

---

① Liang Fangzhong, *Zhongguo Lidai Hukou Tiandi Tianfu Tongji* (Shanghai, 1980),426 - 427.

② "Wei Qinfeng Shangyu Shi," 14th Day 12th Month, Ninth Year of Qianlong, First Historical Archive,Beijing.

③ Wei Qingyuan, *Mingqingshi Bianxi* (Beijing:China Social Sciences Press,1989).

④ "Re-transport and Loans," Lianghuai Yanfazhi, *Jiaqing Era*, Vol.17.

技术问题,更是一个政治问题,即往北京运送南方的粮食,以防止北方农民闹事。① 明朝在这两个方面都遭遇了失败,清朝官员认为这是导致明朝灭亡的一个关键原因,并做出了进一步的回应,他们在 1711 年冻结了应缴人头税的人数,并且推行"摊丁入亩"的税收政策。因此,1711 年后的人口增长不再反映在官方税收收入中。②

为了证明这些政治方面考虑的合理性,清朝官员对一些主张以农业为本的政治经济学思想表示了支持,但同时又对商业持一种好恶参半的态度。这种矛盾心理可能在金融创新领域表现得最为深刻:主要的金融家和商人集团被排斥在直接政治参与者的行列之外(但他们的影响可从与这些集团有关的法律中窥见一斑),而金融发展,如在跨省贸易中使用私人支持的商业票据,则与财政保持着一定距离,尽管官员们经常以私人身份使用这些金融服务。这既反映了官员和商人集团之间不对称的共生权力关系,也反映了清朝官员把商业收入作为他们估计收入补充的理解,还反映了他们在"摊丁入亩"使人口增长的红利在财政上被抵消的情况下接受了以农业为基础的土地税的长期波动(而不是持续增长)。

但是,为了积累财政盈余,清政府不仅需要长期的和平,而且需要按合理的利率提供稳定的流动性(在这里是指来自西班牙美洲的白银)。③ 特别是在流动性方面,即使在 18 世纪后期流动性相对充盈的几十年里,清朝的商业利率仍然比西班牙美洲高很多——月息通常在 0.5％~1％。④ 这是一个很大的息差,因为假设清朝官员心存公开发行债券的想法,他们必须按合理接近私人信贷的利率发行债券。但在工业革命之前要实现 7％~12％ 的年回报率,国家的财政和经济结构必须进行彻底调整才能避免破产。

到了 19 世纪早期,虽然清政府得以维持境内的脆弱和平,但全国遇到了

---

① 对山东西南水道周边地区历史的研究证明了政府投资和主要水利工程监管对于维护地方稳定具有重要的意义。请参阅 Kenneth Pomeranz, *The Making of a Hinterland*: *State*, *Society*, *and Economy in Inland North China*, *1853－1937* (Berkeley: University of California Press, 1993)。

② 请参阅 Madeleine Zelin, *The Magistrate's Tael*: *Rationalizing Fiscal Reform in Eighteenth-Century Ch'ing China* (Berkeley: University of California Press, 1984)。

③ 这比看起来要困难得多,因为可以说这两个条件都不是清朝官员所能掌控的,从而使得麦卡特尼(McCartney)勋爵所说的"很幸运,有一批能干且机警的军官接班"具有先见之明。

④ Qingyuan, *Mingqingshi Bianxi*.

流动性问题,因为白银在 1820—1855 年间变得越来越稀缺,而推行"摊丁入亩"制度所放弃的人口红利并不能让清朝统治者免受人口增长的影响。这个时期官方对人口过剩、资源稀缺和社会不稳定的担忧带有马尔萨斯人口论的色彩。[1] 虽然清政府的财政收入不断减少,但断断续续的田赋减免正在失去效力,因为铜银比价对农民不利。[2] 长期赤字部分用商人群体"捐赠"、卖官鬻爵的收入和增加盐税所积累的盈余的余额来弥补,但到了 1851 年太平天国起义爆发时,清政府已经陷入财政拮据状态。[3]

# 1865—1895 年公债嫁接到清政府

由于清政府严重依赖长江下游"长三角"地区的收入,太平天国起义(1851—1864 年)对清政府为维持财政稳定所做的努力造成了第二次打击。财政盈余——过去军费开支的主要来源——迅速减少,到了 1853 年只有区区 22.7 万两白银,而 18 世纪末最多时估计有 7 800 万两白银。[4] 虽然财政盈余在 19 世纪 80 年代有所恢复,但国库储备消耗殆尽,再加上中央政府对中国东南部的控制力有所削弱,导致清朝的财政框架发生了两方面的主要变化:省级官员获准提高商品过境税,以资助地方民团;外国势力从清朝官员手中夺取了上海海关的控制权。

由省级政府征收的过路税(厘金)对重塑国家—商人关系至关重要:在清

---

① 想了解关于 19 世纪早期思想家主要观点的简要概述,请参阅 Wang Fansen,*Zhongguo Jindai Sixiang yu Xueshu de Xipu*(The Genealogies of Modern Chinese Ideas and Learning)(Taipei:Linking Publishing,2003),81。

② 想了解关于白银危机的更详细讨论,请参阅 Lin Man-houng,*China Upside Down:Currency,Society,and Ideologies,1808—1856*(Cambridge,Mass.:Harvard University Press,2007)。

③ 据估计,1734—1820 年,盐商对清朝军事行动的捐赠达到了 4 100 万两白银,这还没有包括广州商人的捐赠。

④ *Qing Wenzong Shilu*(Veritable Records of the Xianfeng Emperor of Qing),Vol. 97,33. 应该指出,18 世纪中期的数字是收入委员会估计它管理的储备得出的数字;实际纹银储备可能要少一些,但仍比 1853 年发现的储备大很多。

朝历史上,各种大宗商品的商业活力第一次与国家财政直接相关。[①] 随着鸦片战争后对外贸易的增长,厘金是课征于全球对中国商品日益增长的需求以及国内不断增长的消费能力的税种。[②] 国内商人也越来越多地参与厘金的设置和征收,他们通过请愿和罢市与省级政府官员讨价还价,并把自己组织起来以促进其厘金的征收。地方金融家与省级财政的关系变得尤为密切,因为他们以地方厘金收入为担保,为省级官员安排了金额更大的临时补缺贷款。他们的社会和政治地位也相应得到了提高,因为他们通过卖官(包括厘金专员的职位)鬻爵来为地方民团筹集资金。

原先,只有上海海关被外国人接管。但到了 19 世纪 60 年代中期,情况发生了突变,整个中国沿海港口的海关全部由外国人管理,从而对重塑中央和省级政府之间的权力格局产生了类似的影响。由于省级政府对厘金的计征几乎没有有效的监督,因此,北京的厘金局小心翼翼地维持其对外国海关官员征收的关税收入的控制。事实上,在 19 世纪 60 年代和 70 年代,外国海关官员和外交官曾以外国海关官员有效地征收和上缴关税收入给清政府为由来证明外国人管理中国海关的合理性。与此同时,各省巡抚对海关侵犯过路税的行为越来越警觉,并小心翼翼地守护他们新近获得的过境税控制权。

这些新的以商业为基础的税收收入以及清朝业已改变的政治格局,奠定了清政府举借外国贷款的基础。从 19 世纪 50 年代起,各省巡抚开始向外国商行借小额贷款。[③] 这些用于镇压太平天国起义和平叛后重建的贷款,随着清政府相继面临新疆叛乱、饥荒和与法国开战,规模迅速扩大,所有这些贷款需要多年巨额收入才能偿还。如表 9.1 所示,这些债务随着国家对军备生产

---

① 西洋人管理的海事机构掌握的进口数据表明,从 1864 年到 1894 年,进口商品的价值增长了 4 倍,从 4 621 万两白银增加到了 1.621 亿两白银。请参阅 Xu Dixin and Wu Chengming eds., *Zhongguo Ziben Zhuyi Fazhanshi* (History of the Development of Chinese Capitalism) (Beijing: People's Press,1990),2:302。

② 从 1840 年到 1894 年,国内贸易的茶叶、蚕丝、棉花、鸦片和谷物的商品价值大约增长了 180%,从而形成了逐步增长的厘金税基。请参阅 Xu Dixin and Wu Chengming eds., *Zhongguo Ziben Zhuyi Fazhanshi* (History of the Development of Chinese Capitalism) (Beijing: People's Press, 1990),2:302。

③ 每笔贷款大约为 15 万两白银。People's Bank of China, *Zhongguo Qingdai Waizhaishi Ziliao* (Materials on Qing-era Foreign Loans) (Beijing: China Financial Press,1991),2。

和现代工业投资的扩大而增加。

表 9.1　　　　　　　　　1863—1894 年清朝官有工业投资

| 类　别 | 数　量 | 金额(银两) |
|---|---|---|
| 军火生产 | 19 | 69 943 461 |
| 采矿业 | 7 | 2 716 228 |
| 制铁工厂 | 9 | 6 637 250 |
| 纺织业 | 5 | 6 103 803 |
| 交通运输 | 7 | 12 508 702 |

注：1 两白银＝0.27 英镑(1885 年汇价)。

资料来源：Huang Rutong, *Zhongguo Shehui Jingjishi Luncong* (Taiyuan：Shanxi People's Press，1982)，510。

　　这些长期投资通常会发生需要在几十年的经营中摊销的巨额启动费。例如，19 世纪 80 年代末，湖北汉阳制铁厂在投入营业前的初始投资共计 583 万两白银。[①] 这很难与 19 世纪 50 年代以前的财政模式相融合，而湖北省的官员经常因在最初几年里付出了巨大的沉没成本但又一无所获而受到户部的批评。[②] 不过，由于中国民间市场的流动性供应不足，这种规模的投资要么需要中央和省两级政府的共同努力，要么通过发行公债引入外国资本。[③]

　　这为清政府第二阶段借外国贷款奠定了基础。从 1874 年到 1894 年，每笔贷款的平均规模从 19 世纪 50 年代的约 12 万两白银猛增到了 19 世纪 60 年代的约 150 万两白银。这些贷款的期限也有所延长，但平均利率仍保持在每年 9.5％ 左右的稳定水平，高于欧洲主权债务，但与奥斯曼帝国第一次违约前主要贷款的利率大致相同。[④] 与最初由省级官员与外国商行商谈短期商业贷款的做法不同，这个时期见证了清政府首次在伦敦和中国香港市场公开发

---

① Wang Jingyu，*Zhongguo Jindai Gongyeshi Ziliao* (Materials on History of Modern Chinese Industries) (Beijing：Science Press，1957)，2：103。

② Association of Chinese Historians，ed.，*Yangyu Yundong Zilao Congkan* (Compiled Materials on the Self-Strengthening Movement) (Shanghai：Shanghai People's Press，2000)，4：340—346。

③ 大多数国内经纪商的平均资本为 20 万～30 万两白银，因此杠杆也很高。

④ 想了解更加深入的讨论，请参阅 Christopher Clay，*Gold for the Sultan：Western Bankers and Ottoman Finance，1856—1881* (London：I. B. Tauris，2001)。奥斯曼帝国政府在充分说明政府预算方面所遇到的困难，与晚清政府尤为相似。

行债券,以及外国金融机构(如最著名的是汇丰银行)的创建。

在外国银行机构的调解下,外资的注入缓解了清朝中央和省级政府在新疆行动筹资问题上的争执。与奥斯曼帝国和埃及发行的债券相比,清政府首次发行的可在伦敦交易的债券规模相当小,但在外国管理的海关服务的担保下,清朝各省的布政司能够按期汇款支付每期贷款的本息。采用在6~8年内分期偿还贷款的方式,省布政司觉得没有了不定期地在短时间内要支付大笔款项的负担,而外国贷款人的安全仍由关税担保来保证。[①] 通过把某种承诺机制嵌入外国的隐性干预,清政府就能够更加容易地说服省布政司迅速支付他们省的还贷款项,并在这个阶段保留足以顺利执行这些结果的权力。

由于清朝的债务规模很小,因此,这种政治和技术上的妥协在 1874—1894 年间收到了效果。清朝当时的债务规模小到省布政司可以通过不断增加的厘金和关税筹集他们省需要承担的偿债份额,并有效地限制外国人实施财政控制的可能性,就像清朝外交官了解的奥斯曼帝国和埃及的情况。然而,令清朝官员非常不满的是,这些贷款的条件提高了海关在政治和财政方面的重要性。这一点也体现在了罗伯特·哈特(Robert Hart)身上,他不懈地努力让伦敦的银行家了解清朝的贷款需求。罗伯特·哈特收集、研究并传递有关清朝贸易和经济的信息,包括公布贸易和关税数据、对清朝的贸易条件和市场情况进行广泛的调查,并且首次对清朝的官方收入进行总体估计。[②]

正是由于担心让新的(而且是外国的)政治行为主体参与清朝的财政管理(尽管这种担心在太平天国起义平息以后有所减轻),因此,尽管维新派的小册子和外国顾问都在敦促增加发展工业的借款,但清朝的中央和省级官员减少了用于发展工业的贷款。虽然有些文献把这归因于 19 世纪 50 年代保守派对失败的法币试验的强烈反对——反映了长期以来对金融创新持有的矛盾心

---

① 事实上,这就是 19 世纪 70 年代末新疆贷款的支持者援引的实际理由。请参阅 People's Bank of China, ed., *Zhongguo Qingdai Waizhaishi Ziliao* (Materials on Qing-Era Foreign Debts) (Beijing: China Financial Press, 1991),25,48。

② 其中一些数据最初是由法国信用评级机构使用的。请参阅 Marc Flandreau,"Caveat Emptor: Coping with Sovereign Risk without the Multilaterals," Centre for Economic Policy Research Discussion Paper Series No. 2004,1998,http://ssrn.com/abstract=141392。

理,但对外国列强进一步介入清朝财政的政治关切似乎是一个更加紧迫的问题。① 当然,这个时期清朝官员仍然坚持陈旧的政治经济学话语,但我们很难把这种话语与清朝官员对新政治行为主体(无论是贪婪的外国人还是狂妄的中国商人)的不信任以及维护并恢复过去公共财政框架的迫切愿望分开。

## 作为催化剂和执行载体的公债(1895—1911 年)

清朝在 1894—1895 年的中日甲午战争和 1900 年的义和团运动中遭遇了失败,从而迫使清朝官员采取行动。日本索要 2.04 亿两白银的战争赔款,外加 5% 的年利息;而八国联军则因义和团运动总共要求赔款 9.822 3 亿两白银,并在 39 年内付清。② 作为比较,1890—1894 年间清政府的年收入一直在8 100 万～8 600 万两白银之间徘徊。③ 在日本承诺如果能在 3 年内付清赔款就能减免利息的诱惑下,清朝官员寻求向英、德、法、俄财团举借三笔每笔面值1 600 万英镑的巨额外国贷款(法俄贷款是 4 亿法郎)。前两笔贷款的折价率是 6%(债券按面值的 94% 出售),而 1898 年最后一笔英德贷款的折价率是16%(实际上是债券按面值的 83% 卖给银行)。④ 考虑到这些贷款利率太高,清政府被允许拿内陆关税和盐税作为抵押,按 4% 的折价率直接在外国列强国内发售庚子赔款债券,并通过海关监督。

这些强加于清政府的外债极大地改变了公债在清政府财政体系中的地位。由于推行谨慎的外债政策,因此,1885—1894 年期间清政府每年的还本付息额占其支出的比例在 4.3%～6.0%(1892 年)波动。在清政府的财政收入大幅度增加后,这个比例在 1899 年飙升到了 22.8% 左右,而到了清政府财政支出增加到了 1.349 亿两白银的 1905 年则达到了 31% 左右,比 1894 年的

---

① He Wenkai,*Paths toward the Modern Fiscal State* (Cambridge,Mass.: Harvard University Press,2012),chap. 3—4.

② People's Bank of China,ed.,*Zhongguo Qingdai Waizhaishi Ziliao*,890.

③ Liu Jinzao,ed.,*Qingchao Xuwenxian Tongkao* (Reprint,Hangzhou: Zhejiang Guji Press,1988),Vol. 68.

④ 所有这些业务都给相关银行带来了巨大的利润,汇丰银行 1897—1898 年的大部分年度利润来自英德贷款业务。请参阅 Frank H. H. King,*The Hongkong Bank in Late Imperial China*,*1864—1902*:*On an Even Keel* (Cambridge: Cambridge University Press,1987)。

名义比例高出 65.9％以上。到了第一次编制国家预算的 1911 年,大约 5 641
万两白银,或当年 16.65％的财政支出,被用于偿还积欠的外债和省债。[①] 因
此,从 1895 年到 1905 年的 10 年里,外债和省债的增幅超过了政府财政收入
的增幅,而在 1905－1911 年间,公债增幅有所稳定,1911 年的鄂广铁路借款
是单笔最大的借款,金额达 4 882 万两白银。[②] 在省级财政,外债的还本付息
额占财政收入的比例平均在 13.7％～24.2％,但有些省份甚至超过了 30％。
此外,以下数据并不能清楚地告诉我们 20 世纪头 10 年各省发行的省债是否
包含在这些数据中。包括北京和天津在内的直隶省低得令人惊讶的数字表明
20 世纪头 10 年省政府积欠的省债可能没有包括在内,因为有文献记载直隶
省在那十年里发行过省债(见表 9.2)。

表 9.2　　　　　　　　　　1910 年清朝各省财政收入和外债还本付息额

| 省份 | 年度财政收入(两白银) | 外债还本付息额(两白银) | 百分比 |
| --- | --- | --- | --- |
| 直隶(河北) | 25 335 170 | 1 036 559 | 4.1 |
| 河南 | 9 741 000 | 1 865 655 | 19.2 |
| 陕西 | 4 213 510 | 996 592 | 23.7 |
| 甘肃 | 3 805 956 | 355 637 | 9.3 |
| 山西 | 8 188 561 | 1 327 421 | 16.2 |
| 江苏(苏州) | 9 834 751 | 3 424 991 | 34.8 |
| 江苏(南京) | 25 741 937 | 4 444 697 | 17.3 |
| 浙江 | 14 289 452 | 3 451 590 | 24.2 |
| 安徽 | 4 997 800 | 1 805 930 | 36.1 |
| 湖北 | 13 545 147 | 2 567 739 | 19.0 |
| 湖南 | 7 661 153 | 1 430 651 | 18.7 |
| 江西 | 7 432 925 | 2 955 967 | 39.8 |
| 广东 | 23 201 957 | 4 771 768 | 20.6 |
| 福建 | 5 061 163 | 1 611 854 | 31.8 |

---

　① 1894－1910 年,银圆贬值 21％左右,即使算上银圆对金本位货币的贬值,1911 年用于偿还外
债的金额仍占 1894 年政府总支出的 52％以上。

　② 数据引自 *Qingchao Xuwenxian Tongkao*,Vol. 65－68。

续表

| 省份 | 年度财政收入(两白银) | 外债还本付息额(两白银) | 百分比 |
|------|------|------|------|
| 四川 | 23 676 100 | 3 885 972 | 16.4 |
| 广西 | 4 470 000 | 610 250 | 13.7 |

注：1 两白银约合 0.132 3 英镑(1910 年)。

资料来源：Memorandum by Feng Rukui，Xuantong 3，6th Month，12th Day，No.1 Historical Archives，Beijing。

通过探索清政府偿还这些巨额外债的手段，我们就能从清政府早期引入公债的过程中发现清朝中央和省财政关系的逐渐演变：在清朝统治的最后几十年里加快了财政资源和权力的大幅度下放。在偿还庚子赔偿之前，清朝省级财政每年被要求上缴中央财政的收入是根据省财政上报中央财政并经批准的收入来评估的。厘金的征收权下放到省财政以后，省财政总是少报实际收到的厘金收入，从而导致北京户部的官员抱怨不断。1899 年，北京户部派官员前往江苏、浙江和广东等重点省份，进一步查清未申报的省级财政资金来源，但收效甚微。[①] 值得注意的是，从 18 世纪中期开始，清朝中央政府就一直在调查和合并漏报的地方收入来源，这是一种长期趋势，因此早已根植于清政府既有的财政安排中。

清政府需要偿还庚子赔偿，因此，户部在 1901 年迅速把偿还外债的份额分派给各省财政。在发给各省巡抚的指令中，户部尚书明确表示，需要"根据地方情况调整，并考虑采取权宜之计，(省布政司)可以'即兴'征收(税收)"。[②] 户部尚书的这一指令实际使在偿还日本赔款后已经存在的一种做法合法化，即中央政府认识到各省有未申报的收入，并让各省当局自由增收它们认为合适的收入。各省准备半年的偿债资金到位，就可以不经中央政府转手直接转给上海的外国银行。这种债务偿还框架实际允许省级政府扩大财政自治权，这可是清政府从 19 世纪 50 年代初以后一直试图消除的晚清财政的一个特点。

---

① Zhu Shouming ed.，*Guangxuchao Donghua Lu*（Court Memorials of the Guangxu Era）（Reprint，Shanghai：2007），4：4370—4394.

② "Memorial by the Treasury on the need for collective effort at indemnity repayment，"*Beijing Xinwen Huibao*，Vol.6，Guangxu 27，9th Month，3546.

在扩大省级政府财政自主权的同时，官方也在努力促进增收。正如前面已经提到的那样，清朝中期的财政框架与利息和收入增加有着矛盾的关系，这也可以从清朝财政处理厘金这种快速增长但被批评太具榨取性的商业税的方式中窥见一斑。虽然19世纪后期这些思想的影响由于重大工业化项目需要国家的指导性干预而逐渐减小，但直到还清日本赔款后，增加财政收入才成为清政府财政议程的核心问题。在这个时期，财政管理问题主导了官方的政治经济讨论，甚至反映在了准备预备官员的培训手册中。虽然提倡削减成本的措施，但也关注"增利"实业政策和项目，如铸造铜钱、投资官办实业、发行省债，等等。①

一方面，由于外债和省债都需要大量的田赋、盐税和厘金作为担保或直接偿债来源，因此由北京户部协调的跨省财政转移支付体系遇到了严重的困难。到了1908年，虽然清政府的年收入超过了2亿两白银，但根据大多数人的估计，实际收缴户部的收入只有2 450万两白银，仅够维持清政府的运营费用，根本谈不上财政收入再分配。② 这种影响在新疆和甘肃等边疆省份最为明显，因为这两个省份在19世纪80年代冲突结束后见证了财政转移支付的减少，仅在1900—1902年就减少了超过353万两白银。③ 同样，清政府对蒙古人和满族旗人的补贴也在连续几轮的财政紧缩中大幅度减少，导致积欠蒙古地区汉族商人的负债增加，并且成了后来导致民族不和的一个焦点问题。像云南和贵州这样依赖富裕省份财政转移的外围省份，在1895—1899年间分别被其他省份积欠了195万多两和近500万两的白银。④ 最重要的是，负责大型水利工程的朝廷机构，尤其是负责大运河和黄河大型水利工程的朝廷机构，被削减到仅为以前水平的一小部分；然后，为了支付1901年的庚子赔款而被

① "Guangdong Keliguan Zhangcheng (Curriculum for Guangdong Official Training Institute)," in Deng Shi, ed., *Zhengyi Congshu* (Reprint, Taipei: Wenhai Press), 513.

② Wei Guangqi, "Qingdai Houqi Zhongyang Jiquan Caizheng de Wajie (The Disintegration of Centralized Fiscal System in Late Qing)," *Jindaishi Yanjiu* (Research in Modern History) 1 (1986): 223—224.

③ Memorial by Song Fan, Viceroy of Shaanxi and Gansu, Guangxu 31, 3rd Month, 24th Day. In *Guangxuchao Donghua Lu*.

④ Memorial by Wang Yuzao, Governor of Guizhou, Guangxu 24, 3rd Month, 29th Day. In *Guangxuchao Donghua Lu*.

部分废除。① 虽然这也与减少运粮费用和时间的轮船运输的兴起有关,但长期以来享有空前补贴水平的华中和华北地区财政支持系统的崩溃,导致当地经济出现重大动荡。这也伴随着清政府对救灾领域干预的减少,因为清政府开始把这项工作委托给非朝廷机构(地方绅士和外国传教士),同时拆除官办粮仓。

　　与此同时,近代公债的好处开始在购买公债的省份得到体现。长江沿岸的省会和主要城市已经是1894—1895年甲午战争前朝廷主导的工业化努力的受益者,南京、福建和武汉建造了大钢铁厂和其他工厂。当时,这些官办项目的资金主要来自不断增加的关税,还有小部分来自省级财政收入。19世纪90年代末、20世纪初,随着关税被用于偿还外债,省级政府开始向外国银行借款,继续为这些企业提供资金,而中央政府则开始为国家铁路项目进行重大外债谈判。虽然这意味着发行公债筹集到的资金被用来创造收入,但也加速了财政分权的进程。正如1898年的江苏巡抚所说的那样,"理所当然,省级政府收入应该用于省内"。② 他说这话的意思是需要挪用上缴中央财政的资金。同时,主要是通过19世纪90年代后期的巨额铁路贷款筹集资金的铁路部门持续投资,把东部省份的主要城市连接起来,从而增加中央和省两级政府的货运收入,并且促成了主要城市区域之间更大的市场一体化和更高水平的价格一体化(见表9.3)。③

表9.3　　　　　　　　　　　1907—1909年清朝铁路运输收入　　　　　　　　单位:两白银

| 年份 | 总收入 | 客运收入 | 货运收入 |
| --- | --- | --- | --- |
| 1907年 | 21 299 858 | 9 108 040 | 11 744 933 |
| 1908年 | 24 938 811 | 9 737 426 | 14 625 490 |

---

①　即使不考虑这个时期的通货膨胀,山东段黄河的水利工程管理费用也从19世纪10年代每年200多万两白银减少到了1907年的大约50万两白银。请参阅 Shen Bing, Huanghe Tongkao (General Survey of the Yellow River) (Taipei: Zhonghua Congshu Bianshen Weiyuanhui,1960)。

②　Memorial by Liu Kunyi, Guangxu 24,7th Month,23rd Day. In *Guangxuchao Donghua Lu*, Vol. 147,8—19.

③　请参阅 Zhang Ruide, *Pinghan Tielu yu Huabei de Jingji Fazhan*, 1905—1937 (*Peking-Hankow Railroad and Economic Development in North China*, 1905—1937) (Taipei: Institute of Modern History Academia Sinica,1987)。

续表

| 年份 | 总收入 | 客运收入 | 货运收入 |
|------|--------|----------|----------|
| 1909 年 | 28 182 678 | 105 281 146 | 16 649 268 |

注:1 两白银约合 0.132 3 英镑(1910 年)。铁路财产等的杂项收入省略。

资料来源:Yan Zhongping, ed. , *Zhongguo Jindai Jingjishi Tongji Ziliao Xuanji* (Reprint,Beijing:Social Sciences Press,2012),209。

同样,设立新的政府部门和现代教育体系以及按西式训练方法训练的军队的支出不断增加,都意味着省级政府被迫举借外债。例如,在湖北省布政司从 1900 年到 1911 年举借的九笔贷款中,有四笔贷款用于购买武器和扩大见习军官培训学校,三笔贷款被用于地方工业和教育投资,而最后两笔贷款打算用于确保汉口金融市场的流动性和重组之前借的贷款。[①] 湖北省是重要教育机构和工业以及采购西方武器的所在地,这证实了这样一种观点:城市居民是这个时期通过发行公债筹集的资金的最直接受益者。公债的一个更加普遍的影响与上海和天津这样的金融中心有关,它们受益于债务谈判和公债提供的流动性,因为像中日战争巨额赔款这样的债务,每个省都要分担用白银计算的季节性份额,并把偿还这个份额债务的资金转到上海的汇丰银行等外国银行兑换英镑还债。由于省级财政转移偿债资金和在伦敦实际偿还之间经常存在时间差,这种给外国银行的"无息贷款"反过来又借给清朝货币经纪人作为短期贷款[也称为"拆票"(chop-loan)],从而提高了市场流动性,吸引了渴望从他们所在地区经济停滞和不稳定中获益的乡绅和商人跟进做投机生意 。

但是,如果我们考察偿债的收入来源就会发现另一种地区和社会不平等的情景。19 世纪 70 年代和 80 年代清政府对课征田赋和盐税附加税相对比较克制,越来越多地把征收田赋和大众消费品税作为筹集新债还本付息资金的手段。在为偿还庚子赔款而新增加的收入中,有 49.5% 来自食盐、鸦片、烟酒、稻米、茶叶、食糖等附加税,而另外 20.5% 来自田赋附加税。[②] 在 1895—1909 年间因还债和修建铁路而对天津附近的长陆盐矿(Changlu Salt Mines)

---

① People's Bank of China eds. ,*Qingdai Waizhaishi Ziliao*,Vol. 2,224—226,294—295,508.

② Wang Shuhuai,*Gengzi Peikuan*(*The Boxer Indemnities*)(Taipei:Institute of Modern History,Academia Sinica,1974),163.

征收的盐税附加税是 1809 年以来全部盐税附加税总和的两倍。[①] 相比之下，印花税和各种营业税增加的收入只占到庚子赔款偿还额的 14.5%。鉴于食盐、稻米具有大众消费品的性质以及鸦片消费特别缺乏弹性，这些还债收入来源的隐性属性是相当明显的。此外，虽然 20 世纪 10 和 20 年代按西方模式改善了盐税管理，但未必就减轻了消费者的盐税负担，因为食盐的批发价并没有明显下降；相反，盐税成了一个可持续、可监控的偿债收入来源。20 世纪 30 年代前的高关税结构，也对煤油和廉价棉纱——这个时期中国最大的两种出口商品——等大宗商品的消费者产生了不利的影响。值得注意的是，也正是在这个时期(1902 年)，卖官最终被叫停，而作为收入来源的商人强制捐款也有所减少，从而有效地堵塞了从大商人和士绅那里榨取收入的一个关键渠道。

除了成功地引导发行公债筹集到的资金流向特定的地区和城市项目外，省府官员、地方绅士、商人和士人还要求在公债谈判和预算规划方面有更大的参与权并承担更大的受托责任。[②] 20 世纪初，财政权力下放，使省府官员有机会把西方会计准则的要素引入省级预算编制工作，因为他们试图制定外债分期偿还计划。[③] 随着省级财政管理的明晰化和标准化，省级财政状况成为一些地区，特别是湖北、江苏、湖南等较为繁荣的地区精英们公开讨论的话题，因为这些地区借外债通常会把一些商业权利和特权割让给外国贷款人。从 1906 年到 1910 年，省级立法机构的成立为这些精英提供了监督省政府借贷的场所和手段，这在 1910 年改变了湖北和江苏省政府与外国债权人谈判的结果。监督和批准省级借款的权利也成为省立法机构、省政府及其各自在国家立法机构和朝廷中上司之间争论的重要内容。

在国家层面，20 世纪初公债占国家收入的比例不断上升，促使中央政府扩大对收入基础的调查。这是中央政府试图控制省政府借贷采取的第一个步

---

① *Qing Yanfa Zhi*，Vol. 23—24.

② 在这方面，中国 1906—1914 年的公债史研究几乎有意识地与由 19 世纪后期西方评论作者对公共支出所做并在日本和中国 19 世纪头十年财政教科书和小册子中得到忠实体现的辉格党主义解释和表述看齐。

③ 请参阅 Liu Zenghe，"Xifang Yusuan Zhidu yu Qingji Caizheng Gaizhi（Western Budget systems and late Qing fiscal reforms），" *Lishi Yanjiu Historical Research*，2（2009）：82—105，尤其请参阅有关早在 1902 年就采纳日本预算编制要素的直隶省部分。

骤。根据外国观察员和海关工作人员的早期估计,新成立的户部在1908年发布了一系列指令,要求各省巡抚设立财政改革机构,并配备直接向户部报告的官员。[1] 省财政改革机构的任务是制表详细列出其向中央政府报告中未报或未列的省财政收入的比例(见表9.4)。

表 9.4 　　　　　1908—1910 年广东省正式上报和未上报收入来源

| 收入来源 | 来源总数 | 正式上报来源数 | 未上报来源数 | 未上报来源数占比(%) |
|---|---|---|---|---|
| 田赋 | 91 | 51 | 40 | 44 |
| 盐税 | 100 | 34 | 66 | 66 |
| 关税(内陆) | 31 | 23 | 8 | 26 |
| 商业税 | 42 | 32 | 10 | 24 |
| 鸦片税 | 1 | 1 | 0 | 0 |
| 厘金 | 24 | 15 | 9 | 36 |
| 营业税 | 58 | 30 | 28 | 48 |
| 捐赠 | 11 | 6 | 5 | 45 |
| 国有财产 | 14 | 6 | 8 | 57 |
| 杂项 | 438 | 148 | 290 | 66 |
| 总计 | 810 | 346 | 464 | 57 |

资料来源:Bureau of Fiscal Reform,ed. ,*Guangdong Caizheng Shuomingshu*(*Guidebook on Guangdong Public Finances*)(1910),1:39。

虽然存在各种笔误和不准确的地方,但这次全国性的努力为1910年第一次编制国家预算奠定了基础,当时的年收入估计约为 29 696 万两白银。[2] 虽然这个数字并不代表实际上缴中央政府的收入,但几乎是1894年的四倍。既然推行受托责任制和整合未上报收入是清政府财政一个不可缺少的特征,那么,问题就来了:为什么1908年的财政改革在信息披露方面更加成功?笔者认为其中的一个原因是,外债作为这个时期促进省府对中央政府承担受托责

---

[1] 在庚子赔款谈判期间,清政府海关提交给接管国的数字显示,1899年前后的年收入约为8 820万两白银,而 H. B. 莫尔斯(H. B. Morse)则估计1904年大约有 1. 029 2 亿两白银。

[2] 鉴于省府官员有少报收入的动机(因为外债还本付息的分摊额是根据收入来计算的),因此,这个数字几乎肯定小于实际收入额。

任的"超级制裁"手段的影响，因为在义和团运动期间，外国关于外国人参与清朝财政管理的讨论在中国官员和精英们的脑海里仍然记忆犹新。[①] 清朝各级政府一直对可能导致军事干预的与外国债权人的潜在争端保持警惕，而中央政府也因此掌握了一种在整个 20 世纪头十年强制推行偿债分担制以及发掘省级财政有用信息的相当有效的工具。

到了 1910 年，清政府的官办实业、铁路、银行和不动产的收入已经超过了田赋和厘金收入，并成了最大的收入来源。即使不考虑可能存在的误差（见表9.5），这也意味着清政府几乎一半的收入来自未列出或 1850 年前已经存在的收入来源，所有这些都取决于商业企业的成长和国内消费的增加。

表 9.5　　　　　　　　　　1911 年预算收入预测　　　　　　　　　单位：两白银

| 税收/收入来源 | 金　额 | 百分比 | 备　注 |
|---|---|---|---|
| 田赋 | 46 165 000 | 17.1 | 临时收入 1 937 000 |
| 盐、茶和糖税 | 46 312 000 | 17.2 | |
| 关税（对外） | 35 140 000 | 13.0 | |
| 关税（对内） | 6 991 000 | 2.6 | 临时收入 8 000 |
| 印花税和其他税 | 26 164 000 | 9.7 | |
| 商业税 | | | |
| 厘金 | 43 188 000 | 16.0 | |
| 国有不动产收入 | 46 601 000 | 17.3 | |
| 杂项收入 | 19 194 000 | 7.1 | 临时收入 16 051 000 |
| 总计 | 269 755 000 | 100 | |

注：1 两白银约合 0.123 2 英镑（1910 年）。原始资料中没有卖官收入（565.2 万两白银）和公债（356 万两白银）的数据。

资料来源：*Qingchao Xuwenxian Tongkao*，68：8245。

鉴于外国贷款和公共借款是晚清国家主导的工业化努力的主要资金来

---

① Michael Tomz，*Reputation and International Cooperation：Sovereign Debt across Three Centuries*（Princeton：Princeton University Press，2007）. 首先，虽然该书作者用案例研究对"炮舰执法"的实证结果进行了修正，强调了他最初关于声誉问题的论点，但他考虑了一些债务人害怕军事干预的可能性（p.151）。其次，他的数据表明，英国作为当时清政府的最大贷款国显示出"统计上有意义的对违约者采取军事行动的模式"。最后，日本在甲午战争后成了清政府的债权国，但作者的研究中没有包括日本的相关数据。笔者指出这三点并不是要否定这位作者反对"炮舰执法"的观点的普遍适用性，而是认为晚清的情况值得我们重新审视。

源,而偿债的收入来源同样来自经济繁荣和边缘地区及其社会群体,我们可以认为,除了加速财政分权的进程(这是本章论述的关键部分)外,公债作为晚清的一种财政制度,还起到了从边缘地区和弱势群体那里榨取资源的杠杆作用,而这些资源随后被用来推动重要的沿海和城市地区的工业化和现代化项目,并且使它们进入自我维持型增长轨道。

关于公债及其在非西方环境下应用的另一个观点和公债与经济增长之间的关系有关。通过利率的乘数效应把公债纳入财政体系,需要国家财政收入的持续增长。正如我们在 19 世纪的清朝所看到的那样,公债占国家财政收入的比例越大,就越需要把财政收入来源与经济增长联系起来。对于农业社会或具有以农业资源为基础的公共财政制度的社会来说,仅仅采用公债机制和机构是不够的,因此,还必须接受税收收入与公债所需的经济增长之间的特殊关系以及政治经济学的主流观点,即优先考虑经济增长而不是地区和阶级之间的分配和不平等问题。

## 废除皇帝仁政:公债与政治经济学话语

关于公债的受托责任和立法监督的争论,是差不多这个时期引入中国的一个更加宏大的公共财政和政治经济学思想框架的组成部分,始于 19 世纪 70 年代和 80 年代传教士翻译的政治经济学教科书。《佐治刍言》(*Political Economy for Use in Schools*)一书的作者是休谟的著名传记作者,他曾担任苏格兰监狱委员会秘书。[1] 他的这本书在 1885 年被粗略地翻译成汉语,他在书中简单地介绍了公债以后,还用很大的篇幅驳斥了对穷人的财富再分配。"财富再分配"在中译本中被译成"分产"(fen chan)或"平产"(ping chan)。[2] 同样,亨利·福西特(Henry Fawcett)的《政治经济学手册》(*Manual of Politi-*

---

① 作者约翰·希尔·伯顿(John Hill Burton)的著述在明治时期的日本可能比由福泽幸一(Fuzawa Yukichi,1835—1901 年)宣传这些著述的清朝时期的中国有更多的读者。请参阅 Albert M. Craig,*Civilization and Enlightenment*:*The Early Thought of Fukuzawa Yukichi*(Cambridge, Mass.:Harvard University Press,2009),chap. 3。

② Fu Lanya [John Fryer],Ying Zuxi(trans.),*Zuozhi Chuyan*(*Humble Words in Aid of Governance*)(Shanghai:Shanghai Shudian Chubanshe,2002).

*cal Economics*)的节译本于 1883 年在中国出版，这本书本身就是 J. S. 穆勒（J. S. Mill）的《政治经济学原理》(*Principles of Political economics*)的概述本。它在区分生产性和非生产性公债的一节后面，对提高资本税提出了警告。①

考虑到早期西方政治经济学著作的中译本都是节选本，因此，把公债与财政再分配放在一起论述可能更多地反映了英美传教士的焦虑，而不是它们的中国读者的焦虑。当时，中国人对格莱斯顿（Gladston）的公共福利自由主义的了解，除了中国外交官的感悟外，仅局限于他们对英国济贫院的正面印象，而这个时期（1870—1905 年）中国作者写的公债概论，很少把公债与财政再分配和社会福利直接联系在一起论述。② 相反，中国读者关注的是对公债生产性和非生产性用途的区分。

这种导致维多利亚时代中期英国公债减少的对公债的理论区分，特别吸引了与私营企业有联系的中国知识分子，如王韬（1828—1897 年）和郑观应（1842—1922 年），因为这种理论区分既证明了国家增发公债的合理性——被认为有助于吸引国内外投资，又以滥用、低效和浪费为由批评了国家和国有企业滥发公债的做法。在他的维新论文《盛世危言》（年轻时期的毛泽东曾读过并赞扬过这本书）中，郑观应通过一位中国驻英国的外交官表示："在借钱开展修建铁路、发展电报、建设矿山、兴修水利工程和其他增加财富的项目时，债券会起到很好的作用，并且产生很好的效益。"没有人愿意借钱给浪费和无用的项目，更不愿意把钱借给借钱购买武器的人。③ 这种暗示民营企业由于效率

---

① 有趣的是，虽然原著专门提到了所得税，但中译本未加区分，因为所得税作为一个专门的税种直到 20 世纪 30 年代才开始在中国开征：Ding Weiliang［William Martin］, Wang Fengzao（trans.）, *Fuguo Ce*（Strategies for National Wealth）(Peking：Tongwen Guan, 1880)。

② Guo Songtao et al., *Guo Songtao deng Shixiji Liuzhong*（*Six Excerpts of Diplomatic Journals by Guo Songtao and others*）(Beijing：Sanlian Shudian, 1998). 康有为（1858—1927 年）在他乌托邦式的《大同书》一书中确实提到了类似于英国济贫院的机构，但在晚清话语中似乎属于少数，并且与公债无关。

③ Zheng Guanying, *Shengshi Weiyan*（*Words of Warning in Times of Prosperity*）(Zhengzhou：Zhongzhou Guji Chubanshe, 1998), 290.

的原因在利用公债方面处于更加有利的位置的论点①,对中国实业家和银行家关于公债的看法产生了深刻的影响。② 然而,关于利用公债的生产性和效率的讨论,也隐含着对许多再分配计划(包括19世纪70年代对边境省份的补贴)的不满。

这些关于公债效率和生产性的论点,构成了一种质疑并取代了旧时强调农业和农民福利的仁政说的经济治理新话语。"仁政"说曾是支持1851年太平天国运动爆发前财政分配和治理模式的学说,甚至在1864年太平天国运动失败后仍有相当一部分官员注意到"仁政"对稳定农村地区的作用。③ 维新派官员和知识分子并没有从质疑仁政的前提开始,因为这样做会受到背叛一个在18世纪把这种统治作为政治合法性来源的王朝的指控。相反,王韬和其他人认为应该把揭露日常管理方面显而易见的腐败和低效作为一种取代过去仁政说的方式,并把那些主张农业优先的人说成是"只知道如何为征税进行土地调查,抓住赋税不放,让贪官坑害百姓,[……]有形式而无实质,但却厚颜无耻地夸夸其谈——这个时代士人的共同弱点"。④

到了19世纪90年代末,随着清政府的政治合法性因军事失败而进一步下降,对公债的这种区分变得更加明确和具有颠覆性。在反驳一些资深清朝官员的仁政(延伸到对清政府的忠诚)观时,中国香港立法会议员、大律师何恺(Kai Ho)指出:"提倡轻税、施舍,的确是善举[……]但依我所见,同治、光绪年间(1860—1908年),高官强征而富者隐匿,政客富而贫者无援,以至于在发

---

① 事实上,著名的士绅实业家如张謇(1853—1926年)曾恳请朝廷把发行债券筹集到的资金的托管权转让给由士绅领导的商会,并允许商会把这些资金用于投资:Zhang Jian,Dai Niqing Liu Gesheng Gukuan Zhenxing Nonggong Shangwu Shu (代拟请留各省股款振兴农工商务疏),in Nantong Municipal Library,ed.,*Zhang Jian Quanji* (Collected Works of Zhang Jian) (Nanjing:Jiangsu Guji Chubanshe,1994),Vol. 2.

② 类似的观点后来也出现在关于1898年发行昭信债券的社论以及20世纪20年代早期发生的公债危机中,当时中国的银行家和商人都试图限制政府军备支出。想了解关于中国20世纪20年代财政状况的英文讨论,请参阅Marie-Claire Bergère,*The Golden Age of the Chinese Bourgeoisie,1911—1937* (Cambridge:Cambridge University Press,1989),217—227.

③ 想了解有关这个时期的经典研究,请参阅Mary C. Wright,*The Last Stand of Chinese Conservatism:The T'ung-Chih Restoration,1862—1874* (Stanford:Stanford University Press,1957),19.

④ Wang Tao,*Taoyuan Wenlu Waibian* (Further Articles from Tao Gardens) (Shanghai:Shanghai Shudian Chubanshe,2002),36.

生灾难和饥荒的地区，百姓宁可朝廷不要布施。最近的昭信债券也证明了高层做出的让步并没有惠及底层，只有富裕阶层的赈灾才能达到一定的效果……这是仁慈还是不仁慈？"[1]相反，何恺与其他一些人支持把发行公债筹集到的资金用于商业和工业企业，并且认为这是救国并让国家繁荣昌盛的有效途径。[2]当然，公债的利用效率和生产性作为消除既有经济治理实践合法性的话语手段，并非清朝独有，同时代的英国人在接管了埃及的农村管理和土地调查工作以后也提出了类似的主张。不过，他们没有像重商主义者那样明确把促进商业和工业发展与农民福利的改善联系起来，而是在过去的仁政讨论中把农民作为一个范畴加以关注，并且把农民归入民族国家这个更大的范畴。更新的经济治理话语并没有提到英国著作译者热切提出的自由主义的"值得救助的穷人"概念，而是承认农民福利和农业的改善，但与更加紧迫的救国使命相比被放在了次要的地位。

话又得说回来，在 19 世纪末和 20 世纪初的中国，想要消除经济治理方面的旧观念是一回事，而想要说服个人（有时是强制性的）认购公债并说明个人认购公债的道理，则需要另一套话语。为此，我们必须回过头来审视这个时期中国的公债状况。

在 1870—1900 年间，中国公债的一个关键特点就是，轻视金融中介机构的必要性。当然，英国传教士翻译的著作对商人银行在通过成功发行国债来调节资本流动方面所扮演的角色谈得相当模糊，而且可以想见翻译人员缺乏这方面的专业知识。但应该关注的是，即使那些更加熟悉国际贸易和金融的买办和官员在他们的著作中也没有提到（甚至厌恶）金融中介机构。主要职业是太古公司（Swire and Co.，一家著名的英国航运公司）买办的郑观应曾在他的著作中设问："难道中国和外国投资者对大清户部的信任不如对银行的信任，对大清机构的信任不及对外国机构的信任？"他建议："即使我们必须向外国人借钱……也不应该要求总部位于中国的外国银行处理这些贷款业务，所

---

① 　Kai Ho, Quan Xue Pian Shuhou (Comments on "Exhortation to Learning"), in Kai Ho and Hu Liyuan, *Xinzheng Zhenquan* (True Explanations to New Policies) (Hong Kong: Zhongguo Baoguan, 1900), Vol. 6.

② 　Zhu Huashou, "Zhaoxin Piao Kaitong Youyi Zhongguo Lun (Issuing Zhaoxin bonds will benefit China)," *Shuxue Bao*, 7 (1898): 34—41.

以,为了避免打折……中国驻伦敦大使应该直接与劳埃德、施罗德、巴林等大银行商谈,因为大银行的贷款利率不会高于 4⅝%~5%。"①虽然郑观应至少听说过伦敦大银行,但清朝户部 1898 年下达的发行昭信债券的指示除了债券还本付息的问题外,几乎没有给现代银行或传统经纪行留下任何参与的空间。②

那么,如何解释这种让现代银行对参与公债发行和管理缺乏兴趣的现象呢?一方面,清朝官员无疑对他们在 1874—1898 年间与外国银行有过的发行外债的经历感到不快,因为他们对汇丰银行等中介机构层层收费和动辄就要打折的做法感到不满。此外,他们还怀疑外国银行家也在每期偿债要把银两兑换成英镑前做压低银价的投机生意。③另一方面,这种反应也源于对外国公债来源的深思熟虑。在评论 1887 年日本发行国内国债时,清朝外交官黄遵宪称赞说,个人认购国债是因为他们强烈地意识到国家繁荣与个人休戚相关:"此外,富商士绅经常为国库捐钱,可以共同抵御逆境,加深相互依存的关系,从而巩固国家利益。"④同样,对于那个时代最成熟的思想家和翻译家之一的严复来说,亚当·斯密关于国债的告诫只会激起严复对爱国主义的赞美,因为他认为爱国主义是促使英国人认购公债的一个原因。⑤

于是,有人设想出国家和公债认购者之间不受金融中介机构干扰的直接关系,并通过认购者的自利心和爱国主义话语把两者联系在一起。与当时法国通过有奖债券和地方政府分支机构推动公债认购的政策相比,我们可能会发现一种回应 19 世纪晚期英国出现的以金融中介机构为主导的公债发行制度的共同冲动。

这种把爱国主义作为认购公债的激励因素来强调的做法,在一定程度上

---

① Guanying, *Shengshi Weiyan*, 292.

② Board of Revenues, "Niding Geifa Zhaoxin Gupiao Xiangxi Zhangcheng Shu (Petition for Draft Articles to Zhaoxin Bond Issuance)," in Qian Jiaju ed., *Jiu Zhongguo Gongzhai Shi Ziliao* (Materials on the History of Public Debt in pre—1949 China) (Beijing: Zhonghua Shuju, 1984), 14—16.

③ 他们的观点有一部分是正确的。汇丰银行的高级管理人员讨论了说服清朝官员延长借款期限的方式方法,因为银行管理人员预见到全球银价长期下跌会带来套利机会:McLean to Jackson, 29 September 1885, David McLean Papers, MS 380401, SOAS Library.

④ Huang Zunxian, *Ribenguo Zhi* (Account of the State of Japan) (Shanghai: Shanghai Guji Chubanshe, 2001), 18:10—12.

⑤ 请参阅 Benjamin Schwartz, *In Search of Wealth and Power: Yen Fu and the West* (Cambridge, Mass.: Belknap Press, 1964), chap. 5.

受到了欢迎,因为它与旧时作为农村士绅领导新儒家话语重要组成部分的公共精神(public-spiritedness)说产生了共鸣。到了 18 世纪中期,这种公共精神说被扩展应用到了城市基础设施和教育等公共品供给以及市场秩序维护。① 然而,这些话语及其引发的行为往往局限于地方乡村层面,晚清官员和士人在发行国内公债时面临着更新并扩大这个概念地域范围的问题:为一个村或县敞开的钱袋,是否能够为整个帝国敞开?

晚清官员从 19 世纪 90 年代开始,部分通过引用过去记录的 18 世纪实施的仁政并求助于清政府与满族和蒙古贵族之间的残留家族和历史关系,把公共精神说和忠于大清说组合在了一起。按照宣布 1898 年发行昭信债券的敕令的说法,"深受朝廷恩宠的大清官员值此财政危难之际理应拿出家庭积蓄公用"②,而阿哥们、蒙古喇嘛和朝廷要员则恳请朝廷把他们认购债券视为"孝敬皇上,实不敢要求偿还"③。

这种把公债作为准人格化忠诚交易的做法,更像是近代早期欧洲君主借款,并没有受到通商口岸地区士人和商人,尤其是清朝金融中心上海士人和商人的欢迎。一些报纸的社论强调必须"赢得百姓的信任……(他们)希望借给(朝廷)的银两用于生产性用途……即使借给朝廷的钱是用于基础设施建设和其他增加财富的用途……仍有必要采取节约成本的措施,并用心管理……这样,朝廷获得的利润才足够支付百姓的利息,就像那些借钱给别人经营贸易企业的人"。④ 最终,自由学派对生产性公债和非生产性公债的区分,左右了昭信公债潜在认购者的舆情,因为昭信债券在上海的销量低得令人失望,而上海外国租界发行的市政改善债券则认购踊跃。这两种债券认购额的巨大反差反映了政治经济和债务新思想的力量,因为它证明外国租界当局发行公债,可以

---

① 请参阅 William T. Rowe, Hankow: *Conflict and Community in a Chinese City*, *1796—1895* (Stanford: Stanford University Press, 1989), chap. 4。

② Board of Revenues, "Niding Geifa Zhaoxin Gupiao Xiangxi Zhangcheng Shu," 15.

③ 光绪皇帝曾下旨给博格达(Bogd)喇嘛(后来蒙古的博格达汗),要他认购 20 万两白银的债券。"……一顶上面绣着腾龙图案的杏黄色华盖,一套上面印有龙图的黄色丝绸锦缎坐垫……"这在 18 世纪清廷和藏蒙喇嘛之间互赠的礼物中并不显得不合拍。请参阅 Zhu Shoupeng, *Donghua Xulu* (Records of Donghua Gate: Guangxu Era) (Beijing: Zhonghua Shuju, 1959), Vol. 143。

④ Editorial, "Da Guanwen Yinzao Gupiao Shi (In Answer to Inquiries on the Printing of Bonds)," *Shenbao*, 8 February 1898.

说只需要比清政府少的政治合法性。

随着昭信债券发售的失败和义和团运动后清朝政治合法性的下降,公共精神与对大清忠诚的认同在 20 世纪头十年开始转向民族国家。重构这个时期关于中国民族国家的著述已有很多,就本章的目的而言,我们在这里感兴趣的是,有时用公益精神和民族主义爱国情结来为强迫农民认购公债辩护。[①]在 1904 年的川汉铁路债券发行过程中,显然采用了这种把爱国主义话语用于公债发行的做法。在这个案例中,四川商人和士人开始通过公开认购来鼓动地方参股。在学者为大众读者办的大报中,有人为了证明征收田赋和盐税附加税的合理性而表示了四川正在通过赋予"外国大资本家"铁路垄断权"变成另一个印度"的担心。四川农民不成比例地承担了这两种附加税的税负,他们收到了从理论上一旦铁路建成就能要求付息的"白条",而且征收这两种附加税的方法与征收其他附加税的方法大致相似。[②]虽然当时的评论谴责了一些为强迫认购公债采取的极端措施,但一个面临外国入侵者威胁的国家的呼吁却被债务倡导者用来忽略这些个案。正如许多人所指出的那样,20 世纪农民税负的激增,代表着皇上仁慈和克制作为一种主导话语的消亡,而清朝则在1911 年迅速崩溃。[③]

\* \* \*

本章虽然并没有进行详尽的阐述,但概述了近代公债在晚清时期产生的再分配影响。由于被公债取代的财政制度在制度和思想上都是通过空间和社会再分配来支持清政府的政治合法性的,因此,新公债制度的实施——强调跨期转移——不仅重塑了中国财政资源的分配方式,而且需要新的制度和思想来使这种转变合法化。

---

① 想了解有关这方面的最新概述,请参阅 Peter Zarrow, *After Empire: The Conceptual Transformation of the Chinese State*, 1885—1924 (Stanford: Stanford University Press, 2012)。

② 川汉铁路最后一段于 2012 年 7 月 1 日竣工: Xinhua News Agency, "Chuanhan Railways in Full Service: Fulflling a Century-Long Dream," Xinhua News, July 1, 2012. http://news.xinhuanet.com/local/2012-07/01/c_112328727.htm。

③ Taisu Zhang, "Fiscal Policy and Institutions in Imperial China," Oxford Research Encyclopedia: Asian History, December 12, 2019. https://papers.ssrn.com/sol3/papers.cfm?abstract_id=3503055。

　　然而，既有的政治经济学话语的嵌入意味着，公债制度虽然在整个 20 世纪初的中国占据主导地位，但它伴随着这样一种有关公债的话语：以矛盾的心理对待金融中介，更倾向于求助百姓的爱国情怀来强调百姓与国家之间的直接关系，甚至不惜以容忍榨取和强制手段来维持公债认购为代价。① 这种思路的影响比较长远。

---

　　① 想了解有关 20 世纪早期中国新财政框架的阐释，请参阅 Debin Ma, "Financial Revolution in Republican China During 1900－1937: A Survey and a New Interpretation," *Australian Economic History Review* 2 (2019): 1—21。

# 第十章　财政联邦制：美国和法国的地方债务与现代国家建构

诺姆·马格尔*斯蒂芬·索耶**

在 19 世纪的最后几十年里，美国和法国的地方和市政公债都出现了爆炸式增长。超级大城市、快速发展的城市以及雄心勃勃的外省城镇公共借款（和支出）不断增加，按累计金额计，它们的财政实力可以与世界许多国家的中央财政媲美，在某些方面甚至超过了后者。在这个所谓的第一个全球化时代，地方政府的公债因此就成了动员资源、提高国家实力、刺激经济发展和把政治优先事项转化为政府政策的主要手段。公债在离开国家主权、帝国缔造者和全球银行家这个高大上领域的情况下往往呈现出比较平常的性质。但是，公债对财富和权力在地理区域、都市空间和社会阶层之间的分布产生了深远的——从而在政治上有争议的——再分配影响。

19 世纪晚期大西洋两岸市政公债的发展轨迹偏离了强调国家建构、公债和领土主权之间紧密关系的已有公债叙事。部分社会科学研究文献用很多人们铭记心头的制度问题对公债提出了质疑。在道格拉斯·诺斯和巴里·温加斯特研究的指引下，这个领域的学者把研究重点放在了近代早期开始限制和

　　*　E-mail: n. maggor@qmul. ac. uk.
　**　E-mail: ssawyer@aup. edu.

约束主权的宪政上。[①] 另一部分社会科学文献对从表面上看打破了领土、主权和公共信用之间长期对称性的 21 世纪全球化的破坏力进行了探讨。[②] 19 世纪市政公债在美国和法国的大规模累积反而表明,公债从来都不是领土民族国家的特权领域,而是一种把地方政治、区域发展和全球资本流动联系在一起的比较灵活的治理方式。这种观点摆脱了传统制度学派的关注焦点,而是把公债视为社会群体、地区、金融市场和多层级国家间的力量对比关系。事实上,有一种常常引起高度争议的政治观点认为,公债的累积在现代国家建构的过程中发挥了重要的作用,但与领土主权却没有多大的关系。此外,对非中央政府公债的重视导致把"西方"和世界其他地区分开的简单二分法不堪重负。非中央政府公债,就像世界其他地方的公债一样,不仅提出了关于财政资源获取和政治管辖权之间关系的深层政治问题,而且隐含地体现了作为这个全球化时代典型特征的区域同质化和差别化之间的张力。[③] 因此,通过关注地方和地区公债的实践,本故事对美国和法国进行"地区化"比较,把这两个国家放在相似的分析层面,甚至更广泛地把它们放在世界经济与其他国家或地区——中国、西非、拉丁美洲和中东——的比较框架中(在本章的其他部分讨论)。

把美国和法国的非中央政府公债放在一起考察,乍一看好像有点奇怪。很少有两个国家像美国和法国那样权力配置关系和为权力配置所必需的国家政体如此不同。这两个国家政体之间的主要区别在于美国的分权化和法国的

---

① David Stasavage, *Public Debt and the Birth of the Democratic State* (Cambridge: Cambridge University Press, 2003); Michael Sonenscher, *Before the Deluge: Public Debt, Inequality, and the Intellectual Origins of the French Revolution* (Princeton: Princeton University Press, 2009); Douglass C. North and Barry R. Weingast, "Constitutions and Commitment: The Evolution of Institutions Governing Public Choice in SeventeenthCentury England," *Journal of Economic History* XLIX (1989): 803—832.

② Odette Lienau, *Rethinking Sovereign Debt: Politics, Reputation, and Legitimacy in Modern Finance* (Cambridge, Mass.: Harvard University Press, 2014); Saskia Sassen, *The Global City: New York, London, Tokyo* (Princeton: Princeton University Press, 1991); Neil Brenner, *New State Spaces: Urban Governance and the Rescaling of Statehood* (Oxford: Oxford University Press, 2006).

③ Christopher A. Bayly, *The Birth of the Modern World, 1780—1914: Global Connections and Comparisons* (Malden, Mass.: Blackwell, 2004); Sven Beckert, *Empire of Cotton: A Global History* (New York: Knopf, 2014); Eric J. Hobsbawm, *The Age of Empire, 1875—1914* (New York: Vintage Books, 1989).

集权化之间据说是难以消除的差别。我们被告知,美国体现了正式联邦制具有的各种可能性,在其领土上促成了主权的广泛分布。在这个过程中,美国的政体限制了中央(即联邦)政府的权力,在某些人看来,甚至阻碍了传统(欧洲)社会科学建议的意义上的现代"国家"建构;①而法国则象征着一种理想的国家集权化制度。我们被告知,从专制统治到大革命和拿破仑对国家进行的非同寻常的整合,慢慢消除了任何地方或地区主权的痕迹,也排除了创建能遏制笨拙的高卢国家主义的充满活力的民间社团的可能性。

这样阐释的利害关系特别重大,因为它们深深根植于我们最珍视的政治现代化和自由主义观念以及它们所促成的民族例外论神话和故事。但是,这种鲜明的观点对立逐渐受到了抨击。随着自由主义在各自民族国家背景下取得成功(Hartz,1955)和遭遇失败(Furet,1992)所激发的民族主义历史远去,并转向有关政治经济的新问题,主要是关于资本主义和民主政治之间关系的新问题,其中一些已经令人厌倦的观点对立已经开始失去市场。② 这些观点对立还遇到了我们改变政治经济学分析层次的挑战。事实上,当我们在中央政府层次以下审视这些资本主义和民主国家的建构时,就会逐渐摆脱那些盲目崇拜"国家"层次差别的观点对立。

下面,我们通过考察 19 世纪下半叶美国和法国的非中央政府公债来重新审视这些观点对立。我们将追溯市政和地区公债的累积过程,并把发行非中央政府公债作为一项允许地方政府加快发展速度、建设基础设施和提供关键服务的国家建构战略。我们的论点是,这种财政联邦制模式的演变并不会对中央政府的权威构成挑战。更加确切地说,我们提出了一种更加实用的联邦制概念,这种联邦制可以被理解为一种建构地方政府能力的制度。我们在这里所说的实用或反形式主义是指,这些市政当局并没有试图践行一些联邦理念,或者参与一些以牺牲国家主权为代价,旨在积累地方主权的制度性过程,而是试图脚踏实地地找到应对复杂挑战和利用复杂机会

---

① 关于这个问题,请参阅 Stephen W. Sawyer,William J. Novak and James T. Sparrow,"Beyond Stateless Democracy," *The Tocqueville Review/La Revue Tocqueville* 36,No. 1 (2015): 43—91。

② Louis Hartz, *The Liberal Tradition in America*; *An Interpretation of American Political Thought Since the Revolution* (New York: Harcourt, Brace, 1955). François Furet, *Revolutionary France*, *1770—1880* (Cambridge: Blackwell,1992).

的财政解决方案。

这样的反形式主义财政联邦制为公债比较史研究提供了一种新的视角，修正了一些我们关于国家建构的基本假设。如果我们抛开自由主义成功或失败的故事或者共和主义的特性，就会出现一段新的跨国历史。美国的情况表明，地方公债和财政资源积累不仅是一个简单地限制中央政府影响力的过程，而且是一个更加复杂且经常是矛盾的、扩大现代国家基础权力的过程。美国的州是通过领土扩张、资源开采以及扩大州和地方行为主体的权力发展起来的。而法国的市政公债累积表明，虽然法兰西国家被认为是"雅各宾式中央集权政体"，但一些最重要的经济和政治决策——影响法国及其全球帝国的决策——都是在地方层面做出的，目的正是为了克服国家机构僭越或僭越可能产生的阻力。从这个角度看，财政联邦制与其说是一个分权或约束国家的过程——更不是一个表示国家"软弱"的标志，还不如说是一种对于跨越帝国主义民族国家占领的广袤领土建设民主国家至关重要的现代治理方式。① 因此，我们认为，从地方公债和财政联邦制的角度看，美国和法国并不像我们讲述的政治和经济现代化一般故事所显示的那样对立。

## 美国和法国地方债务的增加：全国公债整合？

美国和法国的历史学家按照习惯做法把 19 世纪末比以往任何其他时期都多地与全国整合进程联系在一起。他们或多或少明确借鉴现代化模式，经常把全国市场一体化说成是一个由铁路和电报等变革性技术成功推进的涉及面广且几乎是自动的过程。此后，就像我们要讲述的这个故事所显示的那样，经济活动达到了全国和帝国的规模，从而导致中央集权化政体的权力扩张成

---

① 关于把地方政权视为治理技术的观点，请参阅 William J. Novak，"The Myth of the 'Weak' American State," *American Historical Review* 113，No. 3（2008）：752—772；William J. Novak，"Beyond Max Weber：The Need for a Democratic（Not Aristocratic）Theory of the Modern State," *The Tocqueville Review/La Revue Tocqueville* 36，No. 1（2015）：43—91。

为"必要",在美国是联邦层面,而在法兰西第三共和国是国家层面。①

近几十年来,研究美国和法国的历史学家一直关注这样一个问题:这种状况究竟是如何在美国和法国的案例中体现出来的。② 关于这两个国家的国家修正主义研究文献迫使社会科学家重新思考国家和非国家行为主体的规模、纵向和横向权力配置以及通过基础权力进行治理的能力之间的关系。③ 关注非中央政府公债的问题延续了这种修正主义的研究轨迹,讲述了一个同样复杂的故事。这个故事表明,国民经济不是通过超越地方和中央政府机构,而是通过提高它们的能力来构建的。虽然法国和美国之间存在明显的差别,但我们仍有可能发现一些导致这两个国家把资本主义发展作为政治工程的重要的公债积累基本趋势。

事实上,在 19 世纪的最后几十年里,美国和法国政府大肆举借公债为两国快速提高政府的治理能力筹集资金。不过,公债不仅增强了中央政府的能

---

① Alfred D. Chandler, *The Visible Hand*: *The Managerial Revolution in American Business* (Cambridge, Mass. : Belknap Press, 1977); Alfred D. Chandler, *Scale and Scope*: *The Dynamics of Industrial Capitalism* (Cambridge, Mass. : Belknap Press, 1994); Robert H. Wiebe, *The Search for Order*, 1877－1920 (New York: Hill and Wang, 1967). 最近的文献,可参阅 Steven Hahn, *A Nation without Borders*: *The United States and Its World in an Age of Civil Wars*, 1830－1910 (New York: Viking, 2016); Charles S. Maier, *Once Within Borders*: *Territories of Power*, *Wealth*, *and Belonging since 1500* (Cambridge, Mass. : Harvard Belknap Press, 2016). 想了解关于这个论点的经典表述,请参阅 Eugen Weber, *Peasants into Frenchmen*: *The Modernization of Rural France* (Stanford University Press, 1976)。

② 想了解法国和美国有关国家研究的社会科学文献趋同的问题,请参阅收入《维克托尔评论》 [*The Tocqueville Review/La Review Tocqueville*, 33, No. 2 (2012)]法国和美国国家研究专辑中的文章和引言"Toward a History of the Democratic State"。

③ 尤其请参阅 Richard Hofstadter, *The Age of Reform*: *From Bryan to F. D. R.* (New York: Knopf, 1955); Martin J. Sklar, *The Corporate Reconstruction of American Capitalism*, 1890－1916: *The Market*, the Law, and Politics (Cambridge: Cambridge University Press, 1988). 想了解"美国政治发展"(APD)领域,请参阅 Stephen Skowronek, *Building a New American State*: *The Expansion of National Administrative Capacities*, 1877－1920 (Cambridge: Cambridge University Press, 1982); Peter B. Evans, Dietrich Rueschemeyer, and Theda Skocpol, eds. , Bringing the State Back In (Cambridge: Cambridge University Press, 1985). 下列文献已经最有成效地把发展国民经济作为政治工程问题来论述:Richard Franklin Bensel, *The Political Economy of American Industrialization*, 1877－1900 (Cambridge: Cambridge University Press, 2000); Nicolas Barreyre, Gold and Freedom: *The Political Economy of Reconstruction*, *trans. Arthur Goldhammer* (Charlottesville: University of Virginia Press, 2015). "基础设施权力"观由迈克尔·曼(Michael Mann)在下列文献中提出:"The Autonomous Power of the State: Its Origins, Mechanisms, and Results," in *States in History*, ed. John A. Hall (Oxford: Oxford University Press, 1986), 109－136。

力,而且产生了扩散效应。地方政府为了在快速变化的经济环境中提高自己的地位,利用远远超过它们既有资产和收入的巨大财政资源。地方政府进行了一系列旨在改善地方现状的投资,它们的投资对美国和法国政治经济的整体发展轨迹产生了重大但长期以来一直被低估的影响。例如,在美国内战结束后,地方政府的数量不断增加,成百上千的地方政府成了美国政府体系中最活跃的借款人。在联邦政府紧缩开支并赎回为战争筹集资金而发行的债券时,地方政府积欠的债务总额却飞速增加。1870 年至 1902 年间,美国地方政府的债务规模翻了两番,而到第一次世界大战爆发时又翻了一番,达到了 40 多亿美元(美国州政府的债务近 3.8 亿美元,而联邦政府的债务近 12 亿美元)。此时,美国所有地方政府的总负债占美国全部公债的 72%(见表 10.1)。当然,美国市政当局的负债水平并不相同,大城市,尤其是东部大城市,引领了这一潮流。与其他城市相比,它们的人均借款更多(支出和税收也更多)。中西部和密西西比河西岸的城市很快就效仿,但南方城市没有这么做。[①]

**表 10.1**  　　　　　　　 **1838—1922 年美国各级政府的债务水平和份额**

| 年份 | 州债务水平<br>(百万美元) | 地方债务水平<br>(百万美元) | 联邦债务水平<br>(百万美元) | 州债份额 | 地方债份额 | 联邦债份额 |
|------|------|------|------|------|------|------|
| 1838 | 172 | 25 | 3 | 86.0% | 12.5% | 1.5% |
| 1841 | 193 | 25 | 5 | 86.4% | 11.4% | 2.3% |
| 1870 | 352 | 516 | 2 436 | 10.7% | 15.6% | 73.7% |
| 1880 | 297 | 826 | 2 090 | 9.2% | 25.7% | 65.0% |
| 1890 | 228 | 905 | 1 122 | 10.2% | 40.1% | 49.8% |
| 1902 | 230 | 1 877 | 1 178 | 7.0% | 57.1% | 35.9% |
| 1913 | 379 | 4 035 | 1 193 | 6.8% | 72.0% | 21.3% |
| 1922 | 1 131 | 8 978 | 22 963 | 3.4% | 27.1% | 69.4% |

资料来源:John Joseph Wallis,"American Government Finance in the Long Run: 1790 to 1990," *Journal of Economic Perspectives* 14, No. 1 (2000): 61—82.

---

① 按绝对价值计,20 世纪的地方债务继续增加,但此后因联邦债务剧增而大为逊色。为美国无数的地方政府编制数据是出了名的困难。我们现在利用下列文献提供的最佳可用估计数据:John B. Legler, Richard Sylla, and John J. Wallis,"U. S. City Finances and the Growth of Government, 1850—1902," *Journal of Economic History* 48, No. 2 (1988): 66; John Joseph Wallis,"American Government Finance in the Long Run: 1790 to 1990," *Journal of Economic Perspectives* 14, No. 1 (2000): 61—82。

　　法国的政府债务与美国的政府债务相比并没有本质上的差别,而是呈现出相似的趋势,即非中央政府积欠了巨额债务。虽然巴黎的情况非同寻常,但法国地方债务并不仅仅局限于首都。就如一名观察者在 19 世纪 60 年代指出的那样,"不但在巴黎,而且在里昂、波尔多、马赛、南特、里尔、斯特拉斯堡、鲁昂和其他生命和健康必须得到支持和发展的地方,地方政府创造性地发行公债是继续再生运动的唯一途径"。事实上,这些公债发行计划在各省大受欢迎,是像共和派人士儒勒・费里(Jules Ferry)这样的 19 世纪 60 年代的政治反对派最激烈抨击的问题之一:"马赛、贝桑松、布尔日、贝尔日拉克、布莱伊、维耶纳、里沃德日耶、皮蒂维耶都随心所欲地为长期公共项目借钱筹资。"①

　　从某种意义上讲,费里有理由表示担忧。由于城市寻求重建自己的基础设施,提供新的市政服务或者参与新的铁路线路建设,因此,市政债务总额在 19 世纪最后 1/3 的时间里迅速增加,就像当时美国所有的城市一样,数字令人吃惊。虽然在普法战争以后,法国背负了巨额国债,1871 年的内战付出了沉重的代价,再加上向德国支付战争赔款又欠下了巨额国债,但地方债务在第三共和的头几十年里也增加到了 30 亿法郎以上(见表 10.2)。②

表 10.2　　　　　　　　　　　1852—1897 年的法国公债　　　　　　　单位:百万法郎

| 年份 | 还本付息 | 合并公债(名义本金) | 市镇公债 | 省级公债 |
|------|---------|------------------|---------|---------|
| 1852 | | 5.5 | | |
| 1871 | 681 | 12 500 | | |
| 1872 | 1 100 | | | |
| 1873 | 1 300 | | | |
| 1874 | 1 200 | | | |
| 1875 | 1 200 | | | |
| 1876 | 1 100 | 20 000 | | |
| 1877 | 1 200 | | 2 700 | |

---

　　① Jules Ferry, *Les Comptes Fantastiques d'Haussmann. Lettre Adressée à MM. les Membres de la Commission du Corps Législatif Chargés d'Examiner le Nouveau Projet d'Emprunt de la Ville de Paris* (Paris:A. Le Chevalier,1868),42—43.

　　② *Annuaire Statistique de la France* (Paris:Imprimerie Nationale,1878—1894).

续表

| 年份 | 还本付息 | 合并公债(名义本金) | 市镇公债 | 省级公债 |
|------|----------|-------------------|----------|----------|
| 1878 |          | 19 900            |          |          |
| 1879 |          |                   |          |          |
| 1880 | 1 200    |                   |          |          |
| 1881 | 1 200    |                   |          |          |
| 1882 |          |                   |          |          |
| 1883 |          |                   |          |          |
| 1884 |          |                   |          |          |
| 1885 |          |                   | 3 000    | 465      |
| 1886 |          |                   |          | 496      |
| 1887 |          |                   |          | 523      |
| 1888 | 1 100    | 21 200            |          |          |
| 1889 |          |                   |          |          |
| 1890 | 1 300    |                   | 3 200    |          |
| 1891 | 1 300    |                   | 3 200    |          |
| 1892 |          |                   | 3 200    |          |
| 1893 |          |                   | 3 300    | 544      |
| 1894 |          |                   | 3 300    |          |
| 1895 |          |                   | 3 500    | 418      |
| 1896 | 1 200    |                   | 3 500    |          |
| 1897 | 1 200    |                   |          |          |

注:《统计年鉴》没有提供年度数据。

资料来源:*Annuaire Statistique de la France*(Paris:Imprimerie Nationale,1878—1894);"Les Dettes Communales," *Bulletin de Statistique et de Législation Comparée* 32 (September 1892),275—300。

法国各地公债不断积累,特别是在人口超过 2 万的较大城市。但与美国一样,公债在全国各地的分布并不均匀。到第三共和国诞生时,市政债务几乎占到第二帝国诞生时国债的一半。19 世纪 80 年代,巴黎占法国市政债务的一半多一点(纽约市的市政债务约占全美各州债务总额的一半)。1885 年,巴黎仍有超过 17 亿法郎的债务,而欠债第二多的马赛有 1.09 亿法郎的债务。

　　不过,巴黎和纽约等大城市大量借贷,未必是市政债务最引人注目的方面。在这些大城市,巨额借款被庞大的收入基数所抵消。但在债务与收入之比大得多的地方,情况并非如此。例如,1885 年人口 2 万以上的法国城市的总负债为 740 万法郎,(经常)收入是 160 万法郎,它们的债务收入比约为 4.5∶1。费里列举的一些城市的债务收入比实际远远超过了这个比率。马赛负债 1.09 亿法郎,而经常收入只有 1 350 万法郎,债务收入比是 8∶1,比巴黎的 7.5∶1 还要稍微高一点。相比之下,波尔多只有 3 720 万法郎的债务,收入超过 900 万法郎,债务收入比为 4∶1。贝桑松积欠了 470 万法郎的债务,但它 1885 年的收入略高于 150 万法郎,这就意味着它的债务收入比略高于 3∶1。费里列举的其他城市,如布尔日和维耶纳的债务收入比分别是 6∶1 和 5∶1,虽然仍低于首都或马赛,但确实已经很高。总的来说,这些城市的债务负担与一些法国北方工业城市相比,似乎还算合理,因为里尔的债务收入比是 9∶1,而敦刻尔克的收入是 140 万法郎,债务却高达 3 730 万法郎,因此,债务收入比接近 27∶1。

　　敦刻尔克的情况尤其值得一提。就像法国和美国在这个时期积累了前所未有的债务水平的许多城市一样,敦刻尔克债务积欠的主要驱动因素似乎与基础设施投资问题有关。敦刻尔克的巨额债务无疑是该市巨额港口重建投资以及市政当局拨款建设 1879 年为了提高港口运输和分送能力而启动铁路建设项目的结果。此外,这些发行市政债券的新机会显然与整个北方省的地方投资雄心有关,因为该省各城市在 1893 年举借了比塞纳河省以外的法国任何其他省份都多的债务,即 1.27 亿法郎,而(譬如说)马赛所属的罗纳河口省的全部市镇同年只借了 1.11 亿法郎的债务。[1] 显然,法美两国非中央(或非联邦)政府机构正是在两国国民经济据说坚挺的时候积欠了空前的债务。皮埃尔-约瑟夫·蒲鲁东(Pierre-Joseph Proudhon)在他关于投机的论文中哀叹道:"省和市政预算,就像国家预算一样,每年都在恶化,但却从未与其收入相平衡。"[2]

---

① *Annuaire Statistique de la France*, Vol. XVI, 1895—1896, 495.

② Pierre-Joseph Proudhon, *Manuel du Spéculateur à la Bourse* (Paris: Garnier, 1857), 194.

　　然而,除了实际数字外,在这个地方和省政府公债飙升的时代,令人震惊的是,似乎国家也没有履行监管的职责。在地方债务和投资策略以及市政当局的投资范围方面,确实存在巨大的差异,每一种情况都引发了广泛的地方政治辩论。事实上,儒勒·费里之所以在法国发出警告,是因为他认为几乎没有监管:"法律遭到践踏,是法律规定了限额,并且替寻求借款的市镇制定了规则。许多城市早已忘记了这些规则。在某些情况下,贷款通过预批来掩饰;而在另一些情况下,经批准的贷款被挪作他用。"①就法国而言,肯定有一些城市试图效仿巴黎,如马赛,而另一些城市则奉行极端保守的投资议程。因此,虽然有人开始担心这类债务的潜在危险,但中央政府似乎并没有统一的统计数据,甚至也没有统一的政策说明市政当局应该如何利用它们的地方资源。至少,监管的问题相当模糊,反对派可以利用它来进行反政府的政治动员。

　　美国也呈现出类似的发展态势,非联邦公债不断膨胀,但并不受联邦当局的管辖。美国的非联邦公债并不是这个时期新出现的现象。在这个世纪的早些时候,美国各州利用新获得的主权在欧洲债券市场上借钱。为基础设施项目——先是运河,后来是铁路——筹集资金而发行债券的做法,作为州政府促进经济发展的一种方式变得非常普遍。②南北战争后,地方政府超过州政府成为美国最大的借款人。在与其他地方(加莱纳与芝加哥、莱文沃斯与堪萨斯城、桑达斯基与克利夫兰——风险很大!)的竞争中,市政当局变得格外积极主动,它们借钱补贴铁路建设,确保战略性铁路连线。③引起争议的是,市政当局借钱支持地方制造业和其他行业。它们借钱为不断增长的人口提供服务和

①　Ferry,*Comptes Fantastiques*,42—43.

②　阿尔弗雷德·钱德勒(Alfred Chandler)观察到"联邦政府的资助只帮助了全美铁路系统8%的建设。从长远看,州、市、县的援助比联邦资助更加重要":Alfred D. Chandler,*The Railroads*,*the Nation's First Big Business*:*Sources and Readings*（New York:Harcourt,Brace & World,1965）,43—44。想了解美国州政府促进经济发展的方式,尤其是南北战争前采用的方式的更详细考察,请参阅 Harry N. Scheiber,*Ohio Canal Era*:*A Case Study of Government and the Economy*,*1820—1861*（Athens:Ohio University Press,1969）; Carter Goodrich,*Government Promotion of American Canals and Railroads*,*1800—1890*（New York:Columbia University Press,1960）。想了解法国和美国的情况比较,请参阅 Colleen A. Dunlavy,*Politics and Industrialization*:*Early Railroads in the United States and Prussia*（Princeton:Princeton University Press,1994）。

③　仅 1866—1873 年,29 个州就批准了 800 多个由地方政府资助的铁路建设项目。请参阅 Goodrich,*Government Promotion of American Canals*,241。

便利设施,包括修建数千英里的铺面道路、供水和污水处理系统、警察局和消
防站、学校、公园和公共图书馆。①

美国东海岸想垄断这种公债业务的大金融机构的意愿,比任何法律或政
治监督都更能规范这些资源的流动。事实证明,这些机构都急于这么做:它们
总是迫于压力,为不断增加的准备金寻找有利可图的投资渠道,于是就接受了
被认为相对安全又便于多样化的地方和州政府公债。那几十年资源急剧增加
的保险公司,很乐意把这些证券添加到它们庞大的投资组合中。美国州和地
方债券占美国保险公司总资产的比例,从 1860 年的 8.1% 上升到了 1870 年
的 21.6%,再到 1880 年的 37.7%(同期美国联邦债务占美国保险公司总资产
的比例仅为 3.1%、9.1% 和 8.7%)。② 例如,1890 年,波士顿的新英格兰互助
人寿保险公司(New England Mutual Life Insurance Company)持有美国各地
区 40 多个不同城市发行的债券;纽约互助人寿保险公司(Mutual Life Insur-
ance Company of New York)持有全美各州 70 多个城市发行的债券;而康涅
狄格州的安泰人寿保险公司(Aetna Life Insurance Company of Connecticut)
持有的非联邦公债券远远超过了其他人寿保险公司,它持有美国(和加拿大)
州、县、市和学区发行的大约 350 种不同的债券。美国的信托公司、储蓄银行

① Alberta M. Sbragia,*Debt Wish*:*Entrepreneurial Cities*,*U. S. Federalism*,*and Economic De-velopment*(Pittsburgh: University of Pittsburgh Press,1996),44—56; Jon C. Teaford,*The Unherald-ed Triumph*,*City Government in America*,*1870—1900*(Baltimore: Johns Hopkins University Press,1984).有关美国的学术研究通常更多地关注地方财政状况的失败,而不是它们取得的卓越成就。请参阅 Clifton K. Yearley,*Money Machines*:*The Breakdown and Reform of Governmental and Party Finance in the North*,*1860—1920*(Albany: State University of New York Press,1970); Ajay K. Me-hrotra,*Making the Modern American Fiscal State*:*Law*,*Politics*,*and the Rise of Progressive Taxa-tion*,*1877—1929*(New York: Cambridge University Press,2013).相比之下,相关比较研究已经证明了美国州和地方政府行为主体发挥的关键经济作用。请参阅 Stanley L. Engerman and Kenneth Lee Sokoloff,eds.,*Economic Development in the Americas since 1500*:*Endowments and Institutions*(Cambridge: Cambridge University Press,2012).

② 在 19 世纪 80 年代和 90 年代铁路债券兴起之前,只有抵押贷款可以与之媲美,请参阅 Lester W. Zartman,*The Investments of Life Insurance Companies*(New York: H. Holt,1906),14;Bruce Michael Pritchett,*A Study of Capital Mobilization*:*The Life Insurance Industry of the Nineteenth Century*(New York: Arno Press,1977).

和其他金融机构也加入了这场竞争。[①] 在一个快速增长和动荡不定的时代，这些机构越来越依赖公债业务，并把公债作为它们巨大资金的重要的审慎投资品种。[②] 这种债务极大地增强了地方政府的权力和能力。但关于这个时期的传统看法是，联邦当局还没有考虑剥夺它们的这种权力。

## 地方公债政治

毫不奇怪，在 19 世纪的最后几十年里，城市政府、债券市场和国民经济发展之间的关系是美国和法国人关注的核心政治问题，并且引发了一场关于谁可以借钱、借多少钱以及为了什么目的借钱的激烈辩论。所有的州和城市都面临类似的困境和矛盾的需求。那么，地方政府是应该大举借贷为未来打下基础，还是应该保持稳健的财政状况，以赢得"投资大众"的青睐？哪些项目和计划值得公共信用支持？政府对企业的补贴有助于企业构建必要的优势，还是只不过是威胁社会未来的敲诈勒索？这些问题必然会扩展为涉及面更广泛的问题，而每个问题都引发了许多不同的回应:是否可以信任民主多数派会做出敏感的财政决策？财政决策应该由财产所有人("纳税人")单独做出，还是由有投票权的广大公众做出？这些问题是否可以留给受强烈游说影响的民选机构自行决定，或者是否有必要进行外在的宪法限制？像经营铁路和运河运输这样的私有企业是否可以被视为公营企业，从而应该得到政府的财政补贴？最根本的问题是，由于进入债券市场要满足很多附加条件，地方政府应该如何处理与贷款方的关系？这种关系是完全和谐还是必然对立的关系？在确定政府行动的优先顺序时，外部贷款人应该有多大的发言权？市政当局有多大的

---

① Annual Report of the Insurance Commissioner of the Commonwealth of Massachusetts, vol. 36 (Boston: Wright and Potter, 1891), 22—30, 100—113, 41—53. 保险公司和储蓄银行比其他银行机构受到更加严厉的监管。不同州的法律逐渐放开，允许它们购买其他州的市政债券。

② 在 19 世纪上半叶，外国投资者持有很大一部分美国公债 (1853 年为 46%)，但这种债券在美国银行机构中很受欢迎，因此越来越多地被国内银行持有，请参阅 Mira Wilkins, *The History of Foreign Investment in the United States to 1914* (Cambridge, Mass.: Harvard University Press, 1989), 54, 184—189. 正如一位英国经济学家在 1893 年对地方债务问题所做的解释那样，"如果市政当局鲜为人知，就会遭到不信任。如果它们广为人知，并且久负盛名，则支付的利率不足以吸引英国投资者。"Ibid. , 187。

能耐对付全国性金融机构？这些问题在公众当中和政府内部都有争论，而且在法庭上的争论更是没完没了。[①]

公债问题在政治上变得尖锐，正是因为它是美国和法国地方机构和涉及面更大的政治经济关系的核心所在。公债有助于规范全国性金融机构与地方政治权力机构、社会关系和经济活动之间的关系。从本质上讲，公债已经成为一种协调地方政府间关系的机制。这些地方政府虽然调动了前所未有的资源来刺激经济发展和提供城市服务，但都放弃了部分自治权，并成为一个更大的综合系统中更加相融的节点。因此，公债能够鼓励市政当局优先发展全国性的基础设施（如铁路支线、终端站、中央车站），同时又进行旨在改善地方基础设施（供水、街道、下水道、学校等）的投资；而且还能使地方政府优先发展大规模、高度资本化的行业（采矿、堆场、铁路），然后再考虑当地市场和生产商。地方政府往往会压下棘手的分配问题，以追求主观界定的"公共利益"。但总的来说，地方政府在地方商业利益的压力下，或者在广大选民的要求下，以过去难以想象的规模投资。

因此，公债作为一个政治问题，成为一个主要的高风险场所，有时令人惊讶地出现了关于市场形成和一体化的基本条件的公开斗争。[②]国家精英们努力强制管束这种难以控制的分散化管理的工具，并且试图通过宪法约束、法律规定、低利率等市场激励措施，但最重要的是，通过直接和间接的政治游说确定借贷、税收和支出的优先顺序。但是，他们在民主政体中的权力终究是有限的，从而使他们在许多方面容易受到不可预测的审议过程的影响。这么多持

---

① 美国仅最高法院就在1864—1888年间审理了100起有关"铁路援助证券"的案件。在1863—1897年间审理了300多起市政债券案件的菲尔兹（Fields）法官表示："几乎没有任何与这类证券有关的问题没有经过最高法院的审理和裁决。"请参阅 Charles Warren, *The Supreme Court in United States History*, rev. ed. (Boston: Little, Brown, and Company, 1926), 532. 请参阅 Charles W. Mc-Curdy, "Justice Field and the Jurisprudence of Government-Business Relations: Some Parameters of Laissez-Faire Constitutionalism, 1863—1897," *Journal of American History* 61, No. 4 (1975): 970—1005。

② 我们在这里借鉴了迈克尔·盖尔（Michael Geyer）和查尔斯·布赖特（Charles Bright）的研究，特别是他们敏锐地分析全球化历史如何非但没有取代地方和地区历史，反而揭示了所有地区作为"被叙述过程的参与者"对世界历史全部意义的研究。请参阅 Michael Geyer and Charles Bright, "World History in a Global Age," *American Historical Review* 100, No. 4 (1995): 1044—1045; Noam Maggor, "To 'Coddle and Caress These Great Capitalists': Eastern Money and the Politics of Market Integration in the American West," *American Historical Review* 122, No. 1 (2017): 55—84。

续不断的较量的结果并不是专家们设想的优雅、统一的公共政策决议,而是由津贴、禁令、总体和具体的约束组成的混搭,并且反映了形塑地方当局和中央(或联邦)政府之间关系的政治上的胜利、让步和妥协。

一旦公共借贷由学术话语转变为公众话语,例如,就像美国偏远地区的边疆定居者聚集在一起为新开发的西部州起草宪法时那样,历史上的行为主体、政治角力和各州机构就会明显聚集在一起。1889 年夏天,代表们在华盛顿的奥林匹亚起草州宪法时就把公债问题作为他们的主要议题。"我们冒昧地就市政债务问题向你们发表讲话,"伊利诺伊州银行家 N. W. 哈里斯(N. W. Harris)向粗犷、健壮的华盛顿州人宣布。事情的经过是这样的:哈里斯和他在风城的同事最近购买了华盛顿州的一个县和一个市发行的债券。这片土地最初是在联邦政府的监管下发展起来的,但即将成为联邦的一个独立州。银行家们对这片土地的"发展和繁荣充满信心",于是"考虑"从新联邦的其他地方政府那里购买大量的额外资产。出于这种考虑,并且为了获得"东部资本家"持续的资金支持,芝加哥人建议在新宪法中加入一条特别条款,严格把城市债务限制在市政当局可税财产的 5% 以内。宪法的这条限制条款不仅会促进对公共事务的"经济管理"和防止城市破产,而且允许地方政府按低得多的利率借款。这一点在伊利诺伊、艾奥瓦、密苏里、印第安纳和威斯康星等采纳了宪法限制条款的州的市县债券溢价中表现得很清楚,因此,这些州的市县债券相对于没有采纳限制条款的明尼苏达州的市/县债券而言增强了"投资公众的信心"①。

"外国"银行家及其偏好对华盛顿奥林匹亚市民主审议的暗讽招来了各种不同来源的抵制。西雅图市议会宣布他们反对规定债务上限,因为这样做会威胁到旨在发行 100 万美元市政债券筹资完成急需的城市改善设施的建设计划。自来水厂、下水道、道路、照明和其他设施的费用无疑将超过该市估算的造价的 5%。② 斯波坎(Spokane)的居民同样也反对"这种凌驾于人民之上的

---

① *The Journal of the Washington State Constitutional Convention*,1889 (Seattle,Washington:Book Publishing Company,1962),44—46.

② "Seattle's Water Bonds," *Tacoma Morning Globe*,July 13,1889,1. 19 世纪 80 年代,华盛顿州的城市发展非常迅速:西雅图从 3 500 个居民增加到了约 42 000 个居民;塔科马(Tacoma)从 1 000个居民增加到了 36 000 个居民;而斯波坎则从 356 个居民增加到了近 20 000 个居民。

父权或监护观念"，这是一种"不管当地情况如何，禁止为改善公共设施负债的武断法律"。① 科尔法克斯(Colfax)镇的代表也加入了这个行列，并指出规定债务上限可能非常有害。他们的城镇曾两次被烧毁，如果不大量借贷，就不可能修复。最后，劳工骑士团(Knights of Labor)的地方代表大会呼吁州政府明确授权市政当局"拥有和控制人民可能选择拥有或控制的行业和公共设施"。为了寻求公权力的急剧扩张，他们肯定对这种先验地限制政府借贷的做法没有耐心。②

对规定地方公债上限最强烈的反对来自该州农村地区几个县迫切希望吸引外部铁路和运河投资的商业领袖，尽管这明显背离了他们一贯强调的谨慎和经济原则。他们的理由是，如果不能发行可用来补贴私人企业的债券，他们的社区就很难吸引外部投资者和启动大型建设项目。崭露头角的艾伦斯堡(Ellensburg)的同业公会会员认为："为了我们州的最大利益，应该允许各县发行债券来帮助并推进无论是铁路还是灌溉等公共设施的改良工程，当为改善公共设施计划开发我们州的资源时……我们应该以各种方式鼓励国内或国外资本快速开发我们的资源。"另一份来自蒙特萨诺(Montesano)同业公会的请愿书宣称，"鉴于开发我们大量的资源需要大量的资本；建设新的运输干线需要其他州的投资，而且为推动我们的工业进步所必需；我们相信地方自治、契约自由和公平公开竞争是商业事务最可靠的调节器……常识告诉我们，在公共运输(如铁路)方面的自由政策，鼓励而不是限制，是对我们地方和州政府最大的帮助。"③"公平竞争"的概念不但是指不受监管的自由，而且意味着集中公共资源构建条件不那么好的地区的竞争优势。

这些有关宪法问题的论战造成的不均衡结果在宪法的最终草案中体现得十分明显，因为这份宪法草案——以一种典型的方式——反映了它与金融市场有点格格不入。这份宪法草案限制州一级的借贷，但允许多数选民授权为某些工程或目的举借"特别债务"。④ 市政债务通常被限制在可税房地产价值

① *The Seattle Times*，August 2，1889，4．

② *The Journal of the Washington State Constitutional Convention*，149．

③ *Tacoma Morning Globe*，August 3，1889．

④ *Journal of the Washington State*，672．

的 5% 以内。但有 3/5 的选民不顾芝加哥银行家们的反对,投票赞成市政当局进一步借债,但不得另外超过可税房地产价值的 5%,"为这样的城市或城镇提供供水、人工照明和下水道设施。"①最后,在一件对于沃拉沃拉(Walla Walla)居民来说是丑闻的事件中,"沃拉沃拉比任何其他县"更急于寻求补贴铁路建设的资金,沃拉沃拉决定:"县、市、镇或其他市政企业不得向任何个人、协会、公司或企业提供资金或财产,或把自己的钱或信贷借给任何个人、协会、公司或企业。"②其他西部州最后以不同的方式进行了讨价还价,并做出了妥协。

从美国领土的边缘地区到欧洲的心脏地带,法国地方公债政治的抱负和冲突程度毫不逊色,这一点多么令人震惊。事实上,令人惊讶的是,中央或州政府限制地方债务积欠的努力经常遭遇相似的困难。在法国的国家/帝国首都、地区中心和其他城市,基础设施建设和城市项目投资的雄心稳步扩张,创造了市政债务的新纪录,但也为地方财政决策争取到了新的自治权和领域。从这个角度看,巴黎这个压倒一切的例子不应该被误解为一种中央集权化或势不可挡的城市现代化的形式,就如同在这个国家的其他地方同样大规模的投资不应该被忽视一样。事实上,虽然巴黎的借贷数额甚至使最大的省会城市都相形见绌,但巴黎的情况与其他任何地方一样,都证实了市政当局在财政和地方债务方面倾向于独立的趋势。

众所周知,在法兰西第二帝国中期,巴黎这座城市经历了一次现已成为现代生活进程象征的重建。但是,建设这个现代化之都的成本不可忽视。虽然在巴黎重建的前 15 年的大部分时间里重建的费用仍是一个谜,但到了 19 世纪 60 年代中期,规模庞大的巴黎市政债务突然出现在法国和欧洲的政治舞台上。1864 年 12 月 11 日,巴黎市长乔治-欧仁·奥斯曼(Georges-Eugène Haussmann)在官方报纸《箴言报》(Le Moniteur)上解释说,"并不像法国许多地方(省)政府认为的那样,国家在给巴黎大约 7 700 万法郎的财政补贴时并没有给予优惠待遇",因为"巴黎市已经采取了一整套的措施,总投资超过 6.5

---

① *Journal of the Washington State*,676. "Provided the infrastructure remained under the ownership and control of the municipality."

② *Journal of the Washington State*,680.

亿美元"。[1]

虽然有了这些令人印象深刻的数字,但奥斯曼仍低估了巴黎市政投资的规模以及为此埋单要背的债务。事实上,奥斯曼每年要花费 5 000 万～8 000 万法郎,历时 17 年的首都重建最终花费了大约 25 亿法郎,大大超出了原本已经非常庞大的 11 亿法郎的预算。这当然需要不断求助于借贷,其中包括国家立法机构批准的三笔巨额贷款。第一笔是 1855 年的 6 亿法郎贷款,议会在没有议员投反对票的情况下批准了这笔贷款。第二笔贷款是在几年后的 1858 年批准的,金额是 1.2 亿法郎。两年后,奥斯曼再次请求批准增加 1.2 亿法郎时,立法机构开始犹豫。直到他再次请求批准第四笔 4 亿法郎的贷款时,反对票才大幅增加,而奥斯曼史无前例的债务积欠创举也被深度政治化。[2]

这样大肆借贷的后果远远超出了城市重建的范畴,吸引了一系列此前与市政财政这个平静的世界毫不相干的经济主体。这样的借贷规模也催生了一些独特的积欠债务新工具。但是,并不是州政府或市政当局,而是一个几乎名不见经传但声称在 19 世纪 60 年代早期发明了一种积欠大量流动债务的方法的公证人 E. 巴罗内特(E. Baronnet),对日益强烈的反对呼声做出了最早的回应。为了论证继续重建巴黎的重要意义和为重建筹集资金的必要性,巴罗内特详细介绍了一种允许巴黎市政府通过所谓的"委托债券"(bons de délégation)继续其重建工作的方法。他辩称,"巴黎市政府已经[被国家]抛弃,因此别无选择,只能出去寻找贷款"。在他看来,问题在于,比起立法机构和常要政治花招来掩盖巴黎实际财政资源的财政部部长来,投机者更加清楚巴黎的举债能力。中央政府的一些官员对巴黎巨大的财政和税收资源没有足够的信心。他表示,"这种胆怯造成了巴黎市市长遇到的困难和 1865 年的贷

① Baron Haussmann,Mémoire de M. le Préfet de la Seine,*Le Moniteur* decembre 1864)。

② 请参阅 G. Cadoux,*Les Finances de la Ville de Paris de 1798 à 1900* (Paris:Berger-Levrault,1900);Geneviève Massa-Gille,Histoire des Emprunts de la Ville de Paris,1814—1875 (Paris:Ville de Paris,Commission des Travaux Historiques,1973);Bernard Marchand,"Le Financement des Travaux d'Haussmann:un Exemple pour les Pays Emergent?" working paper,2011,https://halshs. archives-ouvertes. fr/halshs-00583457。

款不足"。①

　　巴罗内特当然不是唯一坚持巴黎市政府有能力履行任何必要的财政义务以完成其大规模重建的人。事实上,巴黎的重建工作不但得到了巴黎市政府的大力支持,也得到了地方贷款机构的大力支持。因此,巴罗内特提出了一种能够排除,或者更准确地说,避免立法机关方面的任何阻力的替代方法:"问题是要找到一种有可能完成巴黎重大重建工程但又不依赖贷款的融资方法。"②巴罗内特发明的融资方法要通过创造一种"浮动债务三角"来做到这一点。巴黎市政府同意划转重建工程竣工前购买土地的资金。一旦巴黎市政府成为土地所有人,这笔钱就会以定期付款的方式转回。然后由承包商承担拆迁的风险,因为他们负责拆除并出售拆下来的建筑材料和房屋拆除后的地块。承包商的利润就是最初的买价和在完成第一阶段工作后能够获得的卖价之间的差额。因此,在从巴黎市政府得到任何付款之前,承包商必须先支付征用和清场费用。既然如此,承包商缺少的是启动第二阶段施工的资金。承包商要向银行——巴黎重建工程银行——贷款,这家银行通过定期付款的方式把贷款付给承包商。这些贷款用"授权债券"(Delegation Bonds)来偿还。到时候,巴黎市政府把这种债券交给承包商,后者可用它们来偿还银行贷款。然后,巴黎重建工程银行可按债券面额收取利息(5%),或者把债券卖给另一家银行或它自己的客户。③

　　这种方法效果很好,而且影响广泛。首先,它允许巴黎的债务远远超出了后者之前积欠的债务,在1867年前的短短几年时间里,巴黎的债务总额就超过了4亿法郎。其次,或许更重要的是,它在巴黎推行前所未有的非正式财政独立。巴黎当时实际上是通过增税——主要是通过征收货物入市税——来管理一个比欧洲一些较小国家规模还要大的预算,并在不惊动中央政府的情况

---

① E. Baronnet,"Les Grands Travaux de la Ville de Paris et les Bons de Délégation. Mémoire présenté à M. le Baron Haussmann,Sénateur,Préfet de la Seine le 15 janvier 1863."(Paris:Dentu,1867);某种程度上被孤立了的市政当局被迫走上了借贷的道路……莫茨先生不相信市政收入的规模,也不相信城市预算的年增长幅度。这种退化为烦恼的羞怯导致塞纳河省省长1865年借贷不足。

② Baronnet,"Les Grands Travaux de la Ville de Paris et les Bons de Delegation,"18—19.

③ Georges Gallais-Hamonno,"La Création d'un Marché Obligataire Moderne," in *Le Marché Financier Français au XIXe Siècle*. Vol 2:Aspects quantitatifs des acteurs et des instruments à la Bourse de Paris (Paris:Publications de la Sorbonne,2007),269.

下从银行借到空前多的贷款。从这个角度看,巴罗内特的小册子《巴黎的重建工程和授权债券》(*The Great Works of Paris and the Delegation Bonds*)可以被称为"巴黎独立宣言",因为它实际解放了京城,使它不再受中央政府的任何监督。鉴于几年后巴黎就爆发了巴黎公社起义,因此,这种非同寻常的财政独立需要更加深入的考量。

在不到三年的时间里积累了如此多的隐性债务所造成的问题是,如此非同寻常的借贷,加上使这成为可能的财政自由,迟早会造成深层次的政治问题。事实上,虽然巴黎市政府有非经常性收入,但它无法在如此短的时间内偿还积欠的巨额贷款。因此,它与管理授权债券的银行重谈了贷款协议,银行采用大规模收购授权债券的方式向巴黎市政府贷款 4 亿法郎,利率为 5%,分 60年还清。虽然这份贷款协议解决了巴黎市政府的偿债能力问题,但也把巴黎送回了立法机构的怀抱,因为所有官方贷款都需要立法机构的批准。关于这笔贷款的争论成了 19 世纪 60 年代法国最重要的政治争论之一。

儒勒·费里在他著名的《奥斯曼的奇妙账目》(*Les Comptes Fantastiques d'Haussmann*)中带头指责奥斯曼的融资方案。费里是第二帝国最后几年共和反对派的领袖之一,因此,奥斯曼的巴黎重建计划以及因实施这个计划而积欠的巨额债务为费里提供了谴责帝国政权不负责任和隐藏着巨大的财政金融危险的宝贵机会。费里把奥斯曼视同皇帝,并坚持认为一个不负受托责任的政府必然会导致这个国家和它的首都陷入财政毁灭。"这座城市悄然无声地借到了它无力偿还的 3.98 亿法郎,现在又想在 60 年里分期偿还,"费里大声疾呼并质问道,"这座城市怎么可能在立法机构甚至都不知道的情况下借到了3.98 亿法郎的贷款?"[1]在费里看来,这首先是政治问题:"在过去的 15 年里,这个政府不受任何控制,而且也不承担任何受托责任。"[2]

费里把奥斯曼说成是一个一意孤行、不负责任、独裁专制的城市管理者,他抓住了一个成为 19 世纪法国政治史中心主题的事件。法国历史学家绝大多数支持 19 世纪法国特别是拿破仑统治之下的中央集权政体。一旦陷入巴黎的市政建设必然是不顾地方(相关省份)居民需要的中央集权化民族国家自

---

① Ferry,*Comptes Fantastiques*,9.

② Ibid. ,17.

上而下强制实施的产物的法国历史记述，我们就会认为奥斯曼是以牺牲法兰西民族的利益为代价，在皇帝的默许下独自采取行动。此外，奥斯曼重建巴黎的行动也被认为是不惜牺牲其他城市和地区，把大量资源投到首都，从而实际加剧了法国的中央集权化程度。

不过，这样的法国历史记述造成的问题是，忽略了奥斯曼的巴黎重建计划在多大程度上是在不受中央政府相关部门控制的情况下完成的。更加确切地说，奥斯曼的巴黎重建计划是在一个与本地和国际金融市场直接互动的地方层面完成的。此外，这种历史记述还忽略了有关这种巨额市政债务的所谓"民主"政治。1951 年，路易斯·吉拉德（Louis Girard）在一篇关于法兰西第二帝国公共工程项目融资的短文中总结道，那个时期债务的大量积累具有"民主"的特征："最终，这些方法之所以长期可行，是因为第二帝国在不受议会控制的情况下运作，但要接受首都公民的日常投票结果；并不是少数几个孤立的金融家的资本，而是债券市场的民主不断蔓延开来并延续下去。"[①]吉拉尔随便做出（很少有人注意）的结论实际提供了一种洞察奥斯曼积欠的债务以及 19 世纪最后几十年第三共和国时期积欠的债务所起到的作用的机会。事实上，奥斯曼的巴黎重建计划根植于欧内斯特·勒南（Ernest Renan）几年后所说的"公民日常投票"。这种"公民日常投票"是通过相信巴黎市政府财政稳定的投机者和其他大大小小的投资者的选择来完成的。他们通过每个购买巴黎债券或分担巴黎债务的机会来表达自己的支持。这倒不是说，奥斯曼的巴黎重建计划在任何传统政治意义上说都是一项非常"民主"的计划，但确实表明一个庞大的新民众群体参与城市建设，需要一种以前难以想象、广受欢迎的对地方政府的投资，而且表明大量自主积欠的市政债务的出现、首都财政自给自足以及金融"民主化"的根源，为构建金融市场、地方政府和国家之间深层次的新关系奠定了基础。

在这个时期同样积欠了大量债务的美国大城市也效仿了巴黎。和法国一样，大量的报告、研究和统计概要（包括联邦人口普查局的报告）本身就表明，

---

① Louis-P. Girard, "Le Financement des Grands Travaux du Second Empire," *Revue Économique* 2, No. 3（1951）：343—355.

精英阶层正在为应对——正如一位观察家所说的"大大超比例"①的——城市民主代价做积极的努力。1884 年,获得"世界上管理成本最高的城市"声誉的纽约市,财政支出和借贷以令观察家们感到担忧的速度增长。纽约的总负债在 1850—1860 年间翻了一番,达到了 1 900 万美元,到了 1880 年增加了五倍,超过了 1 亿美元。纳税精英们很快就指出,这相当于全美公债的 1/19,大约是全美所有州公债的一半,大致是美国所有市政公债的 1/6。1860 年,波士顿的固定债务净额令观察家们大为担忧,因为它达到了 750 万美元,到了 1880 年已接近 2 800 万美元,按人均计算超过了纽约。芝加哥也迅速效仿:在 1860—1875 年间,人口增长了惊人的 260%,而债务却增长了几乎两倍,总计增长了 487%。②

这些不断膨胀的债务引发了一场影响地方政治及其与州政府和金融市场关系的争论。造成城市大众与债权人和有产纳税人对立的阶级仇恨从来就没有隐藏得很深。③ 例如,当波士顿人考虑把大片新的郊区土地并入城市——一项有望缓解内城住房危机,但必然会大幅增加市政支出的受欢迎的措施——时,这个城市在金融市场上的地位就得到了提高。反对者很快就指出,这一政策将严重影响波士顿能以低成本在伦敦借贷的极佳信用和声誉。有精英评论员指出:"如果拟议中的市政变革导致市政债务增加(很可能会发生),那么自然会降低市场对债券的信用评级"④,并造成灾难性的长期后果。就在波士顿的选民似乎对精英评论员的推断无动于衷的时候,精英反对者们把诉讼状递到了法院,称这种地位的改变是违宪的,并且损害了市政债券持有人的财产权,从而使他们持有的市政债券变得不那么安全。虽然法官驳回了这个

---

① William M. Irvins,"Municipal Finance," *Harper's New Monthly Magazine*, June 1, 1884, 779.

② Yearley, *Money Machines*, 7—10. 耶利(Yearley)的经典研究引起了关注,并把这种财政趋势戏剧化,从而影响了美国一代又一代的城市历史学家。我们的观点是,改革的主要推动力并不是改革者所说的政府机器的"崩溃"(一种耶利不加批判就接受的观点),而是财政机器在增加急需的公共资源方面的巨大效力。

③ Yearley, *Money Machines*, 11.

④ George R. Minot & Others, Petitioners vs. City of Boston and Others, Brief for the Petitioners, Minot Business Papers, Carton 40, folder 1873, Massachusetts Historical Society. 还请参阅 Theophilus P. Chandler v. Boston, 112 Mass. 200 (1873)。

案子原告的推断，但这些法律质疑传递出非常清楚的政治信息：不能与债权人建立和谐关系的城市会因为自己的行为而面临风险。不用说，在精英文化机构（哈佛大学、波士顿美术馆、上流社会成员光顾的后湾区教堂，这里就举三个例子）争取到巨大的税收减免优惠，或市中心商业利益集团为获得铁路建设补贴、改善港口设施和实施其他城市美化计划而游说的时候，没有人提出同样的反对意见。由于这些紧张关系始终持续存在，因此，地方当局的大规模借贷扩张就是不按照严格的制度安排，而是通过激烈的政治对抗进行的。

从市政公债迅速扩张的角度看，把偏远地区纳入全国市场显然并没有削弱地方政治机构的财政或治理能力，也没有使市政府过时或在某种程度上变得无关紧要。更加确切地说，这个过程在地方层面持续推动了州政府的建构，并且导致联邦以下级别的政治单位数量迅速增加，财政能力大幅提高。促使全国性市场逐渐形成的因素，不仅是联邦机构数量不可抗拒地增加，还有地方政治单位数以百计地爆炸式增长，而且每个地方政治单位都为促进发展而相互竞争，在相互竞争的社会团体之间协商，并且都争取到了部分外部投资。纽约和波士顿的情况与西部一样，因为联邦政府在西部对广袤的领土进行了分割，创建了许多新的州，为发展构建了重要的政治框架。不过，法国的情况也是如此，像巴黎、马赛和敦刻尔克这样不同的城市，即使在中央政府的眼皮底下也积欠了巨额债务。

法国和美国许多中央或联邦以下级别的地方和城市实际上没有自己的银行资源，但被赋予了从特许设立企业、开放或开发自然资源和水道到建设新的有时是规模很大的基础设施项目的各种形式权力。美国西部出现了新建的县、城市和城镇星罗棋布的景象，而法国则出现了象征现代世界的城市重建景象，从而巩固了法国作为全球资本主义引领者的地位。同样的情况也出现在了美国东部，但方式有所不同。在美国东部，人口稠密的大都市的政府采纳了雄心勃勃的公共工程议程，并且加快了征税、支出和借贷的速度。[1] 大部分有

---

[1] 请参阅 Sven Beckert, *The Monied Metropolis：New York City and the Consolidation of the American Bourgeoisie, 1850—1896* (Cambridge：Cambridge University Press, 2001)；Noam Maggor, *Brahmin Capitalism：Frontiers of Wealth and Populism in America's First Gilded Age* (Cambridge, Mass. ：Harvard University Press, 2017)。

关政府财政的戏剧性事件并非发生在国会或其他任何单一国家机构,而是发生在越来越多的公共借款的正确使用成为激烈争论主题的地方。

＊　＊　＊

从这个意义上讲,市政债务的积累为地方政府扮演新的角色铺平了道路。在美国和法国这两个国家,地方政府都远没有变得过时,或在某种程度上与公债的故事无关。恰恰相反,地方政府公债的大量积累,导致重要的财政决策转移到了地方官员的手中,而不再受到国家政治当局的监督。这样的机会出现在已经成为法国第三共和国政治支柱的城市政治运动以及美国"新联邦制"中。①

因此,乍一看,无论是美国在南北战争以后以及南方或北方,还是法国在1870—1871年巴黎公社以后,全国性市场的不断巩固具有某种矛盾的性质,从而不仅导致中央或联邦政府机构不可阻挡的增加以及它们对国家财政影响的不断增强;而且,全国一体化也产生了一种方向相反的平行运动:就在各地方单位竞相改善基础设施,多层次协商解决融资压力的问题和保证新资源水

---

① 想了解美国的相关情况,请参阅 Kimberley S. Johnson, *Governing the American State: Congress and the New Federalism, 1877—1929* (Princeton: Princeton University Press, 2007); Gary Gerstle, "The Resilient Power of the States across the Long Nineteenth Century," in The *Unsustainable American State*, eds. Lawrence Jacobs and Desmond King (New York: Oxford University Press, 2009), 61; Gary Gerstle, *Liberty and Coercion: The Paradox of American Government from the Founding to the Present* (Princeton University Press, 2015). 想了解法国的相关情况,请参阅 Paolo Capuzzo and Mathieu Cloarec, "Municipalisme et Construction de l'Hégémonie Politique. Les Transports Collectifs à Vienne, 1896—1914," *Genèses* 24 (1996); Patrizia Dogliani, "Un laboratoire de Socialisme Municipal: France (1880—1920)" (PhD diss., Paris VIII, 1991); Alexandre Fernandez, "La Création en 1919 de la Régie Municipale du Gaz et de l'Électricité de Bordeaux," *Revue Historique* 294, No. 1 (1995): 595; Jean Lojkine, "Politique Urbaine et Pouvoir Local," *Revue Française de Sociologie* 21, No. 4 (1980); Joana Jean, "L'Action Publique Municipale sous la IIIe République (1884—1939). Bilan et Perspectives de Recherches," *Politix* 11, No. 42 (1998): 151—178; Bernard Meuret, *Le socialisme Municipal. Villeurbanne 1880—1982* (Lyon: Presses Universitaires de Lyon, 1982); Jean-Yves Nevers, "Système Politico-Administratif Communal et Pouvoir local. Étude d'un Cas: la Municipalité Radicale Socialiste de Toulouse, 1888—1906" (PhD diss., Toulouse II, 1975); Michel Offerlé, "Les Socialistes et Paris (1881—1900). Des Communards aux Conseillers Municipaux" (PhD diss., Paris I, 1979); Gilles Pollet, "La Construction de l'État Social à la Française: entre Local et National (XIXe et XXe siècle)," *Lien Social et Politique* 33 (1995); Joan Wallach Scott, "Social History and the History of Socialism: French Socialist Municipalities in the 1890's," *Mouvement Social* 111 (1980).

平的时候,它们内部迸发出一种新的有时是非正式的能量。

然而,从本章的比较研究中可吸取的教训是,我们只要把地方和中央(或联邦)政府能力在现代国家整合力量内部的发展视为一种零和博弈,这种发展就会显得矛盾。只要把国家各级权力机关的整合过程理解为与地方自治相对立,就不可能理解外围地方权力机关与中央国家权力机关的同时发展。但是,现代国家建设从来就不局限于国家层面,当然也不取决于国家与地方的对立。国家的基础权力可以在地方和国家两个层面同时获得有效的发展。

这种市政债务发生在两国内战的背景下,而战争则是因为全国统一以及限制和扩大地方权力的可能性等问题而发生的,这一事实并非无关紧要。虽然有关法国巴黎公社和美国内战的文献绝大多数集中在巴黎公社和美国内战以后出现的国家主权和国家政权巩固的问题上,但我们在本章对地方债务的比较研究中发现,即使扩大地方主权的想法遭遇了失败,解决地方问题和塑造经济变革的能力在19世纪下半叶实际上也有所增强。这种新的能力,即我们所说的非正式财政联邦制,在很大程度上仍然隐匿在人们视线之外的地方。

这种新的能力由于两个原因而隐匿在人们视线之外的地方。这种新能力的一个决定性特征是,它是一种非正式的能力,并且试图在有其他优先事项需要考虑的中央(或联邦)政府的监督之外发挥作用。事实上,市政当局如此成功地向中央(或联邦)当局隐瞒自己积欠的债务,以至于历史学家们也没有注意到这一点。但市政当局能做到这一点,还有另一个更深层的原因,一个根植于研究全国性市场和国家政治一体化的民族主义方法论的原因。如果我们继续对国界进行物化,并把它视为国家能力的基本载体,就会看到国家权力的积累和对地方的变革性影响并不一定是挑战“国家”主权的手段,而是在地方或边远地区构建国家能力的手段。事实上,在19世纪的法国和美国,这些地方政府机构非同寻常的财政自治是把它们的国家整合到一个巨大的国际金融网络中的最重要因素之一,就如同地方政府机构的财政自治是构建国家基础权力的最重要方式之一,远远超过了中央政府自己力所能及的范围。事实上,在我们讲述的故事中,大量市政债券在本地和国际市场上的积累开启了地方财政自治的进程,并且是一场涉及面更大的现代民族国家建设革命的组成部分。

# 第三编

## 公债大变革

### （1914 年至 20 世纪 70 年代）

19 世纪的自由债务制度,据称把可信赖的借款人和连续违约人分得一清二楚,并且给欧洲资本带来了帝国主义冲动,但在两次世界大战和大萧条期间经历了巨大的挑战和转变。两次世界大战全体交战国的公债急剧增加,使它们不得不以前所未有的规模印发钞票、出售债券和吸引外国信贷,从而导致了对全体居民资源的全面动员,致使由数百万人持有的公债大量增加,并为主权借贷人保证自己的政治合法性带来了新的约束:他们不但要履行对大型金融机构和外国债权人的承诺,而且要履行对许多参与战备的"公民投资者"的承诺,正如尼古拉·德拉朗德在本书第十一章里指出的那样。英国和法国这两个 1914 年前世界最大的金融大国,在 20 世纪 20 年代为偿还巨额公债和应对大都市和帝国的民众骚乱而苦苦挣扎的过程中失去了世界债权国的地位,并且让美国从中获益。在以 20 世纪 20 年代的通货膨胀和紧缩措施、1929 年的全球金融危机以及接踵而至的自由贸易和金本位制分崩离析为标志的新经济环境中,债务关系深刻地影响了各国的国内生活和国际关系。

斯蒂芬妮·米登多夫在本书第十二章里指出,德国等债务国开发了新的"非政治化"的国家融资技术,依靠中介机构动员资源,从而模糊了国家和市场之间的界限。本书第十二章研究的案例超越 1933 年的政治危机,介绍了一种新的统制债务制度如何从战争和危机的废墟中脱颖而出,并在全球范围内扩展到 20 世纪 60 年代结束前的各种不同类型政体的经过。事实证明,在这个动荡的时代,对于维系不断增加的公债,国家行政权力和经济专业知识比议会规则或自由主义价值观重要得多。20 世纪 30 年代末,随着新凯恩斯主义宏观经济财政观的兴起,由于第二次世界大战期间必须利用一切可以利用的资源,因此,市场监管和"金融抑制"(financial repression)就成为奉行干预主义的公共当局手中的合法工具。一旦债务变得看似无法承受,一些国家甚至就能在不受制裁的情况下违约或中止偿债。事实上,1918 年苏维埃政府拒绝承认沙俄政府积欠的债务,赋予这种做法新的政治合法性,而"恶债"说在随后的十年里得到了知识界的支持。不过,一些社会主义国家很快又开始积欠巨额债务,包括内债和外债,就如克里斯蒂·艾恩赛德和埃蒂安·福雷斯捷-佩拉在本书第十三章里展示的那样。即使是在"反资本主义"的世界里,公债在国家建构和经济扩张中也扮演着关键的角色。至少在 20 世纪 70 年代之前,情况就是如此。当时,公债严重危及了一些社会主义国家的政治合法性,最终导致它们在 20 世纪 80 年代末寿终正寝。

与此同时,新的民族国家从各欧洲帝国主义的危机中脱颖而出,尤其是在 1945 年以后。马蒂厄·雷伊在本书第十四章里讲述了伊拉克和叙利亚的案例,以说明这两个新独立的民族国家在没有实行完全的代议制度的情况下如何成功地吸引外国资本实现发展目标的情况。冷战、地区局势紧张以及国际机构不断加大干预力度,使得当地精英能够建立不征税的国家机构,并确保他们对人民的统治。1944 年建立的布雷顿森林体系以及美苏争霸世界的竞争,让许多国家的政府在保护自己免受金融压力的同时,提高自己在国内的政治合法性。在这种新近占据主导地位、全球化程度远低于其前身的统制债务制度下,只有小部分公债仍受市场支配。

# 第十一章　全面战争带来的财政挑战：第一次世界大战时期的英国、法国及其殖民帝国

尼古拉·德拉朗德[*]

所有卷入第一次世界大战（下列"一战"）的国家都不得不征税，发行债券（内债或外债），开动印钞机，并且号召公民爱国。这场战争引发了一场全球性的财政竞赛，每个国家如果想要跟上前所未有的战争支出增长速度，就必须创新。这场战争也标志着19世纪以预算平衡、金本位、价格稳定和精英议会主义为基础的"自由财政"（liberal finance）时代的结束，但当时几乎没人能够预见到这场战争会给20世纪造成严重的长期影响。公共财政现在必须应对国家权力、民主参与和货币实践方面遇到的新挑战。[①]

本章集中关注公债问题的一个特殊方面，也就是参战国发行的国内战时债券。从财政和政治角度看，发行国内战时债券都有明确的国内目标，因为它们是政治当局征集资源、动员民间社团和扩大其自身基础权力的一种手段，但也有国际和帝国主义蕴含——这一点经常被相关文献所忽视。发行国内战时债券的成败在全球范围内受到了密切的关注，因为它们表明本国人民对战备

[*] E-mail：nicolas. delalande@sciencespo. fr.
① 大部分关于公共财政的最新比较研究和全球历史研究差不多都止于1900—1913年第一次世界大战爆发前夕：José Luis Cardoso and Pedro Lains, eds. , *Paying for the Liberal State*：*The Rise of Public Finance in Nineteenth Century Europe* (Cambridge：Cambridge University Press, 2010)；Mark Dincecco, *Political Transformations and Public Finances*：*Europe*, *1650 — 1913* (Cambridge：Cambridge University Press, 2011)；Bartolomé Yun-Casallila, Patrick K. O' Brien, and Francisco Comín Comín, eds. , *The Rise of Fiscal States*：*A Global History*, *1500—1914* (Cambridge：Cambridge University Press, 2012)；Wenkai He, *Paths Towards the Modern Fiscal State. England*, *Japan*, *and China* (Cambridge, Mass. ：Harvard University Press, 2013)。

努力的支持程度和国家的财政活力。尤其是对于法国和英国来说,动员储蓄同时是一个国内、国际和殖民帝国的问题,因为法国和英国在 1914 年前一直是世界主要金融强国,并且希望从自己的国际声誉中获益。虽然在战争爆发时,每个国家的财政制度都有自己的特点,但从政治和财政的角度考虑如何应对战争,比以往任何时候都更有必要借鉴国外的经验。在本章的考察期里,专业知识的跨国交流可能已经中断,但仍有一些知识和做法转让的空间,特别是在金融领域。[①]

对于大多数国家来说,与其进行引发激烈政治争论的税收改革和增税,还不如通过借债和由中央银行提供直接信贷为战争筹集资金。因此,虽然所有国家都主要依赖公共信用和增发货币为战争筹集资金,但依赖的程度各不相同。事实上,英国和美国能够用税收来支付 25%~28% 的战争支出,而其他国家完全无法达到这个比例(法国税收占战争开支的比例是 15%;德国、奥地利、意大利和俄罗斯的这个比例甚至更低)。起初,政治和金融精英们认为,短期债务(国库券)和中央银行垫付的预付款可为预期是短期的战争提供足够的资金。1914 年 9 月,法国把新推出的国防债券(bons de la défense nationale)卖给了银行、企业和普通公众。1914 年夏天,英国财政部为筹集发放短期信贷的资金开始发行国库券(treasury bills)和国库债券(exchequer bonds)。[②]后来,一些参战国家发行战时债券来合并自第一次世界大战爆发以来积欠的大量短期信贷,另外通过举借外国信贷来筹集满足额外需要的资金(特别是协约国,因为这些中央集权国家除了瑞士这样的中立国以外,根本没有获得外国援助的可能性)。[③]几乎所有的参战国家都不得不发行战时债券,其中有些国

---

① Emily Rosenberg,ed. ,*A World Connecting*:*1870—1945*(Cambridge,Mass. :Harvard University Press,2012);Davide Rodogno,Bernhard Struck,and Jakob Vogel,eds. ,*Shaping the Transnational Sphere. Experts*,*Networks*,*and Issues from the 1840s to the 1930s*(London:Berghahn Books,2014).

② Richard Roberts,*Saving the City*:*The Great Financial Crisis of 1914*(Oxford:Oxford University Press,2013).

③ Martin Horn,*Britain*,*France*,*and the Financing of the First World War*(Montreal:McGill-Queen's University Press,2002);Hans-Peter Ullmann,"Finance," in *The Cambridge History of the First World War*,Vol. 2,ed. Jay Winter(Cambridge:Cambridge University Press,2014),408—433. "一战"结束时,英国和法国积欠美国 71 亿美元的债务。不过,正如乌尔曼(Ullmann)所说的那样,"国内贷款起了主导作用"(420)。

家早在 1914 年就发行了战时债券，而另一些国家则在 1914 年以后才发行。法国直到 1915 年秋季才采取这一行动，而德国则在一年前就发行了第一笔战时债券。在法国、英国、德国、奥匈帝国、意大利、俄罗斯和美国，安排大量战争贷款和通过储蓄银行、邮政储蓄账户和商业银行筹集资金已经成为一种普遍的做法。这些融资行动是动员后方支持国家参战和衡量民众支持国家参战力度的工具。①

本章旨在着重探讨英法两国（无论是作为宗主国还是殖民帝国）政治当局如此着迷于成功发行战时债券的原因以及这两个国家在战争年代不断相互观察和模仿（以及观察和模仿其他国家）的方式。除了达到经济和融资目的外，发行战时债券还为了显示国民团结，并体现新的公民观和爱国责任感。虽然发行战时债券为民众参与公共财政事务创造了新的机会，但也带来了新的风险，因为现在有这么多人参与为国家提供资金的事务，这可是一件在 20 世纪 10 年代末和 20 年代会引起社会轰动的事情。现代化和大众化的结合也有可能造成潜在的矛盾和失望。

# 战时财政大众化

第一次世界大战同时是 20 世纪初政治实践巨变的结果和高潮时期。政治合法性不再基于民众有限的参政权，而且意味着大众参与和支持以及强大的国家（有时是暴力）机构。起源于 19 世纪的民众"国民化"，不仅使得全面动员男女公民参与战备工作成为可能②，而且极大地扩大了国家通过税收或公

---

① 从这个意义上讲，这些融资业务是"一战"期间政治、经济和文化动员过程的重要组成部分。请参阅 John Horne, ed. , *State*, *Society*, *and Mobilization in Europe during the First World War* (Cambridge: Cambridge University Press, 1997); Niall Ferguson, *The Pity of War. Explaining World War 1* (London: Basic Books, 2000); Hew Strachan, *The First World War*, Vol. 1 (Oxford: Oxford University Press, 2003).

② George L. Mosse, *The Nationalization of the Masses. Political Symbolism and Mass Movements in Germany from the Napoleonic Wars Through the Third Reich* (New York: Howard Fertig, 1975).

共信用征集资源的权力,并且开创了公共财政的新时代。①

通过举借战时公债筹集资金既有经济目的,也有政治目的。从经济方面看,发行战时长期公债旨在合并流动债务、节制消费和抑制通货膨胀。在没有其他选择的情况下(股票市场遭到破坏,资本输出受到严格管制),公共债券是私人资本仅存且安全的投资机会。从政治方面看,能筹集到巨额资金也意味着储户的支持,并向全世界显示自己的国民是多么团结。虽然"一战"爆发后,大多数国家都暂停了直接选举,但认购战时公债被解释为民众表达自己的意愿和对政府的信任。公债是政府旨在动员后方资源,压制潜在异见者并促进所谓的"自发"爱国情结的融资工具。在每个国家,金融"公投"都被视为把公民凝聚在一起、把公民与国家的利益联系在一起的仪式。宣传部门强调,认购战时债券有助于取得最终的胜利,并且缩短战争的持续时间。1916 年 12 月—1919 年 1 月担任英国财政大臣的安德鲁·伯纳尔·劳(Andrew Bonar Law)认为,大众认购战时债券能反映民众参与战备的程度。储蓄、节制消费和大量投资战时公债等行为在导致不同国家和帝国反目的世界大战中发挥了重要的作用。在急于把自己描绘成自由、民主和文明堡垒的英国和法国看来,只有民主政权才能依靠投资者和储蓄者的全面参与。1917 年英国发行的胜利债券被认为是"一次事关正义和非正义、生与死的'大选'"。"每个认购债券或比平时多买战时储蓄券的人都在进行决定胜负的投票[……]。在民主国家,个人的选票才是重要的。"②

这种以民主的名义证明发行战时债券正当性的做法,因为假定只有民主国家才能筹集到可观的资金③而很快就遭到了一个任何观察者都不会严重忽视的事实的驳斥。即使是所谓的非民主国家也可以通过发行战时债券动员巨额资金,并刺激或操纵民众的爱国热情。在德国和俄罗斯,发行战时债券也被用来证明它们参加或者发动这场战争多么受到欢迎。德国大规模动员公民的

---

① Thomas Piketty,*Capital in the Twenty-First Century* (Cambridge,Mass.：Harvard University Press,2014)；Kenneth Scheve and David Stasavage,*Taxing the Rich：A History of Fiscal Fairness in the United States and Europe* (Princeton：Princeton University Press,2016).

② The National Archives (Kew,UK),T 172/744,Victory Loan,1917.

③ James McDonald,*A Free Nation Deep in Debt：The Financial Roots of Democracy* (New York：Farrar,Straus and Giroux,2003).

能力，令英国和法国官员感到震惊，因为他们认为这个被描述为独裁政权的国家绝不可能通过发行战时债券成功地筹集到大量的战争经费。相反，有自由主义者认为，在俄罗斯，随着一个更加多元化政权的诞生，沙皇政权在 1917 年 2 月的寿终正寝和发行自由债券会受到人民的热烈欢迎。但是，这些希望很快就破灭了。工人和中产阶级没有认购新发行的债券，从而导致这次发行的彻底失败。俄罗斯新政府的自由主义信条无助于消除民众的不信任。[①]

第一次世界大战是公债研究的一个关键节点，因为它促进了对各国及其筹资实践的观察和比较。起源于 19 世纪的支持储蓄机构和储蓄实践的跨国运动在"一战"期间达到了高潮。储蓄被认为是国家财力和独立的关键。但这并不是说，储蓄能解决所有的问题，但能限制对外国信贷的依赖，同时加强政府和债券持有人之间的联系。[②] 例如，法国因自己能够动员大量的储蓄并在世界各地投资而感到自豪。1914 年，法国的公债总额约占其国内生产总值的 60％，法国也因此成了世界上背债最多的国家，但这一事实被认为并不令人担忧。相反，法国的政治精英和经济专家们称赞储蓄是法国的一种国家实力，是法国依靠摆脱 1870－1871 年普法战争战败造成的后果的能力获得独立的机遇。最重要的是，法国的政客们急于坚持法国公债的所谓"民主"性质。推广公债认购的努力可以追溯到法兰西第二帝国时期和 1870－1871 年战败后的疗伤时期。[③] 法兰西帝国政权是世界上最早试图通过公开发行债券直接从公众那里获得资金，同时又试图削弱大金融机构的作用和势力的政权之一。无论成本有多高，这种动员资源的方式都被认为具有法国特色，深深根植于拿破仑党的公民投票观[发行战时债券被称为"金融公投"（financial plebiscites），好像应该也能够从它们的成功或失败中吸取政治教训]。

美国政治经济学家亨利·C. 亚当斯（Henry C. Adams）在 19 世纪 80 年代写过一篇内容全面的关于公债政治和社会影响的文章，他认识到发行公债

---

① Peter Gatrell, *Russia's World War：A Social and Economic History* (London：Pearson Longman,2005),132－153；V. V. Strakhov, "Vnutrennie zaimy v Rossii v pervuiu mirovuiu voinu," *Voprosy Istorii* 9 (2003)：38－43；http：// encyclopedia. 1914-1918-online. net/article/war_bonds.

② Sheldon Garon, *Beyond Our Means：Why America Spends While the World Saves* (Princeton：Princeton University Press,2011).

③ 请参阅本书第四章。

这种模式的特点,但对发行公债的结果表达了喜忧参半的情绪。民主话语也可以被理解为是赋予一群当时已经强大到能够抵制他们所憎恨的政策改革尤其是 19 世纪 80 年代国家想把旧债转换为利率较低的新债的政策改革的食利阶层的权力。[①] 1914 年,法国有 200 万到 300 万的债券持有人(在"大账簿"上登记在册的债券持有人总数是 440 万),这可是当时世界上无与伦比的数字。法国政府和债券持有人之间的传统关系,使得法国政府认为利用信用为战争融资是一件容易的事情。在法国政府看来,只有英国的金融声誉能够与法国的公共信用相比较。国防债券的成功发售和第一笔战时贷款债券的认购人数(313 万)似乎证实了这种印象。

尽管如此,法国并不是唯一一个取得这个广受欢迎的成就的国家,这一点很快就变得显而易见。法国和英国的观察人士很快就发现,德国得益于对民事、军事和宗教当局的有力动员,因此,发行战时债券也取得了巨大的成功。[②]这种难以否认且部分自发的动员民众的做法,与德国政权是专制政权,因此无法赢得人民支持的旧有刻板印象格格不入。事实上,德国自 19 世纪 60 年代末以来一直在体验以民众参与普选为特点的民主实践。[③] 德国的男人、女人、学生、银行家、牧师、记者和其他人,也都从战争开始的第一个星期就投入了战备。1914 年秋,德国政府和神职人员发起了黄金募集运动(campaigns for gold collection)。如果在校学生筹到足够多的钱,甚至可以享受额外的假期。德国分别在冬季和秋季每六个月发售一次战时公债(Kriegsanleihen),到"一战"结束时已经发行了九次,而法国总共只发行过四次。与其他国家一样,德国——由德国银行协调的——宣传用上了各种手段和技巧,包括新闻报道、传单、海报、教堂布道等。由商业银行、储蓄银行和邮局发售的战时债券认购踊跃。"一战"期间,德国人总共认购了 980 亿马克的债券,1917 年春季为筹集

---

① Henry C. Adams, *Public Debts : An Essay in the Science of Finance* (New York: Appleton, 1887).

② 法国当局和观察人士对德国当局动员牧师和其他神职人员宣传的能力印象深刻。德国当局的这种宣传能力在 1915 年参加黄金募集运动的民众举行的几次会议中得到了体现。

③ Margaret Lavinia Anderson, *Practicing Democracy : Elections and Political Culture in Imperial Germany* (Princeton: Princeton University Press, 2000); Andreas Biefang, "La Mobilisation Politique dans l'Empire Autoritaire. Le Spectacle des Élections au Reichstag (1871—1912)," *Revue d'Histoire du XIXe Siècle*, No. 46 (2013): 95—117.

第六笔贷款而发行的债券共有 710 万人认购，而 1918 年春季［在签订布列斯特—立托夫斯克条约（Brest-Litovsk treaty）后］仍有 690 万人认购。[1] 当然，认购者的认购额分布并不均匀，因为筹集到的资金大部分是由一小部分认购者贡献的。[2] 道德劝说和胁迫双管齐下，就像在民主国家一样。一些企业发明了扣缴机制，这样就可以自动用雇主和雇员的工资认购债券。储蓄银行把自己吸收的大量储蓄投资于战时债券，这意味着储户根本不知道自己也认购了战时债券。[3] 战争后期，特别是 1917 年以后，官僚化和军事化严重打击了公民的热情。通货膨胀和货币贬值极大地影响到了国债的吸引力，有人越来越怀疑德国即使在战后能获得赔偿，是否也有能力偿还如此多的债务。[4] 虽然有这些困难和不确定性，但直到"一战"的最后一年，德国政府才完全失去了公众的信任。

相比之下，在"一战"爆发时，英国的情况就大不相同。自 18 世纪以来，英国公债一直是世界上最安全、最受青睐的长期资产，但英国公债的组织基础却截然不同。[5] 英国的债券持有人远少于法国（19 世纪末大约有 18.5 万人），而英格兰银行和伦敦在为国家筹集资金方面发挥了关键的作用。英国的金融精英对于推动法国人所说的"公债民主化"并没有真正的兴趣。不过，战争的消

① Alexander Watson，*Ring of Steel：Germany and Austria-Hungary at War，1914 — 1918* (London：Allen Lane/Penguin Books，2014)，487－490.德国当时有 1 400 万个家庭。Gerd Hardach，"La mobilisation financière de l'Allemagne entre 1914 et 1918," in *La Mobilisation Financière Pendant la Guerre：Le Front Financier，un Troisième Front*，eds. Florence Descamps and Laure *Quennouëlle-Corre* (Paris：CHEFF，2015)，88.法国的四笔战时贷款债券只筹集到 240 亿法郎（Ullmann，"Finance," 420）。还请参阅本书第十二章。

② Strachan，*The First World War*，913. 哈达奇（Hardach）曾提到，认购额低于 1 000 马克的认购者占认购总人数的 81%，但他们的认购额只占筹资总额的 10%。大众参与战时贷款并不意味着理财投资分布更加公平（Hardach，"La mobilisation financière," 89）。

③ Hardach，"La Mobilisation financière," 89.

④ Roger Chickering，*The Great War and Urban Life in Germany：Freiburg，1914 — 1918* (Cambridge：Cambridge University Press，2007)；Watson，*Ring of Steel*，220－222；Konrad Roesler，*Die Finanzpolitik des deutschen Reiches im Ersten Weltkrieg* (Berlin：Duncker & Humblot，1967)；Reinhold Zich，"Kriegsanleihen," in *Enzyklopädie Erster Weltkrieg*，eds. Gerhard Hirschfeld，Gerd Krumeich，and Irina Renz (Paderborn：Schöning，2003)，627 — 628；Stephen Gross，"Confidence and Gold：German War Finance 1914－1918," *Central European History* 42 (2009)：223－252.

⑤ Jeremy Wormell，*The Management of the National Debt of the United Kingdom，1900 — 1932* (London：Routledge，2000).

耗迫使英国财政部和伦敦的官员改变了想法。英国发行第一笔战时债券所取得的成果无法与德国发行的前几笔战时债券相比,只有不到 100 万人认购,因此被认为遭遇了失败。由于英国很少有工人和职员认购公债,因此,第一次发行公债遭遇了失败。英国财政部仔细研究了德国财政部部长卡尔·赫尔费里希(Karl Helferrich)在 1915 年发行第三笔战时债券期间公布的数据——有 400 多万人认购。英国财政部的一名官员抱怨说:"在德国,几乎每个人都为筹措战时贷款认购了债券。我们这里的情况就不同。原因并不像德国人错误地想象的那样,英国人不如德国人爱国,但到目前为止,我们对自己的投资还不是非常情绪化。"[1]虽然英国的公债系统声誉卓著,效率很高,但它必须进行改革才能满足战备需要。

除了把民主政体与专制政体对立起来的宣传话语外,国家动员民众的能力也产生了不同的影响。战争期间发生的使一个国家不同于另一个国家的变化改变了自由和强制之间的混搭,但在任何国家都不可能完全依靠民众纯粹、自发的爱国牺牲情结。如果国家想要合并其债务,就必须谨慎地组织并维系筹资动员。[2]

## 相互观察、改革进程和扩大基础权力

众所周知,战时债券发行运动中使用的海报和文字成了"一战"文化史学家的研究课题。虽然各国情况不同,但当时使用的海报和文字在不同国家之间的相似性给人留下了一种自发的同质化过程的印象。虽然各国的做法和行政环境实际不同,但造成动员方法趋同的真正原因是交战国不断努力相互观察和效仿。使国家基础权力现代化,以便通过民间社团和市场筹集资金,这是那个时期的主要任务之一。虽然相互观察和政策移植发挥了重要的作用,但这并不意味着所有的做法和技术都可以传播。尽管英国和法国长期居于主导地位,但为了赢得战争,它们不得不改革自己的制度和做法;而且它们早期基

---

①　The National Archives,T172/144.

②　关于两次世界大战间隔期里自愿储蓄和强制储蓄界限模糊的问题,有关德国的情况,请参阅本书第十二章;有关苏维埃俄国的情况,请参阅本书第十三章。

于本能优越感做出的反应也已经不再适合当时的形势。为了与德国进行集资动员竞赛,有必要观察其他国家在做什么,并推行改革。

1915 年,英国当局开始了改革进程,以弥补之前提到的情感和组织性缺失的问题。他们的主要目标是从金融和政治角度增加"小投资者"的人数。于是,吸引中产阶级和工人就成了一心想抑制消费和限制通货膨胀压力的英国财政部的一个主要目标。1915 年,由埃德温·蒙塔古爵士(Sir Edwin Montagu)主持的委员会建议成立一个全国性的机构战时储蓄委员会(War Savings Committee),负责协调数千个致力于动员民众储蓄的地方委员会和协会。战时储蓄委员会的短期目标是与法国农民传奇般的节俭习惯和德国人明显高效的动员方式一比高下。这种借鉴国外经验的做法在改革过程中发挥了关键的作用。英国的宣传部门号召本国公民向以把储蓄投资于公债而闻名的法国、德国或日本人学习。结果是〔由商人、英格兰银行董事罗伯特·金德思利爵士(Sir Robert Kindersley)领导,有自己的组织架构、合理的预算和全国性行动计划的〕国家战时储蓄委员会实行的专业化和集中化动员以及众多(25 万到 30 万)有许多妇女和儿童参加(并管理着四万多个基层战时储蓄协会)的志愿者协会之间的奇妙组合,战时储蓄委员会及其地方委员会都通过促进食品管制、推销储蓄券和战时债券来参与战备工作。

英国的例子说明了如何把集中化的措施和基层志愿运动成功地结合起来。在短短几个月的时间里,英国人发明了一种"持续借贷"希望使储蓄行为及其与公债的联系变得司空见惯的政策,但目的不但是增加战时债券认购人的数量,而且要使民众养成直接把钱投在公债上的储蓄习惯。这项政策在1917 年取得了良好的效果,有 200 多万人(100 万人通过英格兰银行,100 万人通过邮政储蓄网络)认购战时债券,300 多万人在地方战时储蓄协会购买战时储蓄券。因此,据一份官方报告估计,当时英国有 528.8 万人认购战时债券,比两年前多了 5 倍。[1] 银行和信贷机构虽然仍很重要,但作用已不如以前。

英国政府越来越有信心,因为论从一般公众那里筹集资金的能力,英国不

---

[1] The National Archives,T 172/696,War Loan,1917.

再落后。战争刚结束,《泰晤士报》就得意扬扬地宣称,全国战时储蓄委员会已经成功地驳斥了所有以前针对所谓英国人缺乏节俭和牺牲精神的批评。[1] 财政大臣甚至收到民众自发赠送的礼物,例如,一些妇女把自己的黄金首饰熔化后交给英格兰银行作为黄金储备。1917 年,官方坚称,"把资金投入公债已经不够,认购者现在应邀超额认购"。因此,他们的姿态不但代表一种盈利的算计,而且是一种真正的牺牲。长期目标是要改变工人阶级的经济行为,使战备努力为真正的资本主义和食利阶层社会的诞生铺平道路。

虽然赞美法国无限的储蓄能力已经司空见惯,但战争呼唤新的思维方式。广受欢迎的国防债券危险地增加了短期债务。[2] 与此同时,法国当局由于担心增税会导致社会紧张,并重新引发旧有的争执,因此不愿增加税收。法国直到 1916 年才开征直接所得税,但头几年效果不佳。[3] 1915 年,增加法兰西银行的黄金储备(因为该银行对政府的预付款已增加了好几倍)和短期债务转换为合并公债,已经成为当务之急。就这样,这一年的秋天,法国开始了增加法兰西银行黄金储备的行动和发行第一笔战时债券。虽然政府发行巨额战时债券,对于法国投资者来说,并不是什么新鲜事儿,但当局知道,还需要做出很大的努力才能取得可与其他国家媲美的结果。英国全国战时储蓄委员会的做法在广为人知以后,就成了激励其他国家效仿的源泉。[4]

雅各宾派和实行中央集权制的法国与实行分权、崇尚自由的英国之间的传统对立,在这种情况下需要加以限制。直到 1917 年,法国的集资动员肯定得益于法兰西银行的网络、国家机构以及门店密集的商业银行和储蓄机构网络,但法国缺乏一个负责协调全国各地宣传和地方行动的全国性组织。商会、银行和其他行动主体的地方行动在 1915—1916 年继续发挥了重要的作用。1916 年,法国成立了国家黄金征收委员会,但成立这个委员会的建议最初是由马赛商会,而不是中央政府提出的。法兰西银行试图协调地方行动,但没有

---

[1] Archives of the Bank of France (Paris, France), 1069199014/21, *The Times* (April 3, 1920).

[2] 1914—1918 年间,法国政府通过信贷筹集到 1 300 亿法郎的资金。其中,42% 是短期和中期国债,19% 是战时债券,25% 是外国信贷,13% 是中央银行信贷。因此,虽然各种宣传都在兜售长期战时债券,但短期债券远远超过了长期债务(Ullmann, "Finance," 420)。

[3] Nicolas Delalande, *Les Batailles de l'Impôt. Consentement et Résistances de 1789 à nos Jours* (Paris: Seuil, 2011).

[4] Bank of England (London, UK), AC30/360, 贷款处在 1917 和 1918 年持有 4% 的法国公债。

像英国那样进行明确的中央集权化管理。[1]

　　然而，法国的动员力度从 1917 年开始似乎有所减弱。于是，法国财政部部长路易斯-卢西恩·克鲁兹（Louis-Lucien Klotz）呼吁成立一个全国委员会，即全国公债委员会（Commissariat National à l'Emprunt），它的任务就是使宣传合理化和专业化。这个机构在 1918 年夏天，就在发售第四笔战时债券的几个月前成立。在英国成立全国战时储蓄委员会 3 年后，法国才成立这个全国性机构。这种缺乏中央协调的情况在当时已经被认为是一种缺陷，它曾使法国人对英国和美国在"一战"时的经历产生了好奇和嫉妒。法国全国公债委员会的作用是"推广在其他盟国使用后被证明非常有用和有效的技术"。与英国财政大臣一样，法国财政部部长也表达了扩大债券持有人范围的愿望。美国的榜样成了改革的动力："我们的美国盟友把他们在融资方面取得的成功归因于他们的宣传方法。虽然我们两国人民存在文化差异，但这些方法也应该是激发我们的灵感和我们获取信息的来源。"[2]几年前曾前往美国和英国商谈外国贷款事宜的金融家奥克塔夫·洪伯格（Octave Homberg）被任命为新成立的全国公债委员会主任，负责协调宣传工作，同时为地方行动留出空间。[3]

　　英国和法国为发行战时债券采取行动的方式在美国参战后确实发生了重大的变化。在大西洋彼岸，债券发售取得了巨大的成功。[4] 美国官员得益于他们过去的经验[可以追溯到杰伊·库克（Jay Cooke）在内战期间扮演的角

---

　　① 在这一点上，笔者的观点与约翰·霍恩（John Horne）的观点不同。霍恩认为，早在 1914 年就开始了集中努力。国家负责宣传战时债券，但没有成立中央宣传机构。请参阅 Horne, "Accepter la Guerre. Les Mobilisations de la Bienfaisance et de l'Épargne en France, 1914—1918," in *Dans la Guerre 1914—1918：Accepter, Endurer, Refuser*, eds. Nicolas Beaupré, Heather Jones, and Anne Rasmussen（Paris：Les Belles Lettres, 2015）, 81—103。

　　② Official Report from the Minister of finances to the President of the Republic, July 1918.

　　③ Centre des Archives Economiques et Financières（Savigny-le-Temple, France）, B68470, Official Directions to Prefects, September 6, 1918.

　　④ Julia Ott, *When Wall Street Met Main Street：The Quest for an Investors' Democracy*（Cambridge, Mass.：Harvard University Press, 2011）, 55—100；Christopher Capozzola, *Uncle Sam Wants You：World War One and the Making of the Modern American Citizen*（Oxford：Oxford University Press, 2010）.

色]①,但也得益于英国自 1915 年以来树立的榜样。1917 年 7 月,英国财政部驻美国代表巴兹尔·布莱克特爵士(Sir Basil Blackkett)就全国战时储蓄委员会为促进储蓄和节俭而采用的手段进行了一次演讲。② 与英国一样,美国为了协调行动,也很快成立了一个中央集权机构[一个像全国战时储蓄券委员会那样的战时贷款机构,由纽约国民城市银行(National City Bank of New York)行长弗兰克·A. 范德利普(Frank A. Vanderlip)负责]。③ 在不到两年的时间里,美国发行了四笔自由贷款债券、一笔胜利贷款债券以及数百万张战时储蓄券。战前只有 50 万美国人拥有金融资产,而战后超过 3 400 万的美国人持有国债,包括战时债券、战时储蓄券和储蓄券。④ 这次大规模动员包括自愿参加这次行动的 100 万妇女。⑤ 美国当时也采取了强制性措施,因为持不同政见者被禁言并被关进监狱,同时对新移民施加很大的压力,要求他们认购债券。⑥ 就像德国工人一样,被雇主设置了工资自动扣除机制的美国工人在这个过程中也没有真正的发言权。正如一些历史学家所指出的那样,这更多与充满恐惧和耻辱话语的"强制性自愿主义"(compulsory voluntarism)有关,而不是纯粹的无私爱国主义。⑦

不管怎样,欧洲观察人士为美国银行家、公共当局和地方协会所表现出来的向公众推销债券的商业创造力感到震惊。商业银行通过购买财政部发行的债务凭证来提前支付战时贷款和税金,在为战备筹款方面发挥了关键的作用。⑧ 美国人广泛使用电影、展览等现代广告技术和营销方法,他们对物质文化的关注很快就反过来启发了欧洲人的实践。英国和美国显然试图通过求助

① Nicolas Barreyre,*Gold and Freedom*：*The Political Economy of Reconstruction* (Charlottesville：University of Virginia Press,2015).

② Chronicle,July 28,1917.

③ Archives of the Bank of France,1069199014/21.

④ Julia Ott,*When Wall Street*,56.

⑤ Ibid.,87.

⑥ Julia Ott,*When Wall Street*,95－100；Adam Tooze,*The Deluge*：*The Great War and the Remaking of the Global Order*,*1916－1931* (New York：Viking,2014).

⑦ Olivier Zunz,*Philanthropy in America*：*A History* (Princeton：Princeton University Press,2012),64－66.

⑧ Jacob H. Hollander,"Certificates of Indebtedness in our War Financing," *Journal of Political Economy* 26,No. 9 (November 1918)：901－908.

于具体的实物让战争走进日常生活的方式来蔑视战争。英国通过发起著名的"子弹上膛"或"坦克周"活动来进行创新，邀请民众购买战时债券或债务凭证，为生产炮弹和武器做贡献。这些方法被用来在捐赠者和士兵之间建立情感和团结连接，也是一种用在慈善领域塑造"情感社区"的传统方法。这样，战争就不再是一种遥远且抽象的东西，而是与默默无闻的民众的日常生活和工作直接相关。仅仅几个月后，法国财政稽查机构也把注意力转向了这些新的做法，他们发现这些做法特别适合用来重新激发民众的爱国热情。① 德国和奥匈帝国也采用了令人吃惊的创新方法，如在公共场所竖立巨大的人像，公众可以用锤子把他们花钱买的钉子钉在人像上。②

采用美国宣传手段的做法在法国和英国的金融精英中间引发了争论，他们对美国推销战时贷款债券的商业和流行做法并不总是感到自在。法国财政部部长提到了美国人和法国人在性情和风俗习惯上存在的差异，并因此提出有必要使美国的创新适应法国的特点。法国食利阶层的发言人阿尔弗雷德·内马克（Alfred Neymarck）补充称，法国投资者从根本上来说是保守的，不喜欢任何古怪的债券推销方式。金融界鄙视"美式宣传"，他们认为这种宣传太过平淡无奇，并且充斥消费主义的东西。③ 在他们看来，没有必要玩弄投资者的情绪，因为明智的投资者总是能够评估认购公债的风险和利益，而不需要任何其他解释或诱因。不过，法国人和英国人虽然都有优越感，但他们还是不得不承认，美国人成功地以前所未有的规模向公众出售了他们的债券。面对那么多的民众，美国的宣传成功地使工人、农民和大众阶层加入了战备的行列，从而加强了社会和财政动员力量；英国人从战争一开始就知道，他们需要做出特别的努力来吸引工人阶级：

① Centre des Archives Economiques et Financières, B68470, note by Finance Inspector Léon-Dufour.

② Alexander Watson, *Ring of Steel*, 221—226.

③ 关于消费文化和对"美国化"的恐惧，请参阅 Frank Trentmann, *Empire of Things. How We Became a World of Consumers, from the Fifteenth Century to the Twenty-First*（London：Allen Lane, 2016），348—354。弗兰克·特伦特曼（Frank Trentmann）提出了一种批判"美国化"的观点，并拿自己的观点与维多利亚·德·格拉齐亚在下列文献中提出的观点进行了比较：Victoria de Grazia, *Irresistible Empire：America's Advance Through Twentieth-Century Europe*（Cambridge, Mass. : Harvard University Press, 2005）。

工人阶级没能参与到最近发行的贷款债券的认购中来,这在很大程度上似乎不仅是因为他们没有投资的习惯,而且因为这种债券以多少有点抽象和不生动的方式呈现在他们面前。为了激起工人阶级足够的热情,似乎有必要采用某种特别适合他们精神境界的新方法。[1]

这份写于 1915 年的报告已经赞成发行有奖债券这种在德国、意大利和奥地利非常流行的做法。用额外收益许诺来提高战时债券的吸引力被认为适应英国工人阶级的"赌博嗜好"。法国也提出了类似的方案,尤其是在说服潜在的新认购者变得更加困难的 1917 年和 1918 年。把彩票与公债捆绑在一起的做法备受争议。在许多官员和专家看来,英国和法国采取这样的措施,必然会导致其信用评级严重下降。几十年来,多亏了它们的财政和道德声誉记录,英法两国的公债一直是头等投资品;而发行有奖债券,据说应该是低信用国家做的事情,因为它们必须对自己公债的低价值进行补偿。虽然英国财政部对有奖债券很感兴趣,但 1918 年成立的一个特别委员会得出的调查结论是,把有奖债券引入英国财政体系,既没有正当的理由,也没有这个必要。[2] 此外,储蓄行动负责人,如罗伯特·金德斯利(Robert Kindersley),担心有奖债券会与他们试图灌输给英国工人阶级的道德严肃性发生冲突。这个特别委员会指出,"任何可能把偶然因素引入我们国家财政的国家行动"都遭到了强烈的反对。

后一个例子表明,并非所有的筹款和宣传手段都能在战争年代跨越国界。国际比较有助于推行改革,但英国和法国仍坚持一些战前使其金融名声大噪的特点。

① The National Archives, T 172/1312, "Working Classes and War Loans. Object and Nature of Proposal," 1915.

② Report from the Select Committee on Premium Bonds, Together with the Proceedings of the Committee, Minutes of Evidence and Appendices, Ordered by the House of Commons to be Printed, January 16, 1918, London, published by his Majesty's Stationery Office, 1918 (ref. Bank of England, 336.3).

## 殖民帝国的战时债券政治

　　一些国家还试图超越国家领土和人口的约束，到国外发行自己的战时债券。除了在美国谈判借到了巨额外国贷款外[1]，它们还在一些中立国家发行战时债券，在殖民地发行一定数量的战时债券，这样就可以筹集外汇资金来支付进口物资，从而降低汇率风险，并且保护中央银行的黄金储备。这种做法也解释了为什么发行战时债券不但被看作国内事务，而且被视为必然会提高发行国信用以及与整个世界如何看待发行国信用有关的重大国际问题。筹款和动员资金，确实是一个国际竞争的问题，尤其是在"一战"爆发后更难疏通全球资本流动渠道的情况下。法国和英国认为，他们可以得益于自己占优的金融地位，而德国和其他同盟国则被剥夺了任何获得外国资金的机会。虽然中立国家的投资能力不如参战国家，但有些国家也会主动向它们示好。1916 年，英国成立了一个由银行家查尔斯·阿迪斯（Charles Addis）领导的委员会，负责策划一些旨在促进中立国家和英帝国内部外国人认购英国战时债券的措施。[2]

　　不论能够筹到多少资金，重要的是要吸引一切可以投入战备的资源，同时确保德国和它的同盟国无法利用外国资源。[3] 法国和英国的公债券不仅在伦敦市场上相互竞争（如法国为筹借战时贷款在伦敦发售债券），而且在其他国家竞争。因此，筹借战时贷款有两个方面，一个是国内，另一个是国际。法国金融当局通过分发宣传其信用等级的传单和小册子，努力确保所有投资者都相信法国经济的实力和活力。[4] 法国的战时债券在中立国家，即欧洲和拉丁

　　[1]　Adam Tooze, *The Deluge*.

　　[2]　The National Archives, CO 323/719/41, Subscriptions to Government Bonds and War Savings from Overseas, Commission Appointed on August 21, 1916.

　　[3]　Avner Offer, "The British Empire, 1870—1914: a Waste of Money?," *Economic History Review* XLVI, No. 2 (1993): 235.

　　[4]　Archives of the Bank of France, leaflet entitled French Economic Vitality (1916); "法国人总是把国家信用放在考虑所有其他方面之前，从而提高了投资者对法国政府的信心。而且，这种信心从来没有因为法国欠有国债而动摇过。"

美洲的中立国家发售,并且与其他国家的债券展开竞争。[1] 但是,由于每个国家都倾向于保护自己的储蓄,因此,这种在国外筹集资金的策略因为大家都看不清战后的经济前景而受到了遏制。在西班牙等一些国家,法国官员和银行家在为法国的战时债券做广告宣传时必须格外小心,因为西班牙政府正式拒绝支持交战的任何一方。在不损害中立原则的情况下出售债券,必须谨慎行事。

这种为争夺黄金和外汇而展开的全球竞争导致了一些有关参与这种竞争的国家财政状况的谣言、攻击和虚假信息。虚假信息是一种交战国家可用来诋毁对手信誉的武器。例如,法兰西银行从德国报刊上搜集了数百篇文章,寻找上面是否有不利于法国的谣言和负面新闻。[2] 德国被指控组织旨在削弱法国在其公民和外界心目中公信力的阴谋活动。[3] 英国在组织战时债券宣传活动时也是针对德国的宣传来确定自己的内容,并展示民众的支持以反击旨在动摇民众忠诚的谣言。[4]

法国和英国试图在其有金融影响力或直接行使政治权力的地区筹集资源。1914 年以前发展起来的全部金融关系都被用来提高各自的信用水平。埃及的情况尤其如此,英国和法国都希望埃及的储蓄能转投它们的公债。英国 1916 年写的一份报告显示,埃及的全部储蓄都已经投到了同盟国的债券和债务上。[5] 尽管如此,法国当局还是分发多种语言的宣传材料,以说服埃及的储户和投资者购买法国的战时债券。[6] 这两个盟国和其他交战大国之间的全球资金竞争甚至延伸到了亚洲,例如,一些欧洲国家在中国的租界都试图动员自己的企业和银行网络来筹集资金。

---

① 关于拉美国家参与欧洲战备努力的情况,请参阅 Olivier Compagnon, *L'Adieu à l'Europe. L'Amérique Latine et la Grande Guerre* (Paris: Fayard, 2013)。

② Gerd Hardach, "La Mobilisation Financière."

③ Archives of the Bank of France, "Pallain" Series, Box 13.

④ The National Archives, Note on "Points for Speakers," 1917.

⑤ The National Archives, FO 141/817/33: "因此,我们可以假设,'一战'期间用于埃及投资的大部分可用资金都直接或间接借给了协约国政府"(1916 Report)。

⑥ Centre des Archives Economiques et Financières, B61785.

殖民帝国动用军队、原材料和制成品来进行战备。[①] 按绝对值计，从殖民地筹集到的资金很难与从宗主国筹集到的资金相比。[②] 按相对值计，从殖民地筹集到的资金相对于殖民地的经济资源而言还是很多的。此外，帝国主义列强愿意在它们的一些殖民地推销战时债券，也有政治上的原因。特别是在印度和印度支那，帝国主义列强希望战争能帮助发展这些国家的储蓄和投资行为，并缓和这些国家民族主义者的诉求。

英帝国根据被殖民领土的政治和经济地位推行差别很大的筹款策略。[③] 英国当局并不赞成在帝国各地募集资金和发售债券；而对殖民地来说，帮助宗主国最好的方式是促进自己在经济上的自给自足，而不是向宗主国索要太多。[④] 对于英国来说，第一步是减少资金从伦敦流向殖民地，然后才能考虑殖民地臣民把他们仅有的一点积蓄借给大英帝国。这正是大英帝国对它的自治领和西印度群岛所期望的东西。它们必须在当地筹集资金，从而推进其财政自治，进而减轻宗主国代价昂贵的资金转移。当地资金自给优先于殖民帝国内部的资金转移，即便这意味着抑制殖民地参与战备的欲望。因此，英国当局不得不拒绝当地民众为认购战时债券做贡献的要求。1915 年 6 月，英国财政大臣雷金纳德·麦肯纳（Reginald McKenna）在下议院的一次演讲中表达了他的偏好："虽然我急于向自治领的居民们提供认购战时债券的一切机会，但

---

① Offer, "The British Empire,": 235—236; Bouda Etemad, *De l'Utilité des Empires*: *Colonisation et Prospérité de l'Europe*, XVIe—XXe Siècle (Paris: Armand Colin, 2005); John Darwin, *The Empire Project*: *The Rise and Fall of the British World-System*, *1830 — 1970* (Cambridge: Cambridge University Press, 2009); Robert Gerwarth and Erez Manela, eds., *Empires at War*, *1911 — 1923* (Oxford: Oxford University Press, 2016).

② 在加拿大、澳大利亚和印度筹集到了 10 亿英镑（Stephen Garton, "The Dominions, Ireland, and India," in *Empires at War*, *1911—1923*, 155）。法兰西帝国在自己的殖民地筹集到了 15 亿～20 亿法郎的资金。

③ "大英帝国不是一个从帝国中心向殖民地和附属国行使权力的中心—外围政体，而是一个多形态的实体，需要实施从帝国权威、军事命令、政治诱惑、情感，以及种族、文化和宗教到战争动员的不同策略"：Garton, "The Dominions, Ireland, and India," 154。关于印度的情况，还请参阅 DeWitt C. Ellinwood and Satyendra Dev Pradhan, eds., *India and World War I* (New Delhi: Manohar, 1978)。

④ Leigh A. Gardner, *Taxing Colonial Africa*: *The Political Economy of British Imperialism* (Oxford: Oxford University Press, 2012). 奥菲（Offer）在他 1993 年写的这篇文章中反驳了把殖民帝国作为"财政负担"的观点。例如，他指出了军事和国防费用由殖民地承担的方式。想了解有关法国的类似论点，请参阅 Elise Huillery, "The Black Man's Burden. The Cost of Colonization of French West Africa," *Journal of Economic History* 74, No. 1 (March 2014): 1—38。

我相信他们不会忽视这样一个事实：他们可以通过把自己的钱借给自治领的政府，从而减少自治领政府对英国资金的需求，为大英帝国做出更大的贡献。"①鼓励殖民地居民认购本地债券，而不是鼓励英帝国内部的相互支持，可以保证伦敦不用在战后为其殖民地承担额外的债务。有些英国的附属地，如锡兰、中国香港、牙买加或巴巴多斯，赠送了捐款。宗主国当局虽然没有要求殖民地源源不断的"慷慨馈赠"，但也没有体面地拒绝殖民地的馈赠。② 至于西印度群岛，英国财政部的官员也倾向于让当地居民把钱借给当地政府，而不是把殖民地的钱借给宗主国政府。③

印度的经济和政治形势有些不同。1917 年和 1918 年，印度发行了两笔帝国战时债券，目的是增加认购者——无论是英国人还是印度人——的数量。就像在宗主国英国一样，印度当局努力吸引城市和农村地区的小投资者，但当地利率远高于英国所能提供的利率。印度当局希望能通过认购帝国债券来加强印度和伦敦之间的政治关系，并且加快新的"西方"经济实践在印度传播的速度。但是，由于感受到了帝国内部的互相支持，并且付诸实践，因此，战备需要就变得具体化；战时债券发行业务提供了能应对当地民众冷漠和消极态度的机会。按照孟买总督的说法，"我们成千上万在这里的同胞几乎没有意识到他们的国家正在一场有史以来最严重并且几乎震撼整个世界的冲突中扮演重要的角色，而他们在这里根本没有觉得这场冲突，那是因为他们属于大英帝国，受到大英帝国海军的保护，所以已经能够过上正常的生活，并继续保持自己的嗜好，而且不用为有敌人搞破坏而担忧和焦虑"。④ 由于民族主义者的诉求和抗议正在威胁殖民地的忠诚，因此，为战备而采取行动就变得更有必要。⑤ 印度总督呼吁印度民众参与战备，与印度民族主义者保持距离，并且保

---

① The National Archives, CO 323/633/7, "Opportunity of Colonial Subjects to Invest in the War Loan," June 28, 1915.

② The National Archives, 323/663/7, Gifts from the Colonies (1917 or 1918)："一般而言，可以说，殖民地为战争承担的责任已经超出了审慎财政所允许的范围，但陛下的政府认为，不应该遏制当地立法机构和民众承担全部他们应该分担的战备负担的愿望。"

③ The National Archives, CO 295/502/77, War Loans, Trinidad, December 1915.

④ British Library, India Office Record, IOR/R/20/A/3969, File 6/1 War Loans India, Speech of His Excellency the Governor Delivered on March 5, 1917 at the Town Hall Bombay.

⑤ Garton, "The Dominions, Ireland, and India," 158—160.

证他们的参与以后会获得自治的回报。殖民官员显然要求把筹款动员政治化,因为他们利用宣传和审查来确保战时债券在殖民地有人认购。[①]

想要实现这个政治目标,就必须像在宗主国英国一样组建一个既有影响力又有凝聚力的组织。英国当局的目标是,从伦敦到印度农村,"把权力下放与有效协调结合起来",以便有效地协调当地的筹款活动。[②] 在殖民统治下的行省,英国代理人负责执行这项政策,而土邦王公则被要求激励本邦的臣民。采用现代技术,如把定量指标分配给当地选民,同时考虑通常征收的税款数额和估计的居民财富。对殖民代理人的工资实行扣缴制,如果他们在战时储蓄运动中表现出足够的效率和热情,就可以得到奖励。这样做的目的就是要营造一种没有人会忽视战争和战时职责的政治氛围。"我们的计划是这样安排的:在一些日子里,战时债券,而且只有战时债券才是这里民众日常谈论的唯一话题……"孟买附近普纳(Poona)地区的一名官员如是说。然而,过度的宣传可能会产生反作用。道德劝说有用,但也只在一定程度上有用:"去年有迹象表明,某些地区在劝说民众认购战时债券方面有点过分热情。从今年各省的报告中可以清楚地看到,当局已经采取特别措施,以确保没有任何理由相信官方施加了不适当的压力。"[③]

值得注意的是,描述印度认购者用的话语与描述英国工人阶级用的话语并没有太大的差别。[④] 认购战时债券被认为是一种促进那些无法抑制一时冲动的人节俭和节制的手段。[⑤] 在印度,没有人比我们更能看到殖民当局改变经济行为、加强当地储户与宗主国之间金融和政治关系的愿望。从人类学的角度看,认购战时债券被认为是在所谓的"落后人群"中普及新的经济习惯和观念的绝佳机会。印度南部地区的一名专员抱怨说,"投资概念对于种地的农

① N. Gerald Barrier, "Ruling India: Coercion and Propaganda in British India during the First World War," in *India and World War I*, 75—108.

② British Library, IOR/R/20/A/3969, File 6/1 War Loans India, Conference, Town Hall, Bombay, June 10, 1918.

③ The National Archives, T 1/12281, E. M. Cook to the Secretary of the Government of India, Controller of Currency, 10.

④ 加顿(Garton)在下列文献中强调了"在英帝国不同地区许多后方经验的共性": Garton, "The Dominions, Ireland, and India," 165。

⑤ 这些尝试是否成功还有待商榷(殖民地的情况更是如此)。想了解有关怀疑官方旨在"弘扬节俭文化"而进行宣传和组织活动的力度的观点,请参阅 Trentmann, *Empire of Things*, 417—419。

民来说是完全陌生的"。关于殖民地的一种传统看法认为,当地人无法理解节俭和投资意味着什么,因此不理解英国"绅士资本主义"的一些关键价值观。之所以会对殖民地有这种态度,是因为殖民地官员没有能力了解殖民地信贷网络的运作方式。为了克服这些障碍,英国当局把官方宣传材料翻译成几种印度方言。他们还试图使自己的语言和筹款计划适应当地民众的宗教和文化背景。例如,向穆斯林提供一种特殊的筹款计划,即无息储蓄,目的就是要符合穆斯林拒绝接受有息储蓄的宗教规定:"为了满足穆斯林以及其他希望认购在印度发行的战时债券但出于宗教和其他原因不愿收取利息的人的愿望,殖民当局已经做出了安排,向债券申购人发放'无息'现金凭证。购买这种'无息'现金凭证的人在申请还款时只收到他们实际支付的金额。"[1]

在印度,物质至上的文化对备战普及工作也具有很重要的意义。"战时债券火车"和"战时债券坦克"就像在英国本土的城镇一样,被陈列在缅甸行省的多个地方。举办抽奖和赛马活动是为了提高参与度,这些活动与在宗主国的做法不同,特别关注参加债券发售活动的各个团体和阶层,以便准确地了解应该使用哪些论点和信息来说服他们参与认购。只要债券持有人在财务上与大英帝国共命运,所有这些努力就是为了巩固大英帝国的统治。向印度学生和儿童发售的储蓄券旨在把印度人改变为英国"资本家",使他们养成节俭、节制和自助的习惯。

英国殖民当局对 1917 年和 1918 年在印度发起的两场筹款运动取得的结果感到欣喜。1917 年有 7.7 万人认购了帝国战时债券,1918 年大约有 10 万人认购,而在"一战"爆发前的印度投资公债的人还不足 1 000。印度债券持有人——无论殖民者还是被殖民者——人数的增加,被誉为在英属印度发展食利阶层的成功尝试:"我们说我们现在有一个庞大的食利阶层的萌芽存在或许并不为过,他们用自己的储蓄进行的公债投资,在未来几年应该对促进印度的发展具有几乎不可估量的价值。"[2]不过,实际情况是,筹集到的资金大部分来

---

① British Library,IOR/R/20/A/3969,File 6/1,Department of Commerce and Industry,Simla, May 10,1917,Press communiqué.

② The National Archives,T1/12281,Letter from the Controller of Currency to the Secretary of the Government of India,Finance Department,December 12,1918.

自少数认购者,因为其中60%的资金是由区区1%的债券持有人贡献的:根本谈不上什么民主化进程,只是试图扩大小债券持有人的范围,使其可以在殖民帝国关系紧张的背景下炫耀他们的政治忠诚。

相比之下,帝国政体对法国战备的财政贡献要小于英国。历史学家们给出了各种不同的估计数据,法国各殖民地贡献了15亿~20亿法郎,这个估计数据似乎是合理的。各殖民领土的贷款和捐款只占法国在"一战"期间筹集到的资金的2.7%。[①] 不过,这些聚合结果掩盖了截然不同的情况:法国"一战"期间在殖民地筹集到的资金有一半是阿尔及利亚和印度支那殖民地贡献的。在法国的其他殖民地,如法属西非和法属东非,投资战时债券的资金总是非常有限。

就像在英国一样,许多对印度支那的储户和投资者采取的激励措施,被认为能够显示这个殖民地的经济潜力。如果国家可以为战备征集当地资源,就能把这些资源用于实现经济目的,如乡村发展、工业化或公共工程。在实现这些经济目的的同时,还可以通过传播新的经济和金融行为来"教化"土著居民。[②] 印度支那总督阿尔伯特·萨劳特(Albert Sarraut)赞扬了当地民众对他们帝国所表达的归属感和给予的支持,仿佛认购一笔债券就相当于表达一份忠诚和赞同。[③] 萨劳特肯定夸大了他在宣传方面取得的成功。尽管如此,他对4.7万土著人认购了这些债券而感到自豪。他们占当地认购者的77%,但他们的认购额只占筹集到的资金的一小部分。就像印度一样,印度支那的战时债券认购人绝对人数仍然有限,但比战前高出10倍。[④]

萨劳特利用人类学的论据来描述当地民众对筹款动员的反应。他认为,

①　Jacques Thobie,Gilbert Meynier,Catherine Coquery-Vidrovitch,and Charles-Robert Ageron,*Histoire de la France Coloniale*,1914—1990 (Paris:Armand Colin,1990),75—76; Richard S. Fogarty,"The French Empire," in *Empires at War*,109—129.

②　Alice S. Conklin,*A Mission to Civilize:The Republican Idea of Empire in West Africa*,1895—1930 (Stanford:Stanford University Press,1997).

③　Centre des Archives Economiques et Financières,B61785,Minister of Colonies to the Minister of Finance,March 23,1918; Gouvernement Général de l'Indochine,Instructions Relatives à l'Emprunt National 4% 1917,(Saigon:Imprimerie Nouvelle Albert Portail,1917).

④　Albert Sarraut,*La Mise en Valeur des Colonies Françaises* (Paris:Payot,1923),45; André Touzet,L'Emprunt National de 1918 en Indochine (Hanoï-Haïphong:Imprimerie d'Extrême Orient,1919).

土著居民无法区分贷款和捐款。有些土著人据说认购英国发行的战时债券，是因为他们认为自己被迫这样做。官方的宣传导致政府借款和税收之间的界限变得模糊，尤其是由于殖民的缘故。[①] 在宗主国也存在这种困惑。在宗主国，自由认购和强制借款之间的界限并不明确。不管萨劳特和其他殖民政府官员讲述的故事是真是假，但它们表明，前者希望利用认购战时债券的事情来对土著居民进行经济教育，就好像投资公债能让他们属于一个食利者更多的国家似的。殖民帝国希望把所谓的西方实践和价值观引入亚洲社会，以改善殖民地的经济发展。萨劳特认为："这场筹款运动（将）有两个积极的结果，一个是筹资方面借到贷款的结果，另一个是长期的有关殖民地土著人精神面貌的结果，即向西方金融实践开放。"殖民当局盲目地认为借到战时贷款的结果是殖民同化的标志。在他们看来，殖民地民众是在对他们一直在执行的自由主义政策表示认可。最重要的好消息是，殖民帝国在不久的将来将不再需要资金，而且会给殖民地回馈一些资金，从而有望给一个经济更加稳固、自给自足的殖民帝国开创新的未来。这种谬论很快就会与殖民地人民的解放意愿和他们对这种家长式话语的拒绝产生冲突。[②]

\* \* \*

在第一次世界大战期间，战时债券销售采用了在世界各地开展大众营销活动的方式，甚至在欧洲殖民帝国一些距离遥远的殖民地也是如此。每个国家都有自己的模式和传统，但在任何地方，公共和私人行为主体、地方自治和中央协调、地方实践和全球目标的结合都起到了作用。战时金融引发的一些变化（中央银行占国家融资的份额和国外信贷的比重增加，监管变得更加严格）对两次世界大战间隔期间的国际和国内政治产生了深刻的影响。数以百万计的人，无论自愿与否，不管是否自觉，都成为小债券持有人，他们的命运比

---

[①] Centre des Archives Economiques et Financières, B61785, Report on the 1917 War Loan, by Albert Sarraut, January 16, 1918.

[②] Erez Manela, *The Wilsonian Moment: Self-Determination and the International Origins of Anticolonial Nationalism* (Oxford: Oxford University Press, 2007); Michael Goebel, *Anti-Imperial Metropolis: Interwar Paris and the Seeds of Third World Nationalism* (Cambridge: Cambridge University Press, 2015).

以往任何时候都同他们国家的经济实力和信誉联系在了一起。官方的宣传和其他话语声称，这样做的最好结果可能就是，战争是一个可以普及债券持有的做法并在宗主国和殖民帝国一些最先进的地区创造人数更多的食利阶层的机会。布尔什维克拒不承认沙皇积欠的债务，德国遭遇恶性通货膨胀，同盟国信誉和战争赔偿问题陷入了僵局，殖民地人民要求解放，这一切很快就证明上述希望是多么的不切实际。大众参与国家筹款的做法[1]，连同各国以新的"统制"公债制度为特征、用于引导资金流动且不那么显眼的基础技术日益成熟，在第二次世界大战爆发之前一直都是战时国家重要的合法性来源。[2] 因此，第一次世界大战造就了一个更加不稳定的世界，同时极大地扩大了国家渗透民间社团和监管市场的权力。

---

[1]　James T. Sparrow, *Warfare State：World War II Americans and the Age of Big Government* (Oxford：Oxford University Press, 2011).

[2]　这些后来的转变和"沉默融资"技术的发展，请参阅本书第十二章和第十五章。

# 第十二章　超越民主或独裁统治:从魏玛共和国到战后时期,德国如何周密安排主权债务

斯蒂芬妮·米登多夫[*]

德国国会预算委员会社会民主党主席库尔特·海宁(Kurt Heinig)在1931 年春天写道:"整个文明世界都由价值不复存在的债务构成。"他在《国家报》(*Der Staat seid Ihr*)的一篇文章里呼吁国际社会解决第一次世界大战造成的债务问题,并希望他的公民同胞不要相信针对"美国"的单方面决定或抨击。[①] 仅仅几个月后,民主政府就对资本流动实施了行政管制。这一决定标志着向实施威权债务政策和财政自给迈出了重要的一步,而且在 1933 年后国家社会党的统治下又得到了进一步发展。随后,这一举措被作为一种政治策略传达给公众,以加强国民自主和国家权力,并保护国家不受国际资本主义的影响。批评人士甚至接受了这种说法,他们谴责这是国家财政向"计划经济"的转型。然而,为了确保美国资本的利益并实施由国际专家和银行家在1931 年秋天与商业投资者谈判达成的暂停偿债协议,这些监管措施策略性地与胡佛(Hoover)暂停政府间贷款的命令联系在了一起。事实上,德国外交部希望,如果德国暂停支付战争赔款,在未来就会被可能的私人债券持有人视为

[*]　E-mail: middendorf@zzf-potsdam. de.
①　Kurt Heinig, "Revision der Kriegsschulden," *Der Staat seid Ihr*, March 16, 1931, 38.

更值得信赖的债务人。[1]

如果不考虑国家政治和国际金融相互交织在一起的逻辑,就无法理解 20 世纪上半叶德国主权债务的历史。在应对第一次世界大战遗留下来的社会经济问题的过程中,德意志民族国家经历了深刻的变革。魏玛共和国在民主危机管理方面的尝试促成了第三帝国的独裁统治。在这一过程中,经常有人讨论公共财政的问题,主要是关注德国总理海因里希·布吕宁(Heinrich Brüning)在魏玛共和国时期的最后几年里实施财政紧缩政策产生的影响。[2] 但在这一章里,我们没有继续讨论个体行为主体所犯的政治"错误",也没有讨论财政治理的固定"模式"与国家社会主义到来的可能相关性,而是认为应该更多地关注在民主和独裁统治下以及在由国际金融相互依存所界定的全球政治背景下,债务管理实践对德国国家权力产生的结构性影响。

与其他欧洲国家的情况不同,主权债务及其与国家建设的相关性在战前并不是德国政治议程上的重要议题,尽管一些受人尊敬的知识分子,如阿道夫·瓦格纳(Adolph Wagner)、卡尔·迪策尔(Karl Dietzel)、洛伦兹·冯·斯坦因(Lorenz von Stein)或格奥尔格·冯·尚茨(Georg von Schanz)在 19 世

---

① Sören Dengg,*Deutschlands Austritt aus dem Völkerbund und Schachts 'Neuer Plan'. Zum Verhältnis von Außen-und Außenwirtschaftspolitik in der Übergangsphase von der Weimarer Republik zum Dritten Reich* (1929—1934) (Frankfurt: Peter Lang,1986),140—161; Niels P. Petersson, Anarchie und Weltrecht. *Das Deutsche Reich und die Institutionen der Weltwirtschaft* 1890—1930 (Göttingen: Vandenhoeck & Ruprecht,2009),142—143; Susanne Wegerhoff,Die Stillhalteabkommen 1931—1933 (Ph. diss. ,University of Munich,1982),11—15.

② 请参阅 Albrecht Ritschl,"Knut Borchardts Interpretation der Weimarer Wirtschaft. Zur Geschichte und Wirkung einer wirtschaftsgeschichtlichen Kontroverse," in *Historische Debatten und Kontroversen* im 19. und 20. *Jahrhundert. Jubiläumstagung der Ranke-Gesellschaft in Essen*,2001, eds. Jürgen Elvert and Susanne Krauß (Stuttgart: Steiner, 2003), 234—244; Theo Balderston,*Economics and Politics in the Weimar Republic* (Cambridge: Cambridge University Press,2002),77—99。 想了解这个问题讨论的最新内容,请参阅 Paul Köppen,Knut Borchardt and Roman Köster to Vierteljahrshefte für Zeitgeschichte 62 (2014): 349—375;63 (2015): 229—257,569—578。

纪下半叶曾试图解决这个问题。① 德国的邻国——尤其是法国和英国——几
个世纪以来一直感受到中央政府信用的作用。因此,在这些国家,主权债务的
系统角色在现代国家的经济学、哲学和社会学想象中显得更加突出。② 有鉴
于此,为了证明建立代议制政体能提高主权国家可靠地承诺偿还债务的能
力,进而提高为国家借到大笔贷款的能力,道格拉斯·C.诺斯和巴里·R.温
加斯特曾令人叫绝地考察过在 17 世纪英国议会政治和公共信誉之间的历史
联系。③ 后来,戴维·斯塔萨维奇(David Stasavage)和詹姆斯·麦克唐纳
(James MacDonald)在他俩的研究中把这一观点扩展运用到了现代欧洲和其
他地区较早的民主政体国家。④

　　由于历史上德国的情况与上述其他国家有所不同,因此可用来拓宽这些
学者所发表的观点。考察德意志帝国从魏玛到战后民主和独裁统治之间的转
型时期,有助于质疑不断增多的经济理性和制度进步叙事,并强调在国家动员

---

① Karl Dietzel, *Das System der Staatsanleihen im Zusammenhang der Volkswirthschaft betra-chtet* (Heidelberg: Mohr, 1855); Adolph Wagner, *Finanzwissenschaft. Erster Theil* (Lehrbuch der politischen Ökonomie 5) (Leipzig/Heidelberg: Winter, 1883), 130—183. 进一步的例子,请参阅 Wil-helmine Dreißig, "Ausgewählte Fragen zur öffentlichen Verschuldung," *Finanzarchiv* 42 (1984): 577—612, 582; David Howart and Charlotte Rommerskirchen, "A Panacea for all Times? The German Stability Culture as Strategic Political Resource," *West European Politics* 36, No. 4, (2013): 750—770; Carl-Ludwig Holtfrerich, *Government Debt in Economic Thought of the Long 19th Century* (School of Business & Economics, Discussion Paper: Economics, Free University Berlin, N° 2013/4); Kenneth H. F. Dyson, *States, Debt, and Power. "Saints" and "Sinners" in European History and Integration* (Oxford: Oxford University Press, 2014), 3—5, 214.

② 请参阅 Michael Sonenscher, *Before the Deluge. Public Debt, Inequality, and the Intellectual Origins of the French Revolution* (Princeton, NJ: Princeton University Press, 2009); Jean Andreau, Gérard Béaur and Jean-Yves Grenier, eds., *La dette publique dans l'histoire. Les journées du Centre de Recherches Historiques* des 26, 27 et 28 novembre 2001 (Paris: CHEFF, 2006). 想了解"一战"后这个时期的相关情况,请参阅 Nicolas Delalande, "Protéger le Crédit de l'État. Spéculation, Confiance et souveraineté dans la France de l'Entre-deux-guerres," Annales HSS 71, No. 1 (2016): 129—161。

③ Douglass C. North and Barry R. Weingast, "Constitutions and Commitment: The Evolution of Institutions Governing Public Choice in Seventeenth-Century England," *The Journal of Economic History* 49, No. 4 (1989): 803—832.

④ David Stasavage, "Credible Commitment in Early Modern Europe: North and Weingast Revis-ited," *The Journal of Law, Economics, and Organization* 18, No. 1 (2002): 155—186; idem, *Public Debt and the Birth of the Democratic State: France and Great Britain, 1688—1789* (Cambridge: Cambridge University Press, 2003); idem, *States of Credit: Size, Power, and the Development of European Polities* (Princeton, NJ: Princeton Univ ersity. Press, 2011); James McDonald, *A Free Nation Deep in Debt: The Financial Roots of Democracy* (New York: Farrar, Straus and Giroux, 2003).

包括人际关系、政治协商、沟通策略和胁迫在内的不同资源的权力中其他较不正式、有时也是比较不确定的因素的持续重要性[1],更重要的是,有助于重新思考战时财政和相关危机管理对于那个时期债务和主权历史的重要性。德意志帝国在被切断了与华尔街和其他外部资金供应来源的联系以后,在大规模宣传活动的支持下,成功地通过国内贷款自筹战争经费,并且在1916年以前一直都相当成功。但从1916年起,发行债券筹集到的资金开始跟不上偿还所积欠短期债务的节奏。到了1918年12月,德意志帝国已经积欠了1350亿马克的债务,其中270亿马克由德意志帝国银行持有,从而助长了通货膨胀效应,并使通货膨胀一直延续到战后时期。[2]

因此,为战争筹款,不但产生了经济影响,而且比其他国家更明显地改变了德国的政治和社会制度。为了加快构建战时物资和资金供应链的速度,德国实施了不同的应急政策,行政部门变得重要起来,并且在魏玛共和国早期更有可能巩固这种强势地位。国家作为一种管理机构,已经成为金融关系的核心。在1923年稳定之前,德意志帝国实际上是通过通货膨胀的方式来拖欠国内债务的,从而导致德国的社会关系变得紧张。由于德国民众对这个年轻的民主国家持怀疑态度,因此对政府越来越不信任。[3] 除了战时积欠的债务外,把军事经济改造成民事经济、《凡尔赛和约》规定的条件、要向受害者支付的赔款以及军人复员所需的费用等因素导致德国的财政收入减少。特别是战争赔款,最终成为德国"国家信用"的典型问题,并且把作为债务统计或预算信息的

---

① 想了解这样的非正式因素在现代债务关系中的相关性,还可参阅尼古拉·德拉朗德的第十一章;Claire Lemercier and Claire Zalc,"Pour une Nouvelle Approche de la Relation de Crédit en Histoire Contemporaine," *Annales HSS* 67,No. 4 (2012):979—1009; Mischa Suter,"Jenseits des 'cash nexus'. Sozialgeschichte des Kredits zwischen kulturanthropologischen und informationsökonomischen Zugängen," *Werkstatt Geschichte* 53 (2009):89—99.

② Gerd Hardach,"Die finanzielle Mobilmachung in Deutschland 1914—1918," *Jahrbuch für Wirtschaftsgeschichte* 56,No. 2 (2015):373—374;重要讨论可参阅 Albrecht Ritschl,Sustainability of High Public Debt:What the Historical Record Shows (Centre for Economic Policy Research,Discussion Paper Series No. 1357,1996):13—14; idem,"The Pity of Peace:Germany's Economy at War,1914—1918 and beyond," in *The Economics of World War I*,eds. Stephen Broadberry and Mark Harrison (Cambridge:Cambridge University Press,2005),61—63.

③ 请参阅 Martin Geyer,Verkehrte Welt. *Revolution*,*Inflation und Moderne. München 1914—1924* (Göttingen:Vandenhoeck & Ruprecht,1998); Gerald D. Feldman,ed. ,*Die Nachwirkungen der Inflation auf die deutsche Geschichte 1924—1933* (Munich:Oldenbourg. 1985).

财政金融数据变成了国际关系中的一种政治武器以及国家权力的主要来源。[①]

因此,德国 1918 年后的主权信用等级是国内和国际框架内各种政治冲突、物质条件和文化图式作用的产物。特别是在两次世界大战间隔期里,德国的主权债务不仅取决于国内条件,而且取决于国家在全球专家和投资人圈子里的声誉:一个被判定为在没有正当理由的情况下违约的国家,一旦被这个投资人圈子贴上故意违约的标签,就别想再借到贷款。与此相反,一个因"无法控制的情况"而暂停付款的国家,只要在破产后提供可接受的解决方案,就不会被列入黑名单。[②] 因此,像德国这样的债务国的财政命运不但取决于能否有效管理这些环境变量,而且取决于国家以看似无法充分控制的方式控制环境的能力。1933 年之后,希特勒政权试图用武力来改变这种游戏规则,并在一段时间内取得了一定的成功,但不得不在动态变化的国家和跨国空间中适应资本市场的逻辑,并顾及投资者的利益。

基于以上观察,本章试图把对德国主权债务的"精心安排"理解为国家建设史上的一种社会实践,而不是像已有的财经研究文献[③]那样,把它作为一种提高投资经济价值的政策工具。这种方法基于安东尼·吉登斯(Anthony Giddens)和威廉·H. 休威尔(William H. Sewell)对社会构成的理论反思,但可用来解释各种不断变化的通过精心组织的行为构建并复制社会制度(这里指主权国家及其公共财政)的方式。[④] 这样,我们就能把德国魏玛共和国和国

① Hans-Peter Ullmann, "Finance," in *The Cambridge History of the First World War*, ed. Jay Winter (Cambridge: Cambridge University Press, 2014); Adam Tooze, *Statistics and the German State*, 1900 — 1945: *The Making of Modern Economic Knowledge* (Cambridge: Cambridge University Press, 2001).

② Michael Tomz, *Reputation and International Cooperation. Sovereign Debt across Three Centuries* (Princeton: Princeton University Press, 2007), 83.

③ 例如, 可参阅 Patrick Bolton and Olivier Jeanne, Structuring and Restructuring Sovereign Debt: The Role of a Bankruptcy Regime (IMF Working Paper 07/192, 2007).

④ 请参阅 Anthony Giddens, *The Constitution of Society. Outline of the Theory of Structuration* (Cambridge: Polity Press, 1984), esp. 15 and 25; William H. Sewell Jr., *Logics of History. Social Theory and Social Transformation* (Chicago/London: University of Chicago Press, 2005), esp. 143. 想了解有关吉登斯理论某些缺陷的评论, 请参阅 David Held and John B. Thompson, eds., *Social Theory of Modern Societies: Anthony Giddens* (Cambridge: Cambridge University Press, 1989).

家社会主义的经历整合到一个关注债务治理和国家权力间关系如何发生质变的论点中。我们将重新考虑民主和独裁统治之间的连续性和不连续性问题，因为它们之间的矛盾性会对议会代议制、经济自由主义和可持续债务联系在一起的规范性叙事提出疑问。①

　　本章的论证将以两个分析轴为主线。首先，国家和市场之间日益模糊的界限，特别是两次世界大战间隔期里两者之间日益模糊的界限，需要引起我们的关注。这个根本性的变化早在 19 世纪就已经开始，但在"一战"以后又变得更加明显，它不但产生了米歇尔·福柯（Michel Foucault）所说的"国家化"（étatisation）影响，而且使我们发现了"经济"（及其重要组成部分金融）自身作为独立实体的存在。② 魏玛政府和纳粹政府都遵循资本市场的逻辑为国家活动筹集资金，同时又根据其政治目标调控和改变市场。这种变化超越了 1933 年的政治停摆，一直延续到 1945 年以后，并且对国家主权的概念产生了持久的影响。其次，强调中介机构和金融中介对于构建民族国家地位日益重要的作用。在德国，这种情况至少在 1933 年之前，由于它严重依赖国际金融界而有所加剧。因此，国家权力的概念发生了变化。一个主权国家不能再仅仅依靠在本国领土上诉诸暴力的正式垄断权，而是必须通过一些程序性做法、超越国界并通过非正式手段把各种不同行为主体的利益整合在一起。③ 历史地看，这一发展与两次世界大战间隔期和战争年代民族主义政治的短期影响有一定的矛盾，但最终超越了这种影响。

---

　　① 还请参阅 D'Maris Coffman, Adrian Leonhard, and Larry Neal, eds. , *Questioning Credible Commitment : Perspectives on the Rise of Financial Capitalism* (Cambridge：Cambridge University Press,2013)。

　　② Stephen W. Sawyer,"Foucault and the State," *La Revue Tocqueville* 36, No. 1 (2015)：135—164；Timothy Mitchell,"Society, Economy, and the State Effect," in *State / Culture. State-Formation After the Cultural Turn* , ed. George Steinmetz (Ithaca：Cornell University Press,1999),93. 现代看法可参阅 Carl Schmitt,"Demokratie und Finanz," in Idem, *Positionen und Begriffe im Kampf mit Weimar-Genf-Versailles 1923—1939* (Berlin：Duncker & Humblot,1988 [1940]),85—87。

　　③ 想了解有关这个问题的理论探讨，请参阅 Anthony Giddens, *The Nation-State and Violence. Volume Two of a Contemporary Critique of Historical Materialism* (Berkeley/Los Angeles：University of California Press,1987),120；Colin Hay,"Neither Real nor Fictitious but 'as if Real'? A Political Ontology of the State," *The British Journal of Sociology* 65, No. 3 (2014)：459—480；Aradhana Sharma and Akhil Gupta, eds. , *The Anthropology of the State. A Reader* (Oxford：Blackwell,2006)。

## 谋求主权:大萧条前的国家机构和既得利益集团

在魏玛共和国存续的大部分时间里,德国无法从本国投资者和存款人那里获得信贷,而是严重依赖外国投资。因此,"一战"后德国公债的增加是它的外交政策和世界经济关系更大范畴的变化的一部分。如前所述,20世纪早期的德国没有在其他国家产生那么大影响的积极公债传统。1918年前,德国一直是一个重要的资本输出国,曾深度参与对希腊或委内瑞拉等违约国家实施制度化制裁和财政控制的国际努力。因此,"一战"爆发前,公开的辩论和专家中间盛行的论调都由债权人利益主导,并对国家过度举债进行了非常严厉的批评。过度举债和无力偿债被认为道德可疑,是政治失败的标志,并且被视为"外邦人"或"劣等民族"[①]的典型特征。

然而,早在"一战"前夕,德国对外国债权人的依赖远远超过了法国或英国。1913年,差不多20%的德国国债是在外国发行的。虽然瓦格纳(Wagner)等专家、商界人士、金融家和政界人士认为,这种对国际债权人的依赖以及德国在海外的投资,是德意志帝国世界政治一体化的有用手段,并在更多德国人中间引发了关于公债的争论和不信任。[②] 但在爱国热情的驱使下,"一战"期间德国在国内发行的几笔公债,就民众参与度而言,被证明是成功的。1914年秋天,第一笔战时债券大约有120万人认购,第四笔战时债券有530万人认购;而1916年秋天,第五笔战时债券的认购人减少到了380万。后来,政府加大了宣传力度,1917年春天,第六笔债券的认购人数达到了近710万,并且被认为是一次支持德国政策的"金融公投",而在外国观察家看来是一个公债发行"日耳曼效率"的范例。不过,不足的地方也很快就开始显现。1917年秋天和1918年春天发行的债券分别大约有550万和690万人认购,但

---

① Petersson,*Anarchie*,105—107.

② Niall Ferguson,*The Pity of War* (London:Penguin,1999),128—135; Rudolf Kroboth,*Die Finanzpolitik des Deutschen Reiches während der Reichskanzlerschaft Bethmann Hollwegs und die Geld-und Kapitalmarktverhältnisse*(1909—1913)(Frankfurt:Peter Lang,1986),89—95.

1918 年秋季发行的债券认购人数大幅度减少到了 270 万。[1] 后来,流动债务开始增加,德意志银行不得不购买政府债券。此外,想说明德国发行战时债券取得巨大成功的原因,自然要考察除爱国宣传外的"某些促进措施",如保密政治,把债券配售给储蓄银行。1914 年,储蓄银行认购了 8.84 亿马克的债券,占债券发行额的 19.8%,其中 1/3 由储蓄银行自己持有,2/3 由其客户认购。这也表明战争期间公债给储蓄银行等金融中介机构提供了开展新业务的机会,如通过认购和出售公债券,向成为全能银行迈出了一大步。[2]

德国财政部部长卡尔·海尔法里耶(Karl Helfferich)在 1915 年提出的"必须让敌人埋单"的想法因为德国战败而无法兑现——至少乍看就是这样。对于德国民众来说,参与国家筹款计划的经历被证明是一次毁灭性的经历,战后的通货膨胀摧毁了他们的资产,并如上文所述,导致民众长期不愿购买公债。对于德国政府来说,管理如此多的债务是一个从未涉足的未知领域,无论是在民主财政制度还是中央集权财政制度下都是如此。[3] 这个未知领域被证明是在国际前沿根据 1919 年的《凡尔赛和约》(该和约使德国新成立的民主政府接受了旧君主政体积欠的债务[4])和协约国的既得利益集团制定的赔款政策界定的。主权债务的政治功能呈现出前所未有的复杂性,威胁到了魏玛共和国的存续,并且意味着德国在战后正在形成的新国际秩序中的地位所面临的挑战。[5] 德国政府通过公开推行通货膨胀政策,不仅仅是否认它对本国持

① Konrad Roesler, *Die Finanzpolitik des Deutschen Reiches im Ersten Weltkrieg* (Berlin: Duncker & Humblot,1967),207; Klaus Lapp,Die Finanzierung der Weltkriege 1914/18 und 1939/45 in Deutschland. Eine Wirtschafts-und Finanzpolitische Untersuchung (Ph. diss. ,University of Nuremberg 1957),102; Gerd Hardach,"Die Finanzielle Mobilmachung in Deutschland 1914—1918," *Jahrbuch für Wirtschaftsgeschichte* 56,No. 2 (2017): 367,371—373; MacDonald,*Free Nation*,407—413.

② Roesler,*Finanzpolitik*,56,77,133—134,144—145.

③ Peter-Christian Witt,"Finanzpolitik und sozialer Wandel in Krieg und Inflation 1918—1924," in *Industrielles System und politische Entwicklung in der Weimarer Republik*, Vol. 1, eds. Hans Mommsen,Dietmar Petzina and Bernd Weisbrod (Düsseldorf: Droste,1977),395—426.

④ 请参阅 Art. 254,255,257 reg. state succession, In *Wörterbuch des Völkerrechts*, Vol. 1, ed. Hans-Jürgen Schlochauer (Berlin: de Gruyter,1960),112。

⑤ 请参阅 Adam Tooze,*The Deluge. The Great War*,*America and the Remaking of Global Order 1916—1931* (New York: Viking,2014),271—304; Mark Mazower,*Governing the World. The Rise and Fall of an Idea*,1815 to the Present (New York: Penguin,2012),chap. 5。

有公债的国民负有的责任①,而且导致外国债权人和投机性投资者赔钱,并迫使他们为德国的战争赔款埋单。在1924—1925年,德国政府为了部分补偿国内民众在通货膨胀期间遭遇的损失而采取了重估措施,但却把外国债权人排斥在外。②

因此,有人把通货膨胀政治与主权债务违约问题联系起来看待和论述。左翼和右翼政治力量都认为,国家破产是国家政策的合法组成部分。法学家努力把违约描绘成一种历史常态,而不是例外,并把它说成是一种旨在"拯救"和"重振"国家的主权权利。但是,把违约作为实施国家紧急状态法的一种具体手段或者作为反对资本势力的一项革命性计划(就像布尔什维克在国内外拒绝偿还沙皇积欠的债务一样)的做法受到了广泛的质疑。③ 相反,社会学家鲁道夫·戈德沙伊德(Rudolf Goldscheid)等温和派观察家认为,国家应该更系统地进行资产社会化,以避免完全违约。④ 毫不奇怪,公债持有人和其他因

---

① Gerald D. Feldman, *The Great Disorder. Politics, Economics, and Society in the German Inflation 1914—1924* (New York: Oxford University Press, 1997); Carl-Ludwig Holtfrerich, *Die deutsche Inflation 1914—1923. Ursachen und Folgen in internationaler Perspektive* (Berlin: de Gruyter, 1980); Niall Ferguson, "Constraints and Room for Manœuvre in the German Inflation of the Early 20s," *The Economic History Review* 49, No. 4 (1996): 636—666.

② Stephen A. Schuker, *American "Reparations" to Germany, 1919—1933. Implications for the Third-World Debt Crisis* (Internat. Finance Sect., Dep. of Economics, Princeton University, 1988); Carl-Ludwig Holtfrerich, "Amerikanischer Kapitalexport und Wiederaufbau der deutschen Wirtschaft 1919—1923 im Vergleich zu 1924—1929," in *Die Weimarer Republik, belagerte civitas*, ed. Michael Stürmer (Königstein: Athenäum, 1985), 131—157.

③ Alfred Manes, *Staatsbankrotte. Wirtschaftliche und rechtliche Betrachtungen*, rev. ed. (Berlin: Siegismund, 1919), 22, 143—144, 159; Otto Schwarz, "Vermeidung des Staatsbankrotts," in *Handbuch der Politik*, Vol. 4, ed. Gerhard Anschütz (Berlin: Rothschild, 1921), 49—54. 想了解相关的辩论,请参阅 Odette Lienau, *Rethinking Sovereign Debt. Politics, Reputation, and Legitimacy in Modern Finance* (Cambridge, Mass.: Harvard University Press, 2014), chap. 3; 想了解苏联的情况,请参阅 Lyndon Moore and Jakub Kaluzny, "Regime Change and Debt Default: The Case of Russia, AustroHungary, and the Ottoman Empire following World War One," *Explorations in Economic History* 42, No. 2 (2005): 237—258; Hassan Malik, *Bankers and Bolsheviks: International Finance and the Russian Revolution, 1892—1922* (Princeton: Princeton University Press, 2018), 162—207; Jennifer Siegel, *For Peace and Money: French and British Finance in the Service of the Tsars and Commissars* (Oxford: Oxford University Press, 2014), chap. 5; Kim Oosterlinck, *Hope Springs Eternal: French Bondholders and the Repudiation of Russion Sovereign Debt* (New Haven: Yale University Press, 2016).

④ Rudolf Goldscheid, *Sozialisierung der Wirtschaft oder Staatsbankerott. Ein Sanierungsprogramm* (Leipzig: Anzengruber, 1919).

货币贬值而面临经济困难的人认为,主权违约是政府失败造成的问题,应该通过实施税改和采取货币措施来解决。①

　　除了这些国内争论外,德国作为一个前债权国明白,通过军事或外交手段迫使债务国还债几乎是不可能的事情。② 一方面,德国政府导致法国和比利时在 1923 年占领鲁尔地区的赔款抵制策略就是得益于这种经验,但这次是作为不愿偿还自己债务的国家。另一方面,20 世纪 20 年代德国的主要政治家,特别是外交部部长古斯塔夫·施特莱斯曼(Gustav Stresemann)明白举借巨额外债为魏玛共和国获得外国支持提供了保证,并把兼顾海外金融投资者的利益作为德国重新融入世界经济的战略手段。③ 因此,1924 年的道威斯计划使德国的信誉依赖于外部私人投资和德国政府实施的反通货膨胀预算平衡政策。道威斯计划在国际机构的监督下付诸实施,并被解读为投票支持魏玛共和国的政治家们希望押注于它们获利心态的"美国"及其金融市场。因此,德国外交部在 1926 年拒绝了在双边层面对赔款债务进行商业化的法国计划,而是选择了与"通过接受道威斯计划故意逃避其债权人利益"的美国密切合作。④ 显然,这项政策被相关专家视为一项纯粹的"经济"和明确的"非政治"计划,并且由像德国总理汉斯·路德(Hans Luther)和财政部部长奥托·冯·施里本(Otto von Schlieben)这样的努力体现技术官僚治理"中性"的前公务

---

　　① Georg Bresin, *Zum kommenden Staatsbankrott*! *Finanzreform oder Finanzrevolution? Wege zum Wiederaufbau* (Berlin: Verl. Volkspolitik, 1919); Wilhelm Albert Gatzen, *Deutscher Staatsbankerott. Die Maßnahmen zu seiner Verhütung und zur Hebung der Valuta* (Munich: Ante Portas, 1920); Otto Maaß, *Wie schützen wir uns vor dem Staatsbankrott?* (Erfurt: Freiland-Freigeld-Verlag, [1922]); Paul Beusch, "Deutschlands Verschuldung an das Ausland," in *Handbuch der Politik*, 7—13.

　　② Petersson, Anarchie, 65—66.

　　③ 阿尔布莱希特·里切尔(Albrecht Ritschl)在下列文献中论述了外债的经济相关性:Albrecht Ritschl, Deutschlands Krise und Konjunktur 1924—1934。Binnenkonjunktur, *Auslandsverschuldung und Reparationsproblem zwischen Dawes-Plan und Transfersperre* (Berlin: Akademie, 2002); William C. McNeil, *American Money and the Weimar Republic. Economics and Politics on the Eve of the Great Depression* (New York: Columbia University Press, 1986)。

　　④ Foreign Office Note "Empfehlt sich ein Zusammengehen mit Frankreich in der Reparationspolitik bzw. in der Politik zur Liquidierung des DawesPlans?," cf. Petersson, Anarchie, 121; Peter Krüger, *Die Außenpolitik der Republik von Weimar* (Darmstadt: Wiss. Buchgesellschaft, 1993), 356—360; Manfred Berg, *Gustav Stresemann und die Vereinigten Staaten von Amerika. Weltwirtschaftliche Verfechtung und Revisionspolitik*, 1909—1929 (Baden-Baden: Nomos, 1990).

员政治家付诸实践。①

在这样的框架下,德国遵循全球金融逻辑对它的债务政治做了精心安排,而由"货币医生"和公务员组成的国际网络则在国家间金融相互依赖的谈判中承担了准公共职能。② 这不仅意味着债务管理的战术性去政治化,而且意味着民族国家的政治自主受到一定的限制。为了在赔偿制度规定的条件下确保国家重振权力,像德意志银行这样的监护机构被国际法赋予了合法性,部分由国际专家掌管,并被迫致力于控制公共信用和稳定德国货币。③ 这种情况促使魏玛共和国的许多政治家(甚至包括民主党派的政治家)认为财政政策首先是一种外交政策,但没有考虑通过本国财政积极使国家地位合法化的必要性。国内的政治辩论,特别是在德国国会大厦举行的辩论,被认为是毫无理性可言的政党政治"空谈"。④ 与此同时,国际联盟等国际组织和它们的会议演变成了战略沟通的平台。像约翰·梅纳德·凯恩斯(John Maynard Keynes)或古斯塔夫·卡塞尔(Gustav Cassel)这样的自由职业经济学家参与了由国际联盟支持的知识生产,但对凡尔赛和会体系持批评态度。在整个 20 世纪 20 年代,他们的著述在德国有广泛的读者。虽然国际联盟有效协调货币政策和刺激创新治理的努力最终以失败而告终,但在这个国际机构的框架内积累的金融智慧还是对德国政府如何周密安排公债以及如何在公众中表述相关问题留下了

---

① Die Sachverständigen-Gutachten. Die Berichte der von der Reparationskommission eingesetzten beiden Sachverständigenkomitees Vom 9. April 1924 nebst allen Anlagen (Berlin: Dt. Verlagsges. f. Pol. u. Gesch. ,1924),3; Michael L. Hughes,*Paying for the German Inflation* (Chapel Hill,NC: University of North Carolina Press,1988),119.

② Stephen A. Schuker,"Money Doctors Between the Wars: The Competition between Central Banks,Private Financial Advisers and Multilateral Agencies,1919—1939," in *Money Doctors. The Experience of International Financial Advising 1850 — 2000*,ed. Marc Flandreau (London: Routledge, 2003),49—77; idem,"Europe's Bankers. The American Banking Community and European Reconstruction,1918—1922," in *A Missed Opportunity? 1922: The Reconstruction of Europe*,eds. Marta Petricioli and Massimiliano Guderzo (Bern: Peter Lang,1995),47—59; Liaquat Ahamed,*Lords of Finance. The Bankers Who Broke the World* (New York: Penguin,2009).

③ Petersson,*Anarchie*,148; Rudolf Stucken,"Schaffung der Reichsmark,Reparationsregelungen und Auslandsanleihen,Konjunkturen (1924—1930)," in *Währung und Wirtschaft in Deutschland 1876 — 1975*,ed. Deutsche Bundesbank (Frankfurt: Knapp,1976),253.

④ Thomas Mergel,*Parlamentarische Kultur in der Weimarer Republik. Politische Kommunikation,symbolische Politik und Öffentlichkeit im Reichstag* (Düsseldorf: Droste,2012),399—408.

它的印记。[①]

　　因此,经济理性越来越多地发起挑战并改变政治辩论。当然,这不仅仅是外部影响的结果,也源于新兴的魏玛福利国家试图自我合法化。专家们提出的金融政治的国际豪言壮语错综复杂,但也与德国公众对国家的社会和经济能力日益增长的期望相冲突。这可是理解公债对 1918 年后德国国家地位的意义的要点所在。如果简单地认为这是一次传统意义上的自由国家财政的"金融公投",那么,魏玛这个年轻的共和国 1927 年和 1929 年试图在德国境内投资者中间发行债券的尝试必须被视为失败。1927 年发行的收益率为 5% 的莱因霍尔德贷款(Reinhold Loan,以自民党财政部部长的姓氏命名的贷款)债券,成功地为 5 亿帝国马克的贷款筹集到了全部资金——但其中大部分债券由公共或准公共机构认购;而其中有 2 亿多帝国马克又重新存入了储蓄银行、养老基金、医疗保险基金等机构。最后,只有 1 亿帝国马克的债券向公众发售并最终被帝国回购。总之,莱茵霍尔德贷款并不是一场十足的灾难,但在很大程度上依靠中介机构取得了成功。此后,那个时代的批评家认为,德国的资本市场已经濒临枯竭。[②]

　　此外,莱茵霍尔德贷款促发了一场由德意志银行首席执行官亚尔马·沙赫特(Hjalmar Schacht)引领的关于民主财政国家的一般性讨论。沙赫特对莱茵霍尔德贷款持高度批评的态度,反对政府当局表现出来的"信贷狂热"(Kreditwut,即积欠债务的狂热),并支持"社会和干预主义国家的全面衰退",以提高德国私人信用在外国投资者心目中的地位。沙赫特认为,积欠国债是一种不恰当的政府筹款方式,并与政府通过遵循经济逻辑的方式获得政治合法性的追求格格不入。他要求政府机构合理化,并理清国家、准国家和非国家

① Patricia Clavin, "'Money Talks': Competition and Cooperation with the League of Nations, 1929−1940," in Flandreau, Money Doctors, 291−248; Zara Steiner, The Lights that Failed. European International History 1919−1933 (Oxford: Oxford University Press, 2005), 369−371; Roman Köster, Die Wissenschaft der Außenseiter. Die Krise der Nationalökonomie in der Weimarer Republik (Göttingen: Vandenhoeck & Ruprecht, 2011), 101−112.

② Ursula Bachmann, Reichskasse und öffentlicher Kredit in der Weimarer Republik, 1924−1932 (Frankfurt: Peter Lang, 1996), 101−103.

机构的利益。① 当时这种批评影响了魏玛共和国自那以来的财政政治史学记述。然而,德国政府选择的让全国中介机构参与公债发行的策略,不能简单地被认为是在动员公众支持方面的政治失败,而必须被视为一项旨在抵制由赔款制度规定的国际债权人利益,并在民主福利国家的支持下重塑主权财政的结构性举措。

这一点在 1929 年魏玛共和国第二次尝试发行公债[即旨在解决德意志帝国现金流问题的所谓"希尔费丁贷款"(Hilferding Loan)]后也变得显而易见。虽然这笔贷款的债券实际收益率高达 9%(具体取决于持有人的边际税率),期限很短(15 年,而 1928 年的法国政府贷款的期限是 75 年),并且预期能发行 5 亿帝国马克,但实际只发行了大约 1.8 亿帝国马克。② 为了填补两者之间的缺口,社民党财政部部长鲁道夫·希尔费丁(Rudolf Hilferding)开始绕开德意志银行,从纽约一家投资银行狄龙瑞德(Dillon Read)那里借到了两笔短期外国过渡性贷款。希尔费丁还与瑞典克鲁格-托尔(Kreuger & Toll)公司协商借到了一笔 12~42 年的贷款,条件是批准杨格计划(Young Plan)***,并把德国的火柴专卖权特许给这家公司。当时,克鲁格被认为是一个靠不住的关系。绰号叫"欧洲救世主"的克鲁格在 20 世纪 20 年代与总部位于波士顿的投资银行李·斯特拉斯伯格(Lee Higginson)一起,专门为欧洲边缘弱国提供资金,以换取极其有利可图的火柴专卖特权。克鲁格 20 世纪 20 年代和 30 年代初干预的受益者除了德国以外,还包括希腊、匈牙利、波兰、罗马尼亚、土耳其、南斯拉夫和法国。克鲁格是个被排斥在两次世界大战间隔期间金融顾问圈子外的局外人。但在 1932 年,《经济学人》回顾了他把市场收购与为借款的政府提供资金结合起来的想法,认为这是一个"有创意的想法",并且有可能

---

① Bericht des Reichsbankpräsidenten über währungs-und finanzpolitische Fragen, March 7, 1927, Akten der Reichskanzlei, Kabinett Marx III/IV, vol. 1, doc. No. 195, http://www. bundesarchiv. de/aktenreichskanzlei/1919—1933/0000/ma3/ma31p/kap1_2/para2_195. htm.

② Theo Balderston, *The Origins and Course of the German Economic Crisis*, *November 1923 to May 1932* (Berlin: Haude & Spener, 1993), 271—277.

*** 1929 年制定的关于向在"一战"中战败的德国索取赔款的计划。——译者注

补充国际联盟金融委员会提出的计划。[①]

与摩根大通银行(J. P. Morgan)的贷款谈判给欧洲国家贴上正面的标签,效果与那些建立在"恶债"基础上、看似有问题的联盟不同。摩根大通银行的代表参与了道威斯计划和杨格计划的制定。但关于德国的信誉,摩根大通银行做出了令人极为震惊的判断,称德国人是"二流民族",他们的生意应该"由其他人来做"。[②] 同样,德国的战争赔款总代理西摩·帕克·吉尔伯特(Seymour Parker Gilbert)尖锐地批评希尔费丁的政策是一种危险的政策,因为它阻碍了"杨格计划"贷款债券在美国资本市场上的配售。[③] 德意志银行总裁沙赫特又发起了一场反对政府信贷政策的运动,迫使德国政府建立一个浮动债务摊还基金,以换取德意志银行的短期信贷。最终,希尔费丁和他保守的国务秘书约翰内斯·波皮茨(Johannes Popitz)一起辞职。[④]

正如1929年的现金危机所显示的那样,20世纪20年代早期的国际协议已经剥夺了德意志银行作为政府最终保险机构的职能,以加强对德国货币的国际托管。[⑤] 现在,德国政府是代表德国的公共利益在外来投资可盈利的条件下进行谈判。但是,这种全球"稳健财政"的说法也必须放在国家间政治冲突的背景下审视。它可以用不但帕克·吉尔伯特(Parker Gilbert)或沙赫特,而且就连法国政府也坚持要求德国实行通缩性政治的事实来说明。所谓的"稳健财政"实际上是要求德国通过透明的程序实现平衡预算和财政紧缩,从而导致了一种加剧魏玛共和国最后遭遇的危机的两难窘境。当时,德国总理

---

① Dyson,*States*,104;Frank Partnoy,*The Match King. Ivar Kreuger,the Financial Genius behind a Century of Wall Street Scandals* (London:Profle,2009);"The Kreuger Tragedy," *The Economist*,March 19,1932,cf. Schuker,Money Doctors,54.

② Harold James,*The Reichsbank and Public Finance in Germany 1924—1933. A Study of the Politics of Economics during the Great Depression* (Frankfurt:Knapp,1985),111;Ron Chernow,*House of Morgan. An American Banking Dynasty and the Rise of Modern Finance* (New York:Atlantic Monthly Press,1990). 还请参阅 Yvonne Wong,*Sovereign Finance and the Poverty of Nations. Odious Debt in International Law* (Cheltenham/ Northampton,MA:Edward Elgar,2012)。

③ Ritschl,*Krise*,133—135.

④ 请参阅 James,*Reichsbank*,95—118。

⑤ 请参阅 Helmut Müller,*Die Zentralbank-eine Nebenregierung. Reichsbankpräsident Hjalmar Schacht als Politiker der Weimarer Republik* (Opladen:Westdt. Verlag,1973),38—43;Jürgen Flaskamp,*Aufgaben und Wirkungen der Reichsbank in der Zeit des Dawes-Planes* (BergischGladbach:Eul,1986),20—22。

布吕宁与财政部一起,试图迫使国会批准政府提出的预算案。此举最终导致国会解散,随后国家社会党以压倒性的优势获胜,并通过紧急状态法进行了一段时间的独裁统治,一直到1933年希特勒上台。[①]

至于政府为国家提供资金的做法,德国1929年的做法还产生了另一个重要的影响。虽然事实已经证明德国政府无法以"自由的方式"动员个人信用,但它还是有效地试行了通过强迫中介机构认购公债来为国家筹集资金的新策略。1929年年初,期限在6~12个月、不可再贴现的无息国库券在经过长时间的谈判后才卖给私人银行。到了5月初,这些银行只同意在流动性条件较好的情况下再买进更多的国库券,但德国政府不接受上述要求。[②] 在寻找其他机构满足国家资金需要的同时,德国政府采用公共治理的方式加大了对准财政机构和组织施压的力度。1929年的预算法要求社会保险基金把它的部分流动资金投资于国家债券,并接受政府以短期国库券而不是现金形式提供的补贴。与此同时,希尔费丁表示,他决心求助于"在需要时应该迫使它们接受国家债券"的储蓄银行。[③] 事实上,在接下来的几个月里,德国政府成功地把它自己的大部分流动性不足的问题转嫁给了中介机构,从而引发了相关方的强烈批评。[④] 但是,这些策略也为中央政府的权力需要和限制进行的谈判和沟通提供了新的空间。在这些——不但可以被国家代表利用,而且可以被保险基金或银行的对话者利用的——沟通空间中,经济和政治逻辑进一步交织在了一起。

① Ritschl, *Krise*, 135; Dieter Hertz-Eichenrode, *Wirtschaftskrise und Arbeitsbeschaffung. Konjunkturpolitik 1925/26 und die Grundlagen der Krisenpolitik Brünings* (Frankfurt: Campus, 1982), 235－246; Stefanie Middendorf, "Finanzpolitische Fundamente der Demokratie? Haushaltsordnung, Ministerialbürokratie und Staatsdenken in der Weimarer Republik," in *Normalität und Fragilität. Demokratie nach dem Ersten Weltkrieg*, eds. Tim B. Müller and Adam Tooze (Hamburg: Hamburger Edition, 2015), 315－343.

② Balderston, *Origins*, 275－276.

③ Ministerbesprechung, April 22, 1929, Akten der Reichskanzlei, Kabinett Müller II, vol. 1, doc. No. 179, http://www. bundesarchiv. de/aktenreichskanzlei/1919－1933/0000/mu2/mu21p/kap1_2/kap2_179/ para3_4. html.

④ Bachmann, *Reichskasse*, 154－155, 182; Peter-Christian Witt, "Die Auswirkungen der Inflation auf die Finanzpolitik des Deutschen Reiches 1924－1933," in *Feldman, Nachwirkungen*, 43－95.

## 纳粹统治? 1933 年后的国家权力和有组织的信用

这种债务管理的国家结构化效应在大萧条期间和之后变得越来越明显。当时,由于就杨格计划达成了一致,因此,对德意志银行的国际监督开始放松,并被 1930 年 5 月成立的国际清算银行的中央银行合作理念所取代。按照一种与上文提到的货币管制类似的方式,1931 年建立银行业政府专员制度,并不是政府单方面的专制干预,而是在这之前由政府代表、专家和银行家密集磋商的结果。1934 年通过的《信用监督法》(Credit Supervisory Law,Kreditwesengesetz),大致上也是协商建立资本市场监管和社团治理长期结构的结果。无论是建立银行业政府专员制度还是通过《信用监督法》,目的都是为了改革国家主导的资本市场,同时帮助重新稳定与企业相关的资源,如公众对金融市场的信任。[1] 多数有关方面都把这些措施理解为现代国家内部的必要干预,而不是扭曲市场的畸形措施或不健康的国家统制。[2] 在养老基金和医疗保险基金的债务管理领域也出现了采用类似策略的情况,而这些基金在德国的危机管理中发挥着越来越重要的作用。到了 1930 年,这些准财政机构受到的压力已经大到劳工部要求财政部放松管制的程度。1931 年,德国的监管权再一次得到扩大,很大程度上是多亏了要求国家保证自身经济"健康"的保险业。[3] 与此同时,国际社会试图建立一个可靠的金融和政治架构来管理战争遗留问题的努力遭遇了失败。从技术上讲,国际清算银行确实有助于争取时

---

[1] Christoph Müller, *Die Entstehung des Reichsgesetzes über das Kreditwesen vom 5. Dezember 1934* (Berlin: Duncker & Humblot, 2003), 442; Susanne Lütz, *Der Staat und die Globalisierung von Finanzmärkten. Regulative Politik in Deutschland, Großbritannien und den USA* (Frankfurt: Campus, 2002), 121—122.

[2] Johannes Bähr, "Modernes Bankrecht und dirigistische Kapitallenkung. Die Ebenen der Steuerung im Finanzsektor des 'Dritten Reichs,'" in *Wirtschaftskontrolle und Recht in der nationalsozialistischen Diktatur*, ed. Dieter Gosewinkel (Frankfurt: Klostermann, 2005), 199—223; Christopher Kopper, "Kreditlenkung im nationalsozialistischen Deutschland," in *Banken, Konjunktur und Politik. Beiträge zur Geschichte deutscher Banken im 19. und 20. Jahrhundert*, eds. Manfred Köhler and Keith Ulrich (Essen: Klartext, 1995), 117—128.

[3] Gerald D. Feldman, *Allianz and the German Insurance Business, 1933 — 1945* (Cambridge: Cambridge University Press, 2001), 39—40.

间和安排贷款,但事实证明,由于要进行有条件的经济分析,还要权衡国际利益,因此,国际清算银行并没有能力正确评估形势。[①]

正是在这种经历的背景下,应该重新审视德意志第三帝国的公债历史。这种被称为"沉默融资"并被解释为希特勒为了避免在被认为持怀疑态度的德国民众中间进行金融公投而采取的保密策略的做法[②]本身就表明,虽然在强制重整军备和战略性战备的自给自足条件下已经变得激进,但却是朝着德国主权债务管理国家化迈出的相当重要的一步。国家社会党的债务政策执行机构结合采用"自由"和"非自由"手段,就像是一种经过内部和外部谈判,采用通过各种借贷工具的毫无疑问的国家权力战术机构。国家社会党政权决心在各个领域利用债权人之间的分歧为自己牟取利益,并且从偿还外债开始。

虽然在 1933 年 7 月的世界货币和经济会议上,国际合作努力再次遭遇失败,但德国当局已经采取步骤,单独与债权人就德国积欠的外债进行谈判。[③] 1933 年 5 月 8 日,德国财政部告诉国际清算银行,美国道威斯计划项下债券的还本付息以及美国、瑞典和英国根据杨格计划发行的债券的还本付息从今以后按当期汇率结算,将不再受原来的黄金条款的保护。此后不久,德意志银行在柏林召集德国的外国债权人开会讨论外汇汇款的问题。国际清算银行没有受到参加会议的邀请,但沙赫特亲自告知国际清算银行董事会,德国计划继续全面清偿道威斯计划项下所欠的债务,但不包括按照杨格计划举借的贷款。1933 年 6 月 9 日,德国颁布法律暂停用外汇偿还大部分外债,并把私人外债置于德国清算局(German Clearing Office)的严格控制之下。此后不久,德意志银行在世界会议间歇期间召集德国的长期债权人讨论根据新颁布的外汇汇

① Patrick O. Cohrs, *The Unfinished Peace after World War I. America*, *Britain and the Stabilisation of Europe*, *1919 — 1932* (Cambridge: Cambridge University Press, 2006), 573, 578 — 579; Gianni Toniolo, *Central Bank Cooperation at the Bank for International Settlements*, *1930 — 1973* (Cambridge: Cambridge University Press, 2005), 114.

② Willi A. Boelcke, *Die Kosten von Hitlers Krieg. Kriegsfinanzierung und Finanzielles Kriegserbe in Deutschland*, *1933 — 1948* (Paderborn: Schöningh, 1985), 24.

③ Patricia Clavin, *The Failure of Economic Diplomacy. Britain*, *Germany*, *France and the United States*, *1931 — 1936* (Basingstoke: Palgrave Macmillan, 1996); idem, *Securing the World Economy. The Reinvention of the League of Nations*, *1920 — 1946* (Oxford: Oxford University Press, 2013), chap. 3.

款法可能要实行的豁免。国际清算银行正式提出抗议，但没有采取法律行动。[①]

因此，德国债权人阵线出现了裂痕。在这个背景下，德国方面着手开展平行外交活动，其中包括德意志银行行长与英格兰银行的蒙塔古·诺曼（Montagu Norman）就解决德国债务的问题进行了秘密谈判。1934 年春，德意志银行在柏林召开了一次由国际清算银行主持的汇款会议。此前，沙赫特、诺曼、国际清算银行行长利昂·弗雷泽（Leon Fraser）与德国债权人代表的私下会谈为这次会议进行了准备。最终，这次会议没有达成任何协议。在这次会议还在进行的时候，德国方面就告知国际清算银行，德国在 1934 年 6 月以后就不再继续为道威斯和杨格计划贷款还本付息。会议结束后，德国方面宣布全面暂停偿还政府长期债务。这项措施在部级官僚机构内部已经讨论了多年。[②] 国际清算银行再次提出抗议，但还是没有产生任何实际效果。随后，德国政府开始与有关国家单独商谈双边协议，而德国方面参加这些会谈的人员包括在魏玛民主政府时期曾参与赔款外交的政府官员。[③] 实际上，不同市场的债券持有人的要求得到了部分满足。例如，英国在 1934 年通过威胁要强制实施清算安排，成功地从德国人那里获得了优惠待遇。因此，德国人在随后的几年里让英国债权人相对于美国债权人而言享有特权。[④] 通过恢复利用已有贸易信贷还本付息，德国政府成功地恢复了一定程度的信誉，尤其是在伦敦——得益于英国政治中的所谓"经济绥靖"。[⑤] 国际清算银行无法再监控德国的债务还本付息，但继续与德国官员沟通。一群在巴塞尔充当中间人并有长远眼光的德意志银行高级雇员与国际金融界保持着良好的关系，尤其是在

---

① Toniolo, *Central Bank Cooperation*, 150—157.

② Ibid, 154；Peter Berger, *Im Schatten der Diktatur. Die Finanzdiplomatie des Vertreters des Völkerbundes in Österreich*, *Meinoud Marinus Rost van Tonningen 1931 — 1936*（Vienna：Böhlau, 2000), 356—368；The dia ries of the former state secretary Hans Schaeffer, held at Institut für Zeitgeschichte Munich, ED 93—11.

③ Letter from Brüning to Norman Ebutt, June 11, 1946, cf. Heinrich Brüning. Briefe und Gespräche 1934—1945, ed. Claire Nix（Stuttgart：DVA, 1974), 39；related reports in the Hugo Fritz Berger Papers, Bundesarchiv（BArch）N 1181/60 and N 1181/77.

④ Tomz, *Reputation*, 182—190.

⑤ Albrecht Ritschl, The German Transfer Problem, 1920—1933. A Sovereign Debt Perspective（CEP Discussion Paper 1155, 2012).

20 世纪 30 年代末德意志银行受到政府严格管制以及德国战败从 1942 年开始变得显而易见之后。1943 年 6 月,国际清算银行经济顾问佩尔·雅各布森(Per jacobson)访问柏林,与一批经过挑选的德意志银行官员和商业银行家进行了非正式会谈,讨论关于战后货币体系的凯恩斯和怀特计划。[1]

1934 年,国家社会党政府不但拖欠国外借款不还,而且推行一项旨在举借 5 亿帝国马克国内贷款的计划。1934 年 12 月通过的一部法律把公司股息限制在 6%～8%,并且提高了公司税税率,迫使企业购买公债,从而抑制了企业在市场上发行新股和债券的积极性。1935 年政府发行公债,与 1927 年和 1929 年相比,这次发行取得了成功。[2] 到了年底,已发售近 20 亿帝国马克的长期债券。在以后的几年里,定期向机构和社会公众发行国债和国库券。由此产生的债券投资总额,在 1936 年达到了 13.5 亿帝国马克,1937 年达到了 25.7 亿帝国马克,而 1938 年则更是达到 72.3 亿帝国马克——取得了"意想不到的成功",正如当时的财政部部长卢茨·格拉夫·施维林·冯·克罗西克(Lutz Graf Schwerin von Krosigk)承认的那样。[3] 在 1938 年前,这种为国家需要操纵资本市场的策略虽然要由操纵资本市场的手段相伴,但被证明是相对成功的。实际上,德国的这些债务很大一部分不是由个人投资者持有,而是由银行、保险公司和汇划中心持有。到了 1938 年,德国 81.9% 的公债由机构投资者持有,18.1% 由公众持有。[4]

德国财政部的档案材料披露了为把大部分公债券转移到金融机构手中所必需的政府干预水平。1935 年,在商谈储蓄银行的公债认购额时,负责这项工作的政府官员告诉他的部长必须提供"盈利"机会,也就是说,向汇划中心支付准备金,并允许国库券在证券市场上交易。两年后,财政国务秘书、激进的国家社会党人弗里茨·莱因哈特(Fritz Reinhardt)要求希特勒的副手鲁道

---

[1] Toniolo,*Central Bank Cooperation*,228—231,381;卡尔·布莱辛(Karl Blessing)20 世纪 30 年代初在国际清算银行任职,并于 1958 年出任德国央行行长。

[2] C. Edmund Clingan,*Finance from Kaiser to Führer. Budget Politics in Germany 1912—1934* (Westport,Conn.:Greenwood Press,2001),224.

[3] Boelcke,*Kosten*,24—25;Lutz Graf Schwerin von Krosigk,Nationalsozialistische Finanzpolitik [typescript,s. d.],17,BArch R 2 / 24176.

[4] Boelcke,*Kosten*,25;Siegfried Schulze,*Wandlungen in der staatlichen Kreditpolitik der Großmächte* (Jena:G. Fischer,1940),115.

夫·赫斯(Rudolf Heß)停止对私营经济直接施压要求他们认购公债,并且要求避免采取强制性措施,因为这可能会促使这些债权人疏远政府,并把他们持有的公债券卖给市场。[①] 政府机构也试图重新考虑金融市场的规则,而不是仅仅诉诸专制权力;把赌注压在经济利益和竞争性市场关系上,以便尽可能把公债发售额做大,并且为国家把利息成本降到尽可能低的水平。[②]

1938 年,复杂的公债融资系统遭受了严重的挫折。虽然德国政府对资本市场实施了监管,但公债认购率下降。因此,德意志银行不得不自己购买公债。在级别较高的政界人士、中央银行、专家和部长级官员之间,就公债产生的通货膨胀效应和受到的限制展开了越来越激烈的辩论。[③] 德国政府采取的第一项措施就是加强对机构投资的管制。1938 年 8 月,德国政府禁止保险基金和储蓄银行发放任何形式的抵押贷款,目的就是引导它们把流动资金用于公债投资。1939 年 3 月,德国当局进一步收紧监管,要求保险基金把 2/3 的资产投在政府证券上,并把剩下的 1/3 投在军事经济所需的投资上。根据一部规定凡是没有投保寿险的自营工匠都要参加雇员保险计划——使得保险业在 1939 年变成了高利润行业——的法律,当局向保险公司"兜售"这种统制经济,从而使得 1939 年变成了保险业的高利润年份。[④]

国家社会党政权不再努力发行公债,因为资本市场已经被政府的干预消耗殆尽。从那时起,国家社会党政权允许私人自由发行债券,反而在强制性战

---

① Bayrhoffer to Minister, January 19, 1935, BArch R 2 / 3402; Reinhardt to Hess, June 28, 1937, BArch R 2 / 3248.

② Karl-Heinrich Hansmeyer and Rolf Caesar, "Kriegswirtschaft und Inflation (1936 — 1948)," in *Bundesbank*, *Währung*, 380—386; Joachim Beer, *Der Funktionswandel der deutschen Wertpapierbörsen in der Zwischenkriegszeit* (*1924 — 1939*) (Frankfurt: Peter Lang, 1999).

③ Thorsten Beckers, *Kapitalmarktpolitik im Wiederaufbau. Der westdeutsche Wertpapiermarkt zwischen Staat und Wirtschaft 1945 — 1957* (Stuttgart: Steiner, 2014), 48; Die Verschuldung Deutschlands, ed. Reichswirtschaftskammer (Berlin: no publ., 1939).

④ André Botur, *Privatversicherung im Dritten Reich. Zur Schadensabwicklung nach der Reichskristallnacht unter dem Einfuß nationalsozialistischer Rassen-und Versicherungspolitik* (Berlin: Spitz, 1995), 66 — 67; *Dieter Stiefel*, *Die österreichischen Lebensversicherungen und die NS-Zeit. Wirtschaftliche Entwicklung-politischer Einfuss-jüdische Polizzen* (Vienna: Böhlau, 2001), 153 — 154; Peter Borscheid, Mit Sicherheit leben. Die *Geschichte der deutschen Lebensversicherungswirtschaft und der Provinzial-Lebensversicherungsanstalt von Westfalen*, Vol. 1 (Münster: Westfäl. Provinzial, 1989), 142.

争动员的支持下修改了它的策略,从而推出了所谓的新金融计划(一次相当短命的资本市场重组试点)。此外,德国政府还采取了前所未见的措施,在没有公开发行公债,而是在已被政府牢牢控制的央行帮助的情况下,引导私人储蓄流入国家手中。[1] 在修改其策略的过程中,德国政府不但加大了动员德国民众执行强制储蓄计划(Eisernes Sparen)的宣传力度,而且加强了对"大量有组织信贷储备"的控制。[2] 国家社会党加大了战略性地利用中介机构的力度。对于保险公司,政府的策略是利用保险市场上私营和公营保险公司之间的结构性冲突。结果证明,这项策略实际取得了成功,因为私营公司实现了很高的公债认购率(私营和公营保险公司在 1935 年共投资公债 2.05 亿帝国马克,它们的公债投资在 1940 年超过了 4 亿帝国马克,而在 1941 年则超过了 14 亿帝国马克)。作为交换条件,帝国价格专员允许保险公司在 1942 年提高保单费率。财政部向参与债券发行的私营保险公司的代理机构提供储备金作为奖励,同时也加剧了私营保险公司和传统银行之间的竞争。[3]

这种难以把握的统制经济与债务管理公共话语的变化有关。在为"二战"做准备期间,德国国内有关公债的话语表述呈现出一种由主要政治家和技术官僚以战略"灵活性"而不是持之以恒来体现的激进技术官僚政治特征。财政部部长施维林·冯·克罗西克和经济部部长沃尔特·丰克(Walther Funk)都表示,国防军最高统帅部在 1938 年 10 月的一份秘密备忘录中指出,债务管理和国家融资方法不应该是"教条"或"一以贯之"的,而应该是"高效"和"动态变化"的,并且得到了军方领导人的支持。[4] 心理因素——尤其是对通货膨胀日益加剧的恐惧——没有被忽视,而是通过强调国家和财政的始终暂时性来应对。当时的德国专家据此把国家社会党统治下的债务管理策略美化为一种提

① Michiyoshi Oshima, "Von der Rüstungsfinanzierung zum Reichsbankgesetz 1939," *Economic History Yearbook* 47 (2006): 177–217.

② Geheime Reichssache, Richtlinien für die künftige Rüstungsfinanzierung, March 10, 1938, BArch R 2 / 3845.

③ Stefanie Middendorf and Kim Christian Priemel, "Jenseits des Primats. Kontinuitäten der nationalsozialistischen Finanz-und Wirtschaftspolitik," in *Kontinuitäten und Diskontinuitäten. Der Nationalsozialismus in der Geschichte des 20. Jahrhunderts*, eds. Birthe Kundrus and Sybille Steinbacher (Göttingen: Wallstein,2013),106–108.

④ Oberkommando der Wehrmacht, Der gegenwärtige Stand der Reichsfinanzen, October 14, 1938,9,BArch RW 19/1582.

高德国财政水平并使它达到其他国家水平的现代化努力。德国的公债已经严重依赖金融中介机构这一事实并没有被认为是一种功能障碍,而是国家对大众社会消费和储蓄策略变化做出的必要反应——并且与当时世界范围内公共信用的发展趋势是一致的。1944 年,国际清算银行报告称,不但德国,而且日本、英国和美国也大量"动用"了保险基金和储蓄银行等的"储蓄罐"。[①] 两年前,国际清算银行就称赞德国在无现金支付方面的创新,并认为这种创新使公债变得更加"有效"。[②]

* * *

为了动员财力和人力资源发动一场"全面战争",纳粹国家不但通过政治宣传和诉诸武力,而且求助于中介机构、私人利益集团和职能形象。在协调一致的税收和至少可追溯到 1930－1931 年度的管制机制不断重新谈判的帮助下,这种职能形象能够维持到 1943 年。在这些策略中,只要政府能够利用其他工具引导资本流动,可信赖的承诺或通俗的合法化就不会被认为是最重要的策略。市场理性与国家机构之间的必要交互在魏玛共和国时期已经有所增加,并在 1933 年之后得到了完善。纳粹政权的债务管理需要并实际利用它们之间的交互才能在一个所谓的"有机"、事实上是"有组织"的国家财政体系内部最大限度地动员和整合不同行为主体的利益。[③]

不管怎样,德国获得的这些结构性发展不仅代表了德国金融史上的一段插曲,而且是 20 世纪上半叶更加全球化的主权债务史上的一个相关篇章,并且可与当时其他国家根据各自的战争和危机经历解决债务问题的方法相媲美。[④] 例如,一些后殖民国家的公债历史表明,外国资本流动和国际关系比国

---

① Schulze,*Wandlungen*,163－167；Bank für Internationalen Zahlungsausgleich,Jahresbericht 14 (1943/44),Basel 1944,182.

② Bank für Internationalen Zahlungsausgleich,Jahresbericht 12 (1941/42),Basel 1942,202.

③ Günter Schmölders, Wirtschaftslenkung als angewandte Wirtschaftswissenschaft. Festrede, gehalten bei der Feier des Tages der nationalsozialistischen Erhebung,29. Januar 1941 (Köln：O. Müll, 1941),23.

④ 关于比较方法的相关数据可在以下文献中找到:S. M. Ali Abbas et al. ,Sovereign Debt Composition in Advanced Economies：A Historical Perspective (IMF Working Papers 14/162, 2014)；Moritz Schularick,"Public Debt and Financial Crises in the Twentieth Century," *European Review of History/Revue européene d'histoire* 19,No. 6 (2012)：881－897.

家制度建设更加重要——这与魏玛共和国时期的情况相似。① 此外,对社会主义阵营公债实践的历史调查清楚地表明,尽管他们发表了各种激进的豪言壮语,但这个阵营融入"国际资本主义公债秩序"的诉求,比基于所谓的"互助"、自我牺牲或高压政治的替代性国内融资体系的诉求更加"长寿"。② 在这方面,从"一战"到 20 世纪 60 年代,我们看到了许多"明灯不亮了"[扎拉·施泰纳(Zara Steiner)语],但也见证了主权债务管理在国家机构和市场逻辑之间的持续再造。在政权更迭中幸存下来的国会议员、银行家和专家组成的跨国网络的帮助下,最初与战时财政或危机救济有关的金融统制和有组织的竞争实验得到了改进、去政治化,并变成了国家筹款的常规手段。在这个框架内,国家主权真正的争议性和偶然性变得比以前更加显著,而市场作为必要的合作者和对手的设想也变得更加明显。这是一种全球现象,但在国家框架内不断变异和多样化。

1945 年以后,德意志联邦共和国在盟军当局和前战时财政专家的帮助下,通过 1948 年的货币改革拖欠内债(除了由信贷机构、保险公司和住房贷款银行持有的相同的求偿权外)不还,并开始把自己重建成债权国。③ 直到 20 世纪 60 年代中期,联邦德国的公债都不是一个重要话题。然而,即使在市场经济不断发展的条件下,联邦德国政府仍试图引导资本流动,因此,再次同时遵循政治和经济逻辑。在财政部部长弗里茨·谢弗(Fritz Schäffer)(他表示"国家信用也是经济信用")的倡议下,联邦德国政府在 1952 年 12 月发行了第一笔期限 5 年能享受税收优惠的国债;其中 4 亿德国马克由一个银团负责包销,只剩下 1 亿德国马克供公众认购,但保险基金和私人家庭持犹豫态度。④

---

① 请参阅本书有关伊拉克和叙利亚的第十四章。

② 请参阅本书第十三章。

③ Hans Möller, ed. ,*Die Vorgeschichte der deutschen Mark. Die Währungsreformpläne 1945—1948. Eine Dokumentation* (Basel: Kyklos, 1961); Michael Brackmann, *Vom totalen Krieg zum Wirtschaftswunder. Die Vorgeschichte der westdeutschen Währungsreform 1948* (Essen: Klartext, 1993), 191—200, 231—283.

④ "Die erste Bundesanleihe am Start," *Die ZEIT*, November 27, 1952; Wilhelmine Dreißig, "Zur Entwicklung der öffentlichen Finanzwirtschaft seit dem Jahre 1950," in *Bundesbank, Währung*, 728—733; G. Bruns and Karl Häuser, eds. ,*30 Jahre Kapitalmarkt in der Bundesrepublik Deutschland* (Frankfurt: Knapp, 1981), 188, 191.

同年,保险行业的高级代表反对旨在"通过上级命令或指示的方式,即通过高压政治"把他们的资产用于执行经济政策的计划,并把这种做法比作"希特勒政权的手段"。最终,保险行业宣布,他们准备"自愿"投资某些信贷,因为他们担心投资法会导致更加严厉的国家干预。这种社团主义的讨价还价再一次被证明不仅仅对国家有利。① 在接下来的几年里,社会保险基金作为国家债权人的的重要性有所下降,反而是商业银行恢复了在为国家融资和协调国际资金流动方面的领导地位。② 后来联邦德国公债的增加造成了新的、惊人的矛盾:20 世纪 80 年代初,一位德国经济学家宣称,20 世纪 60 年代以后,在德国政府从债权人重新变为债务人的过程中,国家政策并没有屈从于金融市场规则。恰恰相反,公债的增加使得联邦德国"比同等国家中最强大的国家更加强大",因为国家庞大的公债规模使它能够通过公债管理来控制资本市场的规则。③

"一战"后,德国主权债务管理技能的发展表明,国家的实力越来越不是通过公民个人认购公债的数额,而是通过国家指导和引导资本市场的能力和自主性来衡量。国家最重要的资产是国家为奉行其策略和实现其目标以不同的方式影响(本国和国际)市场的能力。④ 这一点甚至适用于纳粹战时财政的国家干预措施。"竞争"和"间接干预"是当时德国财政专家在"二战"最后阶段使用的关键词,而市场经济在这个时期吸取了自相矛盾的教训。⑤ 然而,基于政治目的的资本管制的进攻性策略在 1945 年后的德国遭到了质疑。这与其他西方国家不同,比如法国,国家对资本流动的管制[著名的"财政循环系统"

---

① Gerd Müller, "Unterstützung der Gesamtwirtschaft und Sicherung des Sparers," *Versicherungswirtschaft* 6, No. 12 (1951): 249.

② Friederike Sattler, "Das Geschäft mit den Staatsschulden. Banken, Staatsschulden und die Securization of Debt nach der Ölpreiskrise von 1973/1974," *Geschichte und Gesellschaft* 41, No. 3 (2015): 422. 想了解法国的类似但不同时期的发展,请参阅 Benjamin Lemoine, "Les 'Dealers' de la Dette Souveraine. Politique des Transactions entre Banques et État dans la Grande Distribution des Emprunts Français," *Sociétés Contemporaines* 92, No. 4 (2013): 59—88。

③ Karl Häuser, "Die Rolle des Staates auf dem Kapitalmarkt," in *30 Jahre Kapitalmarkt*, 105.

④ Bob Jessop, *State Theory. Putting the Capitalist State in its Place* (Cambridge: Polity, 1990), 9—10.

⑤ Brackmann, *Krieg*, 88—102.

(circuit du Trésor)]在战后时期得到了有计划的加强。[①]

直到 20 世纪 60 年代,财政统制主义的问题才在联邦德国被再次正式提出,这次是在关于"凯恩斯主义"改革的跨国辩论框架内提出的。这场辩论把突发事件(指大萧条)和效率(所谓的全球化)的修辞结合在一起,并且把魏玛共和国时期和纳粹统治时期(不那么明确)的经历整合在了一起。甚至在 20 世纪 60 年代以前,也就是在 20 世纪 50 年代,技术官僚的态度和监管理念已经在 50 年代的秩序自由主义外表下发展了起来,但它们对主权债务管理可能产生的影响还没有从历史的角度加以审视。[②] 无论如何,对德国 1945 年前主权债务的研究表明,主权债务对德国强大的国家体系的结构性影响,超越了"民主"与"独裁"或"自由"与"专制"政权之间的既定界限。德国的公债实践导致主权原则发生了变化,其根源在于在国际范围内,而不仅仅是在国家政治机构中不断重新定义经济逻辑和国家机构之间的关系。

---

① 请参阅本书第十五章以及 Benjamin Lemoine,"The Politics of Public Debt Financialisation: (Re)Inventing the Market for French Sovereign Bonds and Shaping the Public Debt Problem (1966—2012)," in *The Political Economy of Public Finance. Taxation, State Spending and Debt since the 1970s*, eds. Marc Buggeln, Martin Daunton and Alexander Nützenadel (Cambridge: Cambridge University Press, 2017), 240—261; idem, *L'ordre de la dette. Enquête sur les infortunes de l'État et la prospérité du marché* (Paris: La Découverte, 2016)。

② Alexander Nützenadel, *Die Stunde der Ökonomen. Wissenschaft, Politik und Expertenkultur in der Bundesrepublik 1949—1974* (Göttingen: Vandenhoeck & Ruprecht, 2005), 18—19, 357—360; Hans-Peter Ullmann, *Das Abgleiten in den Schuldenstaat. Öffentliche Finanzen in der Bundesrepublik von den sechziger bis zu den achtziger Jahren* (Göttingen: Vandenhoeck & Ruprecht, 2017), 50—64.

# 第十三章　社会主义公债世界
# (1917－1991 年)*

埃蒂安·福雷斯捷-佩拉**　克里斯蒂·艾恩赛德***

　　共产党人曾是公债最激烈的批评者之一。在资本主义制度下，公债据称提供了获利的机会，并需要增加由最贫困人群负担的税收，以便"资产阶级"国家偿还债务，而外债则是帝国主义列强掌握的剥削工具。[①] 恩格斯关于国家"消亡"的预言也让人质疑什么才是真正的国家债务：如果国家债务不局限于国家本身扩大了的公共领域，而且还可以包括国有企业、社会团体、工会以及那些使公债和私债界限模糊的机构，那么，是否应该重新定义国债或公债呢？1918 年 1 月，苏俄政权宣布拒绝偿还沙俄时代积欠的债务。这是一项看似新的大胆举措，但实际上并非史无前例，后来就有了"恶债"说，或者认为如果一个垮台的政权所欠的债务既没有惠及民众，也没有得到民众的批准，就不应该

＊　这一章的原始版本经过了修改。修改的内容可在以下网页找到：https://doi.org/10.1007/978-3-030-48794-2_21。

＊＊　E-mail：etienne.peyrat@sciencespo-lille.eu。

＊＊＊　E-mail：kristy.ironside@mcgill.ca。

① P. Ia. Dmitrichev, ed., *Gosudarstvennye zajmy v SSSR* (Moscow: Gosizdat, 1956), 20－21; Martin Heilmann, "Zur politischen Ökonomie des Staates und der Staatsfinanzen bei Karl Marx," in *Staat, Steuern und Finanzausgleich*, eds. Walter A. S. Koch and Hans-Georg Petersen (Berlin: Duncker & Humblot, 1984), 15－53.

由接替它的政权承担的观点。① 于是,公债似乎在社会主义世界没有任何立足之地。

但在整个 20 世纪里,社会主义国家积欠了大量的外债和内债。在拒绝偿还沙俄时代积欠的债务后不久,苏俄政权开始积极寻求外国信贷,但没能如愿。于是,他们就把注意力转向国内。在斯大林时代,他们已经设计出一种高度强制性的国内借贷体系,通过发行国债的形式,以极低的回报率,积欠了苏联人民数十亿卢布的债务。② 其他社会主义国家,特别是南斯拉夫,也实施了类似的大胆内债计划。"二战"以后,苏联自己也成了外国债权人,向中欧和东欧的人民民主国家提供了数十亿卢布的货币和实物贷款,而这些中欧和东欧国家反过来也加入了外国债权人的行列,成为后殖民世界新诞生的社会主义国家的债权人。外债帮助建立了一个相互依赖的社会主义国家经济集团,但也使一个由苏联利益主导的尚不稳固的同盟变得稳固。

此外,外债和内债被证明是 20 世纪后期苏东社会主义国家政权垮台的重要原因之一。虽然许多社会主义国家,特别是苏联,在 20 世纪 80 年代以前一直被外国贷款人认为是有信誉的债务国,但经济增长趋缓,再加上不可持续的提高生活水平的承诺,导致其在生命的最后 20 年里继续疯狂借贷,并积欠了大量不可持续的债务。20 世纪 80 年代末,这些国家的公众对长期以来被作为国家最高机密的公债的意识日益增强,加上痛苦的紧缩措施,削弱了这些政权本已脆弱的合法性。他们认为向西方借钱来为技术改进筹集资金能够刺激生产并最终提高生活水平,但把赌注压在这种想法上的做法并没有取得成功,相反使他们发现自己被大量无力偿还的非本币债务所困住,并且也从未实现

---

① "Dekret ob annulirovanii gosudarstvennykh zaimov," 21 January 1918, in Sbornik dekretov 1917—1918, Moscow, Gosudarstvennoe Izdatel'stvo, 1920, 19. 苏俄政权拒不承认沙皇遗留下来的债务的做法引起了有关这个问题的公开讨论,最好的例子是俄罗斯移居国外的侨民亚历山大·萨克(Alexander Sack)的论文《国家转型对其公债和其他财政义务的影响》[Les Effets Des Transformations des Etats sur leurs Dettes Publiques et Autres Obligations Financières, (Paris: Recueil Sirey, 1927)];但在 1898 年的西(班牙)美(国)战争结束后,其实早已有人考虑过采取类似的行动。关于"恶债说",请参阅 Odette Lienau, *Rethinking Sovereign Debt. Politics, Reputation, and Legitimacy in Modern Finance* (Cambridge, Mass.: Harvard University Press, 2014)。

② Franklyn D. Holzman, "The Soviet Bond Hoax," *Problems of Communism* 6, No. 5 (1957): 47—49.

通过出口增加硬通货收入的预期。正如斯蒂芬·科特金(Stephen Kotkin)所说的那样,"是资本家把自缢的绳索卖给了这个集团"。[①]

本文要做的是,通过讨论 20 世纪社会主义国家和公债之间的关系来对两者进行评估。虽然早期共产党人对国际资本主义公债秩序持严厉批评的态度,并且战后时期声称已经创建一种自我牺牲型的国内融资和兄弟般"互助"的替代体系,但他们以相对传统的方式利用公债来推进其政治和经济议程。此外,虽然这些国家一再令本国债权人失望,但并没有再像 1918 年那样彻底拒绝偿还外债。事实证明,成熟的社会主义政权在陷入经济困境后,并不愿意拒绝国际公债秩序,而是接受财政困境的技术解决方案,并且避免与西方贷款人发生冲突。正如人类学家凯瑟琳·沃德里(Katherine Verdery)所观察到的那样,他们非但没有在 20 世纪 80 年代末集体违约,而是愿意偿还债务,这表明"资本主义者垄断社会现实的定义是一件多么重要的事情"。[②]

## 被夹裹在政治控制与战争动员之间的公债

俄国十月革命刚结束,公债就遭遇了与利润、私有财产和金钱等其他资本主义遗骸一样的命运,但新政权很快就意识到公债作为与前沙皇政权债权人讨价还价的筹码的价值。此外,新生的社会主义政权也遭遇了挫折。在苏俄内战期间,外国贷款人并没有放弃至少能收回部分贷款的希望,就像市场的相对乐观表现所证明的那样:1920 年,1906 年发行的债券按相当于到期收益率20％的价格交易。[③]虽然新政权不承认沙俄时期欠下的债务,但那时发行的债券也并非完全一文不值。1921 年 9 月,苏俄外交事务委员乔治·奇切林(Georgy Chicherin)推动政治局把恢复偿债与协约国的政治和解联系起来。为此,苏俄专门成立了一个专家委员会,负责就债务问题提出具体的建议。在

---

[①]　Stephen Kotkin,"The Kiss of Debt. The East Bloc Goes Borrowing," in *The Shock of the Global. The 1970s in Perspective*, eds. Niall Ferguson, Charles S. Maier, Erez Manela, and Daniel J. Sargent (Cambridge, Mass.: The Belknap Press of Harvard University Press, 2010), 80—93.

[②]　Katherine Verdery, *What Was Socialism and What Comes Next?* (Princeton: Princeton University Press, 1996), 37.

[③]　Kim Oosterlinck, *Hope Springs Eternal. French Bondholders and the Repudiation of Russian Sovereign Debt* (New Haven: Yale University Press, 2016), 24, 30—31.

1922 年 4—5 月的热那亚会议上,苏俄代表提议恢复偿还沙皇欠下的部分债务,但也要求立即提供大笔贷款作为交换。法国坚持要求苏俄政权为沙俄债务承担责任。谈判破裂以后,奇切林和他的德国同行沃尔特·拉提诺(Walter Rathenau)在拉帕洛(Rapallo)签署了一份双方彼此废除对方持有的全部金融债权的协议。在两次世界大战间隔期的剩余时间里,苏俄政权继续偿还沙俄欠下的部分债务,以换取新的信贷。在大萧条的背景下,许多其他国家都拖欠外债,苏俄政权则维护自己是可靠的债务人的形象。[1] 直到 20 世纪 30 年代,他们还希望能从美国借到贷款。[2] 苏俄政权的这些努力被证明都没有取得成功,因为没有人忘记他们曾拒不承认沙俄时代欠下的债务,也没有人再信任他们。

于是,苏联不得不把注意力转向国内。在推行新经济政策时期,苏俄(及之后的苏联政府)发行了几笔国内有奖债券,并把它们作为保护本币币值免受恶性通货膨胀影响的一种手段来宣传。恶性通货膨胀是从沙俄时代那里继承下来的,但因持续过度印发钞票而加剧。[3] 1926 年,在工业化初期,苏联公民的收入和储蓄被当作可被更好地开发利用的内部资源。[4] 1927 年,苏联政府成功地把 10% 对内发行的有奖债券直接卖给了在苏联工作场所工作的工人,于是就有了所谓的"大众认购债券"(mass subscription bond)。与所谓的"市场"债券(market bonds)或"自由流通"债券(free-circulating bonds)不同,有奖债券在社会主义制度下继续发售,主要是在自愿认购的基础上卖给比较富裕的精英阶层,并且具有完全的流动性。大众认购债券受到严格的配额限制,认购几乎是强制性的,而兑现几乎是不可能的。在理想的情况下,工人们每年

① Karl Mannzen, *Sowjetunion und Völkerrecht. Die Fragen der Anerkennung der Schulden, und der Auslandspropaganda und des Aussenhandelsmonopols* (Berlin: Verlag Georg Stilke, 1932), 30; Richard B. Day, *Cold War Capitalism. The View from Moscow, 1945—1975* (Armonk: M. E. Sharpe, 1995), 73.

② R. W. Davies et al., eds., *The Stalin-Kaganovich correspondence, 1931—1936* (New Haven: Yale University Press, 2003), 111—112.

③ Kristy Ironside, "Khrushchev's Cash-and-Goods Lotteries and the Turn to Positive Incentives," *The Soviet and Post-Soviet Review* 41, No. 3 (2014): 303.

④ Dmitrichev, Gosudarstvennye zajmy v SSSR, 27; "Konferentsiia VKP (b). Khoziastvennoe polozhenie strany i zadachi partii. Doklad tov. A. I. Rykova; Nakopleniia, ego istochniki i temp khoziaistvennogo razvitiia," Izvestiia, October 30, 1926, 1.

至少要把一个月的平均工资全部用于认购公债,并在来年的认购运动开始之前分十次付清认购款;因此,在两场认购运动之间有一个短暂的喘息期。而集体农庄的农民根据他们个人农业生产的预期现金收入计算最低的一次性公债认购额。

取消在市场上销售债券,使政府能够对认购人施加相当大的"道德压力"。[①] 就如米登多夫在本书第十二章里讨论的那样,纳粹德国是进行"沉默融资"的一个著名例子,苏联采用了更加明显的强制策略来确保公民遵从。进入工作场所的积极分子——所谓的"国家信用与储蓄贡献委员会"(Komissiia sodeistviia goskreditu i sberegatel' nomu delu,更广为人知的名称是"komsody")的成员——向同事宣传债券对社会主义建设的重要贡献,他们经常在同事认购少于他们的预期或其他人时以要对后者进行社会和经济报复相威胁。虽然官方一直把认购公债说成是自愿的,但相关警察密切关注着与认购公债有关的不满情绪,并且发现许多公民并没有认购公债的热情。[②] 完成认购配额的强制要求,再加上公债的低回报率以及 1930 年、1936 年、1938 年和 1947 年的多次转换,延长了公债的偿还期限并降低了利率,从而导致经济学家富兰克林 • D. 霍尔茨曼(Franklyn D. Holzman)认为,它们是名义上的债券,事实上的税收。[③]

在"二战"期间,大规模动员的传统使得苏联经济没有在开战最初几个月就崩溃。[④] 苏联政府把发行战时债券作为给战争筹款的一个来源,就像当时许多其他交战国所做的那样。战时债券是按照已有的大众认购模式发售,苏

① James R. Millar, "History and Analysis of Soviet Domestic Bond Policy," *Soviet Studies* 27, No. 4 (1975): 609—610.

② Sarah Davies, *Popular Opinion in Stalin's Russia. Terror, Propaganda and Dissent, 1934—1941* (Cambridge, Cambridge University Press, 1997), 35—36.

③ Franklyn D. Holzman, "An Estimate of the Tax Element in Soviet Bonds," *The American Economic Review* 47, No. 3 (June 1957): 390—393; *Soviet Taxation: The Fiscal and Monetary Problems of a Planned Economy* (Cambridge, Mass.: Harvard University Press, 1955), 200—208.

④ Mark Harrison, "The Soviet Union: The Defeated Victor," in *The Economics of World War II. Six Great Powers in International Comparison*, ed. Mark Harrison (Cambridge: Cambridge University Press, 1998), 272—273.

联媒体详细报道了工人和农民为保卫祖国所做出的巨大贡献。[①] 债券发行量上升到前所未有的水平：1942 年 103 亿卢布，1943 年 135 亿卢布，1944 年 251.2 亿卢布，1945 年 250 亿卢布。"二战"使推动大众认购运动的强制性社会动力达到了登峰造极的地步：除最后一期债券外，每期债券在发布发行通告后大约一周内就被超额认购。虽然在 1942 年以前，工人的认购额从来没有达到他们平均月工资的理想水平，通常不超过平均月工资的 2/3，但在 1945 年，工人的认购额达到了相当于平均月工资 120％的水平，就连农民也达到了非常高的认购预期。从 1940 年到 1944 年年底，苏联政府因发行战时债券而欠苏联人民的债务增加了一倍多，从 390 亿卢布增加到了 940 亿卢布。[②]

第二次世界大战期间，苏联在公债领域也与外国进行了更加直接的接触。在"二战"爆发前夕，也就是 1938 年 3 月，苏联用一笔金额很大的美元贷款支持中国国民政府抵抗日本侵略。[③] "二战"期间，苏联政府最终通过租借计划从美国获得了实物形式的信贷。[④] 战后，苏联外交官接到了争取在美国借到更多信贷的指令。1946 年 3 月 15 日，商务代办尼古拉·诺维科夫（Nikolai Novikov）在写给美国国务卿伯恩斯（Byrnes）的一封信中解释说，苏联政府渴望获得长期信贷来为重建筹集资金，并建议把长期信贷与缔结贸易协定结合在一起。[⑤] 美国及其盟国向苏联提供贷款，被苏联领导人视为一种承认苏联人民在"二战"中做出了牺牲的道德契约。很快就落入了苏联势力范围的中欧国家在向布雷顿森林体系机构申请贷款时也提出了类似的理由。波兰、南斯拉夫和捷克斯洛伐克属于向国际货币基金组织和国际复兴开发银行（IBRD）最早提出贷款申请的成员国。这些机构不愿按中欧国家要求的数额发放贷

---

① Kristy Ironside,"Rubles for Victory: The Social Dynamics of State Fundraising on the Soviet Home Front," *Kritika*: *Explorations in Russian and Eurasian History* 15, No. 4 (Fall 2014): 804—805.

② "Dannye o gosudarstvennom dol'ge za 1940—1944," *Sovetskaia povsednevnost' i massovoe soznanie*, *1939—1945*, eds. A. Ia. Livshin and I. B Orlov (Moscow: ROSSPEN, 2003), 239.

③ Lǐ Jiā gǔ, "Kàngrì zhànzhēng shíqī Sūlián duì Huá dàikuǎn yǔ jūnhǒ wùzì yuánzhù," *Jìndàishǐ yánjiu* 45, No. 3 (1988): 214.

④ Albert L. Weeks, *Russia's Life-Saver*: *Lend-Lease Aid to the U. S. S. R. in World War II* (Lanham-Plymouth: Lexington Books, 2010).

⑤ Iu. V. Ivanov, ed. , *Sovetsko-amerikanskie otnosheniia 1945—1948* (Moscow: Mezhdunarodnyi Fond "Demokratiia"-Materik, 2004), 176—177.

款,只会导致处于方兴未艾冷战中的东西方之间的裂痕迅速扩大。

## 一个社会主义公债世界?

20 世纪 40 年代末,随着社会主义国家在欧洲和亚洲的崛起,一个新的社会主义公债世界开始成形。接受而不是拒绝前政权的债务,是战后中欧和东欧由苏联支持的新政权把自己定位为民族国家传统合法继承人的一种方式。这些包括内债和外债在内的债务,大部分是为了国家建设的需要而积欠的,其中的有些债务早在 19 世纪就已经欠下。[①] 与此同时,这些国家求助于债务转换和货币改革,部分目的就是减少内债。例如,苏联在 1947 年进行的货币改革把以大众认购方式积欠的国债从 1 588 亿卢布减少到了 588 亿卢布,事实上另外还取消了数十亿卢布的债务,因为这些债券在最后到期时也没有交付转换。[②] 在整个东欧,社会主义国家寻求就外债问题与债权人进行重新谈判,并在 1948 年后变得更加自信且敌视西方。1948 年 2 月布拉格政变后,捷克斯洛伐克暂停了与英国的金融谈判,但几个月后又恢复了谈判,因为捷克斯洛伐克领导人同意以债务解决方案来换取贸易协定。[③]

战后社会主义国家对苏联公债模式的效仿,反映在它们积极利用国内借款为重建筹集资金上。[④] 苏联政府发行了几笔"重建与发展"债券,并在 1951 年发行了规模创纪录的 300 亿卢布的债券。在短短的四年时间里,苏联的内债从货币改革后的 287 亿卢布增加到了 1 460 亿卢布。[⑤] 中国共产党取得胜利后,政府发行了类似于大众债券的债券,并强调债券对经济的稳定作用,以

---

① Daniel Vachkov,"Bǐlgarskijat vǐnshen dǐlg v godinite na sledvoennoto vǐzstanovjavane (1947—1953)," *Izvestija na dǐrzhavnite arkhivi*, No. 93 (2007): 32—51.

② Report by Zverev to Stalin, 3 January 1948, in L. N. Dobrokhtov et al., eds., *Denezhnaia reforma v SSSR 1947 goda. Dokumenty i materialy* (Moscow: ROSSPEN, 2010), 346—358.

③ Jan Kuklík, Do poslední pence. *C eskoslovensko-britská jednání o majetkoprávních a financnich otázkách 1938—1982* (Prague: Nakladatelství Karolinum, 2007), 250—251.

④ Andrzej Drwiłło, *Konstrukcje prawne wewnetrznych poe yczek publicznych* (Gdansk: Wydawnictwo Uniwersytetu Gdanskiego, 1989).

⑤ I. Iu. Kashin and T. V. Kozlova, eds., *Po stranitsam arkhivnykh fondov tsentral'nogo banka Rossiskoi federatsii*, vypusk 13 (Moscow: Tsentral'nyi bank Rossisskoi federatsii, 2012), 85. Hereafter PSAF 13.

争取沿海地区的支持。<sup>①</sup> 在南斯拉夫,政府在 1948 年发行国债时提出了"认购国债是每个公民最好的爱国行为"和"认购国债是投资个人储蓄的最好方式,因为国债支付 10％的年利率,而且期限只有 4 年"的宣传口号。<sup>②</sup> 1950 年 8 月至 9 月,南斯拉夫发行了第二笔国债,同时加强了宣传活动,并且增加了在农村组织的"拉票"活动。但事实证明,民众认购国债的"热情"难以捉摸。有人抱怨第一期国债拖欠不还以及认购国债给他们造成了经济困难。

20 世纪 40 年代后期,社会主义国家政权的巩固使其与国际金融机构之间的紧张关系日益加剧。1947 年,波兰和捷克斯洛伐克在苏联的影响下拒绝了马歇尔计划,由此引发的政治纠纷揭示了共产党政治家和其他联盟成员之间的强烈分歧。波兰和捷克斯洛伐克虽然是国际货币基金组织和国际复兴开发银行的创始成员国,但一再抱怨这两个机构对它们不公平。波兰在 1950 年 3 月退出了谈判,而捷克斯洛伐克拒绝支付自己的资本份额,最终导致两个国家在 1954 年被逐出了国际货币基金组织和国际复兴开发银行。<sup>③</sup> 在社会主义国家中,南斯拉夫是唯一的例外。1948 年春天铁托与斯大林分道扬镳后,西方国家和国际金融机构决定"让铁托继续存续下去"。<sup>④</sup> 南斯拉夫领导人向美国外交官施压,要求举借为他们国家的生存所必需的贷款;与此同时,他们试图保持低调,因为他们知道,共产党与工人党情报局(Cominform)<sup>*</sup>无疑会拿这些贷款来对付他们。<sup>⑤</sup> 南斯拉夫一直不信任西方贷款机构,而这些贷款

---

① Gāo Xiǎolín, "Shànghǎi sīyíng gōngshāngyè yúrénmín shènglì zhéshí gōngzhài," *Dāngdài Zhōngguóshǐ Yánjiū* 12, No. 6 (Nov. 2005): 49—55.

② AJ (Archives of Yugoslavia, Belgrade), fonds 41, fasc. 119, a. je. 89.

③ Joanna Janus, *Polska i Czechosłowacja wobec planu Marshalla* (Kracow: Wydawnictwo Naukowe Akademii Pedagogicznej, 2001); Valerie J. Assetto, *The Soviet Bloc in the IMF and the BIRD* (Boulder-London: Westview Press, 1988), 73—74, 81—87; Jana Marková, "Postavení České republiky v Mezinárodním menovém fondu," *Česky finanční a účetní časopis* 9, No. 3 (2014): 96.

④ Lorraine M. Lees, Keeping Tito Afoat. *The United States, Yugoslavia, and the Cold War* (University Park: Pennsylvania State University Press, 1997); Vladimir Unkovski-Korica, *The Economic Struggle for Power in Tito's Yugoslavia* (London: I. B. Tauris, 2016).

* 1947—1956 年有苏联、法国、意大利等九个国家的共产党或工人党参加。——译者注

⑤ William Z. Slany, ed. , FRUS, 1949. Vol. V. Eastern Europe; The Soviet Union (Washington: United States Government Printing Office, 1976), 896—897; "Titov ekspoze na cetvrtom vanrednom zasedanju Narodne Skupštine," *Borba*, 28 December 1948, quoted by Predrag J. Markovic, *Beograd izmed u Istoka i Zapada*, 1948—1965 (Belgrade: Novinskoizdavacka ustanova, 1996), 124.

机构试图获得与其准备提供的相对较少的信贷不相称的政治影响力。① 尽管如此,南斯拉夫与西方的金融利害关系与社会主义阵营成立自己的信用共同体的倾向形成了鲜明的对照。

虽然苏联在许多方面表现得像中欧的"帝国主义清道夫",但它也在战后成为其他社会主义国家的主要贷款人。② 在迫使其盟友拒绝马歇尔计划援助后,为盟友的经济重建提供信贷,这对于巩固苏联在新兴的东欧集团中的合法性必不可少。东欧国家欠苏联的债务大部分是用设备和消费品等实物偿还的。例如,1948年1月,苏联为波兰提供了4.5亿卢布的工业设备贷款,用于建造新胡塔(Nowa Huta)钢铁联合企业。③ 与此同时,中欧国家的金融体系按照苏联的路线重新设计,这些国家的专家被派往莫斯科接受国家银行和财政部的培训。④ 这些人民民主国家急于交流就债务问题与西方打交道的看法和经验,例如,保加利亚恳请南斯拉夫、匈牙利、罗马尼亚和波兰协调它们对付西方债权国的行为。信贷也需要防止自给自足——模仿苏联经济模式的一个后果——的必然趋势。结果,在从1951年1月到1956年1月期间,社会主义国家积欠苏联的外债迅速增加,大约增加了119亿卢布,其中绝大部分是苏联借给中欧人民民主国家的货币贷款和信贷。到了1955年,仅波兰就积欠苏联5.28亿卢布。⑤

社会主义国家的领导人和理论家强调,他们的公债实践与西方的公债概念有着根本的区别,他们的公债实践具有兄弟般"帮助"和"互助"的性质。社会主义经济中不存在"剩余资本",据说,因此改变了外国信贷的含义。⑥ 然而,资本主义和社会主义信贷之间的具体区别更多是关于技术细节的,比如更

---

① AJ,f. 507,a. je. III/48.

② Austin Jersild,"The Soviet State as Imperial Scavenger: 'Catch up and Surpass' in the Transnational Socialist Bloc,1950—1960," *The American Historical Review* 116,No. 1 (2011): 109—132.

③ Janusz Kalinski,''Nierównowaga zewnetrzna gospodarki Polski ludowej," Kwartalnik Kolegium Ekonomiczno-Społecznego. *Studia i Prace*,No. 3 (2011): 43.

④ Oleg Khlevniuk et al. ,eds,Politbiuro TsK VKP(b) i Sovet Ministrov SSSR 1945—1953 (Moscow: ROSSPEN,2002),112.

⑤ RGANI (Russian Archives of Contemporary History,Moscow),f. 5,op. 30,d. 149,ll. 38—40.

⑥ A. M. Smirnov,"Mezhdunarodnye valjutnye i finansovye otnoshenija SSSR," in *Finansy i sotsialisticheskoe stroitel'stvo*,ed. A. G. Zverev (Moscow: Gosfnizdat,1957),328.

低的利率和更长的期限。① 在笼络第三世界国家时,优惠的贷款条件非常有用,苏联政府希望这些国家能成为社会主义国家。例如,苏加诺统治时期的印度尼西亚,在 20 世纪 50 年代末获得了利率特别低的贷款。② 东欧集团中体量较小、经济较弱的国家在试图减轻债务负担时经常强调它们的"落后"。例如,阿尔巴尼亚和蒙古经常请求重新安排或完全取消与贸易有关的债务。1957 年年底,德意志民主共和国很不情愿地答应了阿尔巴尼亚的请求,取消了阿尔巴尼亚 1955 年前积欠的 6 100 万卢布的债务,但在公开场合表现得十分低调,因为阿尔巴尼亚在要求取消这些债务的同时还要求民主德国以社会主义的名义做出巨大的物质牺牲。当阿尔巴尼亚的《人民之声报》(*Zeri Popullit*)刊登了一封致民主德国政府的感谢信时,民主德国的外交官们感到十分尴尬,并试图掩盖这件事情。③ 同样,波兰共产党中共委员会第一书记哥穆尔卡(Gomułka)对蒙古在经互会会议上频繁要求免除其债务的做法表示了不耐烦,认为偿还债务是一种实际需要。④

　　原本被认为是支持经互会内部社会主义互助的团结在 1956 年秋天经历了匈牙利事件的考验。20 世纪 50 年代,匈牙利国际收支出现了巨额赤字,因此不得不依赖西方信贷。伊姆雷·纳吉(Imre Nagy)和马甲什·拉克西(Mátyás Rákosi)希望通过苏联贷款来减少对西方贷款的依赖。⑤ 在匈牙利事件被作为"反革命"镇压以后,匈牙利的新领导层要求所有"友好国家"通过实物与货币形式的国家和商业信贷提供价值 4.55 亿美元的经济援助。⑥ 所

---

① Viktor Rymalov, SSSR i ekonomicheski-slaborazvitye strany. Ekonomicheskoe sotrudnichestvo i pomoshch' (Moscow: Izdatel'stvo Sotsial'noEkonomicheskoj Literatury, 1963), 56 — 60; BArch-SAPMO (German Federal Archives, Berlin), DN 1/27846, f. 34.

② Ragna Boden, *Die Grenzen der Weltmacht. Sowjetische Indonesienspolitik von Stalin bis Brežnev* (Stuttgart: Franz Steiner Verlag, 2006), 179—181.

③ PA AA (Archives of the German Ministry of Foreign Affairs, Berlin), MfAA, A 4392, ff. 1—2.

④ Jerzy Waszczuk, *Biografa niezlustrowana. S wiadek historii w "Białym Domu"* (Torun: Wydawnictwo Adam Marszałek, 2013), 10.

⑤ A. N. Artizov et al., eds., *Sovetsko-vengerskie ekonomicheskie otnoshenija 1948 — 1973* (Moscow: Mezhdunarodnyi Fond Demokratiia, 2012), 86—89.

⑥ Artizov et al., *Sovetsko-vengerskie*, 120 — 121; Honvári János, XX. *Századi Magyar Gazdaságtörténet* (Budapest: Universitas-Györ, 2013), 310—316.

有社会主义国家都以信贷的形式提供帮助,补偿他们与反革命势力做斗争做出的贡献。1956 年年初,周恩来在访问中欧国家时宣布了中国政府对匈牙利卡达尔(Kádár)政府的支持。[①] 然而,向匈牙利提供社会主义援助也暴露了日益加深的分歧。

## 西方贷款造成的问题

社会主义国家越来越多地求助于外国贷款,这与它们在 20 世纪 60 年代试图通过引入市场机制改革社会主义经济体制和纠正经济失衡有着直接的关系。1960—1962 年,经济增长率出现令人担忧的下降,促使一些社会主义国家的领导人更加关注传统计划经济模式的局限性。有几个国家提出了改革方案。联合国欧洲经济委员会和国际清算银行等国际机构也在东西方政策和知识转移方面发挥了重要的作用。[②] 这些国家的改革计划使他们的经济转向外部增长来源,促使他们寻求外国信贷,以便从西方获得急需的技术和许可证。在赫鲁晓夫执政时期,苏联的化学和汽车工业等新兴产业的发展得到了外国投入的推动,其中部分资金通过借贷来筹集。[③] 外国贷款对于像保加利亚和罗马尼亚这样想要摆脱经济"落后"状况和发展成成熟的现代工业化国家来说尤为重要。此外,由于经互会内部经济一体化的失败和日益强烈的"国家主权"诉求,因此,寻求西方信贷就变得尤其重要。罗马尼亚领导人在 1964 年 4 月发表的著名独立宣言中强调了这一事实,因为罗马尼亚拒绝成为经互会的

---

① Austin Jersild, *The Sino-Soviet Alliance. An International History* (Chapel Hill: University of North Carolina Press, 2014), 110; Lì Píng and Mǎ Zhìsūn, eds., *Zhōu Enlái niánpù, 1949—1976*, Vol. 2 (Beijing: Zhōngyāng Wénxiàn Chūbǎnshè, 1997), 15.

② 只有苏维埃中央银行(Soviet Gosbank)和东德国家银行(Staatsbank)并不是国际清算银行的成员。请参阅 Gianni Toniolo and Piet Clement, *Central Bank Cooperation at the Bank for International al Settlements, 1930—1973* (Cambridge, New York: Cambridge University Press, 2005), 346—347; Mira Šuvar, Vladimir Velebit. *Svjedok Historije* (Zagreb, Razlog, 2001); Johanna Bockman, *Markets in the Name of Socialism. The Left-Wing Origins of Neoliberalism* (Stanford: Stanford University Press, 2011), 62—63, 84—86。

③ Sari Autio-Sarasmo and Katalin Miklóssy, eds., *Reassessing Cold War Europe* (London; New York: Routledge, 2011).

农业基地。① 经互会内部经济一体化的失败,导致"苏东"国家产能雷同,从而在 20 世纪 60 年代中期加快了负债的增长速度。

举借外债被认为是一个无痛苦的过程,因为可以用工业投资和许可证贸易增加的出口收入来偿还外债。对于社会主义国家来说,这似乎是一种神奇的解决方案,因为他们试图实现稳定,并平息部分由民众对经济不满与日俱增引起的日益严重的社会动荡。在 20 世纪 70 年代中期以前,苏联可以用石油和原材料出口的收入来为它推行更加慷慨的社会福利政策筹集资金,而其他国家则逐渐依赖外国贷款机构来为它们的福利议程筹款。当时,并没有人为这种状况担忧。社会主义国家的经济计划部门往往把对外贸易和财政义务看作强加于本国行为主体的一种有益的外部规训形式,从而导致这些国家缺少市场约束。在捷克斯洛伐克,由于受到与西方贸易造成的外部约束,20 世纪 60 年代末的改革凸显了重新提升本国工业竞争力的必要性。② 在整个社会主义国家阵营,外债被看作一个在不需要本国公民忍受物资匮乏和做出牺牲的情况下缓解紧张局势和掀起新的工业化浪潮的途径。

南斯拉夫由于与西方国家关系密切,因此,依靠国际复兴开发银行和国际货币基金组织的信贷,实现了经济快速增长。而且与其他对公众保守借贷行为秘密并进行严格分类的社会主义国家不同,南斯拉夫公开讨论外国信贷问题。南斯拉夫通过公开讨论外国贷款的方式缓解各加盟共和国之间的财政转移和不平等问题。1969 年夏天,国际复兴开发银行推迟贷款引发了南斯拉夫联邦政府和斯洛文尼亚之间的一场重大危机:斯洛文尼亚把国际复兴开发银行推迟贷款归因于南斯拉夫联邦政府的操纵。这场危机被称为"高速公路事件",因为国际复兴开发银行的贷款原本计划用于修建两条高速公路。这场危机在斯洛文尼亚引发了示威游行,并且导致斯洛文尼亚当局抨击南斯拉夫联

---

① Stenographic report of the plenum of the Romanian Central Committee, 15—22 April 1964, in Dan Cătănuȿ, ed. , *Între Beijing Și Moscova. România Și conflictul Sovieto-Chinez*, Vol. I. 1957—1965 (Bucarest: Institutul National Pentru Studiul Totalitarismului, 2004), 355; Vladimir, Tismaneanu, *Stalinism for all Seasons: A Political History of Romanian Communism* (Berkeley: University of California Press, 2003), 178—179.

② Lee Kendall Metcalf, "The Impact of Foreign Trade on the Czechoslovak Economic Reforms of the 1960s," *Europe-Asia Studies* 45, No. 6 (1993): 1071—1090.

邦政府。① 这场由国际复兴开发银行贷款引发的危机成了南斯拉夫历史上的一个里程碑事件,因为它促成了修宪,从而大幅增加了各加盟共和国和自我管理组织的特权②;而各加盟共和国和自我管理组织特权的增加反过来又促进了公债的大幅增加,并且又把公债分摊到了很多公共和半公共机构。在这之前,南斯拉夫的绝大部分外国贷款由联邦政府和中央银行签约举借。从 1968 年到 1981 年,南斯拉夫联邦政府认可的外债份额从 95.1% 下降到了 34.1%。③

1969 年后的南斯拉夫是一个国内结构性改革促进对外国信贷的需要,从而削弱了这个国家传统的外贸和对外金融关系垄断的例子(尽管是一个极端例子)。虽然 20 世纪 60 年代,政府间或政府支持的贸易信贷占社会主义国家外债的大头,但与欧洲、美国和日本银行签约举借的私人债务在 20 世纪 70 年代有所增加。社会主义国家的外贸银行提高了与本国中央银行、其他投资银行、工业银行和农业银行以及越来越多的外贸行为主体的竞争能力。④ 在外贸行为主体成倍增加,与金融市场的接触日益密切的同时,东欧国家也越来越多地出现在新兴的欧洲货币市场上。莫斯科纳罗德尼银行(Moscow Narodny Bank)和欧洲银行(Eurobank)等由苏联控制的银行建立的国际网络显示了日益增强的一体化,从而促进了使用西方货币的融资业务。⑤ 因此,外债状况已经在逐渐发生质的变化。外债是由那些常常只受中央政府决策部门远程控制的行为主体签约借下的。如果这种债务可被视为公债,那么在一定程度上有

① AJ,f. 507,a. je. 78 and 79; Steven L. Burg,*Conflict and Cohesion in Socialist Yugoslavia. Political Decision Making Since 1966* (Princeton:Princeton University Press,1983),88—100.

② W. N. Dunn,"Communal Federalism:Dialectics of Decentralization in Socialist Yugoslavia," *Publius* 5,No. 2 (1975):127—150; Dejan Jovic,Jugoslavija. *Država koja je odumrla.Uspon,kriza i pad cetvrte Jugoslavije* (1974—1990) (Zagreb-Belgrade:Prometej-Samizdat92,2003),14—15.

③ David A. Dyker,Yugoslavia. *Socialism,Development and Debt* (London;New York:Routledge,1990),114—116.

④ Cecylia Leszczynska, Zarys Historii Polskiej Bankowosci Centralnej (Warsaw:Narodowy Bank Polski,2010),45; Vladimír Wacker and Jan Kalvoda,Mezinárodní platební a úverové vztahy C SSR (Praha:Nakladatelství Technické Literatury,1987),8—10.

⑤ Sophie Lambroschini,"La genèse du bankir:la valorisation de l'expérience du capitalisme au sein de l'élite soviétique (1974—1991)," in *Les élites en question*,eds. Bernd Zielinski and Jean-Robert Raviot (Bern:Peter Lang,2015),111—139.

悖中央计划和最高层批准的理念,有人批评这种情况很危险。

　　1969－1972 年期间,外债已经成为社会主义国家的一个关键问题。当时,借外债已经司空见惯,但这些国家领导人尤其是苏联领导人对他们的外债迅速增加感到不安。1971 年 4 月 27 日,战略经济对话政治局(SED Politburo)解除了民主德国沃尔特·乌尔布里希(Walter Ulbricht)秘书长的职务,新的领导承诺重新把与东欧国家的经济关系放在首位,并且否定了乌尔布里希严重依赖西方信贷和技术的做法。① 外债是最高机密的中央报告中反复出现的话题。1973 年 8 月,苏共中央委员会(Soviet Central Committee)负责与社会主义国家关系的秘书康斯坦丁·卡图舍夫(Konstantin Katushev)在向政治局提交的一份报告中强调了所有中欧国家的外债负担。阿纳托利·切尔尼亚耶夫(Anatoly Chernyaev)在他的日记中写道:"各国的经济都在下滑,所有这些国家都持有大量的西方货币债务(特别是保加利亚和罗马尼亚)。"② 早在1970 年,勃列日涅夫就在与中欧国家领导人的私下会晤中表达了这种关切,并且经常强调苏联无力拯救濒临破产的债务国,因为它已经以社会主义的名义履行了自己的义务。③

　　苏联曾试图重振"经互会",从而促进更大的社会主义阵营的一体化。④ 于是,"经互会"就建立了两家银行以促进国际贸易和投资,但这两家银行未能阻止对西方的进一步金融依赖。最能说明问题的例子是罗马尼亚决定向布雷顿森林体系的机构寻求资助,因为后者似乎为发展提供了比较廉价的资金。20 世纪 60 年代末,随着 1969 年特别提款权的创立,以及世界银行集团重新启动积极的信贷政策,所有社会主义国家对国际复兴开发银行和国际货币基金组织的兴趣都有所增加。"经互会"和一些成员国的国家机构都提出了关于这两个国际机构的报告,而利用这两个国际机构作为解决国际收支问题和为

　　① Protocol of the Politburo of the SED, 27 April 1971, BArch, SAPMO, DY 30/J IV 2/2/1336, f. 3.

　　② Entry of 4 August 1973, Anatolii Cherniaev, Sovmestnyi iskhod. Dnevnik dvukh epokh, 1972－1991 gody, (Moscow: ROSSPEN, 2008), 65.

　　③ Paweł Domanski, ed., *Tajne dokumenty Biura Politycznego: Grudzien 1970* (London: Aneks, 1991), 128－130.

　　④ Giuseppe Schiavone, Il Comecon. Cooperazione e integrazione fra le economie dei paesi socialisti (Padua: CED AM, 1979).

投资筹集资金的新来源的诱惑变得越来越大。1970年1月,罗马尼亚外贸银行在一份报告中强调了特别提款权能带来的好处,并怀疑苏联、匈牙利和波兰可能有兴趣加入国际货币基金组织。[1] 社会主义国家似乎确实被夹在不同的要务之间。一方面,"经互会"在自己的报告中批评国际货币基金组织和国际复兴开发银行是"帝国主义的工具",并试图建立自己的金融机构;另一方面,有几个成员国忍不住要自行扩张。在1971年年底和1972年10月,罗马尼亚阻止了"经互会"下属机构对布雷顿森林体系机构采取联合立场的企图,因为罗马尼亚自己正在同布雷顿森林体系的机构谈判。[2] 虽然罗马尼亚在1972年5月就向其他"经互会"成员国公布了自己的计划,但它在1972年12月加入国际货币基金组织和国际复兴开发银行的消息仍像是晴天霹雳。[3]

## "沉默融资"及其引发的不满

就在一些社会主义国家的领导人开始担心外债增长时,国债也成为一个令人担忧的原因。1953年3月斯大林去世后,准强制性大众认购公债的做法受到了越来越多的关注,因为它与提高生活水平的新重点相矛盾。低收入公民的预期认购额按比例缩减,各加盟共和国当局在1955年的大众认购公债运动中被告知希望他们"遵守自愿原则"。换句话说,希望他们减小执行强制动员策略的力度,因为这种策略有助于增加认购和政府因这些债券而承担的债务。[4] 苏联财政部也开始警告称,由于国家财政的负担以及与以支付利息、奖金和还本的方式注入流通的数十亿卢布这些无法与消费者需求匹配的货币供应量有关的通货膨胀风险,因此不能继续按当前水平支付债券利息和奖金。1956年,据苏联财政部部长阿尔谢尼·兹维列夫(Arseny Zverev)预测,到

---

① Report of the Romanian Bank for Foreign Trade, 22 January 1970, ABNR (Archives of the Romanian Central Bank, Bucarest), f. DVMP, ds. 25/1972, f. 7.

② Note by Florea Dumitrescu, Romanian minister of Finances, about the session of the Comecon commission for monetary and financial issues held in Varna, 10—13 October 1972, ABNR, f. DVMP, ds. 21/1972, ff. 209—212.

③ Ion Alexandrescu, România între Est Şi Vest: Aderarea la FMI Şi BIRD, I (Târgovişte: Cetatea de Scaun, 2012).

④ RGANI, f. 5, op. 20, d. 136, l. 3.

1960 年，苏联政府的债务还本付息额将达到 377 亿卢布，比 1955 年的 302 亿卢布增加了 25％。当时，苏联欠有 2 280 亿卢布的债券债务。他强调，到第六个五年计划结束时，这种债务估计将增加到 3 500 亿卢布；而到 1960 年，苏联政府将不得不为债务还本付息支付 215 亿卢布。用长期对债券持批评态度的富兰克林·D. 霍尔茨曼的话来说，债券持有人能稳妥地"重新获得一笔真正的养老金，它的价值可能是他们原先支付的两到三倍"。[①]

1957 年 3 月，苏共中央主席团决定废除债券，把债券"交给债券持有人（作为他们投资社会主义建设共同工程的象征）"。[②] 同年 4 月，赫鲁晓夫在高尔基市与工人和农民会谈时坦承了苏联当时的国债规模——约为 2 600 亿卢布。[③] 赫鲁晓夫解释说，虽然国债在为社会主义发展融资方面发挥了关键的作用，但巨额债务已经成为国家财政的负担。政府陷入了"恶性循环"，因为每年用于还债的财政支出都在增加：据他估计，1957 年，政府要花 160 亿～170 亿卢布支付债券奖金和还本付息；1958 年，政府要支付 180 亿卢布；而到 1967 年将要支付 250 亿卢布——几乎是 1957 年发行债券的全部计划融资额。[④] 因此，政府计划从 1958 年 1 月 1 日起暂停发行债券，并停止偿还已有债券 20 年。1957 年发行了 120 亿卢布的"轻债"（light bond），而不是计划发行的 260 亿卢布。虽然停止赎回已有债券的举措非常不受欢迎，苏联政府也受到了"窃取我们仅有的积蓄"（抱怨信中反复出现的一句话）的指责，但最后一期大众认购债券仍然明显超购。

所有的社会主义国家都逐步废除了巨额国内借贷计划。上述外债——作为经济和技术投资的主要来源——的增加，降低了国内借贷的重要性，而社会政治稳定则降低了斯大林式动员方式的必要性和优势。与此同时，其他国家

---

① Holzman, "The Soviet Bond Hoax," 49.

② "Protokol No. 83 zasedanija 19 marta 1957," in *Prezidium TsK KPSS 1954－1964, tom 1: chernovye protokoly, zapisi zasedanii, stenogrammy*, ed. A. A. Fursenko (Moscow: ROSSPEN, 2004), 234－235.

③ "Rech' tov. N. S. Khrushcheva na soveshchanii rabotnikov sel'skogo khoziastva Gor'kovskoi, Arzamasskoi, Kirovskoi oblastei, Mariiskoi, Mordovskoi i Chuvashskoi ASSR 8 aprelia 1957 goda v gorode Gor'kom," *Pravda*, April 10, 1957, 2.

④ "Iz stenogrammy vystupleniia N. S. Khrushcheva na soveshchanii rabotnikov sel'skogo khoziaistva v gor. Gor'kom," in *Nikita Sergeevich Khrushchev: Dva tsveta vremeni; dokumenty*, ed. N. G. Tomilina (Moscow: Mezhdunarodnyi fond "Demokratiia," 2009), 341.

也在发生更加广泛的变化,正如马修·雷伊在他写的有关伊拉克和叙利亚债务的章节(本书第十四章)中所阐述的那样,这些国家越来越多地设法向国际复兴开发银行等国际组织申请贷款来为本国的发展筹集资金。当时已经与苏联发生公开冲突的中国是唯一一个继续依靠国内大规模动员方式发行公债的国家。这种大量借贷的结束并不意味着社会主义国家发行内债时代的结束,而是转向了"沉默融资"这种当时非社会主义国家也同样在做的事情。[①]"沉默融资"这个术语非常贴切,因为所有国家都在官方出版物上把本国经济和公债规模作为秘密来处理或掩饰。[②] 社会主义国家的财政专家普遍否认存在与造成资本主义经济出现赤字类似原因的宏观经济失衡。社会主义国家的政府从不正式承认存在预算赤字,而通过国家银行和储蓄银行直接划账填补预算赤字。[③] 这些国家的储蓄稳步增长:苏联的储蓄从1959年的100亿卢布增长到了1978年的1 310亿卢布。[④] 这种赤字处理方法在1945年后的西欧并不罕见,但在20世纪70年代逐渐被废弃,而社会主义国家则在70年代越来越依赖这种方法。

社会主义国家的中央银行在国内提出的批评,与导致西方国家进行重大改革的做法没有什么不同。1966年11月,苏联国家银行抱怨1967年的国家预算"不诚实",官方公布的预算赤字为29亿卢布,"但实际要高得多",原因是财政数据被操纵。国家银行的短期资金被用于国家的长期投资,虽然国家银行反对这种政策,但毫无效果。[⑤] 1969年7月,保加利亚国家银行研究部门的负责人尼古拉·拉扎罗夫(Nikola Lazarov)也提到了类似的问题。他提醒政府,国家预算多年来一直靠这个国家的两家主要储蓄银行DSK和DZI提供

---

① 关于战后法国和印度采用的非市场融资方式,请参阅本书第十五章。

② János Kornai, *The Political Economy of Communism* (Princeton: Princeton University Press, 1992), 138; Igor Birman, "The Financial Crisis in the USSR," *Soviet Studies* 32, No. 1 (Jan. 1980): 96.

③ Nikolai Barkovskii, *Memuary bankira 1930 — 1990* (Moscow: Finansy i Statistika, 1998), 136. 对这一机制的罕见承认,参见 Jan Głuchowski, *Wewnetrzny kredyt publiczny w bude etach europejskich panstw socjalistycznych* (Torun: Uniwersytet Mikołaja Kopernika, 1970), 98—99。

④ Igor Birman, *Secret Incomes of the Soviet State Budget* (The Hague; Boston; London: Martinus Nijhoff Publishers, 1981), 129—131, 142.

⑤ Memorandum of V. Vorob'ev, vice-chairman of the Gosbank, to the Council of Ministers of USSR, 16 November 1966, PSAF, Vyp. 16, 144—147.

资金弥补赤字。自从 DSK 在 1954—1966 年间把 61％的新增储蓄用于弥补国家隐性赤字以来,政府单欠 DSK 银行就多达 11 亿列瓦。拉扎罗夫坚持认为,问题在于财政部根本不打算偿还这笔钱,而只是向这家储蓄银行支付利息。[①]

　　这种"沉默融资",得益于政府对储蓄银行和保险公司等金融中介机构的直接控制。然而,"沉默融资"的主要区别在于没有战时大规模动员的背景,因为沉默融资是社会主义国家自 20 世纪 50 年代以来经历的转变的直接结果:内在于国内借贷活动的物质牺牲说辞与提高人民生活水平的承诺格格不入;为了避免通货膨胀压力加重和抑制消费,必须更加谨慎地对待人民的储蓄。[②]政府为了满足人民的需求,不得不接受设立国债二级市场的要求,但储蓄银行享有回购国债的优惠条件。[③]在 1957 年事实上的违约之后,苏联政府热情地推动对"市场债券"的投资,这是一种完全自愿认购且流动性强、收益率为 3％的有奖债券。1966 年发行了一种新的收益率为 3％的有奖债券,用于转换 1947 年发行的债券,并降低利息和奖金支付额;而 1966 年发行的这期债券在 1982 年又用新发行的债券转换。反复转换债券的做法并不受欢迎,特别是不受老年人的欢迎,他们对没完没了地推迟还款感到失望,抱怨生活水平低,批评年轻一代对社会主义投资缺乏政治觉悟。[④]苏联财政部尽职地回复了他们的来信,但还是没有偿还他们的投资。这种大众认购债券直到 20 世纪 70 年代中期才得到偿还,但通货膨胀减少了它们的价值,许多旧债券持有人在看到政府偿还债务之前已经撒手人寰。

　　① Rumen Avramov, *Pari i de/stabilizatsija v Bĭlgarija 1948—1989* (Sofa: Institut za izsledvane na blizkoto minalo, 2008), 109—115.

　　② Philippe Heldmann, Herrschaft, Wirtschaft, Anoraks. *Konsumpolitik in der DDR der Sechzigerjahre* (Göttingen: Vandenhoeck & Ruprecht, 2004), 177—179.

　　③ N. O. Voskresenskaia et al., *Istoriia Ministerstva Finansov Rossii*, T. 31, 933—1985 (Moscow: INFRA-M, 2002), 179—180.

　　④ 请参阅下列收入文献中的 1977 年信函:RGAE (Russian State Economic Archives, Moscow), f. 7733, op. 64, d. 1243 and 1244.

## 内部的紧张关系和分歧

20 世纪 80 年代初,波兰、罗马尼亚、南斯拉夫和德意志民主共和国发现自己陷入了严重的债务困境。于是,社会主义经济体之间的矛盾也变得越来越公开。但值得回忆的是,这个社会主义阵营内部的团结是如何在 20 世纪 70 年代中期首次受到考验的。1974 年 9 月,朝鲜——估计当时积欠了 4 亿~7 亿美元的债务——是第一个停止偿还债务的社会主义国家,这让朝鲜的西方和亚洲债权国大吃一惊。[①] 他们希望其他社会主义国家能帮助这个违约的兄弟国家,但没有一个社会主义国家提供这样的解决方案。曾借钱给朝鲜的西方银行家对社会主义国家之间缺乏团结感到惊讶,因为这与他们此前的基本假设相悖。这场现在已经被遗忘的债务危机的短期影响是,在(社会主义国家)扩大与非社会主义国家接触 10 年后,朝鲜再次变成了一个政治和经济上的"隐士王国"。

朝鲜被西方金融家作为例外抛弃,但它的债务违约正好发生在西方国家越来越意识到社会主义世界的外债正在达到危险水平的时候。一些国家的主要经济学家和计划者批评债务积欠使得实施慷慨的社会计划成为可能,也就是埃里希·昂纳克(Erich Honecker)和爱德华·姬雷克(Edward Gierek)所说的"社会和经济政策的统一"。[②] 1976 年,两家东德研究机构的负责人提交了一份报告,概述了他们国家外债持续增加的风险。[③] 东德的计划委员会是东德外债反对者的堡垒,计划委员会主任格哈德·舒尔弗(Gerhard Schürer)说服中央委员会经济事务秘书君特·米塔格(Günter Mittag)在 1977 年 3 月

---

① Report of the French Ministry of Foreign Affairs, 11 August 1976, AMAE (Archives of the French Ministry of Foreign Affairs), Political Affairs, Asia-Oceania, North Korea, 1973—1980; Erik Cornell, *North Korea under Communism: Report of an Envoy to Paradise* (London; New York: Routledge, 2002), 5—6.

② Piotr Olszanski, *Historia polskiego zadłueenia miedzynarodowego na tle wydarzen społecznych i politycznych* (Warsaw: Szkoła Główna Handlowa w Warszawie, 2002), 27—28.

③ Rainer Weinert, "Die Wirtschaftsführer der SED: Die Abteilungsleiter im ZK im Spannungsfeld von politischer Loyalität und ökonomischer Rationalität," in *Sozialistische Eliten. Horizontale und vertikale Differenzierungsmuster in der DDR*, ed. Stefan Hornbostel (Opladen: Leske+Budrich, 1999), 65.

签署了一封致昂纳克的联署函,他们在这份联署函中指出,外汇、出口和债务等方面已经出现紧张的局势。① 克里姆林宫也开始担心这些国家的债务积欠以及由此可能造成的社会不稳定问题。1976 年 6 月发生在波兰的骚乱等事件导致苏联领导人与不情愿的波兰政府讨论这一问题,从而进一步加剧了莫斯科方面的不安。② 东欧一些国家的领导人也意识到,他们可以利用这种局面来对付莫斯科。他们经常提到债务,因此,莫斯科不能削减石油和原材料补贴。1978 年 4 月,保加利亚共产党领导人托多·日夫科夫(Todor Zhivkov)前往莫斯科寻求更多的援助,并声称莫斯科必须拯救它的盟友,以免他们落入西方资本家的手中。③

莫斯科确实提供了一些帮助,但仍处于与其盟友明显不同的状况——虽然莫斯科被迫进口食品,但暂时保持了相对较低的外债水平,而且石油产品价格上涨使苏联国库变得比较充盈。④ 尽管如此,苏联的外债在 20 世纪 70 年代仍然有所增加。关于苏联外债的确切水平,相关的估计各不相同,美国情报部门认为 1970 年苏联的外债是 18 亿美元,但到了 1980 年已经高达 178 亿美元。⑤ 到了 20 世纪 70 年代中期,苏联政府仍被认为是一流的借款人,因为它集中控制着出口收入和基于大众商品交易的货币流。因此,西方贷款机构急于借给他们看似"无风险"的贷款。但是,由于统计操纵、苏联会计实务的特殊性和价格扭曲,西方贷款机构并不知道苏联到底积欠了多少外债。⑥ 与此同时,中东欧国家积欠了空前多的以西方货币计价的债务,部分原因是石油危机和出口收入减少。20 世纪 70 年代,南斯拉夫的债务从 34 亿美元猛增到了

---

① Letter of Mittag and Schürer to Honecker, 14 March 1977, BArchSAPMO, DE 1/56323.

② Piotr Kostikow and Bohdan Rolinski, Widziane z Kremla: MoskwaWarszawa: Gra o Polske (Warsaw: BGW, 1992), 181—183.

③ Diary note, 16 April 1978, Cherniaev, Sovmestnyi iskhod, 318.

④ Jean-Charles Asselain, "Les économies socialistes européennes aujourd'hui: crises, adaptations, blocages," *Revue économique* 37, No. 2 (1986): 353.

⑤ Klaus Schröder, *Die Kredit-und Verschuldungspolitik der Sowjetunion gegenüber dem Westen* (Baden-Baden: Nomos Verlagsgesellschaft, 1987), 13—14. 据不同来源的估计,有说苏联 1980 年积欠外债 47 亿美元,请参阅 Vladimir Tikhomirov, "Russian Debt Problems in the 1990s," *Post Soviet Affairs* 17, No. 3 (July-September, 2001): 26。

⑥ Andrei Vavilov, *The Russian Public Debt and Financial Meltdowns* (Basingstoke: Palgrave Macmillan, 2010), 13—14.

206 亿美元,而西欧汇款的减少更是加剧了危机。[①] 1981 年,社会主义国家的债务总额约为 900 亿美元。苏联对入侵阿富汗后爆发的债务危机也负有很大的责任,因为里根政府为了报复苏联而实施了信贷限制。

债务危机爆发后,社会主义国家的反应呈现出相对被动的特点。在社会主义国家的讨论中,基本上不再公开抨击外债是全球帝国主义的工具。造成这种沉默的第一个原因是社会主义阵营内部出现了分歧。面对财政困难,每个国家都试图为自己辩护,并不关心其他国家。如果说有什么区别,那就是他们想要向西方债权人保证,自己并不是又一个陷入困境的社会主义国家。1980 年 3 月,东德外贸银行的高管会见了捷克斯洛伐克的同行,后者告诉他们,他们正试图从西方获得信贷,并坚称他们的负债远低于其他社会主义国家,是"一流的借款人"。[②] 对于那些深受信贷紧缩之苦的东德领导人来说,这根本谈不上是合作的态度。1983 年夏天,他们利用自己的关系从联邦德国获得了一笔独家贷款,由巴伐利亚政治家弗朗茨-约瑟夫·施特劳斯(Franz-Joseph Strauss)谈成的声名狼藉的巨额信贷。罗马尼亚不久就走上了孤立的道路,并试图动员政治盟友,措辞中避免提及"社会正义"。罗马尼亚希望法国能在他们与银行和国际货币基金组织打交道时提供帮助,外交部部长斯蒂芬·安德烈在与密特朗会谈时称密特朗可以成为新的拿破仑三世,把罗马尼亚从债主手中拯救出来,并防止罗马尼亚落入据称曾提供数十亿美元贷款的苏联的怀抱。[③] 法国在 20 世纪帮助罗马尼亚的故事与齐奥塞斯库政权新的豪言壮语很合拍,但与社会主义团结等豪言壮语格格不入。

西方贷款机构和国际金融机构采取了一种调和的立场,从而加剧了这种分化。国际货币基金组织在巴黎俱乐部和伦敦俱乐部进行的谈判中发挥了促进作用。1981 年 4 月,巴黎俱乐部与波兰签署了第一份价值 22 亿美元的债

---

①　Vladimir Unkovski-Korica,"Self-Management,Development and Debt: The Rise and Fall of the 'Yugoslav Experiment,'" in *Welcome to the Desert of Post-Socialism. Radical Politics after Yugoslavia*,eds. Srecko Horvat and Igor Štiks (London; New York: Verso,2015),38—39.

②　Report by Kaminsky and Polze to Mittag,25 March 1980,BArchSAPMO,DY 3023/1094,p. 154.

③　Ştefan Andrei and Lavinia Betea,*Stăpânul secretelor lui Ceauşescu. I se spunea Machiavelli* (Bucarest: Adevărul,2011),370.

务重新安排协议。① 1981—1982 年,国际货币基金组织曾表示支持重新安排罗马尼亚债务的偿债期限,并在罗马尼亚对其他贷款机构的不信任日益加深的情况下维持了与罗马尼亚领导层的沟通渠道。里根政府鼓励对社会主义国家实行"区别对待"的政策。虽然这些国家的领导人批评这种政策,但都非常明白西方伙伴愿意做出让步,没人愿意走对抗的道路。②

没有联合斗争的第二个原因是,债务危机可能有利于参加权力斗争的政治行为主体的利益。虽然苏联在危机最严重的时候向波兰提供了一些经济援助,但观察家们猜测,苏联领导人可能在债务危机中发现了一种把波兰拉回社会主义阵营的便利方法。在一些国家,媒体对债务问题的报道成了起诉前统治者的工具③;向国际金融机构和贷款机构披露了更多的数据,并且为了提高结构性改革的可信度而寻求民众的支持。在南斯拉夫,一个新的政治家群体为了排斥旧的保守势力,接受了与国际货币基金组织共同制定的改革计划。南斯拉夫联邦总理米尔卡·普拉宁克(Milka Planinc)应国际货币基金组织的要求提议本国立法机构立法保护他们的行动,并在 1983 年 7 月推动通过了几部新的法律。在东德,君特·米塔格和埃里希·昂纳克通过外债管理巩固了自己的政治控制权,但他们与西方的妥协激怒了"亲莫斯科派"。"亲莫斯科派"的成员在 20 世纪 80 年代已经导致一些亲西方人士下台,并向莫斯科送去了煽动性的报告。④

第三个原因与一些社会主义国家认为自己不但是债务国,而且也是第三

---

① James M. Boughton, *Silent Revolution. The International Monetary Fund*, *1979 — 1989* (Washington: IMF,2001),321—323.

② Report of the East German Ministry of Foreign Affairs on financial and debt issues,3 February 1984,BStU-Zentral Archiv (Archives of the former East German Ministry of State Security,Berlin), MfS-HA Aufklärung,451.

③ Iliana Zloch-Christy,Debt Problems of Eastern Europe (Cambridge: Cambridge University Press,1987),85;波兰的格拉普斯基委员会(Grabski Commission)是此类诉讼案中最重要的一个案例: Zbigniew Błaeynski,Towarzysze zeznaja (London: Polska Fundacja Kulturalna,1987); Waldemar Kuczynski,Po wielkim skoku (Warszawa: Wydawnictwo Poltext,2012)。

④ 请参阅 the personal notes of Werner Krolikowski,BArch-SAPMO,DY 30/25758 and 30/25759; Detlef Nakath and Gerd Rüdiger Stephan,eds.,Die Häber-Protokolle. *Schlaglichter der SED-Westpolitik 1973 — 1985*(Berlin: Karl Dietz Verlag,1999)。

世界的债权国这个事实有关。[1] 到了 1979 年 11 月,苏联政府对第三世界国家的信贷采用更加严格的指导方针,并采取措施降低各种信贷风险,从而解释了免除欠发达国家债务所涉及的困难:事实上,菲德尔·卡斯特罗(Fidel Castro)和他的同僚们发现,除了私下发表团结声明外,很难动员社会主义国家的领导人。只有那些偏爱不结盟运动的社会主义国家公开批评当时的债务秩序。南斯拉夫和罗马尼亚对 77 国集团谋求与发达国家建立新的经济关系的做法表示同情。[2] 但即便是这些国家的利益也相互冲突。罗马尼亚领导人在呼吁全面重建国际金融体系和免除第三世界国家债务的同时,又提醒这些国家"罗马尼亚本身仍然是一个发展中国家,需要各种外部资源,因此不能接受免除或削减债务"。[3] 同样,苏联拒绝公开支持拉丁美洲国家对抗西方债权人和美国财政部。[4] 在菲德尔·卡斯特罗的要求下,苏共中央委员会成立了一个特别委员会,这个特别委员会在 1985 年 6 月至 7 月做出结论:发展中国家欠苏联 260 亿美元,而且应该偿还这些债务。[5] 但 1984 年后,卡斯特罗被单独留在卡塔赫纳进程(Cartagena Process)集团,并且召集拉丁美洲国家举行了一个谴责债务的会议。[6]

　　20 世纪 80 年代,社会主义阵营内部为应对不断增加的债务而实施的政策出现了显著的分歧,大多数中欧国家采取了紧缩措施。虽然紧缩程度各不相同,但其共同特点是都削弱了政府的政治合法性。乔纳森·R. 扎特林

---

① Sara Lorenzini,"Comecon and the South in the years of détente: a study on East-South economic relations," *European Review of History* 21,No. 2 (2014): 183—199.

② Meeting between Erich Honecker and Raúl Ruiz Castro,8 April 1985,BArch-SAPMO,DY 30/2462,ff. 256—269; note of the Yugoslav secretariat for Foreign Affairs to the Presidency,29 September 1982,AJ,f. 803,fasc. 579.

③ Memorandum on Romania's position in the negotiations at the IMF and BIRD,26 March 1989,ANIC (National Archives of Romania,Bucarest),F. CC al PCR,Sectia Economică,Inv. 3294,ds. 367/1989,f. 34.

④ Duccio Basosi,"The 'missing Cold War': reflections on the Latin American debt crisis,1979—1989," in *The End of the Cold War and the Third World. New Perspectives on Regional Conflict*,eds. Artemy M. Kalinovsky and Sergey Radchenko (London; New York: Routledge,2011),211.

⑤ Entries on 17 May,9 June and 5 July 1985,Cherniaev,Sovmestnyi iskhod,630,638.

⑥ Fidel Castro,*Encuentro sobre la deuda externa de América Latina y el Caribe. Discurso*,3 de agosto de 1985 (Havana: Editora Política,1985); Valerii Bushuev,*Latinskaja Amerika - SShA: Revoljutsija i kontrrevoljutsija* (Moscow: Mezhdunarodnye Otnosheniia,198.

(Jonathan R. Zatlin)令人信服地证明,东德领导人在 20 世纪 80 年代对资本主义制度做出了大量让步,从而削弱了自己的政治合法性。米塔格旨在削减成本和增加出口的政策证明:"避免无力偿债的政治需要加剧了社会主义意识形态承诺要纠正的手段和目的的颠倒。"①虽然米塔格纵容通过臭名昭著的商业协调(Kommerzielle Koordinierung)采取秘密行动来获取西方货币贷款,并通过创建平行的会计系统来削弱国家行动的统一性,但匈牙利可以向投资者兜售自己是一个"有瑞士风格的银行中心"②。这些社会主义国家既没有把偿还债务作为提高自己国内合法性的一种方式,也没有加强受托责任制。虽然到了 20 世纪 80 年代中期,它们的金融信誉逐步得到修复,但内部紧张局势却有所加剧。在罗马尼亚,加速偿还全部外债的努力导致民众遭受了相当大的痛苦,但也引起了高层官员和技术官僚的不满,他们批评这一举措缺乏经济合理性,并把这归咎于齐奥塞斯库的自尊心受到了伤害。③

\* \* \*

1989 年 4 月 12 日,齐奥塞斯库得意地向罗共中央委员会宣布,罗马尼亚已经还清了全部外债:"罗马尼亚在她漫长的历史上第一次既无外债,也无须向任何人纳贡,因此取得了真正的经济和政治独立!"④这种狂热表达民族自豪感的做法表明了他和罗马尼亚人民之间存在巨大的差距,罗马尼亚人民当时对他更加强硬,因为齐奥塞斯库导致他们做出痛苦的物质牺牲,但同样令人困惑的是,这位共产党领导人 10 年来一直专注于偿还欠外国资本主义债权人的债务。20 世纪 80 年代,这些国家的领导人非但没有试图质疑或重塑这

① Jonathan R. Zatlin, *The Currency of Socialism. Money and Political Culture in East Germany* (Washington: German Historical Institute, 2007), 106.

② William Engdahl and Laurent Murawiec, "East Bloc bankers setting their sights on the Euromarket," *EIR* 11, No. 36 (18 September 1984): 7; Matthias Judt, *KoKo-Mythos und Realität. Das Imperium des Alexander Schalck-Golodkowski* (Berlin: Berolina, 2015).

③ Thomas Kunze, *Nicolae Ceaușescu: Eine Biographie* (Berlin: Ch. Links Verlag, 2000), 304; Silviu Curticeanu, *Mărturia unei istorii trăite* (Bucarest: Historia, 2008), 42; Katherine Verdery, *National Ideology Under Socialism: Identity and Cultural Politics in Ceaușescu Romania* (Berkeley: University of California Press, 1991), 130.

④ Scînteia, 13 April 1989, in Ilarion Țiu, "Achitarea datoriei externe. Ultimul proiect grandios al lui Ceaușescu," *Sfera Politicii* XXII, No. 3 (May-June 2014): 103.

些规则,反而完全接受了资本主义的公债秩序,这无疑是导致这些政权在 20 世纪最后十年里消亡的原因之一。

到了 20 世纪 90 年代初,中欧和东欧国家在公债问题上又回到了原点,再次遇到了由谁来承担前政权债务负担的问题。在这方面,他们的回答也很能说明问题。关于"恶债"不需要偿还的论点并没有得到认真的重新考虑——尽管这些社会主义国家值得质疑的签约举借如此多债务的普遍授权可能有其正当的理由。债务管理在这些国家新政权的资本主义转型议程中占据重要的地位。西方国家也把债务减免作为一种旨在避免前社会主义国家,特别是像波兰这样负债累累的国家重新恢复社会主义计划经济,并激励其采取全面向资本主义转型的举措。

具有讽刺意味的是,或许没有哪个前社会主义国家的反应与俄罗斯拒偿债务那样截然相反。作为苏联的继承国,俄罗斯承担了大约 850 亿美元的债务,并把偿还债务视为恢复俄罗斯地缘政治地位的重要战略。俄罗斯在 1997 年加入了巴黎俱乐部,并提前 14 年,也就是 2006 年,还清了积欠巴黎俱乐部成员国的债务。最近,俄罗斯再次将自己定位为经济实力较弱的盟友的仁慈债权人,而普京则把减免债务作为一种政治工具。有官方消息人士称,在过去的 15 年里,俄罗斯减免了高达 1 400 亿美元的债务。例如,2016 年年初,俄罗斯允许蒙古减免在苏联时期积欠的截至 2010 年总额高达 1.742 亿美元的债务的 97％。[1] 在内债方面,情况比较复杂。在大多数加盟共和国脱离苏联后拖欠过去内债的情况下,叶利钦承诺向俄罗斯人民偿还"苏联时期损失的储蓄",但在执行过程中一再受阻。[2]

---

① "Vladimir Putin spisal dolg Mongolii," 1 Feburary 2016, Lenta. ru, https://lenta. ru/news/ 2016/01/31/tugriki.

② 根据 1995 年的《储蓄保护法》(Savings Protection Act),俄罗斯承认其对前俄罗斯社会主义共和国公民的债务,并承诺根据一项最终于 1996 年制定的新法律,未偿还的债务将以特别本票支付。自那以后,俄罗斯政府多次叫停执行这部法律。2013 年,俄罗斯议员提出了一项新的法案,废除了《储蓄保护法》,并为 2020 年 12 月 25 日之前还清改革前未提取的储蓄规定了严格的最后期限。请参阅 "Sovetskie obligatsii bol'she ne vyigraiut," Kommersant, 22 May 2013, http://www. kommersant. ru/ doc/2194452。2018 年,俄罗斯杜马提议暂停偿还储户在苏联时期损失的储蓄,并把支付期限推迟到 2022 年 1 月 1 日。请参阅 "Gosduma prodlila do 2022 goda priostanovku vyplat kompensatsii po sovetskim vkladam," *Parliamenskaia gazeta*, November 13, 2018, https://www. pnp. ru/social/gos-duma-prodlilado-2022-goda-priostanovku-vyplat-kompensaciy-po-sovetskimvkladam. html。

2008 年的金融危机导致了严重的经济衰退,并致使大量资本从中欧和东欧大部分国家撤走,一些国家从过去的经历中总结了处置外债的教训。在保加利亚,"前政权的秘密破产"与当时的政治精英腐败和无能有关。[1] 在罗马尼亚,一些记者重新审视了齐奥塞斯库声称外债已经全部还清的说法。在波兰,这些讨论与对前政权有争议的记忆紧密联系在一起,2012 年宣布"盖莱克(Gierek)积欠伦敦俱乐部的债务"已经还清,再次引发了关于取消据说本应支付的福利的辩论。这种对"苏东"时期债务的持续迷恋,或许与长期以来围绕它的秘密有关。但事实上,与一些人的预期不同,这些社会主义国家前政权的垮台并没有显示官方数据和"真实"数据之间有什么大的差异。[2] 从某种意义上说,公债的奥秘成了一些把秘密变成生活现实以至于有害于其自身利益的政权的隐喻。

---

① Khristo Khristov, Tajnite faliti na komunizma. Istinata za krakha na bîlgarskija sotsializîm v sekretnite arkhivi na delo No. 4/1990 za ikonomicheskata katastrofa (Sofa: Ciela), 200.

② Armin Volze, "Ein grosser Bluff? Die Westverschuldung der DDR," *Deutschland Archiv* 29, No. 5 (September-October 1996): 701—713.

# 第十四章　无税债务:从委任统治时期到冷战时期的伊拉克、叙利亚和殖民帝国危机

马蒂厄·雷伊[*]

1946年7月,叙利亚的一家主要报纸《阿利夫报》(*Alif Bā'*)劝告政府履行明确的使命——"必须让预算具有革命性"。[①] 在独立后的两年里,叙利亚宣布了自己的新目标,《阿利夫报》的这一劝告附和了叙利亚确定的新目标。诚然,叙利亚的兴趣在于履行警察、军队等一般主权职能,但在一个新成立的独立共和国,当局还必须注意公民的社会和经济状况,以保证他们能够行使并履行作为政治机构成员的权利和义务。同样,在伊拉克,虽然政府在第二次英国占领期(1941—1943年)后恢复了预算能力,但历届政府都利用公报强调他们对改善社会和经济状况的严重关切。[②] 虽然政府的支出增加、范围扩大,但政府的公告没有明确说明准备如何征收适当的资源和收入应对这些支出。"二战"结束后,伊拉克和叙利亚的发展在许多方面体现了后殖民时期国家的变化状况。在此期间,新政权面临许多挑战,主要是与国家干预增加有关的挑战。

20世纪下半叶独立国家的出现引发了一系列关于它们预算和财政的问题。在把权力下放给地方当局时,国家的资源仍然有限。那么,新独立国家的领导人在低税收的情况下如何获得足够的资源呢? 此外,19世纪,西方列强

---

* E-mail: matthieu. rey@ifas. org. za.

① *Alif Bā'*, July 12, 1946.

② Abd al-Razzaq al-Hasani, *Tārīkh al-wuzārāt al-'iraqiyya* (*History of the Iraqi governments*) (Saida: Matba'at al-'Irfan, 1965), t. 6.

利用债务这种工具控制奥斯曼帝国及其埃及行省的主权部门。那么,在这种情况下,新独立国家的领导人如何且为何借债呢?这些问题突显了独立国家在处理后帝国时代和殖民时代的遗留问题时所面临的两难境地,也正是这种两难境地决定了伊拉克和叙利亚的发展条件。这两个国家开展了大量的试点,目的是要探索什么是主权以及为行使主权能维系的国家实践。在这个问题上,债务问题与其他问题有关:一组特定的制度是否反映了财政解决方案,换句话说,代议制是否意味着税收?这些新国家在国际舞台上如何因融资需求而受益或受损?最终,当局如何且为何通过举借用主权和合法性衡量可容忍度的债务来寻找资源?

本章将探讨当局如何选择债务外部化这种被认为是保持其财政能力并避免公众舆论严厉批评的正确方式。与通常引用的美国革命口号所产生的想法不同,代议制的建立既没有伴随着新的财政公平模式,也没能通过在中东征收关税和其他税收增加收入来源。这些选项引发了掌权的精英和社会其他群体之间的激烈争论。因此,设法举借贷款似乎是最好的解决方式。债务是由新精英阶层形成过程和精英阶层拒绝侵蚀其社会和经济基础相互交织在一起的结果。本章按照国家/社会观①考察了叙利亚和伊拉克这两个国家在国内和国际舞台上举借外债的初始实践。无论是社会经济力量还是新的国际行为主体,都为采取这种满足国家需要的解决方式铺平了道路。

本章探讨了这个时期的史学研究尚未充分探讨的几个问题。叙利亚和伊拉克这两个国家的财政并没有构成一个使我们能够了解税收和债务被采纳或拒绝的不同方式的适当研究领域。从卡尔·维特福格尔(Karl Wittfogel)到纳奇·阿尤比(Nazih Ayubi)②等学者一直强调国家的世袭性质,而没有质疑其发展过程中的不同阶段和间断性。更准确地说,他们研究了政府攫取资源的方式,但没有质疑这种方式和制度结构与主要行为主体之间的关系。对议会记录的仔细分析得出了与这些研究不同的结论,表明在预算仍是议会年度

---

① Joel Migdal, *State in Society*: *Studying How States and Societies Transform and Constitute One Another* (Cambridge: Cambridge University Press, 2012).

② Karl Wittfogel, *Oriental Despotism*: *A Comparative Study in Total Power* (New Haven: Yale University Press, 1957); Nazih Ayubi, *Over-Stating the Arab State*: *Politics and Society in the Middle East* (London: I. B. Tauris, 2009).

辩论核心问题的情况下，政界人士是如何把债务和财政问题列入议程的，本国的行为主体又是如何为寻找资金和物资供给与不同的外国伙伴互动的。"二战"结束以后，国际舞台出现了明显的断裂。奥德·阿恩·维斯塔（Odd Arne Westad）阐明了非殖民化和冷战发展相互交织在一起的过程。[①] 亨利·劳伦斯（Henry Laurens）展示了把本地和外国合作伙伴联系在一起的东方问题是如何在 20 世纪 50 年代引发冲突的。[②] 这两位学者都强调了民族和制度冲突的国际维度。研究债务问题，使我们对独立时期的这些冲突有了新的认识。最后，本章对食利国家的历史进行了新的断代[③]，并且认为食利机制——在不承担受托责任的情况下寻找资源——在 20 世纪 70 年代的石油繁荣之前就已经存在。一些研究人员和作者认为，这些新财富创造了能使国家避免公众对其施加压力的条件。与这些结论不同，笔者想强调导致这种情况的议会制度运行和思维模式。所有这些问题构成了本章的总体背景，而本章的关注重点则是国家如何通过积欠可接受的债务来积累资源。

为了理解伊拉克和叙利亚债务的本质，我们需要更加仔细地审视伊拉克和叙利亚的近代史。这两个国家从 19 世纪开始就有共同的历史：它们都属于奥斯曼帝国。它们的城市精英经历了后来的改革（tanzimat）。20 世纪初，部分年轻一代的精英，如伊拉克未来的总理努里·阿尔-赛义德（Nuri al-Said），都是在君士坦丁堡接受的教育。"一战"结束后，这两个奥斯曼帝国行省都处在欧洲的控制之下。英国和法国通过引进议会成为政策辩论主要场所的宪政来统治这两个新独立的国家。第二次世界大战最终重塑了这两个国家的政治游戏，盟军迫使法国承认叙利亚独立，而英国重新占领并离开了伊拉克。所有这些不同的阶段都影响了关于主权、债务和国家目标的话语和实践。本章探

① Odd Arne Westad, *The Global Cold War: Third World Interventions and the Making of Our Time* (Cambridge: Cambridge University Press, 2007); Rashid Khalidi, *Sowing Crisis: The Cold War and American Dominance in the Middle East* (New York: Beacon Press, 2009); Roby Barrett, *The Greater Middle East and the Cold War: US Foreign Policy under Eisenhower and Kennedy* (London, New York: I. B. Tauris, 2007); Salim Yaqub, *Containing Arab Nationalism: The Eisenhower Doctrine and the Middle East* (Chapel Hill: The University of North Carolina Press, 2004).

② Henry Laurens, *Les crises d'Orient, 1949－1956* (Paris: Fayard, 2020).

③ Hazem Beblawi and Giacomo Luciani, eds., *The Rentier State* (London: Croom Helm, 1987); 关于石油开发，请参阅 Matthieu Auzanneau, *Or Noir: La grande histoire du pétrole* (Paris: La Découverte, 2015)。

讨机构及其成员、收入辩论和支出这三个主要议题。叙利亚和伊拉克有着共同的财政史,本章在阐明了这两个国家的殖民帝国遗产和委任统治的性质后,将探讨其在 20 世纪 50 年代逐步推行债务外部化的问题。

## 殖民帝国和委任统治的遗产:谋求预算自给自足

"一战"结束后,法国和英国瓜分了奥斯曼帝国的各阿拉伯行省,并确立了立法机构主要依照奥斯曼法律成立的委任统治地。英法这两个欧洲列强都没有占领伊拉克或叙利亚的打算,但战后时期诸多约束因素导致了一种统治国家的一般模式。这两个国家的预算保持着脆弱的平衡,但这种状况在两个主要因素产生对立动力的一般情况下是可持续的。首先,英法两国受委任当局既不设法开发利用这两个委任统治地的资源,也不寻求发展其行政管理机构。正当这两个委任统治地应该独立的时候,英国和法国作为受委任国都拒绝为其政治发展提供资金。[①] 其次,金融交易、贷款和资金储备大多仍没有依靠市场机制。由于委任统治地的精英家族——社会名流——垄断了这些手段,并把它们用于赚取高利润的农村短期贷款,因此,委任统治地的地方经济并没能像通过市场那样合理地组织起来。[②] 法国受委任当局拒绝了当地要求涉足国际市场的全部请求,因为担心这样做会削弱其控制。委任统治预算旨在满足叙利亚和伊拉克两国的行政支出需要的同时履行其国际承诺,如偿还它们应承担的那部分奥斯曼帝国积欠的债务,保护它们的人民,并为此组建军队。

英国和法国要分别面对进入伊拉克和叙利亚时遇到的严重困境。在伊拉克,当一场大规模的起义威胁到英国即将实施的占领时,英国印度事务部和阿拉伯事务局之间的争斗毁了任何协调一致的政治计划。1921 年,英国镇压了这次起义。从 1918 年开始,英国每月要花费 270 万英镑来统治这个国家。[③]

---

① 叙利亚和黎巴嫩委任统治条约的第二条承认法国是受委任国,负责指导委任统治地的人民走向自我发展,但没有规定委任统治期限:https://mjp. univ-perp. fr/constit/sy1922. htm(accessed December 19,2019)。

② Philip Khoury,*Syria and the French Mandate*:*The Politics of Arab Nationalism*,1920 — 1945(Princeton:Princeton University Press,1987).

③ Ian Rutledge,*Enemy on the Euphrates*:*The British Occupation of Iraq and the Great Arab Revolt*,1914 — 1921(London:Saqi Books,2014).

英国当局遭到了舆论的强烈谴责,公众谴责英国当局没有必要占领伊拉克。同样,法国人进驻叙利亚,法国受委任当局随后减少了答应给叙利亚政府的经费。1925 年叙利亚发生的大规模起义迫使法国人改变策略。从那以后,英国和法国这两个受委任国提出了相似的解决方案:他们的目的是减少支出,并根据财政正统准则管理受托统治的新领土。这两个欧洲代表最终平衡了他们受托统治的新领土的预算。

　　英国和法国在委任统治地的预算问题上采取了相同的态度,但在设计执行政策所需的制度机制方面没有走相同的道路。他们同时肯定了自己在与土耳其共和国[①](1920—1932 年)进行国际谈判期间作为受托统治代表的作用。他们在与凯末尔(Kemal)当局谈判的过程中不得不解决奥斯曼帝国的问题,例如与领土边界和财政遗产有关的问题。从这个角度看,双方都承认了奥斯曼帝国积欠的部分债务,而偿还奥斯曼帝国积欠的部分债务是一种使他们新一轮委任统治合法化的方式。最后决定,伊拉克、黎巴嫩和叙利亚(当时,黎巴嫩和叙利亚还没有分成两个国家)必须每年偿还奥斯曼帝国积欠的部分债务,伊拉克每年大约要偿还 42.8 万土耳其金里拉,而叙利亚和黎巴嫩则每年要偿还 72.6 万土耳其金里拉的债务:具体根据 1910—1911 年这几个行省税收占奥斯曼帝国税收的份额确定。[②] 这个新步骤强制推行了一种构想委任统治地当局与受托统治国之间关系的新方式。20 世纪 20 年代见证了国家建设的双重进程:一是控制新领土的进程,另一是回应国际需求的进程。在伊拉克,英国人很快建立了一个由费萨尔一世(Faysal Ⅰ)统治的立宪王国。[③] 1925 年,伊拉克正式成为君主立宪国,议会行使自己的决策权。[④] 与此同时,伊拉克委任统治当局要支付第一笔用于偿还他们承认的债务的款项。但他们拒绝支付,理由是他们的收入不足以支付公务员的薪水和偿还奥斯曼帝国的债务。

---

　　① 这个最终定下来的国名于 1925 年 4 月 18 日公布,而债务一直拖延到 1932 年才还清。

　　② Reports of International Arbitral Awards, April 18, 1925, Vol. 1, 529—614. 随后为决定伊拉克、黎巴嫩和叙利亚是否必须用黄金还是用名义货币偿还债务又进行了几轮谈判。最终,谈判人员就用名义货币还债达成了一致。

　　③ Ali Alawi, *Faysal Ⅰ* (New Haven: Yale University Press, 2014).

　　④ Peter Sluglett, *Britain in Iraq: Contriving King and Country* (New York: Columbia University Press, 2007).

事实上,1921—1924 年,伊拉克的收入和支出仍然很低[1],盈余也很小。英国派了一个由 E. 希尔顿·杨(E. Hilton Young)和罗兰·弗农(Roland V. Vernon)为正、副团长的代表团到伊拉克谈判。[2] E. 希尔顿·杨在《经济学人》开始了他的职业生涯,然后在《晨报》(The Morning Post)供职,后来在皇家海军服役,并于 1915 年当选为议会议员,1922 年成为劳埃德·乔治的党鞭长。1923 年大选失利,他丢掉了议会席位,于是投身于新闻业(在《金融时报》工作)、商业,并在 1926—1927 年间参加过国际联盟的各种评估工作。他后来成了英国殖民部的公务员,之后被任命在国际联盟供职。英国代表团重新安排了伊拉克的还债时间。[3] 但是,还债削弱了伊拉克的国家行为能力,使后者成为英国受托统治的国家。

叙利亚的情况不同,它要承担的奥斯曼帝国债务总计 1 080 万土耳其金里拉。1923 年,叙利亚总督获得的捐款——仍是叙利亚和黎巴嫩的主要收入来源——突然减少。法国议会认为,新的受托统治地必须承担国防和行政支出。与此同时,法国把叙利亚分割成黎巴嫩、大马士革、阿勒颇(Aleppo)、阿拉维(Alawites)、德鲁兹(Druze)五部分。但是,这样的分割阻碍了关税等资源的共享以及偿还奥斯曼帝国债务等支出的分摊。[4] 叙利亚在这种背景下发生了一场大规模的动荡,迫使法国人通过一个代表"共同利益"、一直运行到1950 年的单一行政机构管理不同的支出和收入来源,但不包括(1936 年和1946 年消失的)其他预算项目。有些收入来源是专门分配给这个行政机构

---

① 1921 年的收入是 390 万英镑,1922 年是 350 万英镑,1923 年是 370 万英镑;1921 年的支出为 420 万英镑,1922 年为 350 万英镑,1923 年为 310 万英镑:R. Jarman, ed., *Political Diaries of the Arab World: Iraq 1920—1965*, Vol. 5 (Oxford: Archive Editions, 1992)。

② Geoff Burrows, Phillip Cobbin, "Financial Nation-Building in Iraq, 1920—1932," Department of Accounting & Business Information Systems, The University of Melbourne, Unpublished Paper (2010), https://pdfs. semanticscholar. org/ebb3/23c20edd09a571865181b707ff7950fbb533. pdf (2020 年 1 月 22 日登录)。

③ 1924 年是 17.3 万英镑,1925 年是 42.5 万英镑,1926 年是 37 万英镑,1927 年是 35.1 万英镑,1928 年是 27.2 万英镑,1929 年是 27.2 万英镑,1930 年是 27.1 万英镑:Report of the Society of Nations, Iraq, 1930。

④ Jean-David Mizrahi, *Genèse de l'Etat Mandataire. Service de Renseignements et Bandes Armées en Syrie et au Liban dans les Années 1920* (Paris: Publications de la Sorbonne, 2003), 105—107.

的,如盐、酒、进口商品、烟草等的关税。奥斯曼帝国遗留下来的债务促成了这样一个预算程序。[①] 因此,与伊拉克的情况不同,这个新的行政机构的债务负担并没有导致一个新的中央集权化的统一国家机构的诞生,而是导致两派精英为了"共同的利益"聚集在这个超领土机构里进行谈判。

20 世纪 30 年代初,伊拉克和叙利亚的公债主要源于预算赤字和未还清的奥斯曼帝国债务。奥斯曼帝国未还清债务的问题通过 1932 年(伊拉克)和 1933 年(叙利亚)新的债务安排得到了解决。伊拉克和叙利亚的预算赤字仍然很小。例如,追溯伊拉克的赤字发展轨迹就可以发现,这时候伊拉克已经实现了预算平衡。1932—1943 年间,有些年份的预算出现了盈余,有些年份仍有赤字。财政部用盈余弥补赤字,并在国内市场签约举借预付款或临时公债。从 1928 年开始,伊拉克有了新的收入来源,即 1.8 万英镑的石油开采特许使用费,相当于 1/5 的公共投资。[②] 这种情况表明,伊拉克和叙利亚两国的国家行为能力和金融市场发展水平都很低。20 世纪 30 年代(50 年代),两国大约有 250 万居民。20 世纪 30 年代中期,伊拉克的财政支出达到了 500 万英镑(人均 2.5 英镑),而叙利亚的财政支出则达到了 820 万法国法郎(人均 3.5 法郎)。[③] 直接税的纳税人占居民少数,1950 年伊拉克只有 2.4 万公民承担了大部分的直接税负担。[④]

伊拉克和叙利亚的财政预算一直维持着脆弱的平衡。当地政府与大多数当地借款人一样,要求那些支付石油开采特许使用费的外国公司预付使用费。[⑤] 这些预付款可以弥补一小部分预算赤字,但并没有产生任何激励机制来改变国家的收入。但是,第三个外部因素影响了这种不稳定的预算平衡:20 世纪 30 年代初,叙利亚和伊拉克的财政受到了经济危机的影响。关税收入随

---

① Edmond Chidiac,"Le bilan économique du mandat français en Syrie et au Liban (1920—1946)"(Ph. D. diss.,INALCO,2003),86—87.

② al-Hasani,*Tarikhal-Wuzarat al-Iraqiya*,Vol 1.

③ 1936 年,财政支出是 810 万法郎,再加上德鲁兹派和阿拉维派控制领土的财政支出,而财政收入则是 810 万法郎;Chidiac,*Bilan*,176。

④ International Bank for Reconstruction and Development,Report on the Economy of Iraq,25 February 1949.

⑤ Abd Allah Ismāʾil,*Mufāwadāt al-ʿIrāq al-naftıyah*,*1952—1968* [*Oil Negotiations of Iraq*,*1952—1968*] (London:Dār al-Lām,1989).

着全球贸易的锐减而下降。价格下跌,而新生的国家机器需要资金。支出增加和收入减少的双重压力首先在叙利亚,然后在伊拉克造成了严重的财政危机。议会通过讨论开辟新的收入来源和推行财政改革来解决这个问题。结果,这两个国家进行了大刀阔斧的财政改革。除了伊拉克 1936—1937 年外,两国的间接税收入——而不是土地税收入——双双增加。[①] 这项改革终结了奥斯曼帝国遗留下来的债务和自由贸易协定。

这场财政革命突显了伊拉克精英阶层发生的新的动态变化。伊拉克议会的绝大多数议员都是大地主。从 1932 年开始,伊拉克已经不再依赖英国顾问,因此,伊拉克议员可以自由决定国家预算。在叙利亚,1932 年的新宪法允许叙利亚高度自治,但限制预算以支付法国公务员的开支。在这两个国家,新的实业家群体从以前的地主精英阶层中脱颖而出。例如,在叙利亚,鲁特菲·哈法尔(Lutfi Haffar)创建了第一家供水实业公司。20 世纪 30 年代选举产生的伊拉克和叙利亚统治当局遇到了双重挑战:他们必须在与受托统治当局强加的新财政法案谈判的同时,必须与实业家精英群体达成一致。由于大多数殖民大国在危机时期完善了他们的殖民协定并巩固了货币集团,因此,旧殖民地国家新成立的议会能够彻底改变过去的财政状况,即通过增加关税,而不是开征新的土地税来保护地方生产并为国家创造收入。在叙利亚,新成立的民族集团党(National Bloc)赢得了 1936 年的选举,并试图单独与法国谈判。[②] 该党拒绝发起关于土地问题的讨论,以免危及自己的地位。在伊拉克,英国人通过支持大地主部落首领的主张来对付民族主义野心,并且叫停有关土地税的辩论。1936 年,萨德尔·比奇迪(Sadr Biqdī)发动了政变,由年轻的改革派政治家组成的新内阁统治这个国家几个月。这个新内阁曾短暂地尝试过征收土地税,但在第二次世界大战结束后,伊拉克内阁中止了这项改革。[③] 在此期间,几次政变动摇了这个政权,并停止了这个国家的日常工作。在这种背景下,"二战"爆发时,这两个国家的预算均采用保持收支平衡的正统方法,并维

① Mohammad Hadid, Mudhakkirātı: al‑sira 'min ajl al‑dımūqrātiyah fı al‑'Irāq [My Memoirs: The Fight in Favor of Democracy in Iraq] (Beirut: Dār al-Sāqī, 2006).

② Khoury, Syria.

③ Muhammad Hadıd, Mudhakarrātı, al‑sirā'min ajl l‑dimuqrati fi‑l‑'Iraq (London: Saqi Books, 2006).

持可以迅速偿还的低水平债务。

## 从危机到发展的路径

第二次世界大战加剧了财政危机。1941 年，法国和英国把伊拉克和叙利亚本国行政当局搁在一边，从而扰乱了正常的行政管理程序。伊拉克和叙利亚在 1942 和 1943 年成立了新的民族政府。英国从 1942 年开始就不再统治伊拉克，而叙利亚在 1943 年重新确立了 1932 年制定的宪法的地位。这两个国家的民族政府不得不同时应对多方面的挑战。这两个国家都经历了高水平的通货膨胀：伊拉克的物价指数从 1939 年的 100 上升到了 1944 年的 521。[①]这不但是同盟国派部队驻扎这两个国家增加了支出，而且也是满足中东基本需要的总产出增加的结果。这两个国家的一般预算仍然很小，赤字也是如此。例如，伊拉克的赤字是 79 万伊拉克第纳尔，相当于其各种来源的总收入的3.1%。[②] 与此同时，这两个国家通过向驻扎在那里的部队提供军需物资，在战时的市场上发挥了重要的作用。伊拉克和叙利亚政府拥有可以支付英国的支出，但不能直接使用价值不变的英镑配额。因此，它们有钱，但不能用。此外，英国和法国通过让这两个国家都背债来打破预算平衡。最后，由于同盟国驻军在那里的花销，这两个国家的国内生产总值都获得了强劲的增长，从而导致银行存款和资产双双增加。伊拉克的银行存款从 1939 年的 100 增加到了1944 年的 1 050。[③] 这种现象造成了国家资源的稀缺和私人支付能力的流入。但是，伊拉克和叙利亚两国政府和精英之间的关系在以前确立的框架内继续得到巩固。

1941 年以后，这个地区的军事行动已经结束，但同盟国的军队仍然驻扎在那里。英国和法国都采取了一些措施来恢复新的政治秩序。英国在 1941年入侵伊拉克后试图重新确立政变后在这个国家建立的君主政体的合法性。与此同时，伊拉克的亲英政治家不得不就重建主权行使手段的问题与英国人

---

① Joseph Sassoon, *Economic Policy in Iraq*, *1932—1950* (London：Routledge,1987),117.

② "Budget Irakien", Bagdad, July 21,1945, box 456, Iraq 1944—1952.

③ Sassoon, *Economic Policy in Iraq*.

谈判。1942年,伊拉克为应对财政危机成立了一个由努里·阿尔-赛义德领导的新内阁。伊拉克政府在本国市场上借到了5万伊拉克第纳尔的贷款。然后,两河银行(Bank of the Two Rivers)于1943年在国内市场发行了300万第纳尔、免税且收益率为2%的债券。[①] 伊拉克当局有两个最终取得成功的目标:一是利用私人盈余抑制通货膨胀;二是提供能使他们实施新的基础设施计划的资金。但正如英国和伊拉克政府所承认的那样,它们显然更容易求助英国市场,因为英国阻止要求政治改革的舆论。此外,正如英国领事所指出的那样,发行这种债券是避免开征新税和发展这个国家的正确方式。两国的内阁可能都想避免就如何增加影响参众两院成员社会和经济基础的税收进行没完没了的议会辩论。的确,1941年6月表决通过的预算案出现了盈余:普通收入达到了1 000万伊拉克第纳尔,而支出只有860万伊拉克第纳尔(1941年)。不过,这份预算案并不包括公共工程项目。10月的一份预算增补案安排了一些需要用外部资源来弥补的预算赤字。1943年,伊拉克采用一种新的预算平衡理念:借债能够为建设必要的基础设施筹集资金。

在叙利亚,新成立的议会和新当选的共和国总统为恢复国家的权力与"自由法国"进行了艰苦的斗争,并在1944年年底终于获得了预算控制权。然而,新政府花了几个月的时间准备年度预算。1946年,众议院在讨论预算案时强调了主权的财政要素和前政权遗留下来的债务。众议院通过的新实践可以从以下三个方面来说明:首先,议员们同意把阿拉维派控制领土的债务与一般预算合并,并且剥夺了该领土的任何财政自主权。其次,他们承认资源仍然稀缺,高度依赖农业收入,并且讨论了把财政年度分为收获前后两个阶段的可能性。他们最终拒绝了这个想法,但认识到需要额外的支出来支持大型开发项目。最后,他们详细讨论了国内税和关税,以便在不侵犯私人利益的情况下发展国家的创收能力。因此,有些议员支持把税收作为社会正义的工具,而其他议员则反对这样做,但所有这些问题都为讨论债务问题提供了背景资料。

1946年,预算辩论仍然是议会会议的一个关键内容。通过这些工具,议

---

① January 16, 1945, Baghdad, FO 371/45, 321 (Kew); Daniel Silverfarb, *The Twilight of British Ascendancy in the Middle East: A Case Study of Iraq, 1941—1950* (New York: St. Martin's Press, 1994).

员们打算变卖受托统治当局的遗产。叙利亚的财政收入达到了9 250万叙利亚里拉,外加3 000万叙利亚里拉的特许使用费(铁路和石油输送管道使用费收入),而支出则为1.13亿叙利亚里拉。[①]一般债务为610万叙利亚里拉,还有一些其他预算余款。正如叙利亚财政部部长所解释的那样,债务增加是不同因素影响的结果:公务员工资和退休金增加以及德鲁兹教派和阿拉维派控制领土的债务合并。这位部长在他的提案中建议为偿还以前的债务安排520万叙利亚里拉。议会预算委员会更愿意通过利用不同的财政手段来偿还更多的债务,即610万叙利亚里拉,由此可见议会预算委员会在预算编制工作中扮演主要角色的原因。正如哈比卜·阿尔-卡哈拉(Habib al-Kahhāla)在他的回忆录中指出的那样[②],议会议员对预算委员会给予了很高的评价,因此,预算委员会会员资格的争夺十分激烈。部分议员在预算委员会内部就资源配置问题进行谈判,并为自己的选区谋利。议员能从议会为选区获得好处,能证明他对选民的影响力。与此同时,大多数议员反对任何可能减少他们收入的税收。议会预算委员会还利用不同的金融手段。部分资金来自国家控制的宗教捐赠基金(awqaf)。国家可以通过宗教捐赠基金发行偿还水平不同的债券。这种公债大部分似乎由国家管理,国家可以在私人市场上借贷。不管怎样,虽然议员想偿还国家积欠的债务并减轻债务负担,但他们得出的结论是,资源并不会提供大量的机会:由于支出增加,政府只能征用宗教捐赠基金,不过通常是用于宗教事务。

伊拉克和叙利亚两国都"继承"了以通货膨胀、与欧洲货币挂钩以及导致他们资源稀缺的预算正统理念为特点的困境。以伊拉克为例,本国贷款和外国贷款可以提供能够应对独立带来的挑战的新机会。[③]在叙利亚,结论就不那么明确。议会议员认识到了改革的必要性,但没有用任何新的预算机制来明确表达自己的认识。他们利用传统的手段多收了几千叙利亚里拉来支付债务利息。这两个国家的议员都希望实现他们自己的利益,符合他们的财政理

---

① Majlis al-nuwwāb, Mudhakkirat al-niyābiya (Damascus,1946).

② Habib Kahhāla, *dhikkriyat al-na'ib* [*Memoirs of the deputy*] (Damascus: s. n,1963),17.

③ Majlis al-a'yân al-irāqı (1946—1947),4th session,January 28,1946；Tawf ıq al-Suwaydı, *Mudhakarrat* [*Memoirs*] (London：Dar al-hikma,2006),441—442.

念，并且满足国家的需要。与此同时，他们要承受舆论的压力。叙利亚报纸《阿利夫报》在 1946 年呼吁政府"编制令人惊喜的预算"。[1] 叙利亚和伊拉克都设法获得其他资源来满足这些要求。

在债务不断增加的同时，伊拉克和叙利亚面临着寻找财政支持者的问题。叙利亚属于法郎区，而伊拉克的货币则盯住英镑。由于这两个国家都积欠英国市场的债务，因此，即使它们重新获得一定数量的价值不变的英镑，也无法决定为他们的资源制定总体规划，因为每次偿债都有新的谈判条件。每次谈判都意味着要讨论财政问题，还包括国防、殖民帝国的政策等问题。谈判都是在巴勒斯坦事件对公众舆论产生深远影响的背景下进行的。[2] 任何阿拉伯国家政府在与英国当局谈判时都很难不加入为阿拉伯人争取权利的斗争。但是，英国人通过采取一系列的主动行动，保住了他们在中东地区的优势地位：其他列强都无法给这些新生的国家提供援助。[3] 一些国际组织最先突破了这种不对称的关系。

"二战"结束时，伊拉克和叙利亚的新政权参与了一些国际组织的创建工作。国际货币基金组织或联合国的成员强调它们是同盟国的一部分，并且为赢得这场战争做出了贡献。成为这些"二战"后成立的国际机构的成员，在这两个国家也被作为取得独立的证明来庆祝。伊拉克议会的辩论表明了他们争论的主要焦点。[4] 一方面，一些部长声称，成为这些机构的成员代表着伊拉克在成为一个完全主权国家的斗争中取得了重要的胜利，因为伊拉克人开始在平等的基础上与英国人一起讨论问题。此外，他们认为，这些国际机构在不受外国列强约束的情况下可能会向伊拉克和叙利亚提供贷款。这种对西方侵略的恐惧表明 19 世纪晚期欧洲列强通过债务统治前奥斯曼帝国的国家集体记忆挥之不去，同时也表明当时对受托统治当局和新政权之间不对称辩论的担忧。他们还认为，加入国际货币基金组织可以避免类似的演变。另一方面，有

---

① *Alif Bā'*, July 12, 1946.

② Michael Eppel, *The Palestine Conflict in the History of Modern Iraq: The Dynamics of Involvement, 1928—1948* (London: Frank Cass, 1994).

③ Roger Louis, *The British Empire in the Middle East 1945—1951. Arab Nationalism, the United States and Postwar Imperialism* (Oxford: Clarendon Press, 1984).

④ "Quota-IMF", August 21, 1946, fle 10, S-0969-0002, United Nations (New York); Majlis al-A'yān al-ʿirāq (1945—1946), 2nd session, December 23, 1945.

些议员认为，加入这些国际机构一两年导致本国货币受到控制，从而相当于失去主权。不过，这些新的举措不仅表明主权如何成为这场辩论的关键所在，而且表明不同的政治派别如何在这个问题上斗争，以推动某些受到限制的政策。在大多数政治家避免要求议会开征累进税，而且需求增加和债务的通货紧缩效应导致收支平衡恶化时，每个国内派系都在寻找若干合作伙伴的新的国际秩序正在形成。

在这种背景下，1948 年发生的事件对这两个国家产生了深远的影响。1948 年，伊拉克经历了两次重大的危机。首先，1948 年 1 月，伊拉克首都爆发了谴责与英国签订新条约的抗议活动。在短短的几天时间里，当局失去了对首都的控制，抗议者要求结束君主制。在抗议活动的最后一天（1 月 27 日），示威游行者谴责面包价格飞涨。最后，军队向他们开枪，与英国签订的新条约被废除，新内阁宣布成立。几个月后，伊拉克和叙利亚面临巴勒斯坦战争。他们的政客宣称阿拉伯军队战胜了犹太复国者的军队。然而，伊拉克和叙利亚军队没能获胜。1948 年 12 月，两国政府承认失败。这一消息震惊了叙利亚和伊拉克。大马士革爆发了大规模的示威活动，其他主要城市也紧随其后，要求对失败进行调查。当局得出了同样的结论：缺乏现代化设备和发展不足是国家落后并因此失败的原因。[1] 这并不是"戴维击败歌利亚"（David against Goliath）的案例，因为阿拉伯人无法获得军需物资。突然之间，国家发展问题成为伊拉克和叙利亚两国政府优先考虑的政治问题，而政府的政治合法性是直接与部长们建立现代军队和组织报复行动的能力联系在一起的。

这两个国家在 1949 年再次受到了打击。在叙利亚，三次政变撼动了它的政治制度。[2] 在伊拉克，紧急状态法叫停了公共场合的一切政治活动。议会停摆了几个月后才重新开始工作。在这场动乱中出现了一些新名词。伊拉克必须获得现代化的设备，必须迅速改善社会和经济状况才能对抗以色列的进步。伊拉克出现了新的权力话语：效率和民族凝聚力成为实施变革的关键座

---

① Matthieu Rey,"How Did the Middle East Meet the West? The International United Nations Agencies' Surveys in the Fifties," *Middle Eastern Studies* 49, No. 3 (April 2013)：477—493.

② Matthieu Rey, *Un Temps de Pluralisme au Moyen Orient, Le Système Parlementaire en Irak et en Syrie, de 1946 à 1963* (Paris：Ehess, 2013).

右铭。然而,这些并没有给内阁带来新的资源。相反,伊拉克因拒绝使用以色列的海法炼油厂而损失了石油收入。随着"共同利益"制度的寿终正寝,叙利亚摆脱了黎巴嫩人对海关收入的干涉。因此,一方面,叙利亚当局能够确定国家应该优先考虑的问题,如建立一个海港,使自己能够独立于贝鲁特的基础设施;但另一方面,他们的收入减少,因为废除经济联盟扰乱了经济网络。20世纪50年代初,这两个国家都遭遇了财政危机,因为民众需要满足他们的迫切需要,而国家的资源仍然有限甚或濒临枯竭。这种情况尤其表现为流动资产短缺,而这种前文适当提到过的现象可能与货币流通中的债务过多问题有关。①

## 20 世纪 50 年代通过外援来为发展筹集资金

在上述背景下,伊拉克和叙利亚的领导人主动采取了一些行动。20世纪50年代初,两国政府遇到了一场涉及诸多方面的危机。一方面,农村危机、军事需求和修建国家的公共工程造成了预算负担;另一方面,议会没有通过任何增加土地税的提议,而是达成了这样一种共识:"危机迫使我们必须找到外国合作伙伴,才能在绕过财政改革的情况下继续实施发展项目。"此后,伊拉克和叙利亚走上了两条不同的道路,最终直到20世纪50年代末才又重新走上相同的发展道路。在伊拉克,1949年年底,渡过危机以后的政府迅速求助于外国援助来推进伊拉克的发展。努里·阿尔-赛义德领导的内阁通过与英国签订一项协议结束了伊拉克的财政危机。阿尔-赛义德在想进行新的基础设施建设时就求助于英国和新的国际机构。这可是阿尔-赛义德终生努力的结果:他在20世纪30年代初进入政界,成为与英国谈判的专家,并解决了伊拉克在发展方面的问题,主要是与农业和工业有关的问题。正如1937年第一个赴英代表团所指出的那样,他试图实施综合解决方案,即通过发展基础设施提高土地质量,从而扩大适合耕种同时也适合工业用途的土地面积。努里·阿尔-赛义德在与外国列强的交往中也发挥了关键的作用。他是伊拉克第一个赴英代

---

① IBRD, *Economic Development of Iraq* (Baltimore: Johns Hopkins University Press, 1952).

表团的成员,这个代表团在 1939 年曾要求英国方面提供贷款,但遭到了拒绝。1948 年动乱之后,他是稳定伊拉克君主政体的关键人物,尽管他已经开始寻找新的人物来确保政权的稳定。

为了达到这个目的,他不但与英国,而且与国际复兴开发银行这个新的国际机构谈判。① 由于伊拉克政府需要流动资金,再加上伊拉克的大部分资源因为海法输油管道的关闭而被冻结,因此,阿尔-赛义德和他的财政部部长陶菲克·苏维迪(Tawfiq al-Suwaydi)先是求助于英国市场。他们开始与巴林银行谈判,打算借 300 万英镑的贷款。② 与此同时,阿尔-赛义德向国际复兴开发银行提出了借贷申请。最初,他要求借 650 万英镑用于改善铁路。正如国际复兴开发银行的代表向英国提出的那样,伊拉克提出的申请表明,该国政府并不清楚自己的资源或需要。国际复兴开发银行在考察了伊拉克的铁路系统后得出结论认为,铁路改善项目可能为伊拉克的发展奠定正确的基础。英国敦促国际复兴开发银行提供贷款,条件是伊拉克重新开放海法输油管道。与此同时,伊拉克政府最终拒绝了巴林银行提出的条件,因为他们认为这个条件会导致伊拉克屈从英国政府。在美国的推动下,国际复兴开发银行、英国和伊拉克政府这三个合作伙伴通过谈判达成了一个新的项目:国际复兴开发银行决定把借给伊拉克的贷款增加到 1 250 万英镑。伊拉克可在国际复兴开发银行结束审查后动用这笔贷款。因此,国际贷款可以帮助伊拉克解决资金不足的问题,并允许伊拉克通过利用具有决定性作用的专门知识进行基础设施建设和扩展项目,主要是塔尔塔尔(Tharthar)项目。伊拉克、国际复兴开发银行和英国等一起开创了一种在国际合作伙伴与当地参与方之间新的对话方式,使他们能够避免在国家层面谈判。

1950 年 1 月,美国杜鲁门总统宣布,中东国家可以通过新的开发援助来获益。开发援助计划很快就被称为"第四点计划"(Point Four Program)＊,在

---

① Documents in FO 371/75153 and FO 371/75154 (Kew).

② Note 9912; August 1949, FO 371/75153 (Kew).

＊ 也称"落后地区技术援助计划",是 1949 年 1 月 20 日杜鲁门在就职演说中提出的美国外交行动计划中的第四点,故名。——译者注

对国家资源进行调查后提供资金援助。[①] 杜鲁门推出这项政策的最终目的是通过改善当地的经济状况来解决巴勒斯坦难民问题。"第四点计划"采纳了欧洲模式：马歇尔计划帮助解决了战后人口流动方面的困难，但并没有达到阿拉伯人的预期。贷款可能性谈判采用两种不同的方式。在伊拉克，政府没有立即拒绝可得到的援助，而议会就美国的建议如何能够满足伊拉克的需要进行了一段时间的辩论，虽然没有达成具体的协议，但赋予伊拉克方面一些与英国谈判的筹码。在英国方面取消财政资源谈判以后，伊拉克就转向美国，并要求与他们就空军基地、军备供应和债务问题进行谈判。

相比之下，叙利亚任何关于"第四点计划"的讨论都导致辩论变得激进。政客们把难民问题与巴勒斯坦问题联系在一起，他们拒绝在以色列继续它的统治的情况下，在叙利亚重新安置巴勒斯坦难民。因此，有人认为难民应该有机会重回自己的祖国。经济援助被认为是一个国内问题，必须以适当的方式处理。从这个角度看，由于西方列强要对殖民化和殖民地的落后负责，因此，他们必须帮助南方国家，而且不能把他们的援助与地区或国际问题联系起来。美国进入融资供应领域，并且扩大了对中东的潜在援助范围。谈判凸显了债务和贷款是涉及面更大的政策制定对话的一部分。

1950 年，一个新的群体掌握了叙利亚的政权。阿迪布·阿尔-西沙科里（Adib al-Shīshaklī）在 1950 年 12 月发动了第三次也是最后一次政变。他拒绝领导政府或接受部长职位。叙利亚成立了一个新内阁。不过，是阿迪布·阿尔-西沙科里非正式地统治着这个国家。他处理债务和贷款的方式突出了他指导政策的能力。1950 年 2 月，在叙利亚人反对"第四点计划"的时候，阿迪布·阿尔-西沙科里正率领一个叙利亚代表团去沙特阿拉伯访问。这一举动表明，东阿拉伯已经分裂成两派。沙特阿拉伯和埃及担心哈希姆派（Hashemite）的影响，试图遏制主要由伊拉克人主导的权力秀。"为叙利亚而战的战斗"就此打响。[②] 从这个角度看，西沙科里赢得了以人民党（hizb al-

---

① Michael Heilperin, "Le Point IV du président Truman," *Politique Etrangère* 15, No. 2 (1950).

② Patrick Seale, *The Struggle for Syria. A Study in Post-War Arab Politics*, 1945 — 1958 (London: I. B. Tauris, 1987).

shaab)为首的伊拉克派系的支持。他立即着手寻找资金，但他的行动仍然没有制度化，因为没有得到明确的授权。与伊拉克人不同，阿尔-西沙科里更喜欢与本地区的国家，而不是与本地区以外的国家打交道，从而使他能够规避外国施加的任何形式的压力。他成功地在短短的几天里借到了一笔贷款——沙特阿拉伯600万美元的贷款。这笔资金允许叙利亚新组建的内阁进行新的经济和社会政策实验。

这笔新的贷款凸显了叙利亚几个利益集团在编制预算的过程中如何相互影响。这笔贷款表明，叙利亚在两个不同的层面获得了重要的发展。在中东地区的层面，沙特阿拉伯利用这笔贷款与叙利亚建立了新的合作伙伴关系，从而迫使沙特阿美石油公司（Aramco Oil Company）提高石油开采特许使用费，以填补美元缺口。这样就出现了一条支持贷款和借贷的融资供应链：叙利亚签约从沙特阿拉伯那里借到了一笔无息贷款；而沙特阿拉伯则通过向石油公司等国际行为主体施压提出了提供一笔贷款的建议，并且利用这笔贷款帮助一个政治派别控制了叙利亚的机构。在叙利亚国内层面，哈利德·阿尔-阿兹米（Khālid al-'Azm）总理参与的讨论明确了这笔贷款的主要用途。虽然有议员指出，这笔贷款应该用来偿还每年未还清的那部分内债，但政府拒绝把这笔贷款用于这个用途。与此相反，阿尔-阿兹米宣称贷款将全部用于新的基础设施建设项目。叙利亚政府得到了同意沙特阿拉伯—叙利亚贷款协议的议员的广泛支持。

阿尔-西沙科里的行为也显示了这位有影响力的新政治家在叙利亚的作用。他既没有首先建立新的制度，也没有停止国家的日常运行。他支持新政府领导人哈利德·阿尔-阿兹米把重点放在国内改革和新的基础设施项目建设上的政策。叙利亚的新总理明确表示，沙特阿拉伯的贷款将为叙利亚基础设施建设[如扩建拉塔基亚（Lattakia）港]和落实发展政策提供资金，而不会用于偿还旧债。[①] 这样就确立了投资而不是还债的新逻辑。阿尔-阿兹米提倡技术专家治国的决策方式，从而使他与叙利亚两大政治集团拉开了距离。

---

① Notes in FO 371/82663；Matthieu Rey，"L'Extension du Port de Lattaquié（1950—1955），Étude sur les Premiers Temps de la Fabrique du Développement en Syrie"，in *Cahier de l'Ifpo* (2013)：59—82.

更广泛地说,阿尔-西沙科里和阿尔-阿兹米在几个方面有共同的地方,尤其是经济发展和以叙利亚为中心这两个方面。

无论是叙利亚的官员还是官僚,都没有革命的计划:他们秉持一种改良主义观。因此,阿尔-西沙科里和阿尔-阿兹米既没有在农村省份也没有在工业部门实施所有权转让。诚然,他们希望改变国家资源的性质。但是,1950年议会党团和军队派系之间的内斗致使内阁无法保证自己的连续性。由于接受了沙特阿拉伯的贷款,因此,叙利亚新政府得以启动一些项目,不用担心议会的干扰。

伊拉克和叙利亚采取了两种不同的发展方式,但都找到了可以解释公债进一步增加的相似解决方案。首先,他们能够获得急需的贷款:在几个星期里就筹集到资金。其次,他们成功地争取到了允许当局绕过有关国家应该如何发展的国内争论就能借到贷款。再次,他们都把贷款用于特别支出项目——专门的建设项目,而不是一般预算项目。最后,他们允许内阁与“国际社会”接触:部长们在贷款谈判时可以要求提供军事装备或技术援助。这些异同点解释了两国议会后来采取的行动。

20世纪50年代初,叙利亚和伊拉克围绕相同的问题展开了辩论。两国政府都希望开辟资金来源,而年轻的政治家或技术官僚大多坚持农业收入和土地的第一重要性。一方面,政府希望以国家的名义,通过征收土地税的方式控制农村地区。这种方式意味着要进行适当的土地调查,以明确不同类型的土地。但是,大多数新成立的中东国家自20世纪20年代以来就没有进行过任何土地调查。有些土地属于私人地主,另一些土地没有登记,还有一些土地是奥斯曼帝国时期遗留下来的皇领,独立后正式归国家管辖。最后一种土地在两个方面变得至关重要:首先,确保国有土地可以为实施土地改革提供机会,而不需要控制私有土地。国家可以供应自己的土地。其次,确定土地类别有助于规定准确的税率。另一方面,政府还要面对其他国家机关成员,主要是阻止任何新的税收措施获得投票通过的议员。伊拉克和叙利亚两国的内阁在试图制定真正的新土地法的过程中都没有取得任何进展。在叙利亚,制定土地法是一项涉及面更大的计划的一个组成部分:国家需要审计和专业知识来正确定义自己的财政政策。因此,不可能立即使用这个工具。在伊拉克,农村地区进行的首次调查遭遇了残酷的暴力行动,从而引发了人口外流:农民害怕土地领主。最后,努里·阿尔-赛义德不得不承认任何土地改革都会导致内战。结果,两国的内阁无力把更多的资源用于补贴租让、特许和借贷活动。

在这种背景下,伊拉克政府于1952年邀请国际复兴开发银行进行内容更加广泛的调查,当时伊拉克政府正与即将关闭的伊拉克石油公司进行最后一轮谈判。[①]伊拉克政府和伊拉克石油公司在1952年年初达成了一项协议,而努里·阿尔-赛义德成功地让议会批准了这项协议。然后,他与王室协商,让摄政王解散议会以确保支持执行新预算案的明显多数。虽然努里·阿尔-赛义德呼吁成立新议会,包括让支持新条约和支持他领导的人成为议员,但有几个党团对他的计划表示反对。结果两股势力推动了谈判:王室试图排挤阿尔-赛义德,并重新获得对国家的控制权,而反对派则要求先采取更加宽松的措施,他们才会参加选举。反对派的反对导致了公开且严重的紧张关系。各相关方面都无意解决分歧:示威活动如期而至。在这种背景下,国际复兴开发银行代表团就如何发展伊拉克的问题提出了建议。随着民众走上街头,暴乱在全国蔓延开来,社会需求就成为一个敏感的话题。

国际复兴开发银行在其伊拉克调查报告中强调指出,向国际机构申请援助有可能改变行政管理方法。伊拉克政府要求防止英国的任何侵权行为,但英国不得不同意国际复兴开发银行的任何参与。[②]不管怎样,国际复兴开发银行代表团完成了自己的使命,并把包括主要建议在内的报告送交伊拉克当局。该报告提出了很多与会计和发展统计机构有关的建议,它给出的结论是,伊拉克必须为编制统计数据进行大量的投资,因为伊拉克当局和国际复兴开发银行代表团成员都无法收集到有用的数据。这份报告还提出了计算国民收入和评估主要改革成果的方法。这项调查是与第一笔贷款的发放同时进行的,它的主要目的是帮助伊拉克改进行政机构,以便为发展项目筹集必要的资金。这些都是从完成第一次人口普查的1947年开始出现的长期趋势的一部分。从这个角度看,求助于国际复兴开发银行的援助凸显出贷款和债务是内容更广泛的谈判的关键因素。这份调查报告显示,各有关国家的政府顶住了

---

① Rey,"How did the Middle East meet the West?"
② 与此同时,国际复兴开发银行试图解决英国与伊朗有争议的探讨。

国内在这个问题上的反对意见。伊拉克首相可以与不同的权力机构谈判,他还可以表明伊拉克将参加哪个联盟。最后,借到贷款就意味着在不进行重大社会变革的情况下进一步推行行政改革,以提高财政效率。但在国际复兴开发银行完成报告后,由于签订了新协议,石油开采特许使用费迅速增加,伊拉克的国家预算发生了变化。很明显,石油收入可用来偿还未来的贷款。伊拉克正在构建"租金财政国家"(rentier state)的机制:由于难以开征新税,当局不得不寻找其他资金来源,并在谈判中拿自己的国际地位作为换取贷款的筹码。这种情况在伊拉克的预算中得到了体现:一个"特别"预算项目把所有的基础设施支出聚合在一起。20 世纪 50 年代中期,随着石油收入增加,并很快多到足以支付特别支出,于是,这种做法就变得没有必要。伊拉克的财政状况变化表明,租金和债务可以相互替代。

在叙利亚,议会在经过激烈辩论后并没有选择走与伊拉克相同的道路。1951 年年底,阿尔-西沙科里发动了第四次政变,导致日常程序陷入停顿,而叙利亚的制度博弈也因此发生了变化。叙利亚的所有政党被迫解散,萨鲁(Salu)将军——当时的阿尔-西沙科里上校——牵头组建了政府,但一直到1953 年夏天才制定宪法。在这样的背景下,叙利亚内阁试图通过创造更多的财政收入和普遍提高人民生活水平来坚持以前的方针。主要的目的仍然是对以色列发起挑战,因此需要获得军事装备和提高发展水平。为了给自己的计划做好物质准备,阿尔-西沙科里必须与外国合作伙伴合作。他很快就在大马士革接待了美国国务卿约翰·福斯特·杜勒斯(John Foster Dulles),并试图说服他相信,向阿拉伯世界提供武器有助于温和派政府捍卫西方价值观。阿尔-西沙科里声称,叙利亚领导人将全力以赴地通过鼓励改革来对付共产党势力。在这样的背景下,美国答应向叙利亚提供援助,但决定具体通过国际复兴开发银行提供。这样,阿尔-西沙科里就不会被指控把叙利亚卖给帝国主义列强。

1954 年 2 月,阿尔-西沙科里在新议会发表的演讲欢迎国际复兴开发银行代表团的到来。虽然在这个代表团抵达后不久,阿尔-西沙科里政权就被推翻,但这个代表团仍在继续它的考察。代表团在考察后得出的主要结论是,通过发行公债很难动员金融市场的稀缺资源;而叙利亚只同意从沙特阿拉伯借贷。代表团最后指出,与后续项目配套的贷款有可能改善叙利亚的状况。不过,这个代表团的考察报告提交给了一个新的叙利亚执政团队。1954 年 2 月下旬,阿尔-西沙科里政权被推翻,叙利亚重新实行议会制度。议会议员拒绝接受旧政权的做法和签订的协议,也不赞同国际复兴开发银行代表团对叙利亚下的结论。但是,他们肩负着为改善国家现状寻找资源的重任。与此同时,除掉阿尔-西沙科里后,再次引发了"为叙利亚而战"的激情:新议会的每个派系都在寻找盟友巩固自己的地位。能借到贷款或争取到物资,就能证明他们统治国家的能力。更确切地说,由于议会被分为平等的党团——主要政党各占议会 1/5 的席位,支配某些委员会就变得具有决定性意义。阿拉伯复兴社会党(Baath Party)在支配叙利亚议会外交事务委员会期间强加了某种伙伴关系话语。保持中立就意味着拒绝任何迫使叙利亚支持西方立场的联盟,也意味着与某些地区大国结盟。1955 年,叙利亚政府遇到了争取经济和军事支持困难的问题,因此转向了"中立"的阿拉伯国家集团,希望能达成合作协议。这年年底,埃及、沙特阿拉伯和叙利亚达成了一项三方协议。在阿拉伯国家提供融资资源的帮助下,这项协议为叙利亚铺就了一条新的前进道路。

\* \* \*

在这一章里,我们对伊拉克和叙利亚从委任统治开始到 20 世纪 50 年代的借贷情况进行了考察。这份长期考察显示,公债是这两个国家一场旷日持久、内容更加广泛的辩论的一个主题。虽然当局没有致力于扩大伊拉克和叙利亚的国家执政能力,但在 20 世纪 30 年代末,情况发生了变化。在经历了经济危机之后,这两个国家无法继续勉强保持收支平衡。此外,"二战"期间,当局需要承担更多的责任。获得独立,就意味着国家必须为人民践行新的使命。面对必要支出的增加,议会议员不得不寻找新的资源。20 世纪 40 年代末和 50 年代初,中东地区成了内部和外部动态变化的交汇点。在伊拉克和叙利亚国内,旧有的精英阶层拒绝改革国家财政机构,同时发展了一种有关国家发展使命话语。在国外,像国际机构这样的外国行为主体提供了符合这两个国家需求的资金。伊拉克和叙利亚当局把自己的主要收入来源从间接税和关税改为借贷,以满足社会对基础设施和军事装备的需求。所有这些变化为建立"租金财政"的政治机制铺平了道路——获得大于需要的财富。

因此,"不征税代议制"是议会制度发挥作用的结果。一些背景因素迫使财政支出增加,例如,为赶超以色列而需要实现军事装备现代化,为了给国家配备基础设施而需要加大公共工程投资力度,等等。由于财政问题动摇了这些国家政府的根基,它们大多把求助于议会的做法改为求助于国际机构或地区伙伴。申请贷款似乎能证明自己走向现代化并在国际舞台上争取到了完全平等的地位。因此,在这些国家的国内政界人士看来,国际货币基金组织和国际复兴开发银行可以在不侵犯主权的情况下提供专业知识和经济援助。相反,讨论土地或收入会危及议员的经济基础。议会的变化为创建在国外借债这种规避某些受托责任的机制铺平了道路。到了新的军事精英在 20 世纪 60 年代夺取政权时,已经建成的财政体系允许这些国家实施"租金财政"。

# 第四编

# 通往金融市场和全球债务危机的政治道路

## （20 世纪 70 年代至今）

很少有人会质疑以下这样的说法：我们现在生活在一个全球化的金融资本主义时代，它的特点就是放松对市场的监管、大量的资本在国家间流动以及政治主权有所削弱。那么，我们怎么会生活在这样一个时代？关于金融化的共同叙事强调了 20 世纪 70 年代"全球化冲击"所扮演的关键角色，而新自由主义思潮的兴起和资本对福利国家的反抗常被怀疑是造就这个时代的原因。

本编收入的四章要讲述另一个故事。这四章的作者认为，20 世纪 70 年代和 80 年代，向金融化债务制度（financialized debt regime）的转变，从根本上讲，是由政治和社会动机驱动，而不是由市场这只"看不见的手"推动的，就好像全球化没有任何政治基础一样。从监管型债务（regulated debts）转向市场化债务（marketized debts）的决定始于 20 世纪 60 年代末和 70 年代。当时，许多技术专家官员和政治行为主体认为,统制型债务制度——自 1945 年以来,一直与累进率很高的累进税制一起为混合型经济筹集资金——催生了太多他们无法(或可能无法)应对的通货膨胀性政治要求。就如阿纽什·卡帕迪亚和本明杰·莱莫恩在第十五章里对法国和印度的比较所显示的那样,这些改革者表现得就像他们希望将公债"去政治化",并委托据称不带政治色彩的市场主体管理公债,他们做出了一个具有深远影响的政治选择。公债管理方式如此彻底的变革,通过对短期危机采取半应景的补救措施,并对国家的经济干预施加恣意约束,导致权力从国家财政转移到央行和国际金融市场,就像亚历山大·努特泽纳代尔在本编第十六章里研究的意大利案例所表明的那样。但是,政治的影响并没有销声匿迹,而是被那些旨在免受民主受托责任影响的国内和国际机构所操纵。因此,人们越来越觉得金融市场可以随心所欲地对政治上被剥夺权利的共同体施加影响,就像 21 世纪头十年希腊债务危机期间的情况一样。

不管怎样,就像 2008 年危机后国家的干预和救助计划所显示的那样,国家仍然是至关重要的行为主体。对于大多数主要发达经济体来说,今天是一个借贷空前容易的时期。国家仍有能力承受高债务,但要付出削弱其民主制度的政治代价。国际公债关系也突出了这个维度:杰罗姆·斯加尔德在第十七章中表明,由国际货币基金组织在 20 世纪 80 年代拉美债务危机期间试行的债务清偿机制,虽然采取了市场化的改革方案,但仍要依靠有权对银行业实施管制的政府间谈判。但不可思议的是,在接下来的 20 年里,"超级全球化"高歌猛进,并且伴随着更大程度的资本账户项目自由化和银行业管制放松,但没有产生任何解决债务纠纷的国际框架,而是按照美国的法律体系,对美国的规则进行"再领土化"(reterritorialization)处理,就像 21 世纪头十年阿根廷与秃鹫基金之间的冲突所显示的那样。

全球化的金融网络与其所涉及的政治体制之间的差异从来没有像现在这样明显,这也解释了 21 世纪头十年尤其是在欧元区发生的许多政治事态和危机。在第十八章里,亚当·图兹通过关注那些自称是"债券义务卫士"的人及其在把这种新的金融化债务制度发挥到极致的过程中所扮演的角色来记述这些变化。在记述这些变化的过程中,他强调了新型高公债、不断扩大的经济不平等以及人们对民主制度的普遍不满之间的密切联系。近年来,这种不满助长了在世界大部分地区蔓延开来的危险的政治反应。不过,我们需要的不是哀叹"金融市场在全球占据的主导地位",而是阐明债务人和债权人之间的权力关系如何在这种新环境里不断得到重塑。正如图兹所总结的那样,"主权债务政治经济是一种策略博弈,并且完全是个政治问题"。

# 第十五章 法国和印度：从债务
# 统制到债务市场

阿纽什·卡帕迪亚*本明杰·莱莫恩**

现在，我们已经很熟悉当今的债务管理知识。2014 年，国际货币基金组织发布了《公债管理指南》(Guidelines for Public Debt Management)。[①] 这是为国际机构编纂的一份旨在使市场化债务管理成为一种国家可用来筹集资金的标准、合法和畅通无阻的债务管理方式的文献。国家应该像任何市场主体一样亮出自己的招牌，试着出售自己的债券。但在"二战"后的大部分时间里，从印度到法国等大经济体都利用"非市场融资渠道"来借钱，也就是依法授权银行和其他金融机构购买政府债券或者把现金存入国库账户（两者等效）。正如国际货币基金组织的指令所显示的那样，我们目前的新自由主义常识认为，这一套紧密嵌入了政治权威的非市场技术"具有扭曲效应"、不健全且缺乏竞争力，总而言之，是"需要避免的陷阱"。

这种如今已成为标准的叙事假设，只有一种可以保证好信用的有效方法。本章通过介绍法国和印度这两个看似没有可比性的国家的主权债务管理技术和政治的范式转变，对这种假设提出了质疑。我们将分析一种嵌入了政治权威、行政规则和管制的主权债务管理制度，即我们所说的债务统制制度(debt

---

* E-mail：akapadia@iitb.ac.in.

** E-mail：benjamin.lemoine@dauphine.psl.eu.

① 由国际货币基金组织和世界银行工作人员编写的《公债管理指南修订本》(Revised Guidelines for Public Debt Management：March 2014，Washington，International Monetary Fund)。另请参阅由国际货币基金组织和世界银行工作人员于 2001 年编纂、由一个有世界许多经济体的政府成员、财政部和中央银行代表参加的工作组和专案组编写的"公债管理共同框架"。

dirigisme），是如何被废除以及为何被遗忘且变得不可思议的。跨越发达国家与发展中国家之间的鸿沟、以市场为基础的债务管理技术，在 20 世纪 60 年代至 90 年代期间得到了广泛传播。

那么，是什么原因导致类似的债务管理方式突然出现在法国和印度这两个如此不同的国家？这个问题的第一个答案是：法国和印度之间的实际差别没有看上去那么大，至少两国在以精英、技术官僚统制为标志的中央经济统制技术方面的差别就是如此。这个问题的第二个答案是，这两个国家虽然程度不同，但在意识形态和制度上都融入了新自由主义的全球化之中。本章回顾了债务管理方式在法国和印度的确立、遭遇的危机和随后发生的变化，为考察债务管理发生世界性的历史转变提供两个切入点。

在试图评估法国和印度债务管理体系各自在历史上承受的意识形态和制度压力水平时，有必要回顾这样一个事实：管制型非市场化债务管理方式实际运行良好，并持续向国家提供流动性，以至于国家能够追求社会目标。如今居于霸权地位的豪言壮语掩盖了历史上很多这样的例子：国家不是在由（国际和/或国内）金融阶层的欲望和意愿支配的市场上筹集资金，而是依靠政治和行政权力并依法行使的监管来发掘利用本国的资源。

求助于资本市场来为国家筹措资金，既不"合理"或理所当然，也难免让信用评级机构和私人投资者监督公共政策，从而暴露国家的信用水平。但实际上，从战后重建开始到当下这个时期，各国政府在社会、政治和制度方面做出了旨在削弱并解构银行和金融机构权力的努力，目的就是要监管金融业，从而使它成为实施集体项目、提供广泛的公共服务和促进社会进步的工具。世界范围内发展起来的主权债务管理以及涉及面更广的国家机器和管理方式的金融化，实际有助于缩小实现这些社会目标的制度空间。① 我们在这一章里要说明制度缺陷的周期性、国际前沿的脆弱性和意识形态的顽固性如何合力在

---

① Christine Trampusch, "The Financialization of Sovereign Debt: An Institutional Analysis of the Reforms in German Public Debt Management," *German Politics* 24, No. 2 (2015): 119—136; Andrea Lagna, "Derivatives and the Financialization of the Italian State," *New Political Economy* 21, No. 2 (2016): 167—186; Florian Fastenrath, Michael Schwan, and Christine Trampusch, "Where States and Markets Meet: The Financialization of Sovereign Debt Management," *New Political Economy* 22, No. 3 (2017): 273—293.

法国和印度形成了为债务管理技术的结构性变化所必需的条件。

在像德国、意大利和法国这样的国家，公债在"二战"结束时据说"不可上市流通"。通过行政和政治规则发行和管理的公债占比远远超过了包括按照市场程序发行、出售和分销的债券在内的"可上市流通"或商业性公债。[①] 同期，英国的可流通和不可流通公债各占一半。[②] 但到了 1993 年，英国公债中的商业性公债占比增加到了 82%；而德国公债中的商业性公债从 1953 年的 8%增加到了 1993 年的 81%。总的来说，所谓的西方资本主义黄金时代——从 1945 年到 20 世纪 70 年代中期——基本上是靠国家的非市场融资支撑的。在可流通公债一直占主导地位的国家，国家的非市场化融资比例在那些年里明显下降。

法国和印度这两个差别很大的国家具有的共同点，说到底，就是这两个国家都是全球资本主义劳动分工大家庭里的成员。我们很容易忘记，战后伊始，法国也只是美国这个"核心"经济体的"外围"经济体，后来才逐渐成为核心国家。[③] 法国和印度都曾有过多次技术官僚精英与政党政治行为主体结盟促成的竞争性国家形态的经历。[④] 法国和印度都是按照新自由主义规划和设计市场经济的方式推行统制型产业政策的。两国市场规划的不同成功程度最终取决于两国内部以及两国与全球金融之间的力量对比。然而，即使在今天，法国的"国家主导"型资本主义与亚洲发展中国家之间的共同点可能要多于其与欧

①　从 1946 年到 1976 年，公债中商业性债务的占比，加拿大从 85%下降到了 37%；荷兰从 99%下降到了 61%；西班牙从 1945 年的 100%下降到了 1978 年的 22%。即使在整个 20 世纪 70 年代，法国 3/4 的国家融资，也就是行政管理型公债，仍然属于"不可流通"债券；但从 1987 年开始发生了逆转，受金融市场法则支配的"可流通"债券占据了主导地位。S. M. Ali Abbas et al. ,"Sovereign Debt Composition in Advanced Economies：A Historical Perspective," International Monetary Fund, Fiscal Affairs Department, September 2014.

②　Abbas et al. ,"Sovereign Debt Composition."

③　请参阅颇有影响力的论文：Michael P. Dooley, David Folkerts-Landau, and Peter Garber,"An Essay on the Revised Bretton Woods System," National Bureau of Economic Research, Working Paper 9971（2003）。

④　想了解关于民族国家形态的竞争模式，请参阅 Benedict Anderson, *Imagined Communities：Reflections on the Origin and Spread of Nationalism* （London：Verso,1991）；Partha Chatterjee, *The Nation and its Fragments：Colonial and Postcolonial Histories* （Princeton：Princeton University Press,1993）。

洲或英美资本主义之间的共同点。[①]

本国的障碍只有在非常特殊的紧要关头,而且要通过行政机构内部的主动政治动员,才会以非常多样化的方式屈从于全球化压力。除非本国的行为主体在其内讧中使用全球化话语,否则全球化话语就无法在国内引起关注。在意识形态方面,本章的考察期见证了技术官僚这个行为主体的一种叙事,这种叙事标志着旧管制型债务制度与主权债务"现代市场"及其"稳健"管理之间的对立。这种对立始于经济发展的"模式"和标准的稳定不变,而最终的结果则是形成了一套与"现代化"相容的技术。本章解释了公债管理技术的常态意识如何发生变化和替代。

特定技术在不同历史背景下的应用不但具有政策制定方面的路径依赖和锁定特征,而且会产生"政治"属性[②]:某种政治代议制(行政权和政治合法性与市场透明度、经济业绩、"现代性");经济政策的特定目标(通货膨胀与经济增长和重建);国家承诺和优先事项的具体顺序(偿还财政债务与安排社会支出)。

那么,在西方也被称为"辉煌30年"(一个生产率提高、经济快速增长和金融抑制的时代)的时期里,合法的制度安排怎么在法国和印度就变成了异端邪说呢?[③] 从历史的角度审视市场话语(和实践)霸权的当下就能发现这种霸权实际上是精英阶层内部政治斗争和民主背景下国家内部派系竞争的结果。在这个故事里,"可用的"经济学思想(即直接影响现实的经济学思想)主要是由

① Vivien Schmidt,"Varieties of Capitalism:A Distinctly French Model?" in *The Oxford Handbook of French Politics* (Oxford:Oxford University Press,2016),10—11;Bruno Amable,*The Diversity of Modern Capitalism*(Oxford:Oxford University Press,2003).

② 从事科学研究的学者观察科学技术如何使政治决策和民主成为问题。Langdon Winner,*The Whale and the Reactor:A Search for Limits in an Age of High Technology* (Chicago:University of Chicago Press,1986);Brice Laurent,*Democratic Experiments. Problematizing Nanotechnology and Democracy in Europe and the United States* (Cambridge,Mass.:MIT Press,2017).这篇论文通过考察公共管理手段(如财政手段)如何在不同的社会范畴之间取舍,如何改造然后稳定某个特定的政治秩序等问题,扩展了这个研究领域。

③ Rawi Abdelal,"Writing the Rules of Global Finance:France,Europe,and Capital Liberalization," *Review of International Political Economy* 13,No. 1 (February 2006):1—27;Eric Helleiner,*States and the Reemergence of Global Finance* (Ithaca:Cornell University Press,1994);Barry Eichengreen,*Globalizing Capital:A History of the International Monetary System* (Princeton:Princeton University Press,1996).

得益于具体权力、行动能力和等级合法性的技术官僚行为主体提出的。[①] 但在实践中,这个问题并没有出现在经济学理论视野中。例如,我们所说的行为主体并不关心经济学理论在这些制度安排转变中被称为"自由学派""凯恩斯学派"或"货币学派"。但我们看到一大堆"从技术的角度看是理想"的理论,其中所使用的工具和专业知识从本质上讲都是技术性的,并且传递了以下关于国家和经济应该是什么的不同概念:对国家统制程度较高或较低的敏感性(或谴责国家统制),关于市场在指挥或控制行为(包括政府本身的行为)方面的效率和合法性的不同理念。这些安排导致了与国家的不同关系以及政治干预货币和经济事务的不同程度。

在那些成功摆脱了后殖民时期贫困的国家里,发展状况、资本管制和债务统制都形成了一种把资源配置给国家的复杂制度体系,而国家反过来又使用一种非市场模式控制企业,即艾丽斯·阿姆斯登(Alice Amsden)所说的"相互控制机制",目的就是在确保规制并最大限度地减少被俘获的同时支持经济增长。[②]

那么,债务统制这座大厦怎么会坍塌呢? 我们研究的两个案例的主要反差是,在法国的债务管理走向新自由主义的时候,印度(即使不是在形式上,也是)实质上实行债务统制。那么,为什么像法国和印度这样相距遥远的行为主体都要(试图)抨击这种债务制度,同时又要通过复杂的论证证明这种制度范式转变的合法性呢? 为什么它们在有些场合取得了成功,而在其他场合则遭遇了失败呢?

通过打破发达国家(即法国这个处于重建阶段的老牌欧洲民族国家)与发展中国家(即印度这个在大英帝国崩溃后诞生的新民族国家)之间的明确分割,这样的比较就能让我们大致了解公债的发展历程,也让我们大致了解20世纪60年代到80年代从管制型债务制度到市场化债务制度转变背后的经济逻辑。

在这一章里,我们先概述印度和法国在各自统制制度形成的鼎盛时期如

---

[①] 请参阅本书第十六章和第十七章。

[②] Alice Amsden, *Asia's Next Giant: South Korea and Late Industrialization* (Oxford: Oxford University Press, 1992).

何欠下债务并且把这种制度作为自己的债务管理制度,然后探讨具体的危机如何被适时用来让既有的常识显得陈旧过时:内部磨损、外部压力和精英政治力量对比的变化在这两个国家统制制度生命周期的特定关键时刻开始产生负面影响。鉴于资本主义的全球化性质,在国际和国内形势以某种特定方式发生一致的变化时,债务管理往往就会发生范式变化。正如我们所讨论的那样,两个案例中都出现了国际和国内形势以某种特定方式发生一致变化这样的巧合。

## 债务统制模式的全盛时期

用彼得·霍尔(Peter Hall)和戴维·索斯基斯(David Soskice)的话来说,法国的"那种资本主义经济"更接近于德国的"协调市场经济",而不是英美的"自由市场经济"。[①]而费雯丽·施密特(Vivien Schmidt)则走得更远,她认为法国经济不只是"协调经济",而是一种"国家影响型市场经济"。在这种经济中,由精英领导的国家在它认为合适的地方以它认为合适的方式干预,有时采取完全的国有化模式,有时通过产业政策,有时通过更加协调的市场化工资谈判。[②]施密特指出,东亚的发展中国家也可以采用这种方法来分类。

但对印度统制经济采用这种方法来分类,就不那么恰当。正如许多观察家所指出的那样,与东亚和欧洲国家不同,印度的产业政策缺乏至关重要的外向型。出口不仅能为外围国家提供有利可图的市场;而且,更重要的是,在高度竞争的全球市场上取得成功,是衡量业绩的客观基准,使国家能够以一种有益、提高生产率的方式分配补贴,并且以一种全球市场这只"看不见的手"无法做到的方式"看得见地"奖励成功。印度作为一个统制经济国家,在1991年推行"自由化"之前,国内市场受到高度保护,但印度受保护的企业不像取得成功的发展中国家企业那样受制于出口业绩衡量标准。因此,印度的产业政策和补贴制度被效率低下但有政治背景的公司和基本上是从事农业的地主所把

---

① Peter A. Hall and David Soskice, *Varieties of Capitalism: The Institutional Foundations of Comparative Advantage* (Oxford: Oxford University Press, 2001).

② Schmidt, "Varieties of Capitalism."

持,而印度的增长潜力仍未得到充分发掘。

如果说印度也有成功的地方,那就是在确保自身的民主方面。事实上,我们可以直接通过印度的民主政治解决模式理解印度对债务管理方法的选择:市场化债务管理方法只会给市场主体一定程度的在债务市场上运作的自由以及贫穷民粹主义民主制度所没有的财政优先事项的处置权。在这方面,印度的发展状况形成了一种在结构上平行于战后世界范围内的统制经济,而管制自然延伸到政府举债的关键职能。

印度和法国的国家统制由于不同的原因,在不同的时期走上了新自由主义道路。这两个国家的共同之处在于,都有一群精英技术官僚,他们为竞争性国家的形成提供了渠道,但也把相关思想用于他们的权力游戏。考虑到政府债务在各种形态的国家形成过程中的中心地位,精英阶层在市场设计方面的技术斗争几乎总是意味着更深层次的斗争,即关于国家本质及其为哪些选民服务的斗争。

### 统制型债务管理技术

那么,法国和印度的债务统制在制度层面究竟是什么样子呢?对外资本管制和对内银行业从量控制相结合,意味着国家拥有不受内部或外部市场约束、被国家垄断的国内借贷来源,但并不意味着对国家借贷本身不受约束,而只是意味着通过政府债券交易及由此造成的利率波动的市场约束并不是约束国家借贷的机制。统制型债务管理遵循的逻辑不同于新自由主义的常识,"约束"职能可以通过各种各样的制度和政治解决方案来履行。

正是由于这个原因,财政部、中央银行和国有商业银行内部和之间的平衡,具有防止过度借贷导致通货膨胀和/或国际收支危机的作用。当时,这些机构的主要目标是通过对银行活动的监督和/或直接或间接的国有化,引导、控制和指导资金在整个经济中的配置。[1] 布雷顿森林体系时代的资本管制,通过限制外国资本流动减少流入政府腰包的资金"突然终止"的威胁,从而使

---

[1] Éric Monnet, *Controlling Credit: Central Banking and the Planned Economy in Postwar France*, *1948—1973* (Cambridge: Cambridge University Press, 2018).

这种形式的制度约束成为可能。① 虽然技术官僚们在这些流动性的制高点上任职,但他们的可操纵范围本身由要求实现经济增长和(或)遏制通货膨胀的更广泛的社会政治契约界定。

从"二战"结束到 20 世纪 60 年代,法国政府有几种可用的方法,但只能把它们用来选择在政府系统之外借贷。法国战后第一个"现代化和装备"五年计划(1945—1950 年)力求"确保人民生活质量快速提高,特别是在食品供应方面"。计划确定的项目有:(1)恢复战时受到破坏或被摧毁的基础产业(煤炭、电力、钢铁、水泥、农业工程和运输);(2)农业现代化;(3)资助建筑业(房屋和公共工程);(4)发展出口产业;(5)改善居住条件(尤其是住房)。值得注意的是,当时包括戴高乐在内的法国领导人确定优先发展项目的方式;当时所谓的绝对必要性与今天的紧缩和预算约束毫无关系。戴高乐宣称,"就经济而言",为了"利用共同的资源造福于全体人民","对特殊利益的追求必须永远让位于对普遍利益的关注"。② 这里有一种特殊的戴高乐主义社会契约,即一种在债务结构的形成和运作过程中得到体现的社会契约在起作用。

战后,法国没有储备来为第一个五年计划埋单,并且需要再造能够创造、维持和筹集到必要资金的财政体制。1945 年,法国国民经济部被赋予监督为公共投资融资的任务。经济计划、对银行系统和金融市场的严格管制以及国民经济中储蓄的公共集中征集和再分配制度,都体现了这种国家权力的部署。法国财政部创建了能确保国家"在任何情况下都有流动性可用"的简单、常规和安全的资源供给机制。③

至于弥补财政赤字,政府当局不必调整由金融市场确定的利率。利率可以一直很低,而且有利可赚,就像目前的情况一样,但仍然受制于固有而且往往是非理性的波动。当时的现金流安排使国家变成了国民经济的投资者和银

---

① Helleiner,*States and the Reemergence of Global Finance*.

② 戴高乐将军 1944 年 9 月 12 日在夏洛宫发表的演讲,转引自 Claire Andrieu,*Le Programme Commun de la Résistance*,*des Idées dans la Guerre*(Paris:Les Éditions de l'Érudit,1984),114。

③ Laure Quennouëlle-Corre,*La Direction du Trésor*,1947—1967:l'*Étatbanquier et la Croissance*(Paris:Institut de la Gestion Publique et du Développement Économique,2000),244;Jean-Pierre Patat and Michel Lutfallah,*Histoire Monétaire de la France au XXe Siècle*(Paris:Economica,1986),121.

行家,也就是所谓的"财政循环系统"。<sup>①</sup>这个概念不仅反映了政府由于一些实际原因而采用的平常的做法、规则和机制如何被技术官僚用来对经济现实进行理论系统化,而且包括各种约束力或强或弱的机制,并迫使许多金融机构将其从经济中吸收的资金存入财政部。

法国财政部在经济中扮演着主银行的角色,它收集存款,使得很大一部分财政赤字几乎可以自动得到弥补,而且不受任何市场程序的约束。财政部还像商业银行那样接收各代理行被迫存在它那里的资金,并按照代理行的指令为它们支付费用。与此同时,这些存款对财政部来说就像是"自然资源"(用当时的行政行话来说),法国财政部还是像现在的大银行那样被动地集中这些资金流。

这种融资模式与我们目前对债务的看法完全不同。法国财政部在确实需要借债时也很少向其管辖权外的债权人求助,而是动员和征集它的储蓄机构——"财政部代理银行"——网络的资金,财政部代理银行不但有家庭、公务员或者把法国财政系统当作银行(财政储蓄窗口)的其他公民开列的存款账户,而且包括必须把一定比例的现金流存入央行财政部账户的公营银行和机构。"财政循环系统"不但使政府不用依靠外部贷款机构,而且是一种为部署真正的财政能力而设计的机制。

在财政循环系统内部,利率由国家决定,因此不受供求规律的支配。资金在作为存款人和短期贷款人的个人或机构的公共网络中流通。国家,通过财政部,是一个享有特权的金融主体,因为部分资金自动归它管辖。到了1955年,这种体制使法国财政部成为法国经济中(法兰西银行除外)最大的资金吸纳者:"光财政部吸纳的资金(6 950 亿法郎)就超过了整个银行业吸纳的资金(6 170 亿法郎),而财政部配置的资金(7 830 亿法郎)也超过了参与发放信贷的公共和私人机构发放的全部信贷(7 150 亿法郎)。"<sup>②</sup>

---

① 想了解另一种关于"财政循环系统"概念的表述,请参阅本书第十九章。
② 请参阅本书第十九章。

这种指定资金共同用途的做法①与法国银行和信贷部门的国有化密不可分。法国 2/3 的银行和信贷部门——包括 1945 年国有化的法兰西银行和四家主要商业银行——当时由公共和准公共部门控制。多亏了这种体制,发行会把国家信用暴露在市场评判之下的中长期债券,只是一种可以选用的融资方式,但却是一种法国政府确实使用的补充融资方式。

印度也用一套与法国非常类似的制度管理公债的发行和销售。规范的社会契约当然是一种让一个新生国家对人口众多、被贫穷所困扰的民族做出发展承诺的社会契约,但实际有效的社会契约却更加隐性,是某种执政联盟内部没有哪个派系能支配其他派系的各敌对派系之间达成的和平协定。印度语境下的"民主",也许最好被看作敌对派系之间达成的临时协定,更像是一种中性的制度性争端解决机制,而不是对包容或社会转型做出的深层次承诺。印度统治阶级内部的这种分裂性质——印度历史政治经济文献的一个主要内容——产生了一种导致巨额财政赤字的动力。② 这些文献概述了印度统治阶级的主要构成——大企业主、富有的农业资本家和行政技术官僚,他们都在为自己争夺国家资助的份额。③ 然而,持续的贫困和后殖民时代精英对主权的天生迷恋,为旨在弥补财政赤字的融资方式设定了结构性限制。

印度作为一个贫穷的农业国,它的政权组织形式对通货膨胀也极其敏感。由精英阶层和下层选民组成的政治社会的诉求与上述限制因素相互作用,形

---

① Viviana Zelizer, *The Social Meaning of Money. Pin Money*, *Paychecks*, *Poor Relief and Other Currencies* (New York: Basic Books, 1994); Vincent Gayon and Benjamin Lemoine, "Argent Public," *Genèses* 80, 2010; Nathalie Daley, "La Banque de Détail en France: de l'Intermédiation aux Services" (CERNA, Mines Paris Tech, 2001).

② 参阅 Pranab Bardhan, *The Political Economy of Underdevelopment in India* (New Delhi: Oxford University Press, 1984); Michal Kalecki, *Essays on the Economic Growth of the Socialist and the Mixed Economy* (London: Unwin, 1972); Kakkadan Nandanath Raj, "The Politics and Economics of Intermediate Regimes," *Economic & Political Weekly*, 7 July 1973; Partha Chatterjee, "Democracy and Economic Transformation in India," *Economic & Political Weekly*, 19 April 2008; Matthew McCartney and Barbara Harriss-White, "The Intermediate Regime and Intermediate Classes Revisited: A Critical Political Economy of Indian Economic Development From 1980 to Hindutva," Working Paper Series of Queen Elizabeth House, Oxford, 2000; Vamsi Vakulabharanam, "Does Class Matter? Class Structure and Worsening Inequality in India," *Economic & Political Weekly*, July 17, 2010.

③ 参阅 Pranab Bardhan, *The Political Economy of Development in India* (Oxford: Basil Blackwell, 1984)。

成了一种特殊的制度复合体:银行系统被构建成把大量家庭储蓄投在政府为债务融资而发行的债券上的系统。印度的这种制度复合体可以被称为印度的"财政—货币机器"(fiscal-monetary machine),它的结构完全类似于上面介绍的法国的"财政循环系统"。在法国,财政部自己把存款作为负债,把贷款或投资作为资产;而在印度,"财政—货币机器"的直接作用并不那么明显。印度政府通过发行浮动债券筹集投资资金,而国有银行和保险公司一方面必须按规定购买政府发行的浮动债券,另一方面又动员家庭储蓄。

印度的财政—货币机器是在两个主要阶段组建起来的:一是1969年把14家最大的商业银行收归国有;二是1980年把另外六家银行收归国有。这两个年份标志着英迪拉·甘地(Indira Gandhi)这个需要大量流动性才能维持其运行的集权民粹主义政权的寿终正寝。到了20世纪80年代,印度这台"财政—货币机器"由于使用过度,已经磨损严重,因此不得不求助于越来越多的外债。不管怎样,这台机器又勉强维持了10年,直到1991年全球流动性危机冲击世界经济时才被淘汰。印度的权力结构意味着巨大而又持久的财政赤字:对执政联盟的某些成员(关系密切的企业、有权势的农村地主)征税的谨小慎微以及对其他成员进行补贴的需要,与由于政治原因而放大的国有企业低效率相互作用,从而导致国家的收入流萎缩,支出则只会随着政治碎片化而增加。[①] 那么,如何在避免通货膨胀、维护主权和保持"民主"的同时为弥补这些结构性赤字(我们也能在法国看到由其他原因造成的这种赤字)筹集资金呢?印度的银行体系为这个根本性问题提供了制度性的解决方案。

就像在法国一样,印度银行业最重要的监管特点是政府依法拥有优先占有银行业资源的权利。到了1991年,也就是在危机推动经济自由化的前夕,印度商业银行持有59%国家和中央政府发行的证券;印度储备银行持有20%;而国有人寿保险公司则持有12%。因此,在改革前夕,印度这三种金融实体总共持有印度政府91%的未偿债务。印度的政府债券"市场"是真正的垄断市场。这三种金融实体经过多年的积累能持有这么多的政府证券,要归

---

① 请参阅 Sanjay Reddy,"A Rising Tide of Demands: India's Public Institutions and the Democratic Revolution," in *Public Institutions in India: Performance and Design*, eds. Devesh Kapur and Pratap Bhanu Mehta (New Delhi: Oxford University Press,2007)。

功于所谓的法定流动性比率,也就是银行必须依法以政府证券的形式持有的贷款资产占其存款负债的比率。法定流动性比率规定了银行由于推定的监管原因必须借给政府的最低贷款额。此外,银行还受制于现金准备比率,即它们必须(无息)存入印度储备银行的现金额。

因此,这些比率的执行史就是关于财政在货币体系中重叠程度的故事。到了 20 世纪 80 年代末,印度的法定流动性比率达到了 38.5％的历史最高水平,不包括增量存款的现金准备比率可能达到了 15％。到了 20 世纪 80 年代财政扩张产生作用的时候,也就是到了整个银行系统不得不把 53％以上的资金投在政府债券上的时候,银行通常持有超过法定限额的政府债券。

就像战后的法国银行系统一样,印度的银行系统在把存款存入银行的公众与银行通过被迫购买公债发放贷款的政府之间扮演了主要中介的角色。因此,家庭通过储蓄赋予银行杠杆利用储蓄的能力,从而增强了政府实现相对较高但稳定的债务比率的能力。印度家庭的储蓄通常超过印度 30％的国内生产总值,因此,构建财政—货币机器的储蓄基础现在是,而且未来仍将是非常稳固的。

### 垄断资源的政治合法性证明

法国和印度的这些债务机器从以下这个关键意义上看发挥了它们的作用:它们被用来把财政与私人资本隔离开来,还被用来管理经济中的货币流通,从而为实施统制政策创造了空间。因此,这些债务机器是它们各自所属的国家的"嵌入式自由主义"的关键支柱。

在法国,"财政循环系统"代表了一种特殊的民主观。财政部的技术官僚代表了国家的政治合法性,而这种合法性允许他们干预经济,并以压倒私人行为主体乃至公众舆论的至高无上的态势处理财政和货币问题。财政循环系统起到了有效防止"货币墙"(money wall)——金融资本家为了破坏政府从事非正统的社会、财政和货币政策的努力,或者更一般地,为了破坏政府采取违背他们阶级利益的措施的努力而事先构筑的障碍——卷土重来的保护作用。[①]
在"二战"结束后的 30 年里,平均而言,法国公债占国内生产总值的比例稳定
地维持在 15%～20%,而现在几乎达到了 100%。法国的财政循环系统还使
当局能够避免承担过多请求法兰西银行垫付的政治责任。[②]

当时,法国政府考虑这样的选择需要得到议会的批准,通常会面对一些公
众的喧嚣和激烈的辩论。议会定期检查国家存在法兰西银行的资金(有法定
上限),或者政府[通过"大笔借款政策"(politique des grande emprunts)]明
确诉诸公众和国民储蓄,是一种具有政治风险的融资模式,因为与债务统制和
银行监管的自动机制相比,这种融资模式意味着公众能够看到并会引发一般
性争论。早在 1948 年,法国就建立了流动性监管制度,银行有义务购买和持
有一定数量的短期国库券。一项被称为"国库券下限"(bons planchers du
Trésor)的法律规定——相当于印度的法定流动性比率规定——要求银行购
买并在其资产组合中持有中短期国库券,从而允许行政决策部门决定债务和
国库券的利率和价格。这项被理解为"强制贷款"的法律规定,是一种确保银
行不会抛售国家证券的手段,但也是一种控制银行活动的方式。它在某种程
度上起到了强制准备金制度的作用,但在这种制度下,银行不是把流动资产存
入中央银行,而是系统投资于短期国库券。这些强制购买国库券的规定与其
说是实施货币自由放任政策的永久性机会,还不如说是双向调控货币的杠杆:
由于银行必须在自己的资产中持有一定数量的国家证券,因此,在通货膨胀时
期向企业或家庭超贷的能力就受到了限制,同时又能让国家安然无恙。

虽然"财政循环系统"模式经常与通货膨胀失控的危险联系在一起,但我
们必须记住,在这个模式的全盛时期,即 20 世纪 50 年代和 60 年代,法国的通
货膨胀率被控制在平均 6%以下。[③] 最重要的是,这些赋予财政部的工具远远

---

① 在法国,这个词语因 1924 年左翼卡特尔政府遭遇创伤性财政危机后变得出名。时任政府总
理的爱德华·赫里奥特(Edouard Herriot)创造了这个词,用来形容银行业和金融环境对他的改革议程
的敌意以及他们试图通过破坏法国经济来劝阻他的努力:Jean-Noël Jeanneney, *Leçons d'Histoire
pour une Gauche au Pouvoir. La Faillite du Cartel* (1924—1926) (Paris: Seuil, 1977, 22003)。

② 请参阅本书第十二章。

③ 除了 1958 年不可忽视的 15.8%的涨幅外,这个时期的通货膨胀实际上比较稳定,但从 1974
年开始又恢复到了两位数:Thomas Piketty, *Les Hauts Revenus en France au XXème Siècle. Inégalités
et Redistribution* (1901—1998) (Paris: Grasset, 2001), 689—690。

不是仅限于现金流管理,而且使国家能够扮演流通中货币和信贷总量监管者以及经济增长驱动者的角色。这就是有效的制度约束。

法国"黄金时代"的融资方法在公共当局和金融机构之间建立了一种特殊的政治关系。这种方法以大众利益的名义①引入了货币和财政职能的政治和行政协调机制。在弗朗索瓦·布洛胥-莱乃(François Bloch-Lainé,战后法国最著名的资深官员之一)看来,这种特殊的协调机制与国家对银行和短期票据市场机制的支配和控制有关。他对当时的法国财政部与英国财政部进行了比较,英国财政部"饱受市场利率的影响,而不是规定市场利率"。② 多亏了管制型债务,"法国财政部仍然是短期利率的操纵高手,通过设定自己的利率来制定市场法则"。③ 法国财政部通过强制银行购买它发行的证券来强行规定银行的货币供应量。政府持续发行债券,从而确保它的需求在任何时候都能得到满足,并消除了市场对其债券定价不合理的威胁。因此,法国政府成为非同寻常的借款人,被赋予制定有关自身债务规则的权力,并把自己的权威强加于银行业和金融界。资金流量由政府当局创造、引导和控制,政府当局把资金用于实现战后戴高乐主义社会契约的特定经济目标:生产资料的重建和充分利用。

同样,印度的财政—货币机器起到了国家可以借贷的储蓄垄断来源的作用,而银行系统则确保国家对资源的"优先占用"保持在具有重要政治意义的通货膨胀区间内。这台财政—货币机器通过限制银行存款利率,从而暗中向储户征税,确保为负债累累的国家输送负的实际利率。印度没有国内或国外债权人要求其政府保持财政廉洁,也没有希腊或阿根廷等典型"第三世界债务国"的债券市场义务卫士,因为印度政府曾经有(现在仍然有)自己的主要债权人,即收归国有的银行系统。20 世纪 70 年代和 80 年代初,在这个政权变得极不稳定之前,边缘地带还有很大的利用空间,而后续政治机构则充分利用这个空间。印度的银行系统作为农业经济货币化的关键手段,被用来使农村储

---

① 戴高乐 1944 年 9 月 12 日在夏洛宫发表的演讲,转引自 Andrieu, *Le Programme Commun de la Résistance*, 114。

② François Bloch-Lainé, *Profession Fonctionnaire* (Paris: Seuil, 1976), 70.

③ Bloch-Lainé, *Profession Fonctionnaire*.

蓄金融化,并动员农村储蓄为执政联盟服务。

如果没有这种控制金融的国内资金来源,印度的执政联盟就可能早就被危机压垮。虽然印度在 20 世纪 90 年代初也经历过外债危机,但从未发生主权债务违约。这场危机发生的时间值得注意:大多数其他发展中国家早已饱受国际债务困扰,在 20 世纪 70 年代就陷入了危机。20 世纪 90 年代末,东亚经济体也感受到了国际债务流入和流出的冲击。印度的财政—货币机器在印度独立后的大部分时间里充当了抵御外资流动的壁垒,而外资流动往往是发展中经济体的祸根。只有一次,也就是在 20 世纪 90 年代的转折关头,印度失去了这种与外债隔绝的状态,从而导致了某种"自由化"。

当然,有人可能会提出一些违背事实的观点,即对印度政府实施更加严格的预算约束,可能会取得更有成效的结果:印度政府极低的效率,正是由其借贷的垄断性质造成的。这种观点无疑是正确的,但忽略了一个涉及面更大的问题,即基本的社会契约起到了某种最终约束的作用,尤其是在通货膨胀方面。印度的执政政党必须再次当选,而超过一定程度的通货膨胀会让他们在选举中败北。这种政治约束很可能力度太小,而且发力太晚,但其他发展中国家的经验表明,市场约束很可能过于苛刻,从而导致政治均衡无法维持。

这一节阐述了国家管理债务的制度和方法对于法国和印度这样的国家统制体制取得政治和经济两方面的成功有多么重要。储蓄被强制转化为国家的债务工具,然后由银行系统或财政部自己持有。这种动员储蓄的做法使法国的产业政策能够在帮助一个饱受战争蹂躏的经济体回归全球核心经济体的行列的过程中发挥了关键的作用。此外,这种有计划的经济增长是在遏制通货膨胀的情况下实现的,因此有悖于货币主义常识。印度由于它的殖民地历史,因此并没有取得重大的经济成就,但却取得了比较明显的政治成功,并且创造了使一个纷争激烈的政体一直在民主轨道上运行,同时又遏制通货膨胀和阻止国际资本流入的手段。与任何复杂的体制机制一样,法国和印度这些体制机制的命运,即它们的持续或消亡,并非不可避免。在印度的案例中,这些体制机制建立在政治均衡的基础上。如果对制度修复的常规和定期需要与令人担忧的政治局面同时出现,就可能要改造这些制度。我们现在要讨论的是这些紧要关头。

# 债务统制制度并不稳定

这一节考察新兴的新自由主义意识形态如何成功地阻止印度和法国陷入周期性制度危机，并且介绍这两个国家需要大刀阔斧——而不是临时性修补——的制度改革。推动这种变革的一个关键不对称因素是，行政管制本身并没有意识形态上的意图：它们或多或少是对总体统制经济范式的流动性要求做出的务实回应。对于市场化债务管理来说，情况并非如此：我们只要想想拍卖在新自由主义范式中扮演的象征性角色。

因此，法国的行政手段和决策的经济框架在理论上只是得到了隐含的证明。布洛胥·莱纳谈到了他供职的部门奉行的"原始凯恩斯主义"："在非常不完善的观察和干预手段的作用下，我们一直致力于'用好印钞机'。我们的主要信念（不排除由于道德沦丧而造成的悲伤）是，如果没有持续、几乎是不惜一切代价的公共投资，就不可能有经济起飞。"①当时的技术官僚们用一些近乎宗教的词语描述他们的对手的行为和信仰，因为他们的对手从一开始就想叫停使用债务统制工具，并且希望回归信贷分配市场法则的自然秩序和合法性：

> 有些人甚至虔诚地声称，他们信奉一种确实因为诸如通货膨胀等客观上应受谴责的罪孽而被我们冒犯的宗教。但在无可指责的货币神学的面具下，他们是在表达不满，而不是歌颂美德。他们说，"基于一种本质上是人造的法郎的增长，以这种代价不能取得进步，必然会倒退"。②

但是，这些所谓的"回归战前正常的市场规则"的机会、必要性、确切条件、时机和实施，并不是预先定义或给定的。这种把战后制度结构框定为偏离常规的做法，当然是试图（重新）建立霸权的标准修辞手法。其实，整个战时事业和 30 年成功的经济增长——基本上是整整一代人——都是依靠这些制度来管理或者实现的。在制度出现漏洞时，质疑债务统制模式的合法性，就成了市

---

① François Bloch-Lainé and Jean Bouvier, *La France Restaurée. Dialogue sur les Choix d'une Modernisation* (Paris: Fayard, 1986).

② Bloch-Lainé and Bouvier, *La France Restaurée*, 106.

场改革者手中有力的话语武器。"正常"的危机可以被定义为系统性危机。

正如法国的例子所表明的那样，不稳定性可能来自行政机构内部，并且有可能一点一点地改变整个体制。改革者可以通过批评体制、动员政治阶层并发起公开辩论来接受不同的举措和变革，从而在体制内部引发危机。从 20 世纪 60 年代末开始废除"高于市场"的机制，目的就是要把国家从它受人尊敬的位置上拉下来。把作为银行的国家以竞争的名义拉下神坛，目的就是要把相当一部分金融部门"解放"出来。涉及面更大的意识形态转变与技术变化结合在一起，出于意识形态和务实的原因，自由主义改革者和政策专家为财政部发行的公债进行了大宗商品化：一方面是为了防止通货膨胀（这已成为政策制定者考虑的国家优先事项），另一方面是为了证明政府有能力采取行动规避这种风险。

把遏制通货膨胀而不是充分就业放在优先位置，已经表明战后劳资之间的社会契约已经破裂。[1] 通货膨胀不再被视为一种不可避免的结果，而是被政府默认为其合法政策的必然结果。相反，虽然目前的通货膨胀水平看似可控且合理，但通货膨胀已开始被视为政府需要解决的紧迫问题。法国财政部的自由主义改革者以及雅克·鲁夫（Jacques Rueff）等"御前"理论家认为，国家管理的财政部债务工具是导致货币和预算混乱的不健全货币，是很容易消除的通货膨胀原因。这些官员表示，改用市场化融资机制，可以让政府在无须担心通货膨胀的情况下自由借贷。[2] 当然，20 世纪 60 年代末的通货膨胀也表明，许多发达国家战后的经济机器放慢了运行速度，因为即使在工资要求没有降低的情况下，生产率还是下降了。[3] 无论是有意还是无意，迫在眉睫的通货膨胀问题促使技术官僚们展开一场旨在使工资要求与不断下降的生产率保持一致的斗争：为了遏制通货膨胀，政府不得不放慢经济增长的速度，因此，也必须把工资要求降低到适中水平。

拍卖成为改革者们首选的公债发售方式。让-伊夫·哈贝雷尔（Jean-

---

① Wolfgang Streeck, *Buying Time. The Delayed Crisis of Democratic Capitalism* (London: Verso, 2014).

② Monnet, *Controlling Credit*.

③ Robert Brenner, *The Boom and the Bubble: The US in the World Economy* (London: Verso, 2002).

Yves Haberer)和其他法国改革者认为,采用拍卖的方式销售政府的公债工具,可以让他们认为是真正的市场民主和透明得以出现,并用来抵制已经受到抨击的"过度"官僚权力以及按法律规定持有公债的统制主义。市场机制可用来重构利率水平,并使利率成为对政府借贷的一种约束,而不是在阈值制下盛行的国家决策。因此,财政循环系统不只是由于它内部的功能失调而被逐渐废弃,而且也是一项旨在限制国家货币和预算作用的计划的组成部分。

这种强加于国家的约束直到逐渐放弃一些当时被轻蔑地称为"干预主义"的做法之后才占据主导地位。20 世纪 60 至 70 年代制定了"旨在废除财政部赋予自己的特权"的措施,用哈贝雷尔的话来说,是为了"引入些许自由主义",回归强势货币。但正如埃里克·莫内(Éric Monnet)的研究表明的那样,战后的货币和债务定量和"定性"控制范式,是一种对法国货币体系施加反周期约束的范式,但无须诉诸任何市场化的价格(即利率和贴现率)管制。因此,即便通货膨胀是一个问题——它是不是一个客观的问题本身就是一个政治问题,选择通货膨胀控制方法的问题也依然存在。

在印度的案例中,有证据表明,印度经济突然陷入了一场全面的国际收支危机。在最深的层次,这场危机是由于政府的软预算约束未能遏制执政联盟对非生产性补贴的需求,从而导致财政赤字出现不可持续的膨胀的结果。随着印度财政—货币机器因政府债务而变得不堪重负,到了 20 世纪 80 年代中期,印度储备银行越来越多地求助于把赤字直接货币化的方法,从而招来了中央银行技术官僚们的反对。这意味着政府没有强迫商业银行购买它的债券,而是直接找中央银行,让有更多资金的中央银行贷记政府账户。这样,政府就不用发行更多的债券。这是一种国家信贷货币制度下的"印钞"方式,随之而来的是各种通货膨胀风险。简而言之,中央银行被要求负责助推通货膨胀。这些技术官僚所寻求的技术手段仍然是使政府债务市场化,但为时已晚,已经无法阻止印度在高流动性的全球市场上举借短期外债,而这本身就是印度财政—货币机器不堪重负的直接结果。

造成印度遭遇这场危机的主要原因是,在政治上滥用为在制度层面掩饰这个国家分裂的政治体制而建立的财政—货币机器。印度的政治体制使银行的杠杆率达到饱和。法定流动性比率(必须投资于政府证券的银行存款比率)

在20世纪70年代上升了8%,而在政府债务膨胀的20世纪80年代仅上涨了4.5%。虽然抢占资源的需要随着财政赤字的大幅度增长而增加,但抢占率却有所下降,这清楚地表明印度银行系统已经不堪重负。这个国家的政治开始达到它的极限。这种形式的优先占有权的扩大是以银行的健康增长为基础的,但在印度的背景下,这种优先占有权本身就成了一种课征于银行增长的税收。

随着财政—货币机器因抢占资源的力度不断加大而变得过热,银行系统的债务承受能力达到了饱和。随着贷款问题的政治化,不良资产在20世纪80年代开始增加。由于财政压力不减,因此,金融系统一直在寻找解决方案,并且终于找到了一种解决方案,那就是向更高一级的中央银行求助。正是在这个时候,政府内部具有改革意识的技术官僚开始了反击。

也正是在这个时候,战后时期的统制主义、凯恩斯主义常识开始在全球范围内消退。由于西方发达国家的增长机器年久失修,货币主义咄咄逼人的反霸权开始站稳脚跟。为了遏制越来越严峻的通货膨胀威胁,这种意识形态认为,中央银行应该在法律上独立于财政,并严格专注于货币供应,这样才能遏制通货膨胀。由于财政创造货币经常被认为是通货膨胀的主要(但不是唯一)原因,因此,遏制通货膨胀就等于遏制财政。货币主义远非只是一种指导技术官僚行为的学说,而且旨在改变政治解决方案本身,就像它的先驱者所深知的那样,但是通过技术官僚因而不是那么明显可见的手段。印度央行的官员开始运用货币主义理论来抑制财政,因为印度的财政—货币机器过热,中央银行的资产负债表本身受到了侵蚀,从而导致通货膨胀的危险增加。货币体系运行状况审查委员会(Committee to Review the Working of the Monetary System)成立以后,印度央行的官员在1985年发布报告散布他们被逼得太紧的消息。[①]

货币主义是印度银行系统寻求自我纠正的话语手段,这就意味着应该建立一个印度储备银行可以通过干预来控制货币供应量,而不是让国家从银行和央行那里筹集资金的政府债券市场,目的是要通过市场约束来强化对国家

---

① Report of the Committee to Review the Working of the Monetary System (Bombay: Reserve Bank of India,1985).

的预算约束。平衡货币体系运行状况审查委员会的成员构成,就是为了推动这个目的的实现。这个委员会的结论是,"在印度,把促进价格稳定的主要角色赋予货币当局,并且在货币当局所追求的各种目标中让价格稳定占据主导地位的做法是可取的。"[1]为了实现这个目标,印度储备银行应该采用"带反馈的货币目标",一种打破传统货币目标束缚的复杂构想,因为任何针对货币增长的刚性政策规则都将对财政构成比政治解决方案所能承受的更多的约束;"带反馈"就是承认这一点。法国的情况有所不同,它更加隐秘地引入了货币主义。

印度的民粹主义政客们靠通常是毫无成效的庇护过日子,并且拼命守护着自己的财政自主权。印度与运行良好的发展中国家不同,通过管制机制发放的补贴不是用来换取可衡量的业绩:他们就是维系权力红利分配的庇护的象征。由于他们受到本身就是其职位授予权来源的选举约束的驱使,约束民粹主义者的一个因素就是通货膨胀。因此,民粹主义者受到民主的约束,但在通货膨胀爆发之前仍有足够的空间来玩庇护游戏。一旦通货膨胀超过 10%,所有的民粹主义者就会受到相似的约束,因此也会相应见风使舵。

### 培养接触国际金融的能力

如果我们把债务统制定义为本国公共借贷与外国资本和私人投资之间的制度隔离,全球市场对这种防御的渗透就标志着债务统制的寿终正寝。毕竟,流动性可以从不同的地方获得,但由于流动性来源不同,因此,随之产生的流动性政治也会有很大的不同。法国和印度的案例表明,围绕债务管理的国内争论与全球金融天气系统的重大气候变化是多么地形影相随。雅克·吕夫(Jacques Rueff)这个法国批评他所说的布雷顿森林体系这种不健全的国际通货膨胀性制度的主要学者,同时还呼吁采用拍卖国债的方式为国家筹集资金。

这种论点在 20 世纪 60 年代引起了一些共鸣,因为戴高乐对美元霸权的

---

[1] Report of the Committee to Review,146.

抱怨变得敏感起来。[1] 随着维持法郎国际地位的论点在法国政府内部得到越来越多的支持,其他论点遭到了排斥。其实,还有另一种论点指责国家之间缺乏货币合作和经济外交[2],但正在失去说服力。问题不在于"法国的经济政策"本身,而在于"欧洲内部面对不稳定的资本流动建立国际关系的努力遭遇了失败"。[3] 20 世纪 80 年代,即使在社会主义阵营内部,这类问题也遭到边缘化。国家改革、批评和战略行动再一次以互惠和加强的方式相互作用。[4]

决定信贷系统量化行政管制效能的关键功能性因素是资本管制:财政自给是债务统制功能性财政控制的必然结果。债务统制毕竟是更一般的统制中的一种,只有政府能够在没有遭遇有深度和流动性的货币市场的反对的情况下,通过行政手段调节经济时,这种范式才能奏效。换句话说,切实可行的行政控制要求国家有能力通过合作和外交独立调节本国的汇率和利率——正如布雷顿森林体系最初所允许的那样。随着所谓的开放型经济的宏观经济三难选择——政府只能在资本流、利率或汇率这三种控制手段中选择两种,最终事实上在 20 世纪 50 年代末被设定为开放资本账户,政府逐渐失去了操纵货币的自由,因为另一个颇具规模的玩家,也就是全球资本市场,现在能够穿越主权经济空间转移资金。虽然许多欧洲国家的资本账户直到 20 世纪 80 年代仍处于受管制状态,但大多数欧洲国家在 1959 年已经恢复了贸易账户资金的自由可兑换性。因此,资本流动可以通过多报进口/少报出口等方式伪装成贸易流。这种做法已经开始让行政管理机构忙得喘不过气来。

随着资本账户现在事实上变得越来越开放,债务统制模式因为国际约束的作用迅速增大而变得越来越难以为继。一旦国内和国际流动性之间的联系

---

[1]　Christopher Chivvis, "Charles de Gaulle, Jacques Rueff and French International Monetary Policy Under Bretton Woods," *Journal of Contemporary History* 41, No.° 4 (October 2006): 701—720.

[2]　The "failed cooperation of the 1970s". 埃里克·海莱纳(Eric Helleiner)在《国家与全球金融的重新出现》(*States and the Reemergence of Global Finance*)中强调的"20 世纪 70 年代合作失败论"。

[3]　阿兰·鲍伯利(Alain Boublil)是弗朗索瓦·密特朗的顾问,在 1981—1983 年期间经常捍卫异端立场。Memo by Alain Boublil, 5 April 1982, Elysée Archives. Quoted by Anthony Burlaud, "Les Socialistes et la Rigueur" (Master's diss., University Paris I, 2011), 85.

[4]　Rawi Abdelal, Mark Blyth, and Craig Parsons, eds., *Constructing the International Economy* (Ithaca: Cornell University Press, 2010).

实际得到恢复,国际资本就能以一种有意义的方式在货币市场上表达自己的观点。这种每天就货币和财政政策举行公投的威胁①,把各个国家推到了管理本国货币的极限。国家要么完全放弃管理本国货币,让市场决定的方式使本国货币的价格自由浮动,或者试图让本国货币长期盯住其他国家的货币,主要是贸易伙伴国的货币,以最大限度地减小汇率波动对至关重要的贸易关系产生的有害影响。欧洲显然选择了后者,永久性地把货币主权交给一个自治机构,从而永远限制未来任何债务统制模式的适用范围。

这种转型并不能一蹴而就,在完全移交给市场之前还需要采取许多中间步骤,审慎管理货币和债务市场。20世纪70年代和80年代,大多数经合组织国家的货币仍由各自的央行管理。但是,法国政府中有一部分热衷于欧洲的人,他们寻求把法郎与马克挂钩,并创建一个泛欧货币体系约束民族国家及其货币。② 一种波兰式的经典双重运动开始成为焦点。自由主义者试图构建一个全球市场来促进不受约束的资本流动并削弱政府的作用,而社会契约导致财政以越来越受约束的方式扩张。即将上任的密特朗社会党政府很快在1981年就感觉到了这些约束因素,因为社会党政府的扩张政策导致法郎受到了攻击,经济扩张也受到了限制。

### 用主权债务重建资本市场

虽然在许多选区,20世纪80年代初是新自由主义的"分水岭",但情况往往是左翼政府是新自由主义改革的代理人,这是国际金融压力再加上新的技

① 沃尔夫冈·施特雷克解释了这一机制,并把它扩展到了政府债券拍卖:Wolfgang Streeck, *Buying Time*;Benjamin Lemoine, "Democracy and the Political Representation of Investors. On French Sovereign Debt Transactions and Elections," in *The Making of Finance. Perspectives from the Social Sciences*, eds. Isabelle Chambost, Marc Lenglet, and Yamina Tadjeddine (London: Routledge, 2018)。

② David R. Cameron, "From Barre to Balladur: Economic Policy in the Era of the EMS," in *Remaking the Hexagon: The New France in the New Europe*, ed. Gregory Flynn (Boulder: Westview Press,1995),124—128. David R. Cameron,"Exchange Rate Politics in France, 1981—1983: The Regime-Defining Choices of the Mitterrand Presidency," in *The Mitterrand Era. Policy Alternatives and Political Mobilization in France*, ed. Anthony Daley (New York: New York University Press,1996), 56—82. 吉斯卡尔和施密特(Giscard and Schmidt)以及他们关于欧洲货币体系的倡议,参阅 Eichengreen,*Globalizing Capital*。

术官僚共识的结果。法国就是这样的例子，1981 年出现了一个弗朗索瓦·密特朗领导下的社会党政府。就像 10 年后美国的比尔·克林顿一样，密特朗上任时提出了扩大财政的计划，结果却发现新兴金融的约束非常有力。但是，社会党找到了一种能使把市场技术引入债务统制管理世界的做法合法化的叙事。20 世纪 80 年代是法国债券市场自然化的重要时期，因为它通过获得弗朗索瓦·密特朗社会主义经历的认可获得了政治合法性。皮埃尔·贝雷戈瓦（Pierre Bérégovoy）这个非常著名的社会党财政部部长以其工人阶级出身而闻名，他以"普通人"的名义为这些改革辩护，并把它们说成是对小额储蓄的保护：竞争机制有可能降低信贷成本和利率，并且有利于普通法国人，而不是投机者。[1] 按照他的主要内阁顾问让-夏尔·纳乌伊（Jean-Charles Naouri）的说法：

> 在贝雷戈瓦担任总理后的内阁中，我们知道必须做什么。这一点至少在 10 年前就已经很明显了。第一件事是确定贝雷戈瓦在那起"政变"中与我们站在一起。我们有许多有力的论据捍卫（改革）。但是，贝雷戈瓦只执着于以下这个问题：是否会降低法国人的信贷成本？[2]

这位社会党财政部部长以小储户和中下层阶级的名义（这是一个可以在许多其他历史背景下观察到的政治理由）[3]，排除了金融监管的障碍，为法国资本市场向全球资本开放铺平了道路。这些年来实施改革的左翼领导人绝不是金融正统和放松管制的新皈依者：他们是"嫌疑惯犯"，也就是社会党的自由派。[4] 因此，雅克·德洛尔（Jacques Delors）本身具有基督教和社会民主主义倾向，绝不会倾向于"雅各宾主义"或"国家统制主义"，他准备与任何形式的管制经济决裂。20 世纪 80 年代可被理解为法国社会党在意识形态和技术上的 180 度大转弯，也就是说，在国家融资技术上接受市场的排他性，而在市场化

---

①　保罗·拉尼奥-伊莫奈和安吉洛·丽娃（Paul Lagneau-Ymonet and Angelo Riva）证明了自由化和捍卫"大众资本主义"之间的关系："La Privatisation Paradoxale d'un Étrange Bien Public: la Bourse de Paris dans les Années 1980," *Genèses* 3, No. 80 (2010): 49－69。

②　Rawi Abdelal, *Capital Rules. The Construction of Global Finance* (Cambridge, Mass. : Harvard University Press, 2009), 61.

③　这种语言在历史上得到动员，有时是为了完全不同的目的。例如，请参阅本书第十一章。

④　Marcos Ancelovici, "The Unusual Suspects: The French Left and the Construction of Global Finance," *French Politics* 7, No. 1 (April 2009): 42－55.

技术或管制型债务方面则拒绝多元化和实用主义。在密特朗总统任期的早期,时任财政部部长的让-伊夫·哈贝雷尔明确拒绝研究旨在为国家融资、被认为是"古老的历史"遗留物的统制解决方案[即"国库券门槛"(Treasury bills threshold)]。这种拒绝可能是用专业术语表达的,但却暗含着一种政治(实际上是意识形态)偏好。随着全球市场的重新开放和外部流动性约束变得更加有力,社会党自由派胆子也变得更大了。随着所谓的左翼政党现在以普通公民的名义使新的市场化技术合法化,法国也逐步为全面废除债务统制模式铺平了道路。

采用市场化管理技术最初属于管理经济和货币事务的政治和技术官僚计划的内容,现在已经完全非政治化。到了 20 世纪 80 年代末,政治不再让金融行为主体感到讨厌,正如法国财政部路演期间的一场银行演示活动所宣称的那样:"无论谁赢得 1988 年 5 月的总统选举,法国债券市场都不会受到影响。"[①]这是一场相当出色的表演:法国社会党把资本市场作为经济痼疾——无论是通货膨胀还是"宽松"的财政和货币政策——的解决方案。市场机制以及资本市场的相关监管放松也被理解为是一种基于实际储蓄和"稳健"货币的促进经济健康增长的方式,同时也为被看作给作为社会党新核心选民的中产阶级提供廉价信贷的途径。[②] 阐明这一转变过程的政治,能够揭示国家机构不断变化的本质:它们就"好像"一个借款常客[③]、众多债券发行人中的一个发行人以及"专注于算计自身经济利益的经济人"。[④]

在印度的案例中,由于政治需求导致赤字增加,国内债务引擎过热,信贷系统的流动性水平越来越高。需求从银行系统转移到央行的资产负债表上。在央行的技术官僚反击时,整个银行系统在更高货币层级(即国际货币市场)

---

① 法国财政部财经档案中心的档案,本明杰·莱莫恩(Benjamin Lemoine)查阅。

② Benjamin Lemoine, *L'Ordre de la Dette. Les Infortunes de l'État et la Prospérité du Marché* (Paris: La Découverte, 2016); Mathieu Fulla, *Les Socialistes Français et l'Économie* (1944—1981). *Une histoire économique du politique* (Paris: Les Presses de Sciences Po, 2016), 470.

③ Jérémy Morales, Yves Gendron, and Henri Guénin-Paracini, "State Privatization and the Unrelenting Expansion of Neoliberalism: The Case of the Greek Financial Crisis," *Critical Perspectives on Accounting* 25, No. 6 (2014): 423—445.

④ Roi Livne and Yuval Yonay, "Performing Neoliberal Governmentality: An Ethnography of Financialized Sovereign Debt Management Practices," *Socio-economic Review* 14, No. 2 (April 2016): 339—362.

上寻求流动性。国际货币市场作为债权人,当然远不如印度人习惯的国家垄断的财政—货币机器那么宽容。在整个 20 世纪 80 年代,随着一种新自由主义制度逐渐被执政的国大党所接受,印度举借了越来越多的短期和外汇主权债务。1980 年,国际货币基金组织借给印度一笔数额可观的贷款——该组织至此发放的最大一笔贷款,为在最近一次石油危机时期资金充裕的外国贷款人提供了"质量认证标志"。印度外债占国内生产总值的比例在 20 世纪 80 年代末达到了 30%,其中短期债务几乎是印度外汇储备的四倍。

20 世纪 90 年代初的冲击足以让印度陷入自独立以来最严重的国际收支危机,这个危难时刻为印度新自由派历史性地开启了一个印度自己的"自由化"时代。政府借债能及时为国家提供流动性。政府作为国家最大的经济实体(即使是奉行自由主义的国家,政府所占的份额也要超过本国经济总量的1/3),它的流动性业务会影响任何经济体的总体流动性状况。确保国家有能力在遭遇最低限度反对的情况下采取寻找流动性的行动,是债务统制管理的公开目标;而新自由主义者宣称的目标则是在这方面对国家进行制衡,他们更喜欢的方法是建立一个全球流动性市场,以便全球金融的全部影响力都可以在一个严以律己的国家发挥作用。

因此,无论国际金融市场和机构是像在法国通过通货膨胀,还是像在印度通过外债与国家财政发生关系,都会导致债务统制管理模式的实际消亡。发展中国家印度甚至在自由化后仍保留着国有化银行,并继续在很大程度上"抑制"金融,使外国投资者基本上无法进入印度的政府债券市场。债务统制管理模式是印度政治平衡不可放弃的重要支柱,它的国内财政—货币机器刚修好就恢复到了与世隔绝的状态。此时,印度财政规模有所缩小,而印度的故事也转变为一种占主导地位的新自由主义叙事。但是,印度财政—货币机器这个制度综合体仍在继续运行,虽然采用了一种删减的形式,但却催生了印度式的民主,而不是强势的资本主义。印度的债务管理体制过去并且现在仍然屈从于复制其带有民主色彩的恩庇政治。随着新自由主义在 20 世纪 90 年代初的崛起,印度的债务管理已经采用一种印度央行现在被限制在它直接可做的事情但公债仍由大国有银行和保险公司持有的有市场外表的体制。被解读为让评级机构满意的"财政责任"意识包括政府债务。因此,与法国不同,印度的"财政循环系统"虽然一直被批评是一种前现代财政系统,但基本上仍完好无损。

*   *   *

我们已经概述了法国和印度这两个由国家主导的经济体在相似的紧要关头的债务管理体制和意识形态的发展历程。债务管理是一个由一小群紧密相关的人做出具有宏观政治影响的微观技术选择并由精英主导的领域。因此,我们在这里记录的是计划技术从统制向新自由主义的转变。在统制范式中,计划的傲慢溢于表面,而在自由范式中则隐匿在市场自由主义的话语背后。

然而,市场本身就是人为精心设计的空间,这是卡尔·波兰尼(Karl Polanyi)在两代人以前提出的观点。新自由主义与古典自由主义(波兰尼的观点)的区别在于,前者明确使用计划方法来设法主动设计市场,从而达到自由主义的目的。[①] 古典自由主义主张"守夜人"国家应该让市场自己持续运行。这种意识形态在大萧条占去一半时间的丘吉尔所说的第二次"三十年战争"的史诗般创伤中销声匿迹。绝不能再让"市场"自行其是了,至少在操作层面就是如此。无论表面上使用什么样的修辞手法,市场结构都必须由忠于职守的技术官僚精英群体通过行使国家的权力有意识地计划、组织和构建,并且有条不紊地加以巩固。

新自由主义的占领过程本质上是矛盾的,因为新自由主义的自我表现仍然是古典自由主义的自我表现,即主张削弱国家。[②] 这种矛盾都没有比在围绕如何设计和构建政府债券市场的论战中表现得更加明显。货币制度本质上是一种层级制度,但总要发生一场旨在确定这种层级制度轮廓的政治斗争。[③]国家发行的债券是基准债券,是最安全的资产;国家债券的价格决定整个经济的借贷条件,但国家债券的价格可以通过行政管理或政府债券市场来确定。

因此,政府债券市场是财政的根基,但它只是在计划和管制方法的连续统

---

①   Philip Mirowski and Dieter Plehwe,eds.,*The Road from Mont Pèlerin*:*The Making of the Neoliberal Thought Collective* (Cambridge,Mass.:Harvard University Press,2009).

②   Mirowski and Plehwe,*The Road from Mont Pèlerin*,38—44.

③   Perry Mehrling,"The Inherent Hierarchy of Money," in *Social Fairness and Economics*:*Economic Essays in the Spirit of Duncan Foley*,eds. Lance Taylor,Armon Rezai,and Thomas Michl (New York:Routledge,2013);Anush Kapadia,"Europe and the logic of hierarchy," *Journal of Comparative Economics* 41 (2013):436—446.

中做出的一个选择。请别忘记，即使在今天，货币的基准价格，即利率，也是一个由中央银行采用行政方式设定的固定价格。市场远非从市场价格，而是从这种行政设定的价格中获取线索。在具有天然层级结构的货币空间中，统制主义和新自由主义计划技术之间的距离确实可以很小。这种货币权力的集中，使得（行政管理型或市场化）债务管理技术成为控制整个经济的关键所在。这就是债务管理无论是采取统制还是自由模式都是涉及面更广的经济计划范畴的一个子集的原因。

本章概述了关于债务管理在两个由"政府指导经济生活的手"定义的国家应该采取哪种体制的争论。与法国政界一样，印度政界也有一个由技术官僚组成的精英阶层。这两个国家都实行统制经济，它们的政治经济在新自由主义范式下以相似的方式演化。随着法国政府统制经济的程度在 20 世纪 70 年代，尤其是在 80 年代开始下降，政府对关系重大的大公司的约束和指导程度也开始下降。即使法国没有发展成一个英美型的全面自由市场经济国家，金融市场也给法国货币、公共财政和社会支出造成了压力。

印度没能从一开始就获得发展，在很大程度上可以归咎于它没有能力让企业寡头朝更有效率的方向发展。"自由化"只是强调了印度企业寡头的自由，并且实际大大增加了它们的数量。因此，在印度的后统制时期，企业寡头精英逐渐从国家和市场中独立出来。现在回过头来看，造成印度债务统制管理体制最终失败的部分原因，并不是对资本主义的"非自然"约束注定会失败，而是这样求助资本主义目的论，并没能在当时出台的民族主义替代方案中找到它的对等物。福利国家和行政管理型资本主义可以说没有任何反霸权叙事要表达。因此，在行政管理型资本主义遭到批评并陷入危机的时候，把这些失败视为不可避免，并从自由的角度论证，是一项相对比较容易的话语任务：具体来说，法国的新自由主义计划者们采用了这种修辞手法，而印度的同行也采用了这种手法。

在发展中国家，这种话语权失衡因为与另一种严重的意识形态不对称（即西方与东方之间的意识形态不对称）重叠而被放大。这一点再加上印度经济的外围性质，使得印度的精英们只有较小的回旋余地，但印度与法国体制的共同轮廓显而易见。鉴于这个贫穷民主国家的市场化改革者们在政治上相对比较薄弱,因此,印度是资本主义话语权运作的一个很好的测试案例。即使在1991 年的信用危机发生后过了整整 1/4 个世纪的今天,市场化范式虽然在很大程度上没有得到遵守,但仍然在技术话语层面占据着至高无上的地位。这个不足被认为只是一种背景和连接方面的不足:最佳实践告诉我们必须怎么做,我们只需要考虑一些当地的特殊情况就能把事情做好。把一种东方的历史终结型意识形态内部化,就是在占据主导地位的合法化话语层面的霸权主义。在法国和印度,关于民族和国家的争论要么倾向于右翼的民粹主义,要么倾向于久经风雨的左翼福利改良主义。迄今为止,两者都没能撼动市场建构导向的新自由主义的主导地位。但游戏仍在进行,新的反霸权主义玩家可能还会从强调民族的一方脱颖而出。

# 第十六章　债务危机的政治经济学分析：20 世纪 70 年代以来意大利的国家、银行和公债金融化

亚历山大·努特泽纳代尔[*]

　　1976 年 1 月，意大利央行行长保罗·巴夫（Paolo Baff）收到了该行研究部主任托马索·帕多亚-斯基奥帕（Tommaso Padoa-Schioppa）提交的一份预警报告。"外汇储备和信贷额度悉数告罄，导致意大利陷入了一场严重的国家危机，就相当于 1943 年美军登陆西西里岛……在这种情况下，经济学家不能声称危机的根源是非经济的，而建议采取政治措施则意味着超出他们的能力范围。相反，经济学家必须承担责任，提出基于经济而不是政治考虑的解决方案。"在帕多亚-斯基奥帕看来，政府可采取的重要措施包括动员私人储蓄、提高税收体系效率和对公共经济活动私有化（特别是工业和银行业国家参与和规划的活动），以创建更具竞争力的经济。[①]

　　帕多亚-斯基奥帕在报告里指出，20 世纪 70 年代由公债不断增加引发的危机应该被看作一场深刻的危机，这不但是一场公共财政危机，而且是整个政治体系的危机。除了意大利——与其他大多数欧洲国家一样——由于石油危机和布雷顿森林会议建立的国际货币秩序的崩溃而必须面对金融和经济问题外，大量的紧张因素也威胁着战后重建期间意大利达成的脆弱的政治共识。意大利共产党和基督教民主党之间的"历史性妥协"受到了由 1969 年以后的

---

　　* E-mail: nuetzenadel@geschichte. hu-berlin. de.

　　① Archivo storico della Banca d'Italia（ASBI），Carte Baff，Monte Oppio, b. 24, fasc. 1: Guido Carli to Minister of Treasury Ugo La Malfa, 8/8/1973: Tommaso Padoa-Schioppa to Paolo Baff, 23/1/1976.

罢工浪潮和社会冲突发起的挑战。在议会院外势力崛起以及右翼和左翼团体的恐怖袭击破坏了民主制度权威的情况下，技术官僚政府就成为一个解决经济、社会和政治危机颇有吸引力的选项。

托马索·帕多亚-斯基奥帕是新一代技术官僚经济学家和金融专家中的关键人物，在债务管理、财政整顿和货币政策方面颇有影响力。帕多亚-斯基奥帕曾就读于博科尼大学（University of Bocconi）和波士顿麻省理工学院。在积累了短暂的私人部门管理经验之后，他在意大利银行谋得了职位。与此同时，他曾担任过包括总部位于华盛顿的三十国集团（Group of Thirty）在内的众多经济团体和机构颇有影响的顾问。从 1993 年到 1997 年，他担任巴塞尔银行监管委员会（Basel Committee on Banking Supervision）主席，2006 年担任罗马诺·普罗迪（Romano Prodi）政府的经济与财政部部长一直到 2008 年 5 月。就像他这一代的许多其他经济学家技术官僚——包括罗马诺·普罗迪、贝尼亚米诺·安德烈亚塔（Beniamino Andreatta）、马里奥·蒙蒂（Mario Monti）或马里奥·德拉吉（Mario Draghi）—— 一样，帕多亚-斯基奥帕试图对政治和经济体制进行彻底的改革。在 20 世纪 70 年代的政治危机中，由于政府反复重组、社会发生大规模的冲突和恐怖活动日益猖獗等问题，因此，国家变得越来越虚弱，而中央银行则显然成了一个稳定的避风港。

本章的论点是，债务危机为意大利提供了新的意想不到的回旋余地，并且在 20 世纪七八十年代从根本上改变了意大利的金融和经济体系。从这个意义上讲，"危机"一词与经济学家通常定义的"危机"不同。汉斯约格·西根塞勒（Hansjörg Siegenthaler）通过把经济危机与制度变革和社会学习联系在一起的方式，对危机概念进行了重新定义。[①] 西根塞勒把现代经济发展描述为以结构性稳定和危机为标志的时期序列。在结构性稳定时期，可能会出现经济波动，但社会规范和监管系统保持不变；而危机的特点则是根本失去对现有秩序的信任。因此，危机是进行可发展新的认知和制度监管系统的"基础学习"的关键时刻。

---

① Hansjörg Siegenthaler, *Regelvertrauen, Prosperität und Krisen：Die Ungleichmäßigkeit wirtschaftlicher und sozialer Entwicklung als Ergebnis individuellen Handelns und Lernens* (Tübingen：Mohr Siebeck, 1993).

　　最近的一些经济和政治学研究着重考察了过去几十年南欧债务增长的共同模式[①],但笔者想说意大利的经历有些不同。希腊、西班牙和葡萄牙传统上都有很多私人外债,而意大利很大一部分公债是在国内发行的内债。正如笔者要讲述的那样,意大利家庭的私人储蓄为弥补政府财政赤字做出了巨大贡献。但是,只有通过调整财政和货币政策并对 20 世纪 70 年代和 80 年代发生的债务进行市场化管理才能做到这一点。意大利的案例证明了金融化并不一定仅仅由放松市场监管的逻辑驱动。自 20 世纪 70 年代以来,正是政府、央行和私人投资者之间的互动成就了金融创新,这也解释了技术官僚和央行行长在金融市场转型中扮演了如此重要角色的原因。虽然他们常常追求国家政治议程,但往往是通过参加世界银行、国际货币基金组织或经合组织等机构的活动来保持良好的国际关系。

## 20 世纪 70 年代的经济增长终结和债务危机

　　从长远看,20 世纪 70 年代的意大利债务危机并非前所未有。[②] 早在 19世纪,由于基础设施、公共管理和军事工程等国家建设项目花费巨大,债务占国内生产总值的比例迅速上升。[③] 当时,意大利经济落后、地形复杂,需要大量投资,而疲软的国内资本市场无法为投资提供资金。进入 20 世纪后,由于

---

　　① 例如,可参阅 Stefano Battilossi,"Structural Fiscal Imbalances,Financial Repression and Sovereign Debt Sustainability in Southern Europe,1970s—1990s," in *The Political Economy of Public Finance. Taxation ,State Spending and Debt since the 1970s* ,eds. Marc Buggeln,Martin Daunton and Alexander Nützenadel (Cambridge: Cambridge University Press,2017),262—298。

　　② 请参阅 Roberto Artoni and Sara Biancini,"Il debito pubblico dall'Unità ad oggi," in *Storia Economica d'Italia* ,eds. Pierluigi Ciocca and Gianni Toniolo (Rome/Bari: Laterza: 2004),269—380; Franco Spinelli,"Dimensione,composizione,quotazioni e costo del debito pubblico interno dal 1861 al 1985. Con una appendice sul debito estero," in Idem,Per la storia monetaria dell'Italia (Turin: Giappichelli,1989),301—355; Francesco Rèpaci,*La finanza pubblica nel secolo 1861—1960* (Bologna: Il Mulino,1962); Alexander Nützenadel,"Im Schatten des Staates. Öffentliche Schulden,Kreditmarkt und private Vermögensbildung in Italien nach 1945," *Geschichte und Gesellschaft* 41 (2015): 447—464。

　　③ 请参阅 Ragioneria Generale dello Stato,*Il bilancio del Regno d'Italia dal 1862 al 1912—1913* (Rome: Tipografa dell'Unione,1914); Giuseppe della Torre,"Collocamento del debito pubblico e sistema creditizio in Italia (1861—1914)," in *Storia d'Italia* ,Annali 23: La banca,eds. Alberto Cova et al. (Torino: Einaudi,2008),401—420。

财政整顿和经济高速增长,意大利的债务比例不断下降,直到"一战"期间又迅速上升。就像大多数欧洲国家一样,这场战争也使意大利付出了沉重的经济代价,给战后历届政府和经济复兴造成了巨大的压力。在两次世界大战间隔期里,意大利最初试图控制公共支出,并消化"一战"期间积累的债务负担,但因大萧条和"二战"而没能取得成功。①

1945 年后,意大利和其他许多欧洲国家一样,在通货膨胀和货币改革的推动下,公共部门经历了大规模的债务减免。② 国家负债率下降到了 30% 左右,并在 20 多年里一直维持在这个水平。③ 在这个新成立的共和国,奉行自由主义的财政部部长路易吉·埃诺迪(Luigi Einaudi)和央行行长多纳托·梅尼切拉(Donato Menichella)推行保守的预算和货币政策,优先考虑平衡预算和低通货膨胀率。这种预算和货币政策符合意大利在重建阶段制定的经济政策指导方针。同样,货币政策的主要目标是稳定货币,正如 1948 年保护人民储蓄的《意大利宪法》(第 47 条)所反映的那样。④ 此外,意大利在欧洲推行自由贸易政策,特别是在 1957 年欧洲经济共同体成立以后。⑤ 意大利与其他欧洲国家一起,在遵循布雷顿森林体系原则的前提下,于 20 世纪 50 年代末实行了外汇和资本流动自由化。但在里拉可以自由兑换后,意大利中央银行不得不为稳定里拉的汇率而进行了多次干预。在 1936 年的改革中获得很大权力的意大利银行,在战后几十年里发挥了远远超出中央银行传统职能的关键作用,如负责管理马歇尔计划项下的财政付款和世界银行贷款。意大利银行与中央政府密切合作,因此与德国或美国的央行不同,并非完全自主。例如,利

---

① Giancarlo Salvemini and Vera Zamagni, "Finanza pubblica e indebitamento tra le due Guerre Mondiali: Il finanziamento del settore statale," in *Ricerche per la Storia della Banca d'Italia. Problemi di finanza pubblica tra le due guerre, 1919 − 1939*, eds. Sergio Cardarelli et al., Vol. 2 (Rome/Bari: Laterza, 1993), 139−234。

② Paolo Baff, "La lira nell'ultimo quarto di secolo," in *L'economia italiana dal 1861 al 1961* (Milan: Giuffré, 1961), 453−486.

③ 请参阅 Carmen Reinhart and Kenneth S. Rogoff, *This Time is Different: Eight Centuries of Financial Folly* (Cambridge, Mass.: Harvard University Press, 2009), database: http://www.reinhartandrogoff.com/data/browse-bycountry/countries/italy。

④ Gianni Toniolo, "La politica monetaria degli anni '50 (1947 − 1960)," in *Sviluppo e crisi dell'economia italiana*, ed. Giampiero Franco (Milan: Etas Libri, 1979), 48−71.

⑤ Rolf Petri, *Storia economica d'Italia. Dal fascismo al miracolo economico (1918 − 1963)* (Bologna: Il Mulino, 2002), 197−203.

率上限、流动性要求和商业银行的最低准备金都由财政部部长担任主席的部际信贷与储蓄委员会(Comitato Interministeriale per il Credito e il Risparmio)决定。[①]

总的来说,意大利的经济体制与法国的经济计划有很大的相似之处。[②]意大利政府不仅通过财政和货币政策进行宏观经济干预,而且还拥有——或至少控制了——相当一部分重工业和银行系统。工业重建研究院(Istituto per la Ricostruzione Industriale,IRI)这家在大萧条背景下于 1933 年成立的公共控股研究机构发挥了关键的作用。虽然工业重建研究院是法西斯政权的产物,但在 1945 年后的政治和经济转型中幸存了下来。这种连续性与战后政府更加自由主义的经济话语形成了鲜明的对照,并且促成了一种自由放任(特别是在对外贸易方面)和国家统制的特殊混合。与法国一样,产业政策和投资规划在意大利经济现代化的长期战略中发挥了关键作用。[③] 为了进行现代化的基础设施建设并使南方工业化,意大利进行了大量的投资。但在 20 世纪50 年代和 60 年代的高增长时期,意大利成功地把公债维持在较低的水平上,甚至成功地在 50 年代降低了公债与国内生产总值的比例——最终使意大利成为现代化工业国家的经济奇迹产生的正面副作用之一。不管怎样,经济增长也成了推动意大利政治和社会凝聚的引擎。从 1950 年到 1973 年,意大利的实际国内生产总值平均增长了 5%,超过了大多数其他经合组织国家。[④] 此外,战后时期温和的通货膨胀有助于公债的持续减少。

20 世纪 70 年代初,意大利的公债发生了根本性的变化,债务占国内生产

---

① 部际信贷与储蓄委员会于 1947 年成立,是监管银行系统和制定一般货币政策的机构。财政部部长也是另外两个重要的货币政策机构,即纸币流通监督常设委员会(Permanent Commission of Supervision of Note Circulation)和发行银行委员会(Commission of the Bank of Issue)的负责人。此外,财政部的一名高级官员出席中央银行董事会的所有会议。请参阅 Fulvio Fenucci, *Il concorso del Comitato interministeriale per il Credito e il Risparmio alla determinazione dell'indirizzo economico* (Naples: Liguori,1984)。

② Eric Monnet, *Controlling Credit. Central banking and the planned economy in postwar France (1948−1973)* (Cambridge: Cambridge University Press,2018).

③ Christian Grabas,"Planning the Economic Miracle? Industrial Policy in Italy between Boom and Crisis," in *Industrial Policy in Europe after* 1945. *Wealth ,Power and Economic Development in the Cold War* ,eds. Christian Grabas and Alexander Nützenadel (Basingstoke: Palgrave Macmillan), 2014,182−214.

④ Ignazio Musu, *Il debito pubblico* (Bologna: Il Mulino,1998),80−85.

总值的比例大幅度上升。[1] 与大多数其他工业化国家一样,意大利的这个比例上涨也是由不同因素叠加造成的。由于 1973—1974 年的石油价格冲击,经济增长率急剧下降,收入和税收也随即减少。与此同时,公共支出持续增长,主要原因是福利(特别是养老金和医疗卫生)和公共行政支出增加,而投资大致停滞不增,可能对意大利的基础设施建设产生了负面影响。[2] 此外,由于赤字增加,利率上涨,债务还本付息的支出大幅增加。虽然在 20 世纪 60 年代中期以前,政府债券的平均利率一直保持在 5% 以下,但在随后的几年里却稳步上升。在 20 世纪 70 年代后半期,长期债券的利率在 10%～12% 徘徊,而短期债券的利率则高达 15%～20%。这个时期意大利政府债券的利息成本大约相当于意大利国民生产总值的 10%[3],而意大利债务占国内生产总值的比例在 20 年里翻了两番,达到了 120% 左右。在 20 世纪 90 年代和欧元问世以后,意大利政府得以在更可持续的水平上合并公债,而随着 2007 年全球金融危机的爆发,意大利债务占国内生产总值的比例再次飙升。

为了解释具体的发展状况——意大利的情况比其他工业化国家更加引人注目,有必要考察意大利具体的历史环境和体制变化这些都没有反映在宏观经济指标中的因素。具体来说,笔者将研究意大利财政部、中央银行和其他相关机构所采用的债务管理策略和模式,具体分析以下三个方面:首先,开放主权债券市场;其次,货币政策与意大利银行债务管理之间在制度上的密切关系;最后,意大利家庭的具体投资行为。

## 主权债券市场重组

"二战"前,意大利的国债主要由 10～15 年期固定利率的传统政府债券构

① Piero Giarda,"La crescita della spesa pubblica negli anni '70," *Rivista Milanese di Economia* 5 (1983): 139—160; Giancarlo Morcaldo and Giancarlo Salvemini,"Il debito pubblico. Analisi dell'evoluzione nel periodo 1960—1983 e prospettive," *Rivista di Politica Economica* LXXIV (1984): 1407—1445.

② Figures in Ministero del Tesoro, *Relazione*, p. 65;还请参阅 ASBI, Direttorio, n. 65, fasc. 1: Guido Carli to Minister of Treasury Emilio Colombo, 13/1/1970, 2; Maurizio Ferrera, *Il welfare state in Italia. Sviluppo e crisi in prospettiva comparata* (Bologna: Il Mulino, 1984)。

③ Spinelli, *Dimensione*, 334, 343.

成,而短期赤字则主要靠中央银行的贷款来弥补。1945 年以后,与许多其他国家的政府一样,意大利政府利用其他资源来筹集资金。① 首先,为了创造更加灵活的债务监管形式,政府发行了期限不到一年的短期国库券(booni ordinari del Tesoro,BOT);其次,政府预算越来越多地求助于公营银行(包括邮政服务银行)的贷款和直接向中央银行筹借的信贷。虽然在战后年代,相对较小的预算赤字和低利率使得通过货币和信贷市场为债务融资变得容易,但事实证明,从 20 世纪 70 年代初开始,随着政府收入和支出之间的差距继续扩大,这种融资方式变得更加难以为继。

更重要的是,不断飙升的通货膨胀率达到了 15%～20%,从而导致债务管理变得非常困难,因为利率固定的长期债券不再有市场,导致政府改发短期国库券。20 世纪 60 年代,短期国库券占 1/5,到了 70 年代中期增加到了接近 50%②,从而迫使政府不断发行新债和重新编制预算。③ 从 1975 年开始,在意大利银行的支持下,泰索罗(Tesoro)部长发行了大量期限大多为 1～3 年、利率与通货膨胀挂钩的新债券④,另外还发行了零息债券(零息债券的收益是债券面值和买入价的价差)。由于这次债务重组,主权债券的期限明显缩短,从 20 世纪 70 年代初的近 10 年缩短到了 70 年代末的 1 年多一点。⑤

意大利从 1975 年开始进行具有决定性意义的创新:主权债券不再由意大利财政部发行,而是在金融市场上拍卖。早在 1962 年,意大利就已经开始拍卖一小部分短期国库券,但当时还没有健全的货币市场。由于只有一小部分债券采用拍卖方式发售,而且要遵守严厉的法律法规,因此,在 20 世纪 70 年代中期前,意大利并没有真正的政府债券二级市场。⑥

1975 年,自 1960 年以来一直担任意大利银行行长的朱多·卡利(Giudo

---

① 请参阅本书第十五章。

② Spinelli, *Dimensione*, 323.

③ 以 7%利率发行的国债早在 1973 年就不再在市场上出售了。请参阅 ASBI, Direttorio, n. 67, fasc. 3: Guido Carli to Minister of Treasury Ugo La Malfa, 24/7/1973 and 8/8/1973.

④ Ministero del Tesoro, Relazione del Direttore Generale alla Commissione Parlamentare di Vigilanza. Il Debito Pubblico in Italia 1861－1987, Vol. 1 (Rome: Istituto poligrafco e Zecca dello Stato, 1988), 78.

⑤ Morcaldo and Salvemini, "Il debito pubblico," 1418.

⑥ ASBI, Carte Baff, Monte Oppio, n. 80, fasc. 4: Tommaso Padoa-Schioppa, Tecniche di Emissione dei Buoni Ordinari del Tesoro, 1975.

Carli)被保罗·巴夫取代。卡利被认为是一个温和的凯恩斯主义者,他相信宏观经济微调和增长政策的威力。此外,卡利还启动了包括开展计量经济预测和风险调查在内的内部职业化进程。尽管卡利曾批评不加控制的预算扩张,但他支持 20 世纪 60 年代推行的产业发展和现代化政策。此外,财政部和中央银行之间的合作进行得相当好。相比之下,1936 年在意大利银行开始自己职业生涯的保罗·巴夫更加关注意大利银行的政治自治,对产业规划持相当怀疑的态度。在他的领导下,货币和信贷政策在 1975 年以后发生了巨大的变化。巴夫的目标是创建有效的货币市场,以防止中央银行直接参与为弥补财政赤字的国家融资。因此,巴夫推动了公债拍卖改革。根据 1976 年通过的新法案,所有短期国库券都通过市场拍卖的方式发行。竞拍不再局限于金融机构,而且扩展到了保险公司和福利机构。此外,意大利银行也被正式允许参与竞拍。更重要的是,意大利建立了一个国债二级市场:意大利的主权债券现在可以在证券交易所上市交易。这项改革可望扩大过去认为很难扩大的国库券市场,从而提高国库券的收益率。[①] 自 20 世纪 70 年代初以来,由于不顾一切地拼命寻找买家,因此,大多数政府债券确实都是以低于面值的价格出售。政府债券的售价有时比面值要低 10%~15%,从而导致政府遭受重大的资金损失。

另一项旨在改善政府债券发售的措施,使意大利银行能够以最低价格购买未售出的债券。虽然此举旨在稳定政府债券市场,但也收到了中央银行购买越来越多的主权债券的效果。[②] 此外,由于商业银行利用它们持有的政府债券进行再融资,从而增加了流通中的货币量,进而加剧了通货膨胀。

意大利政府的大部分债券并不是由私人投资者直接购买的,而是由银行和机构投资者(主要是保险公司)购买的,因为它们被要求在自己的投资组合中保持最低数额的"安全"证券。银行要么将这些证券出售给私人投资者,要么自己留存作为新的金融交易的担保。这个由主权债券推动的二级市场在意

---

① 这一点在采用新的拍卖法一年后已经得到了体现。请参阅 Banca d'Italia, *Relazione annuale 1975*(Rome: Centro di Stampa, 1976),230—231。

② 在采用拍卖法后的 1974—1975 年短暂减持以后,1976 年意大利银行不得不再次购买总计 92.8 万亿里拉的主权债券(而 1975 年只购买了 5.41 万亿里拉)。请参阅 Banca d'Italia, *Relazione annuale 1976*,214。

大利金融部门扩张的过程中发挥了关键的作用,并最终极大地推动了意大利银行业务的发展。事实上,早在 1973 年,通过意大利债券市场发行的政府债券就已经达到了 8 000 亿里拉,而在证券交易所交易的政府债券只有 2 000 亿里拉。[①] 20 世纪 70 年代,意大利经济遇到了困难,股市停滞不前,但政府债券交易却蓬勃发展,并引发了意大利金融业前所未有的增长。仅在 1975—1980 年间,意大利金融业的规模就扩大了两倍。此外,国有企业开始大规模发行债券,从而大大推动了金融化进程。例如,意大利国家铁路公司(Ferrovie di Stato)自 1967 年以来一直在发行担保债券。到了 1972 年,意大利国家铁路公司发行的债券已占到可在市场上买卖的公债的 5%;其他重要的公债发行机构还包括邮政银行和公共工程信贷联盟(Consorzio di Credito per le Opere Pubbliche)。[②] 虽然 1990 年在财政部部长朱利亚诺·阿马托(Giuliano Amato)的推动下,意大利放松了对股市的监管,并实施了银行业私有化,但是 20 世纪 70 年代的经济危机以及为公共部门开辟新收入来源的迫切需要促进了主权债券的金融化。国债的强劲市场化和一般金融市场自由化之间的时滞表明,"新自由主义"改革的总过程不但要复杂得多,而且要支离破碎得多。

## 意大利银行:货币政策与债务管理

在 20 世纪 70 年代债务危机期间,意大利银行是欧洲最专业、规模最大、实力最强的央行之一。[③] 布雷顿森林体系的崩溃和固定汇率制的废除,意味着中央银行不再需要干预货币市场来稳定汇率,从而为操纵货币政策创造了新的空间,并允许意大利银行利用利率和公开市场业务实施宏观经济政策。在这之前,一直是通过最低储备金这种相对无力的政策工具控制货币供应量。

---

① Francesco Balletta,"Debito pubblico ed effcienza del mercato finanziario in Italia nella seconda metà del Novecento," in *Debito pubblico e mercati finanziari in Italia: secoli 13 − 20*, eds. Guiseppe de Luca and Angelo Moioli (Milano: Franco Angeli, 2007), 642.

② Ministero del Tesoro, *Relazione*, 68.

③ 请参阅 Marcello De Cecco,"Banca d'Italia e conquista politica del sistema del credito. Tecnocrazia e politica nel governo della moneta tra gli anni '50 e '70," in Idem, Il governo democratico dell'economia (Bari: De Donato, 1976); Alberto Predieri, *Il potere della banca centrale: Isola o modello*? (Citta di Castello: Passigli 1996)。

通过有效控制货币和信贷市场的利率和公开市场交易,意大利银行已经成为执行货币和财政政策强有力的行为主体。此外,意大利银行还在意大利的国际金融关系中发挥了重要的作用。意大利银行行长在国际上有很多人脉关系,而且往往获得了北美或英国著名大学的学位。在意大利银行任职之前,朱多·卡利曾担任过国际货币基金组织理事,而巴夫曾在英格兰银行从事金融研究工作。世界银行、国际货币基金组织或巴塞尔委员会等国际机构在学术和政治交流方面发挥了重要作用。在 1974 年和 1976 年两次货币危机期间,意大利银行是意大利与外国债权人谈判的核心机构[①],这种情况部分是由严重的政党危机以及内阁和各部不断重组造成的。在这种背景下,意大利银行作为中央银行在意大利经济政策和国际谈判方面扮演了主要角色。1979 年,意大利以有利的条件(主要是扩大汇率波动幅度)被接纳为欧洲货币体系的正式成员。虽然意大利仍有很多货币问题,但这一成就应该归功于意大利银行,而意大利银行因为成功的危机管理而赢得了声誉。

此外,意大利银行的权力不断得到扩大,以至于意大利政府不再有能力通过发行传统的债券为它的支出筹集资金,因此要求助于意大利银行的支持,而意大利银行越来越多地被政府当作短期贷款来源。但是,意大利银行的高管层对此十分矛盾,因为这个新角色意味着它要承担相当大的风险。早在 20 世纪 60 年代末,意大利银行的官员就担忧地注意到,财政部无法再为它的债券找到买家,不得不经常动用他们银行的准备金。[②] 1968—1970 年,意大利政府欠意大利银行的债务从 30 180 亿里拉猛增到了 68 770 亿里拉。到了 1970 年,意大利超过 30％ 的公债是靠意大利银行的贷款来筹集资金的。[③] 在接下来的几年里,这个数额继续增大。[④] 1971 年 9 月,意大利银行行长卡利警告意大利政府称"在这种情况下,我们不得不拒绝通过直接信贷来为财政部弥补赤字提供资金";而且还认为,欧洲央行应该主动支持意大利政府"在市场上增加发行短期和长期政府债券,接受它们对利率的影响。这样做可能会形成信贷

① Salvatore Rossi,*La Politica Economica italiana 1968－1998*（Rome/Bari：Laterza）,46.
② ASBI,Carte Baff,Monte Oppio,n. 115,fasc. 5：Rapporto Servizio Studi,14/7/1969.
③ Banca d'Italia,*Relazione* 1970,195.
④ Banca d'Italia,*Relazione* 1975,231.

供给约束,从而使生产部门受到影响"。<sup>①</sup> 然而,随着 1973—1974 年石油危机的爆发和通货膨胀的不断加剧,意大利政府债券的交易突然崩溃,迫使意大利银行买进几乎所有新发行的国库券。<sup>②</sup> 1968 年,意大利银行持有大约 15％的政府债券,但到了 1976 年已经增加到了 40％。<sup>③</sup>

不管怎样,意大利银行不但被动地参与国家债务管理,更确切地说,而且承担了越来越多的责任,并从 1975 年开始与财政部合作重组政府债券市场,结果对意大利银行产生了意想不到的结果模糊的影响。意大利银行收购了大量的证券,从而导致货币政策与债务管理之间的冲突。例如,意大利银行必须在高通货膨胀的情况下确保投资政府债券仍然有可观的回报率。<sup>④</sup> 早在 1973年,意大利银行就警告过"利率政策方面的政治干扰"会产生有害的影响。<sup>⑤</sup>

许多专家认识到了意大利货币政策与债务管理之间存在的冲突,并在当时已经把这种冲突视为意大利融入欧洲货币体系的障碍。因此,在总理阿兰多·弗拉尼(Arlando Forlani)的领导下,意大利中左翼政府发起了意大利银行与财政部的"离婚"运动,并且在 1981 年 7 月正式采取了行动。经济学家、财政部部长贝尼亚米诺·安德烈亚塔和 1979 年被任命为意大利银行行长的卡洛·阿泽利奥·钱皮(Carlo Azeglio Ciampi)是这场运动的推动者。两人都属于"技术官僚"经济学家的圈子,他们支持意大利经济完全融入欧洲共同体。鉴于意大利通货膨胀居高不下,他们敦促全面改革货币政策。在意大利加入欧洲货币体系后,其他成员国也呼吁意大利改革货币政策。

意大利 1981 年的货币政策改革对债券市场的组织产生了深远的影响。此后,意大利财政部根据市场条件(债券投资回报率、债券期限等)制定了债券投资组合结构的指导方针。政府债券的销售现在由一个私人银行财团控制,

---

① ASBI,Direttorio,n. 66,fasc. 1：Guido Carli to Minister of Treasury Emilio Colombo,19/9/1971.

② Banca d'Italia,*Relazione* 1973,240.

③ Giandomenico Scarpelli,La Gestione del Debito Pubblico in Italia：obiettivi e tecniche di emissione dei titoli di Stato dagli anni settanta ai giorni dell'euro（Rome：EDI Bank-Bancaria editrice,2001）,27.

④ ASBI,Banca d'Italia,Direttorio-Carli,Pratiche,n. 67. 0,fasc. 3：Guido Carli to Minister of Treasury Ugo La Malfa,8/8/1973；Francesco Balletta,"Debito pubblico," 640—641.

⑤ Banca d'Italia,*Relazione* 1973,241.

但它必须按市场价格出售债券。此外,意大利银行不再被要求购买政府债券,从而导致中央银行持有的短期国库券数量迅速下降。① 结果,政府债券现在必须按市场价格出售,从而大大增加了利息支出,也使财政部管理债务的负担更加沉重②,进而使得实施金融抑制变得更加困难。意大利的公债继续增加,是中央银行独立自主的一个非预期结果。

虽然这是一项激进的改革,但意大利中央银行和政府之间的分离并不像德国那样严格和合法。事实上,意大利银行继续调整货币政策(特别是开展公开市场业务),以确保公债的可持续性。虽然意大利银行不再有义务购买一定数量的政府债券,但仍定期干预,通过买进政府债券稳定主权债券市场。此外,意大利银行还按 1% 的象征性利率向政府提供贷款,帮助政府弥补短期赤字。③

## 家庭与政府:动员家庭私人储蓄

20 世纪 70 年代的大量信贷问题并不能抹杀这样一个事实:意大利最终树立了一个执行有效债务政策的榜样,并且到目前为止基本上能够避免严重的主权债务危机。④ 虽然意大利仍存在相当严重的流动性问题,但它没有经历金融市场的严重动荡,货币制度也仍然可行,主要银行也没有倒闭。此外,虽然意大利存在国际收支逆差不断扩大的问题,并且大规模地干预货币和外汇市场,但意大利政府仍然成功地通过国内来源来发行公债筹集资金。从 1974 年开始,意大利政府管制外汇交易,并规定必须把 50% 的外贸收入作为强制存款存入银行。1976 年,这种存款必须采取专门为此发行的主权债券的形式,实际上就相当于强制贷款给政府。⑤ 这种贷款不仅给意大利的出口造

---

① 到了 20 世纪 80 年代初,意大利银行持有的债券占据流通中债券的份额已经跌破 20%。请参阅 Balletta,"Debito pubblico," 656,658。

② Spinelli, *Dimensione*, 332—333.

③ Ibid.

④ 请参阅 Antonio Confalonieri and Ettore Gatti, *La Politica del Debito Pubblico in Italia*, Vol. 2 (Bari/Rome: Laterza 1986); Giancarlo Morcaldo, *La Finanza Pubblica in Italia* (Bologna: Il Mulino, 1993)。

⑤ Ministero del Tesoro, *Relazione*, 71.

成了沉重的负担,而且违背了意大利自欧洲共同体成立以来做出的遵守后者自由贸易准则的承诺。

相关研究表明,20 世纪 70 年代意大利的公债结构发生了明显的变化(见表 16.1)。虽然商业银行的临时贷款以及邮政储蓄银行和国有银行存款的重要性逐渐下降,但政府债券却成了债务融资的一个关键来源。多亏财政部发行了有吸引力的新的短期国库券,并且采取了市场化的灵活配售方式,政府债券也因此变得——不但对银行和专业金融投资机构等传统投资者,而且对私人家庭也——更加有吸引力。通过与中央银行合作,意大利政府得以逐步合并其债务。虽然政府的财政赤字在 1975 年之前主要利用短期货币市场票据来融资弥补,但期限较长的债券逐渐变得重要起来。这种变化趋势对 6～10 年期的长期债券——由于通货膨胀率居高不下,因此仍不受投资者欢迎——的影响要小于对 1～2 年期的中期债券的影响。[1] 短期国库券仍被用来为弥补政府财政赤字提供资金,但平均而言,它们的期限再次小幅延长。[2]

表 16.1　　　　　意大利公债分布情况(1970－1992 年)

| 年　份 | 1970－1974 | 1975－1979 | 1980－1984 | 1985－1989 | 1990－1992 |
|---|---|---|---|---|---|
| 意大利银行信贷 | 43.60% | 16.49% | 14.17% | 9.13% | 12.62% |
| 邮政储蓄银行信贷 | 14.06% | 16.21% | 5.47% | 9.9% | 7.45% |
| 私营银行信贷 | 20.08% | 3.30% | 5.97% | 2.48% | 8.15% |
| 外国信贷 | 0.45% | 0.95% | 2.63% | 3.73% | 4.31% |
| 政府债券 | 20.45% | 62.44% | 71.53% | 74.68% | 67.34% |
| 其他 | 1.36% | 0.61% | 0.23% | 0.08% | 0.13% |
| 合计 | 100.00% | 100.00% | 100.00% | 100.00% | 100.00% |

资料来源:Giandomenico Scarpelli,*La Gestione del Debito Pubblico in Italia*(Roma: Bancaria Editrice,2001),26。

外国贷款在意大利公债组合中几乎没有发挥作用。虽然意大利在 20 世纪 70 年代从国际货币基金组织获得了大量贷款解决其严重的货币问题,但外国贷款对意大利公共部门已经实际变得不那么重要。外国贷款占意大利政府

---

[1]　Banca d'Italia,*Relazione* 1978,193.

[2]　请参阅 Morcaldo and Salvemini,"Il debito pubblico," 1408－1455。

总债务的比例从 20 世纪 60 年代中期的 10%以上下降到了 70 年代的 3%以下,而且在欧元问世之前一直没有超过 6%～7%。[1] 意大利之所以能够做到这一点,是因为它——与日本类似——拥有极高的储蓄率。[2] 虽然政府赤字以高于平均水平的速度增长,但与其他国家相比,政府欠私人的债务仍然很少。此外,政府积欠的私人债务绝大部分与家庭无关,而是与越来越依赖银行间贷款的企业和银行有关。[3]

意大利的高储蓄率传统可归因于意大利家庭的低消费倾向,但主要是因为意大利家庭为了弥补收入保障机制不足采取了长期资本积累模式。虽然意大利通货膨胀率居高不下,实际利率为负,但 20 世纪 70 年代,意大利家庭的储蓄倾向甚至进一步上升(见图 16.1)。这可能是经济危机造成的一个后果,因为经济危机会导致家庭预期未来收入减少,从而减少消费,增加储蓄。[4] 到了 1970 年,意大利家庭的储蓄率已经达到了 14.8%,远远高于所有其他工业化国家。虽然许多国家(如德国和美国)的储蓄倾向有所下降,但在 20 世纪 70 年代,意大利家庭储蓄占收入的比例不断上升:1974 年的储蓄率是 16.3%,1978 年是 18.7%。[5] 如图 16.2 所示,从 20 世纪 70 年代初开始,意大利家庭的财务盈余持续增加,不但为公共部门弥补赤字,而且为能在国内资本市场上借到贷款的高负债私营企业弥补赤字做出了贡献。为国家和私营企业动员家庭储蓄,是解释意大利经济相对稳定的一个关键因素,但也意味着私人——尤其是那些几乎没有其他投资选择的小储户——财富的巨大损失。

意大利家庭之所以调整其投资结构,部分原因是名义利率上涨。一般而

---

① Spinelli, *Dimensione*, 350。但从 20 世纪 70 年代初以来,意大利国家电力公司(Enel)等国有企业越来越依赖外国贷款。请参阅 Ministero del Tesoro, Relazione, 68;ASBI, Direttorio, n. 65, fasc. 1;Guido Carli to Minister of Treasury Emilio Colombo, 13/1/1970, 2。

② W. Elliot Brownlee and Eisaku Ide, "Fiscal Policy in Japan and the United States since 1973: Economic Crises, Taxation and Weak Tax Consent," in *Political Economy of Public Finance*, 57—82.

③ 想了解一般性比较,请参阅 Sheldon Garon, *Beyond Our Means: Why America Spends While the World Saves* (Princeton: Princeton University Press, 2012)。

④ Ministero del Tesoro, *Relazione*, 61.

⑤ Mario Baldassarri and M. Gabriella Briotti, "Bilancio pubblico ed. economia italiana negli anni '70 e '80: dalle radici del debito alla manovra di risanamento, una 'ristrutturazione' da fare", *Rivista di Politica Economica* LXXX (1990):421—438. 这个储蓄率明显高于当时储蓄率为 11%的日本或西德。

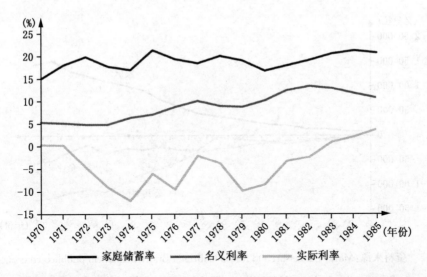

资料来源:Ministero del Tesoro,*Ricchezza finanziaria*,*debito public e politica monetaria nella prospettiva international*,*Rapporto della Commissione di studio nominate dal Ministero del Tesoro*(Roma: 1987),157。

**图16.1 意大利的家庭储蓄率和利率(1970—1985年)**

言,家庭继续购买房地产,并把资金存入储蓄账户(商业银行,尤其是邮政储蓄银行扮演了主要角色),或购买保险。但在20世纪70年代下半期,意大利家庭资产组合中的资金配置发生了重大变化。市场价格波动和回报率低导致对公司股票的需求暴跌,高通货膨胀和负实际利率导致家庭储蓄同样急剧减少。相比之下,政府债券变得越来越有吸引力,因为政府债券投资的回报率明显高于其他金融投资,尤其是因为意大利政府以税收优惠鼓励投资者(见图16.3)。私人资产组合的这种结构性调整有充分的统计资料支持。[1] 1980年,意大利家庭持有19%的政府债券,而到了20世纪80年代中期已经增加到了接近30%。[2] 因此,早期主要由机构投资者购买的国库券此时成了一种很受欢迎的私人金融投资品种。即使没有任何关于收入群体分布的可靠数据也可

---

[1] Mario Baldassarri and M. Gabriella Briotti,"Bilancio pubblico ed. economia italiana negli anni ' 70 e '80: dalle radici del debito alla manovra di risanamento,una 'ristrutturazione' da fare",*Rivista di Politica Economica* LXXX (1990),423.

[2] Ministero del Tesoro,*Relazione*,85.

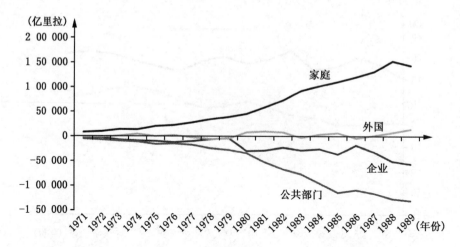

资料来源：Mario Baldassari and Maria Gabriella Briotti, "Bilancio pubblico ed econo-mia italiana negli anni '70 e '80: dalle radici del debito alla manovra di risanamento, una 'ristrutturazione' da fare," *Rivista di Politica Economica* LXXX (1990), 371－438, 405。

**图 16.2 意大利金融资产与负债余额(1971－1989 年)**

以清楚地看到,越来越多的小投资者和中等收入家庭正在购买被视为高收益和安全投资品种的政府债券。[①]

因此,对于许多意大利投资者和家庭来说,购买政府债券是非常有利可图的投资。这或许可以解释为什么公共赤字大幅增加并没有引发任何重大的政治动荡,反而获得了相对较高的社会接受度这个问题。[②] 不但意大利各不同政党的成员,而且工会会员也认为,公共赤字增加是一种多少与危机有关的必要的"恶",尤其是在高通货膨胀有助于消除至少部分债务的情况下。劳工组织在很大程度上已经接受了艰难的经济条件及其对财政政策的影响,并充分利用这种情况签订了优厚的工资协议,并推行生活费用根据通货膨胀自动调整(scala mobile)这种 1975 年最初在意大利工业部门执行并于几年后在包括

---

[①] Scarpelli,*Gestione del Debito*,29; Salvatore L. Francesca, "Sistema bancario e mercato obbli-gazionario in Italia nella seconda metà del Novecento," in *Debito pubblico e mercati finanziari in Italia* (secoli XIII－XX), eds. Giuseppe De Luca and Angelo Moioli (Milan: Franco Angeli 2007),704.

[②] 还请参阅 Filippo Cavazzuti,*Debito pubblico*,*ricchezza privata* (Bologna: Il Mulino,1986).

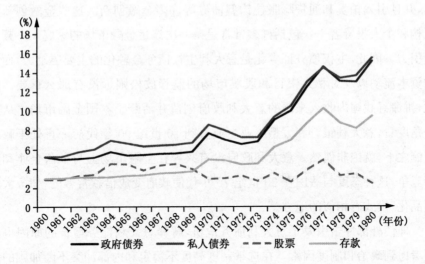

资料来源:Ministero del Tesoro,"La difesa del risparmio finanziario dall'infazione,"
in *Rapporto della Commissione di studio nominate dal Ministero del Tesoro*(Roma:
1991),42。

**图 16.3　意大利政府债券、私人债券、股票和存款收益率(1960—1980 年)**

公共部门在内的其他部门实施的做法。另一个促使意大利人接受债务状况的
因素是,政府增加的支出主要用于为国民社会福利提供资金,特别是为令许多
其他国家羡慕的慷慨的养老金福利提供资金。[①]

* * *

2008 年的金融危机结束以后,欧元区遇到了严重的财政和货币失衡问
题,特别是西班牙、希腊、意大利和葡萄牙等国家不得不应对巨额财政赤字。
但是,一项比较史研究表明,南欧国家没有共同的债务演变模式。西班牙和希
腊传统上依赖外国资金来源偿还公共(和私人)债务,而意大利政府能够动员
国内储蓄弥补财政赤字。意大利的这种模式早在 20 世纪 70 年代就已经出
现。当时,高通货膨胀、不断增加的福利支出和外汇收支逆差迫使意大利政府
制定新的债务管理策略。意大利银行和财政部成功地对债券市场进行了重

---

① Michele Salvati,"Gli anni ottanta e il debito pubblico," in *Pensare la contemporaneità. Studi di storia per Mariuccia Salvati*,eds. Paolo Capuzzo et al. (Rome: Viella,2011),257—272.

组,并且引入拍卖和通货膨胀挂钩型债券等许多金融创新。这些金融创新对机构和个人投资者——包括许多常常是第一次涉足金融市场的家庭——颇具吸引力。因此,主权债务证券化是意大利主权债务金融化的主要驱动力,而全球资本流动以及对私人银行和股票市场的监管放松则远没有那么重要。因此,拼命寻找国内收入来源的意大利政府创造并活跃了本国金融市场。从这个角度看,意大利银行和大型工业企业直到 20 世纪 90 年代初一直处于政府管制之下,就绝非偶然。意大利政府没有兴趣在金融市场上与私营企业和银行竞争,这种态度与法国在 20 世纪 70 年代使政府变成借款常客的"债务大宗商品化"模式有相似的地方。[①]

即使外部冲击引发了意大利债务危机,解释意大利债务增长的原因也必须考虑到政治和制度因素。在选举制度高度不稳定和内部冲突不断加剧的背景下,不同政党、经济利益集团和工会之间必须经常协商达成社会共识。在这种情况下,通过增加税收来进行财政调整就变得极其困难。通过主权债务证券化,政府能够赢得时间来解决结构性预算赤字的问题。[②] 鉴于意大利在 20 世纪 70 年代遇到了严重的货币问题,并遭遇了严重的经济冲击,因此,我们可以说,债务问题的"意大利解决方案"非常有效。就可持续性而言,公债市场化造成了一直延续到今天的长期负担。

---

① Benjamin Lemoine,"The Politics of Public Debt Financialization:(Re) Inventing the Market for French Sovereign Bonds and Shaping the Public Debt Problem (1966—2012)," in *Political Economy of Public Finance*,240—261;还请参阅本书第十五章。

② Wolfgang Streeck,*Buying Time:The Delayed Crisis of Democratic Capitalism* (London and New York:Verso Books,2017).

# 第十七章　从多边经纪人到国家法官：
## 主权债务重组准则与管理
## （1980—2015 年）

杰罗姆·斯加尔德[*]

主权债务并不是普通债务。虽然我们通常用私人契约用语讨论并起草主权债务合同，但即使粗略地审视主权债务合同也能发现它们有多么特殊。我们在这一章里，要从根本上解决这个问题。除了基于"当事人意愿"的"意见一致"的自然化形象外，正如《法国民法典》（French Civil Code）恰如其分地指出的那样，我们几乎总会提出为什么合同一般都有效并确实可被解释为"适用于各当事方的法律"这样的问题。[①] 这句话的意思是，一旦私人当事方之间相互做出承诺，并对各自的行动方案有了共同的预期，这些承诺就应该像法律那样对各当事方具有约束力。因此，主权债务合同的执行应该得益于和主权国家在古典自由主义框架下通常提供的担保相同的终极担保。私人合同倘若存在意思不明和理解分歧的问题，那么最终可能会提交法院解释；而且，为了对付欺骗、机会主义和逃避责任等自由交易中必然会出现的行为，还必须由民事司法和行政部门追加提供执行合同的担保。[②]

对于主权债务，古典自由主义框架当然失去了作用。对于主权借款人，既不能宣布其破产和对其执行清算程序，也不能改变其政治体制和没收其领土。

---

* E-mail：jerome. sgard@sciencespo. fr.

① "Les Conventions Légalement Formées Tiennent Lieu de Loi à Ceux qui Les Ont Faites"（Art. 1134）.

② 本章根据笔者由英国 E. 埃尔加·切尔滕纳姆（E. Elgar, Cheltenham）出版公司将于 2020 年出版的《债务、主权和国际货币基金组织：20 世纪 80 年代债务危机的口述历史》（*Debt, Sovereignty and the IMF：An Oral History of the* 1980s *Debt Crisis*）撰写。

没有哪个无争议的上级主管机构能够把违约的主权借款人完全排斥在市场交易之外,并且调整其经济结构。[1] 同样,法官也不能中止投资者和主权借款人之间的合同关系,强迫其参加一个由法官监督、大部分裁决会得到确认和执行的集体讨论论坛。这样的主权债务框架从来就没有存在过。没有哪个多边投资法庭的法官有权中止执行根据美国、英国或卢森堡法律签署的合同,并传唤债权人出庭。

值得注意的是,私营企业破产法的主要特征到了中世纪末期已经形成,而主权债务重组的历史呈现出完全相反的情景:相关规则随着时间不断变化,而且几乎没有像私营企业在国内普遍都要遵循的那种规则的高度可预见性。有关主权债务的规则始终在变化,变得越来越不稳定,而且争议不断,因此,它们也经常受到公开表现出来的权力关系的影响。是大国还是小国,是富裕国家还是贫穷国家,是否有多边协调,是债券型债务市场还是贷款型债务市场,是否存在无争议的霸主——这些变量会在很大程度上影响主权债务合同的订立和修改,因此也会影响我们如何把它们想象成社会和法律的产物。

本章讲述了主权债务市场如何在 20 世纪 80 年代至 21 世纪初期间发生巨大变化的故事:从一种由国际货币基金组织——因此——在一个以强有力的多边规则和对关键工业化国家的直接监督为标志的框架下协调安排的债务清算模式转变为一个由某国法院裁决主权债务重组的模式。这里所说的某国法院,实际上是指对华尔街有管辖权的纽约南区法院。这种制度性变化当然是从战后国内和国际债务清算到第二个全球化时代更加宏大的转变的一个子故事。有人说,这是全球资本市场在资本流动自由化(对外)和金融监管放松(对内)的背景下崛起的重要内容。因此,市场监管在很大程度上由国际律师、投资银行家、对冲基金经理等私人行为主体主导。随着行为主体和法院的变化,法律和司法实践更加有力地由私法和私人签约用语来构建。虽然我们都

---

① Jonathan Eaton and Mark Gersovitz,"Debt with Potential Repudiation: Theoretical and Empirical Analysis," *Review of Economic Studies* 48, No. 2 (April 1981): 289—309; Jeffrey Sachs, *Theoretical Issues in International Borrowing*, *Princeton Series in International Finance*, 54 (Princeton: International Finance Section, Dept. of Economics, Princeton University, 1984); Barry Eichengreen, "Restructuring Sovereign Debt," *Journal of Economic Perspectives* 17, No. 4 (2003): 75—98; Odette Lieneau, *Rethinking Sovereign Debt: Politics, Reputation, and Legitimacy in Modern Finance* (Cambridge, Mass.: Harvard University Press, 2014).

同意私人债务人和主权债务人是两种截然不同的"动物"，但如今的主权债务重组被尽可能确定为主权债务违约本质上与私人破产相似。负责这方面业务的行为主体似乎认为，主权债务违约与私人破产之间的相似性足以证明对待两者的法律对策趋同的合理性。

在这一章里，我们将挑出这方面的经历中两个被忽略但具有决定性意义的特点，并对它其展开分析。首先，国际货币基金组织及其赞助人在 1982 年采用的规则显然是基于战后经济决策的"旧世界"，也就是各国拥有很大的相机抉择权，在必要时中止或重新制定规则，尤其是对私人财产权和合同进行直接干涉。从这个意义上说，这种历史上独一无二的主权债务重组多边方式能否取得成功，关键取决于这种非常特殊并且已经在衰退的政治经济制度。此外，危机本身也成为导致这些干预方法过时或不合法的一个主要因素。这是我们要讲的故事最矛盾的一个方面。

其次，随之而来的长期演变对过去所谓的"国际金融架构"产生了深远的影响。一个庞大的一体化主权债务市场的出现非但没有促成更有可能取得成功的全球主权债务重组规则和程序，反而导致整个争端解决机制重新国家化，并且严重削弱了多边原则。对于有历史兴趣的人来说，这并不完全令人惊讶：在本书中，亚当·图兹着重阐述了今天的资本市场及其危机如何受到市场和政策制定者之间的互动的影响。1914 年前的经历更加贴近这个问题，并且表明，一般来说，主权债务往往会在最初发行主权债券的金融市场上重组(见本书第二编)。与国际货币基金组织的标准批评可能所指的情况相反，这并没有造成债务制度的相对非政治化，而是造成了债务制度的碎片化，进而扩大了不公平待遇和高压政治的操纵空间：国家之间的"比较待遇"规则，或曾经在债务重组和宏观经济稳定之间观察到的紧密联系，现在已经变得相当松散。

从长期看，这一非同寻常的变化标志着 20 世纪 20 年代由国际联盟发起并最终在 1945 年后的几十年，也就是在从布雷顿森林会议(1944 年)到 20 世纪 80 年代发展中国家发生债务危机这个时期里达到顶峰的多边主义趋势发生了重大逆转。与此同时，这种演变并不标志着主权债务市场明确回归 1914 年前的规则，即私人行为主体和去中介化金融同样主导着主权债务市场。当前的法制化和司法化趋势在很大程度上是一种新趋势，并且表明第二个全球化时代(自 1990 年以来)与第一个全球化时代(1870—1914 年)的法律基础不同。这涉及某种反映主权与私权之间新的关系,也就是国家权力与私人财富之间新关系的全新东西。

## 从历史的视角审视主权债务重谈

在 1914 年前的第一个金融全球化时代,没有正式的或有规则可用来调解违约的主权国家和私人(债券)投资者,或者说,没有多边机构充当两者的中介。双边谈判完全是为了恢复债权人的合同权利,因为他们原则上不能指望本国政府的主动支持。虽然对多边机构实际干预的程度仍有争议,但一般的做法是,只有在债务国明显不守信用或拒绝谈判时,多边机构才会插手干预。在没有多边金融机构的情况下,信息收集和经济监测都由私人债券持有人协会和最大的国际银行(如罗斯柴尔德银行、巴林银行、里昂信贷银行等)承担。[1] 具体来说,私人债券持有人协会的代表经常会控制债务国的部分财政管理,乃至直接控制债务国的财政状况,土耳其、希腊和突尼斯就是国家主权遭到这样直接侵犯的著名案例,而且程度远远超过国际货币基金组织所能达到的程度。[2]

20 世纪初期出现了一种构建更加制度化的债务重谈框架的趋势,其中有明确的调解机制。首先是美国的"货币医生",即美国东海岸一所重要大学的经济学教授,他们拥有现代、科学且中性的知识。他们的角色与后来的国际货币基金组织并非完全不同——全面评估债务国的经济财政状况及其恢复偿债的能力,然后提出经济稳定政策并认可政府做出的承诺,最终达成由华尔街的美国银行发起发行债券的融资协议。官方储备最有可能投在纽约,并很可能

---

① Charles Lipson, *Standing Guard*, *Protecting Foreign Capital in the Nineteenth and Twentieth Centuries* (Berkeley: University of California Press, 1985); Paulo Mauro and Yafeh Yishay, The Corporation of Foreign Bondholders (Working Paper, International Monetary Fund WP/03/107, Washington, DC, 2003); Michael Waibel, *Sovereign Defaults before International Courts and Tribunals* (Cambridge: Cambridge University Press, 2011); Marc Flandreau, "Sovereign States, Bondholders Committees and the London Stock Exchange in the Nineteenth Century (1827—1868): New Facts and Old Fictions," *Oxford Review of Economic Policy* 29, No. 4 (2013): 668—696.

② 请参阅本书第二编,尤其是第六章和第七章。

与美国达成贸易协定。[①] 这是罗斯福帝国主义时期，主要的相关国家不是中美洲国家就是南美洲国家。最著名的货币医生埃德温·凯默勒(Edwin Kemmerer)就是按照这个思路在危地马拉、哥伦比亚、智利和秘鲁干预的。[②]

当然，货币医生并不总能杜绝腐败，他们也可能犯严重的错误，而且他们缺乏执法和处理道德风险的手段，这些问题很快就浮出了水面。尽管如此，长期趋势是朝着强化这种基于专业知识和科学中性的幌子的第三方调解机制，并使之制度化的方向发展。自那以来，除了极少数例外，私人投资者从未试图重新整合经济专家和第三方调解这两种关键职能。根据亚力克·斯通-斯威特(Alec Stone-Sweet)的论点，解决冲突的"二元"框架被"三元"框架所取代，他把这种三元框架解释为朝着制度化治理方向迈出的定性第一步。[③]

20世纪20年代，国际联盟在奥地利、匈牙利和罗马尼亚的干预是朝着这个方向做出的又一重大突破：第三方调解人不再是专门为美国银行和投资者工作的私人机构，而是——无论多么弱小、有争议，在经济上多么保守的——多边机构。因此，国际联盟在1922年与奥地利政府就第一个多边经济稳定方案进行了谈判，随后由国际联盟派驻维也纳的高级代表负责密切监督：他不但能直接接触到奥地利的经济信息，而且能接触到这个国家的政策制定者，因此他可以近距离地实施监督，他的工作在某种程度上与后来国际货币基金组织派遣的代表团的工作非常相似。与此同时，国际联盟就成了它的一些主要成员国为奥地利政府发行主权债券提供担保的渠道。奥地利政府得到的并不是

① Marc Flandreau,ed.,*Money Doctors：The Experience of International Financial Advising 1850—2000* (London：Routledge,2003)；Barry Eichengreen and Peter H. Lindert,*The International Debt Crisis in Historical Perspective* (Cambridge,Mass.：MIT Press,1989)；Elisabeth S. Rosenberg,*Financial Missionaries to the World*,*The Politics and Culture of Dollar Diplomacy 1900—1930* (Cambridge,Mass.：Harvard University Press,1999).

② Edwin Kemmerer,"Economic Advisory Work for Governments,"*American Economic Review* 17,No. 1 (March 1927)：1—12；Albert O. Hirschman,Journeys Towards Progress (New York：The Twentieth Century Fund,1963),162—191；Flandreau,*Money Doctors*.

③ Alec Stone-Sweet,"Judicialization and the Construction of Governance,"*Comparative Political Studies* 32,No. 2 (April 1999).

多边贷款,但也不是纯粹的私人贷款或者明目张胆的恩庇救助。[①] 后来,在国际联盟的经济与金融部工作的让·莫内(Jean Monnet)写道:"奥地利不但由于依靠外国援助,在独立方面没有丧失任何东西,而且由于国际保障和内部改革,实际上提高了自己的独立性。"[②]直到今天,国际货币基金组织对遭受危机打击的国家的任何干预都可以采用相同的方式来证明它的正当性。[③]

在1944—1980年期间,国际货币基金组织并没有处理太多的主权债务问题:资本市场在1932—1933年期间已经完全崩溃,重启资本市场显然不是布雷顿森林体系要优先考虑的问题,而大多数国家的国内经济在一种金融受到严格管制的体制下运行(如本书第十五章所介绍的那样)。发达国家直到20世纪60年代才重新开放资本市场,而发展中国家则又过了10年才开放资本市场。然而,20世纪50年代是根据经验和先例逐渐形成货币基金组织双边条件性这一关键概念的时期。国际货币基金组织确实可以根据政策承诺(调整措施)提供贷款的概念,直到确定《备用信贷协议》(Stand By Agreement)框架的1952年才开始形成。但在1956—1958年以前,条件贷款由于采用了量化业绩目标而变得正式。如果政策目标落空,贷款将自动中止,并必须与国际货币基金组织工作人员进行新的谈判。然而,这种做法是在高度实验性的方式下发展起来的,直到1979年才正式成为明确的行为准则。国际货币基金组织监督和执行贷款条件的专有技术至今仍是一项世界银行、经合组织、各国央行——更不用说欧盟委员会——都不具备的高度专有的资产。

但最重要的是,条件贷款作为一种主权借款,被明确看作一种非契约性交

---

①　Louis W. Pauly,The League of Nations and the Foreshadowing of the International Monetary Fund,Essays in International Finance 201 (Princeton: International Finance Section,1996); Eichengreen and Lindert, *International Debt Crisis*; Juan Flores and Yann Decorzant,"Going Multilateral? Financial Markets' Access and the League of Nations Loans,1923—28," *The Economic History Review* 69,No. 2 (May 2016): 653—678; Nathan Marcus,*Austrian Reconstruction and the Collapse of Global Finance*,1921—1931 (Cambridge,Mass. : Harvard University Press,2018).

②　请参阅 Jean Monnet,*Mémoires* (Paris: Fayard,1976),129—130 (paperback edition).

③　多边法的主要组成部分确实出现在20世纪20年代。请参阅 Michael N. Barnett and Martha Finmore,"The Politics,Power,and Pathologies of International Organizations," *International Organization* 53,No. 4 (1999): 699—732; John G. Ruggie,"Multilateralism: The Anatomy of an Institution," *International Organization* 46,No. 3 (1992): 561—598; Robert O. Keohane,"Reciprocity in International Relations," *International Relations* 40,No. 1 (1986): 1—27.

易。从以下这种一般观点看，这方面经常会造成很多混淆：把国际货币基金组织的贷款附加条件视为许多在国内保护投资者权利免受机会主义债务人侵犯（抵押、监督条款、破产、止赎等）的私法手段的替代品。约瑟夫·戈尔德(Joseph Gold)是创建国际货币基金组织法学理论的主要人物，他反对这种陈腐的观念，始终坚持不用这种合同用语解释国际货币基金组织的贷款附带条件。他特别强调，关于这个问题，政策承诺过分宽泛、不够准确，国际货币基金组织决定继续放贷的自由裁量权不应该事先受制于一部所谓的"对当事人法"(law unto the party)做出的承诺。这并不一定应该被视为重组基本上具有政治性的信号，即受权力关系、基于政策的共识和霸主领导的影响。这些因素当然会影响那些对结果产生重要影响的规则，不过是在多边竞技场上。重要的是，国际货币基金组织的条件贷款实践充分体现了借款人的主权特点：虽然金融危机和国际货币基金组织的干预削弱了主权借款人的回旋余地，但主权借款人就像任何"威斯特伐利亚动物"(Westphalian animal)，而不像私营企业那样制定战略、违反规则和违背承诺。①

因此，国际货币基金组织的律师一直强调，与国际货币基金组织达成的协议实际上有两笔平行的单方面交易：一笔贷款交易和一笔政策承诺交易。首先，概述相关主权国承诺的意向书仅由借款国当局签署。如果国际货币基金组织执行局同意相关主权国家当局签署的意向书，国际货币基金组织就会另行宣布向这个国家提供财政资源。双方签署的任何一份文件都不能概括各自的权利和义务。遵循相同的逻辑，政策目标和标准只被视为涉及面更大的经济政策监测过程的指标，而经济政策监测是国际货币基金组织和相关主权国家之间战略互动的核心内容，也是借以中止或继续执行备用信贷协定、进行新的意向书谈判、调整政策目标、获得豁免等的实际依据。因此，这个互动框架基于这样一个假设：双方连续做出承诺，难免存在欺骗、重新谈判、施压等的可能性。因此，这个互动框架完全建立在充分认识到与国际货币基金组织谈判的成员国是主权国家，并被预期会以相应的方式，即以一种"务实"的机会主义

---

① Joseph Gold,"The Law and Practice of the International Monetary Fund with Respect to 'Stand-By Arrangements,'" *The International and Comparative Law Quarterly* 12, No. 1 (1963): 1—30; Joseph Gold, Conditionality, IMF Pamphlet Series 31 (Washington: International Monetary Fund, 1979).

方式采取行动。这个预期结果实际上要宽泛得多,也就是借贷国应该能够重返市场并且在没有太大压力或经济崩溃的情况下恢复依靠自己偿还外债的能力,而不应该根据一系列写入意向书的详细承诺来评估偿债能力。当然,真要到了债务国压力太大或经济崩溃的地步,债务国与国际货币基金组织这种令人痛苦的关系也就要结束了。

这种务实的威斯特伐利亚关系可能产生的一个直接影响是,对于国际货币基金组织派出的代表团来说,并非所有的国家都是平等的:地缘政治杠杆和当地经济专长将会发挥很大的作用。但是,仓促下结论认为国际货币基金组织的做法具有内在政治性,可能也会严重误解国际货币基金组织有哪些规则及这些规则作用相对减弱为何如此明显。多边规则要求陷入危机的国家与国际货币基金组织必须按照相当复杂的规则博弈。这些规则确实已经存在数十年,但至今仍是国际货币基金组织工具箱中的一种重要工具。这些规则主导危机国家与国际货币基金组织之间的博弈,并且影响博弈的结果。

例如,"待遇可比性"是可能很容易被作为赤裸裸的虚伪抛弃的准则,但在国际货币基金组织的某个大股东(如法国)过分维护其某个盟友(如科特迪瓦)的利益时,也是包括国际货币基金组织理事会在内的各相关方面可在其交易中实际利用的论据或战术资源。国际货币基金组织自身非常清楚,它自己的合法性和效率要求它不应被视为公然无视多边行动的核心规则,明显偏袒某一方的利益。国际货币基金组织既要充当主导大国的忠实代理人,又要保持少量多边原则和制度一致性,证明它自身存在的合理性,这有助于理解 20 世纪 80 年代制度调整的独特和多边性质以及与之形成鲜明对照的自 21 世纪初以来发生的激进演变。

## 经典多边主义与条件性:20 世纪 80 年代的债务危机

国际货币基金组织自 20 世纪 50 年代以来在数百个经济项目中采用非契约性条件贷款的经历表明,这种贷款在主权债务被纳入国际货币基金组织的业务后显示出引人注目的灵活性。1982 年 8 月墨西哥发生准债务违约后,国际货币基金组织立即启动了条件贷款机制,并把它作为债务重组新框架的核心元素，从而能够立即在总体危机管理中扮演核心角色，正好取代了货币医生和国际联盟过去扮演的角色。也就是说，国际货币基金组织总共扮演了（名义上）独立、中立的经济政策专家、第三方经纪人、受到危机牵连的贷款人和担保提供者等多个角色。相对于20世纪20年代的经历而言，国际货币基金组织具有决定性意义的创新在于其对这些业务的垄断、放贷能力、干预的国家数量以及参与重组的债务数额。

当然，20世纪80年代的债务危机花了太长的时间——差不多七年——才得到解决。这主要反映了发达国家的这样一个假设：对于所有国家来说，整个问题都不是无力偿债的问题，而是要做出需要立刻减免债务的诊断。多年来，有人一直认为，这仅仅是一场流动性危机，只需要重新安排偿债期限和进行宏观经济调整。尽管这导致了各种紧张关系和不必要的成本，但以国际货币基金组织为中心的债务重组程序抵制了所有的退出策略。这显然不是意料之中的结果。从1982年到20世纪80年代末，主要是来自商业银行的反对声音或多或少地明确要求西方政府出面救助，从而牺牲了西方纳税人的利益。因此，在迫使银行为解决问题和"分担负担"做出积极贡献方面，国际货币基金组织发挥了重要的作用。在所有这些年里，尤其是规模较小的银行或地区性银行，承受了非常大的压力。[①] 例如，如果一家对外国业务兴趣不大的银行拒绝为一笔旨在帮助危机国家的"新货币贷款"做出贡献，它可能会接到其最大竞争对手的电话，威胁要（譬如说）在进入资本市场的问题上进行报复。如果威胁收到预期的效果，在美国和欧洲，公共监管机构和中央银行很可能是下一个"接到电话的机构"。在整个20世纪80年代期间，美联储当时是一个强有力的执行者。

这在一定程度上可以做到同时对债务国施加压力，因为这些债务国除了实际接受国际货币基金组织的干预和宏观经济稳定措施之外别无其他选择。虽然阿根廷和巴西等新兴民主国家的政府遇到了困难，但地缘政治当时显然产生了影响，最明显的是在拉丁美洲。债务减免从来没有被认为是对这些新

---

① 例如，可参阅 Charles Lipson, "Bankers' Dilemma: Private Cooperation in Rescheduling Sovereign Debts," in *Cooperation under Anarchy*, ed. Kenneth. A. Oye (Princeton: Princeton University Press, 1986)。

政权的某种一次性支持。与此同时，不管华盛顿的一些人表现出怎样的焦虑，这些拉美国家政府在债务问题上进行协调的努力从未奏效。[①]

下面更加详细地审视那些年是如何处理这些债务重组案的。[②] 自 20 世纪 50 年代以来条件贷款据以发展的旧式双向关系实际是向债权银行开放的。这些年来，由与债务国谈判的 6～10 家商业银行组成的非正式代表小组（所谓的"伦敦俱乐部"），都是从由 20～25 家主要国际银行组成的相同小组中挑选出来的，因此，这些银行是几个这样的委员会的成员。[③] 所以，这些银行实际上都参加了这个从 20 世纪 50 年代以来由主权国家和为主权国家在国际货币基金组织这个事实上由主要西方国家控制的多边机构里发展起来的论坛。[④] 国际货币基金组织采用奇异的三方共有否决权（three-way, mutual right of veto）这种制度决策。首先，国际货币基金组织同意贷款申请国提交的宏观经济调整方案，是与私人投资者缔结任何融资协定的先决条件，因此也是贷款申请国重返主要资本市场的先决条件。[⑤] 换句话说，国际货币基金组织扮演了

---

① Jacek Kugler, "The Politics of Foreign Debt in Latin America, a Study of the Debtors' Cartel," *International Interactions* 13, No. 2 (1987): 115−144; Riordan Roett, "Latin America's Response to the Debt Crisis," *Third World Quarterly* 7, No. 2 (1985): 227−241.

② Jérôme Sgard, "How the IMF Did It: Sovereign Debt Restructuring, 1970−1989," *Capital Market Law Journal* 11, No. 1 (2016): 103−125.

③ 这些俱乐部没有任何法律形式或机构存在，也没有得到协调：墨西哥有伦敦俱乐部，阿根廷有一个自己的俱乐部，科特迪瓦有第三个俱乐部，等等。牵头银行可能只做文案工作，并与国际货币基金组织和各国政府进行（也是非正式的）互动。Stanley F. Farrar, "Rights and Duties of Managing and Agent Banks in Syndicated Loans to Government Borrowers," *University of Illinois Law Review* 1 (1982): 229−249; Alfred Mudge, "Sovereign Debt Restructure: A Perspective of Counsel to Agent Banks, Bank Advisory Groups and Servicing Banks," *Columbia Journal of Transnational Law* 23 (1984): 59−74. 另一方面，巴黎俱乐部处理了负责发展援助或出口保险等的公共实体的债务，例如，巴黎俱乐部在法国财政部的主持下保存了大量的档案文献。20 世纪 80 年代，巴黎俱乐部，确切地说，是在做余兴表演，主要是因为在巴黎俱乐部召开的会议上，债权方的主要声音实际上是七国集团国家的观点，它们也主导了位于华盛顿的国际货币基金组织的谈判。因此，债权和债务双方在协调和谈判方面没有出现太大的问题。

④ 下列文献生动地描述了银行与政策制定者就解决墨西哥债务违约的策略进行的激烈权力斗争：Joseph Kraft, *The Mexican Rescue* (New York: Group of Thirty, 1984)。关于对可能有分歧的行为主体实施集体行动的规则的问题，也可参阅 Sebastian Alvarez, "The Mexican Debt Crisis Redux: International Interbank Markets and Financial Crisis, 1977−1982," *Financial History Review* 22, No. 1 (April 2015): 79−105.

⑤ 大多数国家还欠有与一些国家政府在巴黎俱乐部内部协调的双边官方债务以及被排除在任何正式重新谈判之外的多边债务。

强有力的第三方和看门人的角色。其次，要求债权银行在国际货币基金组织实际发放贷款之前同意债务重组协议，从而对国际货币基金组织这个强大的第三方起到制衡的作用。换句话说，如果债权银行认为国际货币基金组织(因为喜欢这个"学生"而)对某个债务国过于软弱，就可以拒绝整个债务重组计划。[1] 当然，申请贷款的债务国政府必须签署两份协议。

这里有一个悖论。一方面，国际货币基金组织处于游戏的核心位置，尤其是作为执行者在这场游戏中的核心位置。如果债务重组后，这个主权国家再次奉行"糟糕的政策"并违约，那么，即使投资者做出财务让步也毫无效果。也就是说，事后也会违背初始协议中的公平标准。因此，国际货币基金组织的一个关键贡献就是使这种解决方案具有可信性，从而使三方协议有足够长的时间期限。但另一方面，我们可能想知道，在布雷顿森林会议上创建国际货币基金组织的创始人们会对国际货币基金组织现在要接受贷款给某个成员国的决定可能会实际被一个没有得到正式授权的非正式私人银行家小组否决怎么想。

这个问题的部分答案可能在于一个完全非形式化的模式。就像一开始时的国际货币基金组织条件贷款那样，与银行一起采取的新做法呈现出非常有限的法律和司法性质：整个办法基本上是根据权宜之计和务实的问题解决方法来设计并被证明其合理性的。关键是，这种做法要求实际暂停发行所有外部法定债券和合同债券。[2] 具体而言，最初的债务合同条款对债务重组进程的影响非常有限。有先例，当然还有任何可借鉴的私营部门债务重组习惯做法，都表明，国际私法对债务重组进程的影响也十分有限。尤其是，必须在必要时修改或者废除银行监管法规：如果西方商业银行不得不将其发放的全部未得到偿还或正在重组的主权贷款归类为"不良"贷款，其中许多它们在 1982－1983 年发放的贷款就要作为巨额亏损入账。然后，这些银行自己的偿付能

---

① 想了解有关主权债务的更大叙事，请参阅 John Boughton，Silent Revolution，the International Monetary Fund 1979－1989 (Washington：International Monetary Fund，2001)；William R. Cline，International Debt Reexamined (Washington，DC：Institute for International Economics，1995)；Michael Dooley，A Retrospective on the Debt Crisis (NBER Working Paper 4963，1994)；Benjamin Cohen，*In whose interest? International Banking and American Foreign Policy* (New Haven：Council of Foreign Relations/Yale University Press，1986)。

② Sgard，"How the IMF Did It."

力可能会成问题,而整个西方金融体系的稳定性也会因此而成为问题。换句话说,1982 年秋季,发生国际系统性危机的风险已经迫在眉睫。但与 2007 年后发生次贷危机的情况不同,各国政府随后就决定暂停实施关键的监管规定并奉行宽容政策,因此,就不会把发展中国家的重组主权债务作为亏损来处理。①

从更广的角度看,这说明 20 世纪 80 年代的债务策略并不仅仅是根据国际货币基金组织的不同地位及其利用自己关键资源(专业知识、危机贷款、附带条件执行等)的能力制定的。这一经历的核心主要是西方战后债务清算机制两个方面的显著趋同:第一,西方控制的国际货币基金组织和七国集团本身相对于发展中国家的实力;第二,同样是这些西方国家的政府直接干预本国银行系统的能力、在需要时改写规则的能力以及在银行家们抵制时强迫他们采取行动的能力。政府事实上干预了私人合同和财产权,而不受严格的法律或宪法约束或者正当程序规则的限制。因此,国内层面的"凯恩斯协定"(Keynesian compact)与多边的"布雷顿森林协定"一起产生作用;而在这所有一切的核心中,我们发现了明智、离散和高度灵活的非契约条件贷款策略。

## 进入全球资本市场

以上两个"协定"的同时消亡,是债务危机最终得到解决的全部原因。众所周知,20 世纪 80 年代是金融监管放松和资本账户自由化的年代:先是英国和美国在 20 世纪 80 年代初,然后是欧洲大陆实施了金融监管放松和资本账户自由化。到了 1989 年,短期资本在经合组织国家之间基本可以自由流动。当然,这就要求重新设计游戏规则,并且重新进行私人大银行与政府关系的政治经济学研究。一方面,随着时间的推移,放松监管导致更多的监管,如有关不良贷款处理或资本充足率的监管;另一方面,政府随意施压显然变得更加困难。这样做不但已经不合法——即使在国家官僚机构内部也是如此,而且变

---

① 以美国为例,整个问题就凭时任美联储主席保罗·沃尔克(Paul Volcker)的一句话解决了:"在这种情况下,如果新的贷款有助于调整进程,使一个国家能够有序地加强其经济和偿还其国际债务,新的贷款就不应受到监督批评"(Kraft,*Mexican Rescue*,49)。

得更加困难，因为银行赢得了跨国转移业务和抵御当地政府或政界人士压力的空间。

20世纪80年代的债务危机，特别是拉丁美洲的债务危机，是涉及面更广的长期转型的一个重要篇章。在拉美经济体中，外债危机和高通货膨胀乃至恶性通货膨胀故事的组合，以最残酷的方式表明20世纪70年代增长周期的失败以及通常与进口替代有关的"发展主义"或国家主导型经济模式的崩溃。这个一般范式从20世纪初开始逐渐在拉丁美洲崭露头角，然后在20世纪30年代取得主导地位，并在战后几十年里变得越来越有凝聚力[1]，因此，在20世纪五六十年代，与世界各地观察到的多少有点不同的相似模式——如后殖民国家的苏联式经济模式、威权主义现代化模式，当然还有罗斯福的"新政"及其对早期世界银行的影响都得到了广泛的扩充。[2] 同样，国际层面的意识形态巨变也在包括世界银行和国际货币基金组织在内的国际舞台上使进口替代模式失去合法性方面发挥了作用。但是，进口替代模式的有效性不断下降，尤其是在它仍基本完好无损的拉丁美洲。这种模式效力的下降和国内合法性的丧失也造成了严重的影响。20世纪80年代的经济政策变化，如果只有外国或多边利益集团及其一些国内盟友（如众所周知的买办资产阶级和一帮激进的经济学家）来替它们辩护，就不会如此巨大、突然和持久。

关于典型的进口替代模式寿终正寝的宏大叙事，正好在1985年与债务危机故事交织在一起。1982年采纳的债务危机解决策略主要依靠债务重组和"宏观经济调整"（即预算、货币和汇率）。虽然后来在这方面取得了一些进展，但这些国家没能重新进入资本市场，主要是因为其债务水平仍然太高，因此，其总体状况仍被视为极其脆弱。那些年里发生的残酷的恶性通货膨胀就证明了这一点。1985年启动的短命的"贝克计划"由于相同的原因迅速遭遇了失败，但留下了一笔耐用的遗产：宏观经济调整现在得到了"结构性调整"（即贸易自由化、劳动力市场改革、私有化等）的补充。换句话说，这是"华盛顿共识"

---

① Joseph L. Love, "Raul Prebisch and the Origins of the Doctrine of Unequal Exchange," *Latin American Research Review* 15, No. 3 (1980)：45—72.

② Eric Helleiner, *Forgotten Foundations of Bretton Woods. International Development and the Making of the Postwar Order* (Ithaca：Cornell University Press, 2014); Kiran Klaus Patel, *The New Deal, A Global History* (Princeton：Princeton University Press, 2016).

(Washington Consensus)在被这样命名以前实际达成的时候。[1]

有人认为,如果这些国家要恢复增长,并在某些情况下要巩固其新创建的民主制度,就需要大量减免债务。到了 1987 年,这种观点就日益成为一种共识。虽然在阿根廷和巴西等国家,摆脱军人统治最初并没有被看作债务重组策略的一个关键变量,但随着低增长、恶性通货膨胀和持续的债务问题开始削弱刚成立的民主政府,尤其是阿根廷的阿方辛(Alfonsin)政府,这种情况逐渐发生了变化。20 世纪 80 年代末,这些国家确实被认为有可能回归军人政权或落入激进的左派手中。但即便如此,直到 1989 年年初布什担任总统期间,债务减免原则才最终被接受。之前,美国财政部,尤其是财政部部长吉姆·贝克(Jim Baker),曾对任何有关这一举措的官方讨论——无论是在国际货币基金组织还是在七国集团——都行使了否决权。

结果(在 1989 年)出台了所谓的布雷迪计划(Brady Plan),要求根据每个债务国的情况,削减 25%～40% 的总债务。但是,全部自 80 年代初以来常常已经重组过两三次的以前积欠的债务也都被转换成以美元计价的可交易债券——所谓的"布雷迪债券"(Brady Bonds)。债务减免、债务转换和求助于结构性调整,都为应对经济和财政金融形势的巨大变化铺就了道路。首先,这些国家的财政状况变得稳定,恶性通货膨胀逐渐得到控制,经济也恢复了增长,有些国家随后还迅速实现了经济赶超。然后,拖欠债务多年不还的国家很快就重新轻松地进入资本市场,尽管主要是通过在资本市场上发行债券的方式;而资本市场不再由最大的国际银行主导,而是由不同类型的投资基金、保险公司、跨国公司以及很快就通过互联网投资的个人投资者占据。因此,1989 年在发展中国家债务问题上实现的突破直接促进了(通过结构性调整和经济复苏)"新兴经济体"和(由于发展中国家的债务减免,它们得以进入资本市场)"新兴市场"的诞生。这就是 1982 年以来的债务危机故事与 20 世纪 90 年代第二个全球化时代出现的更宏大叙事相交的地方。

---

[1] John Williamson,"What Washington Means by Policy Reforms," in Latin American Adjustment: How Much Has Happened? (Washington: Institute for International Economics, 1990), 7—20; John Williamson,"A Short History of the Washington Consensus," (paper presented at the Forum Barcelona,"From the Washington Consensus towards a new Global Governance," Barcelona Center for International Affairs, Barcelona, 2004), 14.

我们在 1989 年没有预见到的是，随之而来的金融全球化的速度。值得注意的是，约翰·威廉姆森(John Williamson)在 1990 年发表的那篇关于"华盛顿共识"的著名文章中没有提到作为进入国际资本市场严格条件的资本账户自由化。事实上，资本账户自由化通常是在布雷迪计划取得成功以后由各国政府自己决定的，直到 1992 年以后才成为政策。正是在那个时候，私人银行家、机构投资者、政策专家、善意的经济学家和国际货币基金组织官员每天早上都在重申，一旦对外贸易自由化，就没有理由不对资本流动采取同样的措施。他们也不断地反复声称，比较利益法则以相似的方式适用于对外贸易和国际资本流动。那些年实际达成的政策共识完全忽略了"新兴经济体"目前面临的新的危机风险。例如，国际货币基金组织研究部在 1990—1994 年期间举行的历次研讨会都没有表明，有任何预期认为资本自由流动和放松对银行的监管可能很快会造成危害与过去十年发生的危机截然不同的新危机。

## "主权借款人破产法庭"？—— 一项失败的计划？

20 世纪 90 年代初的激进创新，不但对主权债务市场的运作方式产生了巨大的直接影响，而且使主权债务市场的投资者更加广泛和多元化。这同样意味着，在债务国违约的情况下，与以银行为基础的债务制度相比，重新谈判的难度要大得多。在危机时期，投资者可能会抛售债券，导致债券价格进一步下跌，并且延长偿债危机的持续时间。不同类别的投资者会对大相径庭的投资目标、投资期限、监管和合同约束做出截然不同的反应，因此在面对市场压力时，他们可能会以完全不同的方式做出反应。换句话说，退出市场虽然可能会导致一场无序的大规模抛售，但这是一种容易做出的选择，而表示不满和重新谈判已经变得比以前复杂得多，而且成本要高很多。最后，这种战略互动的时间框架大大缩短，而资本市场的系统性风险会对政策制定者及其官僚机构施加极大的压力。这在墨西哥(1994—1995 年)和亚洲(1997—1998 年)的金融危机中表现得最为明显，当时许多国家的中央银行基本上失去了对本国货币和金融体系的控制。

但在 20 世纪 90 年代，除了俄罗斯(1998 年)以外，主权国家无力偿债并不是一个紧迫的问题:新兴国家的主要薄弱环节是它们的银行部门(亚洲)或公债策略的流动性问题(墨西哥,1994 年)。巴里·埃肯格林(Barry Eichengreen)和理查德·波特斯(Richard Portes)早就敲响了警钟,杰弗里·萨克斯(Jeffrey Sachs)也是如此:一旦主权违约卷土重来,全球的政策工具箱就会暴露它存在的不足。[①] 但在那些年里,官方对国际政策辩论的一个主要贡献就是"雷伊报告"(Rey Report,1996),该报告明确反对任何关于主权债务重组的激进创新。官方做出的另一个具有里程碑意义的贡献是提交给美国国会的"梅尔泽报告"(Meltzer Report,2000),因为这份报告明确反对任何对主权债务重组的官方干预,并对 20 世纪 80 年代的做法进行了回顾性批评。[②]

直到 2001 年阿根廷发生债务违约,我们才首次认识到主权债务问题严重,但一直到 2015 年才完全明白:这起史上最大的主权债务违约案确实花了整整 15 年时间才得到解决。

2002 年,"主权借款人破产法庭"(bankruptcy court for sovereign borrower)[或者主权债务重组机制(sovereign debt restructuring mechanism,SDRM)]计划在阿根廷主权债务违约的背景下应运而生,并且在国际货币基金组织以及各国政府和学术界引发了一场激烈的政策辩论。[③] 虽然这场辩论常常被作为一场随心所欲、没有实际结果的全球研讨会记住,但它有力地影响了随后(尽管以不到场的方式参与的)有关主权债务的辩论。从事后看,这也

① Barry Eichengreen and Richard Portes, eds., Crisis? What Crisis? Orderly Workouts for Sovereign Debtors (London: Center for Economic Policy Research, 1995); Jeffrey D. Sachs, "Do We Need an International Lender of Last Resort?" (Frank D. Graham Lecture, Princeton University, Princeton, 1995).

② Group of Ten, Report [Basel: Bank for International Settlements, 1996 (Rey Report)]; International Financial Institution Advisory Committee, Report [Washington, DC: US Congress, Joint Economic Committee, 2000 (Meltzer Report)].

③ 这个项目的官方名称是"主权债务重组机制"(SDRM),国际货币基金组织负责研究工作的官员安妮·克鲁格(Anne Krueger)在很多新研究项目的名称中都提到了这种机制:Anne Krueger, "International Financial Architecture for 2002: A new Approach to Sovereign Debt Restructuring," (Washington: National Economists Club/ American Enterprise Institute, November 26, 2002), 7; International Monetary Fund, "A New Approach to Sovereign Debt Restructuring: Preliminary Considerations" (Washington: International Monetary Fund, November 30, 2001), 18; International Monetary Fund, "The Design of the Sovereign Debt Restructuring Mechanism-Further Considerations" (Washington: International Monetary Fund, November 27, 2002), 76.

突显出不久将对过去的做法做出惊人突破。国际货币基金组织建议的最初诱人之处来自以下这种风险感知：在发生主权债务危机时，债权人之间的不协调很快就会引发一场混战，也就是恐慌。有人认为，这需要一个具有法定权力的机构阻止这种状况，从而阻止投资者行使合同赋予的抛售债券和退出市场的权利。国际货币基金组织的建议因为公开受《美国破产法》第十一章的启发而引起了很大一部分媒体的关注。《美国破产法》第十一章允许问题企业的管理层暂不回应债权人的诉讼，以便在法院保护和监督下就债务重组计划进行谈判。[①] 与此同时，问题企业的管理层可以在一个不可忽视的时期（最长是几年）里暂停偿还债务，但也可以融资获得新的资金，以便企业继续运营（就像一个正在进行债务重组的国家）。最后，根据《美国破产法》第十一章，问题企业的管理层（可被解读为政府）仍是债务重组谈判的关键角色。

根据美国的这一经验，有人建议在国际货币基金组织内部设立一个独立的准司法机构，对主权债务人及其债权人可以适用类似的程序。他们呼吁创建特别"法庭"来管理债务重谈事宜，然后"依法"批准债务重组协议。只要有特定多数（75％的股东）同意，少数投资者就不能抵制多数人的决定。具体而言，在减免债务以后，他们将失去（譬如说）在某个美国法院起诉主权债务国或多数债权人的能力。[②] 不过，这一突破的条件是，本国法院将失去对主权债务合同的管辖权，从而让这种即将发明的超国家法院受益。因此，与这种 20 世纪 80 年代的经验相比，债务重组将较少地通过调解的方式，并且更多地通过司法模式解决，但这种准法院实际上具有超国家的性质。

说来奇怪，国际货币基金组织当时完全低估了这种司法解决逻辑需要它对自身业务规则进行重新深度定义的程度。其实，国际货币基金组织的想法

---

① 关于私人破产的情况，请参阅 Thomas H. Jackson, *The Logic and Limits of Bankruptcy Law* (Cambridge, Mass.：Harvard University Press, 1986)。关于《美国破产法》第十一章，请参阅 Douglas G. Baird, *Elements of Bankruptcy* (New York：Foundation Press, 2001)。关于《美国破产法》第十一章与主权债务重组机制的比较，请参阅 Patrick Bolton, "Towards a Statutory Approach to Sovereign Debt Restructuring, Lessons from Corporate Bankruptcy Practice around the World," IMF Staff Papers 50, Special Issue (2003)：41—71; Nouriel Roubini, "Do we Need a New Bankruptcy Regime?" Brookings Papers on Economic Activity 2002, No. 1 (2002)：229—255。

② 与 20 世纪 80 年代的主权债务重组机制相比，也能反映出朝着一种成熟的强制性冲突解决机制的转向。

实际上是随着时间的推移而不断变化的，它似乎也只是逐渐发现它最初建议的内部一致性以及它所提出的制度设计问题。我们仅以审理诉讼的法庭这个问题为例。最初，是在国际货币基金组织已有的架构内进行债务重新谈判，因此在司法独立方面几乎没有制度保障。显然，这应该是一个非常类似于1922年让·莫内称道的传统架构，因为这种架构的效力和合法性源自公正、中立和非政治的多边主义这种过时借口。但是，国际货币基金组织逐渐放弃了这个立场，不久就考虑设立一个被赋予事实上独立的司法机关和解释自己法律规则能力的所谓"债务解决论坛"（debt resolution forum）。[1] 后来，国际货币基金组织甚至又增设了一个上诉机构，从而进一步正式确立债务解决论坛发展（非约束性）判例法的能力。[2] 最后，国际货币基金组织还提出了一个旨在保证三个负责审理具体案子的"破产法官"独立性的复杂程序。这时，国际货币基金组织也只是一个提供场所，或许还提供秘书处的仁慈、中立的东道主。

一开始，这是一个各当事方解决债务违约造成的各种问题、相当松散的合作性谈判框架，但最终却几乎成了民事或商业法庭的范式。具体而言，虽然重新谈判最初——就像在20世纪80年代那样——与经济危机管理紧密联系在一起，但最终的结果表明，应该小心地分开处理这两个问题。由于有关进行谈判的全部实际责任都完全落在各当事方身上，因此，从制度上排除了任何与政策条件性事实上的联系。为了使这个论坛以司法并基于程序的性质能被接受，债务重组过程必须完全摆脱任何决策者的控制。值得注意的是，国际货币基金组织在其厚达75页的最终建议方案中只提到一次"条件性"。结果，与国际货币基金组织执行附加条件的正式联系，也就是与债务协议执行担保的联系也不复存在。从这个意义上说，主权债务重组的多边途径的终结，不仅关涉行为主体和债务解决论坛，而且主要是关涉债务重组谈判和执行的动态变化以及国际货币基金组织过去提供的一致性和相对公平性担保的

---

[1]　International Monetary Fund, "Sovereign Debt Restructuring Mechanism—Further Considerations" (Washington: International Monetary Fund, August 14, 2002), 33; International Monetary Fund, "A New Approach."

[2]　International Monetary Fund, "Sovereign Debt Restructuring Mechanism"; International Monetary Fund, "A New Approach."

缺失或不足。

但是，所有这些蓝图和研讨会，无论是国际货币基金组织还是其他机构的蓝图和研讨会，都不足以解决问题：当然，所有这些尝试全部以失败而告终，主要原因是整个私人金融部门，尤其是美国的私人金融部门，从一开始就完全反对国际货币基金组织的建议方案。[①] 但除了利益和意识形态偏好外，还有一个更加有力的主张：自 1990 年以来，产权和包括与主权债务人签订的合同在内的契约已经完全被重新定义，并且因为直接依靠传统契约理论——合同的完备性和国家主权法院负责的全面执行被视为有效市场和稳定社会秩序的基础——的用语而变得更加严厉。

国际货币基金组织的主权债务重组机制建议方案遭遇了失败，这只是告诉我们，这个法律、政治和意识形态的核心建构并不能轻而易举地被修改和重构。在这样一个世界里，无论国际货币基金组织的这份建议方案具有哪些内在的优点，我们都不能把私人合同作为一种权宜政策置于新的超国家管辖之下。[②] 正如 1804 年颁布的《法国民法典》隐含地表述的那样，如果不隶属于某个司法管辖权，或者如果合同突然隶属于有自己不同实体和程序规则的全新超国家司法管辖权，合同就不会存在，或至少有非常不同的存在。一旦成千上万的投资者把数千亿美元投在一种新的有自己法律建构和附带政治担保的"准私人"主权债务合同上，任何试图在一种新的超国家权威下重新界定合同权利和转让合同权利的努力注定要动员人数众多的既得利益群体。投资者不仅投资于代币化的债券，而且追随支持他们的机构。事实上，国际货币基金组织及其赞助人最终被告知，任何未经具有宪法和司法保障的全权主权法院审理的案子都将不会受理。国际货币基金组织，由于它非常特别的治理结构、对特别规则的偏好及其在外部合法性方面的糟糕记录，因此不可能出现在公众的视野中。

---

① Anne Krueger, "Sovereign Debt Restructuring: Messy or Messier?" *The American Economic Review* 93, No. 2, *Papers and Proceedings* (2003): 70—74.

② 2013 年，布鲁金斯学会(Brookings Institution)组织的一个高层工作小组强调，破产模式仍然是最佳选择，尽管他们也认识到朝这个方向演变的前景似乎非常暗淡：Lee C. Buchheit et al., Revisiting Sovereign Bankruptcy (Washington: The Brookings Institution, 2013)。

# 回归合同和主权法院

自 2003 年以来,这个自由宪政的核心观点从未受到过正经的质疑:解决争议和解释债务合同的地点是主权法院,主要是对债券发行有司法管辖权的法院,比如纽约南区法院。自那以来,核心问题一直是如何在这种新形势下解决由债务违约引发的集体行动难题。几个世纪以来,这些难题一直通过私人破产程序解决,且很有效。具有讽刺意味的是:虽然主权债务重组现在是以私人签约的方式,并在国家主权法院的主持下进行的,但在国际货币基金组织提出的建立破产法院的建议方案被放弃的时候,主权债务重组的破产范式也被完全抛在了一边。

在 2003 年国际货币基金组织撤回它的建议方案后,成为政策辩论核心问题的关键概念是"集体行动条款"(collective action clauses,CAC),后者被视为一种间接依照私人破产处理经验取代法定方法的部分契约型替代方案。在实践中,原始债务合同中订有集体行动条款,目的是预先确定每种特定债券的持有人如何处理日后可能发生的违约。[①] 因此,在这个适用范围有限的框架内,集体行动条款用于解决投资者之间协调的基本集体行动问题,以及信息沟通、代表和特定多数决策的问题。然而,投资者仍被"封装"在初始债务合同的封闭结构中。那么,如何协调不同债券的持有人? 他们如何才能把债务合同的重新谈判权利转让给某个共同的代表? 应该如何处理合同没有订立集体行动条款的债券? 如今,集体行动条款法往往充其量被看作为建立谨慎的可预测债务重组机制采取的一个步骤。当然,集体行动条款并不是什么灵丹妙药。事实上,在有些人看来,在成立超国家法院的提议被撤回后,集体行动条款,确

---

① 关于集体行动条款,请参阅 Eichengreen and Portes,*Crisis*?；Liz Dixon and David Wall,"Collective Action Problems and Collective Action Clause," *Financial Stability Review*,Bank of England (June 2000):142—151；Mark C. Weidemaier and Mitu Gulati,"A People's History of Collective Action Clauses," *Virginia Journal of International Law* 54,No. 1 (2013):51—95。在伦敦发行的债券与在纽约发行的债券不同,传统上订立集体行动条款。这就是讨论集中在纽约发行的债券的法律和司法实践中的原因。更一般地说,集体行动条款反映了国家司法管辖权和法律框架相互竞争的逻辑。关键在于,在两大金融中心事实上的双头卖方垄断下,竞争已经产生了结果:市场在垂直或地理上与司法机构整合在了一起。

切地说，是精明的私人律师向政客们推荐的一种错误解决方法。

然后，"同等权益条款"(pari passu clause)就占据了阿根廷债务重组这个长篇小说故事的核心位置。这个故事背后的故事众所周知[①]，现在著名的投资基金艾略特合伙公司(Elliott Associates)在 2001 年阿根廷债务违约后不久，就购买了大量的阿根廷债券并持有多年，即使在 90％以上的阿根廷债券持有人已经接受大规模减免的方案后仍成功地阻止了所有强制执行大规模减免的尝试。艾略特合伙公司采用的阻止策略的核心是重新发明了"同等权益条款"。在"同等权益条款"成为许多主权债务合同中的沉默条款，并且失去确切的法律含义很长时间以后，先是布鲁塞尔的一家法院(2000 年)，随后是纽约南区法院支持一种不顾多数债券持有人的意愿，而直接维护少数债券持有人利益的"同等权益条款"解释。[②] 纽约上诉法院随后确认了纽约南区法院的裁决，但美国最高法院却认为自己没有受理这个案件的依据。最后，还是纽约上诉法院向少数债券持有人提供了法律文件，允许他们扣押阿根廷政府(在这个案子中)的对外付款，前提是这些付款通过在美国注册的银行或美元清算所支付。这一系列具有里程碑意义的裁决完全遵循绝对保护契约人个人权利的逻辑，但总体结果也完全把实际建立在特定多数表决原则上的经典私人破产范式搁在了一边。最终，马克里(Macri)总统领导的新政府在 2015 年请求和解，在纽约发行了巨额债券，并按面值偿还了拖欠艾略特合伙公司的债务。

这种演化显然对以艾略特合伙公司为榜样的新型专业对冲基金有利。这种新型专业对冲基金现在通过以较低的价格买进陷入困境的国家还没有按面值全额还清的债务来获利，因此拒绝任何包括投资者财务让步在内的建设性解决方案。这个先例以及颠覆性阻止债务重组策略的成功将会在多大程度上

---

① Mark Weidemaier,"Sovereign debt after NML v Argentina," *Capital Markets Law Journal* 8,No. 2 (2013)：123－131；Lee C. Buchheit and Mitu Gulati,"Restructuring Sovereign Debt After NML v. Argentina," *Capital Markets Law Journal* 12,No. 2 (2017)：224－238.反对对主权债务重组进行任何公共干预的主要理由是，控制这些"讲究实际"的债务国总是非常困难。因此，在它们陷入困境时帮助其摆脱困境，注定会造成道德风险，从而使主权债务合同的执行面临更大的困难。所以，保护市场就需要让借款国的违约成本最大化，以便它们的自利心确实被用来保护其声誉或行为记录。请参阅 Anna Schwartz,"Do Sovereign Debtors Need a Bankruptcy Law?" *Cato Journal* 23,No. 1 (2003)：87－100.

② Mark Weidemaier,Robert Scott and Mitu Gulati,"Origin Myths,Contracts,and the Hunt for Pari Passu," *Law & Social Inquiry* 38,No. 1 (2012)：72－105.

影响未来的债务重组,仍有待商榷。纽约上诉法院后来做出的一项裁决表明,阿根廷的债务重组案可能仍是一个例外,未来可能会出现更具建设性的主权债务重组制度。[①] 但至此,阿根廷的主权债务重组方案仍然可能作为备选方案。

*　*　*

从事后看,我们在本章分析的三个事件——管理并最终解决 20 世纪 80 年代债务危机的条件、国际货币基金组织 2001—2003 年旨在设立超国家债务法院努力的失败以及目前由国家司法管辖机构主导主权债务重组,而国际货币基金组织退居幕后的主权债务重组制度——之间无疑存在紧密的联系。当然,现行的主权债务重组规则是我们通常把它们与全球经济一体化和普遍自由化的出现联系在一起的一个适用范围更大的模式的组成部分。与此同时,没人能够事先讲述主权债务市场如何演变的故事,因此,最终把它界定为只是更大的一般叙事的一个变体或者长篇评论,肯定是不明智的。

20 世纪 80 年代采用的以国际货币基金组织为中心的债务重组方法,无论是在国内层面(经济统制、银行监管等)还是在多边层面(国际货币基金组织和各国监管机构之间专门的紧密协调),都植根于 1945 年后的"凯恩斯协定"。这里值得注意的是,正如本书前几章所示,这种相当陈旧的策略正是在凯恩斯主义政策契约被废除的时候采用的,首先是在美国和英国,然后是在欧洲大陆和日本。然而,1989 年布雷迪计划解决了这种时间错位问题。这项计划虽然完全是按照新达成的自由市场共识制定的,但最终结束了那场债务危机。事实上,美国财政部、七国集团其他成员国的财政部以及私人金融部门轻而易举地就退出策略达成了一致,从而使得 20 世纪 80 年代的债务重组策略实际上不可能再获得使用;这种高压策略也不应该再用在银行身上。

从这个视角且事后看来,国际货币基金组织的"主权国家破产法庭"建议方案,可被解读为一次是在一个无中介金融世界里为主权债务重组重新发明一种强势、多边、政府主导的机制的迟到尝试。在亚洲、俄罗斯和阿根廷危机

---

① Lee C. Buccheit and Andrés de la Cruz, "The Pari Passu Fallacy-Requiescat in Pace," *International Financial Law Review* (February 2018): 32—33.

结束后,西方国家的政府和金融技术官僚开始对能否完全相信私营部门能够认同并采用新的债务重组规范和规则表示严重的怀疑。因此,他们考虑通过在他们的共同家园——国际货币基金组织——设立特别论坛,把主权债务危机重新掌控在自己手中。这并不是一份善意或无关紧要的建议方案:这份"新凯恩斯主义计划"确实要求认真干预主权债务投资者的财产权。而且,这些合同不会像经典的自由宪政主张的那样,由某个已有的国家主权法院解释和调整,而是交给一家未经受过考验的新的超国家司法管辖机构解释和调整。

2003 年后,这项计划的彻底失败表明,必须结合主权债务合同的最终结果,才能重新理解什么是主权债务合同。这种形式在时间上如此不稳定的奇怪法律产物,现在已经被重新定义为一种由主权国家当局支持、几乎相当于传统私人合同的合同,尽管主权国家在上述合同中是债务人。这种新的主权债务重组框架与 20 世纪 80 年代曾经采用过的框架不可能有更多的不同。当时,债务重组问题交给了采取"非合同附加条件"这种非常特别的做法和基于否决权的决策规则的国际货币基金组织这个主权国家的"合作社"处理。

如今,新的债务重组框架显然缺少可预测的规则化债务重组框架。债权人之间的协调、适用于债权人的"合格多数决定原则"以及可靠的执行保证,仍是未来任何债务重组机制必须应对的三大战略挑战。阿根廷主权债务重组案采用的极不正常的处理程序在未来是否仍将是特例,仍是一个悬而未决的问题。至少,阿根廷的遭遇表明,有缺陷的规则可能对主权债务重组——更一般地,对主权债务市场——产生许多不利的影响。不过,当前的中美贸易摩擦,以及 1945 年后多边架构面临的巨大压力,也突显出新的、更大的潜在错位风险,从而有可能影响全球主权债务市场的稳定。迄今为止,建立一个统一的主权债务重组机制,从而建立一个广泛整合、以法律为基础的主权债务市场,仍是全世界共同奋斗的目标。比如说,美国主导和中国主导的债券市场出现任何分歧,显然都会导致未知的金融和政治紧张局势,尤其是在国际货币基金组织层面。像委内瑞拉以及非洲一些负债过度的国家,或许提前提醒我们未来有可能发生的事情。

# 第十八章　论"债券义务卫士"、中央银行家和 2008 年的金融危机

亚当·图兹*

20 世纪后期的政治经济状况出现了以下这种惊人的并列特点:从 20 世纪 70 年代中期开始,在公债出现了和平时期前所未有的急剧增加的同时,国际资本交易也开始自由化。1970 年,经合组织主要国家的公债占国内生产总值的比例是 40%;但到了 20 世纪 90 年代中期翻了一番,达到了 80%。同期,布雷顿森林体系取消了对资本账户的管制。上一次资本自由流动出现在 20 世纪 20 年代,并且以前所未有的速度和规模在金融市场和银行资产负债表上流动。这对组合发展到了呈一触即发之势。从 20 世纪 70 年代开始,由于受到巨额赤字和不断加速的通货膨胀的惊吓,资本市场变得焦虑不安,而公共财政史则时不时地被危机所打断。1976 年,外汇市场和金边证券市场出现了大量卖盘,从而迫使意大利和英国向国际货币基金组织借款。1982 年 8 月,拉美债务危机在墨西哥爆发。1983 年,法国弗朗索瓦·密特朗领导的社会党政府向市场力量缴械投降。美国证券公司经济学家爱德华·亚德尼(Edward Yardeni)在 1983 年创造了"债券义务卫士"(bond vigilantes)一词,也许并不是巧合。

"债券投资者是经济中的债券卫士",亚德尼宣称,"因此,如果财政和货币当局不履行监管经济的职责,债券投资者就会履行这种职责。经济将由信贷

* E-mail: adam. tooze@columbia. edu.

市场的义务卫士管理。"①正如亚德尼后来所说的那样,"我在这里所说的义务卫士,是指那些关注政策以确定政策对债券投资者有利还是不利的投资者[……]如果政府制定的政策有可能重新引发通货膨胀,"亚德尼解释说,"义务卫士就能介入,并恢复市场和经济的规律和秩序。"②

事实上,正如亚德尼所说的那样,所有主要发达经济体的政府都在重新夺回控制权。它们不是通过限制资本流动,而是通过效仿美联储 1979 年 10 月的加息来夺回控制权。③ 后来被称为"沃尔克冲击"(Volcker shock)的加息阻止了通货膨胀,但许多抑制通货膨胀的措施是以高失业率为代价的。正是这种惊人的紧缩为 20 世纪 90 年代的"大稳健"(great moderation)奠定了基础。通货膨胀是平息了,但在一个资本自由流动的世界上,义务卫士能在任何时间和地点袭击任何人。1992 年,英国和意大利再次感受到货币和债券市场的压力。1993 年年初,比尔·克林顿(Bill Clinton)成为 12 年来第一个人主白宫的民主党人,当时华尔街担心他会推翻 20 世纪 80 年代达成的反通货膨胀共识。在亚德尼看来,那是"债券义务卫士"真正的"全盛时期"。《洛杉矶时报》(*LA Times*)直言不讳地评价称:"权力将不再仅仅掌握在财政部、美联储和国会手中。全球成千上万的债券持有人和投资组合经理也将对克林顿政府的政策选择产生集体影响——有经济学家甚至表示,他们拥有否决权。"④当有报纸报道克林顿可能在考虑一项重大的财政刺激计划时,利率迅速飙升。在克林顿和他的团队否认在考虑任何这样的计划后,债券市场才平静下来。正如亚德尼赞同的那样:"令人吃惊的是,仅仅债券收益率的小幅上升,就迅速引起了克林顿及其政策制定者的注意。"⑤事实上,它们不仅仅引起了克林顿政府的注意。正如鲍勃·伍德沃德(Bob Woodward)在其颇具影响力的内部报

---

① Ed Yardeni,"A Brief History of Ed Yardeni's 'Bond Vigilante' Model," Business Insider, Dr. Ed's blog, November 13, 2013, accessed January 25, 2020, http://www. businessinsider. com/bonds-and-nominalgdp-2013-11.

② Victor F. Zonana,"Bond Market Packs a Punch Clinton Is Already Feeling," *LA Times*, November 21, 1992, accessed January 25, 2020, http://articles. latimes. com/1992-11-21/news/mn-734_1_bond-market.

③ Eric Helleiner, *States and the Reemergence of Global Finance. From Bretton Woods to the 1990s* (Ithaca: Cornell University Press, 1996).

④ Zonana,"Bond Market."

⑤ Ibid.

告《议程》(*The Agenda*)中所说的那样,它们改变了总统选举的结果。[①] 克林顿政府实施了一套预算平衡和"福利改革"的制度,令市场大为满意。1993—1994年,10年期国债收益率从5.2%攀升到了略高于8.0%,到了1998年又回落到了4%。就是在这样的背景下,克林顿的竞选策划者、政治顾问詹姆斯·卡维尔(James Carville)在1993年2月评论说:"我曾想过,如果人生有来世,我来世就想当总统、教皇或击中率达四成的棒球击球手。"[②]"但现在我想回债券市场,因为这样就能恫吓每一个人。"[③]

在20世纪90年代初欧洲和美国经历了危机后,就轮到了亚洲经济体、俄罗斯和拉丁美洲。1997—2001年,从泰国到阿根廷的很多亚洲和拉美国家都遭遇了资本市场和外汇挤兑的"双重危机"。随着新世纪的开始,原先关于资本市场放开后能行使否决权的想法就变成了常识。在经济学中,用三难困境的概念来正式表述这种双重危机。国家可能都希望币值稳定,享受资本流动的好处并有实施自己经济政策的自主权。但是,这三重目标都是无法实现的。任何国家最多只能选择其中的两个目标。如果接受经合组织和国际货币基金组织的资本自由化建议,国家就只能在稳定汇率和实行自主的经济政策之间做出选择,但不可能两者兼顾。[④] 虽然这种取舍听起来很难,但许多人相信做起来甚至更难。鉴于新兴市场上货币币值大幅度下滑有可能会引发资金外流,因此,对于大多数国家来说,浮动汇率并不是一个选项。所以,政府面临的实际上不是三难困境,而是残酷的选择。[⑤] 我们可以选择戴上全球金融一体化的"金手铐",并放弃任何在经济政策上主张国家主权的托词,也可以选择实施外汇和资本管制,同时保留一定程度的经济政策自主权。在实践中,没人会

---

① Bob Woodward, *The Agenda: Inside the Clinton White House* (New York: Simon and Schuster, 2007).

② Megan Mcardle, "The Vigilante," *The Atlantic*, June 2011, accessed January 25, 2020, http://www. theatlantic. com/magazine/archive/2011/06/the-vigilante/308503.

③ John Greenwald, "Greenspan's Rates of Wrath," *Time* 28 November 1994, accessed January 25, 2020, http://content. time. com/time/magazine/article/0, 9171, 981879, 00. html.

④ Barry J. Eichengreen, *Globalizing Capital: A History of the International Monetary System* (Princeton: Princeton University Press, 1998).

⑤ Hélène Rey, "Dilemma not Trilemma: The Global Financial Cycle and Monetary Policy Independence," No. w21162. National Bureau of Economic Research, 2015.

接受后一种选择,而市场自由化和财政整顿则成了常态。

2000 年 4 月,德意志银行行长罗尔夫·布鲁尔(Rolf Breuer)告诉《时代》(*Die Zeit*)周刊,经济和社会政策将"比以往任何时候都更加需要在制定时就关注金融市场:如果你愿意,它们已经与媒体一起承担了一个重要的'看门人'角色,几乎起到了'第五等级'的作用"。在布鲁尔看来,"如果 21 世纪的政治被金融市场所左右,也许并不是坏事"。因为,最终,"政客们[……]自己也对给他们带来如此痛苦的限制行动[……]做出了贡献。政府和议会过度使用公债这种工具,从而——和其他债务人一起——让债权人承担了一定的受托责任。[……]各国政府和议会今天被迫更加关注国际金融市场的需求和偏好,这要归因于过去的错误"。① 2007 年,美联储前主席艾伦·格林斯潘(Alan Greenspan)阐述了有关新全球化时代的洞见。9 月 19 日,他在接受苏黎世《每日导报》(*Tages-Anzeiger*)采访时表示,在即将到来的美国总统大选中,他支持哪位候选人无关紧要,因为"(我们)很幸运,多亏了全球化,美国的政策决定在很大程度上已被全球市场的力量所取代。撇开国家安全不谈,谁将成为下一任美国总统几乎没有什么区别。世界受市场力量支配"。②

那是在 2007 年,金融危机爆发之前。现在的问题是,这种叙事在经历了 10 年的金融动荡和政策创新后如何站得住脚。那么,20 世纪 70 年代至 21 世纪初形成的主权债务政治形象还可信吗?

## 债券市场的力量

从表面上看,这场危机似乎增强了金融市场对政治的影响。在 2020 年的新冠病毒危机冲击前,2007 年后的公债在和平时期增幅最大,使 20 世纪 70 年代和 80 年代的债务冲击相形见绌。2008—2015 年,光美国国债就增加了 9 万亿美元。按照布鲁尔等人支持的逻辑,很难看出这怎么可能不会提高债券市场的杠杆率。

---

① Rolf E. Breuer, "Die fünfte Gewalt," *Die Zeit*, April 27, 2000, accessed January 25, 2000, http://www.zeit.de/2000/18/200018.5._gewalt_.xml.

② "Greenspan: Interview," *Zürcher Tages-Anzeiger*, September 19, 2007.

2009 年 5 月,彭博社和《华尔街日报》报道称,随着财政冲击变得越来越明显,市场开始表示抗议。亚德尼再次警告称:"未来 10 年 10 万亿美元的国债只是华盛顿真的失控的一个表征。"[1]2009 年 5 月 29 日,《华尔街日报》报道称,鉴于"华盛顿在财政和货币再扩张方面下了惊人的赌注",债券"义务卫士"们又重新披挂上阵。我们可以不离谱地说,我们正在关注美联储主席本·贝南克(Ben Bernanke)向债券投资者(也就是所谓的金融市场)摊牌。《华尔街日报》建议读者说:"有疑问时,把赌注压在市场这一边。"[2]这个信息在奥巴马政府内部引起了特别的共鸣,奥巴马政府成员都是克林顿政府的"旧部",他们对 20 世纪 90 年代的记忆挥之不去。2009 年 5 月,奥巴马委托预算办公室主任彼得·奥斯泽格(Peter Orszag)准备对付债券市场抛售的应急计划。[3] 奥斯泽格是克林顿政府财政部长罗伯特·鲁宾(Robert Rubin)的门徒。在布什总统任期的不景气年份,奥斯泽格和鲁宾一起为下一届民主党总统制定了一份预算整合议程,因此早就预计到了奥巴马的要求。[4]

2010 年年初,卡门·M. 莱因哈特(Carmen M. Reinhart)教授和肯尼斯·S. 罗格夫(Kenneth S. Rogoff)教授发表了一篇颇具影响力的论文——《债务时代的增长》(Growth In a Time of Debt),为人们对债券市场的担忧又增加了"知识上的影响"。[5] 这两位前国际货币基金组织经济学家声称,他们已经发现了一个临界阈值。当政府债务达到国内生产总值 90% 的水平时,经济增长就会急剧下降,从而导致债务负担加重和经济增长放缓的恶性循环。由于市场能够预见到这个结果,因此,政府债务占国内生产总值的比例高于 90%,

---

[1] "Return of the Bond Market Vigilantes," *Wall Street Journal*, May 29, 2008, last accessed January 25, 2020, http://blogs. wsj. com/marketbeat/2008/05/29/return-of-the-bond-market-vigilantes.

[2] "The Bond Vigilantes," *Wall Street Journal*, May 29, 2009, last accessed January 25, 2020, http://www. wsj. com/articles/ SB124347148949660783.

[3] Ron Suskind, *Confidence Men: Wall Street, Washington and the Education of a President* (New York: HarperCollins, 2011).

[4] Robert E. Rubin, Peter R. Orszag, and Allen Sinai, "Sustained Budget Deficits: The Risk of Financial and Fiscal Disarray," in AEA-NAEFA Joint Session, Allied Social Science Associations Annual Meetings, 2004.

[5] Carmen M. Reinhart and Kenneth S. Rogoff, "Growth in a Time of Debt," *American Economic Review* 100, No. 2 (2010): 573—578.

就有可能导致市场突然失去信心。莱因哈特在接受一次采访时警告称:"我当然不会把这称为我为美国设想的基准场景,但我要传递'应该考虑不可想象的事情'这个信息。"①在福克斯电视(Fox TV)节目中,历史学家尼尔·弗格森(Niall Ferguson)援引苏联解体的例子来说明同样的观点。一个世界强国可能会被过度金融化以灾难性的速度拖垮。② 鉴于不断加剧的欧元区危机,弗格森向美国观众传达的信息非常明确:"欧猪五国对美国(The PIIGS R US)。"这里的"欧猪五国"是指葡萄牙、爱尔兰、意大利、希腊和西班牙,它们是欧元区债券市场压力的主要受害者。

2010 年春天,随着希腊债务危机的加剧,对主权债务的担忧在世界各国蔓延。到了 2010 年 5 月,正如阿兰·布林德(Alan Blinder)所说的那样,这些义务卫士"已被激怒",并变成了"网络暴民","以比爱马仕迷还要快的速度"在全球范围内采取行动。③ 不但是希腊、爱尔兰、葡萄牙、意大利和西班牙的主权债券息差在扩大,而且紧张局势蔓延到了欧元区以外。2010 年 5 月 6 日,在欧元区危机最严重的早期阶段,英国举行了一场争议很大、结果不明的大选。就在英国选民投票之际发生了骚乱,雅典和"闪电崩盘"扰乱了美国金融市场。不出所料,事后人们的神经开始紧张起来。控制英国的赤字是保守党和自民党随后进行的结盟谈判的核心议题。④ 对于保守党及其幕僚来说,预算谈判显然将被金融市场视为对他们政府可信度的考验。市场压力将成为英国为严厉的紧缩政策辩护的主要理由。欧元区危机的情况更为严重,所有成员国都因债券收益率上升的威胁而实施了预算紧缩。"息差"成为整个南欧地区日常谈话的内容。对希腊来说,债务重组将成为对其实力的残酷考验。谈判持续了九个月,最终在 2012 年达成了只能部分解除希腊政府债务负担的债

---

① Mcardle,"The Vigilante. "

② Gregory White,"Here's Niall Ferguson's Complete and Definitive Guide to the Sovereign Debt Crisis," May 19,2010,last accessed January 25,2020,http://www. businessinsider. com/niall-ferguson-sovereign-debt2010-5.

③ Alan S. Blinder,"Return of the Bond Market Vigilantes," *Wall Street Journal*,May 20,2010,last accessed January 25,2020,http://www. wsj. com/articles/SB10001424052748703315404575 2503-41585092722.

④ Patrick Wintour,"Mervyn King Shaped Tough Deficit Policy-but was it Political Bias?," *The Guardian*,November 30,2010,last accessed January 25,2020,https://www. theguardian. com/business/2010/nov/30/ mervyn-king-deficit-policy-neutrality.

务重组协议。[①]

那么,是什么力量推动了债券市场呢?而推动债券市场的决策者又是谁呢?危机爆发以后,这不再只是市场内部人士的问题。经合组织下属的工会咨询委员会(Trade Union Advisory Committee)、国际工会联盟(International Trade Union Confederation)等斗志昂扬的组织开始统计全球资产管理公司。这些公司所积累的资本之巨给人留下了实力可怕的印象,其中规模最大的资产管理公司管理的投资组合堪比欧洲大国的主权债务。2010年,黑石集团(BlackRock)已经持有3.5万亿美元的投资组合。[②]

大型债券基金令人想起的,与其说是蛮荒西部的义勇军,还不如说是取代他们的资本主义帝国的缔造者,而对冲基金则更符合"债券义务卫士"的想象。对冲基金的规模远远小于资产管理公司,只有少数几只最大的对冲基金管理着超过300亿美元的资产。不过,这种基金也更加激进,愿意冒险购买大幅折价的主权债券。一些抢购了数十亿美元贬值债券的所谓"秃鹫基金"能够在复杂的债务谈判中发挥巨大的杠杆作用。

债券市场的代言人,无论大小,都毫不避讳地宣示他们的实力,并且喜欢自己扮演的市场执行者的角色。2011年春,管理着1万多亿美元资产的太平洋投资管理公司(PIMCO)的"债券之王"比尔·格罗斯(Bill Gross)在接受采访时威胁称,政府赤字将引发市场反抗。格罗斯用令人想起茶党(Pea Party)的语言对《大西洋月刊》(*Atlantic*)杂志说:"出售国债是发动一场'微型革命'的最简单方式。"[③]正如《华尔街日报》博主尼尔·利普希茨(Neal Lipschutz)在2011年11月23日所说的那样:"每个支持代议制原则的人与直率的货币和市场集体力量之间存在明显的脱节。大多数时候,这种脱节是隐蔽的,并不重要。正如我们在欧洲看到的那样,在危机时期,它可能成为唯一重要的事

---

① Jeromin Zettelmeyer, Christoph Trebesch, and Mitu Gulati, "The Greek Debt Restructuring: An Autopsy," *Economic Policy* 28, No. 75 (2013): 513—563.

② Pieer Habbard, "The Return of the Bond Vigilantes," Trade Union Advisory Committee of OECD, Working Paper, March (2012).

③ Mcardle, "The Vigilante."

情,盖过了联合政府、议会争吵、宪法明令禁止的东西和其他所有事情。"①正如为法国外贸银行(Natixis)旗下卢米斯·塞勒斯(Loomis Sayles)集团共同管理 800 亿美元债券的凯瑟琳·加夫尼(Kathleen Gaffney)在《金融时报》上撰文指出的那样,希腊和葡萄牙政府将"为没有对民众采取更加严厉的措施而付出代价"。②

"债券之王"的谈话、"微型革命"以及压榨"民众"的需要,不出所料地引起了对政治经济学感兴趣的新一代左翼思想家的注意。③ 斯拉沃·齐泽克(Slavo Žižek)反问道:"那么,哪种更高级别的权威能够中止民主选举的人民代表的决定呢?"早在 1998 年,时任德意志联邦银行行长的汉斯·蒂特梅尔(Hans Tietmeyer)就给出了答案。他称赞各国政府更加喜欢"全球市场的永久公投",而不是"选民的公投"。④ 德国文学理论家和社会评论家约瑟夫·福格尔(Joseph Vogl)认为:"市场本身已成为某种意义上的债权神,它的终极权威决定货币、社会制度、公共基础设施、私人储蓄等的命运。"⑤

经济社会学家沃尔夫冈·施特雷克对公债进行了左翼最系统、最具影响力的研究。在施特雷克看来,负债的资本主义民主国家,也就是他所说的"债务国",面临着双重系统约束。他们不但要对自己的公民负责,而且要对政府债券持有人这种新选民负责。信贷市场与公民不同,是有组织的国际市场,它们的诉求可依法得到满足。债券持有人可以随时根据自己的意愿退出市场。债券拍卖确定的利率是"市场大众(Marktvolk)的'民意'",并且比结果模糊的

---

① Neal Lipschutz,"Bond Vigilantes Make Their Votes Known in Europe," *Wall Street Journal*,Real time economics blog,November 23,2011,last accessed January 25,2020,http://blogs. wsj. com/economics/2011/11/23/bond-vigilantes-make-their-votes-know.

② Sophia Grene,"Bond Manager Bets on Greek Debt," *Financial Times*,December 3,2011,last accessed January 25,2020,https://next. ft. com/ content/4c0670f6-1c29-11e1-9631-00144feabdc0.

③ 例如,可参阅 Ole Bjerg, *Making Money:The Philosophy of Crisis Capitalism* (London:Verso Trade,2014);David Graeber,*Debt:The First 5000 Years* (New York:Melville House,2011);Maurizio Lazzarato,*The Making of the Indebted Man* [New York:Semiotext(e),2012]。

④ Slavoj Žižek,"How Capital Captured Politics," *The Guardian*,July 13,2014,last accessed January 25,2020,http://www. theguardian. com/commentisfree/2014/jul/13/capital - politics - wikileaks - democracymarket-freedom.

⑤ Joseph Vogl, "Sovereignty Effects," INET Conference Berlin,April 12,2012,last accessed January 25,2020,https://ineteconomics. org/ uploads/papers/Vogl-Paper. pdf.

民意调查反映的民意更加准确、不容忽视。虽然债务国"可以预期本国公民的忠诚义务,但它必须通过认真偿还积欠他们的债务,使自己看起来可信,表明自己能够并且将来也会这样做,从而与关心利益的市场大众发生关系,并且设法使他们保持对自己的信心"。①

当然,左派对资本市场的这种批判有着悠久的历史传统,而债券市场是一股对抗左翼政府的力量的思想至少可以追溯到 20 世纪初。当时,一些国家的社会民主党首次为尝试治理资本主义国家赌一把。1924 年,法国第三共和国的左翼卡特尔(Cartel des Gauches)受到了他们所说的"货币墙"的困扰。② 1931 年,英国左翼谴责了导致拉姆齐·麦克唐纳(Ramsay MacDonald)领导的第二届工党政府分裂的"银行家坡道"(bankers ramp)。③ 1943 年,波兰经济学家迈克尔·卡莱茨基(Michael Kalecki)从理论上阐述了任何试图采用凯恩斯主义方法实现充分就业的进步政府都将面临资方罢工的问题。④ 1944 年,卡尔·波兰尼在《大转型》中指出,金融市场被"恐慌"所控制。⑤ 在 1945 年后的布雷顿森林体系下,对资本流动的限制正是为了限制资本斗争的危险而设计的。一旦资本流动恢复,这些担忧就再次得到了充分的证实。20 世纪 80 年代初,法国密特朗政府因资本市场恐慌而步履蹒跚,从而再次唤起法国人对 20 世纪 20 年代"货币墙"的回忆。⑥ 30 年后,在欧元区危机中,希腊泛希腊社会主义运动党(PASOK)和西班牙社会民主党政府的解体遵循了一个熟悉的脚本,而 2015 年希腊和葡萄牙左翼政府受到的巨大压力则让资本统治看起来比以往任何时候都更加不受约束。⑦ 2012 年,施特雷克把他的《阿多诺讲

---

① Wolfgang Streeck, *Buying Time: The Delayed Crisis of Democratic Capitalism* (London: Verso Books, 2014).

② Hubert Bonin, "Les banques françaises devant l'opinion (des années 1840 aux années 1950)," 2011, Post-Print hal-00800238, HAL.

③ 想了解 1931 年的情况,请参阅 Robert Boyce, *The Great Interwar Crisis and the Collapse of Globalization* (London: Palgrave Macmillan, 2009), 298—344.

④ Michael Kalecki, "Political Aspects of Full Employment 1," *The Political Quarterly* 14, No. 4 (1943): 322—330.

⑤ Karl Polanyi, *The Great Transformation* (Boston: Beacon Press, 1957), 229.

⑥ Bonin, "Les banques françaises"; Vincent Duchaussoy, "Les socialistes, la Banque de France et le 'mur d'argent' (1981—1984)," *Vingtième Siècle. Revue d'histoire* 2 (2011): 111—122.

⑦ Adam Przeworski and Michael Wallerstein, "Structural Dependence of the State on Capital," *American Political Science Review* 82, No. 1 (1988): 11—29.

座》(Adorno Lectures)以《购买时间》(*Buying Time*)的书名结集出版,并把它定位为对早期危机理论的自觉复兴,并不是没有原因。

"债券义务卫士"的支持者与金融资本主义的左翼批评者之间的观点趋同令人惊讶,但绝非偶然。两者尽管立场截然对立,但在强调资本"看门人"角色这一点上都有利害关系。两者都没有重视债券市场对主权借款人的压力远非一致这个事实。资本市场是等级分化的,债务人和债权人之间的权力关系比债权人主导型简单模型所隐含的关系要复杂得多。投资者必须把自己的资金投在某个地方,而他们对证券有着浓厚的兴趣。手持数千亿美元资金的基金经理要面对如何在风险和回报之间找到适当的平衡点这个严肃的问题。施特雷克自己也不情愿地承认,依赖是双向的。投资者需要政府发行债券来为他们提供"安全的资产"。[①] 此外,政府如果愿意,确实可以选择对资本市场行使主权,能够采取通常被称为"金融抑制"的措施——要求把资金配置到低风险资产上,并规定利率上限。此外,正如施特雷克所认识到的那样,放贷给主权国家还有一个更加基本的风险。"政府也可以自行决定单方面'重组'政府债务,因为作为'主权'债务人,它们不受任何法定破产程序的约束。[……]对于贷款人来说,这就是一场持续时间很长的噩梦。"[②]事实上,主流经济学对公债市场的描述就是从"原罪"问题开始的。[③] 政府作为主权借款人存在信誉问题。那么,主权借款人如何说服私人贷款人相信自己会尊重他们的财产权?正如杰罗姆·斯加尔德在本书第十七章里所表明的那样,这就是阿根廷 2001年违约时在法庭上激烈争论的问题。

虽然我们很容易描绘一幅市场主导民主政府的画面,但施特雷克承认,把这种互动描述成永无止境的"策略博弈"会更好。[④] 关键的问题是,在任何时

①　Gary B. Gorton and Guillermo Ordonez, "The Supply and Demand for Safe Assets," No. w18732, National Bureau of Economic Research, 2013; Streeck, *Buying Time*, 132.

②　Streeck, *Buying Time*, 132.

③　Douglass C. North and Barry R. Weingast, "Constitutions and Commitment: The Evolution of Institutions Governing Public Choice in Seventeenth-century England," *The Journal of Economic History* 49, No. 4 (1989): 803—832; Barry Eichengreen and Ricardo Hausmann, "Exchange Rates and Financial Fragility," No. w7418, National Bureau of Economic Research, 1999; Michael D. Bordo, "Growing up to Financial Stability," No. w12993, National Bureau of Economic Research, 2007.

④　Wolfgang Streeck, "The Politics of Public Debt: Neoliberalism, Capitalist Development and the Restructuring of the State," *German Economic Review* 15, No. 1 (2014): 143—165.

候,怎样确定博弈规则? 为了提供比较具体的答案,我们需要把一般的社会学观察与系统的国际政治经济学研究结合在一起。资本市场产生的压力取决于一个国家在全球金融等级结构(国际关系)中的位置、资本市场供需两端能够动员的政治力量、斯加尔德分析的法律策略(政治经济)、资产负债表动态变化(微观金融)以及全球资本市场上借款人和贷款人之间的总体平衡(宏观经济)。

## 2008 年以来的策略博弈

如果我们关注始于 2008 年的金融危机,就能看到一种截然不同的遭遇。希腊、葡萄牙和爱尔兰等欧元区危机的受害国家发现自己陷入了极端困境。但这是因为他们都是小借款国,已经向欧元区体系交出了本国货币的控制权。他们不能使本国货币贬值;而且,即使他们愿意承担退出欧元区的风险,其欧元债务规模也会导致毁灭性"雪崩"而变得风险太大。同样的约束甚至适用于那些非欧元区成员国的欧盟成员国。例如,2009 年,对于拉脱维亚来说,国际货币基金组织建议的货币贬值就相当于其欧元债务的全面违约。虽然这给拉脱维亚政府造成了政治上的痛苦,但它仍然坚持紧缩政策,从而使拉脱维亚走上了加入欧元区的道路,并开启了瓦尔迪斯·东布罗夫斯基斯(Valdis Dombrovskis)非凡的欧洲政治生涯,使他在 2019 年的乌鲁苏拉·冯·德·瑞恩(Urusula von der Leyen)委员会里担任关键职务。

希腊、葡萄牙、爱尔兰和拉脱维亚为债权人的实力提供了生动的例证,但把它们的债务全部加在一起,也只占在全球主权债券市场微不足道的份额。美国这个全球最大的主权借款国以完全不同的规则与债权国进行策略博弈。

正如保罗·克鲁格曼(Paul Krugman)坚持认为的那样,就美国而言,那些为迎接 2009 年奥巴马政府上台而试图唤起人们对 20 世纪 90 年代"债券义务卫士"的记忆的人沉溺于制造恐慌。不但"债券义务卫士"的规模和人数被夸大了,而且"即使他们出于某种原因真的发起攻击,也很难看到他们如何能够导致经济衰退的国家保住自己的货币,并且没有大量用外币计价的债务。

（……）信心的丧失不会导致利率的收缩性上涨，但会导致美元的扩张性下跌"。① 根据鲁迪格·多恩布什（Rudiger Dornbusch）的开创性"汇率超调"宏观模型，只要央行保持冷静，愿意把短期利率保持在低位，投机性攻击就会导致本币贬值，直到预期的本币未来升值为投资者提供他们所需的回报率。与此同时，较低的汇率有助于增强出口竞争力。"债券义务卫士"可能是在给他们所谓的受害者帮忙。

这样的限定是对债权人权力整体观的有益纠正。但是，这些措施用来应对 2008 年以来我们遇到的重大事件还是远远不够的。虽然希腊、爱尔兰、葡萄牙和西班牙等欧元区外围国家以程式化的方式重演了 20 世纪 80 年代的冲突，但到了 2014 年，全球投资者争相购买德国国债。与"债券义务卫士"的故事情节不同，危机导致投资者把美国、德国和英国等国的主权债券视为避风港。虽然主权债券发行规模大幅度增加，但借贷成本保持稳定或有所下降。②后 2008 年时期并没有见证信心下降、借贷成本上涨、资不抵债和危机这种恶性螺旋形上升，而是目睹一些国家的财政部和中央银行迎来了利率下降从而能负担更多债务的良性循环。结果，虽然美国的主权债务激增，但偿债成本却从 2008 年的 4 510 亿美元减少到了 2009 年的 3 830 亿美元，而投资者也并没有因此退却。即使在收益率下降、债券发行数量激增的情况下，认购率（衡量竞购量与发行量之比的指标）也从 2004—2008 年的 2.41 上升到了 2009 年的 2.63，而 2010 年更是高达 3.21。③

当然，进行这些评析的目的并不是要消除希腊等借款国遭受的极端伤害，而是要把"欧猪五国对美国"等口号所做的意识形态工作清晰地展现出来。在欧元区以外较大的借款国中，即使借款条件放宽，也要明目张胆地散布恐怖消

---

① Paul Krugman，"Bond Vigilantes and the Power of Three，" *New York Times*，The conscience of a liberal Blog，December 24，2012，last accessed January 25，2020，https：//krugman. blogs. nytimes. com/2012/12/24/ bond-vigilantes-and-the-power-of-three.

② Daniel Kruger，"Where have all the Bond Vigilantes Gone?，" *Bloomberg Businessweek*，April 29，2010，last accessed January 25，2020，http：//www. bloomberg. com/news/articles/2010-04-29/ where-have-allthe-bond-vigilantes-gone.

③ Scott Carmack，"The U. S. Treasury Auction-Who Is Showing Up?，" *Seeking Alpha*，January 26，2016，last accessed January 25，2020，https：// seekingalpha. com/article/3835426-u-s-treasury-auction-showing.

息才能保持紧缩压力和控制借贷。此外,通过设问信贷市场的遭遇为何会如此两极分化,我们不得不重新审视两种基于众所周知的债券市场影响力叙事但却几乎没有说清楚的假设。第一个假设与中央银行这个国家和债券市场之间的中介机构的态度有关,而第二个假设则涉及全球经济的基本状况。

## 中央银行开始行动

民选政府与资本市场之间的关系因为有负责制定财政货币政策的财政部(尤其是央行官员、技术人员和经济学家)这个第三极的存在而变成了三角关系。自 2008 年金融危机爆发以来,世界最大的几个主权债务国享受到了极其宽松的借贷条件,其中最直接的原因就是这些国家的中央银行采取了行动。这些国家的中央银行以和平时期前所未有的规模购买政府债券。美联储以它2009 年、2010 年和 2012 年连续三年的量化宽松政策起到了引领作用。英格兰银行在 2009 年是英国国债的主要买家。日本央行在 2013 年大肆推行量化宽松政策,欧洲中央银行在 2015 年也是如此。根据国际货币基金组织的数据,到了 2017 年,"G4"官方购买了 2010 年以来发行的 15 万亿美元主权债券的 2/3。[1] 毫不奇怪,这种规模的官方购买有助于债券保持价格上行和收益率下行的势头。

中央银行在这个时期的行为与它们在"沃尔克冲击"及其后时期的行为形成了鲜明的对照。在 20 世纪 70 年代到 90 年代抗击通货膨胀的漫长斗争中,中央银行带头推高了利率。正是这段历史遭遇变成了债券市场主导说的隐含假设:中央银行被认为是被动的,甚至是站在"债券义务卫士"一边,反对高消费的政府。从这个意义上说,资本市场主导理论实际是描述国家机器内部的斗争。大量有关中央银行"独立性"的经济政策文献证明了这一点。[2] 对于以德国联邦银行和保罗·沃尔克为代表的中央银行业来说,"独立"意味着中央

---

[1]　IMF, Global Financial Stability Report October 2017, last accessed January 25, 2020, http://www.imf.org/en/Publications/GFSR/ Issues/2017/09/27/global-financial-stability-report-october-2017.

[2]　Carl E. Walsh, "Central Bank Independence," in *Monetary Economics*, eds. Steven N. Durlauf and Lawrence Blume (London: Palgrave Macmillan, 2010), 21—26.

银行家有能力和意愿无视民选政府的意愿,但并不意味着中央银行在利益或"市场"观念方面是"独立的"。虽然财经官员是在政府各部门和中央银行度过自己的职业生涯,但他们通常与市场保持着密切的关系,并且经常担任或辞去私营部门的职务。

这些中央银行的行长在面对 2008 年的危机时自觉地传承了沃尔克的传统。特别是在欧洲,他们扮演了监督财政政策的"看门人"角色。2009 年春天,英格兰银行的默文·金(Mervyn King)在英国财政部特别委员会会议上毫不愧疚地公开宣称:"我认为,我们不能等到下届议会工作后才采取行动,令人信服地证明英国将削减赤字,英国的财政政策是可信的。"①这并不是口误。一年后,金重申了他的观点。2010 年 5 月 12 日,他告诉即将上任的保守党和自由党民主联合政府:"对于新政府来说,现在最重要的事情是应对财政赤字的挑战。这是英国面临的最紧迫的单个问题,它需要议会全体议员来应对(……)。我认为,我们在过去的两周里已经看到,特别是在希腊的情况下,在过去的三个月里,冒险让市场做出不良反应,是没有道理的。"②金扮演了"独立"执行者的角色,要求英国当选政治家对财政紧缩做出可信的承诺。不过,他是在玩一场微妙的游戏。这位央行行长需要大力维护自己的独立性,部分原因还在于,英格兰银行本身就扮演着极不寻常的角色。自 2008 年以来,英格兰银行一直在大力支持债券市场。正是为了使这项任务容易完成,金要求进行财政整顿。

在欧元区,由于它的宪法的不稳定状态以及希腊、意大利、爱尔兰和葡萄牙的高负债水平,因此,"策略博弈"规则甚至更加粗糙。这场危机的节奏是由欧洲中央银行、德国和欧元区较小国家之间的猫捉老鼠游戏确定的。在 2009 年 11 月-2010 年 5 月、2011 年 3-8 月、2012 年 5-8 月这三个时期,欧洲中央银行公然拒绝支持欧元区公债市场,从而导致欧元区内部的紧张关系达到了难以承受的程度。欧洲中央银行的让-克洛德·特里谢(Jean-Claude Trichet)毫不掩饰地使用这些策略来迫使行动迟缓的欧元区国家的政府整顿

---

① Neil Irwin, *The Alchemists: Three Central Bankers and a World on Fire* (London: Penguin, 2013),237-238;Wintour,"Mervyn King."

② Irwin,*Alchemists*,246.

本国的预算。① 但这样做还不够,于是欧元区国家的中央银行采取了更进一步的措施。在希腊、爱尔兰和葡萄牙,欧洲中央银行加入了监督"项目国家"(program countries)的三驾马车。欧洲中央银行也没有把自己局限于规训"项目国家"。2011 年 8 月,特里谢特别致函西班牙首相和意大利总理,要求他们紧缩财政并进行体制"改革"。那封写给意大利总理贝卢斯科尼(Berlusconi)的信由意大利中央银行行长马里奥·德拉吉和欧洲中央银行行长特里谢的继任者共同签署。欧洲中央银行在信中威胁称,除非欧元区各成员国政府按照欧洲中央银行的要求行事,否则该银行将取消对主权和银行债务的支持,从而任由主权和银行恶性循环肆虐。从这个角度看,用"债券市场义务卫士"的话来说,强制推行规则是一种委婉的说法。② 债券市场在与欧洲中央银行和德国政府的关系中扮演的角色,与其说是无拘无束的义务卫士的角色,还不如说是国家批准的准军事组织在警察的注视下实施惩罚的角色。③

至于准军国主义,问题在于"法外威胁"一旦做出是否能够得到遏制,或者"恐惧导致的紧缩"是否会自生自灭。到了 2011 年夏天,这种制造紧张的策略已经在欧元区主权债券市场上引发了某种近乎歇斯底里的情绪,而且变得越来越明显。市场非但没有帮助"恢复规则和秩序",反而陷入了恐慌。此外,意大利是当时仅次于美国、日本和德国的第四大主权债务国,而围绕它的不确定性给欧元区带来了关系到生死存亡的风险。市场的恐慌状态可以通过以下事实来判断:信用违约互换报价显示,意大利的主权债务违约概率高于"阿拉伯之春"时的埃及。④ 三年前,同样的意大利主权债券的交易条件几乎与德国主权债务的交易条件相同。

这次对市场判断的突然调整,颠覆了人们通常所说的"债券义务卫士"论。受"市场逻辑"约束的并不是目光短浅的政府,而是理性受到质疑的市场。当然,理智的市场倡导者并不会声称市场行为主体的个人预测都是正确的或者

---

① Carlo Bastasin, *Saving Europe: Anatomy of a Dream* (Washington: Brookings Institution Press, 2015).

② David M. Woodruff, "Governing by Panic: The Politics of the Eurozone Crisis," *Politics & Society* 44, No. 1 (2016): 81—116.

③ Bastasin, *Saving Europe*.

④ Ibid. , 313.

他们的个人行为都是理性的，而是认为市场总体理性并且会不断优化，但具体取决于制衡机制的作用。只要市场行为主体压的赌注互相抵消，投机活动就会趋向于自我稳定。但在发生集体恐慌时，即使是判断良好的反向买盘也会被市场的总体走势所淹没；[1]而纠偏机制依赖他们正确判断的"债券义务卫士"本身也有可能会成为"金融踩踏事件"（financial stampede）的受害者。[2]2011 年秋天，对于头脑冷静的投资者来说，很难把赌注压在欧元区的生存上，不是因为他们判断错误，而是因为其他市场行为主体认为他们肯定判断错了。

全球曼氏金融公司（MF Global）就是一个恰当的例子，它是 2011 年秋季不确定性大幅度上升的主要受害者。[3]全球曼氏金融公司是一家由高盛公司前首席执行官领衔的大型衍生品经纪公司。这家公司之所以破产，不是因为它把很大的赌注压在了欧元区崩溃上，而是因为把很大的赌注压了在欧元区生存上。问题并不是全球曼氏金融公司持有的 63 亿美元的欧元区主权债券发生了违约（事实上，它大赚了一把），而是市场对它的长线压注的焦虑切断了这家公司的融资渠道。无奈之下，这家公司的管理层就做了假账。2011 年 12 月，全球曼氏金融公司清算它持有的欧元区主权债券。

2011 年 12 月接手欧洲中央银行的新管理团队关于市场功能失调以及意大利和西班牙主权债务市场的恐慌造成风险的判断，使得欧洲中央银行放弃了特里谢的策略，并最终致力于稳定市场。[4]现在利害攸关的不再是严格意义上的财政金融问题。德拉吉 2012 年 7 月在伦敦传递的信息是，欧洲政界人士正在改变游戏规则。[5]欧洲正处于建立一种新的国家结构的过程中。如果

---

① Steve Johnson, "Bond Fund Managers Brave 'the Ring of Fire'," *Financial Times*, February 7, 2010, last accessed January 25, 2020, https://next. ft. com/content/c725a322 - 1287 - 11df - a611 - 00144feab49a♯axzz 1gawCMzGp.

② John Beirne and Marcel Fratzscher, "The Pricing of Sovereign Risk and Contagion during the European Sovereign Debt Crisis," *Journal of International Money and Finance* 34 (2013): 60—82.

③ "Eurozone Crisis Claims MF Global," *Financial Times*, October 31, 2011, last accessed January 25, 2020, https://www. ft. com/content/138241f 6-03dd-11e1-98bc-00144feabdc0.

④ Harm Schepel, "The Bank, the Bond, and the Bail-out: On the Legal Construction of Market Discipline in the Eurozone," *Journal of Law and Society* 44, No. 1 (2017): 79—98.

⑤ "Verbatim of the Remarks made by Mario Draghi," ECB, July 26, 2012, last accessed January 25, 2020 https://www. ecb. europa. eu/press/key/ date/2012/html/sp120726. en. html.

债券市场不明白这一点，欧洲中央银行就将不惜一切代价说服市场相信。

德拉吉在他著名的演讲中含蓄地阐述了有关主权债券市场策略博弈的四个基本事实。首先，近代金融资本自问世以来就受到了政治和法律的约束。从 17 世纪初开始，国家和它铸造或发行的货币就充斥金融市场。这是一种不断演化的关系，欧元区在始于 2010 年的危机中为金融市场的历史增添了新的篇章。其次，在紧要关头，重要的不仅仅是市场结构和制度，还有政府的行动——欧洲中央银行会采取的必要措施。再者，政府的行动具有衍生性影响。不仅市场行为主体具有创新能力，国家也有能力改变策略博弈的规则。正如德拉吉所说的那样，欧洲中央银行将"不惜一切代价"改变策略博弈的规则。最后，在法定货币制度下，国家作为行为主体拥有大量的资源。因此，德拉吉紧接着强调的那句话具有重要意义："相信我！……这就够了。"

德拉吉是一位欧盟的虔诚拥护者。很明显，他打算发表推进欧洲国家建设的声明，但全球市场听到的是比较简单的信息。德拉吉承诺，欧洲央行今后在面临金融危机时将像一般中央银行那样行事。这就意味着，欧洲中央银行将放弃对"独立"的执着，并由此暗示不插手欧洲政治家们的策略博弈，而是充当私人和公共资产市场主动出击的稳定者。

在伯南克担任美联储主席期间，面对金融危机，美联储与美国政府之间，从 2008 年开始一直保持着并不是"相互独立"，而是相互合作与补充的关系。在美联储这边，它既没有实施沃尔克时代那种严厉的货币政策，也没有采取格林斯潘主政时期与 20 世纪 90 年代初向"债券义务卫士"敞开大门的克林顿政府相互推诿的做法。面对 2008 年的危机，伯南克动用了美联储的全部力量来支持美国财政部稳定美国经济的努力。他在向全世界银行提供大量流动性的同时，又通过在推行第一轮和第二轮量化宽松政策时购买资产来压低美国主权债券的利率。2012 年 9 月，伯南克在推出所谓的第三轮量化宽松政策的同时又采取了进一步的行动。他致力于购买债券并压低利率，直到美国"实体"经济复苏为止。因此，他改变了 1979 年传承下来的优先顺序。虽然在"沃尔克冲击"之后，利率涨到了"天上"，而失业被用来降低通货膨胀，但现在，债券市场有可能因美联储购买债券而扭曲变形，直至失业率跌破 6％为止。伯南克之所以采取这一举措，不但是因为美国经济复苏缓慢，简直慢得令人痛苦，还因为在 2010 年 11 月共和党中期选举获胜后，民主党政府与国会之间的关系变得异常失调，几乎没有希望出台任何财政刺激措施。在这方面，中央银行在债券市场上扮演的角色也受制于国家内部的紧张关系。在唐纳德·特朗普担任美国总统期间，美联储和共和党之间的党派敌意突然公开化，起因是伯南克拒绝参与共和党对奥巴马政府进行的财政威胁。

## 对安全资产的需求

在 2008 年的金融危机中，主要国家的中央银行不但采取了积极的干预措施，而且收到了应有的效果，原因就是这些国家的中央银行与更加广泛的金融力量协同采取行动。欧元区"外围"主权债务市场投资者的"神经质"，并不是他们对主权债务总体行为的典型表现。总的来说，从 21 世纪初开始，主权债券市场的供需平衡有利于债券发行者，而不是投资者。值得记住的是，2008 年前，即使"欧猪五国"也能按照几乎与德国一样好的条件借到贷款；而且在欧元区的息差稳定以后，虽然各国明显放松了紧缩政策，但借贷条件再次趋同。21 世纪初，美国非但没有面临布什时代为弥补财政赤字融资困难的问题，反而发现了新兴市场和产油国家的主权财富管理机构对美国国债的巨大需求。它们的巨额经常账户盈余需要投资于海外低风险资产。迄今为止，美国国债为外国投资者提供了遥遥领先于其他市场的世界规模最大、流动性最强的市场。[1] 21 世纪初，全球对美国国债的需求如此之大，以至于伯南克抱怨称，"储蓄过剩"挫败了美联储为提高长期利率做出的努力。[2] 不出所料，外国投资者大量增持美国主权债务，从而导致许多观察人士预测，最终将出现债券"义务卫士"攻击。事实上，这是人们对未来可能爆发危机的普遍看法，但 2007—2008 年的情况并非如此。预测失败的并不是对美国国债的需求，而是对私人资产支持证券（ABS）的需求。

---

① Gary Gorton,"The History and Economics of Safe Assets," *Annual Review of Economics* 9 (2017): 547—586.

② Ben S. Bernanke,"The Global Saving Glut and the US Current Account Defcit," Sandridge Lecture, Virginia Association of Economists, Richmond, Virginia March 10, 2005, https://www.federalreserve. gov/ boarddocs/speeches/2005/200503102.

其实,对美国国债券的需求与对私人资产支持证券的需求是相互关联的。21世纪初,对主权债务的旺盛需求为金融工程师创造了市场机会。[①] 通过证券化,他们把私人债务,如抵押贷款,转换成信用评级高的资产支持证券,而评级机构则愿意把它们归类为接近政府债券的替代品。当房地产泡沫破裂时,崩溃的是抵押贷款支持证券市场,而不是主权债务市场。由于数万亿美元私人发行的证券不能再被归类为"安全资产",因此,政府发行的证券提供了唯一可能的替代性选择。[②] 如果中国当时决定抛售它持有的巨额美国国债(俄罗斯显然敦促它这么做),那肯定会向华盛顿发出不友好的信号。但作为一种对美国施加压力的手段,这样做并不会有效。随着投资者纷纷抛售私人发行的抵押贷款支持证券,美国国债吸引了巨大的需求。在雷曼兄弟公司危机造成市场动荡时期,美元走高;中国继续增持美国国债,直到2011年发生美国政府预算危机为止。

2008年的恐慌刚刚消退,私人部门去杠杆化的愿望就增加了对主权债务的需求。由于家庭、企业和银行都勒紧腰带,从而增加了对安全的政府证券的需求,因此,美国政府在2008-2015年间发行的9万亿美元新债,按低于美国政府在2001-2007年"只"发行2万亿美元新债时支付的利率发售。

如果2008年的严重危机促使投资者买入美国国债,有人会预期经济复苏可能会引发反向转变:利率可能会逐渐上升,从而使资本市场恢复到比较正常的状态。但事实并非如此,实际利率继续下降,以至于在2013年经济学家们开始讨论拉里·萨默斯(Larry Summers)所说的"长期停滞"。[③] 国内生产总值和生产率双双缓慢增长,而长期实际利率则在下降。因此,主流政策分析人士发现,在诊断西方资本主义活力下降的问题上,他们出人意料地与马克思主

---

① Ben S. Bernanke,"International Capital Flows and the Returns to Safe Assets in the United States 2003-2007," *Financial Stability Review* 15 (2011): 13-26;Richard J. Caballero,"The 'Other' Imbalance and the Financial Crisis," No. w15636,National Bureau of Economic Research,2010.

② Richard J. Caballero,Emmanuel Farhi,and Pierre-Olivier Gourinchas,"The Safe Assets Shortage Conundrum," *Journal of Economic Perspectives* 31 (Summer 2017): 29-46.

③ Lawrence H. Summers,"US Economic Prospects: Secular Stagnation,Hysteresis,and the Zero Lower Bound," *Business Economics* 49,No. 2 (2014): 65-73.

义政治经济学达成了一致。① 不过,这里有一个令施特雷克没有想到的具有讽刺性的结果。如果政府积欠公债的"最终原因"是"经济增长速度长期下降",而政府试图用新的支出来刺激经济增长,那么,私营部门增长前景的同样恶化,也会使政府的借款成本达到空前低的水平。② 由于缺乏有利可图的私人投资项目,因此,贷款机构纷纷转向平淡无奇但安全的公债业务。

令人惊讶的是,在一个公债以前所未有的速度增加的时代,债券市场失去了它的影响力。2012 年 9 月,"债券义务卫士"论最初的拥护者亚德尼绝望地评论称,美联储的量化宽松政策令"'债券义务卫士'几乎不可能继续交易"。③ "'债券义务卫士'在自由市场上交易,如果允许他们对自己真想以多高的价格购买债券、相关政策正在起什么作用以及这些政策是否表明债券收益率应该会上涨或下降做出判断,他们就能发挥自己的作用。但是……当这个庞大的政府实体进行干预,把利率固定在零水平上时,市场怎么会存在呢?"④在太平洋投资管理公司,也弥漫着一种类似的失败气氛。正如比尔·格罗斯解释的那样,机械装置就像旋转木马。"上午 8 点,美联储打电话给我们的国债部门询问买入价,但 1 小时后又询问卖出价。"⑤

## 从策略博弈到自反心理剧

那么,中央银行真的是市场的统治者吗? 它们能规定交易条件? 2013 年对这两个问题进行了第一次检测。当时,美联储决定测试结束第三轮量化宽松政策的可能性。本·伯南克在 2013 年 5 月首次提出了"缩减"的可能性,然后在 2013 年 6 月 19 日下午 2:15 确认,在即将召开的 2013 年 9 月联邦公开市场委员会(FOMC)会议上有可能决定把债券购买规模从 850 亿美元减少到

---

① Fred Magdoff and John Bellamy Foster, "Stagnation and Financialization: The Nature of the Contradiction," *Monthly Review* 66, No. 1 (2014): 1.

② Streeck, "Politics of Public Debt."

③ Ed Yardeni, "Bond Vigilantes Get to Work in the Eurozone," https:// www. youtube. com/ watch? v=_DQHLqhM2uA.

④ Yardeni, "Bond Vigilantes."

⑤ Mcardle, "The Vigilante."

650 亿美元,条件是有积极的经济消息。他还暗示,债券购买计划可能会在2014 年年中结束。市场的反应迅速而又激烈。在短短的几秒钟时间里,债券收益率就从 2.17％飙升至 2.3％,两天后又上涨到了 2.55％,并可能达到了2.66％的峰值。按绝对值计,美国国债券的收益率变化幅度并不大,但却导致美国政府的借贷成本增加了近 25％,并相应地给全体债券持有人造成了严重的本金损失。在世界经济的外围,美国国债券收益率上涨产生了甚至更为显著的影响:新兴市场借款人遭受了猛烈的冲击。

如果伯南克的意思是有必要收紧货币政策,他的话本身就产生了这种效果。市场正在考验美联储的决心。但这与债券"义务卫士"逻辑正好相反。美联储并没有在通货膨胀问题上退却,而是措辞强硬。问题是,它是否有勇气坚持到底。正如费雪对《金融时报》所说的那样:"市场往往会试探。""我们没有忘记英格兰银行的遭遇。我认为任何人都不能够击垮美联储(⋯⋯),但我确实相信,大笔资金的确像野猪一样组织起来。如果它们发现目标或者闻到什么气味,就会紧追不舍。"[1]在费雪看来,对于美联储来说,"让社会明白量化宽松并不是单行道的想法自有它的道理"。但考虑到利率迅速飙升可能会对脆弱的经济复苏造成的影响,他并不认为伯南克会在一夜之间从"野火鸡"转变为"冷火鸡"。然而,当联邦公开市场委员会在 2013 年 9 月 18 日决定"在调整购买计划的速度之前要等待更多的证据来证明目前的态势是否会持续"时,这项决定令人震惊。美联储已经退却。美联储内部的鸽派是否太过软弱,以至于无法发起利率冲击?现在,货币政策由压低利率的意愿主导?是否又到了"债券义务卫士"应该重新披挂上阵的时候?或者,仅仅是美国经济没有做好紧缩的准备?或许是美联储在测试市场,而不是相反。伯南克是想证明量化宽松和减少购买公债都不是一种单向选择?[2]

美国财政部、美联储和债券市场之间的策略博弈具有令人眼花缭乱的本能反应性质,结果并不是一种朝着任一方向单向运行的力量的动态变化,而是

---

[1] "Fed Fights back against 'Feral Hogs'," *Financial Times* June 24,2013,last accessed January 25,2020,https://next. ft. com/ content/9d8fa63e-dce6-11e2-b52b-00144feab7de.

[2] Anatole Kaletsky,"The Markets and Bernanke's 'Taper Tantrums'," Reuters,September 19,2013,last accessed January 25,2020,http:// blogs. reuters. com/anatole-kaletsky/2013/09/19/the-marketsand-bernankes-taper-tantrum.

一种带有心理剧色彩的关系。2014 年 10 月,美联储最终下决心结束量化宽松政策时,英国《金融时报》援引了票房大片《消失的爱人》(Gone Girl):

> "我会一直相信中央银行是爱我的。"这句话可能也被投资者们引用过,因为缺乏更好的选择,他们试图相信美联储在过去的五年里是他们最好的朋友。由于多年来一直实施宽松货币政策,他们被赶入了类似的境地。

> "你在想什么?你感觉怎么样?我们彼此做了什么?我们该怎么办?"这句话同样适用于一位忧心忡忡的决策者,也适用于一位焦虑不安的丈夫。美联储肯定在非常警觉地关注最近市场上出现的抛售行为。

> 这一切都表明"婚姻"的基础不稳固。当投资者在任何特定时间重新评估他们与非传统货币政策的历史关系时,相互不信任可能会导致一种极其容易激动的情景,结果非常不可预测。①

结果,由于失业率处于令人满意的水平,伯南克选择的继任者珍妮特·耶伦(Janet Yellen)在 2014 年 10 月 29 日平安无事地停止执行量化宽松政策。美国经济复苏乏力,但至少已经出现复苏的势头,但欧元区的情况并非如此。2015 年 1 月 22 日,为了消除人们对通货紧缩的严重担忧,欧洲中央银行管理委员会决定开始以每月 600 亿欧元的规模购买政府债券。

此举产生了巨大的影响。在政府发行大量新债的情况下实施量化宽松政策是一回事。这正是 2009 年和 2010 年美国和英国首次推出量化宽松政策的条件。到了 2015 年,欧元区的天平倒向了另一边。那年,欧元区国家预计只发行 1 620 亿欧元的新债券。由于德拉吉估计要购买 4 270 亿欧元的债券,因此,2015 年欧元区金融市场的债券净供给预计为负 2 650 亿欧元。由于德国几乎不发行任何新债,因此,德国国债券供给严重不足。

欧洲中央银行不仅在护市,而且在抽走以欧元计价的债券。2017 年,国际货币基金组织发表了一份预测报告,直白地谈到了危机后全球公债市场的

---

① Tracy Alloway,"A Marriage of Convenience Comes to an End," *Financial Times* October 17,2014,last accessed January 25,2020,https://next.ft.com/content/524a2226-55c1-11e4-93b3-00144feab7de.

重塑及其未来可能获得的发展的问题,但与 20 世纪 70 年代、80 年代和 90 年代初塑造主权债务政治经济格局的情况大不相同。

2010—2012 年,发达经济体政府大约发行了 9 万亿美元的债券,有一半被中央银行吸纳,其余由私人投资者认购,而私人投资者认购的政府债券有一半是美国政府发行的。到了 2017 年,这种平衡发生了巨大的变化。在 2010 年以来发行的 15 万亿美元主权债券中,2/3 由官方购买,包括欧元区和日本新发行的全部债券。留给私人投资者的全部债券几乎都是由美国政府发行的,只有一小部分是英国政府发行的。根据国际货币基金组织预测,在接下来的五年里,欧洲的财政紧缩以及日本银行和欧洲中央银行继续购买主权债券,会使主权债券分布的天平进一步倾斜。实际上,美国将是向世界市场提供高信用评级发达国家主权债务的唯一供给国。欧洲中央银行和日本采取的立场可能会在一定程度上改变这种平衡。但就庞大的全球资产管理公司而言,借款人和贷款人之间的力量平衡显而易见,美国财政部和美联储密切关注的美国主权债务市场才是唯一的"策略博弈"竞技场。

\* \* \*

全球化的支持者和批评者都把这个世界说成是扁平的。所有的主权借款人,甚至包括美国,都要面对相同的资本市场压力。即便这是一种合理的说法,充其量也只是整个故事中的一个情节。从 20 世纪 70 年代初布雷顿森林体系解体到 20 世纪 90 年代中期,是美国不断受到严重的债券市场压力影响时期。不过,这个时期并没有持续多久。2008 年危机所揭示的主权债务世界绝非扁平的。特别是欧元区较弱的"外围国家"以及阿根廷、乌克兰等陷入困境的新兴市场国家,都是债券市场压力的受害者。但对于大多数重要的发达经济体来说,这是一个前所未有的借贷宽松时期。虽然金融市场出现了巨幅震荡,但七国集团没有一个成员国发现自己被挡在债券市场之外,也没有一个成员国发现自己面临足以让其财政可持续性受到质疑的漫长高收益率时期。2011—2012 年,意大利似乎确实濒临危机,从而迫使欧洲中央银行进行制度和政策方面的重大变革,当然也付出了代价。保守的政治势力坚持要执行紧缩政策,并且坚持认为这为扛住债券市场压力所必需。有时,他们的行动取得了成功。但在 2016 年之后，英国和美国都表明，即使是公开宣称自己是民粹主义的政府，债券市场也会给予它们非同寻常的自由度。与此同时，日本继续证明了基本的职能财政（functional finance）洞见：公债如果是"欠自己的债务"，就不太可能有上限。2020 年的新冠病毒危机将让我们明白主权借款人享有很大的自由度。

主权债务政治经济是一种策略博弈，并且是一个彻头彻尾的政治问题。这种说法同样适用于债务的政治话语。由于显而易见的原因，保守人士长期以来一直喜欢用"房屋持有人"（householder）这个类比。2010 年，"阈值"和"滑坡"等话语有力地推动了紧缩运动。但同样的道理也适用于对"债务奴隶制"和有关"金融市场主导"的陈词滥调的谴责。这样的修辞，无论是在左翼还是右翼，都可以被理解为对民粹主义时机的表示。我们当中有兴趣保留其他政治选项的人，必须对债务国和债权国之间策略博弈复杂多变的几何结构做出务实的解释。这些都是当今公债史研究的重大课题，而新冠病毒危机造成的严重财政问题导致这些课题变得更加紧迫。

# 第五编

## 结论:数字与文字的历史用途

# 第十九章　公债会计的历史与政治[*]

埃里克·莫内[**]布莱斯·特隆-罗伊[***]

2007—2008 年的全球金融危机和 2010—2012 年的欧洲债务危机触发了公债辩论。乍一看[①]，公债辩论主要关注如何在不提出很多公债定义和会计问题的情况下，从债务相对于国内生产总值的水平中得出有关经济政策的结论。[②] 被收入不同政治话语库[③]的经济和道德论点被用来讨论何谓公债过多的问题。这场围绕数字展开的辩论通常把债务数量视为已知。但在有些案例中，会计问题一直是最突出的问题。一个虽然没有引起专家圈外注意，但非常显著的例子是 2011 年 9 个国际组织发布了第一份全球公共部门债务统计方

　*　这一章的原文经过了修改，修改说明可在网页 https://doi.org/10.1007/978-3-030-48794-2_21 上找到。

　**　E-mail：eric.monnet@ehess.fr.

　***　E-mail：blaise.truongloi@sciencespo.fr.

　①　本章从《公债的世界》这部集体著作成员作者所做的评论以及与他们进行的生动讨论中获益匪浅。我们要特别感谢尼古拉·贝瑞尔、尼古拉·德拉朗德、诺姆·马格尔和斯蒂芬·W.索耶对本章之前的手稿提出了详细的反馈意见。我们也要感谢托马斯·皮凯蒂和安吉洛·丽娃（Angelo Riva）向我们提出了重要的建议并提供了参考文献方面的帮助。我们还要特别感谢亚当·图兹鼓励我们写这篇论文（本章的前身），并在多个场合与我们一起讨论了写这篇论文的思路。

　②　想了解有关这个主题的辩论的批判性综述，请参阅 Mark Blyth,*Austerity：The History of a Dangerous Idea*（New York：Oxford University Press,2013）。对债务危机的量化解释，请参阅 Philip R. Lane "The European Sovereign Debt Crisis," The *Journal of Economic Perspectives* 26, No. 3（2012）：49—67。想了解美国关于债务上限的辩论，请参阅 D. Andrew Austin,Debt Limit：History and Recent Increases（Washington DC：Congressional Research Service Report,2015）。

　③　请参阅本书第二十章。

法官方指南。① 统计问题也引起了公众和学术辩论的一些注意。希腊债务危机前 10 年的创造性公共会计(在美国高盛公司咨询顾问的帮助下)提醒我们,一些合法的财务安排可以很容易地用来规避欧盟统计局(Eurostat)——欧洲委员会负责收集和发布欧盟成员国官方统计数据的机构——等严格而又全面的会计准则。② 在一些观察人士看来,希腊债务危机只能说明欧盟统计局目前的公债定义无法涵盖衍生负债,从而无法解释影响公债性质和政治的金融工具变化。③ 公债的标准定义反映重大公共政策挑战的能力受到了进一步的质疑,因为政府向国内银行提供的隐性担保没有被计入公债。④ 同样,会计问题对官方统计只关注总债务的做法也提出了质疑。会计人员不会从政府的负债中减去政府持有的金融资产,因此,公共债务和公共财富之间充其量只有间接的联系。⑤ 虽然在比较各国公共债务时通常并不考虑它们的公共资产,但公共资产在评估公债规模时发挥着关键作用,当然在清算公共债务时也是如此。例如,债权人迫使希腊政府出售国有资产偿还希腊积欠的国债。

区分总债务和净债务以及把衍生负债纳入公共债务,并不是引发公债统计与金融理论冲突的唯一问题。针对最近的公债辩论,一些经济学家强调,标准统计数据是根据一些与经济推理相悖的定义编制的。最重要的是,国民核算师在计算公债时采用发行时的名义债务存量(即本金偿还额),而不是政府

---

① International Monetary Fund, Public Sector Debt Statistics: Guide for Compilers and Users, 2nd edition (Washington DC: IMF publications, 2013).

② Beat Balzli, "How Goldman Sachs Helped Greece to Mask its True Debt," Spiegel Online, February 08, 2010 http://www. spiegel. de/international/ europe/greek-debt-crisis-how-goldman-sachs -helped-greece-to-mask-itstrue-debt-a-676634.

③ Agnes Tardos, "The Story Told by Debt Indicators and the Hidden Truth," IFC Bulletins chapters 36 (2013): 351—365.

④ 按照公债的标准定义(在欧盟,这种债务被称为"《马斯特里赫特条约》意义上的债务"),这种"或有"负债属于资产负债表外负债。Angelo Baglioni and Umberto Cherubini, "Bank Bailout Guarantees and Public Debt," VoxEu, December 1, 2010, http://voxeu. org/article/bank-bailout-guarantees-and-public-debt; "Marking-to Market Government Guarantees to Financial Systems: Theory and Evidence for Europe," *Journal of International Money and Finance* 32 (2013): 990—1007.

⑤ Thomas Piketty, *Capital in the Twenty-First Century* (Cambridge, Mass. : Harvard University Press, 2014), Chap. 4.

承诺支付的债息加应偿债务的总额。① 用亚历山德罗·米萨尔（Alessandro Missale）的话来说，"实际上，理论工作者和政策制定者使用不同的语言：理论工作者关注债务的市场价值和回报率，而政策制定者关注的则是国民核算数据，即债务本金和利息的账面价值"。②

在欧洲主权债务危机时期，一些过去几乎不为人知的公债统计细节也明确表明，公共债务的定义取决于主权国家的定义，从而隐含地界定了相关主权国家的疆界。欧盟统计局表示："欧盟成员国借给其他成员国的政府间贷款（IGL）已从欧元区和欧盟债务中扣除。"③换句话说，欧盟其他成员国借给希腊的贷款不会增加欧盟的官方公债总额。④ 在希腊的案例中，他们甚至减去了欧盟其他成员国借给希腊的贷款，因为希腊政府用借到的贷款来偿还之前积欠的债务。按照《马斯特里赫特条约》给公债下的定义，公债是主权国家的不同负债合并在一起的结果。⑤ 这些公债会计选项表明，至少从理论上讲，欧盟的公债不仅仅是成员国公债的总和。

这组最近的例子表明，公债的定义反映了国家的地理和经济疆界、不同的金融理论或金融实践以及统计数据的不同政治用途。无论是国际金融机构旨在对——从历史的视角看还相当新——公债概念和定义进行标准化的尝试，还是最近引起注意的长期公债历史数据序列的公布，都不会使我们相信，关于

---

① George J. Hall and Thomas J. Sargent, "A History of U. S. Debt Limits," NBER Working Paper, No. w21799 (December 2015). 根据米萨尔（Missale）的说法，这个会计错误阻止政府用公债来抵御宏观经济冲击对政府预算的影响。Alessandro Missale, "Sovereign Debt Management and Fiscal Vulnerabilities," BIS Papers, chapter 65 (2012): 157—176. 尤里·比昂迪提出了一种更具批判性的观点："这种对以市场为基础的公共财政观的推崇"反映了一种"是'新公共管理'支柱之一"的新"商业式会计"。Yuri Biondi, "Public Debt Accounting and Management in UK: Refunding or Refinancing? Or the Strange Case of Doctor Jekyll and Mr. Hyde in the Aftermath of the Global Financial Crisis," *Accounting Forum* 40, No. 2 (2016): 89—105; Id. , "Accounting Representations of Public Debt and Deficits in European Central Government Accounts: An Exploration of Anomalies and Contradictions," *Accounting Forum* 40, No. 3 (2016): 205—219.

② Missale, "Sovereign Debt Management", 159.

③ Eurostat, "Third quarter of 2016 compared with second quarter of 2016, government debt fell to 90. 1 percent of GDP in euro area", Newsrelease. Euroindicators, 15/2017 (January 23, 2017): 3. http://ec. europa. eu/ eurostat/documents/2995521/7826125/2-23012017-AP-EN. pdf.

④ 2016 年，政府间贷款相当于欧元区国内生产总值的 2. 2%。

⑤ 主权国家不同负债的合并允许设立一套专门的账户反映可作为整体考虑的不同实体的财政状况。这里的关键问题是：欧盟成员国能否被看作一个主权实体的组成部分。

公债的其他定量观点和定义都是不合理或错误的;已经达成了计算公债数据的金标准。① 相反,了解编制和使用公债统计数据的方法以及这些方法因时而变的原因,是充分理解公债政治的关键。使用包括由学术机构和国际政策机构重新编制的历史数据序列在内的国际公债统计数据,是影响政策选择和宏观经济现实看法的技术专门知识全球化话语的一个典型例子。许多行为主体和机构对公债统计数据进行了标准化处理和比较,并且参与全球公债统计数据客观性的构建,而公债统计数据决定了我们看待公债世界的方式。② 从历史的视角观察,就能揭示这些话语如何因事而异,同时又能凸显一些持续存在的问题。③ 同样重要的是,要认识并理解国际公债统计指标的标准化比价格、产值、国民收入和贸易等其他主要宏观经济统计指标标准化要晚很长时间的原因。公债统计数据的"延迟"国际标准化,除了政治利益转移外,还反映了国民核算方面的很多困难。

本章不打算介绍计算公债历史序列的新方法——尽管在某些情况下,我们会指出用新方法和老方法计算的公债历史序列有什么区别④,而是要回顾公债会计使用的不同方法,并介绍它们的历史沿革。我们认为,在许多情况下,由同时代的国家或国际机构出版的(最近由经济学家编纂的)长期公债序

---

① 尤里·比昂迪甚至主张放弃资产负债表这种会计工具,并建议采用新的标准,以便更好地用会计方法反映公共财政的问题。请参阅 Biondi, "Accounting Representations of Public Debt"。

② 最近的一些研究凸显了经济统计在影响全球化方面的作用。丹尼尔·斯皮奇(Daniel Speich)研究了编制经济不平等的全球数据如何在 70 年的时间里促成了一种"概念上的世界各国经济秩序"。今天,这种秩序已经无所不在,并被普遍接受。Daniel Speich, "The Use of Global Abstractions: National Income Accounting in the Period of Imperial Decline," *Journal of Global History* 6, No. 1 (2011): 7—28. 奎因·斯洛博迪安(Quinn Slobodian)指出,早在 19 世纪晚期,一些德国和奥地利经济学家就利用统计数据"使他们所说的'世界经济有机体'引人注目"。Quinn Slobodian, "How to See the World Economy: Statistics, Maps, and Schumpeter's Camera in the First Age of Globalization," *Journal of Global History* 10, No. 2 (2015): 307—332.

③ 正如托马斯·皮凯蒂在谈到国内生产总值统计时指出的那样,"关于这段简短的国民核算历史,有一个结论值得注意:国民核算是一种不断演化的社会构念。它们总是反映其诞生的那个时代所关心的问题。我们应该注意不要盲目迷信所公布的数据"。Thomas Piketty, *Capital in the Twenty-First Century*: 58.

④ 想了解最近有关得到广泛使用的公债统计数据的介绍和讨论,请参阅 Ali S. Abbas, Alex Pienkowski and Kenneth Rogoff, eds., *Sovereign Debt: A Guide for Economists and Practitioners* (Oxford: Oxford University Press, 2019)。关于主要经济体两个世纪以来公共债务占国内生产总值的比例的变化,没有明确的证据表明,替代来源将导致与最近的出版物所强调的长期变化格局非常不同的演变格局。当一个国家处于战争状态时,公债可被认为会增加。

列为数实在太少，以至于无法了解有关公债的政治经济问题。宏观经济长期序列的事后重建和汇编往往会忽略隐藏在数字背后的政治因素。那么，会计实务和概念的演变及其在国家内部和同时代经济学家中间的作用如何相互影响呢？公债统计数据的国际比较如何参与构建关于债务可持续性和好经济政策的全球话语呢？用什么指标来衡量，为什么要用这些指标来衡量？统计构念有哪些前概念？由于要考虑这么多的问题，因此，本章旨在简要，因而难免不全面地浏览公债会计实务历史。本章共分四节，试图对公债数据与政治如何交织在一起的问题进行一般性的透视。

## 公债的历史序列和方法论问题

### 1914 年以前的外债与财务会计

虽然存在众所周知的困难，但经济学家或经济史学家最近曾多次尝试为尽可能多的国家构建长期公债序列。20 世纪 80 年代，拉美债务危机以后，出现了第一波公债比较研究热潮。重要的例子有巴瑞·艾肯格林、理查德·波特斯以及彼得·林德特和彼得·默顿（Peter Lindert and Peter Morton）的论文。[1] 继这些作者之后，其他作者也表现出了对 19 世纪 90 年代发展起来的第一个全球化时代（1880—1914 年）的广泛兴趣，并且试图计算前 1914 年时期的公债（主要是外债）数据。[2] 马克·弗兰德鲁（Marc Flandreau）和弗雷德里克·祖默（Frédéric Zumer）的研究是有关这个主题最全面的研究，并且为

①　Barry Eichengreen and Richard Portes，"Debt and Default in the 1930s：Causes and Conse-quences，" *European Economic Review* 30（June 1986）：599 — 640；Rudiger Dornbusch and Mario Draghi，*Public Debt Management：Theory and History*（Cambridge：Cambridge University Press，1990）；Peter Lindert and Peter Morton，"How Sovereign Debt Has Worked，" in Developing Country Debt and Economic Performance，Vol. 1：*The International Financial System*，ed. Jeffrey D. Sachs（Chicago：Chicago University Press，1989）：39—106.

②　Michael D. Bordo and Lars Jonung，"Monetary Regimes，Inflation，and Monetary Reform：An Essay in Honor of Axel Leijonhufvud，" in *Inflation，Institutions，and Information：Essays in Honor of Axel Leijonhufvud*，eds. Daniel Vaz and Kumaraswamy Velupillai（London：Palgrave Macmillan，1996）：157—244；Maurice Obstfeld and Alan Taylor，"Sovereign Risk，Credibility and the Gold Stand-ard：1870—1913 versus 1925—1933，" *The Economic Journal* 113，No. 487（April 2003）：241—275.

后来这个主题的大部分研究奠定了基础。[1] 2015 年后,最近的金融和债务危机催生了一批在卡门·莱因哈特(Carmen Reinhart)和肯尼斯·罗格夫(Kenneth Rogoff)以及国际货币基金组织经济学家创建——涵盖了 19 世纪后期以来数十个国家——的历史数据库中达到了顶峰、抱负更大的研究。[2]

简而言之,这些比较研究主要使用了三个资料来源。对于 1914 年前的时期,主要使用私人资料来源。弗兰德鲁和祖默主要依靠(当时法国最大、有自己国际研究部的)里昂信贷银行编制的统计数据[3],并拿它们与同时代的其他来源(如《经济学人》),但主要是与公布并评论年度公债统计数据的《政治家年鉴》(Statesman's Year Book)的资料进行了比较。由弗兰德鲁和祖默建立的数据库是莱因哈特和罗格夫以及国际货币基金组织 1914 年前这个时期数据集的主要来源。林德特和默顿还采用私人来源的数据,如英国外国债券持有人公司 1930 年前的年度报告和穆迪公司 20 世纪 30 年代的年度报告。对于两次世界大战间隔期这个时期,广泛收集包括公债数据在内的国际统计数据的国际联盟是标准数据来源。自"二战"以来,联合国和国际货币基金组织一直被作为参考文献来源。对于 20 世纪 70 年代前这个时期,主要采用联合国的年鉴。虽然早在 1947 年《国际金融统计》中就出现了一些公债数据,但国际货币基金组织只是在 20 世纪 80 年代参与解决拉美公债危机后才执行公布并比较公债连续序列的这项一以贯之的政策。对于少数国家(英国和美国),比

---

① Marc Flandreau and Frédéric Zumer, The Making of Global Finance. 1880—1913 (Paris: OCDE Development Centre Studies, 2004). 米切尔(Mitchell)汇编的统计数据也包括公债的统计数据,但大多数序列是不连续的。米切尔没有为使这些数据具有可比性做过任何努力。米切尔利用了政府的官方数据来源:Brian R. Mitchell, *International Historical Statistics: Europe 1750 — 1988* (New York: Stockton Press, 1983); *International Historical Statistics: The Americas, 1750 — 1988* (London: Macmillan, 1983)。

② Carmen M. Reinhart and Kenneth S. Rogoff, *This Time is Different: Eight Centuries of Financial Folly*, (Princeton: Princeton University Press, 2009); S. M. Ali Abbas, Nazim Belhocine, Asmaa El-Ganainy and Mark Horton, "Historical Patterns and Dynamics of Public Debt-Evidence from a New Database," *IMF Economic Review* 59, No. 4 (November 2011): 717 — 742; S. M. Ali Abbas, Laura Blattner, Mark De Broeck, et al. "Sovereign Debt Composition in Advanced Economies: A Historical Perspective," IMF Working Paper, WP/14/62 (September 2014)。

③ Marc Flandreau, "Le Service des Études Financières sous Henri Germain (1871—1905): une macro-économie d'Acteurs," in *Le Crédit Lyonnais (1863 — 1986). Études Historiques*, eds. Bernard Desjardins et al. (Geneva: Droz, 2003): 271—301.

较研究用的是国家资料来源,而不是联合国或国际货币基金组织的统计数据。

上面提到的各项研究都有一个共同的特点:它们没有利用国家的官方资料来源,而是以私营或公共机构以前为标准化和汇编公债统计数字而做出的努力为基础。这些学者一直不愿依赖已有的国家资料来源,这反映了他们普遍持有的一种信念:长期以来,政府的公债统计数据没有可比性。除了故意错报和伪造数据外,国家机构实体的会计制度选择和定义各国之间差异太大,无法直接比较。弗兰德鲁和祖默采用以下方式强调了这些困难如何影响经济史学家的研究:"公债数据从表面看相对比较容易收集,因此应该允许研究人员把收集数据的大部分任务交给自己的助理来完成。其实,这种策略非常不适当。这项任务需要资深研究人员亲自参与完成。"[1]

无论是今天还是过去,凡是旨在使数字标准化的比较研究努力都凸显了公债国际比较方面存在的困难。这个问题远远超出了会计师和经济学家辩论的范畴。公债统计数据常常是为了使国际财政控制合法化而编制的。[2] 由于收集官方统计数据并使其具有可比性涉及大量的工作,因此,历史学家别无选择,只能依靠这些早期的尝试。重要的是要弄明白以前的比较经济学家已经做出或没有做出的选择。例如,法国里昂信贷银行(法兰德鲁和祖默研究时使用的资料来源)采用了财务的视角,专注于拿政府的还本付息额和它的收入(不包括公营企业的债务或净收入)比较。在编制统计数据的过程中可能出现的偏差或不足,是为国际统计数据标准化进行异常严苛的研究所要付出的代价。相比之下,其他私人数据来源并没有产出定义特殊的连续序列。在这种情况下,正如林德和默顿在谈到英国外国债券持有人公司时所指出的那样:"从上述来源获得的大量数据是为了那个时代的投资者,而不是后来的学者收集的。定义和范畴会随时间而变,因此有必要采用一些标准决定应该收入哪些数据和不应该收入哪些数据。"[3]这些问题的一个例证是《政治家年鉴》发表的关于 19 世纪后期清政府的财政数据。清政府的外债几乎全是在 1894—

---

① Flandreau and Zumer,*The Making of Global Finance*,98.

② 请参阅本书第九章。

③ 内马克直接收集了各国政府的数据,并且未做统计处理就公布了数据,但又在研究中多次强调官方统计和各国不同的会计实务存在缺陷。Lindert and Morton,"How Sovereign Debt Has Worked," 80.

1895 年甲午战争战败后欠下的,那场战争导致清政府要赔偿 3 300 万英镑的赔款。[①] 为了支付赔款,清政府分别在 1895 年、1896 年和 1898 年先后从欧洲市场借到了 4 800 万英镑。当时,《政治家年鉴》为怎么处理这笔公债左右为难:作为赔款或借款,还是同时作为赔款和借款? 结果,《政治家年鉴》决定对各年的数据进行不同的处理。一方面,把赔款额加到借款额中,就会把相同的金额重复计算两次。这也许就是 1897 年的《政治家年鉴》的作者只把清政府从欧洲借到的贷款作为外债处理。另一方面,清政府那三年筹集的资金总额明显超过了赔偿金额。此外,赔款要在 7 年内付清,而清政府在 1895 年、1896 年和 1898 年借的欧洲贷款期限是 36 年。其中的部分借款肯定不是用来偿还欠日本的赔款的,而是用于其他用途。因此,就像 1896 年《政治家年鉴》的作者所做的那样,把清政府的借款和赔款都收入年鉴的做法是说得通的。[②] 如果能适当证明它们的合理性,这两种做法都没有错,但对于那些寻找清政府借款真实数据的人来说,从一种做法转到另一种做法是很有问题的。

**国际联盟与两次世界大战间隔期里的"公债复制"**

在两次世界大战间隔期里,国际联盟公布了各国政府编制但未经事后标准化的数据。不过,国际联盟向每个国家发送了一份调查问卷,要求按统一的分类方法上报最终的统计数据。一般的适用规则是:必须只考虑中央政府的债务,不包括地方政府的债务。联合国曾试图对统计数据进行事前协调,但 1948 年出版的《国际联盟统计数据回顾卷》依旧显示了各成员国因时而变、大

---

① 请参阅本书第九章。

② 1896 年,《政治家年鉴》的作者断言,清政府的债务在之前的两年里从 1 300 万英镑增加到了 5 300 万英镑。为了实现这么大的增幅,清政府必须加上对日赔偿、1895 年的借款和 1896 年的借款,然后减去对日赔款的头两期付款和战前债务已偿还的部分。1897 年,《政治家年鉴》的作者提到了清政府积欠的债务减少了 1 500 万英镑。由于清政府在一年内只偿还了一期赔款以及 1895 年和 1896 年贷款的第一期还款,对于债务的减少只能这样来解释:甲午战争赔款的尾款已从未偿还债务金额中扣除。

相径庭的会计惯例。[1] 这个问题在战争赔款或偿债基金负债方面显得尤为突出。[2] 正如编者在一篇很长的引言中提到的那样，已公布序列的连续性在大多数时候是人为的假象，并隐匿了因时而变的定义。

　　国际联盟为实现各国经济统计数据标准化所做的努力取得了重大成功，主要是在生产和贸易统计领域取得了突破。[3] 相比之下，国际联盟虽然出版了几本《公共财政备忘录》(Memorand[a] on Public Finance)，但在公债统计方面几乎没有取得任何进展。那几本《公共财政备忘录》侧重于说明各成员国政府的预算，而国际联盟没有超出说明各成员国政府在计算所公布公债统计数据时遵循的不同技术规程的范围。国际联盟直到 1938 年才决定寄送新的公债调查表，要求上报所有的公债数据，特别是几个公共机构之间的债权和债务数据。这种公债计算方法新就新在把公债放在国家总资产和总负债的背景下审视。20 世纪 30 年代，一国国家机关之间的财务往来大幅增加，从而大力推动了这种公债计算方法的使用。[4] 国际金融市场对于政府融资的作用已经减弱，而国内融资安排已占据主导地位，本书第三编清楚地表明了这种状况。结果，市场债务与非市场债务、内债与外债之间的平衡发生了很大的变化。这种情况不仅仅局限于当时的苏联[5]以及法西斯意大利和纳粹德国[6]。例如，为了给战后重建和偿还战时债务筹集资金，法国在 20 世纪 20 年代创建了一个

---

① United Nations, Public Debt 1914—1946 (Lake Success：New York, 1948).

② 关于战争赔款和随后的债务协议如何计算赔款和债务的争论没有得到解决，并且仍然引发了历史性争论。例如，可参阅意大利与之前截然不同的新外债序列：Marianna Astore and Michele Fratianni，"'We can't Pay'：How Italy Dealt with War Debts after World War I," *Financial History Review* 26 No. 2 (2019)：197—222。

③ 尤其可参阅 1928 年在日内瓦召开的经济统计国际会议报告。

④ 请参阅本书有关两次世界大战间隔期里的德国的第十二章。

⑤ 请参阅本书第十三章。苏联政府在拒绝承认沙俄时代积欠的债务以后就发行了旨在吸引相当一部分国内储蓄的有奖债券。

⑥ 本书第十二章正好表明，传统叙事聚焦于 1933 年的政治停摆，未能解释两次世界大战期间德国公债的结构及其治理的演变。这种演变更多是由于权力实践的变化，而不是政治制度意识形态的变化。关于 20 世纪 30 年代意大利国内债务的计算以及与为战后重建提供资金的国家机构[特别是财团按行业价值补贴(Consorzio Sovvenzioni su Valori Industriali)]相关的会计问题，请参阅 Vera Zamagni，"Italy：How to Lose the War and Win the Peace," in *The Economics of World War II：Six Great Powers In International Comparison*, ed. Mark Harrison (Cambridge：Cambridge University Press 2000)：177—223。

偿债基金［自主偿债金库（Caisse Autonome d'Amortissement）］和公共信用机构（国民信贷银行），从而导致不同国家机关之间有资金往来。其实，国家机关之间的这种关系并不是什么全新的关系，因为在1914年以前就已经存在这种关系，特别是在国家机关与铁路公司之间。但是，这种关系在"一战"期间和两次世界大战间隔期里迅速发展，并且改变了公债的性质和对统计数据的解释。法国经济学家亨利·劳芬伯格（Henry Laufenburger）在对1914—1944年英国、德国、法国和美国公债进行的比较研究中，把这种变化称为"公共信用复制"（duplication of public credit）。他是这样描述"公共信用复制"的："国家不但成倍增加发行债券和负责偿还债务的机构，而且越来越依赖吸收存款的商业银行和储蓄银行。"[1]出于同样的原因，国际联盟的经济学家认识到，对公债的全面评估需要不局限于考虑中央政府的总负债。[2] 国际联盟试图根据公共部门总负债的估计数据，而不是根据在市场上发行的公债额或预算支出的数据计算公债统计数额的尝试（虽然遭遇了失败，但）具有划时代的意义，并且反映了当时的经济学家提出的关于国家财政边界的问题。除了上面提到的劳芬伯格的著作，英国经济学家亨利·坎皮恩（Henry Campion）的著作也值得一提。坎皮恩的著作于1939年出版，他在这本书中开创性地尝试估算公共财富，因此计算出国家总资产和总负债，而不是仅仅关注国家的外债和发售的债券。[3]

### 从布雷顿森林体系对公债的忽视到最近的公债国际基准

第二次世界大战结束后，公债会计不再是国际组织统计部门优先考虑的问题。在布雷顿森林会议期间签署的《国际货币基金组织协定条款》（Articles of Agreement of the International Monetary Fund）中，国际货币基金组织的

---

① Henry Laufenburger, *Crédit public et finances de guerre*, 1914 — 1944（Paris: Librairie de Médicis, 1944）: 9.

② Denys P. Myers and Perry A. Wicks, "International Comparability of Public Debts," *The American Economic Review* 28, No. 4（December 1938）: 711—715.

③ Harry Campion, *Public and Private Property in Great Britain*（Oxford: Oxford University Press, 1939）. 托马斯·皮凯蒂认为这本书是第一本尝试计算公共资产的专著。请参阅 Piketty, *Capital in the Twenty-First Century*, 591。

未来成员承诺向该组织提供统计信息。[1]《国际货币基金组织协定条款》规定了一长串需要上报的宏观经济统计数据(货物和服务贸易、国际投资状况、外汇储备、物价、国民收入等),但没有包括公债的统计数据。国际复兴开发银行(未来的世界银行)的协定条款并没有包括把提供统计信息的承诺作为贷款条件。在成立后的最初几年里,国际货币基金组织主要关注国际收支统计数据[第一版《国际收支手册》(Balance of Payments Manual)于 1948 年出版]和外汇储备数据的标准化。随后,国际货币基金组织开始就外汇储备"适当水平"的问题进行了大量的研究[2],但在公债比较研究中没有尝试过这样的基准规程。虽然公债违约是 20 世纪 30 年代的重大经济事件,但战后改革派在两次世界大战间隔期里吸取的政治教训侧重于需求管理、金融和国际收支失衡,而不是公债危险。从大萧条和"二战"的废墟中崛起的新世界不希望让国家依赖金融市场,也不希望公债的"负担"阻碍福利国家和新的增长战略的发展。[3]布雷顿森林体系——或者,让我们说凯恩斯主义——时代为宏观经济统计的发展提供了巨大的推动力,因此把公债会计问题抛在了一边,国际和国家层面的情况都是如此。英国的《1944 年就业政策白皮书》(1944 White Paper on Employment Policy)阐明了战后的经济政策原则,并促成了前所未有的宏观经济序列和数据建设计划[4],敦促构建关于失业、国民收入、生产、价格、货币、信贷、国际收支的统计数据,但只字未提创建公债序列。

20 世纪 40 年代末和 50 年代,国际组织在处理政府债务时并没有试图设立全球性的标准化统计机构。世界银行制作的关于这个时期借贷国家的文件

① Keith J. Horsefeld, The International Monetary Fund, 1945－1965, Volume Ⅲ: Documents (Washington: International Monetary Fund, 1969).

② Eric Monnet and Damien Puy, "Do Old Habits Die Hard? Central Banks and the Bretton Woods Gold Puzzle," IMF Working Paper, WP/19/161 (July 2019).

③ Eric Helleiner, *States and the Reemergence of Global Finance: From Bretton Woods to the 1990s* (Ithaca: Cornell University Press, 1996).

④ Harry Campion, "Recent Developments in Economic Statistics," *Journal of the Royal Statistical Society* (Series A) 121, No. 1 (1958): 2. 还请参阅 Alan Booth, "The 'Keynesian Revolution' in Economic Policy-Making," *The Economic History Review* 36, No. 1 (February 1983): 103－123.

成了范本,但只记录了每个借贷国家外债违约和偿还的历史。① 20 世纪 60 年代,几个"发展中"国家在偿还外债方面遇到了很大的困难,不得不重新安排偿还贷款的时间。于是,学术界和国际机构开始了大量的研究,但重点还是放在公债的还本付息上,而且只关注外债。20 世纪 80 年代,拉美债务危机期间出现了类似的问题,并采取了类似的解决方法。② 长期以来,全球公债会计准则的问题一直没有得到解决。因此,虽然联合国在 1953 年出了第一版《国民经济核算体系(System of National Accounts,SNA)国际指南》(后来分别在 1968 年、1993 年和 2008 年做了重大修订),但直到 2011 年才出版对应的公债核算指南。第一本《全球公共部门债务统计指南》(Guide of Public Sector Debt Statistics)是由国际货币基金组织、经合组织、欧盟统计局、联合国、国际清算银行、欧洲中央银行、英联邦、世界银行和巴黎俱乐部九个组织共同牵头编写和出版的 。请注意,就像《国民经济核算体系国际指南》一样,《全球公共部门债务统计指南》是一种提供建议的指南,而不是强制性规则的指南。《国民经济核算体系国际指南》的主要读者对象是国家机构,而《全球公共部门债务统计指南》主要目的是帮助汇编国家统计数据的统计人员,它仅有的先例是关注面要小得多、在拉美债务危机的推动下 1988 年出版的公债指南。《外债:定义、统计范围和方法》(External Debt:Definition,Statistical Coverage and Methodology),在 2003 年修订时改名为《外债统计:汇编者和使用者指南》(External Debt Statistics:Guide for Compilers and Users),以便与 1993 年国民经济核算体系保持一致,并应对国际资本市场的最近发展。《马斯特里赫特条约》采用强制的方式对不同国家的公债数据进行了唯一一次标准化的尝试,但它只适用于欧盟成员国。《马斯特里赫特条约》给公债下了一个特别的

---

① 例如,可参阅 World Bank,Honduras' External Debt History (Washington,DC:World Bank,1948) http://documents. worldbank. org/curated/en/308151468274216187/Honduras-external-debt-history and World Bank,Finland's External Public Debt History (Washington:World Bank,1948) http://documents. worldbank. org/ curated/en/847541468256737689/Finlands-external-publicdebt-history。

② Pieter Lieftinck,"External Debt and Debt-Bearing Capacity of Developing Countries," Princeton Essays in International Finance 51 (1966). 还请参阅:Charles R. Frank and William R. Cline,"Measurement of Debt Servicing Capacity:An Application of Discriminant Analysis," *Journal of International Economics* 1,No. 3 (August 1971):327—344。

定义，把公债说成"马斯特里赫特条约意义上的债务"。① 根据《马斯特里赫特条约》给公债下的定义，"公共领域"包括中央政府、中央政府机构②、地方行政部门和社会保障基金。"马斯特里赫特条约意义上的债务"是一种合并的名义总债务（按本金偿还额估算）。

《马斯特里赫特条约》以及 2008 年和 2011 年版《公共部门债务统计指南》所下的公债定义都反映了最近出现的试图在国际层面给公债下一个共同定义的趋势。这个趋势已经趋同于达成可归纳为以下三个元素的公债标准定义：首先是总债务——政府积欠的没有减去资产的总债务额；其次是"一般政府债务"——包括中央政府和其他级别（地区政府和市政当局等）政府的债务，但不包括国有企业的总债务；最后不包括或有负债、担保和金融衍生品债务。

从历史的角度看，最近的公债定义趋同引人注目，可以说是为编制国际公债统计数据取得了一项伟大的成就。但即使是新标准的支持者也强调，这个共同定义有些武断，而且可能存在很大的局限性，具体取决于分析用途。2012年，国际货币基金组织的经济学家撰写了一份研究报告，主要目的是使用《公共部门债务统计指南》的标准术语来提高数据的可比性。国际货币基金组织在这份报告中明确强调指出了以下关系重大的问题：

> 虽然国内生产总值或消费价格指数等关键宏观经济指标是根据国际公认的方法制定的，但与公共部门债务有关的指标往往并不遵循国际标准，并且可能有几种不同的定义。[……]缺乏标准术语可能会导致财政政策辩论产生严重的误解。[……]本报告作者建议，应该在全球范围内把一般政府总债务作为公共部门债务的主要指标，辅之以其他可对政府财政状况进行基于风险的评估的政府债务指标，而且可以考虑采取包括净债务以及或有负债和衍生债务等详细信息在内的

---

① 《政府财政统计手册》（第一版）（Government Finance Statistics Manual）由国际货币基金组织于 1986 年出版。

② 中央政府机构是指其由中央政府赋予的使命适用于全国范围的机构。在国民经济核算体系中，中央政府机构按若干职能分为一般事务、国防、公共秩序和安全、经济事务、环境保护等机构。

涉及面更加广的衡量指标。[①]

## 统计数据不同的原因及其对经济史的影响

以上提到的国际货币基金组织 2012 年的研究报告只是最近许多这个主题的文献中的一个例子,这个主题的许多文献都强调了公债估算可能会有很大的出入以及新的公债标准定义不应该是阻止经济学家研究和使用其他定义的原因等问题。这方面的学术研究起到了补充官方试图形成这个领域共同术语进行的多次努力的作用,并且提出了一些洞见,但令人意外地在投入大量精力收集公债长期数据的经济史研究文献中几乎没有受到重视。[②] 不过,这并不是说应该避免对不同国家的公债进行比较,而是应该提出有关公债会计方法的问题,并且强调制定替代性指标并用它们来评估公债财政和政治历史问题的必要性。正如经合组织的经济学家最近提醒的那样,"没有任何单一'最佳'指标可用来分析一般政府债务"。[③] 他们认为,由于每个国家都有不同的国家机构体系,认识到会计差异以及公债范畴的变化至关重要;而我们认为,这些见解和结论对于经济史学研究更加有用。

历史学家特别应该注意的是,最近这些警示和讨论让人想起了几十年前或一个世纪前经济学家的著述。尽管各有关方为构建共同的公债会计框架做出了努力,债务工具也随着时间的推移不断变化,但同样的概念问题仍然十分突出。法国经济学家兼记者阿尔弗雷德·内马克在 1887 年出版的内容宽泛的比较研究著作《欧洲公债》(*Les Dettes Publiques Européennes*)中,既没有

---

① Robert Dippelsman,Claudia Dziobek and Carlos A. Gutiérrez-Mangas,"What Lies Beneath:The Statistical Definition of Public Sector Debt," IMF Staff Discussion Notes,SDN/12/09 (July 2012).

② 最近的一个例外是:Andrea Papadia,Sovereign Defaults during the Great Depression:The Role of Fiscal Fragility,LSE Economic History Working Papers,No. 255 (2017)。这个文献的作者试图解释地方政府债务,并重新构建地方政府债务序列。除了国际联盟的统计数据外,他还采用了《德意志帝国统计年鉴》(Statistisches Jahrbuch für das Deutsche Reich)每年发布的国际数据,但他并没有讨论为什么不同国家的会计方法不同的问题。

③ Debra Bloch and Falilou Fall,"Government Debt Indicators:Understanding the Data," *Journal of International Commerce*,*Economics and Policy* 7,No. 1 (2016).

全面阐述，也没有介绍公债会计问题。但他强调，许多国家公债的定义和会计实务都有问题。[①] 铁路就是这方面一个很好的例子。虽然大多数时候，国有铁路公司的债务都被纳入公债，但内马克认为，国有铁路公司的债务不应该纳入公债，因为国有铁路公司的业务并不是由国家预算负担，而且对了解公民的税收压力并不重要。[②] 不过，他也承认，这个问题有时比较复杂。例如，丹麦政府在 1880 年发行公债来购买铁路公司的股票。[③] 但更复杂的是，确定为公营企业发行债券提供的担保，并且评估这种担保最终是否会成为纳税人的负担。在塞尔维亚的案例中，他深入讨论了这个问题："铁路公司借入的资金由它们用经营铁路创造的收入来担保[……]，但第二顺位担保是海关收入，第三顺位担保是一般税收收入，然后是塞尔维亚政府任何来源的收入。"[④]公债会计已经遇到国家疆界和或有负债的问题。

金融工具的种类和性质导致做账困难，也不是什么新鲜事。内马克曾正确地指出，通过把永远不用偿还的永久债券（rente）的名义本金与用年金方式偿还的债务的本金相加来计算法国公债水平的做法，从经济学的角度看是没有意义的。[⑤] 此外，内马克在一些案例中——但并不始终如一地——提到了净债务的概念。例如，他指出，法国政府目前的债务应该根据其在 1881 年收购的铁路公司的未来收入和资产来评估。[⑥] 四年前，保罗·勒鲁瓦-博利厄在他的《论财政学》中已经发出了这样的一般性警示：在分析国家的债务负担时，"必须从国家债务中减去所有能够创造公共收入的资产"。否则，就绝对不可能正确评估国家的负债程度。[⑦] 20 世纪初，里昂信贷银行的经济学家试图在一张大表格中描绘清政府的公共财政，他们确实在表中设置了"公共资产收入"和"资产价值"两栏，以便用最后两栏"净偿债额"和"净未偿额"评估实际

---

① 10 年前，保罗·勒鲁瓦-博利厄的《论财政学》很快成为法国的财政参考书。在这本书 42 章的篇幅中有 16 章专门讨论"公共信用"问题，而在这讨论公共信用问题的 16 章中有一章着重论述"评估公债影响的不同方法"。

② Alfred Neymarck, *Les Dettes Publiques EuropéEnnes*（Paris：Guillaumin et Cie,1887）：5.

③ Neymarck, *Dettes Publiques*,37.

④ Ibid.,64. 想了解内马克有关公债的详细论述，请参阅本书第四章。

⑤ Ibid.,76.

⑥ Ibid.,85.

⑦ Leroy-Beaulieu, *Traité*,7th edition（Paris：Guillaumin et Cie,1906）：656.

债务负担。但是,由于缺乏数据,账册上前两栏空白,而后两栏里也只有"总偿债额"和"总未偿债额"的数字。[1] 因此,他们得出的结果显然不能令人满意。两个空白栏传递了一个明确的信息:只有在缺乏更好数据的情况下才使用总量数据。令人惊讶的是,如今几乎从不讨论偏好"总额"数字的问题;而过去,往往是由于缺乏公共资产额的数据,因此才使用负债"总额"的数据。

公债应该与什么比较(人口? 贸易? 政府资产? 国民收入?)也是 1914 年前公债统计著作中一个关键但未得到解决的问题。1900 年前后,经济学家大多认为,为了评估财政风险,比较政府的债务还本付息和收入更有意义。不过,经济学家没有就公债比率的分母达成共识,因为当时并不普遍估算国民收入,而且就是估算也通常十分粗略。[2] 投资者可能不需要国民收入的估计数据,但那些以评估国民实际和潜在债务负担为目标的经济学家(因为他们认为债务是未来税收的一个来源)必须选择某种方法比较公债名义水平。例如,内马克根据 1870 年至 1885 年的债务增长率对各国进行了排名。另外,继统计学会以前出的出版物之后,他也提到了居民人均公债水平。[3] 至于勒鲁瓦-博利厄,他着重强调了公债利息支出和政府总预算支出的比率,但没有说明任何理由就提到了两个重要的阈值:35%和 45%(分别是预警阈值和警示阈值)。[4]

据我们所知,在两次世界大战间隔期里,国际联盟没有在其关于公债统计数字的出版物中讨论公债比率分母的问题。在公债统计数据旁边一栏中公布的另一个经济变量是价格指数。考虑到"一战"期间和之后的高通货膨胀率,有必要比较公债名义增长率与价格变化。"国际联盟 1938—1939 年世界调查"(1938—1939 World Survey of the League of Nations)是一个值得注意的例外,这项调查首次对为数有限的几个国家的公债与国民收入进行了简要比较,而调查报告由凯恩斯主义经济学家詹姆斯·米德(James Meade)起草,他后来成为国民经济核算体系的创始人之一。但是,除了指出瑞典由于"长期避免战争",因此,债务占国民收入的比例比英国和法国低之外,他通过这种比较

---

[1] Crédit Lyonnais Archives, DEEF 73449.

[2] 请参阅 Adam Tooze, *Statistics and the German State*, 1900—1945, *The Making of Modern Economic Knowledge* (Cambridge: Cambridge University Press, 2001): 8。

[3] Neymarck, *Dettes Publiques*, 86—87.

[4] Leroy-Beaulieu, *Traité*, 662.

只得出了没有多大意义的结论。通常的告诫这里也适用："不可能用这种表格进行严格的国际比较,因为国民收入和公债的数据都不具有适当的可比性。"这份出版物里也有几句关于公债占人口比例的话:"虽然 19 世纪人均国债负担因人口快速增长而减轻,但是,除非债务负担由于(譬如说)还债或价格上涨等原因而迅速减轻,否则就会因为人口减少而出现反向变化。"[1]国际联盟虽然没有讨论应该拿哪些变量与公债比较,但公开直面公债和收入的会计和统计定义问题,而且就像我们在前面讨论的那样,也没有找到解决这些问题的一般方法。在《公共财政备忘录》中有警示性的注释提醒读者,让公共预算和债务具有可比性几乎是一项不可能完成的任务,在比较一个国家与另一个国家的公共预算和债务数据时,必须"极其谨慎"。1948 年出版的《国际联盟统计数据回顾卷》中有篇幅较长的方法论导言,其中的一个注释解释了各国定义和会计实务差异的主要来源:"本注释主要旨在概括性地指出各国公债概念之间的差异。这些差异主要是由国家机构类型、政府职能、预算和会计方法等方面的差异造成的。"[2]因此,这份文献总结了在编制或阅读公债统计数据时应该注意的不同事项:(1)国家机构类型;(2)各级政府从事经济活动的程度;(3)预算方法与会计实务;[3](4)公债可用"净额"或"总额"表示,而这两个术语的含义在不同国家并不相同;[4](5)外债的换算方法(采用借债时的汇率平价或市场汇率等)。

这张注意事项清单与国际清算银行最近一份介绍一个新的国际公债数据库的文件中的注意事项清单惊人地相似。国际清算银行在这份文件中指出,"政府债务数据报告的主要差异涉及以下方面":(1)部门覆盖范围(如公营企业、州或地区等地方当局、社会保障基金);(2)债务工具覆盖范围;(3)债务合

---

①　World Economic Survey,1938/1939,8th year,League of Nations：71.

②　United Nations,Public Debt,7.

③　例如,信托基金、政府管理的存款,甚至中央银行的专项预付款,都可能被排除在外。各国对 1914—1918 年的战时债务采用不同的处理方法。只有一些国家(澳大利亚、意大利、法国、葡萄牙和英国)将其包括在内。此外,它们被排除在外的日期也各不相同:"As the amounts involved are often considerable,their inclusion or exclusion results in great differences in the foreign debt figure," 参见 United Nations,Public Debt,9。

④　在南非,"债务净额"表示扣除偿债基金后的"债务总额",而在阿根廷,"政府"持有的所有债券都要从政府债务总额中扣除。

并;(4)净额结算;(5)计价方法。①

虽然公债会计越来越趋向于统一、一致,但仍存在衡量指标截然不同的问题。衡量指标不同,并不意味着观点相同,也不会提出有关公债的相同政治问题。因此,下一节试图更加清晰地阐明这些基本问题,并讨论不同的观点如何在不同的时期占据主导地位。

## 公债统计数据背后的真相是什么? 若干"理想类型"

公债会计问题不仅仅对于统计学家和经济学家来说是个挑战。把公债的某些分量排除在公债范畴之外,把可持续性比率从一个分量转换成另一个分量,或者根据总额数据而不是净额数据来推论,首先会引发政治问题。我们的目的是通过对不同的公债会计观点进行归类来加深对它们的理解,并在此区分三种对应于不同公债定义和比较方式的理想类型:首先是强调容易销售的外债并主要关注债务还本付息和偿还历史以评估公债风险的融资观;其次是强调几个国家机构之间相互关系及其作为金融中介的作用,并主要从国内资产和负债的角度评估国家("公共")经济作用的循环观;最后是主要旨在为明确的政治引导和突出政治提供国际统一的公债定义和公债比率——尽管可能有点武断——的基准观。以上每种观点都倾向于关注与公债政治经济有怎样的利害关系这个具体的问题。最后,正如我们将在本节结束时讨论的那样,其中的每种观点都有自己的历史时期,它们大致对应于本书的第二、第三和第四编。

### 融资观

第一种观点是公债融资观(或市场基础观),主要是投资者看待公债的观点。从这个角度看,公债被认为只是相当小的范畴,投资者只对可流通债务凭证(即在金融市场上发行、交易方便的债务凭证)和与他们签约的债务人感兴趣。公债被视为没有任何实质性差别的私人债务的潜在替代品。因此,国有

---

① Christian Dembiermont, Michela Scatigna, Robert Szemere and Bruno Tissot, "A New Database on General Government Debt," *BIS Quarterly Review* (September 2015).

企业或地方政府的债务被视为与中央政府没有关系的债务，通常被排除在公债的一般统计之外。从这种观点出发，相比之下，外债特别值得关注。公债融资观持有者主要通过比较公债的还本付息额与政府的收入来评估公债的可持续性。

这种公债观由 19 世纪晚期（本书第二编研究的"第一个全球化时代"）编制和发布自己公债数据的各种金融分析师或机构持有，并一直流行到现在。上面提到的那张清政府公共财政的大表格是说明公债融资观的一个很好的实例。里昂信贷银行员工制作那张表格是为了比较清政府公共收入和债务还本付息的变化状况。里昂信贷银行金融研究部的经济学家报告了从 1890 年到 1902 年与清政府不同收入来源（海运海关、地方海关、税收和其他收入）和公债还本付息有关的金额。他们这样做的目的是要评估清政府的偿债能力，原因就是清政府通过一个里昂信贷银行参加的西方银团在巴黎发行了很多债券。[1]

按照这种公债观，政府有可能尽量多地公布可流通债务凭证的细节（发行数量和日期、分期偿还计划、还本付息额，等等），以方便评估债务风险。[2] 不然，不愿这样做的国家就可能面对亚当·图兹所说的"债券义务卫士"在国际资本市场实施的制裁（本书第十八章）。[3]

### 循环观

第二种公债观是循环经济观，它是在两次世界大战间隔期和战后时期发展起来的（见本书第三编）。根据这种公债观，公债相当于国家的总负债，因此需要根据国家的资产来评估。公债的规模能反映国家作为经济中金融中介机构的重要性，即国内储蓄在多大程度上通过国家这个中介（直接或间接）为投资融资。因此，未偿债务额要比还本付息额重要得多，而外债有可能被忽略，除非是国际或区域范围内的合并外债。相反，公债包括所有国家实体的债务，

---

[1]　想了解有关外国贷款如何影响清政府经济和统计的更多细节，请参阅本书第九章。

[2]　因此，1899 年出版的《政治家年鉴》抱怨称，"没有对清政府的收入和支出做出全面的说明"。请参阅 *Statesman's Yearbook. Statistical and Historical Annual of the States of the World for the Year 1899*（London：Palgrave Macmillan，1899）：460。

[3]　请参阅本书第十八章。

尽管它们的边界可能比较模糊。不可流通债务凭证也应该包括在公债中,并且值得专门分析,因为不可流通债务凭证能反映国家摆脱金融市场约束并迫使国内机构持有公债(如作为监管资本或强制储蓄)的能力。因此,如果想要关注公债持有者构成[①],如果国家在经济融资中发挥着很大的作用,或者公债中不可流通公债占相当大的一部分,就会采纳循环经济观。根据这种公债观,经济学家或政府在评估公债规模时可能会根据国家机构的相关边界使用不同的估计方法。[②] 此外,有人还使用其他衡量国家债务的指标,如"借给政府的信贷",即货币供应量的对应指标。因此,从循环经济观的角度看,衡量公债不是为了评估其风险,而是为了评估国家在创造货币、充当金融中介或促进资本积累方面的作用。

这种公债观自然与 20 世纪 30 年代至 70 年代在大多数国家流行的重商主义公债观("国家的债务就是把右边口袋里的钱放到左边口袋里",这是让-弗朗索瓦·梅隆的名言,但遭到了亚当·斯密的批评)和其他循环观是一脉相承的,并且把政府干预看作促进财富积累的必要特征。[③] 循环经济观支持强制储蓄的正当性,它的依据是凯恩斯学派关于总需求和市场失灵(尤其是在战时经济和计划经济中)的宏观经济学论点。[④] 不过,根据循环经济观编制的统计数据也能被国家干预批评者所采用。例如,公债在 20 世纪 70 年代被国有企业或社会保障制度的批评者视为通货膨胀性负担[⑤],因为他们认为,无论公债要支付多少利息,国家在国民总财富中占据的份额都应该尽可能小。[⑥]

战后法国政府与中央银行之间的融资关系,可以很好地说明循环经济观

---

① 想了解有关美国案例的说明,请参阅 Sandy B. Hager, "Appendix: Accounting for the Public Debt," in Id., *Public Debt, Inequality, and Power: The Making of a Modern Debt State* (Oakland, CA: University of California Press, 2016): 105—122。

② 想了解两次世界大战间隔期间德国的政府债务年度调查如何在宏观经济统计学家开发的一般循环观(特别是支付循环观)的框架下进行的情况,请参阅 Tooze, *Statistics and the German State*, 135。

③ Adam Smith, *An Inquiry Into the Nature and Causes of the Wealth of Nations* (London: J. M. Dent & Sons, 1910): 409.

④ John Maynard Keynes, *How to Pay for the War: A Radical Plan for the Chancellor of the Exchequer* (London: Harcourt, Brace & Co, 1940).

⑤ 有关英国的情况,请参阅 Nicoletta Batini and Edward Nelson, "The UK's Rocky Road to Stability," Federal Reserve Bank of St. Louis Working Paper, 2005—020A (2005)。

⑥ 关于这些观点的演化,请参阅本书第十五章。

对公债政治和会计的影响。[1] 从 20 世纪 50 年代中期到 1973 年,法兰西银行(法国中央银行)对政府的一半融资都是隐秘进行的,既没有作为贷款出现在法兰西银行的资产负债表上,也没有被作为"正式"的公债。但是,法国财政部和中央银行认为这种非正式公债是政府融资的正常环路,并且跟踪记录相关数据。这种隐秘融资依靠几家国有金融机构之间的复杂机制和相互关系:中央银行贷款给投资银行(Caisse des Dépôts),再由投资银行把这些资金存入财政部。这些融资计划反映了若干国家机构为了减少国家战时债务和增加政府对金融系统的干预而交叉负债的总体趋势,并且揭示了边界似乎尚未明确界定的国家的本质,但不应该只被解读为免费给政府提供资金,因为中央银行可以动用其他手段来削减发放给政府和私营经济的信贷,从而减轻通货膨胀压力。1973 年颁布的废除这种做法的一部法律被正式证明是一种提高政府融资透明度的手段。1973 年的改革也应该置于法国在 20 世纪 60 年代末开始的"公共政策合理化"的背景下来理解:这次改革的目的是简化国家的融资程序并使之合理化,加强责任制并提高透明度(公债融资观的典型特征)。[2]与此同时,法国也进行了金融市场自由化和减少国家干预的初始尝试;而统计数据的变化则反映了国家性质以及货币和财政政策责任制的变化。

**公债基准观**

第三种公债观是基准观。这种公债观旨在对各国的公债统计数据进行标准化并使之具有可比性,以便从统计数据中推导出政策含义。因此,即使在制定政策规则时采用统计数据,公债定义背后的经济逻辑仍不太清楚。国际机构——从国际联盟到国际货币基金组织——显然在传播公债基准观方面发挥了重要作用,因为它们指导了许多定量和比较研究,并大力推行公债会计准则。但是,公债基准观的倡导者也更倾向于承认,统计数据有些武断:如果必须做出国际可比性的选择,显然可以使用其他定义。国家协调的首要目标是

---

① 这个例子引自 Éric Monnet,*Controlling Credit*:*Monetary Policy and the Planned Economy in France*,1945－1973 (Cambridge:Cambridge University Press,2018),Chap. 5。

② Philippe Bezès,*Réinventer l'Etat. Les Réformes de l'Administration Française* (1962－2008) (Paris,Presses Universitaires de France,2009).

编制长期和国际公债数据序列,以确定变化趋势,并尽量减少由于会计制度不同造成的偏差。在这方面,公债基准观与融资观截然不同,因为,融资观认为,如果政府的债务管理完全透明,信息就可以完备——这种观点在20世纪80年代成为主导叙事。基准观并不认为有以下这种可能性存在:聚合数据必然会牺牲数据的准确性。然而,这样的公债统计数据的政治影响是关键,并能证明编制这样的公债统计数据的合理性。

除了财务方面的考虑外,内马克写《欧洲公债》的目的,譬如说,是要讨论欧洲大陆公共(战时)债务在美国和英国公债减少的时候增加的危险。从这个角度看,国际公债比较有助于发现关于战时经济和社会负担的非常明确的政策信息。内马克承认各国在公债会计方面存在妨碍稳健的财政比较的关键差异,但进行了一项旨在强调公债相对规模对公共政策影响的国际研究。1871年,通过编制《世界国债》(National Debts of the World)的数据,英国皇家统计学会(Royal Society of Statistics)的罗伯特·达德利-巴克斯特(Robert Dudley-Baxter)能够明确区分各国在国债方面的区别。在他看来,债务凭证可流通是"文明"国家的一个特征,但过度负债则是那些被认为看起来比实际更加发达的国家的一个共同特征。根据这种推理,他按照种族特征确定了三个民族组别。第一组是"日耳曼人"(英国、美国、比利时、荷兰、德国等),他们很用心地偿还贷款,因为他们"勤劳节俭"。[1] 其次是"拉丁人"(法国、意大利、西班牙、葡萄牙和拉丁美洲国家),他们"冷静、谨慎",但饱受"贵政府"(expensive government)之苦。[2] 第三组由"没有太多种族关系但拥有相同地理位置和政治条件(军人、专制和不负责任的政府)的民族"组成(如俄罗斯、土耳其、希腊、埃及、摩洛哥等)。这些国家需要贷款但无力偿还[3],这最终使西方大国实施本书第二编研究的国际财政控制合法化。[4] 因此,在达德利-巴克斯特看来,公债数据是根据信誉赋予道德德行的种族和比较研究的工具。不过,勒鲁瓦-博利厄在其《论财政学》中批评了这种观点,提供了公债的其他数据,并且

---

① Robert Dudley-Baxter, *National Debts*, 2nd edition (London: Robert John Bush, 1871): 7—47.

② Ibid., 48—63.

③ Ibid., 64—72.

④ 请参阅本书第六和七章。

强调大多数负债国家(无论是绝对负债还是相对负债)都属于达德利-巴克斯特所说的第一组别,即所谓的"日耳曼人国家"。<sup>①</sup> 因此,在比较公债时,民族主义的考量绝不会走得太远,但在"一战"期间是一个用来评估交战国强弱的常用监测指标。<sup>②</sup>

经济学家莱因哈特和罗格夫最近完成的研究,以国际组织基准评估实践的最近扩展为基础,更新了历史悠久的公债比较观传统。如今,在政府赋予评级机构的政治角色中,基于基准观的实践和论证也很普遍。<sup>③</sup> 与 19 世纪晚期的民族主义叙事不同,今天国际组织基于基准观的实践往往忽视国内特殊性,并对所有国家就像对私人债务人那样一视同仁。<sup>④</sup>

**三种公债观在历史上的相互影响**

以上介绍的三种公债观都属于理想型公债观,当然是在时间上并存的,但都有自己在"历史"上的高光时刻。融资观是在第一个全球化时期发展起来的,当时欧洲是"世界的银行"<sup>⑤</sup>(见本书第二编)。循环经济观伴随着宏观经济核算的兴起和国家对金融部门干预力度的加大,当时凭证不能流通的债务占公债很大的份额,金融安排透明度也不是良好行为的关键表征(见本书第三编)。基准观从 20 世纪 80 年代开始受到重视。当时,凭证可流通的债务重新得到了重视,而国际组织开始对公债会计进行标准化,以防止主权债务违约(见本书第四编)。这三种公债观也许没有像样地同时出现在本书第一编(18世纪 70 年代至 19 世纪 60 年代)所涵盖的时期,原因就在于:当时公共财政统计主要集中在支出或收入上,而金融全球化还处于早期阶段。但不管怎样,我们认为,18 世纪见证了公债融资观的脱颖而出(凭证可流通的公债在伦敦、巴黎和阿姆斯特丹兴起),而某种与重商主义原则和帝国主义政治一脉相承的公债循环经济观仍占据主导地位。<sup>⑥</sup>

---

① Leroy-Beaulieu, *Traité*, 642—650.

② 请参阅本书第十一章。

③ 请参阅本书第十八章。

④ 请参阅本书第十七章。

⑤ Herbert Feis, *Europe: The World's Banker, 1870—1914*, 2nd edition (New York: A. M. Kelley, 1964).

⑥ 请参阅本书第一章。

就像任何理想型观点一样,我们介绍的三种公债观经常是混杂在单部著作或单本出版物中。例如,莱因哈特和罗格夫的著作或国际货币基金组织目前的公债可持续性框架①,把融资观和基准观结合在了一起,并把债务可持续性论证和据以推断出公共财政良好表现的有说服力的政策结论的长期序列组合在了一起。此外,在19世纪晚期与今天一样,基于基准观的实践在评估金融风险方面发挥了关键的作用,特别是在公债和国内政策信息有限或不充分的情况下。国际联盟在两次世界大战间隔期里发表的统计数据,是首次试图对公债范畴进行正式标准化的产物,但这些统计数据也有助于国际联盟发挥其旨在影响成员国财政决策的评级机构的作用。②"二战"刚结束,国际组织在关注公债统计问题时就采用这种把公债融资观和基准观结合在一起的做法。世界银行在1957年发表了一份比较各国公共外债水平的研究报告,主要提出了1945年后公共外债的积累是否妨碍了经济增长以及外债的还本付息是否可持续这两个问题。世界银行采取的做法在很大程度上是金融贷款机构的做法。1949年一份关于"土耳其对外公债历史"的报告堪称典范,内有提供外债利息和分期偿还信息的表格。但是,世界银行的经济学家没有像里昂信贷银行那样,试图对这些信息与土耳其的财政收入进行比较,而是把这些信息与预期美元和外汇收入以及进口(按百分比计)联系起来。③

目前提供了政府负债定义的国民经济核算体系,明确把公债循环观与基准观联系了起来。国民经济核算乍一看可能只是循环观的一个例子,但国民经济核算的国际标准化需要导致核算实践绕过公共部门定义的国家特殊性。正如我们在前几节里已经解释的那样,国民经济核算体系的发展以及与之相关的基于公债基准观的实践推动了"公债"被"一般政府债务"所取代,从而避免了定义"公共"部门这个循环观的核心内容。事实上,这种演化并不只限于

① International Monetary Fund,"Joint World Bank-IMF Debt Sustainability Framework for Low-Income Countries," IMF Factsheet (March 19, 2019): https://www. imf. org/external/np/exr/facts/jdsf. htm.

② Michel Fior, *Institution Globale et Marchés financiers. La Société des Nations face à la Reconstruction de l'Europe, 1918—1931* (Bern: Peter Lang, 2008): 282.

③ International Bank for Reconstruction and Development, Turkey's External Public Debt History, Economic department report No. E39/49 (1949): http://documents. worldbank. org/curated/en/259561468337852342/ Turkeys-external-public-debt-history.

公债，而且反映了国民经济核算历史上一个更加一般的过程，即从坚定的宏观经济循环国家观到国际可比性范式的转变过程。[①]

最后，请注意"债务负担"一词——在19世纪经济学家和财政学家的著作中经常出现，并在整个20世纪继续被广泛使用——并不是与某种公债观有特别的关系，而是存在于各种类型的论证中，而且它本身也有各种不同的解释。债务负担在融资观中是指增加违约的可能性，在基准观中是指阻止国家或国民采取行动的因素，因此主要与拖累经济的税收负担有关。[②]

更重要的是，各国政府本身可能会"玩弄"上述三种公债观，因为它们必须应对不同（国内和国际债权人或观察人士以及国内纳税人和公民）的要求，也因为公债统计数据都是在不同方面的支持下发布的，并与中央政府预算、国民财富账户、货币和金融统计、回溯性国民经济核算账户等各种官方出版物有关。这种"暧昧"关系和公债定义的多重性，在一定程度上可以解释经济学家和历史学家一直强调难以比较不同时期和国家公债统计数据的原因。

＊　＊　＊

长期公债序列显示，在"二战"后的三四十年里，大多数国家公债占国内生产总值的比例都出现了显著的下降。令人出乎意料的是，这个比例的下降与国家对经济的干预比之前或之后多得多的时期相对应。而在20世纪70至80年代之交，公债占国内生产总值的比例随之上升，国家干预也随之减少。沃尔夫冈·施特雷克把这种现象说成是从财政国家（fiscal state）向债务国家

---

①　Adam Tooze, "Imagining National Economies: National and International Economic Statistics, 1900—1950," in *Imagining Nations*, ed. Geoffrey Cubitt (Manchester: Manchester University Press, 1998): 212—229; Matthias Schmelzer, *The Hegemony of Growth: The OECD and the Making of the Economic Growth Paradigm* (Cambridge: Cambridge University Press, 2016); Fior, Institution globale et marchés financiers.

②　请参阅下列文献中与"税收负担"有关的对"债务负担"的多处使用：Dornbusch and Draghi, *Public Debt Management*。最后，莱因哈特和罗格夫那篇有影响力的论文就是一个认为"债务负担"与经济增长率下降有关的显著例子。Carmen M. Reinhart and Kenneth S. Rogoff, "Growth in a Time of Debt," *American Economic Review*, 100, No. 2 (May 2010): 573—578. 但这篇论文并没有阐明高负债是因为税收负担还是因为它对危机发生概率的影响而成为经济增长的负担这个问题。Wolfgang Streeck, *Buying Time: The Delayed Crisis of Democratic Capitalism* (London: Verso Books, 2014).

(debtor state)的转变。① 我们可以从这些数据得出这样的结论:公债占国内生产总值的比例是一个衡量国家在经济中扮演的角色和承担的责任的糟糕指标,因为这方面的数据仅限于一般(甚至中央)政府债务,但不包括养老金等福利国家的关键责任或者向陷入困境的银行提供的担保。这个比例不但没有充分说明私营和公共部门的相对规模和负债状况,而且不能反映与债务相关的风险,因为这个比例不能反映债务工具的性质和债务工具持有人的身份。② 那么,我们是否能够拿一个主要由国内国有银行和其他金融机构持有公债(有时是通过各种强制储蓄机制)的世界与一个公债在国际市场上大量发行和交易的世界比较呢? 拿 19 世纪经济体因战争支出和铁路公司扩张而积欠的公债与现代福利国家(不包括或有负债)的公债比较是否有意义呢? 打开公债统计数据的黑匣子,并且了解历史上不同时代的人使用公债统计数据(包括官方和其他估计数据)的状况,是更好地理解公债政治的重要一步。本章已经表明,没有任何单个指标可用来估计和分析中央政府、各级政府及其公债;而且在历史进程中,经济学家和会计师根据他们的兴趣和观点运用了不同的公债定义。界定公共负债,不但超越了会计实务标准化的范畴,而且意味着根据约束因素的选择及其结果都要受到历史背景的严重影响。

---

① Wolfgang Streeck, *Buying Time: The Delayed Crisis of Democratic Capitalism* (London: Verso Books, 2014).

② 本章没有太多地谈及债券持有人身份的问题。虽然自 20 世纪 50 年代以来,一直有人曾试图弄清主权债务构成如何影响违约概率或税收选择的问题,但国际统计标准化未能提供一个解决债券持有人身份这个关键问题的统一框架。

# 第二十章　一个公债世界:一座政治话语库

尼古拉·贝瑞尔*尼古拉·德拉朗德**

历史上,公债危机的例子比比皆是。例如,在 2011 年希腊的债务问题成为头版新闻后,希腊政府麻烦不断的过去,尤其是它在 19 世纪 90 年代的违约,立刻就被当作现在可借鉴的教训。但随着危机的加剧,有人就会提起历史上的反证例子:今天在偿债问题上如此固执己见的德国,不正是 1953 年慷慨的债务减免的受益者? 但是,这样对待历史,会令人想起更多的道德教训和陈年往事,但无助于严肃的研究。其实,他们这样做是在复杂的政治和经济形势下走捷径,并且把这归因于针锋相对的对立立场,但并不是排斥这样的立场:事实上,他们很有势力,而且就是这股势力需要分析。①

通读本书所探讨的各个历史案例,我们不禁会因为今天有那么多关于公债的政治争论都与过去的公债争论有相似的地方——有时几乎是如出一辙——而感到震惊。许多案例早在 18 世纪就早已出现,有些已经成为比喻,从一地流传到另一地,从一个时期流传到另一个时期。自 18 世纪以来,它们不断被调用、重塑,并以相同的词语复述,但却有不同的寓意。政治必须通过话语来传达,关于公债的争论产生于特定的背景,从而影响特定的政策,更主要的是,还会影响力量平衡。然而,这些案例一旦成为比喻,就不容易失传。

---

　　* E-mail: nicolas. barreyre@ehess. fr.

　　** E-mail: nicolas. delalande@sciencespo. fr.

　　① 关于希腊国家的比喻,请参阅 Nicolas Delalande,"The Greek State: Its Past and Future. An Interview with Anastassios Anastassiadis," *Books and Ideas*, 20 March 2012, http://www. booksandideas. net/TheGreek-State-Its-Past-and. html.

根据不同的背景,有些比喻逐渐变得越来越流行,而另一些比喻则逐渐失宠。有些比喻在新的语境下又有了新的寓意,但新的比喻总是与一些有耐久力的旧有比喻并存。个别论点虽然出自同一政治"工具箱",但通过新的组合又有了新的寓意。

因此,想要理解今天的政治辩论,就不仅必须先弄清楚这些比喻的意思、出处及其在当前的公债危机形势下产生了什么影响,而且必须把它们重新放到其完整的历史多样性谱系中阐明哪些论点在今天的辩论中已经销声匿迹。恢复这种话语还有助于我们为走出今天在许多人看来是死胡同的僵局构建可行的政治替代方案。

本章旨在弄清自18世纪公债概念形成以来逐渐构建而成的公债政治话语集合。我们无意在这里进行全面的盘点,而是试图把本书考察期里被用来对公债政治化(或去政治化)的不同论点汇集在一起。我们认识到——而且,这一点至关重要,这些论点总是在特定的背景下使用,或者根据特定的背景修改后使用;三个世纪以来的经济和政治发展也改变了它们各自的影响和相关性。不管怎样,把它们汇集在一起就能让我们看到它们在哪些方面具有连续性、相似性和路径依赖性,并且探寻有关公债的有时专业性很强的小范围讨论的全部政治意蕴。

我们在这里所说的公债政治论点库,是指各种因曾经引起争论而成为政治文化,从而变得让政治行为主体唾手可得的有关公债的政治论点的集合。正如本书所指出的那样,19世纪的公债全球化导致许多为公债辩护的话语也实现了全球化。[①] 在这个公债政治论点集合中,我们区分了四大主题的论点,它们是许多相互联系但又在多少有点不同的层次上发挥作用的独立公债政治话语,而它们的目的就是要阐明公债及其合法性。这四大主题分别是道德、正义、权力和专业知识。

## 公债的道德经济

今天,我们往往把公债看作一个由管理规则、利率和金融数据决定的技术

---

① 关于埃及的情况,请参阅本书第七章;关于清政府的情况,请参阅本书第九章。

和经济问题。但与此同时,道德判断总是隐藏在公债表面之下。尼采有一个著名的论点,西方道德是把物质"债"(Schulden)转化为"罪责"(Schuld)的结果。① 最近希腊发生的债务危机为这种道德谴责提供了很好的例子:希腊人被说成是"懒惰"的民族,并被拿来与勤俭的德国人比较。这些民族偏见和文化成见虽然可能毫无根据,但也会影响道德判断。它们指向信用的双重性质:甚至在成为经济指标之前,信用在历史上就被视为一种道德和社会关系。

**债务、信用、荣誉**

在近代早期,"信用"一词同时表示个人的道德和社会价值(个人享有的声誉和与他们的姓氏联系在一起的声望)以及借钱和赢得信任的能力。在安东尼·福瑞提埃尔(Antoine Furetière)1690年出版的词典中,"信用"(credit)的经济释义只排在第三位。这个词的第一释义是"个人因自己的美德、正直、诚信和功绩在公众心目中赢得的信任、尊重",然后是通过这种声誉获得的"权力、权威、财富"。社会威望和财务可信度是紧密联系在一起的。②

国家也有需要关注的道德记录。与最早的主权概念和观念密切相关的荣誉话语,在18世纪和19世纪的公债辩论中,比最近这个经济概念和观念占据重要的主导地位的时期显得更加重要。在经济史和国际金融中似乎被作为不带情感色彩的中性词来使用的"声誉",显然与这种传统的道德理解有关。③债务提出了荣誉问题,它们涉及对个人、国家和组织诚信的判断。在18世纪,大多数作者把个人声誉与财务信用联系在一起:债务涉及债务人还债的承诺。嵌入在债务关系中的道义责任是遵守做自己承诺要做的事情的诺言。虽然

① Friedrich Nietzsche,*Zur Genealogie der Moral. Eine Streitschrift* (Leipzig: C. G. Naumann, 1892),48-50.

② 引自 Clare Haru Crowston, *Credit*, *Fashion*, *Sex. Economies of Regard in Old Regime France* (Durham: Duke University Press,2013),4;Laurence Fontaine,*L'économie morale. Pauvreté*, *crédit et confance dans l'Europe préindustrielle* (Paris: Gallimard,2008); Antoine Lilti,"Le Pouvoir du Crédit au XVIIIe Siècle. Histoire Intellectuelle et Sciences Sociales," *Annales. Histoire*,*Sciences Sociales* 70,No. 4 (2015): 957-978.

③ Michael Tomz,*Reputation and International Cooperation: Sovereign Debt Across Three Centuries* (Princeton: Princeton University Press,2007). 想了解对"荣誉"问题的批判,请参阅 Odette Lienau,*Rethinking Sovereign Debt: Politics*,*Reputation*,*and Legitimacy in Modern Finance* (Cambridge,Mass. : Harvard University Press,2014).

"信用"这个词在过去的三个世纪里已经逐渐失去了它的复数的释义,但仍有与道德观、职业道德和节俭有关的道德谴责的释义。

这就解释了为什么有债务失败和违约记录的国家可能会遭遇道德堕落等恶毒话语的攻击。19世纪下半叶,地中海国家经常被西欧外交官或银行家说成是懒惰、奢侈、无法约束自己臣民、欲望和财政的国家。国家财政的肉体观或世俗观是这种"财政东方学"(financial orientalism)发展的重要组成部分。英国殖民统治初期的埃及总领事伊芙琳·巴林(Evelyn Baring)经常抱怨埃及人道德败坏、行为不文明。他表示,"没有哪个国家的腐败——这种侵蚀大多数东方国家政府心脏的恶性肿瘤——比伊斯梅尔·帕沙(Ismail Pasha)统治时期的埃及更加普遍。"埃及曾饱受"导致它的宗主国濒临毁灭的东方无知、虚伪、浪费和奢侈的困扰"。[①]

外国外交官对奥斯曼帝国的看法也对痴迷于苏丹绝对权力和宗教狂热的有害作用并且根深蒂固的文化定式产生了影响。1876年,一名驻君士坦丁堡的法国外交官遗憾地表示:"这里的大臣、银行家和金融家没有人会考虑公共利益。这里也不存在爱国主义思想,只有宗教狂热才能激发他们,并使他们摆脱冷漠。"[②]19世纪晚期和今天的希腊一直是一个介于东西方之间的"分裂"国家。1898年成立的国际财政委员会使用的语言包含欧洲最近有关希腊债务危机的话语中一些听起来耳熟的内容:"现在,希腊的未来取决于她的智慧。如果她能为了改善……心平气和地投入工作,很快就能通过勇敢和耐心的努力……恢复她的财政状况。"[③]

因此,把视债务为人际关系的道德准则用于国家(或民众)时,就不仅仅涉及简单的还债义务,而且意味着以正确的方式履行还债义务的整个政治经济生态。西方国家在废除了监禁债务人的做法,从而减轻了无力偿还债务就意味着有损社会道德的程度的同时,还以同样的理由来为诉诸武力迫使债务国

---

① Evelyn Baring(Earl of Cromer),*Modern Egypt*(London:Macmillan,1911),420,4.

② French Diplomatic Archives,90CCC/103,Constantinople,12 July 1876.

③ French Diplomatic Documents,Arrangement Financier avec la Grèce. Travaux de la Commission Internationale Chargée de la Préparation du Projet(Paris:Imprimerie Nationale,1898). 关于对巴尔干半岛的矛盾看法,请参阅 Maria Todorova's Classic Study,*Imagining the Balkans*(oxford:oxford University Press,1997).

偿还债务并对其实施经济监护进行辩护。[①]

但是,道德和荣誉并不像债权人(无论是政府还是利益集团)所希望的那样明确无误。到了19世纪末,在一些特殊背景下出现了一些对立的论点为拒绝还债辩护,同时还质疑债权人的道德。例如,在19世纪60年代后,墨西哥"撒野"拒绝偿还在法国发行的债券,理由是这份借款合同是由法国扶植的军人政权签订的。[②] 而在英国发行的债券却经历了另一种遭遇。许多人认为要求墨西哥还债是"正当诉求",但却遭到了民族主义者的强烈谴责,因为民族主义者认为,墨西哥同意还债就是放弃国家独立的另一种投降。用民族自豪感换取英国资本只会玷污墨西哥的声誉,并且损害墨西哥的尊严。1884年,墨西哥议会就财政以及道德和体面等问题进行了激烈的辩论。拒绝偿还积欠英国的债务,对许多墨西哥人来说,是他们"把我们的祖国从深渊和耻辱中拯救出来"的责任。这场斗争不仅仅是"舌战":这场有关英国债务的激烈论战还伴随着抗争和街头示威。[③]

因此,由公债结成的道德关系可能会成为政治争论的核心内容,尤其是"公众"中的"集体"部分可能意味着许多不同的东西,但也可能让债权人的荣誉和道德诉求受到质疑;这一点在20世纪初已经变得十分明显。当时,有些公债被解释为强加在国民身上的不公正或不可持续的负担。20世纪初出现的"恶债"一词,除了其复杂的法律内容外,还表达了对道德的债务和不道德的债务的看法。无论政权和制度如何变化,民主合法性和道德情操都可能限制永恒债务的想法。最初,"恶债"说更多是想为谴责国家拒不还债提供法律和政治依据,而不是纯粹的道德假设。[④] 但到了20世纪末,债务减免运动已把

---

① 本书第六章和第七章专门阐述了这个问题。

② 请参阅本书第五章。

③ Steven C. Topik,"When Mexico Had the Blues: A Transatlantic Tale of Bonds, Bankers, and Nationalists, 1862—1910," *American Historical Review* 105, No. 3 (2000): 714—38; Pablo Piccato, *The Tyranny of Opinion: Honor in the Construction of the Mexican Public Sphere* (Durham: Duke University Press, 2010), quote 126.

④ 俄罗斯法学家亚历山大·萨克(Alexander Sack)经常被认为是两次世界大战间隔期间"恶债"说奠基人. Alexander Sack, *Les Effets des Transformations des États sur leurs Dettes Publiques et Autres Obligations Financières* (Paris, 1927). 他的研究实际上缺乏任何道德话语,主要关注第一次世界大战后政权更迭和国家崩溃的法律、财政和领土影响。

"恶债"说作为一种人道主义话语来赞赏,并求助于宗教救赎思想。1986 年,天主教会在大赦年到来之际呼吁对外债危机采取"合乎道德"的处理方式。20 世纪 90 年代进行的国际动员依靠的就是人道主义情怀和大众媒体动员,还有像波诺(Bono)这样的摇滚乐明星在全球巡演。①

这些呼吁重新唤起了债务"道德经济"的想法,即有关债务的不公平方面可能会改变债权国的道德价值观。这正是人类学家戴维·格雷伯(David Graeber)在他最近出版的畅销书《债:5000 年债务史》(*Debt*:*The First 5000 Years*)中所说的话,他坚持有关债务的基本方面,并认为有必要揭示债务的道德和暴力基础。在希腊,人道主义也被用来批评欧洲"三驾马车"的冷酷无情。外国专家在面对饥饿的儿童或贫困的老人的画面时,就会非常明显地感觉到经济紧缩及其对道德的影响之间的冲突。这与 1884 年墨西哥的情景如出一辙。当时,墨西哥议员们警告称:"寡妇和养老金领取者正在痛苦中死去;有些公务员自杀是因为领不到工资,也没有勇气看到自己的孩子忍饥挨饿的可怕情景。"②这或许可以解释为什么金融条件性和人道主义干预在过去有时要双管齐下(如在"一战"和"二战"结束以后),以便让人们相信经济算计可以与同理心并行不悖。③

这些道德反话语并没有消除传统的个人还债道德论,无论是旧式诚信观还是新式市场责任观——也就是一种主张使偿还公债不再是对债权人的特殊道德义务,而是对整个集体的一般道德义务,不然就会崩溃的公债制度的观点。④ 不管怎样,这些道德反话语使得在发生争议时从道义上为索债辩护成为必要:不再能够假定债务违约的道德对立。

### 公债的终极目的

还有第二条道德主线贯穿各种公债政治话语,这条道德主线更多关注公

① David L. Gregory,"From Pope John Paul Ⅱ to Bono/U2:International Debt Relief Initiatives 'in the Name of Love,'" *Boston University International Law Review* 19 (2001):257—271.

② Picatto,*The Tyranny of Opinion*,126.

③ Patricia Clavin,*Securing the World Economy*:*The Reinvention of the League of Nations*,*1920—1946* (Oxford:Oxford University Press,2013).

④ 请参阅本书第十八章。

债的终极目的,而不是公债的偿还。在 18 世纪,发行巨额公债与发动规模更大、更具帝国主义色彩的战争密切相关,从而促成了一种敌视公债并把公债看作对和平构成威胁的话语。亚当·斯密曾挖苦说,如果没有债务融资,"战争通常会更快结束,而不会那么肆无忌惮地持续下去"。詹姆斯·麦迪逊(James Madison)也同样认为:"军队以及债务和税收,都是把很多人置于少数人统治下的工具。"①只要公债主要被用来发动战争,就会受到道德谴责,并被斥责为"战争贩子"。

但在 19 世纪,随着民族主义的兴起,战争和债务之间的这种相关性有可能发生了逆转,因为公众认购这种发明允许把国民的爱国主义情怀和爱国心与为战争筹集经费的融资努力联系在一起。从克里米亚战争到美国内战再到1871 年的法国战争赔款,都有一条修辞和宣传主线贯穿始终,而且遵循这条主线举借的公债在爆发两场世界大战的 20 世纪达到了顶峰。② 在两次世界大战期间,所有交战国的宣传机器都被用来大力挖掘公民的储蓄,把公债与爱国热情有力地等同起来,以帮助打击敌人和保护国民。道德劝说,有时是直接施压,被广泛用来诱使甚至强迫储户投资国债。有趣的是,在民主和独裁政权国家,都有人提出这种公债道德论。③ 每个国家虽然都坚持认为公债发行与认购自由之间应该有一定的联系,但都想把持有公债转变成一种道德和政治义务。美国和包括苏联在内的欧洲都宣传称,备战是每个公民应尽的义务。④

在许多方面,19 世纪形成的另一种反对公债与战争之间这种强相关性的话语,发现了公债可被作为文明、增长和繁荣标志的积极内涵。1874 年,总部

---

① Adam Smith, *An Inquiry Into the Nature and Causes of the Wealth of Nations* (London: W. Strahan, 1776): bk 5, ch. 3; James Madison, "Political Observations, 20 April 1795," *The Papers of James Madison*, ed. Thomas A. Mason, Robert A. Rutland, and Jeanne K. Sisson (Charlottesville: University Press of Virginia, 1985): 15: 511—534.

② 关于法国的情况,请参阅本书第四和第十一章。

③ 关于德国和苏联的情况,请参阅本书第十二和第十三章。

④ Alexander Watson, *Ring of Steel: Germany and Austria-Hungary in World War One. The People's War* (London: Basic Books, 2014); Kristy Ironside, "Rubles for Victory: The Social Dynamics of State Fundraising on the Soviet Home Front," *Kritika: Explorations in Russian and Eurasian History* 15, No. 4 (2014): 799—828; James T. Sparrow, *Warfare State: World War II Americans and the Age of Big Government* (Oxford: Oxford University Press, 2011); Sheldon Garon, *Beyond Our Means: Why America Spends While the World Saves* (Princeton: Princeton University Press, 2011).

位于伦敦的《芬恩汇编》(*Fenn's Compendium*,面向公债和准公债感兴趣的投资者的国际参考文献)没有把全球不断增加的公债说成是威胁,而是说成了机会乃至几乎是福祉:"根据过去的经验判断,这些债务的积欠并没有让我们对未来感到担忧……它们所筹集的资金并不是专门用于战争以及满足贫困国家的紧迫需要,而主要是用来在我们的国家、殖民地和外国修建铁路、制造轮船、发展电报系统和进行各种各样的改进项目……而且对借款人和贷款人都有好处。"①不断增加的公债非但不会引发动乱或战争,反而是改善人类自身及其生活条件的现代化手段。到了19世纪末,这种体现正能量的表述不但在经济学家和投资者中,而且在许多希望实现基础设施现代化、促进经济增长的政体中广为流传。②

如今似乎很难找到任何关于公债正能量的道德话语,公债往往被污名化为不负责任地放任赤字失控的借口。但就在负利率和紧缩措施对自由民主政体造成严重破坏之际,似乎出现了为新的借款能实际改善许多国家未来经济辩护的新的呼声。现阶段还不能确定的是,这些附和积极看待为改善社会福利大肆举借公债的观点的呼声,是否会改变有关公债的政治辩论。③

# 正义与不平等叙事

债权人与债务人的关系引发了第二个超越道德、价值观和体面的话语和论点集合,并且提出了一些有关正义、不平等和再分配的问题。这些同样也是道德问题,但不是关于债权人或债务人个人道德的问题,而是关涉公债影响的集体道德问题,并且与经济资源分配和社会正义密切相关。但是,公债又推动

---

① Fenn's Compendium of the English and Foreign Funds (London,1874),vi.

② 想了解法国经济学家的相关论述,请参阅本书第四章。想了解美国和法国的公共需求,请参阅本书第十章。想了解德国人的看法由消极变成积极的过程,请参阅 Carl-Ludwig Holtfrerich,"Government Debt in Economic Thought of the Long 19th Century," Freie Universität Berlin,School of Business & Economics Discussion Paper No. 2013/4,2013,https://ssrn.com/abstract=225597。

③ 有些智库已经开始建议通过借钱投资基础设施,从而确保未来增长。尤其请参阅 Elizabeth C. McNichol,"It's Time for States to Invest in Infrastructure," Center on Budget and Policy Priorities Report (March 19,2019),https://www.cbpp.org/research/ state-budget-and-tax/its-time-for-states-to-invest-in-infrastructure。

了那场关于"谁得到了什么"的著名辩论：公债不仅提出了社会群体或阶层之间的公平问题，而且提出了死者、生者和"后代"之间的公平问题。经济正义与时间关系之间的联系可能是 18 世纪出现的全部公债政治话语最显著的特征之一。

### 过去的政治：债务与跨期正义

公债也许是迫使政治行为主体考虑时间问题的最突出政治问题。由于公债大多是长期（有些甚至是永久）债务，因此，这种债务工具的合法性和权宜之计性质必然要求我们考虑过去和未来。个人债务要计入遗产，并作为遗产的组成部分继承。但如果君主的债务实际上是国家欠下的，那么，君主去世后，他欠下的债务是否还算数呢？因此，公债就成了 18 世纪关于约束后代合法性的更加宏大讨论的一个主题。

埃德蒙·伯克在驳斥法国大革命时最有力地提出了这个经典论点：社会"不但是活着的人之间的伙伴关系，而且也是活着的人、死去的人和即将出生的人之间的伙伴关系"。但是，有一种新的思想驳斥这种论点已有一段时间。亚当·斯密觉得，"认为每代人对地球及其物产并不享有平等的权利，但我们这代人的财产应该根据那些大约 500 年前就已经去世的人的爱好加以限制和管理的假设是所有假设中最荒谬的假设"。这种假设违背了当时托马斯·潘恩（Thomas Paine）所说的"既不可分割又不可泯灭的人在社会中的权利"。就如"人对自己没有所有权，任何一代人对未来各代人也没有所有权"。这一原则甚至写入了 1793 年法国大革命的宪法："一代人不能用自己的法律来束缚后代"①，从而确立了后代修订法律的权利。

这种影响力越来越大的政治观点在公债问题讨论中占据了特别显著的位置。难道"规定某个逾期约束后代的权利就得不到承认的期限就是不合理的？"约瑟夫·普里斯特利（Joseph Priestley）在回应埃德蒙·伯克的声明时反问道。"如果我们的祖先制定了愚蠢的法律，我们就会毫不犹豫地废除它；但是，如果他们发动愚蠢的战争，并欠下了愚蠢的债务，我们现在就没有任何

---

① Herbert E. Sloan, *Principle and Interest: Thomas Jefferson and the Problem of Debt* (Oxford: Oxford University Press, 1995), ch. 2 (including all quotes).

补救办法了。"这正是托马斯·杰弗逊(Thomas Jefferson)和詹姆斯·麦迪逊(James Madison)在与亚历山大·汉密尔顿(Alexander Hamilton)和联邦党人针锋相对的辩论中想要阻止并成为年轻的美利坚合众国两大政党立党之本的东西。对急于通过承担革命债务并为其筹集资金来树立新政府信誉的汉密尔顿,(债台高筑的)杰弗逊可能会回答说:"以筹集资金的名义花要子孙后代偿还的钱,这种做法在很大程度上就是欺骗未来。"在杰弗逊看来,"地球的用益权属于活人……而死人对地球既没有权力也没有权利"。而麦迪逊则补充说:"每代人都应该承担自己发动的战争所造成的负担,而不是以牺牲后代为代价来把战争继续下去。"①

令人惊讶的是,他们中的大多数人并不是在谈论如何废除过去债务的问题,而是在设计安排进一步借贷的方法。当后来的战争变成危及国家自身的战争时,对未来几代人的看法也可能会发生变化。例如,在美国内战结束后,许多像主张废奴的参议员查尔斯·萨姆纳(Charles Sumner)那样的人发现,"镇压叛乱的那代人"不能指望获得"消除沉重的债务负担"的"额外荣耀":"这项任务太艰巨,而且……理应由另一代人来享受这种荣耀。"②在两次世界大战期间,关于贷款和税收以及把战争费用转嫁给得益于这代人牺牲的子孙后代的合法性的辩论,最终变成了一场全球性的辩论。当时达成了这样一个共识:当前的全面战争费用不能靠税收来筹措,就得靠借贷来满足[哥伦比亚大学经济学家埃德温·塞利格曼(Edwin Seligman)承认:"如果这是一场确保民主安全的战争,那么,享受安全带来的好处的未来几十年也应该承担部分捍卫民主安全的成本。"]但有几位经济学家警告称,未来几代人不应背负过重的债务,以免经济形势恶化和恶性通货膨胀加重人类因战争付出的代价。③

当然,公债与时间的政治意义之间的相同关系,可以并且很容易应用于过去的债务。值得注意的是,法国国民议会直到很晚才废除因为法国大革命积

---

① Herbert E. Sloan, *Principle and Interest: Thomas Jefferson and the Problem of Debt* (Oxford: Oxford University Press, 1995), ch. 2 (including all quotes).

② 引自 Nicolas Barreyre, *Gold and Freedom: The Political Economy of Reconstruction*, trans. Arthur Goldhammer (Charlottesville: University of Virginia Press, 2015): 59。

③ Edwin Seligman, "Loans vs Taxes in War Finance," *Annals of the American Academy of Political and Social Science* 75 (1918): 69—70.

欠的债务——国民议会通过的第一部法案实际上是承认这些债务。① 但是,后来的革命都把前政权留下来的公债看作它们推翻的政权的一部分。1917年后苏俄拒绝偿还沙皇俄国欠下的债务可能是最著名的例子,但这种情况在20世纪经常出现。例如,"一战"结束后奥匈帝国和奥斯曼帝国的灭亡引发了关于按领土分摊公债以及这样分摊的公债对相关地区新成立的国家的政治合法性的辩论。②

但是,公债不仅是财政义务,而且带着对过去的记忆和与过去的冲突。关于偿还公债的外交争端有可能持续几十年,如19世纪海地欠法国的债务,20世纪的俄罗斯债券,或者最近关于德国赔款和希腊在"二战"期间被占领的辩论。把不同代的人和不同背景联系起来的公债,能够维持并激活对过去的不满。海地债务的故事提供了一个引人注目的例子。海地共和国在1804年就争取到了独立,但法国过了21年才承认海地独立,而海地为此支付了巨额赔款,原因是前奴隶主的财产损失必须得到赔偿。为此,海地政府被迫在法国发行债券。这个国家很快就表明自己无力偿还欠款,从而引发了一直持续到19世纪70年代的外交争端。在法国及其前殖民地的这个复杂而漫长的故事中,1825年的赔款问题及其造成的债务一直是紧张和怨恨的永久主题。2003年,海地总统让-贝特朗·阿里斯蒂德(Jean-Bertrand Aristide)在被政变推翻之前,对法国过去的行为提出了指控,并要求法国偿还赔款。2010年海地再次提出偿还赔款的要求,这表明财政债务仍然是更大诉求的具体载体。③ 由于债务可能会持续数十年,因此,与签订借债合同的理由相关的道德意义很可能

① Rebecca Spang,*Stuff and Money in the Time of the French Revolution* (Cambridge,Mass.: Harvard University Press,2015).

② Sack,Les effets des transformations des États; Patrick Dumberry,"Is Turkey the 'Continuing State' of the Ottoman Empire under International Law?" *Netherlands International Law Review* LIX (2002),258—261; Lyndon Moore and Jakub Kaluzny,"Regime Change and Debt Default: The Case of Russia,Austro-Hungary,and the Ottoman Empire Following World War One," *Explorations in Economic History* 42,No. 2 (2005): 237—258; Kim Oosterlinck,*Hope Springs Eternal: French Bondholders and the Repudiation of Russian Sovereign Debt* (New Haven: Yale University Press,2016).

③ François Blancpain,*Un Siècle de Relations financières entre Haïti et la France* (1825—1922) (Paris: L'Harmattan,2001); Laurent Dubois,*Haiti: The Aftershocks of History* (New York: Henry Hold & Co,2012).关于赔款的政治和经济问题,请参阅 John Torpey,*Making Whole What Has Been Smashed: On Reparations Politics* (Cambridge,Mass.: Harvard University Press,2006)。

会发生变化,而债务本身的合法性也会随之发生变化。<sup>①</sup>

### 社会正义与再分配

海地的例子表明,公债既与时间有关,也牵涉到再分配。从经济的角度讲,公债是把资金从纳税人转移给债券持有人的工具。公债的设计基于这样一个假设:债券持有人需要在收回本金的同时赚取利息——事实上,这是他们购买公债的动机。(当然,在负利率时代,这种假设开始站不住脚,但这种情况太新,现在还无法观察到它的历史表现。)有时,债券持有人折价购买公债,就能赚得更多;有时,通货膨胀抹去了债券的净收益,债券持有人就会少赚。这种再分配效应并不总会引发政治辩论,但一旦引发政治辩论,就会传递一种有关这种再分配合法性(常常还包括报酬公平性)的竞争性意识。

这些考量的政治框架十分重要,因为它可用来界定相互竞争的不同群体及其在政治体系中可能拥有的合法性。尤其是在战争时期,公债有可能树立做出牺牲和牟取暴利的对立形象,从而增强或削弱债权人的政治合法性。19世纪树立了这样一种债券持有人形象:他们是富有的金融家,不参加战争,但坚持从中牟利。在欧洲,许多激进分子或社会党人一直认为,公债是工人阶级的敌人。富有的债券持有人集中体现了精英阶层的权势,尤其是在只有一小部分人有权投票和决定预算问题的年代。<sup>②</sup> 自由资产阶级提倡的关于节俭价值观的话语招来了强烈的反对。第一国际的成员深信,公债和常备军会扩大民族主义张力,只有那些有能力利用这种张力的人才能从中受益,因此,他们呼吁废除公债和常备军。罗斯柴尔德家族难道不就是通过向政府放贷,才以惊人的速度发了大财?<sup>③</sup> 19世纪后期,对食利者和金融家发起的攻击也被政

---

① 请注意英国财政部的沟通失误:英国财政部在庆祝为废除奴隶制而签约欠下的债务在 2018 年还清时忘记了这笔债务是用来赔偿奴隶主"损失的财产"的,而前奴隶没有得到任何补偿:David Olusoga,"The Treasury's Tweet Shows Slavery Is Still Misunderstood," *The Guardian* (12 February 2018)。

② Philip Harling, *The Waning of "Old Corruption": The Politics of Economical Reform in Britain, 1779—1846* (Oxford: Clarendon Press, 1996).

③ Niall Ferguson, *The World's Banker: The History of the House of Rothschild* (London: Weidenfeld & Nicolson, 1998): 148—173; Nicolas Delalande, *La Lutte et l'entraide. L'âge des solidarités ouvrières* (Paris: Seuil, 2019).

治谱系中极左和极右的反犹主义所玷污。[1]

为了反对这种公债的社会正义和再分配话语，有时，有人会进行基于阶级的反向解读，在国内战争开始由公众认购公债来筹集资金的情况下更是如此。在美国内战期间，战时公债持有人据说都是"孤儿寡母"，有时还有退伍老兵。公债被当作一种大众储蓄产品卖给美国人，甚至把它与战场上牺牲的士兵留下的家人的生存联系在一起。这是那些希望保护公债不被取消或贬值（如通过货币通胀政策）的人提出的有力说辞，不管这种说辞是否能够准确地反映现实。辩论中有人发表了为那些孤儿寡母也为"节俭的工人、农民、零售商、洗衣女工等为战争牺牲了自己的积蓄的人辩护的慷慨激昂的演讲"。[2] 在其他政治背景下，这种比喻可能会采取不同的形式，但在许多地方，它的核心是通过把公债持有人奉为爱国者和应该受益的人来为公债辩护，而且被证明效果极其诱人。

这种战时公债策略有时会转变为和平时期对公债的看法。在 19 世纪晚期的法国，食利阶层被誉为促进共和政体稳定的典范，并且体现了公民对主权国家政府真心实意的投资。在美国，联邦债务在南北战争时期和之后被称为"为劳动人民的收入设立的国民储蓄银行"。这种论点在当时并没有取得胜利，但在"一战"期间却以另一种形式（即以财务判决服从政治信仰的公民投资者的形式）复活了。[3] 不过，通货膨胀和世界大战几乎使得这些论点变得无关紧要。但令人惊讶的是，近年来，随着养老福利体系大规模转型为市场投资型养老基金，这种论点重又复活了。突然之间，德国养老金领取者不得不为免受希腊债务违约影响而接受保护；或者，意大利的储户为免受政客操纵而接受出

---

① 例如，可参阅 Auguste Chirac，*La Haute Banque et les Révolutions* (Paris：Amyot，1876)。

② 引自 Barreyre，*Gold and Freedom*，57。关于美国南北战争时期欠下的债务，还请参阅 Nicolas Barreyre，"Les Avatars Politiques de la Dette Américaine：la Crise de la Sécession et les Transformations de l'État Fédéral (1861—1913)，" in *Les Crises de la Dette Publique*，XVIIIe—XXIe Siècle，eds. Gérard Béaur and Laure Quennouëlle-Corre (Paris：IGPDE，2019)，475—493。

③ Samuel Wilkeson，*How Our National Debt May Be a National Blessing. The Debt Is Public Wealth*，*Political Union*，*Protection of Industry*，*Secure Basis for National Currency*，*the Orphans' and Widows' Savings Fund* (Philadelphia：M'Laughlin Brothers，printers，1865)：9；Julia C. Ott，*When Wall Street Met Main Street：The Quest for an Investors' Democracy* (Cambridge，Mass.：Harvard University Press，2011)。

手相助的中央银行的保护。[①]

这些以社会阶层为基础对公债进行的解读虽然版本不同,但在国际上而不是国内站稳脚跟以后,特别是在 20 世纪,都转变为国民对公债的解读。同样,这种转变促成了定义公债现实的政治框架以及因背景而异的变体。但这是一种反复出现的比喻,而且涉及几乎靠利息获益又因债务减免或重组而受损的公债主要持有人的合法性之争。近年来,国际债权人感受到的债权非法感,在很大程度上取决于激起正遭受经济形势冲击的民众愤怒的政治形象。21 世纪初阿根廷的遭遇与 18 世纪 90 年代美国的遭遇如出一辙:21 世纪初,那些拒绝债务重组并对阿根廷提起法律诉讼、很快就被称为"秃鹫基金"的对冲基金,想利用这个它们原先从未投资过的国家令人绝望的处境大赚一把;18 世纪 90 年代,投机者从被误导的退伍老兵手中低价买进债券,并要求新成立的美国政府按全价赎回债券。如果债权人的债权缺乏政治合理性,就会丧失政治合法性,并且有可能遭到起诉。这是一种基于全体国民的公债解读框架,它会影响关于公债的再分配作用、再分配的赢家和输家以及这种关系公平性的看法。

但由于社会学家沃尔夫冈·施特雷克现在从职能的角度把公共政策的利益相关者区分为国民大众(Staatsvolk)和市场大众,并且假设后者能得到系统的满足,因此,无论是基于社会阶层还是基于全体国民来解读公债,通过公债进行再分配的问题,尤其是在世界各国推行越来越严厉的紧缩政策之际,现在已经再次成为关于现阶段资本主义学术辩论的核心问题。[②]

# 权力与主权

那么,公债只是另一种债务,还是一种特殊的债务?公债之所以是一种特殊的债务,是因为它是公共债务,牵涉到主权国家,或者至少牵涉到全体国民?

---

① 关于最后一个例子,请参阅本书第十六章。

② Wolfgang Streeck, *Buying Time: The Delayed Crisis of Democratic Capitalism*, trans. Patrick Camiller and David Fernbach, 2nd ed. (London: Verso, 2017). 关于再分配作为经济问题的重要性,请参阅 Thomas Piketty, *Capital in the Twenty-First Century*, trans. Arthur Goldhammer (Cambridge, Mass.: Harvard University Press, 2014)。

一些从公债的公共性角度提出的论点，不是声称这种金融工具具有深刻的政治性质，就是否定公债较之于其他金融工具应该享受适用于它们的任何特权或待遇。当然，这种论点在历史上出现过起伏，并具有周期性。公债从根本上说与政治权力有关，而应该加以限制还是放开，则常常成为公债辩论有争议的核心问题。

### 债务帝国主义

公债与国家主权问题密切相关[1]，而到了 19 世纪，公债越来越被认为是一种检验国家是否要求得到国际承认和是否属于文明国家大家庭的衡量标准。有没有能力通过税收和国家建设来应对公债问题是新成立的国家的国内问题，但也与外部干预问题直接相关。欧洲列强多次利用这个问题派遣远征军进行干涉。法国 1862 年对墨西哥的远征就是始于旨在收回债权而与英国和西班牙做出的共同努力。美国在一定程度上是因为欧洲列强威胁要对委内瑞拉进行类似的干预才开始了它的"美元外交"。西方列强把一种旨在直接管理债务国的（部分）财政并直接偿还国际债权人的西方管制机制强加给了突尼斯、埃及、奥斯曼帝国、希腊和清政府，从而把它们实际置于帝国主义的监护之下。[2]

不过，这种干预需要政治合法性。整个 19 世纪，英国和法国一样，拒绝让自己的司法系统干预外国公债事务，以外国主权的名义阻挠债权人提起诉讼。向他国派遣军队无疑是一种侵略行为，可能会激起公愤或敌对列强的反对。但在同一时期，对公债进行负责任的管理，成了成熟、文明的民族国家的一个标志。与这种话语相对立的话语，是那些不能对国际债权人负责任地管理自己财政的民族国家需要其他国家来"管教"。一方面，"欠债不还"的国家会被定性为未开化或处于婴儿期的国家，例如，拉丁美洲国家很明显就是这样的例

---

① Keith Dyson, *States, Debts, and Power*: "*Saints*" and "*Sinners*" in *European History and Integration* (Oxford: Oxford University Press, 2014).

② Richard S. Horowitz, "International Law and State Transformation in China, Siam, and the Ottoman Empire during the Nineteenth Century," *Journal of World History* 15, No. 4 (2004): 472—474. 请参阅本书第五、第六、第七和第八章。

子;①另一方面,外国干预成为普遍规则,并且促成了有关公债的国际法框架。

实际上,法律是一种充满特别执行力的话语。许多在 19 世纪晚期强加给那些威胁拖欠国际债务不还的非欧洲大国的临时解决方案,在 20 世纪初成为国际法,并很快就被国际组织接受。② 20 世纪 20 年代,国际联盟直接监督它的专家所说的回归财政常态,特别是在那个十年头几年的中欧国家。国际联盟的专家为缺乏经验的欧洲国家安排九笔贷款扮演了重要的角色,如借给奥地利、希腊和保加利亚的贷款。③ 贷款附带的经济和政治条件已经成为许多争论的话题,就像 1927 年葡萄牙政府和流亡的共和党反对派为可能要借的一笔贷款争论不休。④

不过,国际机构和外国债券持有人的作用反复遭到越来越多的反帝国主义话语的驳斥和抗议。没有什么比各种反对西方列强为捍卫私人持有的主权债务而进行干预的运动更能暴露出原始力量在公债核心问题上的作用,从 19 世纪 80 年代的阿拉伯民族主义运动到 20 世纪初的青年土耳其、伊朗立宪运动和清朝的民族主义运动,都把公债机制视为外国资本入侵和干预的主要渠道。这种对外国资本和干预的全方位敌视并不排除对外国控制的公债管理机构的兴趣乃至钦佩,因为它们是值得效仿的现代化和效率典范。此外,当地精英常常在利用外国资本的同时煽动民族主义情绪,并参与结果不明确的计划。奥斯曼帝国的情况就是如此:在那里,泛伊斯兰主义可以与外国资本的大量输

---

① Carlos Marichal, *A Century of Debt Crisis in Latin America: From Independence to the Great Depression, 1820－1930* (Princeton: Princeton University Press, 1989); Emily S. Rosenberg, *Financial Missionaries to the World: The Politics and Culture of Dollar Diplomacy, 1900－1930* (Cambridge, Mass.: Harvard University Press, 1999).

② Antony Anghie, *Imperialism, Sovereignty and the Making of International Law* (Cambridge: Cambridge University Press, 2007).

③ Juan Flores and Yann Decorzant, "Going multilateral? Financial Markets' Access and the League of Nations Loans, 1923－1928," *Economic History Review* 69, No. 2 (2016): 653－678; Susan Pedersen, *The Guardians: The League of Nations and the Crisis of Empire* (Oxford: Oxford University Press, 2015).

④ António Henrique R. de Oliveira Marques, *A Liga de Paris e a Ditadura Militar, 1927－1928: A questão do empréstimo externo* (Lisbon: Publicações Europa-América, 1976).

入并行不悖。[1]

对债务关系的帝国主义和新殖民主义寓意的批评,已经成为 20 世纪下半叶亚洲、拉丁美洲和非洲抵抗运动的基石。20 世纪 80 年代的债务危机为非洲和拉丁美洲国家领导人的这种话语提供了相当大的动力。在这个十年里,菲德尔·卡斯特罗通过痛斥拉美国家"无法偿还的债务",在拉丁美洲重新赢得了广大的支持。他于 1985 年 8 月在哈瓦那召开的代表大会受到了广泛的欢迎,并被认为是打击财政金融压迫的一个里程碑。[2] 对债务秩序最猛烈的攻击发生在 1987 年 7 月,当时布基纳法索总统托马斯·桑卡拉(Thomas Sankara)呼吁全面取消非洲债务:"我们认为,债务必须从其起源的角度来看待。债务的根源就是殖民主义,借钱给我们的人是以前殖民过我们的人。"他干脆拒绝了维持债务秩序的道德标准:"富人和穷人的道德标准并不相同。"[3]

这种对债务关系帝国主义和新殖民主义寓意的批评,在一定程度上抵消了以下这种话语的影响力:债务秩序已经以一种类似于各国内部从政府控制的债务制度转向金融化债务制度的方式,从国际货币基金组织等国际机构的舞台稳步转向法制化的市场框架。[4] 但是,后殖民时代的国际关系明确提出了如何正确界定主权债务与世界私人经济交易("市场")之间的关系这个非常古老的问题。

### 国家自主权与市场逻辑

"公共债务"中的"公共"可以有几种含义,其中的一种含义与公共事务(与私事相对立)有关,从而意味着一种关于国家自主权及其出于集体目的的控制私人资金的能力的反映。另一种含义与国家机关的民主受托责任密切相关,因

---

[1] Murat Birdal, *The Political Economy of Ottoman Public Debt. Insolvency and European Financial Control in the Late Nineteenth Century* (London: I. B. Tauris, 2010), 7; Annette Destrée, *Les fonctionnaires belges au service de la Perse*, *1898—1915* (Leyden: E. J. Brill, 1976).

[2] Fidel Castro, *Encuentro sobre la deuda externa de América Latina y el Caribe. Discurso*, *3 de agosto de 1985*, (Havana: Editora Política, 1985). 有几家报纸刊登了在这次会上发表的演讲,请参阅 Momento Económico, No. 17—18 (1985): http://ru.iiec.unam.mx/view/year/1985.html。

[3] Thomas Sankara Speaks. *The Burkina Faso Revolution*, *1983—1987* (New York: Pathfinder Press, 2017), 373—381.

[4] 请参阅本书第十五、第十六和第十七章。

此,"公共"说的是赋予国家主权,又使国家的行为合法化。有关"公共"这种含义两个方面的辩论互有联系,但不是单向联系。

那么,公债是否不同于私债呢?公债会引发什么性质的关系?这是政治经济辩论的经典问题,有关这两个问题的讨论最早可追溯到 18 世纪。当时,许多作者开始争论公债的作用和特点,而其他人则坚持认为,"一个国家的经济——就像伏尔泰所说的那样——恰恰只是一个大家庭的经济"。[①] 有关公债与私债的辩论分为两种。一种是政治辩论,与债权人和债务人执行贷款协议的相对实力有关。主权债务据说不同于其他债务,因为没有人能够强制一个国家执行其借款合同,而国家有权拒绝偿还其债务、监禁其债权人和废除其承诺。这就是大卫·休谟担心沉重的债务会导致国家实行暴政的原因。国家拒绝还债,可能会毁了债权人,并任意征用私人财产。西班牙、法国等君主专制国家的例子可作为警示。[②]

但在 18 世纪,人们普遍认为一个国家的权力和声誉与它偿还债务和履行承诺的能力有关,并且不再认为国家的影响力源自它惩罚债权人的能力,而是源自它坚守承诺、与私人投资者建立信任关系的能力。这种国家影响力观在 19 世纪已经成为一种国际标准。[③] 根据这个标准,我们就可把国家分为两种:一种是履行职责的国家,另一种是不能履行承诺的国家。到了 20 世纪初,专家们习惯性地把国家分成现代、可信赖的好国家与脆弱、不可信赖的弱国。这些话语并不是没有受到质疑,但在第一次世界大战之前一直占据着主导地位。它们支持那些有时简直是歇斯底里般地捍卫公共信誉的做法:"公共信誉应该'像恺撒的妻子一样不受怀疑'。"[④]

1918 年布尔什维克拒绝承认沙皇政府积欠的债务以及后来在 1931 年全面暂停还债的做法,结束了这个把国家明确分成两类的时期,并且迎来了一个可以为了经济或政治稳定而废除债务和使债券持有人陷入贫困的时期。在全

---

① Voltaire,"Économie," *Questions sur l'Encyclopédie* ([Geneva],1771—1772),5:58.

② 关于这个主题,请参阅 Istvan Hont, *Jealousy of Trade: International Competition and the Nation-State in Historical Perspective* (Cambridge,Mass.: Harvard University Press,2006); Michael Sonenscher, *Before the Deluge: Public Debt, Inequality, and the Intellectual Origins of the French Revolution* (Princeton: Princeton University Press,2007)。

③ Michael Tomz, *Reputation and International Cooperation*.

④ 引自在美国参议院发表的一篇影响很大的演讲: Barreyre, *Gold and Freedom*,55.

面战争时代,中断正常的还款进程是可以接受的,因为这样做是为地缘政治目的和斗争服务的。1945 年后德国外债的命运就是一个很好的例子,西方列强同意历史性地取消德国积欠的债务,以免两次世界大战间隔期里的政治失败和冲突重演。《1953 年伦敦条约》(1953 London Treaty)在序言中指出,有必要"排除妨碍德意志联邦共和国与其他国家之间正常经济关系的障碍,从而为发展繁荣的国际社会做出贡献"。① 因此,在"二战"造成数百万人死伤后冷战开始之际,注销过去的债务并为创造更加光明的未来做好准备的做法是合乎情理的:从最近的过去吸取的教训导致国际金融政策发生了戏剧性的转变,债务国可以为了增长和稳定获得债务减免。②

这场地缘政治变革正好发生在凯恩斯理论声称公共经济和国家与微观经济和家庭行为之间存在明显区别的时候。这是第二次有关公债与私债的辩论,认为国家的逻辑在性质上不同于私人行为主体的逻辑的观点,让人想起了之前那次可追溯到 18 世纪的辩论。于是,有人开始争辩,虽然"私人债务人都支付单利,而不是复利;国家债务的情况非常复杂,如果是欠公民的债务,那么,总的来说有益,而不是负担:它们在个人之间形成了一个新的流通分支,但没有从一般财产中取走任何东西。"这种重商主义思想("假设一个国家会对自己破产是矛盾的")与亚当·斯密、大卫·休谟或安托万·德斯塔特·德特雷西(Antoine Destutt de Tracy)的自由主义观点相左。③

到了 20 世纪,经济学家之间的辩论已经发生了变化,但其深刻的政治性质仍然非常明显。反凯恩斯主义的经济学家并不能接受凯恩斯认为债务和赤字可能有反周期作用的观点。詹姆斯·布坎南(James Buchanan)和其他公共选择经济学家谴责了这种观点,他们认为这种观点是一种危险的谬论。布坎南在 1958 年出版的《公债的公共原则》(*Public Principles of Public Debt*)一书中首次抨击了被他称之为"新正统学说"的理论,并声称他已经"意识到公共

---

① Agreements on German External Debts, London (February 23, 1953), 1, https://www.gov.uk/government/uploads/system/uploads/attachment_data/fle/269824/German_Ext_Debts_Pt_1.pdf.

② Odette Lienau, *Rethinking Sovereign Debt*.

③ James Steuart, *An Inquiry into the Principles of Political Oeconomy: Being an Essay on the Science of Domestic Policy in Free Nations* (Dublin, 1770), 3:409, 419.

经济和私人经济之间的类比适用于大多数公债问题"。① 这种思想攻势导致了有时被称为"新自由主义"的转向。有关国家性质及其在经济中的作用的思想立场的转变,促成了 20 世纪 70 年代和 80 年代财政政策的转变,当时各国再次转向金融市场筹集资金。② 在一代人的时间里,"正统"理论从"生产性赤字"理论转向了"扩张性紧缩"理论,正如经济学家阿尔贝托·阿莱西纳(Alberto Alesina)和西尔维亚·阿达格纳(Silvia Ardagna)在 20 世纪 90 年代末极好地阐述的那样:"下一个十年将见证政府扩张向政府收缩的强势逆转。"③

## 专业话语和债务(去)政治化

这种话语对有关公债的民主受托责任合法性提出了直接的质疑。因此,从这个意义上讲,这种话语继承了否认公债应成为政治争论的对象这个历史悠久的传统。正如我们已经看到的那样,在 19 世纪,有关义务和荣誉的道德话语很可能是这种观点的载体。但到了 19 世纪末,又出现了另一种话语,一种今天仍十分常见的话语:这种话语认为,公债是个技术性管理问题,最好留给专家,而不是善变的民粹主义政客处理,因为它们与正在扩散到整个经济领域但不应受到"非理性"民主干预的一般去政治化努力直接有关。

---

① James Buchanan, *Public Principles of Public Debt*: *A Defense and Restatement* (Homewood, Ill.: Irwin, 1958), viii.

② 请参阅本书第十五、第十六和第十七章。

③ Alberto Alesina and Silvia Ardagna, "Tales of Fiscal Adjustment," *Economic Policy* 13, No. 27 (1998): 488—545. 想了解紧缩的长期思想史,请参阅 Mark Blyth, *Austerity*: *The History of a Dangerous Idea* (Oxford: Oxford University Press, 2013); Florian Schui, *Austerity*: *The Great Failure* (New Haven: Yale University Press, 2014); Philipp Ther, *Die Neue Ordnung auf dem alten Kontinent* (Berlin: Suhrkamp Verlag, 2014). 想了解新自由主义在美国的情况,请参阅 Daniel Stedman Jones, *Masters of the Universe*: *Hayek*, *Friedman*, *and the Birth of Neoliberal Politics* (Princeton: Princeton University Press, 2012); Angus Burgin, *The Great Persuasion*: *Reinventing Free Markets since the Great Depression* (Cambridge, Mass.: Harvard University Press, 2012). 想了解新自由主义在法国的情况,请参阅 François Denord, *Néo-Libéralisme Version Française. Histoire d'une Idéologie Politique* (Paris: Demopolis, 2007); Philippe Bezès, *Réinventer l'État. Les Réformes de l'Administration Française* (1962—2008) (Paris: Presses Universitaires de France, 2015). 想了解国际组织对新自由主义的看法,请参阅 Quinn Slobodian, *Globalists*: *The End of Empire and the Birth of Neoliberalism* (Cambridge, Mass.: Harvard University Press, 2018)。

### 中性专业知识话语

一些批判性思考者有时所说的"新宪政主义",确实要通过构筑意识形态和宪法障碍来限制有关公债的政治行动。[①] 最近德国提出的旨在通过所谓的"债务刹车"(debt brake)来对公债进行约束的倡议以及在欧盟框架下针对成员国政府行动自由采取的措施,催生了关于新公债制度固有的"威权宪政主义"(authoritarian constitutionalism)的批判话语。[②] 因此,这种约束公共行为的方式在思想上依靠有效市场说,但运用国家主权的属性来给政治行为主体的关键能力分类。

除了宪法机制和理论依据外,这种去政治化还利用了在不同能力范畴之间分配权力和受托责任的架构。长期以来,公债管理一直由很多不同的行为主体共同承担。活跃在国家机构中的民选官员甚至公务员相对于其他行为主体(近年来尤其是中央银行家)失去了优势。许多国家在20世纪90年代已经完成了把中央银行从国家监护下解放出来的改革,这项改革的依据往往是必须为中央银行的专门技能和专业知识开辟专门的"用武之地"。

这些制度安排有力地支持了公债合同一旦签订就超越政治领域而成为技术管理问题的政治主张。但是,这种观点本身至少可以追溯到19世纪末,当时一些经济学家开始认为经济受只需发现便可加以利用的客观存在的普遍规律的支配。这种观点在职业化的支持下,促进了煞费苦心地把自己表现成"中立""客观"的专家的崛起。这通常是一种非常自觉的观点,特别是在国际信贷关系中。20世纪头几十年成为国际金融顾问并在许多拉美国家和1918年后的德国、波兰等欧洲国家执行财政重组任务的美国人,都努力把自己扮演成客观行事、没有政治兴趣的职业专家——一种与他们之前作为殖民官员的职业生涯、他们的工作主要作为银行贷款合同乃至美国干预的组成部分这一事实

---

① Stephen Gill, *Power and Resistance in the New World Order* (Basingstoke: Palgrave Macmillan, 2002).

② Lukas Oberndorfer, "Vom neuen, über den autoritären, zum progressiven Konstitutionalismus? Pakt(e) für Wettbewerbsfähigkeit und die europäische Demokratie," *Juridikum. Zeitschrift für Kritik, Recht, Gesellschaft*, No. 1 (2013): 76—86.

不符的观点。① 虽然这种专门知识贯穿整个 20 世纪,但实际执行的策略可能大相径庭。

各种不同的隐喻被用来构建这种职业专业技能,而相比之下,外行人没有能力正确理解,更不用说影响有关公债的决策。因此,负债被比作"吸毒成瘾"②,一种需要"医生"治疗并服用药物的疾病。这个概念因当时的一流经济专家埃德温·凯默勒而成了在国外广为人知的"著名货币医生",但在 20 世纪 20 年代逐渐流行起来。20 世纪 20 年代,一家波斯报纸采访时任波斯财政顾问的阿瑟·米尔斯博(Arthur Millspaugh)时用恭维的口吻问他:"您是医生,请来给一个重病患者治病。如果您成功了,病人就能活下去。如果失败了,病人就会死去。"③当然,这些都是自我比喻:掌握晦涩难懂的知识并且需要在只有他们才能做的事情——财政管理——上得到信任的专士的自我比喻。

### 不透明与能见度

对这个问题的专业化理解与对透明度和公共受托责任要求之间的张力由来已久。早在 18 世纪初,丹尼尔·笛福(Daniel Defoe)就指出了"公共信用"的非物质性,它对国民经济至关重要,但却几乎感觉或触摸不到:

> 我要说的是人人都在忙碌的事情,但有 1/4 的人并不明白这种事情与每个人都有关,而且很少有人知道它到底是什么,要给它下定义或对它进行描述也不容易……就像躯体中的灵魂一样,它作用于一切物质,但它自身却不是物质;它创造动能,但却不能说自己存在;它创造不同的形态,但自己却没有形态;它既不是数量也不是质量;它没有地点、时间或习性。如果我说它是某种……事物形影不离的阴影,那么,直接、清楚地了解这种事物的最好方法是记述它的变化,而不是定

---

① Rosenberg, *Financial Missionaries to the World*, 187 — 198.

② 想了解最近的例子,请参阅 http://www.telegraph.co.uk/Finance/economics/11458161/From-bust-to-boom-How-the-world-became-addictedto-debt.html。想了解关于把借债等同于吸毒会成瘾和产生依赖的话语的深入研究,请参阅 Benjamin Lemoine, *L'Ordre de la Dette. Enquête sur les Infortunes de l'État et la Prospérité des Marchés* (Paris: La Découverte, 2016)。

③ 引自 Ann Laura Stoler, *Haunted by Empire: Geographies of Intimacy in North American History*, (Durham: Duke University Press, 2006), 409 — 410。

义它的性质;要展示它变化的方式——而不是它存在的方式——以及它在做什么——而不是它是什么。[1]

笛福在这里呼吁对公共信用采取在今天可以称之为"务实"的做法。理解这个抽象且模糊的概念的唯一可能性,就是观察它所产生的各种技术、工具和实践。因此,公债政治化需要有具体的特点和人为因素才能取得预期的结果。法国大革命者在 1793 年创建了"公债大账簿"(Great Ledger of the Public Debt),这样就能把全国公债持有人的姓名都登记在一本账册上。法国大革命者这样做有他们的政治目的:用这本登记册来体现(法兰西第一)共和国对所有过去和现在的债务的承诺("通过创建这本'公债大账簿',就能证明,第一共和国愿意承担专制政权积欠的债务,并承认它们是共和国的债务"[2])。

由于公债的逻辑和机制难以理解,因此,长期以来,银行家、金融家和公债专家一直被指责在不征求人民意见或试图欺骗人民的情况下开展业务。除了关于公债水平或潜在拒付的辩论以外,公债的日常管理很难与选举政治合拍。财政周期、经济周期和政治周期并不一致,因此可能导致深刻的矛盾。诉诸"金融公投",尤其是在战时,本应可以解决这个问题,创造一种同时具有政治和金融性质的民意协商机制。然而,它们的结果不易解读。以法兰西第二帝国为例,新发明的让公众认购公债的做法被认为是测试民意的工具。同样,现代债券拍卖据说可用来揭示投资者的态度,并对一个国家的财政和改革的健康状况做出判断,因此就没完没了地报道"市场对特定政治事件和政策如何做出反应"。

当前公债的去政治化趋势似乎与区分政治制度的传统做法相互重叠。从某种意义上讲,这种趋势旨在寻求一种对公债公共性的民主承诺,但同时又把政治辩论限定在可接受的小范围内;创造一种对民众不透明的新形式,同时又赞美对贷款人的完全透明,从而引发关于政治家都要争取的公民和市场这两

---

① Daniel Defoe,*An Essay upon Publick Credit* (London:1710),6.

② Joseph Cambon and Convention nationale,Rapport sur la dette publique (August 15,1793),reproduced in A. Vührer, *Histoire de la dette publique en France* (Paris:Berger-Levrault,1886),I:454.

个竞争对手间矛盾的讨论。[①] 具有讽刺意味的是,20 世纪 80 年代发展中国家和社会主义国家债务危机的核心问题,正是对本国公民和市场承担的受托责任水平不同的问题。1980—1981 年席卷波兰的债务危机,在这个国家引发了对过去几十年保守公债秘密的批评。这些国家的政治家和前公债专家公开谴责了"只对本国人民保守公债数据秘密"的做法。[②] 在这些年的危机中,债务管理被认为可用来揭示在关键问题上逃避受托责任的国家的真实本质。

*　*　*

　　把有关公债的政治论点看作一个有助于理解它们如何在不同背景下传播、复制并与其他论点组合的话语库。过去传承下来的文字即使被特定的语境赋予了截然不同的寓意,也具有长期被认可的真理的影响力。这个话语宝库还有助于把一些论点及其演化——即使初看起来有时好像没有发生变化——作为史实记录下来,并使它们能够得到认真对待,同时在特定的语境下得到理解。

　　公债话语的流传和重组之所以意味着公债都是一个共同历史框架的组成部分,并不是因为它们总是相同的"东西",而是因为把它们理解为公债,就意味着不同历史时期的行为主体能够从一个共同的工具箱中调用不同的概念和论点。但是,我们不应该把公债与这种政治话语库相混淆,或者把公债简化为政治话语库,因为,确切地说,这种政治话语库是一种在使公债去本质化并使公债政治历史化的同时理解公债话语的工具。换句话说,它反对最近对公债辩论进行的"经济化",反对那种把"经济"作为一个独立领域交给无私的专家中性管理的想法,甚至有可能成为未来恢复或加强公债政治的关键所在。

　　致谢:感谢埃蒂安·福雷斯捷-佩拉参加了本章的起草工作。

---

① 请参阅 Wolfgang Streck's distinction between Staatsvolk and Marktvolk. For a lexical analysis of public discourse, Sandy Brian Hager, "Corporate Ownership of the Public Debt: Mapping the New Aristocracy of Finance," *Socio-Economic Review* 13, No. 3 (2015): 505—523.

② Stefan Jedrychowski, *Zadłuěenie Polski w krajach kapitalystycznych* (Varsovie: Ksiee ka i Wiedza,1982),5. 还请参阅本书第十三章。

# 关于《公债的世界》的更正

　　"帕尔格雷夫金融史研究"（Palgrave Studies in the History of Finance）系列、由尼古拉·贝瑞尔尼古拉·德拉朗德主编的《公债的世界》第十三章和第十九章被错误地发布为"非开放获取"。现把这两章更正为基于 CC BY 4.0 许可的"开放获取"；版权持有人已更改为"作者"。本书也因此做此更改。

　　这两章的更新版本分别可在网页 https://doi.org/10.1007/978-3-030-48794-2_13 和 https://doi.org/10.1007/978-3-030-48794-2_19 上找到。

# 译丛主编后记

　　财政活动兼有经济和政治二重属性,因而从现代财政学诞生起,"财政学是介于经济学与政治学之间的学科"这样的说法就不绝于耳。正因如此,财政研究至少有两种范式:一种是经济学研究范式,在这种范式下财政学向公共经济学发展;另一种是政治学研究范式,从政治学视角探讨国家与社会间的财政行为。这两种研究范式各有侧重,互为补充。但是检索国内相关文献可以发现,我国财政学者遵循政治学范式的研究并不多见,绝大多数财政研究仍自觉地或不自觉地将自己界定在经济学学科内,而政治学者大多也不把研究财政现象视为分内行为。究其原因,可能主要源于在当前行政主导下的学科分界中,财政学被分到了应用经济学之下。本丛书的两位主编,之所以不揣浅陋地提出"财政政治学"这一名称并将其作为译丛名,是想尝试着对当前学科体系进行纠偏,将财政学的经济学研究范式和政治学研究范式结合起来,从而以"财政政治学"为名,倡导研究财政活动的政治属性。编者认为,这样做有以下几个方面的积极意义。

　　1. 寻求当前财政研究的理论基础。在我国的学科体系中,财政学被归入应用经济学之下,学术上就自然产生了要以经济理论为财政研究基础的要求。不过,由于当前经济学越来越把自己固化为形式特征明显的数学,以经济理论为基础就导致财政学忽视了那些难以数学化的政治视角研究,这样就让目前大量的财政研究失去了理论基础。在现实中已经出现并将更多出现的现象是,探讨财政行为的理论、制度与历史的论著,不断被人质疑是否属于经济学,一篇研究预算制度及其现实运行的博士论文,经常被答辩委员怀疑是否可授予经济学学位。因此,要解释当前的财政现象、推动财政研究,就不能不去寻找财政的政治理论基础。

2. 培养治国者。财政因国家治理需要而不断变革,国家因财政治理而得以成长。中共十八届三中全会指出:"财政是国家治理的基础和重要支柱,科学的财税体制是优化资源配置、维护市场统一、促进社会公平、实现国家长治久安的制度保障。"财政在国家治理中的作用,被提到空前的高度。因此,财政专业培养的学生,不仅要学会财政领域中的经济知识,而且应该学到相应的政治知识。财政活动是一项极其重要的国务活动,涉及治国方略;从事财政活动的人至关重要,应该得到综合的培养。这一理由,也是当前众多财经类大学财政专业不能被合并到经济学院的原因之所在。

3. 促进政治发展。在18—19世纪,在普鲁士国家兴起及德国统一过程中,活跃的财政学派与良好的财政当局曾经发挥了巨大的历史作用。而在当今中国,在大的制度构架稳定的前提下,通过财政改革推动政治发展,也一再为学者们所重视。财政专业的学者,自然也应该参与到这样的理论研究和实践活动中去。事实上也已有不少学者参与到诸如提高财政透明、促进财税法制改革等活动中去,并成为推动中国政治发展进程的力量。

因此,"财政政治学"作为学科提出,可以纠正当前财政研究局限于经济学路径造成的偏颇。包含"财政政治学"在内的财政学,将不仅是一门运用经济学方法理解现实财政活动的学科,而且是一门经邦济世的政策科学,更是推动财政学发展、为财政活动提供指引,并推动中国政治发展的重要学科。

"财政政治学"虽然尚不是我国学术界的正式名称,但在西方国家教学和研究中却有广泛相似的内容。在这些国家中,有不少政治学者研究财政问题,同样有许多财政学者从政治视角分析财政现象,进而形成了内容非常丰富的文献。当然,由于这些国家并没有像中国这样行政主导下的严格学科分界,因而不需要有相对独立的"财政政治学"的提法。相关的研究,略显随意地分布在以"税收政治学""预算政治学""财政社会学"为名称的教材或论著中,本译丛提倡的"财政政治学"(fiscal politics)的说法也不少见。

中国近现代学术进步历程表明,译介图书是广开风气、发展学术的不二良方。因此,要在中国构建财政政治学学科,就要在坚持以"我"为主研究中国财政政治问题的同时,大量地翻译国外学者在此领域的相关论著,以便为国内学者从政治维度研究财政问题提供借鉴。本译丛主编选择了这一领域内的多部英文著作，计划分多辑陆续予以翻译和出版。在文本的选择上，大致分为理论基础、现实制度与历史研究等几个方面。首先推出的有《财政理论史上的经典文献》《税收公正与民间正义》《战争、收入和国家构建》《发展中国家的税收与国家构建》《为自由国家而纳税：19 世纪欧洲公共财政的兴起》《信任利维坦：不列颠的税收政治学(1799—1914)》《欧洲财政国家的兴起》等著作。

本译丛的译者，主要为上海财经大学公共经济与管理学院的教师以及已毕业并在高校从事教学的财政学博士，另外还邀请了部分教师参与。在翻译稿酬低廉、译作科研分值低下的今天，我们这样一批人只是凭借着对学术的热爱和纠偏财政研究取向的希望，投身到这一译丛中来。希望我们的微薄努力，能够成为促进财政学和政治学学科发展、推动中国政治进步的涓涓细流。

刘守刚　上海财经大学公共经济与管理学院

魏　陆　上海交通大学国际与公共事务学院

2015 年 5 月

# "财政政治学译丛"书目

1. 《财政理论史上的经典文献》
   理查德·A.马斯格雷夫,艾伦·T.皮考克 编　刘守刚,王晓丹 译

2. 《君主专制政体下的财政极限——17世纪上半叶法国的直接税制》
   詹姆斯·B.柯林斯 著　沈国华 译

3. 《欧洲财政国家的兴起1200—1815》
   理查德·邦尼 编　沈国华 译

4. 《税收公正与民间正义》
   史蒂文·M.谢福林 著　杨海燕 译

5. 《国家的财政危机》
   詹姆斯·奥康纳 著　沈国华 译

6. 《发展中国家的税收与国家构建》
   黛博拉·布罗蒂加姆,奥德黑格尔·菲耶尔斯塔德,米克·摩尔 编　卢军坪,毛道根 译

7. 《税收哲人——英美税收思想史二百年》(附录:税收国家的危机 熊彼特 著)
   哈罗德·格罗夫斯 著　唐纳德·柯伦 编　刘守刚,刘雪梅 译

8. 《经济系统与国家财政——现代欧洲财政国家的起源:13—18世纪》
   理查德·邦尼 编　沈国华 译

9. 《为自由国家而纳税:19世纪欧洲公共财政的兴起》
   何塞·路易斯·卡多佐,佩德罗·莱恩 编　徐静,黄文鑫,曹璐 译　王瑞民 校译

10. 《预算国家的危机》
    大岛通义 著　徐一睿 译

11. 《信任利维坦:英国的税收政治学(1799—1914)》
    马丁·唐顿 著　魏陆 译

12. 《英国百年财政挤压政治——财政紧缩·施政纲领·官僚政治》
    克里斯托夫·胡德,罗扎那·西玛兹 著　沈国华 译

13. 《财政学的本质》
    山田太门 著　宋健敏 译

14. 《危机、革命与自维持型增长——1130—1830年的欧洲财政史》
    W.M.奥姆罗德,玛格丽特·邦尼,理查德·邦尼 编　沈国华 译

15. 《战争、收入与国家构建——为美国国家发展筹资》
    谢尔登·D.波拉克 著　李婉 译

16. 《控制公共资金——发展中国家的财政机制》
    A.普列姆昌德 著　王晓丹 译

17. 《市场与制度的政治经济学》
    金子胜 著　徐一睿 译

18. 《政治转型与公共财政——欧洲1650—1913年》
    马克·丁塞科 著　汪志杰,倪霓 译

19. 《赤字、债务与民主》
    理查德·E.瓦格纳 著　刘志广 译

20. 《比较历史分析方法的进展》
    詹姆斯·马汉尼,凯瑟琳·瑟伦 编　秦传安 译

21. 《政治对市场》
    戈斯塔·埃斯平一安德森 著　沈国华 译

22. 《荷兰财政金融史》
    马基林·哈特,乔斯特·琼克,扬·卢滕·范赞登 编　郑海洋 译　王文剑 校译

23. 《税收的全球争论》
    霍尔格·内林,佛罗莱恩·舒伊 编　赵海益,任晓辉 译

24. 《福利国家的兴衰》
    阿斯乔恩·瓦尔 著　唐瑶 译　童光辉 校译

25. 《战争、葡萄酒与关税:1689—1900年间英法贸易的政治经济学》
    约翰 V.C.奈 著　邱琳 译

26.《汉密尔顿悖论》
　　乔纳森·A.罗登 著　何华武 译
27.《公共经济学历史研究》
　　吉尔伯特·法卡雷罗,理查德·斯特恩 编　沈国华 译
28.《新财政社会学——比较与历史视野下的税收》
　　艾萨克·威廉·马丁 阿杰·K.梅罗特拉 莫妮卡·普拉萨德 编,刘长喜 等译,刘守刚 校
29.《公债的世界》
　　尼古拉·贝瑞尔,尼古拉·德拉朗德 编　沈国华 译
30.《西方世界的税收与支出史》
　　卡洛琳·韦伯,阿伦·威尔达夫斯基 著　朱积慧,荀燕楠,任晓辉 译
31.《西方社会中的公共财政(第三卷)——政治经济学的新思维》
　　理查德·A.马斯格雷夫 编　王晓丹,王瑞民,刘雪梅 译　刘守刚 统校
32.《财政学手册》
　　于尔根·G.巴克豪斯,理查德·E.瓦格纳 编　何华武,刘志广 译
33.《来自地狱的债主——菲利普二世的债务、税收和财政赤字》
　　莫里西奥·德里奇曼,汉斯乔亚吉姆·沃斯 著　施诚 译
34.《金钱、政党与竞选财务改革》
　　雷蒙德·J.拉贾 著　李艳鹤 译
35.《牛津福利国家手册》
　　弗兰西斯·G.卡斯尔斯,斯蒂芬·莱伯弗里德,简·刘易斯,赫伯特·奥宾格,克里斯多弗·皮尔森 编
　　杨翠迎 译
36.《经由税收的代议制》
　　史科特·格尔巴赫 著　杨海燕 译
37.《政治、税收和法治》
　　唐纳德·P.雷切特,理查德·E.瓦格纳 著　王逸帅 译
38.《18世纪西班牙建立财政军事国家》
　　拉斐尔·托雷斯·桑切斯 著　施诚 译
39.《美国现代财政国家的形成和发展——法律、政治和累进税的兴起,1877—1929》
　　阿贾耶·梅罗特 著　倪霓,童光辉 译
40.《另类公共经济学手册》
　　弗朗西斯科·福特,拉姆·穆达姆比,彼得洛·玛丽亚·纳瓦拉 编　解洪涛 译
41.《财政理论发展的民族要素》
　　奥汉·卡亚普 著　杨晓慧 译
42.《联邦税史》
　　埃利奥特·布朗利 著　彭骥鸣,彭浪川 译
43.《旧制度法国绝对主义的限制》
　　理查德·邦尼 著　熊芳芳 译
44.《债务与赤字:历史视角》
　　约翰·马洛尼 编　郭长林 译
45.《布坎南与自由主义政治经济学:理性重构》
　　理查德·E.瓦格纳 著　马珺 译
46.《财政政治学》
　　维特·加斯帕,桑吉·古普塔,卡洛斯·穆拉斯格拉纳多斯 编　程红梅,王雪蕊,叶行昆 译
47.《英国财政革命——公共信用发展研究,1688—1756》
　　P.G.M.迪克森 著　张珉璐 译
48.《财产税与税收抗争》
　　亚瑟·奥沙利文,特里 A.塞克斯顿,史蒂文·M.谢福林 著　杨海燕 译
49.《社会科学的比较历史分析》
　　詹姆斯·马奥尼,迪特里希·鲁施迈耶 编　秦传安 译
50.《税收逃逸的伦理学——理论与实践观点》
　　罗伯特·W.麦基 编　陈国文 译
51.《税收幻觉——税收、民主与嵌入政治理论》
　　菲利普·汉森 著　倪霓,金赣婷 译